中央党史和文献
研究宣传专项引
导资金重点项目

大别山革命历史回忆资料丛编

解放战争时期卷　下

主编：田青刚

本卷主编：李志坚

中原出版传媒集团
中原传媒股份公司

大象出版社

·郑州·

★目 录★

战斗在鄂豫

◎ 张延积

大别山上胜利酒　扬子江畔共洗尘

1947年夏，解放战争由内线作战转入外线作战。我刘邓大军遵照党中央、毛主席的战略部署，积极准备向大别山挺进。晋冀鲁豫中央局从各区党委抽调大批地方干部，随军南下。冀南与太行两区党委抽调的干部于6月初在中央局所在地太行山冶陶镇集中，番号称为"天池部队"。冀南干部队编为第四支队。接着，进行了一个月的紧张学习，听了邓小平政委关于挺进大别山创建中原解放区的形势报告的传达，见到了长期坚持大别山斗争的陈少敏大姐，听了刘子久同志关于大别山情况的介绍，个个斗志昂扬，随时准备待命出征。

7月上旬，太行、冀南两个南下干部支队，共1800多人，浩浩荡荡下了太行山，经过7天行军到达黄河北岸阳谷县境。由于敌人用飞机封锁黄河，黄河两岸战争气氛紧张。经过10天休整，在严密的组织下，干部队于夜间强渡黄河。渡河后，为避开敌机轰炸扫射，实行夜间行军，白天休息，沿着行军路线，朝陇海铁路靠近。当时"青纱帐"已经起来，沿途看到几批运送伤员的担架队和许多茶水供给站，如此情况教育了南下干部，深深体会到毛主席的"兵民是胜利之本"的论断的英明正确。在过陇海铁路时，和我主力部队会合，并列行军，一起前进，看到我军从敌人手里缴获的无数轻重机枪，各种口径的大炮，以及众多的骡马、辎重车辆，真是军容威武，士气高昂，对我野战部队越战越强倍加崇敬。

进入豫皖苏解放区后，干部队实行全副武装，每个人都发了枪支弹药。组织上决定冀南区的第四支队归二纵队陈再道司令员指挥。这时，蒋介石已窥测我军向大别山挺进的意图，慌忙调兵遣将，尾追我军而来。干部队随军走过泥水过膝、杂草丛生、几十里空无人烟的黄泛区，冒着敌机不断轰炸扫射的危险渡过了颍河、沙河、洪河、汝河、淮河。我们的支队长叶蠖生同志是一位历史学家，在即将渡淮河前夕，他说，明天就要到南方了，中国南北方常说以长江为界，其实以淮河为界。第二天渡过淮河后，就踏上稻田小路，语言风俗也和淮北有很大差异，同志们高兴地说："过了淮河确实已到南方，进入鱼米之乡了。"这时潢川县城已为我二纵先头部队解放，我们冒雨行军两天到达潢川城，午饭后稍事休息，便忍着疲劳继续朝商城前进，经过一天多的路程，巍巍大别山已经在望，许多同志长喘一口气，说："千里进军，道路艰难，现在总算望到大别山了！"经过商城城关，看到县城周围山峦起伏，林木密布，到处郁郁葱葱，一派江南风光，同志们兴奋地说，怪不得刘子久同志在南征动员时讲："太行山是兵强马又壮，大别山才是真正的山高林又密哩！"果然不假，真是名不虚传啊！

根据上级指示，我们支队留一个中队在商城开展工作，其余四个中队要进到立煌县城听候地委分配。我们沿山路东进，翻越几座大山进入立煌县属的汤家汇，沿着山间河冲经南溪朝着金家寨前进；在路边山坡上看到小片茶园、漆树和河冲边的造纸作坊，同志们有生以来从未见过，觉得新奇。

9月4日，冀南干部队到达金家寨。县城于9月2日被我三纵队八旅解放。后来，三纵奉命朝皖西东进，立煌县由二纵队接防，隶属鄂豫区一地委领导。白涛同志随军进城后，被任命为县委书记兼县长，他和10多位太行区的南下干部，正急切地等待着我们到达。

至此，冀南区南下的干部队——"天池部队第四支队"800多名干部，在为时1个月的艰苦行军中，无一人掉队，全部到达大别山区，为此受到鄂豫区一地委的表扬。同志们高兴地说：我们在南征路上提出的"大别山上胜利酒，扬子江畔共洗尘"的豪言壮语，现已胜利地实现了。

亲人重返大别山　欢声雷动笑语添

太行、冀南的南下干部见面后，格外亲切，畅谈南征见闻和体会，共表创建大别山解放区的决心。

过了两天，鄂豫区一地委书记刘毅同志到达金家寨，召开县团以上干部会议，传达刘、邓首长和鄂豫区党委、军区首长的指示，决定二纵队五旅留一地委、五旅首长兼一军分区职务，雷绍康同志任军分区司令员，寇庆延同志任军分区第二政委，陈中民同志任副司令员，李飞同志任政治部主任，贝仲选同志任一专署专员。因为，立煌县（今金寨县）是大别山的腹心地区之一，是老苏区，群众基础好，于是，决定将二纵队后方机关设在这里，定为地委的重点县；冀南干部队大部分留在这里，抽一部分到固始、霍邱、霍固三县随军开展工作，当时确定在立煌县参加开展工作的部队和干部共有3000多人，分设11个区。新的县委会由15位同志为委员，我任县委书记，白涛同志任县长。由于刚进山，残匪未肃清，群众尚未发动，我们的力量不能过于分散，有些领导干部暂时还要降级使用，区委书记均由县团级干部担任。经过动员，同志们都能以党的利益为重，不讲价钱，愉快地接受了组织分配，有的还再三表示愿到最艰苦的地方工作。

第一次县委会议，做出了三条决议：

首先，更改县名，出安民布告。经县委研究，地委、区党委同意，将立煌县改为金寨县。白涛同志亲自撰文，用通俗易懂的五言绝句，以流利的书法，写了十几张《金寨县民主政府布告》，张贴于全县重要集镇。记得开头有这样几句：

> 查我金家寨，大别山中心，
>
> 革命根据地，中外有威名，
>
> 立煌本战犯，不应留臭名，
>
> 改名金寨县，历史面目真……

从此，为革命做出巨大贡献的老苏区人民，重新获得新生，金寨县便以新的命名载入史册。其次，建立区党政领导机构，任命区委会、区政府主要领导成员，每区设工作队30人至40人，人人配备长短枪各一支，既是工作队又是战斗队，既能做群众工作又能打仗。再次，进行广泛宣传，组织政治攻势。我广大南下干部，发扬了我党我军艰苦奋斗、密切联系群众的优良传统，起早贪黑，翻山越岭，向群众进行形势教育，宣传蒋必败、我必胜的道理，宣传党在新区的各项方针政策，号召国民党乡保人员走悔过自新坦白从宽的道路，不要错上加错，否则，将受到惩办处理。

我刘邓大军的到达，大别山区的解放，给老苏区人民，特别是给广大贫下中农、红军烈军属以极大的鼓舞，人民喜出望外，奔走相告："当年的红军回来啦！""毛主席的队伍来啦！"当群众晓得我刘邓大军的前身就是红四方面军后，感情更加亲切，心情更加激动，无数往事涌上心头，有的热泪盈眶，如同亲人重逢。

当年红军撤离鄂豫皖苏区后，国民党反动派施尽各种毒辣手段镇压惨杀老苏区人民，广大群众对敌人恨之入骨，早就盼望有朝一日红军回来，拨云见日，重新解放。他们耳闻目睹我刘邓大军在人员装备上比当年的红军强大得多，又有全国各解放区作为后盾，对全国的胜利充满着希望。许多人主动向我们介绍当地阶级斗争情况，有的还主动要求当向导领部队到深山老林清剿残匪，不少青壮年要求参军或出来工作。红军烈士家属们向我们述说着当年烈士英勇牺牲的情况，红军家属们询问亲人的工作单位和这次是否南下。许多在红军时期参加过工作的老革命，对党仍有深厚感情，主动接近我们。

首长指示明方向　党的领导是根本

1947年12月，邓小平政委、李先念副司令员和李达参谋长率前方指挥机关，在鄂豫区党委书记段君毅同志陪同下，到大别山腹心地区各县，亲自检查土改运动和创建新解放区的工作。首长们由商城南部黑河一带到金寨县漆店区下楼房村，二纵队政治部民运部副部长、漆店区委书记江川同志遵照邓政委的指示派人找到县委，我和县长王相卿、县委副书记张健三同志迅速赶到下楼房村见首长。晚上和首长们一起听了新华社广播的毛主席关于《目前形势和我们的任务》的重要报告，接着就全县对敌斗争形势、土地改革、县区武装建设、党内思想状况等问题向首长们作了汇报。

我们在汇报中，邓政委和李先念副司令员作了许多插话，对在新解放区正确执行政策问题，作了重要指示。最后，邓政委着重讲了如何坚持大别山斗争问题，强调指出："县委是全县党的领导核心，应当有魄力统一组织各方力量，搞好工作，坚决不允许有各自为政的现象。在当前阶级斗争比较复杂的情况下，同志们务必要注意这个问题，这是你们能否坚持大别山斗争的根本问题。"县委立即召开会议，学习邓政委的重要指示，一致认为邓政委的指示切中要害，是开辟与坚持大别山新解放区工作的及时雨。因为当时全县干部来自四面八方，有军队的、地方的，而在地方干部中又有冀南的、太行的，本位主义、各自为政的现象时有发生，影响了工作。从后来的艰苦的游击战争的经验中，我们深刻地体会到，邓政委提出的"县委是全县的领导核心，应当有魄力统一组织各方力量，搞好工作"这一党的根本原则问题具有重要的意义。

领导干部以身作则，密切联系群众是我党我军的光荣传统，也是我们克敌制胜的重要武器。这次见到邓政委和李副司令员等首长们穿的都是当地土布缝制的棉衣；听说在漆店区，给首长们送些葵花子、猪肉会受到邓政委的批评，他会询问东西是从哪里来的，要求将原物退给群众；在路经商城南部黑河时，邓政委同房东谈话，了解到他的一头耕牛被我剿匪部队拣到，邓政委当即答应要调查，到金寨后询问到耕牛的下落，叫部队迅速给老乡家送去；等等。这些言传身教的事例，对干部和部队教育很深，对后来坚持大别山艰苦的武装斗争产生了深远的影响。

在坚持金寨县艰苦的武装斗争中，我们还多次得到鄂豫区党委和鄂豫军区首长的重要指示。

1947年11月上旬，鄂豫军区司令部到金寨南部吴家店一带活动，当时正值我二纵队四旅牵敌人一个师，从金寨到商城。段君毅政委亲笔写了一封长信给县委，信中指示：我军进入大别山后，打乱了蒋介石的整个内战计划，出现了全国性的胜利局面，敌人为摆脱其被动局面，急忙调集二十多个师的兵力准备进攻大别山区，函示县委搞好备战工作，依靠群众，坚持斗争。县委立即召开会议作了部署。

1948年5月上旬，我和金寨县县长林木森同志、金东县指挥长张绍基同志、政委周荣家同志，率金寨县南、中两武装集团和金东县武装，到商城南部与二纵队五旅十五团团长黄家景同志、政委罗丰同志率领的部队会合，三县武装共1500余人，在商城达权店一带集中活动，遭到敌正规军的夜间包围，幸及时发现，迅速转移，未受到损失。但敌人尾追我军一整天，我军且战且走，到与湖北麻城交界处，敌人才同我军脱离接触。在麻城木子店一带见到鄂豫军区司令部。三县的领导干部向王树声司令员、段君毅政委汇报了敌情。王、段首长就鄂豫区对敌斗争形势和如何坚持武装斗争作了指示。记得王司令员强调指出："只要我们能在大别山坚持住，把敌人大量正规军牵制住，使我刘邓大军主力在外线大量歼灭敌人，将来全国胜利后，毛主席在功劳簿上也会给我们记上一份成绩。"王、段首长为照顾我们买油盐的困难，给了我们一百块银圆。然后，我们重返金寨、商城南部山区活动。

坚持斗争抗强敌　革命理想高于天

1948年2月，我刘邓大军主力部队，转移到淮西和豫西地区，大别山区只留下少量部队，配合地方武装坚持斗争。国民党反动军阀白崇禧为了确保其大别山桂系地盘，根据他的"不怕共产党凶，只怕共产党生根"的反动哲学，对我大别山区展开了疯狂的"清剿"进攻，敌人进攻的重点是深山区，妄图消灭我县区武装，摧毁我后方基地和区乡政权，镇压革命群众，不让我们在大别山立脚生根。

1948年2月，敌整编四十八师一个旅占领金寨县城。这时分散在全县深山老林的敌民团土顽武装也顿时猖狂起来，积极配合敌正规军，袭击我县区武装和后方机关，杀害我工作人员。

在这困难的时刻，鄂豫区党委、军区，迅速转发了中原局关于坚持大别山武装斗争的紧急指示，地委、军分区派部队专程进山将电报送给县委，中原局在紧急指示中指出：为了迎接严重困难局面的到来，各县力量必须迅速集中，要建立若干个百人左右的武装集团，只有这样才能打击敌人的乡保武装和地方爪牙，保卫群众的利益，保存有生力量。县委根据中原局的电报指示，决定将全县2000多武装和干部组成四个武装集团，即独立团单独活动，七个区和后方医院、后勤机关组成南、北、中三个武装集团，各集团的指挥长由军队干部担任，政委由地方干部担任，划分活动地区，依靠群众就地坚持武装斗争。

1948年的上半年是坚持大别山武装斗争最困难的时刻。以桂系整编第七师、第四十八师为主力的敌正规军，配合敌民团土顽武装向我整个鄂豫区的深山区展开了反复的"清剿"和进攻。敌人采取夜间行军，长途奔袭，拂晓包围进攻的战术；采取前面派身穿便衣的侦察部队伪装我军，后面紧跟大队人马，妄图一块一块地吃掉我们。

为了有效地打击敌人和保存自己，我各武装集团都依托深山密林、偏僻山区作为活动基地。

我们面对的敌人是桂系部队和当地民团土顽，他们熟地形，会爬山，善于运用迂回包围的山地战术。而我们的干部、战士，大多数来自平原地区，别说爬山，很多同志在未南下前还从未见过山，就是从太行山区来的同志也存在着生活上不习惯的问题；患疟疾病的人数甚多，体质大为减弱；粮、油、盐、款都严重不足，在敌情紧张时，干部、战士经常忍饥挨饿，许多同志一两个月吃不到盐；到了六月还穿夹衣（将棉衣的棉絮去掉）；更为严重的是，在敌人连续"清剿"和进攻下，我们已无后方可依托，而群众怕我们站不住脚，怕日后被杀害，因而产生了心想接近而不敢接近的情绪。

但是，天大的困难也吓不倒具有革命理想的共产党人和革命战士。越是艰苦越能锻炼人的革命意志。北方来的同志经过一个时期的锻炼，逐步学会了穿草鞋爬山路，习惯了吃大米，懂得了山区群众的方言，掌握了适合山区特点的游击战术，战胜了各种各样的困难。

金寨县独立团和各武装集团，依靠广大群众，由新参加工作的干部、战士作向导，依托深山密林，踏遍崇山峻岭，和进攻"清剿"的敌人进行周旋，并寻找机会给敌人以回击。我县独立团在团长李华珍、参谋长张太升两同志指挥下，于1948年三四月间，在李集、汤家汇两地区，曾给敌四十八师以有力的回击，并多次痛击过彭宗春、周相波两股土顽。1948年3月，我二纵队后方医院在政委、北集团指挥长袁兴民同志和连长的指挥下，曾迎头痛击过敌四十八师一个营的进攻，保护了伤病员的安全转移。我南溪、汤家汇两区武装，还在南石塘附近袭击过敌人正规军的后勤辎重部队，缴获粮食和其他军用物资50多担，使敌人受到重创。

在敌正规军连续向我进攻中，敌民团土顽对我军进行了猖狂的袭击，最严重的时候，一天之内要同敌人交火两三次。但是，经过战争锻炼的我干部、战士，对这种情况已习以为常，发现敌民团土顽进攻时，绝不示弱，立即派出小分队，给予火力还击，有时还进行猛打穷追，直至把敌人击溃或打跑为止。

1948年5月上旬，金寨县委认真总结了对敌斗争经验，从多次遭受损失的沉痛教训中，深刻体会到在敌强我弱的情况下，必须认真执行毛主席提出的"灵活机动的战略战术"的原则，改变"区不离区，县不离县"的脱离实际的指导思想，决定采取大集中、大迂回，越县界、省界展开游击战争。这样一来，敌正规军摸不清我军行动规律，敌民团土顽害怕畏避，而广大群众见到我军人员众多，解除了顾虑，增添了胜利信心，从此革命声势复震。

1948年9月中旬，在我全国各战场节节胜利的形势下，敌人在大别山区开始收缩兵力。金寨县城于9月21日重新解放。

1948年11月上旬，为了配合淮海战役，鄂豫军区集中主力部队攻打商城。金寨、金东两县武装随同主力部队参加围城战斗。我军有5000多人，将敌五十八军一个旅包围，夜间发起攻击，在城西南角打开缺口，敌人见我军决心攻城，怕被歼灭，黎明前弃城逃到潢川，我军随之进城开展工作，10天后敌人又来攻占商城，我军主动放弃县城，转移到城南与金寨交界的山区活动。当时固始城内没有敌正规军驻守，我军分区部队和固始县武装一举将县城解放。金寨、金东两县武装和干部，随地委、分区、专署一起进驻固始，不久商城敌人也自动撤退，鄂豫区党委、军区、行署进驻商城。至此，鄂豫区一地委所属的金寨、商城、固始、霍邱4个县城全部解放。地委为重新开辟山区工作，成立了金、固、霍三县工委和办事处，机关设在叶家集，由李晓明同志任工委书记兼办事处主任。

地、县两级党委，根据鄂豫区党委的指示，迅速派出干部和武装建立区、乡政权，发动群众剿匪反霸，吸收干部，扩大武装，筹款征粮，准备迎接主力部队的到来。

1949年3月，中央决定恢复河南、安徽、湖北三省建制，撤销鄂豫、皖西、桐柏、江汉、豫皖苏等军区建制，金寨县划归安徽省领导。

此时此刻，回忆我们在大别山的战斗，心情特别激动。当时，在一篇日记中，我写了八句感想：

艰苦俭约，英勇顽强。

黑暗逆云，已经过去。

坚持大别，准备渡江。

时局好转，胜利在望。

原载骆荣勋、郑明新：《挺进大别山》，河南人民出版社，1987年，第85～95页。

饮马长江水　横刀大别山

◎ 张　波

　　1947 年 6 月，明媚的阳光照耀着中原大地，天空蔚蓝，远山近水一片葱郁。我豫鄂游击纵队经过数日周旋，终于甩脱了尾追之敌，跨过平汉铁路，进入豫东地区。6 月下旬，渡过沙河，与在当地活动的豫皖苏军区司令员张国华、政委吴芝圃及其豫皖苏独立旅会合，并根据上级决定，在才媛（平岗）地区进行改编，将豫鄂游击纵队改编成中原独立旅。张才千同志任旅长兼政委，罗厚福同志任副旅长，李仁林同志任副政委，吴昌炽同志任参谋长。我所在的豫鄂游击纵队一支队改编为一团，团长钟春林，我任政委。中原独立旅的成立，加强了豫皖苏这一地区我军的军事力量，同时，也牵制了一部分向我解放区进攻的国民党军队。

　　中原独立旅成立后，即根据军区指示到外线作战。我们轻装快马，远袭山东博州、安徽阜阳，当两地之敌惊魂未定之时，我们早已回师豫东，在鹿邑县境休息了3 日。7 月上旬，国民党的交警纵队进入周口一带，企图消灭我豫皖苏军区部队。军区首长决心消灭来犯之敌。战斗在清晨打响。先由豫皖苏独立旅担任主攻，我们中原独立旅为预备队。豫皖苏独立旅首先以迅雷不及掩耳之势，推毁了敌人的各道前沿工事，迫使敌人不得不龟缩到其主阵地上。战斗持续到天黑，双方僵持不下，军区首长决定暂缓进攻。第二天一早，我接到旅首长电话，命令我团担任主攻，并要求在天黑前一定要结束战斗。我们很快部署了战斗方案，经过一天激战，将敌全部歼灭。此役毙敌 1300 多人，缴获了一大批武器装备，其中有 800 多支美式卡宾枪，还有能制作 2000 多套军装的美制细斜纹布。这下我们不仅首次缴获到这么多美式武器，而且一下子解决了穿衣问题。全体干部、战士的高兴劲儿，简直无法形容。

战斗结束后，部队原地休整。那天，张国华司令员兴高采烈地来我旅看望干部、战士。看到司令员这样高兴，我想一定又有什么好消息。果然不错，张国华司令员一见面就高兴地喊道："报告大家一个好消息，刘伯承、邓小平同志领导的晋冀鲁豫野战军已渡过黄河，在羊山集打了一个大胜仗。估计两三天内就能同我们会师。大家要好好休息，迎接刘邓大军的到来！"张司令员的话音刚落，部队一下子沸腾起来了，霎时间，口号声、欢呼声响成一片。

过了两天，晋冀鲁豫野战军便来到我们驻地，大军总部也随六纵来到这里。那天一早，旅首长通知团以上干部到旅部，说是刘伯承司令员、邓小平政委要接见我们。大家听到这个消息，个个心里非常激动。不一会儿，人到齐了。我看了看大家，每个人都换上了整洁的军装，胡子刮得光溜溜的，益发显得容光焕发，精神抖擞。我们怀着激动的心情等待着刘、邓首长的到来，虽然只等一小会儿，但我总觉得时间太长。是啊，回想从中原突围以来，我们这些在敌后坚持游击战的部队，在艰难困苦的环境中与敌周旋，远离中央，远离首长，今天就要见到敬爱的刘、邓首长了，怎叫人不激动呢？

上午 10 时左右，刘伯承司令员、邓小平政委、李达参谋长在旅首长的陪同下来到了我们面前。我还是第一次见到这三位首长。只见刘司令员在前边，他身材魁梧，气宇轩昂；虽然是大热天，他依然军容严整，武装整齐，标准的军人气质溢于体外。邓小平政委走在刘司令员侧后，他虽然没穿军服，但神采奕奕，笑容满面，显得格外可亲可敬。

见到首长们走来，我们连忙起立，正正军帽，端端正正地给首长敬礼。首长同我们一一握手后，刘伯承司令员开始讲话，他说："同志们，你们在敌后坚持游击战争辛苦了！一年多来，你们纵横长江南北，驰骋鄂豫皖湘，犹如在敌人的肚皮上插了把刀子，搅得他们坐也坐不稳，睡也睡不安，可我们却高兴得很咧！这次你们又在周口打了一个大胜仗，有力地配合了我们的行动。我在此代表野战军全体指战员向你们表示祝贺！"随后，刘司令员宣布我们中原独立旅划归野战军第一纵队，属杨勇同志指挥。接着，邓小平政委也讲了话。他说："你们在周口打了个大胜仗，我们在羊山集也打了一个大胜仗！敌人妄图把我们消灭在黄河一线，我说他们完全是白日做梦！现在我们可以宣布，敌人的梦想彻底破产了！这次你们中原独立旅要同野战军一起行动，往哪里行动呢？你们都是大别山的人吧？告诉同志们，我们这次就要打回大别山，打回老家去！"

刘、邓二位首长的讲话一下子把我们的情绪提高到了极点。我们这些生长在大别山的干部，禁不住轻声议论起来。李达参谋长挥挥手，让大家静下来。大家明白，李参谋长要交代具体任务了，连忙屏息凝神。李参谋长说："下一步你们随一纵为西路，向大别山进军。但往大别山进军之前，你们必须完成一个重要任务，就是炸掉西平铁桥，切断敌人的南北交通，防敌南下增援，保证野战军顺利到达大别山，以实现党中央的战略意图。野战军党委考虑到你们有一定的困难，决定给你们一个工兵排配合行动，确保炸桥任务按时完成。"李达参谋长布置完任务后，刘伯承司令员、邓小平政委同大家一一握手告别，并祝大家顺利完成任务。

刘、邓首长走了，但他们的声音时时在我耳畔回响，使我心里久久不能平静。中原突围后一年多的艰苦战斗情景涌上心头。

那是1946年6月，蒋介石调动了11个军26个师30万人的兵力，从四面八方向我中原解放区进攻，将我中原部队包围在以宣化店为中心的方圆仅200里的狭小地带，企图将我部聚而歼之。在这紧急时刻，经党中央批准，中原野战军党委做出了突围的决定。同时，中野党委命令少数部队担任突围掩护，并留下坚持大别山一带的游击战争。我所在的一七四团就是在这种情况下留在大别山的。我团共留下两个营，组成豫鄂游击支队，坚持当地的游击战争。

主力突围后，我们在信阳四望山成立了中共豫鄂工委，并建立了信罗、信应随、桐邓汝、确正信四个县委及县大队，活动在平汉铁路东西两侧。一开始，我们就遭到了数十倍于己之敌的疯狂"围剿"。敌人一面对我们进行军事"围剿"，一面对群众采取小村并大村以及连保连甲制，妄图隔断群众同我们的联系。同时，敌地方武装也不断地袭击，情况确实十分严重。在此紧要关头，支队党委决定打过长江，到敌人后方去。这一决定，后来证明是完全正确的。1947年春，我们豫鄂游击支队顺利渡过长江，纵横驰骋于湘鄂之间，给了敌人以有力的打击。敌武汉行营主任程潜不得不调集大批兵力来围追。我们与敌巧妙周旋，不仅没被其围垮，反而队伍越来越壮大。

在五峰县，我们用缴获的一架电台同张才千联系上了，随即两师在五峰县火烧坪会合，并合编为中国人民解放军江南纵队。两支孤悬在敌后的游击部队一会师，就如虎添翼，声威大振。我们会师的第一仗是在湖南的石门县磨石岸，对湖南省保安纵队作战。战斗一开始，我们如猛虎下山，直扑敌阵，在不到两小时的战斗中，我们便歼敌1000余人，直杀得敌湖南省保安纵队人仰马翻，狼狈逃窜。首战告捷，震动了两湖之敌。敌人忙调集重兵企图将我们消灭在两湖境内。但哪有那么容易？在征得党中央批准之后，我江南纵队出敌不意，掉头北上，再渡长江，回到鄂豫皖老根据地。在豫皖苏，我们同张国华领导的独立旅会师。想不到今天我们又同刘邓大军会师了。革命形势发展如此之快，怎不令人高兴万分呢？我暗暗下定决心，一定要好好地干它一场。

独立旅接到行动命令后，连夜向西平进发，拂晓前到达平汉铁路，顺利地完成了炸毁西平铁桥的任务。然后，我们又继续向南推进，当行至罗山县朱堂店时，发现有敌人一个营在此设防。我们一个冲锋，全歼这个营，俘敌营长以下官兵500余人。这时，天已大亮，大别山的绚丽风光在朝霞中向我们频频点头致意。可我们无心观赏这些。在解决了朱堂店的敌人后，我们又马不停蹄，直取大别山重镇七里坪。谁知到了七里坪，守城之敌已闻风逃窜。于是，又挥师北上，在长辛店再次见到刘、邓首长。当时，刘、邓首长集中了一、二、六共三个纵队，在商城北部准备消灭敌桂系五十八师一部。总部首长让我们旅作为预备队。听见战场上传来的枪炮声，我们心里比猫抓得还难受。我们几个团的领导和旅首长纷纷向总部请战，并提出我们是大别山人，地形熟，山地战斗有经验等理由。刘伯承司令员走过来安慰我们说："同志们，你们要求打仗的心情是可以理解的。但是，你们独立旅老兵多，很多是红军时期的老战士，他们都是革命的宝贵财富。我们不仅要在大别山打仗，还要在大别山建立根据地。你们的战士都是建立根据地的骨干。再说，仗还是有打的，而且会越打越大，还怕你们无用武之地不成？"司令员这么一说，我们也只好作罢。

不久，地方党政军组织便相继建立，总部从各纵队中抽调了部分兵力，协助开展地方工作。

10月初，总部令我旅攻克经扶县（今新县）县城——新集镇。新集镇位于大别山东麓，是个十分有名的县城。十年内战期间，它是鄂豫皖革命根据地的首府所在地，是红军的故乡。它三面环山，一面临水。当时正值秋季，山上的枫叶大都被秋色染红，远远望去，层层山峦仿佛披上了张张柔软的红缎，红缎又倒映在水里，清波荡漾，便泛起红光，风景煞是优美。可是，这样一座具有光荣革命历史、环境优美的县城，当时却被地方反动武装所窃据。地方保安团团长黄古儒凭借高大的石头城墙，纠集了几千反动武装，企图负隅顽抗。

总部首长考虑到我们攻城有困难，特意配给了两门山炮。下午 2 时，攻城战斗打响，一团担任主攻，首先肃清了新集城外几座山顶上的碉堡。然后，架在城东的炮"发言"了，第一炮打在城西的广场上，给了敌人一个警告信号。不及敌人回过神来，第二炮就落在了黄古儒的指挥部上空。这一炮把敌人吓破了胆，敌人像烧着了窝的马蜂，拼命向城南逃跑。我们乘机冲进城内，与敌人展开巷战，大约只用了一个小时，我们就全歼城内之敌。逃出城的保安团长黄古儒、伪县长李建刚企图控制城东南角的制高点白茅尖，不料，还未到半山腰，山顶就被我们抢先占领。我们一阵呐喊，如泰山压顶，从山顶直冲下来，将伪县长李建刚当场击毙。黄古儒见势不妙，慌忙转头南逃，我们乘胜追击，在城南 10 余里的泗店将其活捉。这一仗前后用了 3 个多小时，全部结束战斗。新集——昔日的中共中央鄂豫皖分局所在地，终于回到了人民手中。

（汪志农　张光怀　张君兵　记录整理）

原载骆荣勋、郑明新：《挺进大别山》，河南人民出版社，1987 年，第 106～112 页。

前指纪事

◎ 魏锦国

　　1947 年 11 月底，国民党政府军集中 14 个整编师 33 个旅，由"国防部长"白崇禧①在九江指挥部统一指挥，开始对大别山展开全面围攻。为粉碎敌人围攻，晋冀鲁豫野战军于 12 月 11 日分成前后方两个指挥所，由政治委员邓小平率领野战军前方指挥所和第二、第三、第六纵队及军区地方武装，坚持大别山内线斗争；由司令员刘伯承率领野战军后方指挥所和中原局机关、野战军后勤机关、第一纵队，转出大别山进入淮西地区，在外线钳制敌人；又以第十、第十二纵队进入桐柏、江汉地区，开辟新根据地，威胁敌人背后。1948 年 2 月 22 日前后方两个指挥所会合。这里记录的是野战军前方指挥所从 1947 年 12 月 11 日至 1948 年 2 月 24 日的活动。

一九四七年

12 月 7 日，于红安县周家墩

　　刘伯承司令员、邓小平政治委员发出关于粉碎敌人围攻给各部队的指示：

　　（甲）蒋介石此次对大别山使用七、二十五、二十八、四十八、五十八、十、十一、八十五等八个师，其作战要领为：

---

① 当时任国民党政府国防部部长兼围攻大别山地区人民解放军的"国防部九江指挥部"主任。

一、彻底破坏根据地，摧毁物资及党政组织。

二、以一个强大纵队寻我主力，其余分散清剿，互相衔接。

三、如我向西北侧追剿，不受小股牵制，全力扫荡。

（乙）我之作战要领：

一、主力宽大机动，待敌疲困时，寻机歼敌一路。

二、以一部主力（二纵），在外线分散活动，坚决打敌弱点。

三、军区、分区以一部适时转移至外线，大肆活动，特别是断敌补给线；留适当兵力在内线，以积极进攻的游击战术，疲困敌人，保护群众，实行空舍清野，反"清剿"，侦报敌情。

（丙）各部各区深入动员，敌是垂死挣扎，并不可怕，反对右倾，坚决打敌，特别在决战时，不怕伤亡。只有粉碎敌人之进攻才有巩固的根据地。

12月8日，于门前湾

刘邓向中央军委发出关于粉碎敌人围攻的基本部署的报告：

敌向大别山，已发现有33个旅，近80个团。每路为两个师以上。其目的似在迫我向西、向北。围攻大别山之敌密集靠拢，难以捕捉战机；根据地新建，群众尚未充分发动；中心区山高路窄，不便于大兵团宽大机动。根据现况，我不能过早布置主力作战；而我实力，只能歼敌孤立的一个师，多便吃不消。故我决心将十纵（已过铁路五个团）、十二纵迅速分别进入桐柏山、江汉区，其余主力结合地方武装，适时分遣集结，依托大别山作宽大机动，必要时，可暂时渡淮河机动，把敌拖一个时期，再打中等歼灭仗。此次为我反攻后之最大考验，处境确有困难，唯士气颇好。但须有友邻有力配合，拖散一部敌人。盼陈粟、陈谢告知计划。

为了今后行动更加迅速，便于打仗，粉碎敌人的围攻，司令部通知各单位动员大家轻装。轻装下来的东西，如果是老百姓用得着的，就分送给穷苦的老百姓；如果是军用物资，就暂时隐蔽地埋起来，但要采取适当措施，保证物资不致损坏，以备将来再用。

12月9日，于门前湾

今日在此待命。整天忙于轻装、处理物资，调整组织机构和人员配备，以准备前后两个指挥所分开后，适应新情况。

12月10日，于黄陂站

昨天下午由门前湾北行，半夜抵黄陂站宿营，行程60里。今日黄昏，刘邓开始分开行动。刘伯承司令员、张际春副政委率后方指挥所由这里出发北上。邓小平政委、李先念副司令员、李达参谋长率前方指挥所由此东去。

12月11日，于七里坪

陈谢兵团和华野陈唐兵团为了配合大别山反围攻斗争，遵照军委部署，对平汉、陇海两铁路发起大规模的破击作战。

12月16日，在新县县境

豫军区部队袭占英山县城。三纵队部队解放岳西全境。

12月17日，于河南新县县境

前方指挥部以刘、邓、李（先念）、李（雪峰）的名义，发出给各纵队、各军区首长，并报中央军委，告陈赓、谢富治、陈毅、粟裕、徐向前、滕代远关于野战兵团适当分遣的部署的电报。电报指出：

（甲）此次敌之进攻，由于陈粟、陈谢破击平汉，十纵、十二纵向桐柏、江汉两区展开，而我主力又转至外线，使敌合围扑空。现八十五师已转至平汉线上，企图尾我江汉部队；十师开罗山，对淮北之一纵；四十八师、五十八师集结商城，防我东进；十一师驻罗山，七师驻麻城，二十八师驻黄安地区机动。

（乙）今后敌人重点，已转至长江北岸，敌将多次反复地进攻、"清剿"，以达其战略防御，使我难于立足，并阻我过江前进之目的。必须对此形势有明确认识，才有备无患，不致慌乱。要使全体军民了解，敌人是垂死挣扎，而我们业已完成战略上的展开。敌之一切进攻、"清剿"，均将在我坚强的有组织的斗争下，归于幻灭。

（丙）为适应斗争，决将野战兵团适当分散：一纵位于淮河南北，包括新蔡、息县、汝南、正阳及潢川、光山以西地区；二纵位于经扶①、立煌②之线以北地区；六纵位于大别山南地区；三纵位于皖西地区，辗转机动。其好处是：一、容易争取一个旅以下的歼灭战；二、容易集结两个纵队作战；三、避免大兵团集结被迫作战

---

① 今新县。

② 今金寨县。

的毛病；四、便于进行地方工作，填满空白；五、在肥区吃粮食；六、容易解决财政困难、夏衣问题，把敌人引向外，中心区好深入工作。因此，这是积极坚持和深入大别山工作的方针。各兵团必须在指定地点，灵活分散集结，实行打仗、土改、筹款三大任务。

12月18日，于新县境内

二纵袭占金寨县城。

12月22日，于河南商城县境内

平汉、陇海两铁路破击作战于12月11日发起，至22日，共破路420余公里，歼敌2万余人，攻克许昌、漯河、驻马店、兰封等敌重要基地，光复了23座城市。

前指以刘邓名义发出给陈赓、谢富治，野战军后方指挥所转粟裕并报中央军委，告徐向前、滕代远、薄一波的电报：

此次我陈粟、陈谢大破平汉、陇海，战绩辉煌。但敌仍企图保持其大别山的重点主义，而不抽兵北援，仅在部署上以二十师、十师、十·师、四十八师、五十八师位于信阳、固始之线，派指挥所驻潢川。八十五师、二十八师、七师位于礼山①、黄陂、麻城，五十六师位于武汉及以北，二十五师、四十六师位于皖西，其余数部分守沿江要点。其意图，似在兼顾南北，而不变重点。甚至对我王、赵两纵②出桐柏、江汉，也置之不理。故大别山的形势，在长时期内，虽时紧时松，但比较严重。我们对此已作思想准备，并采取以纵队为单位，灵活分遣集结，打小歼灭战，强调军队、地方抓空深入土改的方针。这次敌人不管陈粟、陈谢，不管王纵、赵纵，使我破击奏效，桐柏、江汉展开，而我大别山野战兵团，又已分别跳出包围圈（我伤亡减员两三千），于全局仍属有利。因此，我们认为陈粟、陈谢对大别山的支援，不宜急躁，应作较长期的打算，主要是争取在一两个月内歼敌两三个师，使敌不能不从大别山抽兵。只要抽出两个师，局面即可改观。我们在大别山背负重些，在三个月内，陈粟、陈谢能大量歼敌，江汉、桐柏及豫皖鄂区淮河以北地区，能深入工作，对全局则极有利。为便于大量歼敌，建议陈粟军保持强大野战集团，我们将杨苏纵队留淮河以北，

---

① 县名，即今湖北省大悟县。
② 指王宏坤任司令员的第十纵队和赵基梅任司令员的第十二纵队。

协助豫皖苏工作，并可参加陈粟军作战。以上请考虑，并请军委指示。

皖西军区部队在桐城县以南之青草蝎歼敌 400 余人。

12 月 23 日，于河南商城县境内

鄂豫军区部队在黄冈以东上巴河歼敌保安部队 400 余人。

12 月 24 日，于河南商城县境内

六纵队攻占广济县城，歼敌青年军二〇三师第六团 1000 余人。

12 月 25 日，于安徽金寨县境

皖西军区部队收复潜山县城。

鄂豫军区部队收复黄梅县城。

12 月 26 日，于河南商城县境

前指以刘、邓、李（先念）名义给各纵队、各军区发出关于我军斗争方针的指示：

（甲）白崇禧第一次合围扑空后，又作新的部署（如后司 26 日电中通报之白军 22 日部署）。但敌方兵力不足，空隙很大，"进剿"与"扫荡"力量单薄，如一处遭我有力打击（如近七师一部之在木子店），或其深入空虚据点遭我奔袭（如过去霍丘与固始）时，则立即集结，或抽兵增援，因而裂出更大空子，使其合围破裂。

（乙）我军斗争方针是以小部消耗大敌，以大部歼灭弱敌，发展外线，展开新区，吸敌回顾，配合内线反"清剿"斗争，抓紧空隙，执行与深入土改。

（一）以必要兵力坚持内线反"清剿"斗争，主力适时分遣集结，力争打小歼灭战（一个班也好）。

（二）乘虚奔袭敌纵深薄弱地带，除可开辟新区工作外，迫使敌回顾。凡所有部队，均应主动地机动与休整，避免被迫地退却，不厌转移。强化情报通信，确实掌握情况，争取出敌不意，抽空开展工作。

（三）发扬高度进攻精神，捕歼小敌、土顽，尤应以爆破、阻击、夜袭、火攻、捕捉、破线、破路等，才能杀伤敌方人马，破坏交通、物资，消耗疲敌。

12 月 27 日，于河南商城县西南五里畈

指挥部经整夜行军，拂晓才宿营。各部门都是按着老规矩，干部亲自动手打扫房子，借办公的桌凳，腾出通信员挖厕所。天刚明，太阳还没有露头，邓政委就亲自到各处检查卫生。他刚走到机要处附近，发现老乡厕所里有新大便，未用土盖，便找到机要处黄兴正副主任说：这是什么人干的？赶紧追究！并嘱咐：今后你们应派人放个哨，监视这些不遵守纪律的人。

12月28日，于商城南曲河右岸长竹园

李先念副司令员动员我们做好"清区"工作。所谓"清区"，是国民党在土地革命战争时期"发明"的，意即"肃清"了共产党的地区。它位于金寨以西，新县以东，商城以南，麻城以东、以北地区。当时苏区在这里主要有两块根据地，东面一块以金寨为中心，西面一块以新县为中心。反动派为隔断东西两块根据地的联系，勾结当地反动头子顾敬之，对革命力量进行残酷的进攻，以使革命力量无法在该区发展与存在。红军与白军在此曾进行尖锐的斗争。顾敬之倒台后，商城反动县长张旭东继续镇压人民，不让人民接近解放军。

12月29日，于曲河支流右岸的熊家畈

前指从长竹园出发，冒着阴雨走了一天一夜，到达新的宿营地熊家畈时，人困马乏，两条泥腿再向前移动一步都觉得很吃力。同志们一个挨一个地往稻草上躺。牲口不等下鞍架，就伏地准备打滚。首长们照例找老乡作调查。李参谋长没有进房子，先在村外召集各部门负责同志开会。他说："我们已经进入'清区'了，这里的群众，由于长期受反动派的宣传，对我们还不了解，加上反动头子张旭东的恐吓，暂时还不敢公开接近我们。各单位就在附近小湾子找房子住下做饭吃，稍微休息一下继续出发。"

各单位一致提出：没有锅，也找不到老乡，怎么办？

李参谋长和蔼地解释说："同志们，大家应多想办法。我们长征的时候，没有锅用脸盆、茶缸子做饭，也解决了问题，你们也可以采用这种办法。另外，你们还可以派人到周围小湾子去借锅。"

会开完了，各部门负责人刚要走，李参谋长又把大家叫住，再三嘱咐："你们千万要注意群众纪律。如借到了锅，用后一定要送还，并且给些代价。"这些话，差不多在每次会议上都要讲一遍，唯恐我们忽视了纪律。

时值寒冬腊月，青年人都冻得够呛，邓、李、李首长穿着同样单薄的布棉袄，自然是不会不冷的。机要处副主任黄兴正便吩咐警卫员拿点稻草给首长烧堆火烤烤手。邓政委说："不用烤火。大家都过得去，我怕什么？要知道，群众的一根草也是来之不易呀！"这话，我们听了心里热乎乎的，整夜行军的疲劳和寒冷减去了大半。

前指机要处，照例一到宿营地先办公，再争取时间休息。各科的同志把皮包搁在膝盖上代替桌子，正在办公，见黄兴正副主任开会回来便说："今天吃饭成问题，通信员找了好几个小湾子，才借到一个很小的破锅，漏得一塌糊涂。"黄副主任便照参谋长的指示，对他们作了解释，并和通信员一起把破锅用泥巴糊好，倒进水去，居然不漏了。

12月30日，于金寨县漆店区楼房村

邓小平政委、李先念副司令员、李达参谋长和鄂豫区党委书记兼豫军区政治委员段君毅来到金寨县漆店区视察工作。

我野战军主力及桐柏、江汉、淮西三区部队在展开作战中共歼敌1.7万人，华野和陈谢兵团在平汉线上大量歼敌和破击，迫使敌人从大别山撤走三个旅。

中野一纵和华野、陈谢兵团在平汉线确山地区胜利会师。陇海破击作战胜利结束。

12月31日，于金寨漆店区楼房村

早晨，派人通知在漆店区担任中共区委书记兼工作队长的二纵队民运部部长江川来前指汇报工作。之后，又请他迅速通知中共地委和县委的同志来汇报工作。

下午，中共金寨县委书记兼县独立团政委张延积和县长王相卿、中共金寨县委副书记张健三等同志来汇报工作。他们从南溪区的余富山经七里冲，走了20多公里路，直到天黑才到达。晚上，前指办公室里点起了松明，邓小平、李先念、李达、段君毅等同志和大家围着火堆，听了陕北广播的《目前形势和我们的任务》之后，开始听取地方工作干部的汇报，直到夜深。

1947年的除夕，就是这样度过的。

一九四八年

敌人被迫由全面防御改为分区防御，企图继续坚守东北、华北，集中力量加强其中原防御。敌人在中原战场共有3个整编军，34个整编师，79个旅，54.6万人，约占其全国作战部队的1/3。其部署为将白崇禧、顾祝同之主力，根据作战需要，组成若干机动兵团，执行监视我军和机动救援的任务。敌妄图保持津浦线，而以平汉、陇海两线作为分割中原我军的"十字架"和攻击中原我军的轴心，并仍置重点于大别山。

1月1日，于金寨县漆店区

邓政委签发以刘、邓、李的名义，给各纵队、各军区首长并报中央军委，告粟裕关于各部队行动要旨的电报：

（一）北线对二十师作战，敌增援已到，未行围歼该敌。我陈粟、陈谢正集结休息，待机作战。

（二）白崇禧之部署为：以七师主力位英山，以一部位罗田。二十八师位麻城南，以一部向东协同七师，一部继续"扫荡"麻城北。四十八师集结麻埠、流波瞳线，以地方团队位立煌。五十八师位商城。四十六师位六安附近。二十五师位舒桐地区，向西"扫荡"。十一师一个旅，协同十师北援，师部及一个旅位潢川，另一个旅似在沙窝、商城地区（待证）。

（三）依此，我一时尚难寻机打大仗，仍应主动分遣，攻敌弱点（如十六旅广济之战①），打小歼灭战，抓空子深入土改。锡联②三十一日电，先志③一日电，部署很好，不与二十八师胶着打消耗仗，或出浠水整训，或向西与韦部④会合，打河口等地弱敌均可。杜韦⑤暂不去广水破击，可暂在黄安、宋埠、黄陂地区打敌弱点。陈王⑥应于休整三日后，以一个旅进至光山、经扶线以西地区活动，一个旅在光山、潢川以东地区活动。

（四）各部行动要旨：（甲）敌向内，我向外；敌向外，我向外。主要应在外线拉敌。（乙）以小对大，以大对小。分派小部队游击疲敌，大部队远离敌主力。（丙）不打

---

① 参看本书韦明《记广济之战》。

② 即陈锡联，时任晋冀鲁豫野战军第三纵队司令员。

③ 即鲍先志，时任鄂豫军区副政委。

④ 指冀鲁豫野战军第六纵队副司令韦杰所部。

⑤ 指杜义德、韦杰。

⑥ 指陈再道、王维刚。

消耗仗。（丁）积极找敌弱点,在进退时都取进攻姿势。（戊）应组织对敌有力的伏击。（己）应酌情埋藏笨重东西,使运动轻便。（庚）极端注意休息及巩固部队,避免不应有的减员。（辛）有计划地协同地方工作。

（五）各军区部队,对"清剿"之敌,须有力地斗争。

（六）各野战军,在外线无地方工作区域,打土豪,至少解决一套夏衣（由邯郸增筹一套）。

1月4日,于××

邓小平政委签发刘邓就敌人对大别山围攻的特点和我之对策给各纵队的指示。指出白崇禧在对我合击扑空之后,往往朝令夕改,一日数变,且表现急躁,一触即跳。各纵、各军区除围绕以前斗争方针施行外,还应做到:

1. 善于直接侦察当面敌军之具体行动,以利主动。

2. 善于以小部队结合地方武装,伪装主力,袭扰、疲困、迷惑敌人,争取我主力之机动转移、休整与寻机歼敌。

3. 在外线对薄弱之敌给予歼灭打击。

4. 组织精干小部队破坏一切可被敌人利用的公路、电线,焚毁敌兵站、仓库,阻绝其补给交通。

1月5日,于五里畈

这是前指及部队第二次驻该村。因第一次驻该村时纪律严明,大部群众都回来了。群众见我们就说:解放军真好,水满缸,房子扫得亮堂堂。早知解放军这样好,我们还跑什么呢?

1月6日,于通城店

由五里畈向通城店移防,中途小保队阻抗,部队只好停下来。李参谋长亲自率警卫团一个排登山搜剿,掩护前指安全进入宿营地。

1月10日,于××

邓小平政委以刘邓名义签发《关于节约粮食、爱护民力、维护群众利益、度过春荒的指示》。

1月30日,于新县境内

邓小平政委向毛主席作了关于大别山的阶级状况和几个策略问题的综合报告。

1月间，野战军主力在军区地方武装的密切配合下，采取敌进我进、适时分遣与集结、内外线相结合的灵活机动的斗争方式，粉碎了敌人对潢川、固始地区与商城西南地区的重点合围和对全区的"清剿"。

2月×日，于新县境内

邓小平政委在鄂豫区党委二地委会上作报告，讲全国形势、大别山形势和我们的任务。指出自反攻以来，到毛主席12月报告为止，全国战场上我军共歼灭敌人69万人，加上去年12月歼敌11万人，总计80万人，超过自卫战争第一年结果，这里面有我们歼敌11万人。我们自进到大别山后，9月至12月虽没有大打，但也吃掉敌5个旅，歼敌5万人。更重要的是我们前进了一千里，创建了三大解放区，人口多了4500万，建立了各级政权及军区组织。大别山敌情最严重，而我们不仅战略展开了，而且战术也展开了，到处有我们的工作。我们已经在新解放区站住了。我们的任务是把大别山发展为成片的、巩固的解放区，解放大别山2423万人口，并积蓄人力、物力、财力，准备斗争力量，配合全国再来一个跃进。

2月4日，于××

前指转移到此。根据当时敌我态势和地形隐蔽条件，可在此山坳作短暂休整，欢度跃进到新区的第一个春节。

春节，按习俗是人民群众最大的一个节日，部队成员大多来自农村，无不重视。我们在老根据地时，不管条件如何艰苦，都尽可能地改善一下生活，搞些娱乐活动。南下半年，一直是在极其紧张和艰苦的条件下战斗、生活，现在有了几天短暂休整，又逢佳节，同志们自然想到了改善生活问题。我们单位买了两头猪，准备吃一顿饺子。同志们有的去池塘捉鱼，有的到河里去摸虾，有的打柴，有的采黑木耳。我和其他几位同志去捉鱼，因工具简陋，收获不大，有人就出点子，放掉了池塘水，在水的流口处拦阻捉鱼，这一下收获确实不小，一个池塘弄到几百斤鱼。正在我们兴高采烈欢呼时，邓政委从山坡小路走了过来，见此情此景，先是对我们在很艰苦条件下仍保持饱满乐观的情绪予以鼓励，然后转而严肃地指出：池塘的水是群众备旱用的，你们采取了"竭泽而渔"的做法，贪图了眼前，损害了群众的利益。经首长这一指点，大家都后悔不及。水已流失，不能复收，我们就向群众道歉，并赔偿了损失。为此，邓政委亲自起草了一个通知，下发给前指所属部队，号召全体指战员处处留心照顾群众的利益，决不能竭泽而渔。

2月9日，旧历除夕，于××

邓政委向军委发出关于部队情况的电报：

（一）我及先念率指挥所在大别山。伯承因身体不好，暂率野后在淮河以北，并指挥各纵。

（二）我野战部队在大别山内，一时很难打到好仗，辗转消耗亦不合算，集中作宽大机动，并利于粟的机动，实属必要。主力兵团不宜抽得过早，应对粟的机动予以配合，故须留在大别山，再打一个月圈子。我们指挥所，则拟相机移驻与野后会合，部署作战。

（三）主力抽走，可能引起一些波动，当预为防止。事实上，恐有一两个月的严重"扫荡"。但休整、胜利及粟的机动，必可改变形势，利于发展。

（四）我们要派出机动之两个部队，组织训练准备尚须时日，当尽力争取实施。

（五）我们新兵只有三万（包括归队的），第一批只来一万六千人。

（六）同意派雪峰任区党委书记兼军区政委，暂不成立中央分局。现雪峰中原局副书记名义不变，将来仍回中原局。

2月12日，于××

邓小平政委签发刘邓给军委及粟裕的电报。这个电报谈了关于主力转出大别山与华野、陈谢兵团协同作战的意见。主要内容是：

根据总的任务，我们三军应确定向西，时间不宜过早，以先粟十天到半月为适当。战役组织，应以陈谢、陈唐两部先向西进吸引敌十师、十一师，以便大别山部队集结，迅速补充新兵，尾十师、十一师之后，并吸引大别山之敌向西。

2月20日，于××

军委发出关于中原各军作战部署的指示：前指应率野战军主力转出大别山，进至淮河、陇海路、沙河、伏牛山之间，以便统一指挥中野部队及华野陈唐兵团，在淮河、汉水、陇海路、津浦路之间，寻机歼敌。

2月22日，于××

邓小平同志以中原局名义发出《关于开展大别山游击战争的指示》，电文如下：

两个月来，军区及地方部队配合主力反敌"清剿""扫荡"，坚持大别山阵地，获得不少成绩。但为了大量歼敌，野战军主力在其已经掩护初步土改，培养和扶持了地方游击战争之后，不能长期分散，必须适时集中，出入于大别山外围与内部机动。这就要求军区部队及地方人民武装，今后独立自主地强化更广泛的群众性的游击战争，打击和歼灭分散之敌人，以保护群众，掩护土改深入，并配合主力运动作战，大量歼敌。为此，军区及地方人民武装必须：

（甲）提高全体军民的胜利信心与斗争意志，使其认识，只有这样强化游击战争，结合运动战，才更有利于调动和分散敌人、歼灭敌人，进一步坚持和巩固大别山阵地；批评和反对那些软弱无能、依赖主力、不积极歼击敌人、消极等待敌人退走的右倾思想及和平建设根据地的思想。

（乙）估计敌人垂死挣扎，将恢复并依托其法西斯保甲统治之基础，强化谍报网（电台、电线）、公路网（快速部队）、碉堡网或游击网，利用伪装、夜间实行合击、追击、截击、堵击，破坏土改，重建地方蒋军。这样，敌情在我野战军刚集中作战之短时间内可能有一度紧张，在思想上、组织上必须预备。

（丙）健全各区各级党、政、军、民一元化的游击集团之组织，首先是县级及其以下的基层组织。号召一切干部结合群众，运用此组织，实行以歼敌、土改为核心的军事、政治、经济、文化、反特务等对敌斗争。各级游击集团如何规定诸分队的活动范围使之成为手、足、耳、目（联防游击戒严，尤其是要点情报网）与如何使干队辗转突击，以强化游击战争，特别是党、政、军、民各部工作如何协同，应由各级尤其县级党委书记兼政委统领导之。

（丁）使游击战争（摧保甲）与土改密切结合，真正做到"人人皆兵，人人分田，一手拿枪，一手分田"。尤要善于利用空隙，放手分田。把英山这样的经验普遍发扬起来。

（戊）在游击战术中要发扬：

（一）好击必击，不好击就游。而击，必采取进攻的伏击、袭击、急袭，并无防御。必采取以迂为直①的行动，不可老走一路，不可老驻一地。

（二）以分耗集，以集灭分，声东击西，攻敌不备。

---

① "以迂为直"，见《孙子·军争》，意思是把迂回的道路作为捷径来走。

（三）查明敌情，研究规律，捕灭弱敌，防逃断援。在数敌合击之前，靠近一敌，适时转到外线，奔袭弱敌，如敌来追，则伏击。

（四）在土改中，大胆依靠贫农，收缴地主枪支武装他们，带领和教育他们打游击，肃清地方蒋军，保卫土地，保卫粮食。

（五）保护群众，依靠群众，强化自己侦察，清除谍报网、便衣特务，识破伪装，号召群众破坏公路网和碉堡网。

（六）扼制敌人补给线，夺辎重，捉俘虏，搜文件。

2月24日

前指北渡淮河，与后方指挥所及中共中央中原局在安徽省临泉县之韦寨会合。

原载杨国宇、陈斐琴：《二十八年间续编——从师政委到总书记》，上海文艺出版社，1990年，第166～176页。

天堂寨剿匪记

◎ 蒋国钧

天堂寨在大别山的主脉上，山峰很高，经常被云雾遮盖着。只有天空晴朗，没有风云，才能显出它的雄姿来。天堂寨三面绝壁，不能攀登，只有东面一条深沟，长六七十里的天堂山全是森林野草，没有人烟，冬雪凝结，成了一座雪山。这条山脉扼鄂、豫、皖三省，南出松子关到湖北的英山、罗田，东出青台关到安徽的霍山、岳西，北出长岭关到立煌（今金寨县），西出隘门关到河南商城。这里历来就是土匪和反革命的老巢。土地革命时期，天堂寨成了白军和土豪劣绅反动派捣乱苏区的堡垒。

刘邓大军挺进大别山后，横扫数百里，打到长江北岸，建立了鄂豫皖广大解放区，此时，英山、罗田的地方反动武装保安团，结合乡保民团土豪劣绅3000余人，盘踞天堂寨附近地区，四处扰乱我军后方，破坏解放区建设，屠杀我地方工作人员及革命群众，抢劫附近群众的粮食、衣服、被子，甚至连破棉被都抢光了。年轻的群众都四外逃走了，只剩下些老弱妇孺在家，没吃没穿，眼看就要饿死冻死。

为了巩固大别山根据地，彻底解放大别山人民，我们六纵队第十六旅部队，在1947年12月中旬，奉命清剿天堂寨土匪。

我们首先奔袭英山县的土匪，随即包围天堂寨，以"铁壁合围"形成了大包围圈，四面扎下活动据点，随着部队压缩前进，据点也向前移动，从东到西，要把敌人压缩到天堂寨全部歼灭。

大别山地区虽然是冬天，却下着一阵阵的细雨，夹杂着一些雪花。战士们顺着泥泞的山沟和山岭搜索前进。树林里，石崖边，布满着队伍。指战员的衣服都被雨雪淋湿了，寒风透进了湿衣服。下午4点钟，天慢慢地黑下来了，但连一个人影还没发现。四下里尽是荒野没有人家。部队也没有带干粮……

第二天，部队准备了干粮向天堂寨出发。漫山遍野布满我们的战士，只听遍山的喊声："出来吧，缴枪不杀！"

走了20多公里的森林，战士们捉住了一个自称挖药材的老乡，审查后，原来是一位保安团的逃兵。保安团被围困在山上没有吃的，把枪支埋了，想伪装成当地群众逃走。这个消息传到了二营八连，部队的情绪立即高涨起来，就以这个逃兵做向导，到他们躲藏的地方找到了他的伙伴和埋藏的枪支。天又黑下来了，但离天堂寨还有20余公里，到处没有人家。部队只好选择地形扎下据点，就在树林和石崖下宿营。其中唯一的一座房子，就是间挖木瓢的草棚。大家吃了一点自带的干粮，就这样互相依靠着休息。

"站住，举起手来！"

忽然听见哨兵的喊声。

原来几个饿得不堪的敌人被捉住了。随后，他们又领着到山沟里取出了一排人的枪支。

第三天天刚明，我又率领我这个团的二营，和安团长率领的营，继续爬山向天堂寨搜索前进。重重叠叠的山，爬了一层又一层。战士们都攀着树枝和野草往上爬着。有的被雪滑倒了滚下来，把手足碰破了，流出血来，但爬起来又往上爬。大家正往上爬的时候，听见一位战士喊：

"蒋副团长，洞里有人！"

我就命令八连政治指导员段其珠带二班爬上去。二班战士们端着明亮的刺刀冲进洞去，只听得洞里手榴弹轰的一声，不久，一群俘虏就从洞里被带了出来，他们是英山保安团第二中队的，都把枪缴了。

到了下午2时，战士们才爬上了高耸入云的天堂寨。这里没有人家，只有一圈古老的石寨，里面也尽是树林和野草。此时四面八方的部队也攻了上来，喊声、枪声、炮声响成一片。被我军打散了的敌人，像兔子一样四处乱窜。我们的部队密布如网，在树林里、野草里、石头缝里都仔细地搜查着，把一些隐藏的敌人和枪支都搜了出来，也把许多年来的反革命堡垒摧毁了。

雪越下越大，山滑得不能走，很多战士简直不是走下来而是滑着溜下来的。部队就这样带着一群一群的俘虏，穿过乌黑的森林，胜利地回来了。

老乡们对天堂寨流传着一个神话：天堂寨山巅上的草地下都是水，人一踏上就掉下去到了天堂。

我们踏遍了天堂寨，但没有一个掉进"天堂"去的，全都回来了，又奉命去消灭另一股敌人。

原载杨国宇、陈斐琴：《二十八年间续编——从师政委到总书记》，上海文艺出版社，1990 年，第 213～215 页。

张家店歼灭战

◎ 陈锡联

1947 年夏，晋冀鲁豫野战军主力在刘伯承司令员、邓小平政委率领下，贯彻执行党中央、毛主席把战争引向国民党统治区的战略方针，强渡黄河天险，在鲁西南歼敌九个半旅后，千里跃进大别山。这一战略行动，打破了敌人的防御体系，把战线从黄河两岸推移到了长江北岸，实现了我军由战略防御到战略进攻的伟大转折，这是对解放战争的发展具有决定意义的胜利。

鲁西南战役后，敌重兵对我进行合围。8 月 7 日，刘、邓首长毅然决心乘敌合围部署尚未完成之际，立即隐蔽突然南进，执行挺进大别山的战略任务。并确定以第一纵队为右路，第二、第六纵队掩护中原局及野战军直属队为中路，第三纵队（我时任该纵司令员）为左路，分别向大别山急进。我纵队采取交替前进的作战部署，先以第七旅为前卫跨越陇海路，抢占沙河渡口，继改第九旅为先锋进击淮河，沿途战胜了敌人的追堵拦截，克服了重重困难，于 8 月 26 日，最先渡过淮河，占领固始城，胜利到达大别山北麓。这时，敌人主力被甩在淮河以北，大别山区极为空虚。为抓住有利时机，我纵在固始稍事休整后，即奉命实施战略展开，开辟皖西根据地。任务是：迅速攻占立煌（今金寨县），准备占领六安、霍山、舒城、庐江、桐城、潜山、太湖诸城。受令后，纵队全体指战员遵循刘、邓首长"全心全意，义无反顾地创建巩固的大别山根据地"的指示，先由纵队郑国仲副司令员率第八旅向立煌城进发，9 月 2 日攻占该城，全歼敌整编第四十六师第五六四团主力。尔后挥师向东，先后解放舒城、桐城、庐江、潜山诸城。我和曾绍山副司令员、阎红彦副政委也随后率第七、第九两旅，于8月31日首克叶家集，歼敌一部，继占六安、霍山、岳西诸城，并以一部兵力向安徽省会合肥方向佯动以牵制和迷惑敌人。同时配合随我纵南下的300余名地方干部和地方党、游击队，就地发动群众，肃清民团，建立地方政权。仅在半个月的时间内，我纵就解放了9个县城及皖西广大地区，消灭敌2000余人，摧毁了国民党基层政权，建立了民主政府，从而逐步打开了局面。在此期间，我纵与长期坚持大别山斗争的刘昌毅、桂林栖同志领导的皖西人民自卫军胜利会师，得到他们的大力支持和密切配合。

当我纵在皖西、六纵在鄂东实施战略展开，一纵、二纵在大别山北麓一面牵制敌人，掩护展开，一面就地开展地方工作之际，蒋介石十分恐慌，急忙以23个旅的兵力跟过淮河，尾随追击，企图乘我立足未稳，寻歼我军或驱逐我军出大别山。刘、邓首长遵照毛主席指示及根据敌桂系部队对大别山情况较熟，到处有特务谍报网，战斗力较强等情况，决心避开桂系主力整编第七师、第四十八师等部，集中力量先歼战斗力较弱、位于商城的滇军整编第五十八师。为配合一纵、二纵及六纵一部歼灭该敌，我和曾副司令员奉命率第七旅及第九旅主力，由皖西六安地区隐蔽赶到商城以东集结，留郑国仲副司令员率第八旅及第九旅第二十七团，在皖西继续完成展开；阎红彦副政委会同刘昌毅、桂林栖率教导团与皖西人民自卫军、南下地方干部，负责发动群众，开展地方工作。9月17日当我纵主力按时赶到商城以东时，苏仙石之敌已缩回商城城内。兄弟部队在商城以西中铺歼敌一部。

我野战军主力在商城、光山地区的作战与集结，吸引敌全部机动兵力于大别山北麓，有力地掩护我军在鄂东、皖西的继续展开。但敌重兵云集，我一时难以捕捉战机，遂放弃对商城的攻击。此间，第七旅第二十团和第九旅第二十五团于9月20日分别奔袭固始城和敌补给基地三河尖，歼敌一部，缴获大批炮弹。由于鄂东之敌整编第七师、第四十师，皖西之敌第四十八师、第四十六师一部以及山北地区之敌整编第八十五师、第五十八师、第五十二师等部先后赶来，于9月底对光山、经扶（今新县）地区我野战军主力实施合围，因而皖西空虚，造成我歼敌极为有利的条件。我们根据这一情况，遵照刘、邓首长"趁敌西调，皖西空虚，速急回师，放手歼敌"的指示，立即挥师皖西。9月30日纵队主力由商城、一部由固始兼程东返。为了隐蔽意图，部队在连日阴雨、道路泥泞的情况下，绕行崎岖山地，通过羊肠小道，经过7昼夜的艰苦行军赶到了六安、霍山之间地区。

这时，皖西之敌仅有第四十六师主力位于六安，由徐州调来的整编第八十八师师部率第六十二旅正由舒城沿舒（城）霍（山）公路西犯，于9月中旬，乘我主力西调，侵占我舒城、庐江、桐城，10月6日进抵南官亭地区。敌第八十八师曾与我在山东鱼台县城外围交过手，我纵和兄弟部队一起，一天内消灭其一个半旅。这次又再度相遇，真是狭路相逢，冤家路窄。该敌正处在运动中，且较孤立，是我歼敌最佳时机。纵队党委审时度势，为了不失战机，决定集中全力歼灭该敌。要求各级指挥员以最快速度，千方百计抓住敌人，不使其逃脱。但考虑到我纵队主力仍处在行进之中，距离拉得很长，故确定：先以第八旅在舒霍公路上，以运动防御形式阻击该敌，并积极诱敌西进；以第九旅进至霍山以东山王河、石河一带，沿舒霍公路正面迎敌；以第七旅主力进到霍山东北之舒家庙、但家庙，尔后向东迂回敌人，相机堵塞敌逃往六安之路；并派一部到芮草洼，另一部向六安伪装主力，侦报情况。此方案很快得到刘、邓首长的批准。

部署就绪后，我心潮起伏，联想起由二纵陈再道司令员向我传达的刘、邓首长在王大湾会议上的讲话。刘、邓首长的话，语重心长，一再告诫我们：要增强斗志，反对右倾情绪，核心是要打好仗，大量歼灭敌人。只有如此，才能打掉敌人的嚣张气焰，鼓舞军民斗志，在大别山站稳脚跟；只有如此，才能充分发动群众，打开新的局面，重建大别山根据地。由此，我深感责任重大。但如何才能实现刘、邓首长的决心呢？只有深入动员部队，克服3个多月来连续行军作战所带来的极度疲劳，发扬不怕牺牲、英勇作战精神；特别要求各级指战员必须机动灵活，善于捕捉战机，主动协同配合，不惜一切代价务必一举全歼该敌。

敌第八十八师于9月30日由桐城、舒城出犯，沿途遭我第八旅第二十二、第二十四团部队阻击、袭击；10月6日，该敌又沿舒霍公路西犯时，马忠全旅长又亲自指挥第二十三团在六安县南官亭地区采取运动防御，迟滞了敌人的行动，在给敌以杀伤和消耗后，我第二十三团主动撤离阵地，以诱敌继续西进。上述行动，有力地保障了我纵主力胜利展开。

10月7日，敌第八十八师师部及第六十二旅由南官亭继续西犯，又遭我第八旅部的侧击与尾击。23时，敌先头部队在山王河以东与我第九旅先头第二十五团遭遇后，即迅速回缩至抱儿岭、三保墩一带。针对这一有利时机，纵队当即令第九旅迅速由西南向东北压缩包围敌人；令第七旅主力插向张家店方向，由北向南迂回堵击敌人；令第八旅迅速由毛坦厂向北，从敌后尾包抄。该敌与我第九旅部队接触后，即发现我纵队主力赶到，预感情况不妙，除急忙向六安之第四十六师求援外，继续向核桃岩方向仓皇逃窜，妄图逃脱其被歼的命运。

这时，我纵各部队发现敌逃遁，都不顾疲劳，争先恐后地按照总的作战意图以团或营为单位，多路分进合击敌人。第九旅童国贵旅长亲率第二十六团先头部队追至普安堂，第二十五团、第二十七团取捷径向北追击；第八旅第二十二团、第二十四团先头部队进至吴油房地区，继续向核桃岩方向追击。此时敌以小部队在普安堂附近掩护，主力趁夜暗，避开公路，沿丛林密布的山岭向北成多路撤退。追击中，我各级指挥员都行进在部队先头，亲自进行侦察，掌握情况、判断征候、勘察道路、辨别方向、搜索敌人逃跑的踪迹。24时，第九旅第二十六团先头部队在马长岗捉到敌哨兵，从敌兵供词和侦察情况得知，敌全部猬集在张家店地区。

张家店是一个东西向约1里长、有200户居民的小集镇，房屋大多数是泥墙茅顶，镇的周围水坑、壕沟纵横，为水网稻田地带，四周系长满小松林的起伏山冈，从地形条件看，利守不利攻。敌指挥部设在镇西北的一座庙里。

我第九旅先头部队查明敌情后，当即占领张家店以南295高地；第二十七团先头部队逼近韩家畈。正在此时，第七旅赵兰田旅长率第二十团也赶到了。赵、童旅长主动联系，共同研究情况，认为敌我兵力虽悬殊，但战机不能放过，必须先以现有兵力将敌套住，阻止敌人逃跑，一面报告纵队首长，一面商定以第二十团从东北方向，第二十六团从西、南方向将敌包围在张家店镇内。我们纵队几位领导得知此情况后高兴极了，原来所担心敌人跑掉的疑虑消除了。赵、童旅长主动配合、密切协商、高度负责的精神和部署，是这次作战能打好的关键，同时也反映了我们的指挥员在长期作战中养成的主动配合、密切协同的好作风。我们批准了赵、童旅长的决心和部署，随即令各旅后续部队加速前进，以增强突击力量。当日，六安敌第四十六师派出3个团沿五里塘、十里岗前来增援，被我第二十一团顽强地阻击在槐树岗以北地区。

9日拂晓，张家店之敌发现被我军包围，除抢占有利地形构筑阵地外，先以几个连，后增至4个营的兵力，在炮火掩护下连续猛扑第二十团阵地，企图夺路而逃，与六安出援之敌第四十六师会合。第二十团勇士们英勇抗击敌人。在这紧急关头，赵旅长与该团团长左魁元、政委王羽楚等研究作战方案后指出：原来担心抓不住敌人，现在把他们套住了，就绝不能让他们逃脱。如果你们不能打退敌人，粉碎敌人的突围，那就是说这次作战的胜利是被你们断送了。又再三叮咛说：这次作战的成功与否，首先取决于你们的战斗意志和战斗动作，为了全局的利益，应有付出重大代价的决心，即使牺牲局部也是值得的。我第二十团部队在旅首长的动员下，沉着应战，不畏艰险，顽强抗击，一次又一次地打退了敌人的冲击，最后把仅有的预备队团特务连和旅的侦察连也投入了反冲击。这时位于西南角的第二十六团从侧翼向敌猛烈攻击，并以火力积极支援第二十团作战，使敌首尾受击。15时，敌人倾全力作最后挣扎向北突围，在我第二十团、第二十六团密切协同奋力夹击下，被彻底粉碎。第二十团完全恢复了原来阵地，第二十六团且向敌防线揳入一部，阵地稳定了下来。在此期间，郑国仲副司令员率领第八旅部队亦赶到了张家店以东、东南地区，对敌形成四面包围。这里需要特别提到的是，当敌被围在张家店时，由当地人民政府和新解放区群众组织了1000多副担架，在南下地方干部带领下赶来支援，极大地鼓舞着全体指战员的杀敌斗志，决心全歼敌人，来报答新区人民对子弟兵的爱护和支援。

当把敌人包围在张家店后，我和曾绍山同志就考虑：此战必须速战速决，否则于我不利。张家店距六安仅30公里，敌第四十六师来援的3个团已进至槐树岗，此仅20公里，仅靠第二十一团将敌堵住是困难的。如果再放一点，援敌就会到我们面前。敌第六十二旅就是存有这种幻想，才鼓起勇气在张家店固守待援的。倘若合肥敌人出援，情况将更加复杂。为此要求各部队认真做好思想鼓动工作，忍受几天来昼夜连续作战的疲劳，以最顽强的毅力，全力投入战斗，进行轮番攻击，不给敌人喘息机会，必须在10日黄昏前全歼该敌。在具体部署上，确定第九旅由西、南两面主攻，大部炮火都配属在这里；第七旅由北，第八旅由东、东南面，对张家店之敌实施总攻。根据地形和敌人配置、工事等情况，确定攻击分两个阶段：首先于10日拂晓前全部肃清外围诸支撑点；其次对村镇实施全面突击。同时，还提出要根据山地水网稻田作战特点，认真组织队形和火力，切实分割和歼灭敌人。为加强指挥，曾绍山同志连夜赶到了第九旅指挥所。9日19时开始肃清外围。部队虽连续行军追击，极度疲劳，但干部、战士斗志高昂，突击动作勇猛。第七旅第二十团一举夺取了村北小河边的居民点，并以一部摸过小河，占领制高点，集中火力压制敌人，掩护突击部队交替向村沿发展。第九旅第二十七团占领了韩家畈。第八旅第二团夺取了张家店以东之胡家桐堂，第二十四团、第二十三团亦逼近张家店之前沿阵地。战至20时，扫清了外围据点。此时，敌人倚仗优势兵力和火器，利用村沿进行顽抗，但已是瓮中之鳖。为了不给敌人以喘息机会，于当夜10时，我纵发起总攻。先以第九旅和纵队配属炮兵，实施火力准备，以密集而准确的炮火，迅速摧毁了敌人的前沿防御工事和火力配系，部队随即从四面发起突击。10日1时许，我炮火击中敌人指挥所，引燃了村内草房，风助火势，张家店顿时火光冲天，敌阵大乱。我各攻击部队趁势发起猛攻，第九旅第二十七团首先从南面突破，第七旅第二十团也从北面攻入村内，敌人一部向东突围逃窜，为我第八旅部队在张家店以东全部歼灭。突入村内的我军，一面奋勇穿插，分割围歼敌人；一面协助群众救火。混乱的敌人抱头鼠窜，被歼的被歼，投降的投降。战至10日拂晓，除敌第八十八师副师长兼第六十二旅旅长张世光化装逃跑外，其师部及第六十二旅全部被歼，战斗胜利结束。此役我纵共毙伤敌副团长以下500余人，俘敌第六十二旅副旅长汤家楫以下4300余人，缴获敌山炮1门、迫击炮15门、六〇小炮26门、机枪70余挺、步枪1500余支，以及其他军用物资。

六安敌第四十六师于8日派出增援的3个团，被我第七旅第二十一团顽强阻击在槐树岗、中子店地区。第二十一团部队发扬以少胜多和英勇顽强的精神，采用正面出击和翼侧出击相结合的方法，多次打退敌人的冲击，并不时利用夜间派出小分队向敌实施反击。经持续3昼夜激烈战斗，给敌以重大杀伤，至战斗结束时，敌仅前进5公里，仍被阻在距张家店15公里的中子店地区，这有力地保障了张家店作战的胜利。

张家店战斗，是我纵在无后方依托的条件下，第一次取得的重大胜利，也是一次集中全纵主力歼灭敌人1个正规旅的漂亮的歼灭战。其主要经验：首先是认真地贯彻了刘、邓首长"迅速回师皖西，放手歼敌"的指示，全体指战员在这一指示的指引下,高度发扬了不怕疲劳、不怕牺牲、英勇奋战的顽强精神。其次是抓住了战机,采取大胆迂回包围和分进合击,以连续突击,迫使敌人就范。特别是旅团指挥员,为不失时机,在纵队领导尚未到达的情况下,主动相互协商,当机立断,积极主动地捕捉战机,密切组织协同,发挥了高度战斗积极性,从而取得了这次作战的胜利。此外,当地政府和群众的积极支前和协助,也是此次胜利的重要因素。此次胜利表明,只要我们正确掌握和运用毛主席的作战原则,善于捕捉战机,英勇顽强战斗,积极依靠群众,我们在外线,在无后方依托的困难条件下一样能整师整旅地消灭敌人。张家店歼灭战的重大胜利,给全军将士和皖西群众很大鼓舞,对发展和巩固皖西根据地关系极大。这次胜利,标志着我们在皖西完成了中原局和野战军首长赋予我纵的战略展开任务,打开了皖西斗争的新局面。特别是 10 月 27 日由刘、邓首长亲自指挥,由第一、第六纵队和第二纵队参加的高山铺战斗的胜利,全歼敌人 1.2 万余人,对于重建巩固的大别山根据地,实现毛主席所指示的三个前途中最好的前途——在大别山站稳脚跟,具有极其重要的意义。

10 月 12 日,党中央电贺张家店、岐亭、李家集等作战胜利。贺电高度评价了这几次作战胜利的意义,并指出:"我军已完成了南线第二年作战的战略展开,并打了许多胜仗,迫使南线诸敌分散应付,处于被动,创造了我军在今后大量歼敌的条件。"要求我们"在刘、邓正确领导下,继续努力,团结全党全军,克服困难,完成伟大战略任务"。

1988 年 2 月

原载中国人民解放军历史资料丛书编审委员会编:《解放战争战略进攻·回忆史料》,解放军出版社,1997 年,第 108 ~ 114 页。

猎狼逐鹿　鏖战高山铺

◎ 张才千

一

1947年8月刘伯承、邓小平率领晋冀鲁豫野战军主力进入大别山后，即实施战略展开。以第一、第二纵队在大别山北麓之罗山、光山、商城地区开展地方工作，钳制敌军主力；第三纵队在皖西、第六纵队在鄂东地区分别展开工作。原来蒋介石错误判断我军是"不能北渡黄河而南窜"，未料我军是重回大别山，建立根据地。刘邓大军完成战略跃进任务到达大别山，上震武汉，下慑南京，瞰制中原，虎视江南，使南京国民党反动统治集团大为惊恐。为防止我在大别山立足生根，蒋介石急调23个旅的兵力，妄图乘我立足未稳，驱逐我出大别山。

9月底，敌人集中兵力合围大别山北麓之商城、经扶（今新县）、罗山地区，企图寻歼我主力。刘、邓首长遂组织了商城、河凤集战斗，击溃了滇军一部，在商城以西之中铺，歼敌1个团，这样就把敌军主力全部吸引在豫东南地区。接着采取金蝉脱壳之计，除留少数部队继续迷惑敌人，开展地方工作外，野战军指挥部则甩开了敌人，率第一、第二两个纵队主力及我中原独立旅，进入鄂东与第六纵队会合。

当时我任中原独立旅旅长。出鄂东时，我旅奉野司命令，于10月1日以快速奔袭之手段，克经扶县城，毙伤敌伪县长李建刚以下百余人，俘敌保安团团长黄古儒以下 360 余人，缴获各种枪 420 余支。10 月 4 日，为扫除前进路上的障碍，便于机动，建立巩固的鄂东根据地，刘、邓首长又命我旅攻克黄安县城，我旅一举歼灭敌鄂保第二十团，缴获各种枪 1000 余支。接着我旅乘胜继续向南扩展，配合第二纵攻克岐亭，协同第一纵歼灭李家集敌军 1 个团。刘邓主力直逼黄冈、蕲春、广济、黄梅等沿江诸县，"打倒蒋介石，解放全中国"的标语比比皆是，国民党地方反动武装，纷纷龟缩于武穴、蕲州、小池口等沿江据点，四处告急，嗷嗷待援。蹲在庐山的蒋介石，唯恐我军渡江南进，急调海军第二舰队司令林遵率大小舰只 30 余艘，封锁江面，日夜巡逻；将驻防九江之青年军第二〇三师和新七旅，星夜用军舰运至江北蕲州和小池口，妄图以水陆联防，阻我渡江，迫我背水作战。

<h1 style="text-align:center">二</h1>

高山铺战役前夕，在蕲春县境之内，发生过两次前哨战斗。

一次是 9 月 21 日我六纵第十八旅旅长萧永银同志率其所部之第五十四团全部和第五十二团之一营，在高山铺东北 60 公里处的柴山地区，与寻我主力作战之桂系主力张淦之整编第七师遭遇。敌整编第七师野战、山地运动战的战术动作均十分熟练，各级指挥员中不乏多谋善断之辈，且其对大别山一带的地形相当熟悉。而我六纵则是晋冀鲁豫野战军中勇猛善战的佼佼者。但素未交兵，两不相习，双方接触，我第十八旅即先敌展开，先敌开火，然而对方的冲击也相当猛烈快速，战斗愈打愈激烈，第五十四团在柴山连续击退敌人 8 次冲锋，敌人虽尸横遍野，但冲击的势头始终不减。20 日拂晓，张淦又亲率七师之第一七一旅和第一七二旅 1 万余人，赶来决战。因寡不敌众，萧旅乃用小分队暴露队形，沿白洋沟大路向皖西方向佯遁，诱敌出英山，入安徽，我第十八旅则隐蔽撤出战斗，进入潘水，张淦部深信不疑地跟着我一股小分队进入皖西，此时蕲春一带即无敌军主力。这次战斗对第十八旅来讲，虽然是一次消耗战，但却为尔后的高山铺战场的左翼消除了威胁，并提供了最佳的作战时机。

另一次是敌装备精良的青年军第二〇三师在蕲州登陆以后，派其第六团由蕲春县伪保警大队一中队带路北上漕河，建立江防远支撑点，扼制当地游击队的活动，准备与整编第四十师搞"会师联防"。此时我旅正奉一纵首长命令，向南前出到蕲春竹瓦店、关沙河一带，隐蔽监视敌第二〇三师，阻敌北上，以掩护主力在蕲（春）、黄（梅）、广（济）等地筹粮、筹款，筹集棉花、布匹，以解决冬装等问题。当游击队向我汇报了这一情况后，我决定抓住战机，在运动中歼灭该敌，以挫其威。10月21日上午12时许，敌行至长岭岗一带，遭我当地游击队白玉清部的阻击。敌被诱至竹瓦店附近，又受到我埋伏于这一狭长丘陵地带部队的突然夹击。敌晕头转向，顷刻间溃不成军，丧失了整体的抵抗能力。经过3个小时的激战。我歼敌1个团部另1个整营和保警中队一部共700余人，缴获一批美式装备，击毙敌团长。仅保警大队一中队因地形熟悉，带领青年军一部分逃跑。此次歼灭战，打击了敌第二〇三师的气焰，震慑了敌人，使之不敢贸然北进，这样又斩断了尔后东进的敌第四十师的右翼，使之完全陷入孤立无援的境地。这两次战斗，改变了蕲春地区的敌我态势，扫除了后来进入高山铺地区敌人的左右掩护部队，为高山铺战役的胜利提供了良好的战场条件。

三

高山铺战役是我晋冀鲁豫野战军在实施战略展开的过程中，为寻机歼敌，在无后方的条件下进行的一次较大规模的歼灭战。

我主力进入鄂东后，乘虚连克团风、浠水、英山、武穴等重要城镇，控制了长江北岸达300余里。在庐山的蒋介石惊恐万分，惧我再行跃进，渡江南下，遂急令对我盯梢跟进的第四十师及第五十二师之第八十二旅，由浠水进至蕲春，沿公路向广济进犯，阻我渡江。

在蒋介石严令驱策下，敌第四十师辖第三十九旅（欠1个团）、第一〇六旅，连同第八十二旅共有5个步兵团，不顾其失去左右掩护及支援部队的情况，骄傲无备，孤军冒进。刘、邓首长立即捕捉到这个歼灭该敌的战机。说实在的，当时我们野战军十分需要打一个较大的歼灭战，以打击敌人的气焰，便于开辟、巩固大别山根据地。可是我们也有许多困难，如我军刚进大别山，群众尚未充分发动，后方供应没有保证，伤员安置极为困难；部队的重武器装备，在过黄泛区时大都被甩掉，火力已在相当程度上减弱了；除我旅外，大部分都是由平原到山地、从北方到南方，生活不习惯，地理不熟悉，部队缺乏山地作战的经验等。虽然困难很多，但刘、邓首长的决心是：这一仗必须打好，否则就会影响部队的士气和大别山工作的展开。

根据以上情况，为更有把握地以小的代价歼灭该敌，在敌由浠水向广济开进时，野战军司令部一面指示第一纵队司令员杨勇率有关干部到现场察看地形，准备战场；一面制定战役计划，集结部队，组织战勤保障，准备歼敌，并密切注视周围敌情的变化。10月25日，敌进到蕲春东北的漕河镇（新县县城所在地）地区。此时，周围敌情无变化，野战军司令部已完成了战役的准备工作，决心破敌必经的对我极为有利的高山铺、清水河地区，以预设伏击战之手段，歼灭该敌于运动中。

高山铺位于东达安庆，西通武汉的公路线上，西南距蕲州镇40里，西北距漕河镇15里。高山铺战役的作战地境，西起十里铺，东至洪武垴鄂皖公路的蕲（春）广（济）线段，西由十里铺的峡口进入，中经高山铺、清水河，然后到东界岭洪武垴。公路两侧，山峦重叠，森林茂密。自东而西，北有洪武垴、紫玉山、蜈蚣山、麻寅山、牛角地、父子坳、马骑山，南有高阳山、茅庵山、簸箕尖、豹子头、大旺寨山、独山，西有东界岭、洪武垴，东有虎形地。南北对峙，东西紧锁。形成长十四五里、宽二三里不等形的狭长山谷。

高山铺之名，始于南宋。宋在漕河、高山铺附近设罗州城，古称"全楚锁钥，皖西屏障，江右藩篱"。1221年，蕲州知州李诚之组织罗州城保卫战，以三千之众抗击十万金兵，血战25天，因寡不敌众而败。自此，高山铺一带，猎狼逐鹿，史书多有记载。1361年朱元璋与陈友谅大战于铜宝山，明朝以后遂将铜宝山改为洪武垴。1636年张献忠与明将大战于高山铺。1853年太平天国与清军在高山铺地区进行过数次争夺。1926年11月，国民革命军与军阀吴佩孚、孙传芳部在蕲春展开百里大战，于高山铺、东界岭一带激战了3昼夜，吴军大败。1938年，中国抗日将士在东界岭、洪武垴一带抗击日军达42天之久。如今，刘、邓首长运筹决策，就在这险阻要地，适势、适时、适情、适机地布下了袋形阵地。

四

10月20日，敌第四十师及第八十二旅由麻城赶至团风，尾我野战军东下。第四十师原系西北军，后被蒋介石分化编入中央嫡系军，有部分美式装备，是一支所谓"精锐"部队，有一定的战斗力，我刘邓大军千里跃进途中，该敌一路"护送"，十分骄横嚣张。25日敌进至蕲春东北之漕河镇地区，接近了我预伏地域的边缘。

为歼灭敌人，刘伯承司令员、邓小平政委率野战军司令部沿我预展开地区北侧东进，21日进入蕲春张家塝山区。刘司令员策杖登上三角山时，微笑着对大家说："这一带正好打仗，能攻能守。"23日，传来华北清风店大捷的喜讯。刘司令在祝捷大会上宣读了贺电："我们将以新的胜利向你们祝贺，向中央报捷。"以预示我军即将投入新的大战。

24日，野战军司令部做好了一切战役部署：以一纵、六纵为第一梯队，由一纵首长统一指挥，完成对敌之包围，并置重点于北面及南面。电令：攻克武穴之一纵主力回师北上，按预定计划于26日拂晓前，隐蔽地进至高山铺以东及东北、东南地区，构筑工事，完成伏击准备；六纵由黄冈县东北之上巴河、杨家祠堂地区，26日进至浠水之洗马畈地区，尾敌东进，阻敌西溃，并俟敌进入一纵包围圈后，在敌背后发起攻击，锁住"袋口"，同时派出一支先遣部队与敌保持接触，阻击敌人，迟滞敌人，保障我部队向心集结的时间，随时准备占领有利地形，作为纵队主力锁"口袋"的进攻出发地；三纵抽4个团，南下蕲春张家塝地区，主力留皖西，积极活动，钳制桂系整编第七师、第四十八师，防止其增援高山铺；二纵限26日前，迅速集结于黄梅西北后山铺地区，与三纵的4个团为战役预备队；鄂豫军区部队，包括六纵抽调的搞地方武装的第四十八、第五十一、第五十三团在浠水县、罗田县及麻城县之宋埠一带，牵制西线敌军，阻敌汉口方面的增援。战役发起后，为靠前指挥，野战军司令部25日移驻高山铺东北40里蕲春以北的胡凉亭。兵法云：阵而后战，兵法之常。但运用之妙存乎在心。刘、邓首长把任务、地形、敌情、我情和时间五种要素综合估计，考虑得十分周密。这真是个天衣无缝、无懈可击的战役部署，是个十足的"铁口袋"。

我中原独立旅归一纵指挥，我们的作战地域是公路的南侧茅庵山、簸箕尖、大旺寨一线，正面不太大。因此，我加大了纵深配备，把一团配置在茅庵山，四团配置在大旺寨一线，并抽调两个团的各一部，作旅的预备队，使旅的整个阵地呈倒"品"字形。但前沿的部队则是前三角梯次纵深配备。一线阵地前沿，第一、第四团各配置1个连，扼守在两个前出口的高地上，像两只铁拳，既可以单独抗击敌人，又可以互相策应。旅预备队放在隐蔽和便于机动的位置上。

　　我部署完毕后，各团趁黑构筑工事，立即开挖简单的掘开式堑壕、炮兵阵地、机枪掩体和交通堑壕等。并派出一支侦察小分队，化装成地方游击队运动于高山铺以西、三家店以东的公路两侧，准备牵"牛鼻子"，让敌人不疑于我，无备于我，以达成战役的突然性。

　　各纵队遵照野战军司令部的命令，将分散在二三百里地区内从事建立政权、筹办冬装等工作的部队迅速集中，并按指定的作战地域作快速向心集结。

五

　　26日晨，大雾弥漫，夹杂毛毛细雨，能见度很低，观察十分困难。敌第八十二旅从漕河镇，第四十师从三家店先后出动，成3路纵队，沿公路向东疾进。由我旅第四团九连化装的地方游击队，着杂色服装，持"汉阳造""老套筒"之类的旧武器在七里桥西南方一带的丘陵地区，开始同敌第八十二旅先头部队接触。在运动防御中，我部故意示弱，打打退退、退退打打，胶着不离，纠缠不放，欺骗迷惑敌人。敌人真以为我是一小股骚扰他的游击队，因此，跟进的速度非常之快，骄傲得连行军队形都没有变换，跟着我小分队钻进了我军预设的"口袋"里。

　　上午9时，敌第八十二旅现有部队被诱至高山铺地区，此时我一纵第一旅第二团刚好赶到，占领了麻寅山至洪武堖一带制高点，警戒部队便与敌人接触，敌仍认为我是少数阻击部队掩护主力转移，故仅以少量兵力控制公路两侧的零星小高地，主力继续向东前进。他们派出2个排的兵力去抢占洪武堖，企图轰走我军扫清其前进路上的障碍，但在我自动火器的猛烈射击下，2个排几乎全部报销。10时许，敌第四十师越过第八十二旅，气势汹汹、毫无顾忌地向清水河拥过来。敌第三十九旅第一一五团在炮火的掩护下，猛烈冲击洪武垴和东界岭。守卫在洪武垴上的我第一旅部队在这块狭小的高地上与敌进行了反复的白刃格斗，战斗激烈异常，终于把敌人压了下去。东界岭在我坚守分队被敌打光的情况下，一度被敌1个连占领，越过我之伏击圈，但我英雄的一旅指战员，以勇猛的反冲击，白刃格斗，又把敌人消灭在东界岭，并重新占领了东界岭，彻底封闭了伏击圈的口子。这样，洪武垴北立，东界岭南峙，像一把铁钳，紧紧掐住公路的咽喉，使敌难逃灭顶之灾。此时，我各路部队都在紧急地向战区开进。

在第四十师惊恐之际，敌武汉行辕发来急电云："据飞机侦察，漕家河周围三百里，无共军主力，高山铺最多只有共军一个旅，可以放心大胆前进。"蹲在蕲州镇的敌第四十师师长李振清（绰号李铁头，是到武汉行辕接受任务乘船赶往蕲州的），用报话机催促他的部属说："国难之秋，要效忠党国，加速前进，到武穴见面。"他在报话机里的讲话，急躁、吼叫，在我们的报话机里也听得清清楚楚。敌人的军事行动，全部彻底地暴露给了我们，使我们做到了知敌制敌，克敌制先。

11时许，敌人用飞机和各种火炮，对洪武垴和东界岭的我军阵地，实行狂轰滥炸，把两个小山包的地皮翻了个个儿，接着用成连成营的兵力猛攻洪武垴，企图用火力消灭我军。我洪武垴的部队全部牺牲以后，后续梯队又登上洪武垴，用手榴弹、刺刀把敌人赶下去。后来敌人几乎像输光了的赌徒，竟用成团兵力往上拥，我则利用有利地形，以轻重机枪、冲锋枪、手榴弹对敌实行火力绞杀，战斗十分激烈。

12时左右，敌人见正面冲击难以得手，即张开两翼迂回夺路。左翼以1个营兵力向洪武垴北侧迂回，企图伏击我之侧背，当即遭我守备在紫玉山的部队的迎头痛击；右翼则用1个团的部队向我旅一团阵地茅庵山出击。敌人在冲击前使用了美制化学炮弹，这种炮弹爆炸后，产生高温，连土都能烧得冒黄火。我军指战员的大无畏革命英雄主义精神压倒了敌人的炮火优势，连续击退敌人3次轮番冲击，在敌刚要组织第4次冲击时，我一营二连指导员田希厚组织反突击分队，以勇猛突然的战斗动作将敌压至山脚。在反冲击中，我一营副营长、老红军战士、延安开荒时的劳动模范刘全清同志英勇牺牲。多么好的一位同志！多么优秀的指挥员！在二万五千里长征路上，在对日作战的中原战场上，全清同志参加了千百次浴血战斗，都幸存下来，却把一腔鲜血洒在了鄂东大地上。他那铮铮铁骨，凛凛英躯，至今仍在我脑海中浮现。

敌人两翼出击受挫以后，才大梦初醒，知道已陷入我军重围。用报话机向待在蕲州的师长李振清呼叫："共军越打越多，远远不止 1 个旅，眼下我们已经四面受击，处境十分困难，伤兵遍地都是，伤痛喊叫声、哭泣声，对士气影响甚大。"敌人恐慌了，骄傲之气尽扫。李振清懊丧地回话："那就力争向南突围，赶到蕲州过夜。"

下午 2 时许，敌第四十师出动其"王牌"第一〇六旅的第三一八团，向茅庵山西南侧山势低缓的簸箕尖寻找南逃缺口，企图撕破"口袋"，夺路逃生，并集中炮火猛轰我旅四团据守的阵地，顿时第四团三连阵地上炮声隆隆，烟尘滚滚。经过一阵疯狂的、毁灭性的轰击之后，敌即成连、成营地集团冲锋。坚守在前沿阵地上的我第四团一营三连，在数倍于己的敌人面前，连长张元杰勇敢机智地组织全连，用短兵自动火器、集束手榴弹、刺刀把敌人打了下去。正当我战士抢修掩体时，敌人的炮火又雨柱般地射来。随着炮火延伸后，敌再次一窝蜂地冲上来。我第一团前哨阵地，见势也用密集的火力向敌侧射，用交叉火力支援第四团。敌为了压制我第一团前哨阵地的侧击，又把成串的炮弹倾泻在第一团的阵地上。一颗炮弹竟落到我的身旁，翻起的尘土盖满了我的全身。攻打我第四团三连阵地的敌人，后面跟着督战队，其第一梯队被打掉，第二梯队上，第二梯队被打光，后续部队再上，进行轮番突击，做垂死挣扎。我三连战士，则愈战愈勇，毫无惧色，全连共产党员以身作则，猛打猛拼，寸土不让。有些重伤员还利用生命最后一息扣动扳机，向冲到阵地上的敌人射击。战士李金山，当敌人冲到离他十几米时，他突然大吼一声，跳出堑壕，左手抓着打红了的枪筒子，尽管枪管烧焦了他的手，滋滋地冒着青烟，他仍忍着剧痛，猛烈地向敌人扫射过去，敌人齐刷刷地倒下一片，但他也倒在血泊里，英勇地牺牲了。我军这种革命英雄主义精神，是敌人所不具备的，这是我军克敌制胜的重要因素。

26 日黄昏，六纵的先遣部队抵达预定阵地，一部控制公路北侧的马骑山部占领公路南侧的李家寨，堵住了敌人的退路。蜷伏于高山铺的敌第八十二旅见东进、南突受阻，便想丢下第四十师回窜浠水县城，固守待援。但上午走过的路，此时已被我六纵所扼，刚到高山铺的朱坳口，突然遭我迎头阻击，被压回高山铺谷地。敌受重创后除以小股与我争夺外，大部被迫猬集于隐蔽性差的公路两侧的小山包后，其进攻体系已被打烂。敌第四十师在绝望中反复向武汉、蕲州、九江的上司呼叫，要援兵，要粮食，要飞机，准备天亮再突围。身在蕲州的敌师长李振清，多次恳求青年军第二〇三师师长派兵接应，但他①因竹瓦店之战余悸未消，未敢妄动。

26日晚，敌人已处于粮尽弹绝、救援无望之境地，因此采取了极其毒辣的"杀民养军"手段，窜入民房翻箱倒柜，劫掠财物，把粮食抢光，牛、猪、羊、鸡、鹅、鸭全部吃光，把门、窗、梁、檩拆下来做工事，并强迫当地群众上前线送弹药，有不从者就地枪决。敌人穷凶极恶，企图作最后挣扎。

26日深夜，我前线指挥部根据野司作战计划，部署总攻。以现有兵力继续加强对麻寅山、洪武垴、高阳山、大旺寨、马骑山等要点的控制，防敌突围逃跑，待参战各旅主力全部部署完毕后，再行分割清水河与高山铺之敌，各个歼灭。具体部署是：一纵之第一、第二旅分别从东、东北和东南3个方向向清水河之敌进击；第十九旅从高山铺以北，中原独立旅从高山铺以南，同时钳击高山铺之敌第八十二旅，实行分割后，协助六纵将敌歼灭。拂晓前，六纵主力已用7个团的兵力，在西线组成了马蹄形包围圈；二纵的第四旅连夜已进到清水河东南之广济县境的许家铺、新屋湾地区待命，准备随时投入战斗。总攻时间定在27日上午11时30分。杨勇司令员打电话征求我旅与第十九旅共同分割、钳击高山铺之敌的意见，我向杨勇同志表示："完全同意首长决定。"

当敌第四十师得知第八十二旅西窜受阻，后路已断时，乃组织一批"敢死队"，猛攻我大旺寨西侧山头，妄图掩护主力向南突围。敌刚进入李家寨一线，恰逢我六纵第十八旅旅长萧永银带着第五十四团赶过来。萧发现乱糟糟的敌人像个大鸭群在谷底滚动，前面有五六百人保持战斗队形像在闯路，他当即命令第五十四团："敌人要突围，冲上去，与敌人混战，用刺刀、手榴弹，把敌人的'敢死队'搞垮。"第五十四团全体指战员像猛虎一样扑向敌人"敢死队"，投入决战性的拼杀，与敌"滚个子"，拼刺刀。不到40分钟，敌"敢死队"全部被我击溃。此时我六纵第十七旅也赶到南线占领了独山。至此，我军在前沿阵地上形成了17个团对敌5个团的压倒优势。

27日上午7时，敌7架飞机临空投弹射击，空投弹药、食品、医药，我军用步枪、

---

①指青年军第二〇二师师长钟彬。

机枪从四面八方向敌机射击，1架敌机被据守在茅庵山的我旅一团击中起火，坠毁在洪武垴西南山角的周家塘。

上午8时，杨勇司令员给我打电话说："接受六纵建议，准备把总攻时间提前到上午9时整。"并征求我有何意见。我表示完全同意前线指挥部的决定。出击前因敌之火力过分密集，我旅政治部主任邝铁同志在簸箕尖西侧伍家湾山鞍部指挥作战时，不幸中弹牺牲，全旅上下无不为之震怒。当上午9时紫玉山前线指挥所升起3颗红色信号弹时，我旅从茅庵山、簸箕尖、大旺寨分别向高山铺方向出击，向敌纵深突击。同时我东西两线主力从四面八方压向清水河、高山铺，冲向被围困的敌群，我军以高制低，势如破竹。敌人像受了伤的野兽，东冲西闯，南逃北遁，人仰马翻，争相逃命，有些溃兵被撞倒，来不及站起来，就被骡马活活踩死，枪炮声、杀声、呐喊声，震山撼岳。辎重、骡马、大炮、机枪、弹药扔得遍地皆是。残敌向高山铺西南溃逃，我军乘胜追歼，在我四面八方围击之下，余敌被赶至高山铺西南烂泥及膝的水网稻田地带——石丘垄，全部放下了武器。

下午2时，战斗全部结束。此役，我军集中绝对优势兵力，在两天的时间内共歼敌1个师部（整编第四十师师部），3个旅部（第三十九旅、第一〇六旅、第八十二旅）及5个团，共1.26万余人；击落敌机1架，缴获各种炮70门，轻重机枪375挺，掷弹筒52个，长短枪4161支，子弹40余万发，骡马172匹，以及大批军用物资。仅我旅即俘敌2500余人。我军伤亡800余人。

六

这次战役之所以取得如此巨大的胜利，是与鄂东广大人民的支援分不开的。战前刘、邓首长于10月3日在蕲春县张家塝区范湾召见中共鄂皖边中心县委书记易鹏同志，当面布置了支前任务。战斗打响后，鄂皖边中心县委书记易鹏依靠两个月来初步建立的地方工作基础，组织了数千名民工和1700余副担架，冒着枪林弹雨，积极支援大军歼敌。战斗刚结束，他又连夜将伤员转送到野战军临时后方医院，并组织沿途群众，送茶水，献食品。伤员每到一处，群众的慰劳品便络绎不绝地送到子弟兵身边，直到10月30日还有群众抬着猪肉、牛肉、大米、白面、鸡蛋等送到临时后方医院。所谓后方医院，也只有几个医护人员组成。伤员安置在群众家中，称群众为"收养户"，平时送药、换药、生活护理、洗伤口、洗血衣、喂茶饭、接大便等，都由群众包了下来。当有的医院遭到敌人袭击时，都是由"收养户"和群众及时转移伤员。为了掩护伤员，许多群众遭敌严刑拷打，但从不暴露真情。这真是军民情深，我们打仗为了人民，也依靠人民去打仗。

这次战役的胜利，大大鼓舞了群众的情绪，为迅速发动群众，建立根据地，创造了极为有利的条件。接着很快在大别山区建立了 17 个爱国民主县政府，区、乡政府亦渐次成立，贫农会、民兵、妇女会等群众组织，如雨后春笋，蓬勃发展起来，汇成军民联合战斗，埋葬蒋家王朝的怒涛。

1988 年 1 月

原载中国人民解放军历史资料丛书编审委员会编：《解放战争战略进攻·回忆史料》，解放军出版社，1997 年，第 115 ～ 124 页。

转战歼敌　坚持大别山的斗争[①]

◎ 杜义德

　　1947 年 8 月 27 日，我军全部进入大别山。当天，刘、邓首长即下达命令，以第一、第二纵队展开于商城、潢川、光山、罗山地区，阻击追我之敌，掩护第三纵队在皖西和我第六纵队在鄂东北地区迅速进行战略展开，开展地方工作。当时，根据野司首长电令，在司令员王近山养伤期间，由我担负军政指挥的全责。

　　党中央、毛主席对我们到大别山曾经估计可能有三个前途：一是付了代价站不住脚，转回来；二是付了代价站不稳脚，在周围打游击；三是付了代价站稳了脚。要我们争取后一种前途，避免前两种前途。为了实现最好的前途，刘、邓首长于 8 月 30 日发出了创建大别山根据地的指示："今后的任务就是全心全意地义无反顾地创建与巩固大别山根据地。"并指出，实现此历史任务要经过一个艰难困苦的过程，应向全军说明，我们完全有胜利把握；同时向群众说明，我们是鄂豫皖的子弟兵，我军不再走了。我们与鄂豫皖人民共存亡，要使鄂豫皖人民获得解放。为完成这一历史任务，在军事上就要积极作战，歼灭敌人，肃清土顽；在政治上则要迅速发动群众，建立起自己的政权，而严格执行三大纪律八项注意，则是团结和发动群众的先决条件。

---

①此文节选自杜义德《千里跃进大别山的第六纵队》一文，原载《中共党史资料》第 24 辑，中共党史资料出版社 1987 年版。收入本书时作者在文字上又作了校订。作者时任第六纵队政治委员。

根据上级的部署，趁追我之敌尚未赶到，大别山区较为空虚之际，我纵立即实施战略展开。除以第十六旅跟随野司留在大别山北麓配合兄弟部队作战外，我率纵队主力乘虚南下。根据事先划定的区域，第十八旅为前卫，在旅长萧永银、政委李震指挥下，连续攻克麻城、罗田、英山、浠水，并沿长江横扫黄梅、蕲春、广济、宿松等县。9月4日，第十七旅攻占黄安（今红安）、新洲、大悟、黄冈。从8月27日攻克光山，至9月16日，我先后攻克了15座县城，打击了当地反动势力，并派出随部队南下的地方干部到各地开展群众工作，筹建民主政权，迅速扩大了我军的影响。

大别山是长江流域中游向南突出的一块地方，正如刘伯承司令员形象比喻的那样，它就像小孩子肚子上戴的一块肚兜儿，摆在国民党核心统治区的中央；东达霍山、太湖，威胁国民党的首府南京；西出黄陂、孝感，直逼武汉；南临长江，北至淮河，是我夺取中原必须首先控制的要地。故当我占领大别山之后，蒋介石急令尾追我之敌23个旅，也进入了大别山区，同我进行争夺。

9月上旬，敌整编第四十六、第五十八师进到我纵东侧的固始、商城、霍山之线，敌整编第八十五师占领信阳、罗山一带；西面之敌整编第十、第四十、第六十五师分别向我黄安、麻城地区进犯；敌整编第五十六师则设防于武汉外围及信阳以南的平汉路沿线，对我构成一个大的包抄态势；另以对大别山情况十分熟悉，且各处设有其谍报网的桂系整编第七、第四十八师进入大别山腹心地区寻我主力决战，妄图趁我立脚未稳之际把我赶出大别山。

为粉碎敌之企图，我第十六旅配合兄弟纵队，在刘、邓首长指挥下，于9月上中旬前后在商城北之河风集和商城西之中铺地区打了两仗。9月下旬，兄弟纵队又在光山附近打击了向东增援之敌1个师。3仗共重创敌1个师，歼敌1个团，把敌机动兵力全部调到了大别山北麓，从而对我纵主力向鄂东地区实施初步的战略展开起了很好的掩护作用。

十几万人的大兵团，采取跃进的形式深入敌人的战略纵深地带，面临优势敌人进攻，创造新的根据地，困难是不难想象的。

在展开初期，由于我军刚刚由内线转到外线，由北方转到南方，各方面都发生了很大的变化：在军事上，部队缺乏无后方作战和山地、水稻田地带行军作战的经验；

在生活上，北方战士普遍吃不惯大米，穿不惯草鞋，对南方气候水土不适，语言难懂；由于打仗没有后方，伤病员难以安置；部队两个多月连续行军作战未得休整。有些同志对重建大别山根据地的艰苦性认识不足，对于大别山根据地的建立与坚持缺乏信心，讲怪话，发牢骚。部队中右倾情绪逐步滋长，违反纪律的事屡有发生。甚至出现了个别单位不听招呼，执行命令不坚决的严重情况。

为了及时解决部队的思想问题，克服右倾情绪，野司于 9 月 24 日在光山的王大湾召开了旅以上高级干部会议。刘、邓首长严肃地批评了部队中一些领导干部的右倾思想，强调指出：创立大别山解放区是我们坚定不移的政治任务；要创立起解放区，就必须使多打胜仗歼灭敌人和发动群众实行土改这两个轮子同时转动起来，缺一不可。而推动这两个轮子转动的原动力则是提高信心和加强斗志。邓小平政委语重心长地说："党中央对我们这次行动的意义作了充分的估计。现在我们不但保存和进一步巩固了原有解放区的基本区域，而且把战争引向蒋管区，迫使蒋介石把战线由黄河移到长江，中央这步棋下得多么英明，多么有远见，可是，我们有些人只看到艰苦，而看不到全国战局这种新的变化，个别人甚至产生右倾情绪和违法乱纪现象，这种错误倾向是绝对不能允许的。"刘伯承司令员尖锐而深刻地说："我们共产党员在入党的时候，宣誓要打倒帝国主义、封建主义和官僚资本主义，要永远忠于党、忠于人民，要为共产主义事业奋斗一生。现在当我们以自己的实际行动消灭蒋介石反革命的时候，我们的手不要抖呵！每个共产党员都应称一称你这个共产党员是否足秤！"会议重申了部队必须认真地执行三大纪律八项注意，指出毛主席在井冈山建军之初规定的三大纪律八项注意，绝不是什么简单的规章制度，而是党的路线与政策的体现。能否坚决贯彻执行，关系到我们在大别山能否站住脚的问题；因此要求部队一定要牢固树立起以大别山为家，和大别山群众同患难、共存亡的思想。两位首长的讲话给大家敲了警钟，同时也给大家指出了今后行动的方向。

我纵本来是一支有着光荣革命传统的部队，通过这次会议，大家的觉悟有了进一步的提高。许多部队提出了"一分艰苦一分光荣""克服困难就是胜利"的口号。部队的精神面貌为之一新。

就在这个时候，党中央 10 月 10 日发表了《中国人民解放军宣言》《中国土地法大纲》，重新颁发了三大纪律八项注意，提出了"打倒蒋介石，解放全中国"的口号。据此，中原局发出了《关于放手发动群众创建大别山解放区》的指示，要求立即发动群众，向封建地主恶霸展开斗争，并决定成立鄂豫、皖西两个区党委和军区。这些文件发表以后，部队受到了极大的鼓舞，进一步增强了斗争的信心和求战热情。此时，我纵根据野司的决定，将第四十八团、第五十一团、第五十三团、教导团、补充团等5个完整的建制单位，300余名干部和老解放区战士调归地方、军区建制。纵队副政委鲍先志，第十六旅政委张国传，第十七旅政委何柱成、副旅长张体学，纵队参谋处长王毓淮，以及一大批优秀干部都是这个时候调到地方去工作的。这样就更好地解决了既保障地方工作的开展，又能集中兵力作战的问题，使建设大别山根据地的工作向前发展了一步。

　　大别山人民具有光荣的革命传统和丰富的斗争经验，对于我军进入大别山，他们内心深处是高兴的、拥护的。但是，由于我军在土地革命战争时期和解放战争爆发时，曾三次从这一地区撤出，当地群众遭受了敌人的残酷镇压。此次我军进入大别山以后，敌人反动统治一时尚未被彻底摧垮，土顽猖獗横行，并在暗中控制和威胁群众；加之我们在一段时间内执行土地改革政策过急过左，打击面过宽，侵犯了工商业和部分中农的利益，因而群众对我能否在大别山站住脚，尚心存疑虑，不敢靠拢我们。在以鲍先志同志为书记，刘子厚、刘建勋同志为副书记的鄂东工委及其所属各县工委的领导下，广大地方干部积极发动群众，建立地方政权，开展武装斗争，特别是不少同志为了人民的翻身，不怕艰难困苦，不怕流血牺牲的精神，使广大群众深受感动，逐步接近我们，并积极支援军队。这样就给我们坚持大别山斗争提供了更好的条件。这时我地方武装捷报频传，人民政权逐步巩固。10月8日，我第三纵在皖西六安张家店地区全歼国民党军整编第八十八师师直及第六十二旅，对我纵鼓舞很大，各部纷纷求战。

　　10月初，蒋介石集中整编第七、第四十、第四十六、第四十八、第二十五、第五十八、第八十五等7个师的兵力合击光山、新县地区，企图寻我主力决战。为粉碎敌人企图，寻机歼敌，刘、邓首长根据中央军委"分散大敌，使敌疲于奔命""歼灭小敌，发动群众，解决物资"的指示精神，令各纵队适时跳出敌之合围圈，乘机向鄂东各县发展，并准备于此地筹措解决冬衣问题。据此，我纵协同南来之第一、第二纵队，乘势拔除沿途及长江北岸分散孤立之敌据点。10月7日，我纵第十七旅攻克长江北岸重镇团风；12 日，第十六旅攻克下巴河镇，以后又占领林家大湾，均筹集到一部分制作冬衣的棉花和布匹。此时，第三纵队也进至望江地区。我军控制长江北岸达 300 余里，威慑大江南北。

在此之前（9 月末），我华野陈粟大军进至豫皖苏地区，位于大别山左后侧；陈谢集团进至豫西南伏牛山区，位于大别山右后侧；与刘邓大军构成了犄角之势，互为策应。这个时候的蒋介石，既怕这 3 支大军会合，中原不保，又怕我在大别山扎下根来；尤其怕我军横渡长江，挥戈南进。因此，当我各路大军兵临长江之际，他急调青年军第二〇三师从九江伸至蕲春、黄梅，又令整编第四十师加上第五十二师第八十二旅，经浠水向广济，跟踪我军，并抄我之侧背。敌人孤军来追，正是我求之不得的歼敌良机。当他们从浠水向东南前进时，刘、邓首长即计划将其诱入地形险要便于设伏的高山铺地区加以围歼。决定部队立即向心集结，在高山铺地区之东、北、南三面设伏，兜击敌人，以中原独立旅诱敌上钩，令我纵闪到敌之左侧，不予理会，待其通过后，即尾敌向东，一旦敌人进入我伏击圈时，即从后面捅他们一刀。第二、第三纵队为战役预备队。为了及时抓住敌人，我急令第十七旅参谋长宗书阁指挥第四十九团 2 个营和第五十四团 1 个营为先遣队，紧紧盯住敌人，掌握敌之动向；同时迅速集结主力随后急进。10 月 26 日，敌向东前进遭我一纵阻击，当晚猬集高山铺山沟内。黄昏时我先遣队赶到高山铺西山，趁敌不备，抢占了李家寨山和马骑山，迅速构筑了工事，从而扎死了"口袋"。27 日拂晓前，敌发觉情况不妙，即一面拼命向东进攻，企图夺路逃命；一面派连、营兵力向我马骑山和李家寨山攻击，以保护它的侧后。敌向马骑山连续进攻四五次，曾一度突破我前沿阵地。第四十九团团长苟在合以 1 个连反冲击，将敌击退。敌人向东进攻受阻，企图向西南突围，乃拼命向我李家寨山攻击，战斗异常激烈。此时我纵主力赶到，由西向东猛攻，配合第一纵队把敌压在山沟内加以全歼。10 时许战斗结束。是役，全歼敌第四十师及第八十二旅共 1.26 万余人，击落敌机 1 架，仅我纵即俘敌 4000 余人，干净利索地打了一场漂亮的歼灭战。

高山铺之战的胜利，是我们在完全没有后方依托，供应异常困难，军队连续转战的条件下取得的。这一仗，粉碎了敌人围歼我军的阴谋，沉重打击了敌军和地方反动势力的气焰，大大提高了部队在无后方依托和山地条件下作战的信心，鼓舞了群众的斗争热情，为建立大别山根据地开创了一个新的局面。

高山铺战斗后，已近初冬季节，一个最大的问题就是部队仍然穿着单衣。严冬将近，何以御寒？晋冀鲁豫老区虽已做好了十几万套棉服，因无法运送，可望而不可得。刘、邓首长指示，当务之急是发动部队，自筹自缝，解决冬衣问题。我要各旅按照分配的地区，采取向地主征集，向商家和一部分富裕农民开借条进行筹借的办法（全国解放后，人民政府偿还了借据折合的款项），筹集布匹、棉花。发动干部、战士动脑子，想办法，用稻草灰代替染料，将布染成灰色，请当地老乡传授缝衣技术，上下一齐动手缝制棉衣。尤其是刘、邓首长自己缝衣，刘司令员教干部、战士用搪瓷碗扣在布上挖领口的消息传到部队，更加激励了我们干部、战士克服困难的信心。经过努力，全纵干部、战士终于很快穿上了自己做的棉衣。虽然我们的棉衣经雨一淋，太阳一晒，变得灰不灰、花不花，五颜六色，但由于棉衣是我们克服了困难自己动手制作的，战士们穿上它，仍感到非常自豪。

1947年1月下旬，蒋介石以其国防部部长白崇禧组成"国防部九江指挥部"，执掌豫、皖、赣、湘、鄂5省军政大权。白崇禧从豫皖苏、山东及豫西调来6个师，加上原在大别山区的9个师，共15个整编师又3个旅的兵力，全面围攻我大别山解放区。敌人以整编第八十五、第二十八、第九、第七、第二十五、第四十六等师从孝感、广济、太湖、霍山一线，由南向北逐步压缩我军，以整编第四十八师、第五十八师进占商城地区，以整编第十、第十一、第二十师和第五十六、第五十二师各1个旅在光山、罗山及信阳、花园一线堵击；另以整编第六十三、第六十九师等5个旅防守长江南岸，以整编第五、第七十、第七十五师在淮河以北钳制陈粟大军，以第五兵团在豫西钳制陈谢集团。敌人加强保甲统治和反动地方武装，建立碉堡网和发展谍报网，并效法日寇使用过的"总力战"，妄图一举"肃清"大别山的我军。

这是我军能否在大别山存在和发展的一场严重斗争，也是我军夺取中原最关键的斗争。党中央、毛主席指出，大别山根据地的确立和巩固，是中原根据地能否最后确立和巩固的关键，足以影响整个战局的发展。刘、邓首长决定采取集中与分遣、内线与外线相结合的方法，以第一纵队和新到的第十、第十二纵队向外线实施战略再展开，开创淮（河）西、桐柏、江汉新解放区，以第二、第三纵队和我第六纵队坚持大别山解放区的内线斗争，采取"敌向内，我向外，敌向外，我亦向外""以小部牵敌大部，以大部消灭小敌"的作战手段，实施广泛的机动，拖住敌人，并且密切配合军区地方武装，寻歼孤立分散之敌和土顽武装，掩护深入开展地方工作。刘司令员率中原局及野战军机关随一纵到淮西区指挥，由邓政委、李先念副司令员和李达参谋长组成野战军前方指挥所留大别山指挥内线作战。我纵先以第五十二团参谋长沈伯瑛带领 1 个营，后由第五十团副政委张镰斧带 1 个营掩护野战军前指行动。

我纵接受任务以后，立即在部队中进行了紧急动员，使广大指战员充分认识到敌人围攻的兵力虽然强大，但他们是被迫进行垂死挣扎的敌人。我纵处于内线作战，穿插于数倍于己的敌人之间，困难虽然很大，但我军已熟悉了大别山区的敌情、地形，习惯了大别山区的生活，学会了山地攻防作战，又有人民政权、地方武装的配合，有强大的外线兵团的协同作战，我们完全能够粉碎敌人的"围剿"。我们把敌人主力拖住在自己周围愈多，愈有利于第一纵、第十纵和第十二纵的顺利展开和陈粟、陈谢两军大量歼敌。

12 月初，敌人"围剿"开始，迅速占领了浠水、英山、罗田、金寨和商城，并向中心区压缩。我纵除第十六旅（该旅奉刘、邓首长之命，由纵队副政委鲍先志同志带领，先于 10 月下旬先期到英山、罗田、麻城，剿灭土顽，掩护新建立的中共鄂豫区党委和鄂豫军区建设后方）外，主力适时跳出敌之合围圈，转移到黄安（今红安）、黄陂地区。3 日晚，乘敌第八十五师西移，宋埠空虚之际，我令萧永银旅长指挥第十八旅第五十二、第五十四团及第十七旅第四十九团，以突然的动作一举攻克了鄂东重镇宋埠，全部歼灭了麻城地方团队 2000 余人。这是在粉碎敌人围攻中打的又一个出色的胜仗，受到野司的通报表扬。这一仗，不仅给黄（安）麻（城）地区反动势力以毁灭性的打击，直接援助了这一地区的地方工作，而且严重威胁敌人后方补给线，迫使进入中心区的一部敌人回援，有力地支援了各兄弟部队的斗争。

为拖散敌人，破坏敌人随时实施的合围阴谋，12 月中旬以后，纵队采取以旅为单位活动。我带第十七旅掩护纵队直属队，韦杰同志带第十八旅穿插于敌整编第七、第二十八、第四十八、第二十、第十一、第八十五师之间，以机敏的行动与敌辗转周旋，使敌人对我"吃不下"，围不着，处处扑空，疲于奔命。我则寻找战机，适时分散与集中，消灭分散孤立之敌和地方反动武装，支持与掩护地方工作。

独立活动于英山、罗田的我第十六旅，11 月 2 日再次攻占英山之后，于 16 日开始，协同鄂豫军区第四、第五分区武装，撒开大网，四面兜剿进占大别山主峰天堂寨之土顽。他们不顾山高路陡，不顾饥饿疲劳，日夜搜剿，10多天歼灭国民党地方反动武装800多人，受到野战军首长的表扬。12月24日，又乘敌主力远在浠水、罗田、麻城"清剿"之际，旅长尤太忠看准战机，适时指挥全旅转到外线，以200余里急行军，突然包围和歼灭了广济守敌青年军第二〇三师第六团，俘敌800余人，受到野司首长再次表扬。当敌第七师赶来增援时，该旅即转移到龟峰山下木子店地区活动。

旅长李德生指挥第十七旅掩护纵队机关，转战于黄安、麻城、黄陂，白天作战，晚上转移，越高山、涉冰河，斗争异常艰苦。在同敌人重兵周旋中，我经常找李德生同志和纵队参谋处长贺光华同志研究纵队机关和第十七旅的行动，他们提出许多很好的建议，对我的指挥帮助很大。纵队几次遭敌合击或埋伏，均因处置得当，第十七旅部队作战勇敢而免受损失。1948年1月8日，为摆脱合击麻城、木子店地区的敌第七师和第二十八师，我第十七旅一昼夜行军140余里，突然出现于宋埠以西地区。第五十团一营及旅工兵连包围歼灭了驻守长轩岭之敌黄陂县两个保警中队（欠1个排）及黄陂县特工队、区公所等200余人；第四十九团一营攻克了从第二次国内革命战争以来就未曾打开过的反动地主的顽固堡垒——鲍家，全歼守敌，为黄陂人民除了一大害。

活动于大悟山、小悟山、宣化店、禹王城和七里坪之间的我第十八旅，在萧永银旅长机动灵活的指挥下，同敌第十一、第二十、第五十二师周旋，一直将敌主力师等吸引在自己周围，减轻了坚持内线斗争的部队的压力。在七里坪战斗中坚决打退了敌人疯狂的进攻，掩护了野战军前方指挥所的安全转移。

近3个月的反"围剿"斗争，我纵各旅都是日日夜夜在极度紧张的行军作战中度过。我们有时在内线与敌周旋，有时跳到外线，拣"好吃的敌人吃上一口"；有时向东，有时向西，使敌捉摸不定。时而集中兵力歼灭敌人，时而分遣部队发动群众，消灭土顽，帮助建立我地方政权。总之，数月内虽然环境异常险恶，但由于我们实事求是，依据情况采取正确的行动，因而取得了一个又一个的胜利。在斗争中我们虽然也遭受过一些损失，但部队始终保持了旺盛的斗争意志和战斗力，终于渡过了从1947年12月至1948年3月最艰苦的时期。当挺进江汉、桐柏、淮西的兄弟纵队胜利地开辟了新区和华野、陈谢兵团突然集中兵力打击平汉和陇海路之敌的时候，敌人不得不先后从大别山抽出 13 个旅的兵力驰援平汉路和鄂西地区，使其大别山的全面围攻计划遭到了破产。我终于在大别山站住了脚。蒋介石在"大别山剿共检讨会议"的训词中虽然大肆责怪部属在大别山"完全陷入盲目作战"，把失败的责任推给下面，但终于承认他在大别山是"作战失败"了。

1948 年 3 月下旬，我纵奉命同第三纵队过淮河北上，迎接夺取整个中原的伟大任务。大别山区军民由于野战纵队的北调曾经经历了一段更加艰苦的斗争，但敌人主力也陆续跟随我军调离大别山，英雄的大别山区军民终于熬过了难关，把大别山区建设成为大军渡江南进的前进基地。

刘邓大军千里跃进大别山的伟大战略行动，扭转了解放战争的战局，加速了战争胜利的进程。邓小平政委 1948 年 3 月 6 日在野战军直属队干部的讲话中指出：我们完成了党中央、毛主席赋予我们的战略任务，已经在大别山建立了继续向前跃进的基地。同时他又指出：革命不是那么容易的，总是要过关的。往后碰到险关，只要硬挺一下就过去了……我们有毛主席为首的党中央领导，凡是胜利中的险关，保证都能过得去。过险关就须不怕吃苦，还须不怕死。邓政委的这段话，不仅对当时我军进军大别山的行动做出了高度评价，而且对我们今天的国家建设和军队建设也具有重要的指导意义。我们应当把在跃进大别山和坚持大别山斗争时期中，曾经高度发挥的照顾全局、勇挑重担、团结一致、艰苦奋斗、相信群众、依靠群众和实事求是的优良传统，一代一代传下去。我们永远怀念许多为完成这一伟大任务而英勇献身的烈士们，应当学习他们坚韧不拔、英勇杀敌、不怕牺牲的革命精神和高尚品质，为更好地完成党和人民在新时期赋予的任务而奋斗。

原载中国人民解放军历史资料丛书编审委员会编：《解放战争战略进攻·回忆史料》，解放军出版社，1997 年，第 125 ～ 133 页。

张家店战斗

◎ 郑国仲

1947 年 8 月，我晋冀鲁豫野战军三纵队作为刘邓南征大军的左翼队挺进大别山皖西地区展开。接着，我纵主力西调豫南，寻机歼敌，同时决定由我带领八旅坚持原地区与敌周旋，配合开展地方工作。10 月，在刘、邓首长的统一部署下，又命令我纵主力趁皖西敌主力被我调走，急速东返，乘虚歼敌，我纵七、八、九 3 个旅又向心集合于六安张家店，在运动中一举歼灭蒋军方先觉部八十八师六十二旅。这是我军进入大别山在无后方依托条件下，首次取得的全歼敌 1 个正规旅的重大胜利。给千里跃进大别山进行无后方作战的这支战略突击队提高了胜利信心，给大别山人民群众的对敌斗争以很大鼓舞，同时也打开了皖西斗争的新局面。

尾随侧击　拖住敌人

我纵七、九两个旅由陈锡联司令员、彭涛政委率领，于 9 月中旬西进豫南以后，进犯皖西之敌便乘虚而入，重占我主动放弃的舒城、庐江和六安等城，敌活动猖獗，气焰嚣张，妄图乘我立足未稳，把我赶出大别山。针对当时的敌情，坚持在皖西的八旅也采取积极行动，一面与敌周旋，一面寻找战机歼灭敌人。

我们在多路进犯的敌人中，抓住了入侵舒城的这一路分散孤立之敌。这股敌人是蒋军嫡系整编八十八师师部率领的主力六十二旅。这个旅大部分是美式装备，受反动教育较深，有一定的战斗力，而且善于防御作战。这个旅过去在冀鲁豫战场的巨（野）金（乡）鱼（台）战役中与我们较量过，是我们的手下败将。现在经过重新补充训练，蒋介石又把他们调来皖西，真是"冤家狭路"。我们把敌情查明以后，及时报告了野战军和纵队。同时，我和八旅几个领导又分析了敌六十二旅的活动。认为他们虽然气势汹汹，连占我主动让出的城镇，但它受过我们打击，慑于我军威名，心有余悸，色厉内荏。从各种征候看，它的意图是乘虚占我城镇要道，重新控制皖西，而不像是找我主力决战。而且原在皖西的整编四十八师等部队又被抽调西援豫南，六十二旅是孤军深入，给了我们歼灭的好机会。但是，我们也考虑到，要歼灭这股敌人，一个旅的兵力是不够的。于是，我们决定向野战军和纵队建议，集中我纵主力，抓住战机，歼灭敌人。很快，我们就接到刘、邓首长给我纵的指示：东敌西调，皖西空虚，迅速回师，寻机歼灭分散薄弱之敌。同时，也得悉陈、彭已率七、九两个旅冒雨从豫南兼程东进。我和八旅干部商量，为了不让敌人脱身，就把分散游击和配合地方工作的部队集中起来，尾随侧击，拖住敌人。从当时情况来说，敌人想跑也难跑掉，但我们兵力少，围也围不住。我们便决定一直跟着，咬住不放，等主力回师再收拾他们。

在我纵主力回师之际，六十二旅又从舒城出侵桐城，沿舒（城）霍（山）公路西犯。沿途，我八旅不断派出小部队对它进行袭击；10月6日，又在舒城以西的南官亭附近，对敌殿后部队实施侧击，给敌以杀伤后，主动撤出战斗。敌虽不断受我尾随堵击，但因不明我之意图，所以仍无所顾忌地继续向西进犯。一直到7日深夜，当他们与我回师的九旅先头部队接触以后，发现我主力，预感不妙，才慌忙回窜到毛坦厂西北的抱儿岭一带。这时敌人已察觉我纵正部署兵力对他们合围，遂于8日拂晓开始向北退缩。敌人的这些行动，更证实了他们畏首畏尾，不敢与我决战。于是我立即发报向陈、彭建议，由七、九两旅顺势在敌西侧翼追歼敌人，由我率八旅继续沿敌人东侧翼跟踪追击。我命令部队不怕疲劳，不怕敌情多变，死死咬住敌人，决不让他们跑掉。

主力回师　追围逃敌

本来是一个旅对付敌人，现在七、九两个旅赶回来了，追歼逃敌的兵力就占了绝对优势。

部队兵分几路，紧追敌人。着慌的敌人也利用沿途的山地，以小部与我接战，且战且退，掩护主力向北逃窜，妄图与六安驻敌整编四十六师会合，摆脱它面临被歼的命运。我们在追击路上，为了及时掌握敌情，便于组织战斗，各级都靠前指挥，带领先头部队勘察道路，判断敌情。部队在崎岖的小路上，高一脚、低一脚地搜索前进。大家都有一个共同的心愿，迅速围住敌人，全歼敌人，打好挺进大别山以来的第一个大仗。

仓皇逃窜之敌见左右两侧有我部队平行推进，前有堵截，后有追击，怕夜间行动对它更为不利，天不黑，就全部猬集在六安东南60里的张家店。敌人停下了，我们没有停。半夜，七旅二十团迅速从敌西侧迂回到张家店北面，抢占了几个山头，堵住了敌人北逃和南援的道路，九旅二十六团也抢先占领了敌西南的外围高地，八旅一部则直插东面，控制有利地形。至此，各旅先头部队已把敌人围住。

被围在张家店的敌人，这时像一头刚关进笼子的野牛，困兽犹斗，拼命挣扎。天刚破晓，他们就选择北面为主要突围方向，以整连整营的兵力，在炮火掩护下，对我七旅二十团阵地猛扑，妄图夺路向六安逃窜。我先头部队密切协同，一次又一次击退了敌人的突击。刚赶到战场的后续部队也先后展开，从侧翼向敌主动进袭。使敌多方受击，有效地制止了敌人的突围。同时，从六安前来增援的蒋军四十六师3个团，到达张家店北30里的中店、槐树岗一带，被我七旅二十一团有力地阻挡在那里。

前面正在激战的时候，我和八旅干部赶到张家店，登上南面的一座小山，观察当前敌情。我见到部队的行动既迅速灵活又大胆勇敢，把敌人围得紧紧的，心里很高兴。眼看天马上黑了，正可以发挥我们夜战特长，迅速发起攻击，消灭敌人。可是，纵队的主要领导同志现在还没有赶到。我很着急，心想，如果我们攻迟了，敌人可能突围跑掉，或者援兵赶来，这个仗就难打了，弄不好就打不成了。我考虑再三，觉得争取时间就是胜利。于是，我当机立断，立即把七旅赵兰田旅长、九旅童国贵旅长都找来，与八旅马忠全旅长一起研究如何打好这一仗。当时他们也和我一样着急，一见到我，就建议赶快动手。我看他们的信心很足，决心很大，就对他们说：现在敌孤立受围，立足未稳，合肥来不及增援，六安援敌一时过不来，我们兵力占优势，力争在今夜采取速战速决的手段，一鼓作气把它吃掉。我还提醒大家，在无后方条件下作战，解决战斗不但要快，而且还要以最小的代价换取最大的胜利。我们很快统一了思想，确定当晚总攻，一面部署兵力行动，一面报告了纵队。

速战速决　当夜歼敌

张家店是一个东西向里把路长的小集镇，有 200 多户居民和一些商店，住房大多数是泥墙茅顶。居民、商人见国民党六十二旅闯来，除年迈老人外，几乎全部逃避一空。如惊弓之鸟的敌人，一进镇随即抢劫钱财物品，据房为营，并立即赶筑防御工事。敌人利用镇周围广布的池塘、水田和远处长满小松林的土丘山冈交织相间所组成的地形，修筑了外围工事；敌还在四周旧时遗留下来的寨墙水沟的原有基础上，修缮加固了防御工事，各要道口又立桩布寨，挖掘堑壕，据守的民房都有两层到数层的枪眼可以互相支援。敌人的指挥部就设在镇西北的一个庙里。

根据敌人防御情况，决定八旅由东、东南两面，九旅由西、南两面，七旅由北对张家店实施围攻。战斗分为两个阶段：先是肃清外围，然后发起总攻。这时，附近地方政府听说我们要消灭张家店敌人，赶忙组织很多担架队来支援作战，增强了我们的后勤保障力量。

肃清外围的战斗，于黄昏开始。各参战部队虽经过连日行军、追击，极度疲劳，但眼看今夜要打个漂亮歼灭战，干部、战士个个斗志高昂，作战勇猛。我们部队有打上党、攻羊山的经验，战术动作熟练，战斗作风顽强，指挥也果断灵活。只用了一个多小时，就扫清了外围据点，直逼张家店前沿阵地。

夜 10 时，我们向敌发起总攻，先是集中各旅山炮、迫击炮向敌前沿和纵深猛烈射击，直打了一个多小时，一阵阵密集而又准确的炮火，迅速摧毁了敌人的防御工事和火力配系，压得敌人的枪炮很长时间当了"哑巴"。紧接着，纵队的几门迫击炮，也集中向镇内敌人的纵深连续猛击，很快击中了敌人师指挥部，又引燃了镇内茅屋，顿时火光四起，敌人大乱。我部队乘势猛攻，九旅一部首先在南面突入镇内，七、八两个旅的部队也同时由东、北两面向敌猛压。一部敌人妄图向东突围逃窜，被八旅堵住、赶回。这时，敌指挥系统已被我打乱，八十八师副师长张世光看事情不妙，便带着十多人，沿着张家店东面后河逃跑。无头之敌乱作一团，不堪一击。我攻入镇内的部队，一面勇猛歼敌，一面奋勇救火。拂晓，整编八十八师师部及六十二旅已被我全部歼灭。俘敌少将副旅长唐家楫以下官兵4700余人，毙敌900余人。10月10日天明，除阻击六安援敌的七旅二十一团守在阵地外，各旅部队像撒开的大网一样，从战场四面八方收拢来，押着俘虏，抬着枪支、武器、弹药，按纵队规定的集结地点开进。援救解围的敌人在飞机的掩护下赶来，只不过是给六十二旅"送丧"而已，无济于事了。

张家店全歼敌人一个旅，这就表明，只要我们正确掌握和运用毛主席的作战原则，执行上级指示，积极捕捉战机，英勇顽强战斗，我们在外线，在无后方的困难条件下，同样也能整师整旅地消灭敌人。

原载陈斐琴、杨国宇、王伟:《刘邓大军风云录》(上)，人民日报出版社，1983年，第129～134页。

记高山铺战役

◎ 唐西民

　　1947年10月，刘邓大军一纵队和中原独立旅，在连克大别山南麓蒋匪重要据点黄安、宋埠、岐亭、广济，横扫鄂东蒋军之后，胜利地挺进到长江北岸，东下武穴、陇坪，西克团风、仓埠，（进入皖西的三纵队则直抵望江以东的华阳镇）把蒋军的内战大动脉——长江航线，在武穴到华阳镇300里长的地段上，一下子拦腰截断。声威所至，九江告警，武汉戒严，解放军威震大江南北，江南千百万被压迫的人民，到处都在暗地里传着解放军要渡江南下的消息。蒋军在惊慌失措之余，乃星夜调整四十师及整五十二师之八十二旅赶来增援。10月27日，这部敌人被我军全部歼灭在蕲春东北广济西北之高山铺。下面就是这次战役中的一些片段的记述。

一、"请客"

　　10月25日，蒋军整四十师外带整五十二师的八十二旅从浠水出发。他们沿着浠（水）广（济）公路，浩浩荡荡地向东南杀来，妄想把解放军压缩到长江北岸的湖沼地带，一举包围歼灭。解放军马上放开了大路，让他们在一天之内，安心大胆地前进了60里。黄昏的时候，这部蒋军进到漕河镇和横车桥。

　　当天晚上，分布在广济东南和长江沿岸的一纵队和中原独立旅，纷纷自远道兼程赶来,于黎明之前,全部开抵清水河和高山铺地区,而且,立即按照刘伯承将军事先设计好了的"口袋阵",肃静而隐蔽地分别进入了公路两侧的界岭山、洪武垴、子女山和大王砦等预定阵地。

26日早饭刚过,天上飘着毛毛细雨,中原独立旅奉命到前面"请客"去了。他们派出了一批侦察员,特意换上了便衣和一些破旧军装,专门收罗了一些各式各样的旧步枪,摆起吊儿郎当的架势,顺着公路直向漕河镇走去。在离漕河镇不远的地方,他们和敌人的尖兵遭遇了,敌人根本没有来得及还手,就被他们一阵密集的扫射,打得狼狈逃窜回去。

敌人的前卫部队被迫停下来,仓皇应战。几个军官爬到公路旁边的高地上观察,只见公路上统共才不过百十个身穿杂色衣服、队形混乱的士兵;再凝神仔细一听,满耳里都是老套筒、湖北条子和破三八式步枪的杂乱枪声。这些军官高傲地放声大笑,断定这是"八路军的地方游击队来捣乱"。于是,一面将情况报告上去,一面就带着一个营追了过来。紧接着,蒋军的大队人马也毫不在意地跟踪追击。

我们的侦察员见敌人已经上钩,扭转头"请""客人"往回走。走了有三四里地,敌人停下来不追了。

"怎么? 你们不想来了吗? 那可不行! 前面早已给你们摆好了'酒席',等着你们呢!"

"这些'客人'的架子真不小,你们不高兴来? 还要我们再'催请'你们一回吗?"

战士们纷纷说笑着,停下来,回过头就是一阵猛烈的袭击。敌人的前卫部队死的死、伤的伤,一下子倒下去一二十个。蒋军军官们气得发了火,带着部队又继续追过来。

就这样,"客人"们紧紧地在背后跟,侦察员们就不即不离地在前面引,"客人"们停下来不跟了,他们就再来一番"催请"。经不起他们如此一再的引逗,蒋军的这些军官们气得简直要发狂了。

"他妈的! 这股小小的'土八路''游击队'这么可恶,非撵上把你们消灭不可!"

蒋军军官不停地大声咒骂着,督促着部队拼命地追赶。

侦察员们终于顺顺利利地把这伙"客人""请"到了高山铺和清水河,便敏捷地跳下公路,向南穿过田埂和树林,爬上了西南的大王砦山。这里正是中原独立旅的阵地。

雨下得越来越大了，一层层的密云和浓雾从山壑里升了上来，罩满了整个山头、树林和村庄，蒋军还是一刻不停地继续冒雨向东南行进。几个高级指挥官悠闲地坐在马背上，用望远镜向四下里张望。可是，除这一股"窜"上西南大山的"小游击队"外，他们从望远镜里所能看到的，只是一片弥漫山谷的云幕雾海和几个隐隐约约地躲闪在云雾后面的山头。他们完全放心了，轻松地拿开望远镜，端详了一下天色，又低下头去看了看手腕上的表，便傲慢地、蛮有把握地告诉下级军官说："部队加速前进，黄昏赶到广济城吃晚饭。"

二、"口袋"扎紧了

12 点 27 分，蒋军的尖兵刚刚走到界岭山，埋伏在公路北侧洪武垴山头上的勇士们便发起了攻势，炽热的火网霎时间严密地封锁了公路，蒋军被迫在山坡下停滞下来。这时，那些愚蠢的蒋军军官还以为又是"土八路""游击队"前来捣乱，照旧命令他们的部队继续攻击前进。然而，这一次却与从前的那几回大不相同了。一个连攻了上去，不到 5 分钟的工夫，就被打得狼狈溃退回来；接着拿两个连攻，依然不行；最后，增加到了一个营的兵力，结果还是一样不管用。

蒋军的那些军官似乎已开始感觉到，扼守在前面山头上的，已经不是他们所认为的小小的游击队，而是刘伯承将军的常胜军了，便一面继续指挥部队向洪武垴发动猛攻，同时又派出一个多营的兵力，向公路南侧的界岭山迂回前进。可是，向界岭山前进的部队，刚走到山脚下，同样也受到了山头上勇士们的猛烈射击，一次又一次地惨败下去。

天色渐渐暗下来，已经到了黄昏，该是广济城吃晚饭的时候了，但是道路还是没有打通，蒋军完全被卡在界岭以西的山沟里，一步也无法东进。他们虽然也曾几次想夺路而进，但无奈每每都撞在我军的铜墙铁壁上面，碰了个焦头烂额。洪武垴和界岭山耸峙在公路的两侧，就像一把大钳的两个钳头，从南北两面死死地卡紧了敌人的咽喉，蒋军一看实在无法前进了，无可奈何地在清水河和高山铺一带宿下营来。这时兄弟部队六纵已经沿着蒋军前进的道路赶来，在马骑山和李家寨把"口袋"扎紧。直到这个时候，蒋军的高级指挥官还没有发觉，他们已完全被装在"口袋"里而陷入绝境了。他们依然盲目而幼稚地这样判断说："这里的共军不过只有一个旅的兵力。是想以阻击来迟缓国军的前进，好掩护他们江边的主力安全转移。"

蒋军大概还是有点不大放心吧，在山沟里宿营之后，便向北伸出两个营来，企图占领背后的大山，以保障其全军的安全。1小时后，失败的消息接二连三地从前面传来：

"子女山已为共军全部控制，我军屡攻不能得手，伤亡甚众。"

"子女山左翼的蜈蚣山上，也发现有大批的共军。"

"蚂蚁山也早已被共军占领了，并在山上筑有坚固的野战工事。"

这时候，那些高级指挥官才恍然大悟，知道自己已被完全包围起来，开始感到全军覆亡的危险。因此，便不顾一切地命令他们的部队，冒着倾盆大雨，向四周的子女山、蜈蚣山、洪武垴、界岭山、蚂蚁山、大王砦和马鞍山等山头，发动了一连串的拼命反扑，妄想侥幸地从黑暗的山沟和密林里打开一条可以逃窜的道路。可惜他们醒悟得太晚了，所有的反扑部队到处都遭到了解放军的迎头痛击。蒋军就像一群关在笼子里的老鼠，盲目地到处乱撞、乱扑腾了一整夜。然而，在解放军严密的天罗地网里面，他们始终也没有找到一线可以逃亡的缝隙。每一条山沟和每一个山头，都被解放军紧紧地封闭起来。这样，到了黎明时候，蒋军的这种绝望的"困兽之斗"，终于不得不渐渐地消沉下来了。

三、把敌人消灭在山沟和水田里

27日上午9点钟，解放军发起了总攻。扼守洪武垴的勇士们首先从山上猛冲下去，困守在山脚下的蒋军残兵败将，仅仅手忙脚乱地勉强支撑了几分钟，就抱头逃窜了。勇士们跟踪追下山，勇猛地冲散了溃退的蒋军兵群，顺着公路笔直地打进了蒋军整四十师师部的中心。他们就像是一颗巨大的炸弹，一下子投进了敌人的心脏，在里面猛烈地爆炸起来。

敌人整个地动山摇溃乱了。四面山头上的解放军就如同山洪暴发似的，从山坡上、从密林中，一齐向山沟里倾泻下去。蒋军完全停止了抵抗，士兵抛弃了枪支，马夫丢开了骡马，都拼命地争着往西逃命。大路上挤了个水泄不通，两丈多宽的公路这时也显得如此的窄狭。于是，在田埂上和山脚下，也到处都拥满了横冲直撞的军马和四散奔逃的溃兵，乱将、乱马、乱车、乱炮挤在一堆，乱冲、乱撞、乱喊、乱叫。有些被撞倒的士兵来不及重新站起来，就被人马活活地踏死。也有的人失足掉进山沟，摔了个腿断背折。有的人则滑进了水洼，被淹得奄奄一息……

敌人一批一批地束手就擒，剩下来的还是没命地向西南逃窜。老天也好像故意和他们为难似的，洒下炽热的阳光，他们热得实在跑不动了，就把棉袄、棉裤一齐甩掉，有些人甚至把单军衣也完全剥掉了，只穿着一身衬衣、短裤拼命地奔跑。

最后，在高山铺西南的安山山脚下，他们被解放军预先埋伏在山上的部队给拦头挡住了。经过一昼夜的大雨，雨水和山洪早已把这一带洼地汇成了一片汪洋的大湖和没膝的泥淖。因此，当蒋军仓皇地窜下公路后，就一个个地陷进了水田泥坑里。他们伸着双手，在深水内和泥淖中挣扎，喊着："救命啊！救命啊！"解放军的勇士们就像扑野鸭似的，把他们一群一群地从泥水里捉了上来。

四、额外的礼物

当战斗业已完全结束，解放军的勇士们扛着新缴获的黄棉军服和武器弹药，押解着成群的俘虏往回走的时候，六七架美制蒋机才匆匆忙忙地从武汉赶来"吊丧"。他们在天空里一再地盘旋侦察，可始终也找不到一个明显的轰炸目标和解放军的任何影子。他们所看到的只是一队队身穿黄色军服的部队的漫长行列，连绵不断地在山沟里和山坡上齐整地稳步前进。他们想："这大概是'国军'已经解围了吧！"便推开了机门，把刚从武汉急忙装运来的馒头、大饼一齐投掷了下来。

地面上的黄色行列稍稍停滞了一下，还是照常地继续向前移动。看不到联络旗在下面飘动，也收听不到下面呼叫的电波讯号，他们开始有点疑惑起来："下面的部队，究竟是'国军'还是共军呢？"一点儿也没有把握，还是进行一番低空侦察吧。

于是，飞机的飞行高度慢慢地降低下来，最后，差不多快要触着山头了。

这时，地面上解放军的勇士们早已把他们的武器准备好了，没有等到他们观察清楚，无数挺机关枪便一齐从山顶、密林里密集地向飞机猛射。两架飞机登时中弹起火了，随即拖着长长的浓黑尾巴，从半空中直掼下来，撞在山坡上，碰了个粉碎。

勇士们一面吃着飞机刚才扔下来的馒头、大饼，一面直乐得拍手大笑起来。大家嘲讽地说：

"蒋介石这个小子真孝顺，知道咱打了一天一夜肚子饿了，特意给咱送来热馒头吃。"

"蒋介石这回给咱送来了两个半旅，还嫌这份礼物太轻，又给咱送来了两架飞机，外带馒头、大饼，作为额外的礼物。"

五、战场以外的佳话

战场上的蒋军是被全部消灭了，在战场以外，关于整四十师的佳话，却还在一连串地继续传播着。18日早晨，武汉行辕还在急急忙忙地替整四十师的官兵赶制馒头、大饼，中央社汉口18日的电讯，也照旧地在编造着所谓"鄂东大捷"；至于汉口广播电台，则更是兴高采烈地狂叫：

"鄂东'共匪'主力已全部被歼，大别山'残匪''肃清'之期，指日可待。"

最可笑的是，蹲在蕲春城内未上前线而侥幸漏网的李铁头（蒋军整四十师师长李振清之诨号），直到18日下午，还在继续做着他的黄粱美梦。他一再打电报给武汉行辕，要求派大批飞机给他的部队运送粮食弹药和协同作战。他这样坚信不疑地报告武汉行辕说："我的部队至少可以再支持两三天不成问题。"不过，当武汉行辕问他把东西送往何地时，他却实在没有办法答复，只好喃喃地回答说："已与前方电台失掉联络，部队现在何处我也不得而知，正在派部队寻找中，希望空军方面也帮助寻找一下才好。"

结果如何？自然是很明显的事。李振清从此不可能再找到他的部队。

一个真正的佳话是，安阳人民听到了一个令人高兴的消息：我军打安阳城时，躲在坚硬的乌龟壳里没有被消灭的四十师李振清部，被刘、邓两位将军指挥到大别山去，在运动中被消灭了。

原载陈斐琴、杨国宇、王伟:《刘邓大军风云录》(上)，人民日报出版社，1983 年，第 138 ～ 145 页。

抓住敌人，不让它跑掉！

◎ 宗书阁

一天清早，天气晴朗，我正在村子里看战士们缝棉衣、舂米，一个通信员跑到我跟前报告说："参谋长，旅长请你回去，有要紧事！"我立即返回旅部，刚一跨进门槛，就看见李德生旅长、何柱成政委等同志，正围着桌上摊开的地图聚精会神地谈论着。旅长手上拿着一支红铅笔不时地在图上指画。我在身旁的凳子上坐了下来。他一见到我就向我说："老宗，刚才纵队首长来电话，说蒋军整编四十师，昨天经上巴河东南地区，向浠水方向南下，今早先头已过浠水。纵队首长已令十八旅五十四团二营尾追敌人，并让你带我十七旅四十九团两个营，立即出发追击敌人，指挥前面部队作战。"

我一边听他讲，一边注视他铅笔所指的地方。当时我纵进入大别山以后，正驻在鄂东蕲春地区；上巴河在我们西面，浠水在南面，按照所指的路线看，敌人一天时间已由西北往东南去了四十几里。

旅长指我看了地图以后，又接着说："纵队要你们抓住敌人，不让他们跑掉，并随时报告敌人动向，主力随后赶来消灭他们！"

这股敌人是最先突过敌人整个的追击线，深入到我们所占领的地区来的。因为当时友邻的一纵，已横穿鄂东直插到了长江边上的武穴，指向九江，武汉近在咫尺，长江300里航线已被我们切断，到处传说"解放大军要过长江了！"蒋介石惊慌失措，才从宗埠一带星夜调来整编四十师并八十二旅，企图南下广济，阻止我大军前进。

这是个紧急任务，如果消灭了这股敌人，不但歼灭了敌人的有生力量，而且还具有战略上的意义。我接受了这个任务以后，心情非常急切，恨不得插翅飞到，即令侦察班立刻先头出发，向浠水方向尾追敌人。其余部队经短时间准备以后，于10时左右以急行军向浠水出发了。部队行进很快，每小时要走十几里，虽然两三个月以来转战大别山，大家相当疲劳，可是一听要打仗，战士们精神抖擞的劲头儿就又来了。10月的大别山已有寒意，但同志们却是满身大汗，挺着胸，扛着枪，一个赶一个快步前进，生怕自己落在后面。还一路谈论着如何追上敌人，消灭敌人，抓俘虏。战士们这个劲头更增加了指挥员的胜利信心，我心里非常高兴。

下午3时左右，到达浠水城。

部队在城内及南关休息。我们找老乡了解情况。个把月前，我们解放浠水时，这里是一个很热闹的地方，街道上人来人往，店铺里不断有人买东西。可是蒋军昨夜过了一趟以后，现在完全变成了另一个样子。街上冷冷清清，很少有人来往，到处是破坛坛烂罐罐，好多店铺都被打得七零八落，橱窗货架都被蒋军劫掠一空。老乡们跑来向我们诉苦，这家的东西被抢走了，那家的儿子被拉了夫，很多老年人边说边哭。看见这些，战士们又恨又气，都要求马上追击。

我们一了解，敌人今早离开这里，沿公路南去了，方向不明。

部队休息了一下就出发了。原来有很多躲藏起来的老乡，知道我们是解放军以后，都跑出来给我们送行，并一再叮咛我们要替他们报仇，把拉去的"娃仔"给找回来。我们一一应允。人民的这种信任，更增加了战士们的责任感，队伍步伐更快了！

黄昏时，部队到达丁宁垱村北。这个地方除一条公路通向东南外，还有一条路通西南方向。往东南的公路是去广济的，往西南的大路是到长江边上的，这两个地方敌人都可能去，到底到哪里去了呢？必须搞清楚。趁部队休息的时候，我下马到路上察看。大路上，路口有些马蹄印，再往前去，就寻不出更多大队人马走过的痕迹。我返回公路察看，路中间看不出很多蹄印，但路的两旁，泥土潮湿的地方，却有些马蹄印，再往前去，出现了一堆堆新马粪和一些零乱的脚印……可以肯定，敌人是沿公路往东南去了，部队立刻朝这个方向追。

晚上7时，到李家店铺，遇到了五十四团二营的部队。李教导员前来报告说敌人已南去很远，部队疲劳，在这里宿营。我们已走了一天，很累很饿，我叫部队也在这里宿营。布置好警戒派出侦察员以后，部队休息了。这一天走了100多里地，大家一倒下就睡熟了，连下了大半夜的雨都不知道。

第二日拂晓，冒着蒙蒙细雨，部队继续追敌，下午2点到了西河驿。战士们肚子饿得咕咕叫，早就该吃饭了，可是敌人去向还没弄清。正在这时，一个侦察员回来报告，刚才遇到一个从敌人那边逃出来的民夫说：敌人已在前面30里的清水河一带住下了！我把民夫找来一问，果然是这样。这个消息是天大的喜讯！追了两天找不到敌人的影子，我们的任务是要抓住敌人，摸清情况以便主力赶到歼敌，见不到敌人就一切都谈不上。现在敌人就在前面，这个机会决不能轻易放过！

我找来苟在合团长和杨毅参谋长研究。现在部队走了八九个小时，午饭都没吃，又疲乏又饿，同志们都希望在这里吃顿饭，休息一下再追，可是好不容易才发现了敌人，情况随时都可能发生变化，要叫敌人跑了再想抓住那可就难了。现在应该立刻追！我告诉苟团长，应很快向部队说明此情况。

战士们听到这个消息以后，情绪一下子就转变了过来，一致同意追！饿着肚子也要追！打敌人比吃饭更重要！部队以更快的速度前进了。

黄昏时分，部队离高山铺西北还有二里多路，突然听见前面响起了枪声。我立刻赶上前去，在路上遇见一个跑得气喘吁吁的通信员报告说："参谋长，前面发现敌人！"

我一看前面的地形，不远处正是一个山鞍。这时苟团长立刻命令警卫连抢占两边的山头。很快，我和苟团长就到了山垭口。这时天已快黑了，敌人的子弹在我们头上乱飞，周围的地形逐渐模糊不清了。我站在山垭上用望远镜一看，从我们这座山下去，是一片几里地长的斜坡，坡下有个小村子，那就是高山铺。我们占的地势最高，看见山湾里十几里远的地方，东一堆火西一堆火，缕缕炊烟，在薄雾中缭绕。敌人在烧饭！从这一片烟火看来，敌人所有的部队都集中在这里了。这条十几里长的大山沟，中间还有些高高低低的小山丘。我们现在占领的地方是道山口，十分重要。狂妄自大的敌人很麻痹，他们以为这一带是无人之境，就大摇大摆地在这里住下了，甚至连屁股后面的这个主要制高点也不放一个人。这一切并不是偶然的，事后我们才知道，这是刘、邓首长早就给敌人布下的"口袋"，敌人的东南面那条山口，早有一纵的部队在那里"恭候"，我们纵队是到后面来封"口袋"的，路上不打敌人也是有意麻痹他们。

我们和敌人接触，敌人并没把我们放在眼里，随便找点部队和我们放放枪。我们打几下他们还几下，不打，他们也不管，照样在底下做饭，布置宿营。敌人以为我们是大别山的"小游击队"，没想到我们是正规部队的先头，更不知道我们的主力正日夜兼程向这里合拢。

抓住敌人了，必须立刻思考的问题是打不打。要打！我带的部队不到一个团，而敌人是三个旅，敌人十倍于我，并有各种火器，打起来不会占便宜。而且一打，就会打草惊蛇，引起敌人的警惕，增加主力到达时进攻的困难。不打！要是主力还不到敌人就跑了怎么办呢？我考虑了很久，最后决定暂时不动。先叫部队守住山垭两旁的制高点：左边的马骑山，右边的李家寨山。我们连夜构筑工事，等待主力。如果主力到达以前敌人南窜，我就在后面抓他们一把，消灭一部。决定以后，我向部队布置了任务，即返回山后一个小村子里，拟好电报，向纵司报告敌情及我的打算。

我们架好电台开始和纵队联系，可是叫了好久都联系不上。这时我心里十分焦急，真希望立刻得到纵队的指示。隔一会儿我又到电台边去看看，一连四五次，还没找到纵队的电台。我估计部队正在行动，只好到房子里躺下休息，并告诉参谋守在电台旁边，回电一来立刻叫我。

夜 12 时，前面高山铺方向不时传来阵阵机枪射击和手榴弹爆炸的声音，这是我们派出去的小部队正在骚扰敌人，不让他们安静，疲劳他们，这对我们天明后作战有利。

拂晓前，纵司回了电："你们坚决守住马骑山、李家寨山一线，主力正向你处急进，赶到后即配合一纵消灭敌人。"

一纵主力已于昨夜赶到，晚上也在和敌人不断接触。

大网撒下了，敌人还蒙在鼓里！愚蠢的敌人，完全想不到这条黑沉沉的大山沟就是他们的坟墓。

夜里我命令部队加紧修工事，马骑山、李家寨山位置非常重要，敌人不注意我们，只是暂时的，天明以后，战斗一打响，敌人一定会从这里突围。那时要没有牢固的工事，光依靠我们这点小部队要坚持到主力到来是有困难的。同时这两个山头是制高点，我们还可以凭借这有利的地形居高临下痛击敌人。

天明以前，这两个山头上的工事做得差不多了，部队摸黑吃了早饭，一切准备妥当，只等待天明的大战。

　　果然，下半夜以后，敌人看见两边都有部队袭击它，开始警觉了，派出了侦察部队到我们这里侦察，刚一上来就给揍了回去，敌人这才发现昨夜失策，于是想夺马骑山。

　　天明以后，我们清楚地看到敌人在山沟里"调兵遣将"，安排进攻。从望远镜里，看到敌人起床吃饭，集合讲话，调整部队，忙得很像那么回事。一直弄到9点，东南方向界岭、洪武垴的友邻部队开始向敌人发起了总攻。杀声震天，枪声，手榴弹、炮弹爆炸声，响彻山野，而且越来越激烈。敌人慌乱了，我们阵地前面的敌人也向我们发起了攻击，企图夺路逃跑，一阵炮弹在我们阵地上爆炸。守在山头上的三连战士们立刻卧倒在自己的工事里，隐蔽好，敌人来势汹汹，一个营的部队分成几起，一批一批的先后排列着往山上爬。连长传下命令："敌人不到五十公尺不准开枪！"战士们很沉着，一阵炮击过后，敌人吆喝着往山上扔手榴弹、打枪，越爬越近，可是快到山头上了，我们还一枪不还，敌人心慌起来不敢再走了。连长看时机已到，叫一声"打！"轰！轰！轰！一阵手榴弹在敌人堆里爆炸，一刹那，血肉横飞，后面没被打死的敌人吓得翻身就往山下滚。战士们又劈头劈脑给敌人一顿，漫山遍野的敌人被压到半山腰去了。右侧李家寨山上六连的同志们也对敌人侧后打开了机枪，敌人这个营就报销了一大半，再也无力从这里进攻了。

　　这边攻不下来，敌人立刻掉转矛头，向我右侧的李家寨山攻击，那边战斗进行得更为激烈，敌人一连四次进攻都遭到失败，但这时山头上六连战士们的弹药也快打光了，指导员马拴起向同志们传出了命令："任何情况下，要坚守阵地，直到大部队到来接防为止！"

　　敌人的炮火封锁了山后的道路，弹药运不上来，现在剩下的武器就只有少数手榴弹，再就是刺刀，战士们都装上了刺刀！

　　敌人最后一次攻击又开始了，指导员叫大家这次要把敌人放到最近的距离再打，要彻底把敌人打垮！敌人的兵力也只有一个连了，一齐冲上山头，看看快接近阵地了，我们一阵手榴弹打过去以后，一排长尤全井带着全排战士一下子从工事里跳出来，端起刺刀就向敌人冲锋，一场肉搏，杀死了大批敌人，剩下的回头就跑，战士们拾起敌人丢下的冲锋枪、轻机枪，一边射击，一边追，一直追到山下，追过稻田，把敌人逼进了一间小屋子里，尤全并用机枪把门一堵，高叫："缴枪不杀！谁动打死谁！"武器从屋里被扔了出来，一排在这里俘虏了100多敌人。

当我们这边战斗正在进行的时候，高山铺这条大沟已沸腾起来了，友邻一纵从各个山头上冲下了山沟，因为他们主力部队已全部到达，所以火力很强，各种炮火都使用上了，满山满谷打得烟火冲天，敌人的阵势已开始混乱。看见这个情况，我心里十分着急，很怕敌人从我们这里逃掉。

正在这时，旅里通信员来报告，旅长已带主力插到西南独山，堵住了敌人可能逃跑的去路；接着，十八旅萧旅长、李政委也来了，他们是来了解情况的，部队已在西面山上布了防。现在我心里踏实了，东面友邻正在把敌人往我们这边压，我们据守的这个山头敌人也被打垮了，围歼敌人的大阵已摆成！

东面战场上，一阵激烈的枪声以后，敌人整个崩溃了，山沟里，成千的敌人像潮水一样往西南方向涌流过去，从敌人溃逃的惊惶状态，可以想到友邻作战的勇猛！

几千匪军，像踏乱了的蚂蚁群一样，顺着大山沟拥挤着、推打着，争先恐后地往这边逃命。山头上的战士们早准备好了机枪、手榴弹，敌人一过来就是一阵子猛打，在没有空隙的人堆里，一打就倒一排，前面的一挨打，后面的就掉头跑，东边挨了打往西跑，西边挨了打往南跑，南边挨了打又往回跑，只见山沟里几千敌军汇成的人流，一会儿涌过去，一会儿涌过来，那些驮炮的、拉东西的牲口，惊得狂嘶乱叫，杂在人堆里，一起闯来闯去。这些只顾逃命的敌人，枪也丢了，炮也丢了，行李也丢了，棉衣也脱了，光着身子像发了疯一样逃命，往山坡上、民房里、大路边，到处乱窜；有的被挤下稻田陷在里面，进退不得，有的被挤倒在地上活活踩死。一条大山沟里，哭喊之声震动山野。我们打过很多次胜仗，但敌人崩溃到这样的场面我还是第一次见到。

这些敌人现在完全失去了战斗力。山头上各级指挥员发出命令："停止射击，下山捉俘虏！"战士们像猛虎一样冲下山去，敌人成百成百地向我们投降。一个战士捉一百多敌人是太平常的事了。一个多小时以后，混乱状态逐渐结束了。东一队西一队的俘虏，扛着自己丢下的武器，跟着各部队的战士们到指定地点集合。很多负伤的敌人自动跑来找解放军的医院，看来这些敌人对当解放军的俘虏一点也不怕，对他们自己那种混乱的溃败倒是谈之变色。

整个战斗结束后，天空忽然出现了几架敌人的飞机，但它们看见地下整齐的俘虏队伍还以为没发生什么事呢！就给我们丢了些洋面下来，丢过以后，它们还想看个究竟，就俯飞下来，战士们一见，也不和它们讲客气，在山头上架起机枪就打，一阵黑烟，报销了一架，其余的夹着尾巴逃跑了。战士们称这为附带的礼物。

这时天快黑了，部队带着大批俘虏，扛着带都带不完的武器离开了激战终日的高山铺大山沟。

敌人的整四十师及整五十二师之八十二旅，12000多人，仅半天时间，全部覆灭在这条大山沟里。光我们纵队，就俘虏3000多人，这是坚持大别山斗争时期获胜最大的战斗。这次胜利，大大鼓舞了战士们的斗争意志，补充了我们的装备，也再一次显示了刘、邓首长的英明指挥，对敌人来说，他们对刘、邓首长著名的"口袋战术"也更加惧怕了。

（甘耀稷　记）

原载陈斐琴、杨国宇、王伟：《刘邓大军风云录》（上），人民日报出版社，1983年，第146～153页。

捕　俘

◎ 孙贵昌

我军跃进到大别山后，蒋介石调重兵尾追而来。

纵队首长急需了解敌人的布置情况，命令我们侦察队出去捕俘，但两次捕回来的俘虏，都没有提供所需要的材料。于是，首长命我们再去捕捉，并限四天内完成任务。情况紧急，任务困难，科长决定要我亲自去，并再三叮嘱："这次一定要抓个像样的回来，否则，抓到了也算没完成任务！"

我们了解到，敌人的司令部驻在宋埠，隔我们驻地有 40 多里远；在宋（埠）麻（城）公路上，经常有敌人的军官来往。只有抓个敌人的军官，才能摸到有价值的情报。我们决定深入到敌人的心脏地带。

我挑选了二排副黄从州同志给我当助手。他身高力大，枪法又准，临危不惧，曾两次出去捕俘，俘虏不肯走，他就用绳子捆上，像扛一棵大木头似的扛了回来。

我换上长袍，戴上礼帽，腰里掖好枪，又带上些证件和钱，便带着也化了装的黄从州向宋埠出发了。

11 月的夜晚，天漆黑，几颗星星挂在天上，寒风呼呼地刮得人透心凉。我们轻手轻脚地穿过敌人的警戒区，天明后，来到了宋埠西门公路上。

这一带公路沿线，隔不远就有一个炮楼，各条岔道儿上，都有敌人的游动哨兵。附近的山沟里，不断地响着有规律的枪声。敌人正在打靶。黄从州轻声地对我说："队长，不好下手呀！"

我说："先到城里去吃饱肚子，看看动静，等晚上再瞅机会下手！"

我们在城里一家客栈里挨到黄昏，才又往城外公路走去。刚出城不远，路旁忽然闪出一个敌兵，喝令我们站住，检查了我们的证件后，才放行；但前去不远，又被另一个哨兵盘问。就在这两次盘查中，敌人的军车就开过去几辆。这一带敌人的碉堡林立，防守又严，要在这里抓俘虏风险太大。我心头十分焦急，脑子里不断转着圈子，一句话也不说。走了好一阵，老黄像想起了什么心事似的说："哎！要能抓到个敌人的谍报人员就好了！"他的话顿时提醒了我。我们早就了解到，敌人有一个谍报组驻在潘塘，专收集我军的情况。谍报组长叫罗辉才，曾经在山东金乡一带搞过特务活动。抓住他肯定有价值，而且潘塘一带敌人的防守相对薄弱，这对我们活动有利。虽然我们没有掌握罗辉才的活动规律，但是，我觉得总还有点希望，就对老黄说："走！到潘塘看看再说！"

来到潘塘，我们沿着大街小巷走，正在为毫无线索焦急时，忽闻远处传来一妇人的骂声："烂婊子！臭婆娘！罗队长是你的野老公，去向你的野老公告枕头状吧！"

"罗队长"这三个字顿时引起了我的注意：罗队长是不是罗辉才呢？我们赶紧凑了过去，便又听见另一妇人回骂道："罗队长还是你家嫩女儿的野老公哩！去问问你家嫩女儿吧！她得了罗队长好多洋钱！"

旁边一个老头冷言冷语地骂道："呸！真不要脸，都是些烂货！"我听见人们七嘴八舌，议论纷纷，便乘势问老头道："是哪个罗队长？"

那老头愤愤地，却又压低声音说道："有几个罗队长？还不就是那个什么工作队的罗队长，听说叫罗辉才。这个人一到这里就搞这些烂女人。有人还说他是什么佛门弟子，和东边大庙里的老和尚是干兄弟呢。"

我又问另一人："这是哪家的妇女？"那人指着答道："那个是张家的，那一个是赵家的！"

这意外的发现，把我焦急的心情一下子扫掉了，我急忙和黄从州往东山大佛庙去，想找老和尚探个究竟。

走进佛庙，我看见一间小房里燃着一盏清油灯，灯旁坐着个老和尚。

我走进去，问道："老师父，罗队长在这里吗？"

老和尚惊诧地打量了我一阵，大概听到我是北方口音，又这么晚来找人，有些疑心，便摇头说道："不在！他早回宋埠去了！"

我说："我到潘塘找他，听后街姓张那个嫂子说，他住在你这里，我特地来拜望他！"说罢，我把身上的证件掏出来给老和尚看。

和尚把我的证件贴近油灯，轻声地念着"一八一师搜索营营长王……"边念边慢慢地站起来，最后，笑着说道："啊！王营长！请坐！请坐！刚到这里吗？"

我坐下，答道："刚到这里三天，听说罗队长在这边，特地来拜望他！分手几年，一直没见过面！"

和尚道："唉！真不凑巧，他昨天才回宋埠去！"

"哪天回来呢？"

和尚想了一阵说："他说，这边的事很紧，要没有别的事耽搁，明天就要回来！"

我急于要弄清罗辉才的活动规律，便用话套和尚道："看来，他最早也要明天中午才能回来啦！我们还是到宋埠去看他！"和尚摇摇头说："他这人喜欢清早赶路，每次从宋埠回来都赶上我们吃早饭！"

我故作吃惊地说："这里离'八路'很近，老罗一个人早上走路不危险吗？"

和尚叹道："是呀！我也劝过他，他总说，不要紧，'共匪'不敢到这边来。他也不是一个人走，还有个山东汉子老何跟他一道。老何有把好力气，不离罗队长左右，是他的得力帮手！"

我们和和尚谈了许久，见要打探的东西都得到了，便托词离开和尚，又转向宋埠。路上，我脑子里设想着活捉罗辉才的各种办法。

天刚蒙蒙亮，我和黄从州就到往潘塘去的小路边的棘草丛里，仔细地查看着从宋埠方面来的行人。我悄声地对老黄说："今天要放灵活些，看我的眼色行事。不要莽撞！"黄从州点点头。

天大亮时，我们看见宋埠方向过来两个人，前头的一个身穿长袍，上罩青色马褂，头戴一顶礼帽，右腋下挂着一个布袋子，背后那人是一个彪形大汉，一身短打扮。根据老和尚谈的情况，我判断这可能就是罗辉才和他带的那个何大个子。

等他们走过我们藏身的地方几十米后，我和老黄才钻出草丛，跟了上去。距离近了，我突然冲前面喊道："罗队长，罗队长！"

果然是他。罗辉才惊住，急转过身，眨巴了两下眼睛，把我们打量了一番。问道："你怎么会认识我？"

我急忙赔笑："老兄，真是贵人健忘呀！民国23年，你在山东金乡工作，我们还见过一面呢！"

他想了一会儿，淡然地说："嗯！说是有点面熟嘛！老兄在……"

我急忙掏出"证件"给他看，他若有所思地说："啊！一八一师搜索营！哎？张营长不在啦？"

我说："老张高升啦！当情报科长去了！"

他晃了晃头，叹了口气道："老张爬得真快呀！……"

我说："老兄你混得也不赖呀！"

他岔开我的话，问道："贵部到这里多久啦？"

我知道他在探我虚实，便道："前几天才到，师部驻在麻城。听说老兄在这里，特来拜望！"

他笑道："不敢当！不敢当！怎么样，公私如意吗？"

我苦笑道："刚到这里，匪军的情况一点也不摸，工作棘手呀！老兄对这一带很熟，干这行又是前辈，以后还要多多仰仗你喽！"

罗辉才这时虽不惊疑了，但仍很冷淡："大家互相关照吧！这一带都是我们国军的势力，匪军没有什么了不起，谨慎点就行！"稍停，又问道："你们到哪里去？"

我说："师长叫我去看看潘塘一带的地形。"

他紧接上说道："好！同路，一道走吧！"

我点点头。

我们边走边谈，不觉来到了一个山脚下。山脚下有一家酒店子，铺门已打开，锅里冒着热气。那个何大个子对罗辉才说："队长，吃点东西再走吧！到潘塘还有十来里呢！"我正愁找不到机会来摸罗辉才的虚实，加上肚子也有点饿，便附和道："是呀！到那店子吃点东西，喝杯见面酒，暖和暖和再走吧！"

他急忙推道："我事忙，清早又不能喝酒，到潘塘去吃吧！"

何大个子说："等会儿走快点，准误不了事。"

我也跟着劝道："是呀！等会儿走快点就行了！一顿饭的工夫误不了什么事，走吧！走吧！"

罗辉才很固执："还是到潘塘去吃吧！"

何大个子道："队长，天冷，喝口酒吧！暖和些，也好赶路！"

罗辉才盯了何大个子一眼，说道："你这家伙就是想喝酒！"

黄从州在一旁插嘴道："队长，他也是好心，冷天喝酒好呀！"

这罗辉才本是酒色之徒，哪里经得起东说西劝，便故作为难地说道："喝酒我是不行，就陪大家去吃点东西吧！"

进了酒店，老板端来了热酒和菜，我提壶先敬了罗辉才和何大个子。罗辉才刚喝两杯，便装着醉了的样儿，迭声推道："我头昏了，不能再喝了！"那何大个子笑道："队长哪次不喝斤把的！来！我敬你一杯！"我们东说西劝，一会儿工夫就灌了他俩十来杯酒。为了套近乎，我装着有点昏了，故意摇摇晃晃，说起胡话来："老兄，干我们这行的人，真是要脑袋呀！"

罗辉才喝了酒后，话也多了，笑着摇头道："没有什么！'共匪'守得再紧，也有空子！他们装着不打骂老百姓，我就钻他这空子。老兄，有次我被抓住了，我就同志长、同志短地说了些好话，就把那些家伙骗过了，啥事也没有！以后，我到匪军那边去就不带枪了。没有枪，抓住了也没关系！"

我乘势把手搭在罗肩上，笑道："老兄！你不要耍我们了，我才不信你不带枪呢！"

罗辉才被我一激，便站了起来，拍拍腰说："哼！你不信？来摸摸，摸呀！"

我真的摸起来，从他胸部一直摸到腰上，见没有枪，便跷起大拇指夸奖道："真是高见！"

罗辉才哈哈大笑："不是吹牛，对付'共匪'，就要耍点本事才行！"

这俩家伙没有带枪，真是我意想不到的好事。

喝罢酒，我们又同行朝潘塘走。我准备在前面山沟里动手。没想到罗辉才被冷风一吹，酒意有点醒了，快进山时，一会儿朝左右看看，一会儿又朝后看看。这一带山林大，四处无人家，行人又稀少。大概他对我们有些提防了，突然停下脚步，摸了摸身上说："呀！我的东西掉了！"说罢转身就要走。我唰地一下掏出枪，推上子弹，对准罗辉才喝道："不准动！"说时迟，那时快，黄从州此刻也一把将何大个子抓住，用枪抵住了他的后心。这时罗辉才假笑着，边说"老兄，不要开玩笑"，边向我移动过来。我提防他夺枪，便向后退一步，说道："放老实点吧！不要和我们耍这一套！告诉你们，我们就是'八路'！"

何大个子举起双手，脸惨白，颤抖地说："是！不乱动！同志，我没有做坏事，我是为了生活……"罗辉才咬紧牙，转过头，横眉竖眼地瞪了何大个子一眼。我对何大个子说："你知道我们的政策，只要老老实实，就可以宽大！"

何大个子说："是！是！我知道！"然后用嘴朝罗辉才一努，"你们要小心他！"

前面还有敌人，不能打枪。我想把这两个家伙捆起来，但又顾虑我们只有两个人，不敢贸然动手。于是，我叫黄从州把绳子递给何大个子，对何说道："去！把你们队长捆起来，将功折罪！"何大个子战战兢兢地朝罗辉才移过去，但不敢捆。我喝道："快捆！"他看看我们的枪，这才过去将罗辉才的手扭到背后捆起来。罗辉才连声喊救命。我喝道："把嘴塞起来！"何大个子就把从黄从州手里接过的毛巾塞进罗辉才的嘴里。我过去检查了下，捆得还紧，塞得也严，这才放心了。

然后，我笑着对何大个子说："你知道我们的政策，现在，要先委屈你一下！对不起！"我叫黄从州去捆何大个子。何大个子伸出手来，苦笑道："是！我知道！捆吧！要提防他，他口袋里有情报！"

我们押着这两个俘虏，躲进大树林，找了一个僻静的地方藏起来。直到晚上，我们才带着这两个俘虏回到了部队。

12月，大别山里下起了大雪。这时，敌人部队调动频繁，看样子，是在向大别山区增加兵力。纵队首长为了彻底弄清敌人的企图，又命杨科长和我去捕俘。

我们研究后，决定带上一个班，化装成敌人的官兵，越过防线，到距我们40里外的车摇镇，趁敌人从那条公路上运动的机会混进去，抓个敌人的军官回来。

来到车摇镇公路附近，老乡们已经在吃早饭了。我跟着杨科长去了解情况，知道敌人在拂晓时已经开过去了。这情况使我们心里凉了半截。

想了好久，科长对我说："这样吧！去赶敌人！大部队行动，总有掉队人员。我们就捉这些掉队的家伙！"

我觉得这也是办法，便同意了。科长又说："人多不好行动。我看，你一个人从公路上去，摸准情况，见机行事；我们从小路跟上去，鸣枪为信号，我们就跑过来抓！"

我应了一声，拔腿就走。

昨夜走了几十里路，有些疲劳，走得不快。我担心这样无法追上敌人。走了二里来路，看见前面岔道儿上过来一辆马车，赶车的是个老头。我跑上去，也不管他往哪里去，便装出国民党军官凶神恶煞的样儿，把车挡住了，喝道："快送我到前面去赶部队！"

老头急忙央求我："长官！你行行好，我有要紧事呀！"

我说："少啰唆！快走！赶上部队，就叫你回来！"说罢，我故意摸了摸枪，随即就跳上了大车。

老头是受过蒋匪军的迫害的，见我一摸枪，知道不好惹，不再讲什么，不耐烦地把马缰一抖，又狠狠地抽了那马两鞭子，马车便沿着公路，飞奔起来。

跑了十几里路，我看见前面公路上有四五个敌人，还赶着四条毛驴，毛驴上驮着许多东西，有几个士兵还背着枪。我急忙下车。老头转身把车赶了回去。临走时，狠狠地瞪了我几眼。唉！真是委屈他了。

我见有好几个敌人，又有枪，心禁不住"扑通扑通"地跳起来。四处一看，又看不到科长带的人，这该怎么下手呢？我不愿放过这个机会，慢慢走了一阵，下决心不管三七二十一，追上去。于是，我左手按着佩在腰间的那把刻有"蒋中正赠"的佩剑，右手提着盒子枪，边跑边喊："等等我！"

前面的敌人听见我的喊声，停下脚步，回头看看，又走了。

我追上后，没好气地问道："部队走多远啦？"

一个尖声尖气的声音，像不耐烦似的答道："好远啦！要到河边啦！"我留神一看，这个家伙挂着中尉符号，几个敌人中，数他官儿最大。

我摆出长官的神气问他道："是你负责吗？"

他又有点不耐烦地答道："我负责！"

我见这家伙有股捣蛋劲儿，心想如不先打下他的威风，就不能叫其他几个敌兵服帖，于是，我熊他道："你负责！为什么不想办法让他们走快些？掉得这样远！"

那中尉见我话头不好，不服气，盯了我一眼，说："他们走不动，叫我有什么办法？"

我把脸一沉，骂道："你还敢顶嘴，嗯？你不想办法，就有办法啦？老百姓有马车，你不搞，偏要搞毛驴，让大家一拐一拐地走，你安些什么心？"

那中尉见我官儿比他大（我挂的是个少校符号），虽然心里不高兴，但也不敢再顶嘴了，其他的人更不敢说话。

我乘机说："这一带敌人常常出来，要把你们抓走了，我们也要跟着倒霉！"我见前面不远处有几户人家，便心生一计："快走吧！到前面去想办法搞辆马车，大家坐上走。等会我们搜索营（敌人侦察营的名称）到了，就跟着一道走。前面河边有我们的橡皮船，只要渡过河去，就不怕'共匪'了。你们走不快，我们搜索营也要跟着你们慢下来，出了乱子，大家都倒霉！"中尉挨了我一顿熊，就在掉队的士兵身上出气："快走！就是你们不争气！"

这时，我稍平和些说："快走吧！到前面坐上车走就少受些苦了！"

这些家伙听我要搞马车给他们坐，觉得我关心他们，又有办法，所以一拐一拐地走得快了些。

来到那几户人家后，我叫他们到老乡屋里去休息，把毛驴拴在院里，又对那中尉说："看紧点啊！不要让他们开了小差！叫老百姓给他们烧点水喝，我去找马车，不要乱走！"

现在是下手的机会了，但是到处看不见我们的人。我心里十分着急，走到邻院老乡屋后，朝天放了两枪。接着，敌兵休息的那个院里也响了两枪。老乡听见枪响，不顾命地往后山跑去。我急忙返回去，只见那几个敌兵都站在院里。我气冲冲地问道："谁打的枪？"

中尉颤抖地说："是我！"

我骂道："为什么打枪？真是胡闹！"

"我听见你在打枪，怕有情况！"中尉解释道。

我瞪他一眼，说："我是走火了。不得命令，不准再乱打枪！听到没有？"

中尉带着他的兵呆呆地回屋去了，我又装着去找马车。其实，我们的人，离我不太远，听见枪声，很快就赶到了村边。我朝那屋指了一下，急说："都在屋里，快下手！"

侦察员们冲进院去，踢开屋门，敌人吓愣了，全举起手来。

我们把这几个家伙捆了起来，塞住嘴，牵着那几头毛驴，便朝我们驻区的方向走。

因为我们都化装成了敌人的模样，一路上，老乡们都以为是国民党军队抓着了自己的逃兵哩！

原载陈斐琴、杨国宇、王伟：《刘邓大军风云录》（上），人民日报出版社，1983 年，第 154 ～ 163 页。

奔袭潜山

◎ 李长生

1947年12月，一个寒风刺骨的夜晚，部队沿着山间曲折的小道向潜山急进。

潜山是敌人"清剿"我们的据点之一。我们侦察到该城守敌保安第六团主力到桐城去了，城里只留下一个大队。团党委决定由团长左奎元和我带部队奔袭潜山。

我们到达了距潜山西关三里的地方，经过研究，部队便分头行动：三营直插潜北地区，占领公路两侧有利地形担任警戒，阻击桐城方面敌人的增援；一营绕过去打东关；二营从西关直插县府，团指挥所设在二营。这时城里静悄悄的，没有一点儿灯光，也没有任何声响。我几步跨到部队前面，找到二营副营长石春喜同志，问他：

"怎么样？"

"副团长，没问题。城里一点儿动静也没有，枪一响，管叫那些老总们唰地皮去！"

"可得注意啊！心细干好事，麻痹出岔子。"

前卫接近城了。二营的部署是四连居中，五、六连附其左右，全营成三个箭头直指西关。攻击开始了，枪声大作，杀声四起。敌人从梦中惊醒，吓得在城内乱成一团，有的懵懵地朝天乱放枪，有的到处找地方躲藏，有的占领了楼房进行抵抗。这时东关也响起了密集的枪声。城内战斗很快便结束了，县里的"大头"都逃上了城北的将台山。

天亮前，我们包围了将台山。这是一个较大的山包，紧靠城北，从主峰向西延伸出去有一道山梁。远看像鲤鱼背一样；四周有简单的战壕和障碍物，南面山脚下有四个子堡，主峰上耸立着三个大碉楼。上午10点钟左右，我们将这股敌人团团围住。敌人依靠山势进行顽抗，部队前进迟缓。团指挥所转移到将台南山脚二营四连刚夺下来的一个碉堡里，团长根据当时的情况，命令部队停止进攻，待令行动。战场上立刻出现了暂时的沉寂。

天，阴沉沉的，虽然才下午4点钟，已像黄昏了。就在这个时候，我们发起了总攻。

四面八方炽烈的火力射向山冈，敌人在火网中惊慌地号叫。

战士们冲到半山，山顶上一个大碉堡内的两挺机枪还在疯狂地射击着。

"集中火力干掉它！"左团长简短地命令道。

石春喜喊来通信员，说："传令五连，抽一个排迂回上去！"

几分钟后，五连的一个排就从侧翼冲了上去，几枚手榴弹飞进碉堡，枪声顿停。一会儿，碉堡里跟跟跄跄地出来了四十几个敌人，其中有戴礼帽的、穿短裤的，也有穿二尺五戴熨斗帽的。一个个好像丧家之犬，垂头丧气地被押着朝山下走去。

石春喜用手肘杵了我一下，对着俘虏一努嘴说："副团长，你看，这些平日作威作福的家伙，今天该他们耷拉着脑袋显威风啦！"

"耷拉着脑袋显威风？！"我听到石副营长这诙谐的话语，禁不住笑了。

部队又进入潜山城内，成群的敌人伤兵、俘虏正在集中。参谋姚履范报告说："据初步统计：俘敌二百名，战马八匹，枪械弹药在进行清理。还缴获了无数的过年物资和两筐中央钞票。俘虏中还有'县大老爷''科长老爷'呢！"

"还有县大老爷？"我和团长笑起来。

我问姚履范："担任警戒的三营回来没有？"

"回来了。"

我们正围着地图研究情况，一个参谋匆匆进来报告说："据派出的侦察员报告，去桐城的敌人现在乘汽车回来了，目前距这里约十里。"

听到这个情况，我们都感到非常突然，团长立即命令：

"通知各营，准备战斗！"

参谋离开不久，二营副营长石春喜来了。他说："刚才五连警戒哨捉到的两个俘虏供称：敌人离北关五里就下了汽车，现在向东关步行。看样子，敌人已经知道了这里的情况。"

"俘虏呢?"我急问道。

"在外边!"

我走出大门，只见一高一矮两个俘虏，低着头坐在石阶上。我问道：

"你们是从桐城来的吗?"

他俩猛地站起身，大个子战战兢兢地答道："是! 是! 长官!"

"你俩是一个单位的吗?"我追问道。

"不不! 长官，我是一营的，他是二营的。我们在离北关不远才碰在一块。"

"为什么跑到这里来?"

"今天下午突然集合，我们长官只简单地告诉我们到潜山，我们心想你们共，共……"高个子为难地停了一下说："你们走了，我们坐上汽车就直向这里开来。"

"是这样的吗?"我转向矮个子问道。

"是这样，"矮个子说，"下车后部队绕小道走，我们掉了队。我想反正到潜山，城里又没啥动静，就顺大路来了……"

我回到屋里的时候，各营干部都到齐了。我对大家说："据俘虏所供，估计敌人是来包围我们，从两个俘虏的所在单位来看，可能是两个营或更多一点儿的兵力。我们必须赶快行动!"

"打!"一营长说。

"插出去，打他个出其不意。"二营副营长石春喜接着说。

"不行!"我说，"拼! 问题不大，但这样会增加伤亡，削弱我们的力量；再说，打的价值不大，我看还是赶快转移。"

团长、政委都同意我的意见，大家很快就统一了思想。于是，部队带着大批战利品撤出了潜山。离城五六里了，我们才听到潜山城外响起了激烈的枪炮声，敌人开始"攻城"了。那密集的枪声，正像欢送我们归去的鞭炮。石春喜对我说：

"副团长，这比大年三十还热闹啊!"

我笑着说:"若按你的意见，恐怕更热闹呢!"

原载陈斐琴、杨国宇、王伟:《刘邓大军风云录》(上)，人民日报出版社，1983 年，第 164 ～ 167 页。

青峰岭突围

◎ 贾来富

1948 年初，我在三纵七旅二十团九连当通信员。潜山战斗结束后，我们又乘胜攻打了宿松、岳西。敌人恼羞成怒，发起了更疯狂的"清剿"。

那时，我们遵循着毛主席"化整为零"的战术，以营为单位展开分散活动。我们三营就在潜山地区，日夜与敌人在深山密林中周旋。

一天，敌人两个营的兵力跟住了我们。我们东拐西弯地把敌人甩掉了，还趁空拿下了附近的一个乡公所。黄昏时分，部队转移到青峰岭，因为七连、八连还没有跟上，只得暂时在此地宿营等候他们。这时，狡猾的敌人又发现了我们的踪迹，紧紧地追了上来。

我们住在半山坡的一个小村子里，房舍十分破旧狭窄。除放哨的同志外，大伙都抱着枪坐在屋角边休息。连长马魁鸢同志召集排长们布置工作，他说：

"今夜我们就住在这里，敌人也在我们周围，最近的离这儿只有两里地。敌人在夜里一般是不敢出来的。但各排应特别加强警戒，万一有紧急情况就分散转移。第一集合点蔡家畈，第二集合点蔡家岭。"

各排长走后，连长坐在一张矮桌旁，就着昏暗的油灯光仔细地审视地图。

我靠着门坐在一张小方凳上打盹儿，不一会儿便呼呼地睡去了。

突然，几声枪声把我从梦中惊醒。天已蒙蒙亮了。连长和排长们急匆匆从外面进来。这时，"嗒嗒嗒"，又一梭子机枪子弹扫过来，打得房上的碎瓦片"哗哗"

地往下掉。连长大声喊道："以班为单位分散突围，集合地点和联络暗号同前！"

我收拾东西耽误了时间，出房门时天已大亮。眼看一个人也没有了，我急忙向大门外跑，一抬腿，"轰轰"，两颗手榴弹在门外爆炸了，我掉头从侧门冲出去，隐入屋后的树丛里。从树丛里看出去，只见村子周围到处都是敌人，五六挺机枪的子弹暴雨似的扫过来，子弹在头上"嗖嗖"直响。部队都冲出去了，我现在要赶快去找部队。

我在树丛里东闯西冲，躲闪着敌人。我转到一个山坳处，碰上了九班长，只见血迹染红了他的军装，他苍白的脸上，汗如雨下。我撕下军装替他包扎，这才发现他两腿都负了重伤。我抓住他的手，蹲下身子说："来！我背你走！"

他摇了摇头，说："别管我，你赶快冲出去吧！"

我坚持要背他走，他固执地说："我已经不行了，你告诉同志们，我没有辜负党的培养和教育，敌人是用了五条生命才换去了我的血的。快走吧，不要为了我误了事儿！"

争执间，不远处突然一声吼叫："不准动！"接着，十几个敌人端着枪朝我们拥来了。我一滚，趴在地上，端起冲锋枪朝敌人就是一梭子，九班长也对着敌人射击。这一打，吓得敌人一骨碌卧倒在地，举枪还击。九班长一边射击，一边恳求地对我说："我掩护你，快走！"

我说："不！我掩护你，你走！"

九班长瞪着一双大眼睛，厉声说："我命令你离开！"

我又急又气，说不出一句话来。在这紧要关头，我不管他命令不命令，反正抱定了一个老主意：不能丢下他，要死死在一块儿。我爬过去想强行背他。忽见他支起身子，向敌人投出一颗手榴弹，浓烟中，一个敌人抱着大腿乱叫，两个敌人倒下去不动了。可是，就在这时，从左前方飞来的一颗子弹击中了九班长。我连忙过去扶他，只见血从他胸前的衣服里渗出来，染红了半个身子。他用右手按住胸口，左手将枪递给我，嘴唇嚅动着，我把耳朵贴近他的嘴边，听到他断断续续地说："带，带回去，你，快走，革，革……命需……要……你……"说罢，头一歪垂下去了。

我真恨不得将敌人捉过来碎尸万段，我举起冲锋枪向敌人一阵猛扫，又一连扔过去三颗手榴弹。趁着手榴弹爆炸的烟雾，我背上九班长的遗体就跑。我穿过密密的树丛，拐了好几道山坳，才把敌人甩掉。在一个僻静的山沟里，我掩埋了九班长的尸体，又采了些野花野草把新土遮盖起来，默默地念道："九班长，我一定记住你的话，为革命斗争到底，我要为你报仇！"

我怀着沉痛的心情，离开了青峰岭向集结点走去，途中遇见了六班长王仁和同志，接着又碰上了二排副，我问他："见到连长没有？"

"连长同我们一块儿冲出来以后又跑散了，可能他老早就到集结地啦！"

说话间，又来了几个同志。我们组成了一支小分队，二排副带领着我们，穿过敌人层层的警戒，向第一集结点——蔡家畈奔去。这时，月亮已爬上了对面的山头。我们走完一条小路，又过了一道小河，就到了蔡家畈。村子里静悄悄的，我脑子里涌出一连串的问号：为什么这么静？部队还没有到吗？还是我们走错了地方？正怀疑着，突然传来一声问话："干什么的？"

这声音好熟呀，可一下又辨不出是谁，二排副立即答道："卖桃子的！"（暗语：意思是三营的）

"好多钱一斤？"（哪个连的？）

"九角！"（九连的）

"好，挑过来吧！"

我们高兴地跑过去。见到了自己的同志，大家就像几年不见一样，互相抱着，跳着，叫着。我见到连长，汇报了突围的经过。连长说："我们的人都回来了。这次突围战歼灭了不少敌人。九班长虽然牺牲了，但他的血没有白流，同志们会永远记住他，我们要为他报仇！"

午夜，全连在村外一个树林里休息。天上有月亮。大伙围坐在一起，交谈着自己突围的经过。五班长嗓门大，吸引着好大一堆人，我也凑了过去。五班长说：

"我一冲出门，就被龟孙子们看见了。几个敌人紧跟屁股追。我边打边跑，敌人边追边射击，跟着我硬是不放，东拐西弯也甩不掉，急得我真没有办法。眼看敌人离我只有十来米了，我急中生智，一弯腰，顺手一扬，出去了——"

"什么出去了？"我插嘴问道。

"土坷垃！"五班长说罢咧嘴一笑。

"为什么不用手榴弹？没有吗？"我好奇地追问。

"手榴弹倒有的是，可敌人离我只十来米我能扔吗？你看你，光知道问就不知道想一想！"五班长冲我笑笑，继续说，"我这土坷垃一扔过去，就听后面稀里哗啦一阵乱响。我回头看，龟孙子们都吓得趴下了，瞧他们那卧倒的姿势还不赖呢。我趁势向前跑了十几步，这下我可掏出手榴弹来了！敌人知道受了骗，就一窝蜂地向我扑来。这正合我心意，我照敌人堆里扔过去一颗手榴弹，敌人还以为又是土坷垃呢，躲也不躲，只听'轰隆'声，两个家伙的脑袋开了花，其余的也来了个嘴啃泥，也不讲什么姿势了。我赶紧转身向西边树林跑去，谁知那帮没炸死的龟孙欺我只一个人，还死死跟着我，随后又纠集了二三十人将我团团围住，像水田里的蛤蟆一样，一个劲儿地咋呼。常言说得好，好汉不吃眼前亏。我一声也没吭，心想，看你咋呼完了能把我怎么样。这帮龟孙真可恶，用起火攻来了。不一会儿，四周火焰冲天，烟雾弥漫。你们都看见了吧？对，就是那会儿，真是风趁火势，火借风威，逼得我直往后退。退呀退，只觉两脚踏空，'扑通！'我掉进一个坑里了。仔细一看，哈！唱薛平贵回窑啦——原来这是一座烧木炭的土窑。窑底积了水。我想，水能克火，这下可不怕了。又转念一想，不行！不能蹲在这里等死，得想办法冲出去才行。我爬出窑门，见前面不远有一条小水沟，就冲出窑门往水沟里跑。这时我脑子又忽地一动，哪能轻易就走了呢？得给敌人留点'纪念'。于是我又跑回窑洞，从身上取下两颗手榴弹，拉出弦，固定在洞口的一边，又找了一根草绳拴住拉火圈套在另一边。伪装好后，我便迅速地离开了。当我下到山底，就听到'轰'的一声，这一声炸得我心花怒放……"

五班长讲得眉飞色舞。他圆盘子脸上，被烟火和木炭染得黑黑的，真像唱大戏的包公一样，笑起来露出两排雪白的牙齿。我见他这副模样儿，禁不住噗嗤笑起来，引得大伙也笑开了。二排副在旁边插嘴说："小伙子，老人们常说：凤凰在火中一烧，变得更美啦。你这一烧呀，也变得更漂亮啦！"

"真金不怕火炼嘛！"五班长晃着脑袋说。

连长在一旁搭了腔："对！真金不怕火炼，这是人民战士的本质。经得起考验的就是真金！"夜深了，连长的话随着微风在这大别山的一个小山沟里回荡着……

原载陈斐琴、杨国宇、王伟：《刘邓大军风云录》（上），人民日报出版社，1983年，第 168～172 页。

应城之役

◎ 张才千

　　应城是一座历史悠久的城镇，以盛产石膏驰名于世。早在4000多年前，我们的祖先就在这一带开拓、生息。1500多年前，南朝的小朝廷在这里置城为守。西汉农民起义军王匡、王凤起兵荆当，攻拔应城。唐末的王仙芝、明末的李自成、清末的太平军，均在应城一带与当时的统治王朝辗转周旋过。大革命时期，我党在这里创办过"蒲东文艺社"，宣传马列主义，建立了党的组织。1932年，贺龙同志率领的红二方面军，在该县之龙王集附近歼灭蒋匪军4000余人。

　　应城上接郧襄，下连江汉，战略地位重要。在解放战争转入战略进攻之后，我军经常在此地区运动作战，从而构成对蒋军华中心脏——武汉的严重威胁。

　　1948年九十月间，我军在全国各战场上，正胜利进行着太原、辽沈、察绥、济南等进攻战役，淮海战役亦正在进行中。蒋家王朝已是风前残烛，摇摇欲熄。10月中下旬，白崇禧为维持华中地区的统治，企图在随（县）枣（阳）、桐（柏）唐（河）地区围歼我二野二、六纵队和江汉、桐柏军区主力，遂调张淦之三兵团五十二师率两个团由安陆渡府河，进至洛阳店、跛家畈、三里店，七军主力进至历山、高城、江家河地区；二十三旅在随县，一一〇旅在历山、净明铺，四十八军19日在大邦店、双河寺一带；并令三兵团速沿襄（阳）花（园）公路西进，限定时间进至苍苔、程家河、随阳店等地；十二兵团位于唐河、泌阳一线，十三绥区之二军、十五军出新野、邓县向南阳方向推进。刘伯承司令员、邓小平政委决定中原野战军部队采取南北分兵、拖散敌人，寻机歼敌的方针，以二纵、江汉、桐柏军区主力将张淦兵团拉入大洪山，以六纵、陕南十二旅抑留黄维兵团于桐柏山，使两敌不能相顾；并电令我军区主力与二纵、桐柏军区部队迅速跳出敌人之合围圈，转至随县以南之古城畈、三阳店地区，采取敌进我进之作战原则，广泛地回旋机动，相机歼敌，吸引黄维兵团南进于桐柏，拖回张淦的三兵团于大洪山区，以支援配合一、三、四、九纵队和华北野战军第十四纵队进行郑州战役。此时，白崇禧已经摆下了一条由北向南的长蛇阵：头部在大小洪山、桐柏山之间，腰部在云梦、安陆、应城一带，尾部在襄河南岸。即三十三旅一个团位于峰口，一个团位于柳家集，八十二旅旅部及二四四团位于观音寺；一九二旅位于朱儒山、白马河、普济观；湘保一旅位于丁家集一带。白崇禧这一手貌似攻势，但实际上还是为了稳定其在华中地区的战略防御态势。他的腰部——应城，仅有二十八军一个团加一个工兵营、一个搜索营及军部，兵力薄弱。应城的城池虽坚固，但从战场态势来看，应城却突出暴露在我军的面前，加之其首尾远离，难以相顾，又缺少侧翼或次点的掩护，从而变成了孤立的弱点。战场上最有利的战机是敌无防之时、不备之处。白崇禧在得意地集中兵力专图桐（柏）、唐（河）地区时，却对其暴露的腰部丧失了警惕。此良机，正利于我向这条长蛇阵的腰部（既是弱点，又是要害）猛刺它一刀，以夺其三军之气，震撼武汉，拖回张淦的第三兵团。我江汉军区果断决定，迅速发起了应城战斗。

一

战斗前夕，为了隐蔽我之意图，造成敌人更大的错觉，达成攻城的突然性，我采取了一系列的佯动：三分区十团、十一团向荆门以南地区进击，牵制敌人不向东进；四分区部队攻袭宜城；二分区之六团破袭花园、孝感之间的铁路；一分区九团穿上新棉衣，到随县、安陆一带，累次变换番号，易地号房，大摇大摆佯装军区主力进行活动。这个号称"小诸葛"的白崇禧果然上钩了，匆匆忙忙、慌里慌张地将其主力缩回平汉铁路南段和襄（阳）花（园）公路两侧，而武汉西北却门户洞开，应城处于更加孤悬状态。与此同时，我采取各种侦察手段，对应城守敌的兵力部署、阵地编成、火力配系、工事构筑等各个方面的情况，都进行了比较周密的侦察。但由于敌在全国各战场的失利和我之各种佯动，搞得敌人惊恐异常，穿梭调动，也给我们的侦察带来一些困难。10月21日，我召集旅、团两级主要指挥员，研究作战部署中的一些重大问题，大家斗志旺盛，求战心切，提出了许多很可贵的意见。最后我决定，以独立旅全部和二分区三个团的部队投入战斗。为了保障作战的胜利，二野首长还命二纵和桐柏军区部队作后盾，虎视左右，相机而行，以防不测。

应城守敌，正规军约有2500余人，另有应城、京山、天门、随县一带之土顽2000余人，其中大股的为国民党第三专员公署之曹勖部和京山县保安大队之许友祥部，他们因其盘踞地被我解放，即猬集于应城苟延残喘。这些土顽，如狼似虎，十分残暴，白天为兵，晚上为匪，奸淫掳掠，敲诈勒索，广设捐税，从人头税到马、牛、羊、鸡、犬、豕，无所不捐，无所不税。群众称他们为"倒坛队"，意即走到哪里，就把哪里老百姓的坛坛罐罐翻个底朝上，抢劫一空。当军区指挥所进至周家湾时，这个不到二十户的小湾子已是残垣破壁、屋塌人稀了。老百姓都围着我哭诉国民党的残酷统治。

应城敌人的兵力部署是：北城门、魏开记旅社和北门外之古城台，配备一个营，构成一个三角守备区。古城台是敌外围之主要支撑点，其西北面之广福寺，有敌正规军一个排，西面有应城县两个保安中队，又构成一个小三角。东南面城外之寿宁寺背靠城墙，可以东南两面左右支援，是东南方向的主要支撑点。城西南面是敌二十八军军部所在地，其军部驻在锤业工会建立的一所有三幢高楼的公立医院，这里西靠城墙，城外是大富水，水深不可涉，形成了一道天然屏障。五十二团团部驻在医院北面之县立中学，和其军部背背相依，并配备有四个连守卫。公立医院和县立中学是敌人的核心阵地。另小北街配备了一个工兵营。整个敌人的城防布阵又构成东北、东南、西南一个防御大三角。

敌之工事构筑是江汉地区最坚固的工事之一。城墙厚9米，高6米，是明清时期陆续建成的。城墙外有一道外壕，最宽地段有30米，窄处也有十五六米。水壕外面，是一道鹿寨和铁丝网。城墙内还有一道水壕，宽处达四五十米，窄的地方也有十几米。北大街、南大街、府后街、小北街等主要街道都布满了机枪掩体，十字路口还筑有砖木结构的地堡，其兵力容量大者可放一个排，小者可容五六人。"核心阵地"的军部和中学遍布地堡群和卧姿、立姿掩体，鹿寨、铁丝网纵横交错，密如蛛网。敌外围工事亦十分坚固。古城台在大小富水之间，拔地而起，高六七十米，离城仅有一里，是应城最大、最高的制高点。日寇盘踞时，曾在这里筑过七个钢筋混凝土半隐蔽式永备性的碉堡，当中修了一个三层楼高的砖木结构的大碉堡。后来，国民党又在此筑了数十座三层砖木结构的地堡。古城台西北面横着一个"冬瓜式"的无法涉越的大水塘，南面倒有一条可以接近古城台的狭窄通道，但这里又处于北城门和魏开记旅社两面侧射火力的控制之下。古城台的周围设有两道鹿寨、三道铁丝网，铁丝网上还挂有地雷。而寿宁寺则是一殿两廊的大型古刹。从前这里住有100多个和尚。它的东、南、西三面都是大面积的开阔地，周围筑有半掩蔽式砖木结构的地堡，地堡的外围布有鹿寨和铁丝网。

应该说，应城敌军的将领们并不是傻瓜。从应城的布局和阵地编成来看，他们的战场概念是清楚合理的。他们根据应城的地形、地貌特点，布置了个三角阵地，这样就可以掎角相支，互为股肱。其"核心阵地"，因有大富水相依，亦无后顾之忧。但布阵的合理与否只是决定战争胜负的一个因素，其他因素还应该包括战争的性质、人心的背向、指挥员的指挥艺术、士兵的战术技术水平和精神面貌等。从整体来看，后者更为重要，而敌人恰恰在这方面是落后、腐朽和死板的，所以他布成"方阵""环形阵"也好，布成"长蛇阵""三角阵"也罢，统统无法挽救失败的命运。

二

我应城战斗之决心是：独立旅一团从北门攻城，二团从东门攻城，三团作预备队。二分区率其所属之四团位于城东南之十里铺一带丘陵，阻击长江埠方向来援之敌。其六团位于城东北方向之伍家山一带起伏高地，阻击云梦方向敌之援兵。五团归独立旅指挥。京（山）应（城）指挥部率其独立营，位于西南之七里港，截击应城西窜之残敌。

部署完毕，各部即进行紧张的临战前政治动员。我军战士纷纷争先报名参加突击队，地方政府和地方武装组织的给养、担架队也按时到达指定地点。各种准备就绪后，部队于10月23日下午2时从京山之仁和店出发，黄昏到达应城以北之盛家滩附近，得悉该地驻有敌应城县两个常备保警中队和三个乡公所，当即决定歼灭该敌。我一团一营以洪峰似的队形从正面压过去，敌不支而溃散，我俘获20余人。23日晚7时前，各攻击部队即按预定部署全部进入作战地域，阻击部队亦已展开，并开始挖掘开式阵地、枪炮掩体、散兵掩体和交通沟。24日凌晨4时，独立旅一团在古城台、草街，二团在寿宁寺，同时发起战斗，以扫清敌人之外围据点，但都因工事坚固，不易接近、摧毁，而未能得手。24日黄昏，一团又重新组织四个连的兵力，并加强了一部分火力，冒着大雨寒风，猛攻古城台。部队在水壕中英勇顽强，反复攀登。梯子炸断了，有的战士就冒着枪林弹雨，不怕地雷爆炸，用身子爬在铁丝网上作前进"踏板"，为战友开辟冲击通路。但终因雨大路滑，敌工事坚固，地幅狭窄，我军虽经一夜激战，但仍未能攻克敌外围据点。

此时，我心急如焚。时间不能再拖下去了。应城距离武汉很近，一旦敌援兵赶到，我军就会前功尽弃。我在屋里踱来踱去，一支接着一支地吸烟，时而俯下身看看桌子上的作战地图。电话铃不断地响，参谋人员回答着部队提出的有关作战、后勤等许多具体问题。电报稿不时地送进我的指挥所。我在反复地考虑：攻坚一定得先扫清外围吗？一定要欲攻其内，必先取其外吗？模式化、老套子，不能应付战场上变化万千的情况，必须按照毛主席的军事思想原则，善于观风机变，敌变我变，制定最好的处置方法。倘因循守旧，不调整部署，可能会吃亏。同时我想，天衣无缝、无懈可击的战场设防部署是不可能有的，一定能够找到敌防守最薄弱的地段加以突破。我正在沉思，突然接到独立旅的报告：据群众反映，大南门已封闭十余年，平时都是保安队守备，从未见有正规军；独立旅二团一营的干部经过仔细调研观察，认为敌人南门守备的确薄弱，原因是敌从一开始就判断我军无论如何不会在此突破，并自恃寿宁寺支撑点能够彻底封锁这一带城区；南门外一带是凹凸地形，同时有几条小沟壑，离城门60米处还有一条面对城墙的小横堤，既便于我隐蔽接敌，又便于我发挥火力，实施突击。我听了这个报告很高兴，感到我们的基层干部真是可爱，他们在战场上的主观能动作用常常成为我军作战取得胜利的关键。根据这个新的情况，我当即决定采取避其甲壳、击其软部的战术，重新调整了部署：留一个营监视古城台的敌人，一个营佯攻寿宁寺，以麻痹敌人；命二团一营作突击队并加强一定数量的炮兵和工兵，极其隐蔽地接近冲锋出发地，攻击时炮火要突然、猛烈、绵密；二团三营、三团三营作第二梯队，突破南门后立即投入巷战，扩大突破口，掩护一团两个营进城，全面展开巷战，要像数把刀子从乌龟的头部、尾部插到他的心脏，挖掉他的心肝肺及全部软组织。

二团一营的干部、战士接到作突击队的命令后，高兴万分，紧张、认真、细致地准备了一天又半个夜晚。营长徐道宗同志带着突击连和工兵、炮兵的班以上干部，隐蔽接近南门，又反复地观察了地形和敌情。他对大南门、地堡、水壕、铁丝网等障碍物如何排除，突击分队如何突击等问题，都现场作了详细部署。他要求步兵、炮兵、工兵要密切协同，彼此间有机地结合成一支整体的打击力量。同时在他的组织引导下，架桥组、梯子组、火器组、爆破组、投弹组都准备了二至三套作战方案，以做到一组受阻，二组速上。任务布置完毕，器材准备妥当后，徐营长还让战士们开展了热烈的讨论，以发扬军事民主，研究具体打法。临战，他又召集连以上干部开了一个短会，说："我们的突击是战役突破的性质，能否突破，关系应城战役能否取胜。军区和旅的首长对我们都寄予很大的希望，所以我们必须勇猛冲杀。突破后，就是打到最后一个人，也要巩固住突破口，为后续部队创造进行巷战的有利条件，以最后歼灭敌人。同志们，立功的时候到了，就是我们牺牲了，人民永远也不会忘记我们！"

三

25日凌晨2时，细雨霏霏，古城台、寿宁寺都在响着激烈的枪炮声。一营以极其隐蔽的动作，神不知鬼不觉，从集结地域胡家湾一带进入了进攻出发地——城南门外小横堤，九二步兵炮、六〇炮、掷弹筒、轻重机枪等火器均在离大南门百米之内，按预定部署进入射击位置。

在此期间，敌县长袁浩然视察了其东门至南门的一段防御。他向敌二十八军副军长顾心衡报告：东至南门守备薄弱，恐有不测。顾心衡决定派搜索营加强东至南门一段防御。

在敌搜索营到达之前，我九二步兵炮突然一炮，就把南门上的地堡打去半截。接着，36门（挺）六〇炮、掷弹筒、轻重机枪在距城南门不到100米的正面，以极其浓密的炮火猛烈地轰击、扫射敌人的设防工事。敌人被这突如其来的猛烈炮火打蒙了，整整 15 分钟竟没有还一枪一炮。随即，我爆破组在架桥组的配合下，以 20 公斤重的 TNT 炸药包，在不到 5 分钟的时间内，就将封闭十余年的南门炸开。徐道宗营长亲自带着突击队冲上南门，一营其他连队随后冒着爆炸的烟雾尘土从城楼和炸开的城门勇猛地突入城内，并占领了南大街两幢高楼。敌搜索营进行了一次反扑，当即被我击退。搜索营长跑回去报告顾心衡说："共军已突破南门，进了城区。"顾心衡预感到形势不妙。实际上，他对打恶仗、受重创是有准备的，但却认为可以依靠坚固的城池和防御工事与我争衡，固守待援。城池一破，他恼羞成怒，立即抓起桌子上的手枪，对搜索营营长骂道："你这个窝囊废，党国大事全毁你等败类之手！"说着"叭"的一枪，把搜索营营长打死在他的军部。接着，他怒气冲冲地向他的参谋长下了死命令："搜索营、工兵营全部出动！打光也得给我把共军消灭在城内或逐出城去！"

黎明前，下起了霏霏细雨。我站在指挥所屋后的小高地上，耳闻城南枪炮声，"遥看火号连营赤，知是先锋已登城"。这会儿，敌人像被打疯了的野猪，拼命地向我一营反扑。南大街住房内、高楼下、小巷里的敌人都在对我反冲击。敌我双方包围与反包围，穿插与反穿插，犬牙交错，杀成一团。战斗都是在几米、十几米内进行的，双方使用的武器也都主要是刺刀、手榴弹、冲锋枪。为争夺南大街，双方共投入了近三个营的兵力，因为地幅狭小，所以伤亡都很大。不到一个小时，敌人两个营已基本被我打垮，我一营有战斗力的也只剩 60 余人。营长徐道宗同志胸中数弹，临终前还口含鲜血低声地向同志们说："不要辜负党和人民的期望，坚……决守住……突破口。"在这短暂的激烈搏战中，副营长袁世春同志和两个连长也相继壮烈牺牲，其他两个连长身负重伤。他们的英雄业绩名垂竹帛。在紧急关头，教导员蔡德清同志把剩下的干部、战士收拢起来，激愤地对大家说："替营长报仇！替牺牲了的同志们报仇！打到最后一个人也要守住突破口！"他们死死守住夺来的南大街的两幢楼，一面用火力杀伤敌人，一面不断组织短促突击。敌人不但没有把他们赶出去、消灭掉，相反却又失去了一幢楼房，30 多名士兵亦成了俘虏。

上午 7 时 30 分左右，敌空军编队机不断临空向南门城墙内外俯冲投弹、扫射，第一批返航，第二批四架编队继续临空狂轰滥炸。我第二梯队两个营不顾敌机扫射、投弹、轰炸，勇猛进入城区，二团三营向东南席卷，以突然之势出现在敌人的背后，敌措手不及，当即被我俘获 200 余人。寿宁寺之敌因被我三团三营切断其内外联系，举白旗投降。据守东门之敌保安队向北大街逃窜。为尽快向纵深发展，稳妥加速全歼城内之敌，我令独立旅一团除留一个营监视古城台之敌外，一、二营立即从二团突破口投入城区巷战，不得迟误。寿宁寺之敌投降后，二团二营佯攻任务已完成，我从电话上命令他们也立即投入巷战。正当一团两个营、二团二营向城内急速运动时，敌机又低空向我运动部队俯冲投弹、扫射，企图阻止我生力军投入城区战斗。我独立旅部队很快组织轻机枪、步枪不断地对空射击，掩护部队不停地向城内急进。至此，我方投入巷战的兵力已达六个营，和敌人的兵力相较，基本上是一比一。激烈的巷战在城区全面展开。

一团入城后，确定二营从府后街由东向西打，到北大街后，再转锋向北发展，并攻占北门，肃清北大街之敌。该营五连从府后街打入北大街，以一个排向北打，一个排向南警戒，一个排作预备队。四连从北门南之公园出敌不意迅速展开，三排夺取北城门楼，一、二排参与打北大街，三排副带一班冲击北城门——这个班打得很顽强，最后只剩两个战士跟排副冲上城门楼，消灭了敌人，夺取了北城门。四连夺取北城门后，转头与五连对打北大街。为了运动方便，突然制胜，他们采取了穿插分割、逐个歼敌的战术，凿洞穿屋，交替前进，很快就消灭了北大街之敌 500 余人，接着又抽部分兵力肃清了北关外之残敌。一营从县银行北向西打，二连从银行南向西打，正逢敌一个连从"核心阵地"之县立中学出动支援北门，我二连猛烈向敌冲击，迫敌退守中学。一营遂调整部署：由一连和二连两个排凿通房子，隐蔽地从中学的西南面接敌，在小北街、十字街加桌子门板堵塞街道，在一些视界开阔的地方悬挂芦席晒席，以遮蔽敌之视线，便利我部队运动；又以二连一个排和营、团炮兵协同，从正面猛烈射击进行佯攻，牵制敌人。一、二连接受主攻任务后，从侧翼炸开了突破口，迅速突入中学，经过拼手榴弹和白刃格斗的激烈争夺，终于夺取了敌"核心阵地"的一部分，全歼守敌 500 余人，震撼了敌二十八军军部。顾心衡见此情此景，举起手枪说："吾为党国将领，今战场失利，理应按总裁训谕：'不成功，便成仁'，吾决心自裁。"话音刚落，他的手枪就被参谋、随从人员夺下。其实顾心衡并不想死，而是刘备摔孩子——假买人心，想借此笼络部属，拼命死守，以待援兵。此时，顾心衡的处境更加危急。我二团三营从南大街往西打，已经进入了敌"核心阵地"控制区。他们虽然暂时无法向敌纵深发展，但我们在其阵地之间揳进一个营，就像是威逼在敌人胸前区的一把刀子，使敌军心顿时大乱。

25日午后2时，守城之敌大部被歼，仅剩西南角二十八军副军长顾心衡所据守的"核心阵地"——公立医院。其"核心阵地"内除原有两个加强连外，还有奉顾心衡令猬集于此的敌县政府官员、乡保队，以及溃散下来的五十二团、搜索营、工兵营残部。顾心衡把一些县保安队、坚决反共的乡保土顽，部署在最前沿，用杂牌给其当炮灰，以提高其防御空间的摩擦力，力争消耗、疲惫我军。他还同时急电白崇禧请求增援。白崇禧接电后，令五十二师从安陆、云梦两个方向火速向应城运动，令空军加强对位于应城东门和大南门之间的我作战部队轰炸扫射，同时在应城周围寻找我指挥所、集结点、后勤保障点和担架队等目标实施攻击，以摧毁我指挥中枢及后勤保障系统。

时间刻不容缓。我命令独立旅快速解决敌二十八军军部及其所据守的"核心阵地"。该旅很快决定由一团一营担任攻歼敌军部"核心阵地"的任务，并要求26日拂晓前必须结束战斗。一营全体干部、战士虽经两天两夜的苦战拼杀，已十分疲劳，但接受任务后，情绪大振，斗志昂扬，决心拿下敌"核心阵地"，全歼守敌。团首长确定：第一，先集中炮火于冲击通路和突破口，打烂敌人的鹿寨、铁丝网、单兵掩体，掩护工兵送炸药；第二，工兵用炸药炸掉敌军部门前两个碉堡，并连续爆破敌指挥中枢——军部大楼；第三，突击队一律换上冲锋枪和手榴弹，炸药一响，立即突击；第四，由团、营、连三级干部带领的后续梯队，紧紧跟进，投入决战性拼杀。

26日凌晨1时，攻击敌军部大楼的战斗提前五分钟突然打响，炮兵以抵近快速射击摧毁了敌鹿寨、铁丝网和火力掩体，并轰击地堡和军部大楼。轻重机枪以密网一般的火力，压得敌人抬不起头。工兵在炮火掩护下实施连续爆破，最后把军部大楼的东北角炸塌。敌人刹那间丧失了抵抗能力。我突击队随着炸药轰鸣声，威风凛凛，蜂拥而上。接着，第二梯队及后续部队冲进敌"核心阵地"。一时间，冲锋枪的枪声、手榴弹的爆炸声和战士们的呼喊声，连成一片，震山撼岳。拂晓前，敌"核心阵地"全部被我占领，守敌死伤狼藉。在这里，我军活捉了敌副军长顾心衡以下700余人，击毙敌军副参谋长熊介生。敌县长袁浩然原亦为我俘获，但这个狡猾得像狐狸一样的家伙，竟从我们手中溜掉了。袁浩然在后来给他上司的报告中说："被俘后，战斗尚未结束，辗转移解，犹未被其重视，复因天雨，将棉被裹身，本来面目已去，混入大批俘兵内行走。翌日晨又趁将俘虏概分三列之际，即混入工兵队内，行至潘家集附近张村，即潜入住户床侧而得脱险，当向居户借衣化装，返回城区……"

应城战斗胜利结束，计俘敌副军长顾心衡以下 3260 人，毙伤敌军副参谋长熊介生以下 900 余人，缴获各种炮 8 门、轻重机枪 98 挺、长短枪 1477 支、各种子弹 13 万余发、电台 3 部、电话机 41 部、战马 135 匹及其他大量军需物资。

原载陈斐琴、杨国宇、王伟:《刘邓大军风云录》(上)，人民日报出版社，1983 年，第 213～224 页。

大别山后方指挥所七十五天记事

◎ 杨志宏

　　从 1947 年 12 月 11 日刘伯承司令员和邓小平政委分头带领部队转到外线作战和在大别山内线坚持起，到 1948 年 2 月 24 日两部重新会合止，历时 75 天。这分合之间的 75 天，是极为艰苦和紧张的 75 天，是谨慎、缜密、坚定、远虑地指挥作战的 75 天，是高度发扬斗志、巧妙讲求斗法粉碎敌人围攻的 75 天。

　　为此，组织了前后方两个指挥所：刘伯承司令员、张际春副政委等为后方指挥所，率预定向淮西展开的一纵转出外线，邓小平政委、李先念副司令员、李达参谋长等为前方指挥所，领导其他部队留在大别山内线坚持游击战争。

1947 年

　　蒋介石集中了 14 个整编师 33 个旅的兵力，由他的国防部部长白崇禧在江西九江设指挥所统一指挥，对大别山我军实施全面进攻。

　　这时，我军决心在大别山、豫西展开的基础上，实行战略再展开，将新从晋冀鲁豫老解放区增援到大别山的十纵、十二纵和原在大别山的一纵队，分别展开于桐柏区、江汉区、淮西区，并以陈赓兵团（四纵、九纵、三十八军）和已进入中原作战的华东野战军陈唐兵团（三纵、八纵、十纵）发起平汉破击战，以与大别山反围攻作战相配合，粉碎敌人对大别山的全面进攻，进而解放全中原。

12月8日，于门前湾

为了今后行动更加迅速，便于打仗，粉碎敌人的围攻，司令部通知各单位动员大家轻装。轻装下来的东西，如果是老百姓用得着的，就分送给穷苦的老百姓；如果是军用物资，就暂时隐秘地埋藏起来，但要采取适当措施，保证物资不至损坏，以备将来再用。

刘邓向中央军委报告关于粉碎敌人对我大别山围攻的基本部署。

12月9日，于门前湾

今天在此待命。整天忙于轻装，处理物资，调整组织机构和人员配备，以准备前后两个指挥部分开后，适应新情况。

12月10日，于黄陂站（礼山县城东北）

昨日下午由门前湾北行，半夜抵黄陂站宿营，行程60里。今日黄昏，刘邓开始分开行动。刘伯承司令员和张际春副政委所率后方指挥部，由这里出发北上。

12月11日，于崔家畈

昨夜经宣化店、定远店等地，到此宿营，这一夜行程80里，跨四个县境和两个省境，即罗（山）、礼（山）、经（扶）、光（山）。这时，敌我相距很近，沿途还有敌武装侦察活动。

12月12日，于苏家河

午后由崔家畈转移至此，行程10里。主要是因敌我相距太近，故稍微移动了一下。敌我都在行动，我们必须根据新情况来决定今后的行动路线。

12月13日，于尹家棚

黄昏由此北上。这一夜沿途左右枪炮声不断，西面还有一股敌人向我追击。

12月14日，于何小寨

拂晓时由尹家棚抵此，行程70里。这时有一股敌人路过此地，同住此村。当时有浓雾，敌我彼此都未及时发现对方。我军送信的通信员在途中碰见两个敌人士兵（敌侦察兵），他们带有美国制造的卡宾枪和望远镜。我们的通信员当机立断，叫这两人一块走，他们竟没有察觉通信员是解放军，乖乖地跟了过来。原来，驻此村的这股敌人是蒋介石的主力部队第十一师十八旅。这时，刘伯承司令员身边根本没有战斗部队，张际春副政委率领的政治部还驻在另外一个地方，他那里也仅带有一个警卫班。照原定计划，是有部队来这一带接应我刘、张后方指挥所的，但因负责取得联系的同志在路上延误了时间，没有及时到达指定地点，故使刘司令员的统帅部陷于此时的险境。

在我们的通信员回来报告之前，刘伯承司令员已经接到一位老百姓的反映：本村另一边也驻有部队，正在锯树伐木，构筑鹿寨工事。情况不明，谁也弄不清该部是敌军还是我军。刘司令员立即派人侦察。

担负侦察任务的三位同志按老百姓指引的方向摸索，不一会儿，无意闯入了一间有人的大房间。其实这里是敌人的团部。当时敌人都吓呆了，慌忙操起枪乱打。我们这三位同志急忙后撤，一位同志不幸被敌击中，其他两位同志安全脱险，火速回来向刘司令员报告。刘司令员沉着地指挥全部人马，趁着浓雾，在敌人的枪炮声中迅速脱离了危险地带。

12月15日，于胡凹（潢川西北）

昨天黄昏由桃林园朝东北方向前进，今天天快亮时进入一个村庄，本来打算在这里宿营，但又发现有敌情，故继续前进。今天早上路经光山、潢川间之寨河集时，有一股敌人从后面追来，机枪子弹不断从我们头顶上飞过。这里的地形比较开阔，对我们很不利，而且天气很坏，风雨交加，我们好不容易才甩掉了敌人。胡凹居民很少，住房亦分散，部队食、宿均难筹措，不适宿营。

12月16日，于涂围子（正阳县东）

昨天下午以后，天气变得更坏。入夜以后，暴风雪袭入住处，几乎无处安身。今天我们顶着据此地人所说的很少遇见的大风雪，从息县东南的潘察西侧涉水北渡淮河。

去淮河的路上，大风雪愈来愈烈。同志们已经连续几天夜行军，没睡过一次囫囵觉，也没吃过一顿饱饭，个个体力不支。许多人跌倒了，但又立即爬起来，咬紧牙根儿跟上队伍。刘司令员这时已年近花甲，他虽有一匹马，但在这恶劣的天气里也无法骑，他坚持和我们一起走路。

这一段淮河的水面不算很宽，但水深过腰，冰冷刺骨。我们来到岸边，脱下身上穿的自己缝制的棉裤，手拉着手徒涉过河。到了河那边，大家冻得发抖，下肢都失去了知觉。为了预防冻伤和感冒，大家按事先的通知立即跑步前进，直跑到感觉全身发热了，才各自找个偏僻地方，脱下湿透了的内衣裤，穿上棉裤。

天黑以后，到处都有枪声，却不见敌人影儿。据说这是受当地反动势力控制的所谓"联庄"打的枪。快半夜了，我们才进入宿营地。此地缺燃料，老百姓做饭都是烧草，我们想买点柴火烤烤湿衣服都很困难。

12月17日，于涂围子北隅（新蔡县西）

今天由涂围子到这里，行程30里。暴风雪终于过去了，天空明朗，太阳光照在雪地上，折光刺激人眼不断流泪，颇难忍受。今天没有发现什么敌情，一路上倒也平静。

12月18日，于香寨

今天中午路过汝南埠，可以说是旧地重游。汝南埠位于新蔡县西南，我军的一个骑兵连在这里迎候，护送后指过汝河。汝河上架有浮桥。附近没有敌情。这比起3个多月前我们在离这里不远的雷岗硬顶着敌飞机大炮的猛烈阻击强渡此河轻松多了。但我们对当时敌我斗争激烈紧张的情景却记忆犹新,刘伯承司令员发出的"狭路相逢勇者胜"的洪亮声音仿佛仍在我们耳边回响。

12月19日，于梁竹园

中午，美制蒋机在我驻地上空低飞盘旋。我一队骑兵正路过此地，因村庄小，树木不多，无法隐蔽，敌机遂俯冲射击，我骑兵1人受伤，战马3匹中弹死亡。这地方老百姓住的多是草房，敌机的低飞扫射使房屋受到了很大的震动。我们刚煮好的一锅粥落满了由房顶上震下来的灰土，根本没法喝了。

12月20日，于邢营

今天由梁竹园出发，途经秦桥、朱泗桥等地，行程50里。

12月21日，于安徽省临泉县之韩老家

今天从邢营出发，午夜于杨埠重渡洪河。这是3个多月前我们南下大别山时敌我争夺过的地方。现在河面虽然不宽，但水深不能徒涉，原有的石桥几经破坏，很不牢固，尤其欲在黑夜里通过，真可谓"如临深渊，如履薄冰"。大约在第二天上午9时前后，我们才进入洪河那边的宿营地。

12月22日，于韩老家

华东陈粟野战军陈唐兵团和我刘邓野战军陈赓兵团于12月11日发起平汉战役，

至 22 日共破路 840 余里，歼敌 20000 多人，攻克许昌、湿河、驻马店等敌重要基地，光复了 23 座县城。

12 月 24 日，于韩老家

上午，刘伯承司令员在野战军直属队干部会上作形势与任务的报告。他说：我们今后的任务是加强工作效率，以便使我们在大别山的部队更能取得胜利。他用右手指着大别山那个方向说：千万不要忘记，我们现在斗争的重点仍在大别山！这当儿，只听摄影同志手中照相机的快门"咔嚓"一响，拍下了这个富有历史意义的珍贵镜头。

12 月 26 日，于韩老家

今天，平汉线我军乘胜在西平以南的祝家寨、金刚寺地区，全歼敌五兵团部和第三师。

敌人围攻大别山的输血管——平汉铁路，已经被我打得支离破碎。我军在 3 个地区的再展开，特别是在平汉线上大量歼灭敌人，迫使敌人从大别山调走了 13 个旅。

1948 年

1 月 1 日，于前刘寨（临泉县城南）

晚上，我们利用军用无线电收发报机收听了陕北人民广播电台的广播，内容是毛主席关于《目前形势和我们的任务》的报告。我们把这个报告记录下来，准备油印，供大家学习。但当地缺乏纸张，我们好不容易才从各处收买来一些各种各样的杂色纸（连老百姓敬神用的黄表纸也买来了），因纸的颜色、质量都不好，所以印出来的字很难辨认。刘伯承司令员不顾疲劳，连夜在微弱的清油灯光下反复阅读我们油印出的毛主席的报告。

1 月 7 日，于罗寨

江汉军区部队解放随县县城，全歼蒋军湖北保安第四总队等部，俘敌 1400 多人。

1 月 8 日，于罗寨

江汉军区组织里西支队，挺进襄河以西，开辟荆门、当阳、远安地区。

1月11日，于罗寨

桐柏军区部队攻克邓县县城，歼灭守敌11个保安团，共万余人。

江汉、桐柏两军区部队，经过一个多月的作战，胜利地完成了展开任务，建立了两个解放区，一个是纵横700余里、拥有人口300余万的江汉解放区；一个是面积5万平方公里、拥有人口500余万的桐柏解放区。

一纵队协同豫皖苏区军民开辟了息县、临泉、项城、上蔡、正阳等10余县的工作，建立了豫皖苏军区第四军分区，填平了这块空白，使豫皖苏和大别山连成一片。在黄河变成了解放区的内河以后，汉水和淮河也正在变为解放区的内河。

1月30日，于杜寨

刘伯承司令员写信给一纵队。刘司令员在信中指出：敌人战略重点防御（主要方面）在大别山，其他方面则为次要方面。我们如使其重点防御方面不断地受到小的歼灭、饿困，逐渐形成大的歼灭，以配合友邻大的歼灭，则三五个月内，反攻战局又会有新的发展。

刘司令员还指出：斗志与斗法（战术）是用兵的把柄，要善于贯彻运用之。如无斗志，则不但一切谈不上，且有覆灭的危险。斗法是建立在斗志之上的，蒋贼的庐山训练班及现在的南京训练班就是要解决斗志与斗法的问题。

在谈到斗法、斗志的规律时，刘司令员指出："敌我两方互为盈虚、消长，即是此盈彼虚，此长彼消。如两相长则强者终强，而弱者终消。如两相消，则消极者必败。"

最后，刘司令员说："我们的斗法已告，我们的斗志必须强化。须知蒋贼败局已定，我们的胜利信心是有科学根据的，唯在我们努力而已！"刘伯承还随信附了敌我"斗法"的文件，即《我反合击战法之研究》和《匪军战法》，以使我部队知彼知己，打更多的胜仗。

2月1日，于韦楼

晚离张庄至韦楼（安徽省临泉县城东南15里处），行程60里。

敌已北渡淮河，企图向我"进剿"，其便衣已接近我后卫部队。

2月9日（农历除夕），于大唐庄

凌晨1时离二郎庙去大唐庄（安徽省太和县城西北50里处）。沿途狗吠不止，枪声不断，老百姓怕土匪至，村村以敲木梆为号，以示彼此相告。

2月10日，于大唐庄

今天为农历戊子年正月初一，老百姓鸣炮、烧香、叩头。为了敬"铳神"，还要求我们允许他们放大土炮。我们欣然尊重当地人民的风俗习惯。

2月24日，于韦寨

今天是农历元宵节。早上离开张大庄，经沈邱、李桥等地，天黑后才到达宿营地，行程 80 里。韦寨位于安徽省临泉县南。

我野战军前方指挥所与中共中原局及后方指挥所于今天在此地会合。

原载陈斐琴、杨国宇、王伟：《刘邓大军风云录》(上)，人民日报出版社，1983 年，第 253 ~ 260 页。

挺进大别山日记

1947.6–1947.9

◎ 张　涛

渡河前后

6月25日　清丰县邵阳集。早饭后我们接到命令，午后开拔。这是我团第四次南下，同第一次相比，人员也多了一倍，火力也大大加强了。前几次是内线作战，这次是向外线打出去。

部队离开驻地回隆，太阳还老高，天气热，行军速度不够快。黄昏，行至楚旺镇休息。随后渡过卫河继续东进。夜12时，抵邵阳集。

6月26日　清丰翟刘家。下午2时继续行军，风沙甚大。夜驻此。为鼓舞部队行军情绪，我们宣传股的同志沿途写鼓动口号。

6月28日　范县高家耿王庄。纵队美术工作者程新同志来团帮助工作。早上同他谈了本团宣教工作情况。他很高兴帮助我们出油印的行军画报。今天出了第一期，很受战士们的欢迎。上午，团长〔黄家景〕分析敌我情况并下达了任务。下午继续行军，我在先头布置沿途鼓动工作。途经观城县石屯集，当地群众早已准备好茶水。

6月29日　寿张县白家岭。今天行程不远，到达黄河渡口——孙口附近。一路上，群众烧茶备水，非常热情。这一带未遭蒋匪蹂躏，呈现着一片安居乐业的景象。夜间路过的村庄，月光下，墨绿的树林环抱着土屋，儿童们在唱歌，妇女们在门口低语，老人们坐在树荫下衔着烟袋聊天。田里庄稼长得不错，高粱已没人头。

6月30日　入夜，部队向黄河岸边开进。我边走边在心中描绘着即将到来的情景……想到明天邯郸人民广播电台将要把今夜发生的伟大事件播送到全世界：刘邓大军一举突破蒋匪叫嚣能抵四十万大军的天险黄河！心中充满无限自豪。可能人同此心吧！队伍行进的步伐，不觉加快了。

到大堤，我们团〔直属队〕刚刚集合完毕，就看到两颗信号弹从河对岸升起。接着传来几声枪声，随后便是"吭吭"的水手们的号子声。原来，部队正在胜利渡河。

这时，我走到河边一望，对岸一个敌据点正在燃烧，熊熊的火光染红了一大片天空。后续部队乘着大小不一的木船继续向对岸进发。水手们摇橹的雄姿，月光下隐约可见。站在我身边的一个老乡看到这一场面，乐呵呵地说："听听，好热闹啊！"我说："热闹的还在后面哩！"

过了黄河，大家脸上露出胜利的微笑。原来真没料到河面这么窄，水面这么平静，而且过得这么顺利。我团先头突击队一个伤亡都没有。蒋介石认为放黄河归故道能顶四十万大军，妄图把解放军封锁在黄河之北，可他没想到，一夜之间，就被我们这样轻而易举地突破了。

这个胜利也不是偶然的。这次渡河，我们进行了好几个月的准备。河附近的人民打造了许多船只，并派来最好的水手。为了不让敌人发觉和防止敌机轰炸，他们在北岸挖了有遮盖的船坞。白天，敌人不会发现有船，可当我们用时船儿便一条条地从坞里划出来。还有，我军战术的成功使蒋介石的主力都被吸引在山东和陕北，鲁西南这段黄河成了薄弱环节。河南岸，我游击战争的开展，迫使敌河防部队采取"前轻后重"的部署，沿岸只有反动地方武装。这些都是我军得以顺利渡河的条件。

7月1日　郓城县朱庄。我们以反攻的首战告捷迎接了党的生日。

昨夜渡过河来，在某村稍憩即继续前进。这一天我们团行进40公里。附近苍园、良岭等据点的敌人闻风逃窜。今晨6时半，我团追至里虎庙，向师那里〔村名〕敌据点实施包围。敌狼狈南逃，我军不顾烈日当头和日夜行军的疲劳，一口气赶了12里，俘敌班长以下6名，缴获步枪4支、子弹万余发、炮弹15发，还有大量资财。敌伤亡人员尽行遗弃。下午，敌机在头顶盘旋，我军继续猛追，俏皮口、任屯亦不战而绝。后侦察员报告：敌区公所人员正在向"青纱帐"潜逃。经搜索，击伤二、俘一，缴枪 3 支、子弹 70 发、蒋币 12000 元，钱 108 元。据俘虏说：敌军士气极为低落，连以下军官多有请假不归者。师那里敌军逃出后，敌营长企图组织抵抗，无奈士兵不听指挥，各不相顾，争先逃命。

据我侦察员报告，敌在吕邻期间残酷地镇压群众，在俏皮口据点的一个坑内，就活埋我军家属 12 人。从俏皮口到南岸这一带，被杀害的无辜群众有千余人。敌人还竟然下令，并强迫农民把公路两旁长得一人来高的高粱 3 日内砍掉。一位老大娘说："同志，你们再早来一天，我的高粱就毁不了啦。"

7 月 3 日　郓城梁庄。夜来雨声掺杂着枪声。晨起，去二营参加行军查检会。他们自 25 日以来，无一非战斗减员。有息：敌军已向主要据点集中；曹福林十五师困守郓城，甚为恐慌；王仲廉兵团之六十六、三十二两师来援，已到陇海线某地。今天前进 25 里，到达梁庄。这里敌人的一个据点、工事修得坚固，可他们也是闻风而逃了。

7 月 7 日　定陶城东南高庄。听说曹县敌军已经跑了。从该县逃归的我被俘的一位小同志说，他们被俘的共 9 人，敌人杀了 6 人，只留下他们三个年纪小的。夜里传来捷报：郓城已被我军攻克，敌师长曹福林带 200 余人落荒而逃。至此，我过河来已克三城——郓城、鄄城、曹县。另有成武县，一直控制在我手里。现下，我军正围攻定陶，听说已经占领东、西两关。晚，向西南转移高庄。

7 月 10 日　定陶南 15 里董庄。一纵队攻克郓城，俘敌 8000 余人，毙伤 2000 余人，获山炮 12 门，战车、枪车防卫炮 6 门。这次战斗有三个特点：一、大大缩小了打歼灭战的敌我兵力比例（过去 7：1，这次是 2：1）；二、向坚固设防阵地进攻；三、时间短促，大军区特予该纵记大功一次。可是我们团延误了时间，欠机动灵活致使残敌漏网，受到上级的批评处分。得悉：兄弟部队今晚总攻定陶，我团开到董庄来担任二线包围。现下，县城方向的炮声甚烈。

7 月 11 日　昨晚刚刚睡下，忽听村东传来断续枪声，估计是定陶城打开，敌人突围出来了。当即起身赶到街上，正遇三营部队向村外走，我随该营来到村边。（定陶）城方向仍不时传来枪声。一个战士向九连指导员张星周同志报告："指导员！我们三排抓到一个。""怎么抓到的？带过来！""嘿嘿，说来有意思。他是一个排长的勤务兵。他跟着我们走，还问见到他排长没有。我们问他是哪一部分的，他说是六十三师一三五旅。后来他听口音不对头（该旅都是南方人），扭头就跑，哪能跑得了？就这样被我们抓来了。"后来一问，原来是小股敌人从城里窜了出来。到今日清晨，村周围到处是枪声，俘虏被一批批送到政治处。这次战斗，共俘敌上尉连长以下69名，缴步兵炮1门、轻机枪3挺、步枪19支、驳壳枪1支、掷弹筒1个、子弹数千发。定陶城已被我兄弟部队攻克。下午，向东开进，听说敌军六十六、三十二、七十等三个师来援，我团前去迎敌。计行程百余里。

鏖战羊山

7月19日　姚寨。几天来行动紧张，日记一连脱记。现追叙如下：

11日自定陶附近出发，一口气赶了140余里。13日晨，包围了头天由羊山敌军六十六师派来谢集的一个团，当即全部歼灭。接着进逼羊山。

15日上午，接旅部命令，羊山敌人准备撤退，命我团相机出击，牵住敌人。8时，我团向葛山（羊山北二里许）出击。葛山之敌本来在撤退，见我扑来又返身抵抗，战斗很激烈。七架敌机在空中配合，向我阵地轰炸、扫射。全团指战员英勇奋战，终于将敌反扑击退，夺得山头2座，村庄4处，毙伤敌军近百名，俘6名，缴轻机枪1挺，步枪4支，击落敌机1架。由于山地战我团无经验，本身伤亡不小。这次战斗中，一营郑珍排英勇夺下敌固守之大碉堡，梁永计（梁在平汉战役〔今称邯郸战役〕后参军）和陈德元等在山口坚决阻击，是两个最出色的英勇事例。16日，阴雨。动员明天总攻羊山。晚宿胡庄磨棚中，粪臭冲鼻，蚊虫乱咬，但因疲劳过甚，睡得倒也十分香甜。

17日，天晴。敌机四架轮番轰炸我团驻地，部队加紧修筑工事和山炮阵地。晚8时，在大炮轰鸣中，我军开始向羊山之敌〔宋瑞珂六十六师〕发动了总攻击。

18日，昨晚总攻由于协同不好，缺乏山地进攻作战的经验，以及对敌人的情况不够明了，没有成功。部队伤亡很大，是我团历史上最严重的一次。但也给了敌人一定程度的打击，我团缴获轻机枪数挺。今天整顿组织。5天来的战壕生活，战士个个成了泥人，无奈阴雨，清洁卫生不能进行。三分队〔营〕整顿后，人数较战前减少了一半。

7月20日　姚寨。我团继续休整。听说我二纵因伤亡过大，主力已后撤，另由第六纵队担任主攻。但为挽回荣誉,我团仍留了一个营参加。据说,今晚再次总攻。

7月21日　姚寨。昨夜前线无大进展。我军改取"稳扎稳打"方针,也可能是困敌打援。团召开连以上干部会,研究部队整顿问题。

7月24日　姚寨。金乡援敌两营被歼。我生俘敌一九九旅旅长。晚,羊山方向枪声激烈,可能是我军在继续攻击。

7月26日　连日阴雨,各连在评功。

7月27日　姚寨。到三营代理教导员以来,数天起得早,到各连巡视早操情况。有些战士服装未整。除七连副指导员郭保仁外,其他各连连部都没有出操,看来,攻击失利后,部队情绪还没有振作起来。

午饭后。干部到团部开战斗检讨会。在这档儿,七、八两个连逃亡3名新战士,他们都是尧山县人。原因是:干部管理松懈,思想工作做得不够,羊山攻击战的失利使一些战士产生了后怕。当即根据这些情况,对工作作了布置。

7月28日　姚寨。今天是个特别值得纪念的日子——羊山终于被攻克,全歼守敌。光我五旅十三团就缴获山炮8门。消息传来,大家高兴极了,好像消灭这一个师比消灭十个师都高兴一样。自开始攻击以来,部队伤亡太大,若是不打下来,怎么会出这口气呢?至此,我军自7月1日渡河南征以来,已经歼灭敌人十个半旅〔抄注:刘帅文章和后来经常说法,是九个半旅;记日记时不知怎么算成了十个半旅〕,这是何等辉煌的战果啊?去年我冀鲁豫前线一年才歼敌十四个旅。这真算得上"大反攻旗开得胜"。

7月30日　高楼。到团部汇报。返回后部队移驻高楼。据悉:敌五十二师之四十八旅和十师、二〇六师等部,进至曹县地区;敌骑兵第一旅到达菏泽。看来,又将有新的战斗。

8月1日　高楼。下午召开"八一"庆祝大会。

8月2日　高楼。到旅宣传科汇报本团宣教工作,主要谈了办好团报的经验。

跨越"陇海"

8月3日　高楼。根据团部指示,向各连传达了出发的准备工作。目前,摆在我军面前的敌人有十五、十六两个旅。分属王仲廉、王敬久、刘汝明三个集团。王仲廉集团为主力，集结于曹县、成武一带。看样子，我们也许先吃掉他，尔后越陇海路向中原进军。所以这次行动主要做好充分准备。营长徐洪麟去带"解放"战士。八连汇报。连队士气仍未完全恢复，战士和干部之间的关系还不是十分融洽。晚接团命令移段庄。

8月5日　段庄。昨日金乡敌军北犯，今天上午进扰辘之湾。团分配来解放战士 55 名，并布置各连进行下列工作：①召开谈心会，实施"四合一"的教育〔抄注：具体含义已遗忘〕；②建立兵教兵的"班政治教员"，在连掌握下利用行军作战间隙对解放战士进行个别教育，内容着重阶级教育，用实例说明蒋介石为何逼迫穷人打穷人，说明解放军是"为谁当兵、为谁打仗"以及革命的光明前途；③审查，先登记，将每个人的材料互相对照，发现矛盾时通过个别谈话、闲谈，予以查明。

8月6日　九连指导员张星周同志升任三营副教导员，我代理教导员的工作结束。今天忙于调整干部和向张交代工作。晚 10 时回团政宣股。这次做三营代理工作 20 天。

8月7日　金乡县大田集。据说我军原来是准备再搞掉敌人一部再进军中原。但是，情况发生变化（敌大军涌来和黄河暴涨），只好立即南下。晚，南行 70 余里抵大田集。

8月8日　在大田集买到烧鸡一只。行军作战中能尝到这种口味实在不易。下午出发，集合太早，遇敌机扫射 10 分钟，幸无伤亡。

8月9日　唐郎集。继续行进，沿途尽是泥水。我随三连走，通过行军间交谈解决了行军中有些工作无时间进行的矛盾。张星周同志介绍了收容组工作和召开"碰头会"的经验，拟在团报上介绍。

8月11日　安蔡楼。昨，向西南方向开进，今日拂晓在榆林集与敌四十八师一个旅遭遇，我缴机枪 1 挺。但七连受损失较大。团直在敌机轰炸下跑了一天"反"。晚，打扫战场。据悉：我纵四旅十一团击溃敌军 1 个营，获步兵炮 1 门。

8月14日　姜楼。昨晚跨过陇海铁路。原估计可能有较大战斗，不想却平安无事。拂晓到达预定宿营地姜楼附近，发觉当地有敌人。据侦察，是鹿邑县保安团。我团当即向敌发起攻击，将其全部击溃，俘团长以下 281 名，缴迫击炮 1 门、轻机枪 1 挺、步枪 150 支。战后了解，这股敌人是我豫皖苏军区展开攻势后，逃跑到这里的。

8月16日　鹿邑县张楼。14日夜前进胡襄镇，与豫皖苏军区部队会师。他们最近连克县城四座。目前宁陵、柘城、鹿邑、太康仍在我手。昨晚继续南行，约80里，抵达张楼。

过"黄泛区"

8月17日　沈丘县杨集。昨夜又走了80里，令夜通过"黄泛区"，进入沈丘县境。

8月18日　沈丘城北25里李家集。连日行军劳累，日记颇简，今日将沿途见闻补记如下：豫东景物与冀鲁豫相似，农作物多豆、麦、高粱，树木以刺槐居多；房舍简陋，覆盖麦草为顶；河流较多，为我们行进增加不少困难。

当地因非老区，群众对我军还有些恐惧。地主通过租佃关系进行剥削，收获物"二八"分（地八佃二）。压榨是严重的。

"黄泛区"在鹿邑南、沈丘北。该区域内，田地荒芜，人民贫困更甚。据老乡说，抗日战争期间，国民党决堤〔黄河堤〕放水时，各村水约一人深，数百里一片汪洋。居民幸存者多逃向临泉境。现在的村落都是重新修建的，房舍零落，都没有院墙。

途经沈丘县李庄时，当地农民说负担重，每亩每年要向国民党政府交纳的捐税，折合成粮食约40斤。该村仅有九户，年出兵四五名，壮丁身价高至伪币200万元。伪保安队纪律很坏，群众谈起来无不切齿痛恨。

8月19日　沈丘城西南陈庄。事务长李太昌说，他在借粮中同一个佃户老大爷谈话，老人告诉他："灾荒年我借地主一石六斗麦子，现在本滚利、利滚本，已到五石多。实在还不起了。今年过年的时候全家没吃的，几番向地主请求，才给了半升荞麦面，还算'可怜'你，让全家人吃顿饺子。今秋又借了地主十八个高粱头。才勉强接下田里的粮食。"老人说："你们朱（德）、毛（泽东）的队伍，对穷人就赖不了。过去听说过新四军，在东北边一带活动，那时候光盼你们过来，可就是盼不来。现在你们可真过来了。"〔抄注：此处沈丘城指旧城〕

8月20日　陈庄。昨晚未行动，算是安安稳稳地睡了一整夜。经过反复深入动员，部队情绪大为好转，全团已经四天没有逃亡了。沈丘城内尚整齐，据说有中学两所。物价很贵，"金鼠"牌手电筒电池两节，要伪币6000元；点心一斤13000元；糖菱角（馒头的一种）每个 500 元；纸烟一盒 2000 元。我军使用的冀南银行钞票，确定在此地方与伪币的比价为 1：25。沈丘原无多少反动地方武装，最近大肆抓壮丁。拟编 9 个中队，现在弄到 400 余人。敌害怕豫皖苏军区部队袭击，夜间多不住城内。这次我大军南下，未到该县之前，该县反动武装就已窜到相距 140 多里的阜阳县去了。当地群众对豫皖苏军区一位司令员魏凤楼印象很好。今年收麦季节，魏曾率部队攻克沈丘城。一提魏的名字，几乎人人都知道。

敌人在撤离县城时大肆造谣污蔑我军，说我军来了要把老百姓杀光，现在我军以良好的纪律戳破了敌人的鬼话，但群众对我军到底还是不十分了解。所以我军一到，他们大都躲躲藏藏，连牲口也拉到别处，尤其青年妇女怕得更厉害些。在这种情况下，我军纪律的好坏，对于争取群众、开展地方工作，关系极大。整个来说，我团纪律不坏，但也发生了几件不好的事情：三营机枪连事务长向群众发脾气；前晚该营行军中，有个别战士打梨吃；九连因为误会，将一个中学生绑在树上一夜。今天副政委在连以上干部会上，对三营进行了批评，要求各营注意军民关系。

胜利渡淮

8 月 23 日　新蔡县四里阁。昨晚，本拟过了洪河就宿营。但因新蔡城敌增兵一团，又向前赶了 15 里，天明到达四里阁。正西偏南 20 余里处炮声甚烈，可能是敌赶来阻我南下的部队与我右纵队接触。晚到阳部与主任〔阎芝青〕谈了一会儿（自鹿邑北我即派到七连帮助工作），大家都说，往前斗争更加艰苦，必须充分做好思想准备。

8 月 25 日　郑大庄。昨天下午接到命令，三营仍回孙召集去接受新任务。全营行至孙召集南之代洼，发现敌军已占领该镇，渡河点已失，任务无法完成。后来，上级决定我部撤到汝河以南，下午 2 点出发，三小时赶了 40 余里，5 时许到达预定宿营地。

8 月 26 日　通过息县包信集。敌亦渡过汝河到达包信集西南。我团〔十五〕已成为南下大军中纵队的后卫。为掩护主力渡过淮河，旅部令我团就地设防阻击追来之敌。战士整夜未眠，抢构工事，准备坚守包信集以南东西一线。

8 月 27 日　坚守防卫改为运动防卫。因为已经大部分渡过淮河，今天就可以全部过完。我们现设防地点到淮河岸有五六十里。只要稍稍迟滞一下敌人，就能争取到一天时间。而且，在平原上方针实行阵地防卫，工事又赶不及做，没有天然地形作依托，在敌优势兵力火力进攻下，我伤亡必然很大。

拂晓移至三围子。我旅部署是：十四团在右翼，十五团在左翼。各团均成宽正面，大纵深、多层配备兵力，即以两个营为第一线，一个营为第二线；每营又以两个连为第一线，一个连为第二线；排的布置类此。这样交替掩护，边打边退。从早晨8时与敌接触，上述战术取得了很好效果。敌人先头接近我防线，即遭我短促火力杀伤；待其后续部队刚要展开，我这线就撤退了，由第二线抵挡。就这样，迫使敌军又收拢、又展开，前进极为缓慢。到距淮河15里处，天近黄昏，我们不能再退了。否则，让敌迫近河边，夜晚渡河就成了问题。恰好这一带有一道土岗，我军遂据以坚守。这时候，敌人也被拖得疲惫不堪，重型武器都掉在后边。我一阵阻击，敌人追击即被扼止。当晚，我团顺利过了淮河，整日战斗全团无一伤亡。听说，我大军先头部队已占领潢川、固始、光山。

8月29日 我军已进入战略跃进目的地——鄂豫皖三省边界之大别山区。昨晚穿潢川城东行。潢川为国民党河南省第九专员公署所在地，辖息县、罗山、光山、固始、经扶〔今新县，国民党以刘峙号命名〕、商城、新蔡、潢川八县。当地出版有伪《豫南日报》。城内有公私立中学数所、医院一所，院内尚有国民党伤兵十余人。

高斛山之战

9月5日 高城汪家桥。8月29日夜沿潢川固始公路东进，拟去固始。30日抵还阳寺地区，得悉敌五十八师已占固始，遂掉头南下，返复徒涉沙河。9月1日经百三十余里行程。抵汪家桥。在这里休整三日，长途跋涉的疲劳得以消除。昨天传来克立煌〔今金寨县，国民党以立煌之命名〕、麻城的消息。我军开始在大别山展开了。

乍到生疏的南方，加上秋雨连绵，习惯了北方生活的我们，的确感到别有一番艰苦。行路苦：稻田小径，狭窄曲折，一遇阴雨便泥泞不堪，且缺乏雨具，衣服常弄得透湿。吃饭苦：大军云集，没有筹粮机关，有时不得不自己捣谷为米，吃惯了小米的肚肠，吃大米常感不饱，有的甚至闹肚子。宿营苦：草舍低矮、村落零散，给集中活动带来很多不便，没有蚊帐，蚊虫肆虐，夜难安睡，晨起一看，手脚满布点点红斑。尽管如此，部队情绪仍然很好。今天忙于捣米做饭，未做多少事情。

9月8日　商城东平坦。5日晚，我团穿过商城。在细雨蒙蒙中东进，去执行战斗任务。6日晨抵平坦村，北方有枪声。至此，始得知敌五十八师为进攻商城，除一部沿商固公路推进外，另以一个旅于公路东侧前进，企图进至商叶（家集）公路后向西迁回。我们到此，就是配合兄弟部队歼灭这股敌军。我团奉命坚守高斛山。

6日上午10时，敌向我阵地攻击，旋被击退。下午4时，敌一度攻至山顶，又被我反击下去。当日，我团共计毙伤敌50余名，缴步枪4支。

7日3时，我军向敌展开攻击。我向前推进10里许，未遇较大抵抗。我二纵四、六两个旅各歼敌一部，五旅无战果。夜10时，获悉敌退却，我军遂行追击。今晨，敌大部退走，我团在王家集歼敌一个班。现敌前锋据守观音山。战斗中，我负责动员担架转送伤员，好不容易动员当地群众20余人，组成八副担架，勉强够用，因为伤亡不大。

在开辟商城县的斗争中（1947.9—1948.4）

入商之前

9月15日　立煌县关岳庙。现在我们团转移到深山里来了。高斛山战斗，因粮食供应、伤员运转等极为困难，没有继续打下去。此后，我团执行运动防卫任务，几天中，敌人老像影子一样跟在后面。困难越来越多：鞋子烂了没替换的；天气将要转凉而棉衣尚无着落；油舍不得吃，仅供夜间照明；盐也缺乏，有时只好吃淡菜。在挥旗山阻击战那天，九连整天没吃东西一直坚持战斗。有的班一天仅仅吃了南瓜。这段生活使我们深深懂得建立革命根据地的重要。在冀鲁豫，尽管打那样大的仗，从来不要你担心粮食供应伤员运转，更不消说自己捣米和抬担架了。这使我们都想尽快把当地群众发动起来。为了克服困难，大家都动起了脑筋。捣米学会了；为防野虫叮咬人打起绑腿；自己动手补鞋子；买不到烟，便找群众扔掉的烟叶梗磨碎代用；盐油实行了严格的定量配给；轻伤员咬紧牙关扶杖随行。总之，一切还是有办法。

目前，我团已转到敌人侧翼，听说上级给予我们团的任务是在这里"安家"。

进入"新生乡"

10月31日　商城南达权店。一个半月没记日记。这期间有两件大事：

一件是追击五十八师。该敌曾在商城以西、潢川以南被我大军主力消灭两个团。这次追击战自9月18日开始，到21日结束。归来后稍事休整，便奉命进入"新生乡"〔抄按：为商城下属行政区划之一，因商城大部是"苏区"，国民党政府以此命名，带有对我污蔑之意〕，开辟商城县的工作，这是第二件大事。

9月28日，我团开入"新生乡"。一个月来，对当地民情敌情有了初步了解。军事成果不大。到10月29日止，俘敌分队长以下6名，毙伤10余名，缴枪26支，其中驳克枪3支、手枪1支，步枪弹20000余发、驳壳枪弹100余发，军衣百多套，军布3捆。群众工作：开始了打土豪分浮财，但尚未建立组织。这一带，红军时期是反动"地头蛇"顾敬之的老巢。那时候，这一块就是白区，群众一直未能"赤化"，反动统治较有基础。我们来到这里，群众不好发动。

这期间，在长竹园住了几天，我乘机准备了过冬的衣物。

11月26日　达权店。昨日审讯两名嫌疑分子，一时冲动起来，上去打了几巴掌。事后想想，着实后悔，怎么能做出这种损坏政治声誉的事呢？这说明，有些事情理论通了并不等于行动通。粮食问题，目前很是严重，一切要靠部队直接向民户借取。可是，有的同志没有认识到这个问题的严重性，不注意节约。近几天，我很费力思索这一问题，并根据"新生乡"十五保的田地面积进行了粮食产量的估算，提出一些有关解决粮食问题的意见和政策上应当注意的问题，写成书面材料报旅。〔抄注：当时五旅旅部据此下了一个通报〕

扫荡反动民团

1948年1月1日　梅河朱家畈。新区作战使年节简化了，但因迎接新年，部队还是照例宣布放假一天。上午，阎芝青主任作政治报告，讲解了一年来形势的转化和对新的一年的展望，号召大家下定决心再艰苦奋斗三个月。

1月6日　张福店。根据刘、邓首长指示精神，自2日起，我团集中力量扫荡反动民团。数天来。所历地区为：通城店、大槽、小店子、白沙岭、张福店、关枚河、长竹园等。因团匪采取反动的游击战术不易捕捉，仅获步枪1支。

现在，"新生乡"团匪，达权店以北地区者，都集中城区附近，不时乘隙向南进扰；新店以南十一到十五保者，则散布九歇山、五里山、月亮口、关枚河一带，时聚时散，就地窜扰。我军到处铺开后，也给敌人造成不少困难。据敌《远东新闻》(在商城出版)载，商城全县一百五十个保仅有二十个未被我占。城内一切供给，皆由这二十个保出，已不敷用。飞机、汽车运粮也供应不足。不过，我军所占地区也不巩固：一来实际控制的面积不大，二来群众在匪威胁下不敢与我接近，纷纷逃入敌我交界的大山中。我们的活动，打乱了敌人的统治秩序，但不能很快建成巩固的基地。因此，如何肃清反动民团，控制坏人，安定革命秩序，就成为发动群众首要解决的迫切问题。从群众方面看，他们处境也很困难。青壮年既怕团匪，也怕我们(怕被我们捉住后分不清楚，当"乡保队"处理)。群众还不相信我们能站住脚，因此不敢起来斗争。地方不宁，贩运不通，生活无着。也有些群众被迫当了团匪。而我们部队成员都是外地人，发动群众有一定的困难。

根据这种情况，我向旅部提出了以下〔书面〕意见：

一、对歼灭团匪问题之认识：团匪之消灭，非一朝一夕之事，乃是包括政治与军事长期斗争的结果。其被消灭不外两种方式：一是敌正规军他调，民团据守县城，我乘机攻城聚而歼之；二是零打碎敲、政治瓦解(由于匪兵厌战和家庭牵累，这是可能的)，逐渐迫其削弱。前一个是将来可能出现的，后一个则应为当前的方针。后一手做得好，也会为前一手打下良好基础。

二、军事打击的办法：根据团匪活动特点，集中力量扫荡犹如"以虎扑鼠"，此剿彼窜，难以奏效。我意可取两种对策：对明聚城区附近之大股团匪，可以集中相当力量对付，时作大规模攻击态势，每次接触，力求给以大量杀伤和多捉俘虏，从而严重打击其士气，使其不敢轻举南犯；同时配合以军事封锁和政治攻势。对隐蔽散居乡间的小股团匪，则组织百人左右的精干武装对付，装备力求轻便，行动要秘密迅速。采取诱伏(为暂时撤出某据点待其前来时反扑，或以借粮队诱其来袭)、化装袭击（扮作民团或敌正规军模样深入巢穴）、远程奔袭等战术。这样，敌不知我军何时打来，加上一定的扫荡，就会迫其只有招架之功而无还手之力，东藏西躲，恐慌万分，逐步削弱。为实行这一战法，必须大大提高基层指战员的积极性和主动性。

三、政治瓦解的办法：土豪控制团匪，不外采用欺骗、威胁、拉拢等手段。如利用大别山动荡之形势和过去革命军队数度撤离的事实，宣传我站不长；造谣我"抢掠贫民，屠杀团丁"，被解放军捉住"活不了"；宣传"通匪""跟匪"者，"杀无赦"；通过乡亲关系拉拢；等等。我们的政治进攻，应当针对这些情况采取以下方法：

（1）宣传：首先，加强"事实宣传"，以模范的纪律来扩大我军政治影响；避免怀疑太多，滥行捕人，或在征粮中损害贫民利益。其次，大力宣传对团匪政策，争取多数，打击少数。目前〔我们〕部队中有一股对团匪一切人员都不加区别的仇视情绪，应当纠正。胡县长所提"敌杀我一个，我杀敌十个"的口号也欠妥。最后，宣传方法：应当把一般化的宣传改为有重点有对象的宣传。例如出版一种专门对团匪的小报，登载我控制区的情况、释放团丁的事实、我军战果等，还可指名给团匪成员写信。

（2）控制：在我工作区切实调查团丁家属，召开团丁家属座谈会。团丁作罪者多认为我不了解当地情况，本人既不易被捉，家属也不易受牵连。我查清其家属之后，他就不得不有所顾虑；同时通过其家属，做其工作。为了便于控制团匪人员之社会关系，必须努力扩大我之控制区，改变当前翻过山头即非我辖的局面。这可采取两种办法：一是以基本区为中心，积极向外蚕食、扩展，力求先建立起一套为我服务的机构（暂时不忠实也不怕，只要我们对他们警惕就行）。有了这样的组织，虽然不可能依靠他们发动群众，但至少可通过其筹粮或召集人开会。这比为了求得纯粹，一切灰色的、两面性的组织都不要，以致我筹粮、开会都要挨门逐户去办，还是好得多。二是在基本群众中建立真正的一心向我的秘密农民组织。由于我控制区不稳定，群众不敢公开干，即便有少数勇敢分子敢干，不是遭到杀害，就是脱离多数群众（他一公开，就要我军保护；一跑进我军据点，就失去与群众的经常联系）。秘密组织则避免了这一切，待其发展大了就可公开。通过这些秘密组织，可以购买本地不易得到的军需品，了解社会情况，获得军事情报（主要是团匪的情报），还可向团匪内部发展。对敌之间谍密探，有些应采取有条件地释放，利用其反间。另外，我采取驻扎据点的办法并不好。敌正规军不时过境，据点事实上不能固定，相反却"证实"了敌人说我不能站住脚的谣言，而且我固定起来，目标明显，反便于团匪躲避、监视。倒不如干脆采取游击方式，使群众逐渐懂得我游击坚持的道理。

四、为实行上述办法，目前在"新生乡"应当齐一步骤，统一部署，克服无组织现象。要拟定详细计划，并在一定干部中传达，使大家明了方向，建立信心。同时还须加强与邻区邻县的联系。目前，春节将到，我军又向平汉路展开大破击，应当趁此时机向敌展开一个强大的政治攻势。〔抄注：这个意见书，也许上边认为不符合实际，当时送上去，旅部未表态。现在只是鉴于其中反映了当时一些斗争情况，故抄录下来〕

整顿干部思想

1月19日　达权店。为整顿干部思想，我团最近展开了反攻以来的思想检查。综合第一天的检查，可以看出我们工作队〔见后抄注〕的干部们南下以来在思想上经历了如下的变化：在冀南刚出发时，认为反攻一定是一个劲儿地〔把敌人〕往南赶，环境和生活一定越来越好。鲁西南歼敌九个半旅，更坚定了这种认识。后来一过"黄泛区"，思想便起了大变化：怀疑在敌军紧紧追迫下是否算大反攻；顾虑敌人向冀南老家进攻。进了大别山，由于粮食、兵源困难，怀疑能否站得住脚，觉得生活越过越苦，群众"落后"，一心想着冀南。针对这些思想情况，拟从以下几个方面批判、解释：

一、指出这种忽"左"忽"右"的思想根源是由于对整个革命形势缺乏了解。政治斗争经验不足，其次是个人主义的立场没有从革命全局利益出发，树立全心全意为人民服务的决心。

二、要克服急躁和厌倦情绪。形势的转变靠我们的努力。只要努力，战斗工作达到一定程度，形势自然就会转变。不做切实努力，只是着急"什么时候是个头"，对形势发展没有任何帮助。因此我们不必像瞎子算命式地天天计算"出头之日"，而应常算自己究竟为革命做了些什么工作。工作做到了，"头"也就来了。

三、说明为什么要到大别山来。大别山是重要的战略要地。敌人如果集中主力来打我们〔大别山的部队〕，我们就牵制了敌人，便于别的地方开展工作；敌人主力不来，我们就扩大解放区，打好根基，再向别处推进，把这里变成向长江以南进攻的跳板。大别山回旋地区大得很，地形有利，不便敌人现代化部队活动，敌人莫奈我何。

四、分析国际形势。美苏战争在目前以及最近的将来并无可能。美国援蒋增加了我们的困难，但不起决定作用。过去它就在积极援助，可仍阻止不了我们的胜利，今后仍然如此。至于美国是否直接出兵，这要看将来的发展，现在不必顾虑，而且美国出兵，本身也有许多困难。

五、指出不要幻想和平。蒋再提出"和谈"，我们谈不谈？蒋介石是想彻底消灭我们的。他讲和平是骗人的，他赞成和平，也是为了做好准备，将来再打我们。现在，我们是要想如何彻底打垮蒋贼的统治，而不是要同他妥协。将来再过长江，要比这次南下顺利，因为我们力量更大了，蒋介石的地盘更小了。

六、批判几种错误思想。"过路"思想，不在这里作长期打算；做群众工作不是从建设根据地出发而是单从军队武器出发；分"浮财"占小便宜，把好东西留给自己；阶级立场不明确，讨厌和吓唬穷人；作风不正派，喜欢与青年妇女开玩笑；等等。

七、要求大家深入地从这几方面检查：①有什么思想问题？如对敌人斗争是否右倾，对土地改革和"贫农路线"〔当时这种提法是不全面的，后来中央和毛主席作了纠正〕认识如何？②检查过去工作中的好事和坏事。此外，要求大家扫除顾情面、怕处分的思想障碍，提倡诚恳、坦白地自我批评和勇敢地互相批评；指出应当通过这次检查来测验下自己的党性和政治品质。

〔抄注：我团进入"新生乡"后，团部曾较长时间驻扎在达权店。为配合地方干部开辟该地工作，团政治处以宣传队为基础，成立了一个二三十人的工作队，由民运股长张秀阁任队长，我任指导员。大约到一月下旬，团部基本不再采取固定驻扎方式，而是经常移动，从事游击，这个工作队随之撤销〕

1月23日　上梅河大畈上丁字岗。早晨醒来，大雪纷飞。饭后赴三连、炮连、卫生队检查工作。

1月24日　丁字岗。提起干部思想问题，在这困难情况下自然是很多的。今天向阎主任作了分析和建议。

下三连队帮助工作

2月9日 为适应群众风俗习惯,全团部队普遍展开民俗调查,并进行清洁卫生,以迎接古历新年。

2月10日 将军寨坎上湾。古历元旦,我自到三连〔约在2月5日或6日〕帮助工作,颇感顺心。连长史子善、指导员高步亭两同志言听计从,大家都能团结一致。几天来,连队面貌有所改变,军容风纪、群众工作、文娱生活都有加强。我们的计划是:第一步先把行政管理、军容风纪搞好。紧张生活,振作精神。第二步整顿思想。第三步练军事技术。预计旧年后整理完毕。现在它仍是单独活动,一切都应当细心。

今天为庆祝旧历年,连队改善生活,平均每人肉十两、面一斤十三两,供吃两顿:一顿烩饼,一顿饺子。下午举行晚会,有11位同志表演节目,有口技、快板(说唱一年来的大事和《蒋介石十八头》等)、京剧清唱、鼓书、秧歌、河北梆子。最后高呼口号。指战员情绪甚为活跃。

2月12日 昨天进行干部思想检查。排长段大法、赵五海、张新治、魏平盛等检查得较好。他们的思想也较健康,文书郭云阁的思想最消极。今天,战士们进行检查,总起来,他们的思想问题是:①阶级立场明确;②雇佣观念的残余;③某些人害怕艰苦。

跟进犯之敌周旋

2月17日 木厂河〔长竹园南〕。前天敌四十八师进至达权店,与我团主力小有接触。昨天,〔三连随团部〕转移到湖北麻城将官村,今天又返回商城县境。路上,罗丰副政委告诉我:最近中央军委指示全年开展以"三查"(查思想、立场、阶级成分)、"三整"(整顿党的组织、部队编制和各种制度)为中心的新的整军运动。〔抄按:这里记载的与《毛泽东选集》第1276页注释不一样。当时没有文件,可能是传错或者听错了〕据悉:全国战场无大动作,我军各部都在练兵,预期今春可能发动大的攻势。

2月29日　长竹园南百战坪黄家湾。晨移至百战坪，我先头部队与团匪接触，击伤敌一名。部队纪律近来大大加强，主要是由于自上而下抓得紧，干部负起了责任，战士自觉性提高。旅颁布了《三不四要五不走》的群众纪律。我将它编成了一支歌，在部队教唱，以便战士熟记。

〔注：《三不四要五不走》当时未记下。现在回忆，大概是这样一些内容：不打人骂人，不调戏妇女，不拿群众财物；要做宣传工作，要帮助群众劳动，要尊重当地的风俗习惯，要保护商贩、买卖公平；地不扫不走，水缸不满不走，门板不上不走，借物未还不走，损物未赔不走〕

2月22日　十二道河铁佛寺。前天，我团计划与兄弟部队合击磨盘山团匪，不料失掉联络，仅我团上了山。在山上住了一天半，今天下来。据悉：敌四十八师转向叶集〔霍丘南〕。今夜宿营十二道河，当地无居民，大概是又叫白匪给赶跑了。

2月23日　下梅河唐畈。一路所经，居民甚少。后询问得知，大部被白匪抓走和赶走。敌四十八师这次"扫荡"商南，在这一带驻扎三天，其暴行如当年日寇。这次我们回来，老百姓见到后特别亲热，纷纷向我们诉说敌人的罪行："你们多好，从不糟蹋妇女，那些人，把妇女都糟蹋啦!""有的人家的妇伢子还没有回来哩!""我就一个儿子，这次被抓走了，粮食抢光了，叫我的日子怎么过呀!""那天，他们扒我埋藏的东西，我想上去护着，他们把刺刀对着我的心口，不让动。我这半道身子，被打得到现在还痛呢! 后来又把我拉走，一连三天没吃东西。回家一看，什么都拿走了。"总之，敌人也是"三光"：一是妇女奸光。说什么"十岁不嫌小，八十不嫌老，再老也比没有好"。二是东西抢光。鸡鸭吃光，米面倒走，就连妇女缠足布也不放过。三是老百姓赶光。敌人每见到一个老乡就问："跟我们走吧?"可你稍一犹豫不回答，就说："好! 你想随共产党!"上去就是一顿毒打或者捆起来。据说，十二道河有两个农民被打死。

2月24日　元宵节。今晚，召开三连干部小组会研究工作。该连最近进步显著，士气高涨。这次行军很远，没有掉队和说怪话的，全连已经四个月没有士兵逃亡了。群众纪律很好，每到一驻地，就帮助房东担水、打柴、扫地。做到借物送还，各种制度恢复或建立起来，生活也紧张了。

随三连再去七、八区

3月3日　四房凹。三连又与七区和八区区政府配合行动。〔抄注：2月10日在将军寨一带活动为首次〕连日腹泻，弄得浑身无力，精神不好。

3月5日　关枚河祖园凹。三连战士中的"三查"已经进行完毕，今天准备进行总结。内容是：1. 成绩与缺点；2. 从检查看出的问题；3. 为何改造思想和今后努力方向。

3月7日　祖园凹。听说商城县委会议已经结束，兵力有新的调整。三连要拨出一个排到五区去。我是否回团政治处尚未定。罗副政委、阎主任来信，并带来治泻肚药三包。我深深感到上级的温暖，病很快好了。

3月8日　牛格冲碾子湾。连日敌机北飞，今天有三批。据兄弟部队告知：敌四十八师去新蔡；十师、十一师到息县、汝南埠；二十八师驻麻城北冀土岗，福田河的部队回收商城。估计淮北可能有大战。……看来，我军春季盛大攻势就要展开。蒋介石的军队垮的垮，降的降。美国人对他也表示失望，美联社说："国民党军队业已注定了死亡。""我们以七百五十万或七千五百万美元帮助，结果都是一样。"

阎主任来信指示，我暂不回团。最近他可能前来检查工作。

3月13日　蒋家湾（蒋家湾属商城，位于磁姑冲）。原拟今晨行动，起床天降大雨，只好在这里再蹲上一天。连队开展了"打草鞋运动"，规定每人至少打一双。这样的天气，正好让战士安心打双草鞋。

进出麻城北

3月15日　麻城福田乡刘家坳。……大别山现在仅有蒋匪正规军四个师，主力大都过淮河北去。估计可能是陈毅、陈赓部有所行动，敌人又去堵口子了。当前，中原仍是战争的焦点。我能夺得中原即等于全国的胜利，敌人失去中原就等于接近最后失败。……因此，华中是当前敌我必争之地，势必要经过几次"拉锯战"。

我们大别山的部队，少不得还要拖着敌人跑一个时候。时局是这样迅速地变化着。1949 年或 1950 年，大概就是蒋家王朝的末日了。

3 月 16 日　福田河东伏井坳。又是一连串好消息……今天交高步亭同志伪法币 12 万元，买牙刷 1 把、牙粉 1 盒，共用 6 万元，其余的代我打酒买肉"请客"了。〔抄注：时我方货币尚不通行，部队经费均用伪币〕

3 月 18 日　福田乡周家垅。昨天派去收税的小分队遭团匪袭击，二班副王振海失踪，可能是被俘了。三连近来思想虽然稳定，无奈战斗力较差。因为它是由担架兵补充起来的，缺乏战斗经验，打起仗来不沉着。今后应当加强军事训练。

3 月 21 日　团匪向我大规模袭扰。我分三路出击，将匪赶散。

3 月 24 日　福田乡汪家坳。在三连帮助工作 46 天，今天奉命回到团政治处。听说团直在开展整党工作。到家，就赶上听旅寇政委〔庆延〕作报告，心里顿时亮堂了许多。其中有两种新精神：一是政策问题。中心意思是"打击面不可过宽，争取一切可能一道革命或保持中立的人"。具体地说："对富农、中小地主均采取宽大政策，对开明士绅，过去革命时期的自首分子、知识分子都采取争取政策。"特别强调"保护与发展民族工商业、巩固地联合中农"两件事。二是工作方针问题。对开辟大别山新解放区，要定下长期、艰苦与困难奋斗的决心，因此特别强调在群众中建立"个别关系"，加强敌军工作和发展生产等。最使我注意的是毛主席提出之"中国革命的五大基本问题"，即作战、杀人（镇压反革命）、土改、整党、工商等方面的方针政策。回想初进大别山时，我们在实际行动中，有些问题的处理欠策略，打击面宽了些，可那时认识并不清楚。现在毛主席的政策下来了，工作就好做了。当然，消除过去政策偏差所造成的不良影响，还需要一个过程。

下午，讨论群众纪律问题。大家特别强调"借物还原处，不用还原主，不许强借，快用快还"。具体要求：①未住下房子不许借东西；②谁住的房东，谁借物优先，别单位的人来借须经驻在单位人员同意；③到没有驻军的人家借东西要打借条；④连队设值日人员负责检查借物问题，机关以部门为单位设纪律检查员，其职责为负责本单位统一向群众借东西，向房东宣传借物手续，临走检查借物送还情况，向房东道谢；⑤干部认真检查部队纪律；⑥每人自制一双筷子，以免向群众借用；⑦每人学会《三不四要五不走》歌。〔抄按：当时部队物资极其匮乏，日用器具几

乎全部向居民借取，故"借物送还"一条，引起大家如此重视〕

3月25日　汪家坳。编战报汇集。

3月26日　汪家坳。经机关支部研究，拟定团直干部学习计划如下：内容主要是形势和政策。时间分配："贫农路线"一周、寇政委报告两周、毛主席报告四周，然后个人写书面反省。

3月29日　福田乡两路口。两路口是商、麻交界处一个大镇子，约七八百户人家，由于战争，镇上商店大多关闭。今日我税收小组在大路上征收过路商贩商品税7000万元（伪法币），计800余挑所出。运经汉口的，多为盐、木梓油、香油、皮革、猪及猪毛、草帽、茯苓、棕麻、铁锅、茶叶、粉丝、豆类、鸡及鸡蛋等。从武汉运来者为日用百货、纸烟、火纸、石膏、糖、布匹等。据调查，挑贩生活情形如下：来往返运，每天每人消费11万元——草鞋两双1万元；白天饭两餐，每餐两碗米饭共4万元；晚饭及住宿费用（含被褥）共6万元。有时肩挑痛了，请人帮挑，每十里付10万元。以上是基本生活费，吸烟、零吃不计。

本地物价：柴，阴八万元、晴四万元。米，升两万余元。面，斤两万余元。鞋，双十七万五千元。大吉牌纸烟，条银圆五角；双钱牌纸烟，三条银圆两元；雨胶鞋，双银圆一元零五分；固本牙膏，瓶三万元；袜子，双四万元；油条，根五千元；挂面，斤三万元；香油，三斤银圆一元。（银圆与伪法币比价：1∶35万；麻城城内为1∶40万）

我军到后，村民见我纪律良好，很愿接近。镇上柴缺，部队都上老远的山上打柴。

3月30日　两路口。赴一连了解情况，同营教导员穆尉如、指导员张慕峰谈起他们的整党工作。他们谈了三点经验：①集中精力，坚决整好；②帮助干部搜集群众的意见做参考；③抓住个人重点问题寻根究底，据以定出改正方法。他们说：这次整党对部队建设有着极大作用，尽管会开得多，但干部情绪甚高，正气益加上升。

4月1日　两河口亭子上湾。团匪袭扰，我毙、伤、俘匪各一。下午4时许敌南窜。据悉：敌计划"扫荡"大别山。目前我主力已北去，我们今后的斗争将更趋艰苦。营玉田副团长来会合，告知：我三纵队3月23日在商城太枫乡杨桥北，毙团匪首赵家俊以下23名；另，太枫乡团匪分队长赵恩禄被击毙后，所部溃散。

返回商城南

4月2日　杨家楼。今晨与"北集团"（抄注：我旅机关和部队一部组成的部豫军区第一军分区，主要活动于潢、固、霍丘，故称）会合，晚移杨家楼。

4月4日　商城下梅河老纸棚曹湾。昨行进间三次遭团匪扰乱，我未理，匪均向大别山窜去。今天到新建坳拆碉堡，防敌借此安设据点。

4月5日　老纸棚。据北集团俘虏的团匪高正忠分队的班长赵振良所供，商城匪情如下：

一、组织：团匪分县"自卫队"和乡"自卫队"两种。县队驻城郊下马河一带。乡队以靠近县城的地区为基地，时派一个分队或一个班到本乡游击，每次10至20天，然后回来休息。县"自总队"队长为顾祥斋；"新生乡"大队长夏泽民，辖两个中队。

二、活动方式：①小分队出来时，住大山上之小湾，行踪不定，夜常数迁；行动目的、路线除队长外，无人知道。吃饭时，叫山下居民做好往上送。派居民通过直接观察来窥视我情况。往往听到山下有狗叫即移动，其任务为：监视、侦察我军活动的规律；打击我小分队和零散外出人员；威胁群众不与我靠近。②大股出动。则寻我弱点（如兵力小或分散时），互相配合围击。

三、对付我的手段：①伪装我军——每个中队（或分队）都有一个班着黄色或灰色军衣，扮成我军模样，并假冒我团代号（十五区队）。②见我军沉着便不进攻，我一退，特别看到有牲口和行李担子时便猛追（因为他们认为这是我直属队，没有战斗力）。③联络记号：过去是"白线七根"。他们注意从口音辨别敌我，因我军多是北方人。④对于我工作有基础的城域，进入后就抢牛赶人；反之，则予以恫吓："接近'八路'就杀头！"

四、内部生活：去年8月到今年1月，队长每人分了八九石稻谷，士兵一无所得。抢来东西，好的归队长，由其多少拿出点钱来交士兵分；破旧的，谁抢到归谁。团匪衣着缺乏，凡我被俘人员都被剥得精光，死者亦同。缴得马匹、枪支，便赏钱给士兵分。因此，掠夺和得赏，是匪兵的唯一收入。匪兵负伤，抚恤百万元（实际只相当两三双雨胶鞋的价格），送到五十八师医院治疗。打死了，给一口"狗碰头"〔形容其劣〕的棺材，另钱百万元。纪律很坏，不但到我占领区即牵牛抢东西，在他们基本控制区里也是胡作非为。队长赵傻子到太枫乡时，强奸了吴姓一个十五岁的小姑娘。就是这个被俘的班长，也打过人家的六只鸡吃。因此，群众听说他们来了，除非熟识的，不敢照面。

五、过去捉住我战士就杀。近来也学"政治攻心"，对战士不杀，但捉住干部仍然要杀。对我方选出来的居民闾长，他们因自己家在当地，为了求得包庇，尚允许为我办事，但必须以给他们送情报和筹粮为条件。

六、结论：团匪战斗力是弱的，但很狡猾；团匪内外关系是恶劣的，但也有一套小恩小惠的笼络办法。我们要研究对策，就必须抓住他们这些特点。

新方针，新任务

4月7日　老纸棚。寇庆延政委又作传达新精神的报告：目前情况与斗争、任务和方式、方法。现将报告要点结合个人感想简记如下。

敌我情况：大别山已经不成为重点，敌兵力大减，总共只有十六个团。其分布：二十八师师部驻经扶（新集），全师3个旅6个团分驻于潢川、光山、礼山（今大悟）、麻城、黄安。七师师部驻浠水，有两旅四团，分驻黄冈、黄梅、广济、蕲春等地。四十八师师部驻六安，除其一八三旅经三河尖北去外，另有两旅四周分布于金寨、流波礓、霍山、桐城、太湖一带。四十六师的一个团驻叶家集。五十八师一个团驻商城（团部及两个营）、固始（一个营）。我刘邓大军主力最近已转移淮北作战。目前围阜阳，敌正调动兵力增援。敌十师到了阜阳西南八十余里处，一八三旅进至阜阳东南百余里处。

过去以为来大别山后，主力不会北返，朝朝暮暮盼着打过长江去。今天看来，敌我仍然将在中原争战。……大别山主力调出很对，因为光在这里拖敌人是拖不垮的，解决问题还是靠运动战、歼灭战。大别山由于粮食、弹药供应，伤员运转、治疗，兵员补充等困难，不利于打运动战。只要我刘、邓主力在淮北打上几个好仗，大别山的敌军还会被吸引过去一些，那时候，我们这里的情况就会好转。大约敌人也看到了这一招，据说敌华中"剿匪"总司令白崇禧已着安徽省主席夏威（兼七师师长）

积极部署"进"。所以，敌军虽只有 16 个团，我们也不得轻视。

政策检讨：进入大别山以来，政策上忽"左"忽"右"。总的是对新区情况认识不足，把问题看得太简单，政策上偏急；再加上物资供应困难，部队纪律一度不够好，因此造成不良影响。现在党中央、毛主席的政策，总的要求是一切从团结百分之九十以上的人口出发，实行广泛的反蒋反美的统一战线。毫无疑问，这一政策会给今后工作带来很大便利，虽然纠正偏差和消除过去造成的不良影响要有一个过程。

过去我们有哪些问题呢？思想上有点麻木，对敌斗争欠积极，有等待全国形势好转的念头。军事上，对团匪作战放不下大兵团的架子，没有形成一套对付这种敌人的新战术和生活习惯。政策上，打击面过宽，例如曾经规定俘虏的团匪分队长以上的均杀；对旧政权的保甲长不知利用，只是简单摧毁了事；片面强调贫农作用，忽视对中农争取和对中、小地主及富农的分化瓦解；打上耗损及工商业；实行军队包办的"分浮财"；等等。其结果是，造成贫农孤立，并且无形中把可以争取中立的人赶向敌人方面。在主力撤走之后，又没有适时地把地方组织和游击队集中起来打游击，以致有些地区我军政组织被敌各个击破。现在，我们的政策越来越明确、具体。上述偏向已经或者正在纠正，想不久就会见到良好效验。部队情绪也高涨起来。正像张玉兴同志那天所说："我们在这里等待胜利的局面已经过去了。"

当前对策：敌人目前对付我们的办法，总的是"竭泽而渔"，也就是千方百计割断和阻止我们与群众的联系。具体办法是：彻底摧毁我基本区，实行"并村"〔抄按：由于时间短，至少在我团活动区域内并未有真正的基本区；"并村"政策也未听说在那里实行〕，强化保甲，要地主买枪和强迫农民当兵，组织地方反动武装。"进剿"手段是深入我腹地分散"清剿"，由点到线再到面地占领，并采用诱伏、化装袭击等战术。我们的对策是：整个大别山区我军游击性加强了，牵制敌人兵力重于开辟地方，重心不是急于搞土改（这在军事控制不稳定的情况下是不可能的），而是对敌斗争。方针是：保守力量，消灭团匪，政策宽大，争取群众，获得时间，以待形势。部队活动手段，则是避实击虚，宽大范围的游击。这一套策略，非常适合目前情况。今后我们将是机动灵活地作战，再不采取那种呆笨的"背包战术"了。〔抄按：指为着开辟某地方，掩护地方工作，而使部队较长时间地固定于一个地区〕

4月8日　老纸棚。根据新的方针，我们团〔十五团〕除分出一部分作为县区游击队外。主力从今天起要在更广大范围内游击了。因此，我们就要与"亲区"告别〔见后注〕。我生性不愿长期在一个地方，因此，当听说我将跟团主力行动，心中非常高兴。虽然如此，由于在这里待了六七个月，总不免有点留恋。〔注："亲区"，也许是晚清时代就留下来的区划名称，全商城分作"亲""仁""和""乐"等区。"亲区"，国民党后来改称"新生乡"，意指从红军手里夺过来，获得了"新生"，含有对我党的污蔑〕

机动辗转鄂豫边（1948.4—1948.12）

痛击团匪，戳破谣言

4月13日　老纸棚。9日早饭后正待出发，恰值敌来犯。战约一小时。察有敌正规军，我遂撤出战斗，转移麻城北部。今日返回。五天之内作战三次。

我军主力撤出大别山区。敌已得悉。这次敌犯商南遂借此大肆宣传："共匪大部队已被赶走"，"地方部队也快走了"，借以欺骗群众。前天还在长竹园开大会、征粮。可是，今天我们又返回来了，给予敌人的谣言以有力的揭穿。那天，还给团匪狠狠一击，毙匪四名、伤其五名，敌遗尸一具，我亦阵亡一名。伪"自卫总队"队长顾祥斋率部狼狈回城。据查，这次出犯的有县"自卫总队"第三大队叶克明部和"新生乡"大队夏泽民部。正月间，我团六连与敌四十八师作战，阵亡一名战士，葬于新店附近之坪地、排口后山上。匪来后，竟挖坟焚尸，并将烧剩的骨骸扔得东一块、西一块。这种野蛮的罪行，激起全团同志无比愤怒，决心杀敌报仇。

4月17日　这几天主要活动是筹粮、行军。从"郭家园"〔当时鄂豫军区领导机关代号〕抄来消息一条，编成《各地战况》发部队传达。

转进商城峡口乡

5月7日　老鼠祠。今日军区召开会议，听取了王树声司令员、郭天明副司令员和段君毅政委的讲话。他们根据最近中央指示精神，将进入大别山以来的工作作了系统、全面的总结，指出了今后的努力方向，特别详细讲了当前的游击战术。

王司令员在报告中说："我们的战士是最能忍受艰苦的。像军区特务营的同志，先前只希望能发菜金和鞋子。这些东西当前难以经常办到，他们便只要求发草鞋。草鞋也不能发了，就只要求发打草鞋的绳子。这真是最低的要求了。至于津贴费和单衣，早就没发了。这种情况，只有我们共产党领导的部队才能做到。当然，对战士那点最低的要求也不能满足的话，那我们领导上也太无能了。"这段话使我非常感动，它既教育我们要有战胜困难的精神，又要求干部尽量解决好战士们的实际问题。

转进立煌、固始

5月13日　立煌县四道河。昨天凌晨四时出发，本拟到皂靴河宿营，途中得悉敌军一个营配合民团正在皂靴河一带"扫荡"，遂向四道河转进。部队顺着金岗台下的深涧峡谷向南进发，路遥荒僻，人烟稀少，有粮食也无处做饭。大家背着七天粮食，翻了三架山岭，一连十个小时，未吃一餐饭，未喝一口热水。后半程"渴不择饮，饥不择食"。今天领教了饥、渴、累"三合一"的滋味。管什么卫生不卫生，山涧的水捧起就喝，有的甚至吃起生米来。王司令员对部队这种疲劳、饥渴的情况，自然有着深刻的理解。他是爬过雪山、走过草地的啊！因此，一路上碰到七零八落的掉队人员，总是好言抚慰，积极鼓励，有时还亲自帮助运输员把行李担子放到肩上。越是艰苦的时候，越显示出我们人民军队官兵之间的亲密团结。

5月17日　立煌县白沙乡胡宅。昨天到赵马河取埋藏的东西。去后发现丢的真不少，计有军装5000套、布500匹、银圆万元、机枪10挺、子弹若干。这都吃了保守观念的亏——总舍不得往下发。现在后悔也来不及了。

听说九连在商城县千金山获小胜，歼太枫乡团十余，俘五名，毙一名，获轻机枪一挺、步枪数支，我无伤亡。

5月20日　固始县严家楼。消息传来：九连再次告捷。20日，该连配合关王庙、银沙畈、汤家汇等区游击队，在石板冲围歼银沙乡乡保队80余名，俘中队长以下十余名，获轻机枪两挺、长短枪十余支，我无伤亡。该连连获胜利，给予表彰，团部给该连记大功一次。昨天，我部行至四道河，毙乡保队一名（系敌情报员，现年40

岁，高家冲人），获三八式步枪1支、子弹20发。

转进淮北

5月26日　息县淮滨乡台头集万庄。连日急行军，日约80里以上，一连两夜没睡觉，疲劳得很。今日过固始张庄集，遇乡保队员宋英部（潢、固、息三县联合指挥部，约有兵力500余人）100余人、红枪会80余人来袭，当即将其击溃，毙、俘各10余名，获长短枪20支。我阵亡一人。

6月1日　阜南县〔当为我新设县〕方集北小曹庄。趁阴雨天收拾个人用品——缝皮包、补鞋子，干的事不少。特别是鞋子问题，一月之内不用担心了。

6月2日　小曹庄。帮助群众麦收，团直两天割了32亩。预计每人要完成一亩。当地群众生活甚苦，运输全靠担挑和车推。耕作粗放，种棉花不打顶心。罂粟种植甚多，土豪劣绅大都吸食鸦片。社会秩序动荡，土匪猖獗，到处抢劫、牵牛，农民苦不堪言。饥饿的逼迫，使农民不得不起来采取行动。前天，方集二三百群众，自发集合起来抢收了地主的麦子。群众对我军非常亲近，当地流传民谣云："'八路'过三趟，贫富都一样；'中央'（军）过三趟，一概都扫光。"

中央最近颁布1948年度土地改革方针。规定在中原地区暂不分田地和浮财，只是实行减租减息和打击大恶霸。

6月4日　阜阳张营子。有消息即将返淮南。目前，豫皖苏地区，敌第五军拟向南出动，张轸三个师从正阳向北出动，七十四师两个团进占临泉，企图进行所谓合击式的"扫荡"。我们部队在此目标甚大，故向南移。同时，大别山区近来敌兵力薄弱，潢川有敌一个团另两个营，商城仅一个连，固始两个连，霍邱无正规军。我们返回，可以很好地展开攻势。

返回淮南和双围子战斗

6月8日　固始城西北45里许家岗。经四五月份的沉寂，全国各战场又活跃起来。……听说刘（伯承）、邓（小平）首长命令我鄂豫军区要积极出动。据传，中原野战军将有所动作。

蒋钞进一步暴跌。票额五千元的都成为"小票"，要打七八折。每张十万元以上的"关金"又发行。银圆与蒋钞的比价已达 1：75 万。据说，需用"小票"兑的话，则需百万；美钞与蒋钞的比价为 1：130 万。黄金每两价值 6300 万。美联社说："中国法币现在是世界上最不值钱的纸币。"从经济上看，蒋匪帮也日暮途穷了。

6月9日　昨，奔袭乡保队扑空。今日 12 时，团匪来扰，打了一下午，敌溃去，我阵亡一名。

6月13日　霍邱县茶港乡张井子。10 日起，进攻双围子据点，驻敌为霍邱县马店联防区署第一中队。联防主任为李环球，副主任为赵益吾（绰号西霸天），中队长为刘俊杰。当日，我将据点包围，发射迫击炮弹 7 发，火箭筒弹 5 发，进行震慑，然后致信令其投降。因为该据点墙固壕深，强攻虽有把握，但犯不着为这些小丑付出过大伤亡。据后来了解，敌接我劝降信后，内部争论得很激烈。李环球主张交出一半武器，让我将其放走。赵益吾力主顽抗（此人反共 18 年），士兵则愿缴枪投降。因赵、刘二人作梗，争取投降未果。是夜下雨，我未攻打。11 日，我稍后撤，拟诱其逃跑于野外歼灭之。敌不出，仅李环球带随从 5 人偷偷地乘机逸去。12 日夜 12 时我发起强攻，至 13 日 2 时解决战斗。计毙敌中队长刘俊杰、武港乡兵役主任兼分队长郭尚荣（霍邱城内人）等 5 名，俘保长、文书以下 40 余名；获苏式机枪一挺、长短枪 60 余支，子弹 2000 发、手榴弹百枚，米千余斤。我无一伤亡。赵匪及少数匪兵，在我攻击时弃械泅水而逃。

战后，移驻河口镇西五里井。从战斗中所获敌人文件得悉敌在当地搜刮情形如下：前不久，敌四十八师"扫荡"霍固边界地区。我地方武装向淮北转移。敌宣扬我军"遁去"，随即部署所谓"善后"：①建立基层反动组织，号召伪乡政人员返乡恢复保甲。②建立反动地方武装，乡为常备分队，区为中队；要地主掌握之"民团"集中固守围寨。③惩办所谓"附匪分子"（据传：光现下我驻在区，就有数十名农民被抓去，严刑逼供，诬为"附匪分子"，然后罚款、粮释放。一个名叫李之三的农民，被罚米、麦各五石）。④加紧征粮抓丁。要霍邱全县将民国 35 年、36 年两年欠丁及 37 年度一、二两期应征壮丁，共计 954 名，限 5 月 16 日前统统征齐，送往"皖中师管区大安团管区"；此外，又限 6 月 10 日前征齐保安团壮丁 405 名，其中马店区分摊 100

名。蒋匪还有许多苛捐杂税。例如宰猪一头，征税 80 万元；宰牛一头，征 160 万元。霍邱伪政权区划，共分 8 个联防区，即河口、长塘稍、高塘集、马店、三河尖、叶家集、新店埠、孟家集。马店联防区辖 8 个乡：邵南埠、石店埠、白莲塔、马店、茶庵、龙潭寺、西牛集、石庙集。

今日获悉：霍固大队奔袭高塘集团匪，毙敌中队长以下 20 余名，俘 17 名，敌淹死 20 余名。我获机枪 1 挺、步枪 20 余支、子弹千余发，我无伤亡。

活动在商、固边

6 月 19 日　商城县桃园乡周大庄。旅部最近指示各级领导，要"发扬民主，改善领导"。

6 月 20 日　桃园乡龙凤岗。部队供应日渐改善。最近连发两个月的津贴，还发了一顶斗笠、一方尺作手巾用的白布。菜金名义上减了一角（银圆），实际上每天由二分五增到四分。全团还补充了 400 条米袋。突然增发这些东西，乐得大家简直要跳起来。

银圆与伪币比价，又上升到 1∶100 万。在我们现下活动区里，伪币为银圆所代替。没有银圆时，群众就以米计价。

获悉金寨大队告捷：18 日在关王庙之牛食畈，歼敌一个乡公所和一个半中队。毙敌 7、俘 17，获轻机枪 3 挺、长短枪 24 支、战马两匹、蚕丝 40 斤。我仅轻伤一名。自 5 月份，我分区〔按指鄂豫第一军分区〕积极开展攻势以来，计获轻机枪 9 挺、步枪 140 支。去年，整个下半年，也没达到这个数目。

6 月 22 日　民主会已召开，发言热烈。据敌台广播，我军已攻入开封。驻大别山之敌第七师一个旅调确山。

6 月 24 日　固始县高曹乡金围子。民主会连开两天，所有与会干部都做到了"知无不言，言无不尽"，领导上更抱着"言者无罪，闻者足戒"的态度，会议开得很好。尽管有些同志言中带刺或失之片面，但只要问题揭露出来，就是大成绩。〔抄注：关于这次民主会的背景，6 月 19 日日记中，曾有这样一段话："干部思想近来又发生较大波动。回想进入大别山以来，干部思想波动有三次。一是进山之初，原因是当时敌情严重和生活较苦，表现为右倾情绪和逃亡率高。后经形势教育得到平息。二是进入"亲区"（商城"新生乡"）之后，当时整个大别山形势紧张，但我团所在地区敌情较为松。这影响到某些人思想又向另一端发展，即麻木和享乐情绪，表现为不顾政策和违反纪律。经过整党整纪，上述倾向受到批判和获得解决。三是表现为厌倦情绪和家庭观念。这是随着大别山游击斗争呈现长期化而产生的；而领导上工作抓得不紧，与某些干部关系不融洽，也促进了上述思想的发展。现在旅已指示要"发扬民主，改善领导"，可谓"对症下药"〕

供给处处长郭华同志报告：今年上半年，全团应报销银圆 10555 元的费用，实际只领取到 2261 元。其中，属于菜金开支的仅 1000 元，不及应领数的十分之一。

6 月 26 日　固始县方集南五里郑门岗。我军于 20 日克开封，全歼守敌 3 万以上。开封解放，这是关内各省会解放的先声，它不仅对全国而且对世界也是个很大的震动。

民主大会今天作了总结，并举行会餐。一般说，大家认为这个会开得令人满意。

6 月 27 日　郑门岗。截获敌七十四师逃兵一名，叫张菜山，乳名肉蹄子，固始县高草乡人。他是于去年 7 月与同时被抓的固始县 700 名壮丁一起去的。据他说，七十四师现住阜阳，士兵逃亡严重，每个旅每天就有七八个。他们连有一天补了 10 个新兵，可当天一下就跑了 12 个。

俘敌固始县"清剿"第三大队司书顾一明，19 岁，草庙集马厂人。所供固始伪组织情形如下：县长赵襄武，全县分作 20 个乡镇。高草乡乡长刘宗英，家有田 40 余石；副乡长盛衡山，是个开米店的商人。乡公所分民权、经济、文化、警卫四股；兵力有乡分队。征粮：民国 36 年度〔1947 年〕每亩一斗四升；征款，每亩 17000 元；征丁，全乡十名。反动地方武装：县伪"人民集训总队"，总队长由县长兼，副总队长牛有三；全县五六个"清剿"大队，其中有一个驻城内；第三大队活动于高草、孝义、古蓼、张杨四乡，辖有十三到十四等四个中队，约 400 余人，配有机枪三挺。大队长常旭升，副大队长杨雪六。各中队分散活动。

6 月 28 日　商城桃园乡蔫草店。昨晚奔袭两路口乡保队扑空。有消息：我鄂豫四分区〔黄冈、麻城一带〕歼敌正规军两个连。这是我主力撤出后，首次听到大别山区获得歼敌正规军的胜利。

7月1日　固始黄乡八里庄。为纪念党的生日，早起举行军人大会；饭后举行新党员入党典礼。晚来虫袭击甚烈，幸我已发蚊帐。没发蚊帐的同志也以自己的智慧克服了困难。这就是范子泽同志创造的"元宝"蚊帐——把夹被一侧拆开，未拆一侧的两端系绳吊起，再用两根尺半长的秸秆在夹被内两头一撑，成了一个布罩子罩在床上，形如元宝，故名。在里面睡虽然热一些，但比让蚊虫肆意攻击强多了。此法一出，立刻在团直风行起来。

7月7日　芦大街。噩耗：相识五年的战友韩英同志英勇地倒在大别山中。韩英同志是威县人，矮个子，红黑面庞，一双细长的近视眼，脸上经常充满一团和气。他原从事文艺工作，任过冀南四分区宣传队队长。嗓音洪亮，唱一口好二黄，还能拉胡琴。至今想起他，那动听的琴声好像还萦绕在耳边。1944年到1945年间，在舞台上他扮演过《亡宋坚》中的岳飞、《贫女泪》中的贫女。尽管这两个人物的性格差若天壤，可他表演起来都能打动观众的心。我和韩英同志相识，是1944年我调任十一团政治处民教干事的时候。他那时是团政治处技术书记，是1945年调任分区宣传队队长的。抗日战争反攻时，他调旅政机关，直到这次牺牲。他家中遗有妻子和男、女小孩各一。

晨开军人大会，高参谋长〔运安〕报告抗日战争简史。为纪念"七一""七七"两个纪念日，每人发银圆两角会餐。

7月8日　芦大街。任善斌〔商城大队参谋长、原十五团作战参谋〕来，谈到商城情况，甚感棘手。他的衣服在战斗中丢光了，特赠其衬衣一件。侦察排在郭陆町获小胜，击退敌一个中队，获枪一支、马一匹；另征粮组也获敌人掩藏的步枪三支。

刘政委的报告和我旅改编

7月11日　霍邱县鲁店子西北李下庄。下午，召开干部会议，地委书记兼分区政委刘毅作报告。报告检查了过去政策上的缺点，阐述了新的方针和政策。这就是："坚持下去，逐渐创建起游击根据地，以待时机，再行扩大局面。""团结一切可以团结的人，孤立恶霸地主和打击反动武装。"具体政策,有专署颁布的十项政策布告。

我听后，感觉完全适合新区情况。

7月13日　霍邱县河口区鲁店乡。在向群众宣传中了解到，各阶层的人所关心的问题大体是这样：农民——阶级如何划分（因当前据此征粮）；商人——是否没收工商业，税率及完纳手续；学生——三民主义与共产主义之不同。世界形势（不少人认为美国是第一强国，并疑惑我军受苏联帮助）；伪人员——解放军关于地方政治如何推进，对待伪军政人员的政策。

7月18日　固始安山乡董老庄。我分区部队又作新的调整。我旅主力编为〔鄂豫军区〕独立旅，老弱人员均遣往淮北。专区县制亦有变动，原六个县（霍邱、霍固、固始、商城、金寨、金东）合并为四个县。

7月20日　董老庄。晚同房东谈话，了解到不少当地的情况。他告诉我，此地乡保队、土匪和地主不分，许多处实际上是"三位一体"。固始城北付家围子地主付泽富就是"光棍二面"：一面勾结土匪拉票架户，一面又与城内某团长有关系。付泽富本人也当了乡保队大队长。另有名叫岳岐山（绰号岳葫芦）者，原是土匪，活动于北起寿县、阜阳，南至大别山一带。现岳为固始敌收编，委为大队长，有人二三百。另有城东涂某一竿土匪也被收编，暗中作绑票活动，所以当地有语："要做官，拉大竿。"房东还告诉我，固始为首的大地主为周（明新）、吴（住茶庵）、张（住徐大营子）三家；霍、固交界为双围子李家，约有田4000余石。

7月24日　固始龙岗乡姚家寨。伪币与银圆比价，成了显示时局发展的水银柱。随着我军胜利的发展，现在伪币降到四百万元兑换银圆一枚。可蒋贼竟又出票面为一百万元到五百万元的大钞。

转进商、潢、光

7月28日　商城县铜观乡双输河。一连行军七天了，上级的意图不大清楚。有的估计：这次到西边来是为了配合襄樊战役；有的说是到经扶县〔今新县〕境取埋藏的款子；也有的说估计是找二纵"归连"，但都无根据。伪币惨跌：与银圆比价达七百五十万比一。

7月29日　双输河。为庆祝我军夏季攻势的胜利，新华社近日发表社论：《庆祝五路大捷》……

7月6日　光山县斛山乡黄湾。连队宣传员训练已开始。内容定为五题：一、怎样读报；二、群众工作；三、文化教育；四、怎样教歌；五、宣传员怎样进行工作。方法：讲解、讨论、实习。

反"扫荡"，转战潢、商、固、霍

8月11日　商城县仁和乡茶山岭。自7日起，敌"扫荡"我鄂豫军区。据已查明敌之兵力为：河南保安第三旅二十四、二十八、二十二等三个旅（注：团），四十八师一个旅，二十八师一部。其企图，首先合击白雀园地区，寻歼我首脑机关。我十五旅改称鄂豫军区独立旅后，鉴于红军时期独立旅的称号不如教导旅威信高（那时称师），因而改称为教导第三旅（以上情由，系我亲听王树声同志所说）。与教导第一旅在军区机关率领下，8日向泼陂河转移，途中与敌保安三旅遭遇，击溃其一个团，俘敌3名。为跳出敌合击圈，我军乃撤出战斗折向东北。

9日，在斛山铺北杨集地区，又与敌接触。我团二营略有损失，阵亡1、伤2，失踪数名。当夜，继续东北行，抵高店附近。10日，转向东南，进入商、固县境。四天中，计行程240里。

8月14日　胡庄。王炳坤自商城大队来团看望大家。他们大队人数少，单独活动，不但敌正规军，就是乡保队有时也欺侮他们。因此，战斗频繁，行动紧张，生活艰苦。

团召开班以上干部会，田涛政委讲了反对军阀主义和自由主义等不良倾向的问题，表扬了一批模范班。

八九月份的政治教育，拟进行下列内容：一、反攻一年来的伟大胜利；二、矛盾重重、即将崩溃的蒋介石匪帮；三、坚持大别山的重大作用和意义；四、解放战争第三年的任务；五、向模范班和模范同志看齐，克服不良倾向，胜利前进。

杨副旅长讲形势和奔袭麻埠

8月22日　小畈村。下午，全团召开军人大会,听取新到任的杨劲副旅长的讲话。

内容是当前形势和任务。他说，大别山的形势在日趋好转，敌人由多变少，由强变弱。在我们鄂豫军区范围内，敌人只有六个正规团。这就是：四十六师后调旅（一七九旅）之二十七、二十八、二十九团，原为江西保安旅改编，长期驻守后方，无实战经验，四十八师所辖四一二、四一三、四一四等三个团；另驻襄阳地区之二十八师第八十旅，调来参加对光山、经扶地区的"扫荡"。"土顽"（即乡保队）最多时达4万人，自我改变政策后促使其内部分化，加上敌军编并，数量业已开始下降。他说，现在的斗争情况好比翻山已接近坳口。此后环境将是时紧时松。敌人将以流动"扫荡"，驻屯"清剿"等办法来破坏我之地方工作。为了促进革命形势的发展，鄂豫区党委已确定了当前的三大任务：（一）集中"拳头"对付敌人，打胜仗；（二）安定社会秩序，争取在基层建立两面政权，创造游击根据地；（三）发动群众由点到线，由线到面，争取点点开花。

8月23日　金寨东石婆店。入夏以来，随着我军主力撤出山区，金寨（立煌）地区敌人又恢复了反动统治。为打开当地局面，完成鄂豫军区给予我旅歼敌一个正规营的任务，旅决定采取出敌不意的手段，奔袭麻埠。今日拂晓前3时出发，急行120里，晚宿石婆店，拟明日拂晓发动进攻。

8月24日　麻埠西北大马店。拂晓，先头部队进至麻埠，守敌逃去，仅俘匪队长以下数名，获子弹2000余发，破坏电台1部。这次仗虽然没打成，但也给六安、立煌、霍山等县之敌很大震动。据窃听敌人电话，流波礓敌据点内，整日电话铃声不断。驻敌惊呼"匪已到达回隆集（实际我军未到），民众已经逃避一空"，并向各地乞援。立煌驻敌王营长回话："坚决守住，我马上带两个连分两路增援！"霍山驻敌亦回话增援两连。可惜，两处敌人却没敢前来，不然，对我们倒是个好礼物。据审俘房：麻埠驻敌还在我军未到达叶集时就惊慌了，侦察派出八里之远。当发觉我军向麻埠前进时，今日一时许即逃走。这一带群众，对我新政策还不了解，因此，许多商人也跟着躲了起来。这次走这一趟进行一次实际宣传，也是个很大收获哩。

8月26日　霍邱县马店。情况调查：霍邱现有反动武装7个中队，每中队30到50人，共230人。听说我军北来，石店铺一带之乡保队已调城防守。淮河南岸之周集至南漳集一带闹水灾，来高店子一带逃难的甚多。

好消息和坏现象

8月30日　霍县马店南下台子。分区自淮北来〔抄按：我旅当时由叶集北上，很可能是去接应分区〕，给我们带来许多好消息。刘毅政委传达了毛主席最近的一个报告精神，大家听了十分畅快，说："好像吃了一服打药，把一肚子沉闷之气和糊涂认识，统统地给打出去了。"其中最主要的问题是：一、战争结束的时间问题〔抄注：记得似乎是五年打败蒋介石，十五年争取土改在全国胜利〕；二、联合政府问题；三、争取全国优势问题；四、过江问题（准备再歼敌十一个旅，或者将第五、第十一师歼灭，即可开始渡江）；五、东北问题。

一块较好的游击根据地

9月6日　商城县人和乡李集东四里马家围子。前昨两天，奉命到固始南部地区慰问安置在地方上的伤员。到达后，给予我一个深刻的印象，想不到在这到处动荡不定的大别山区，还有这么较好的一块游击根据地。其突出之点是乡保队很少，群众对我伤员普遍照顾得很周到。这个地区所以能如此：第一，它处于商、霍、固三县边界，依山区跨丘陵，敌人正规军不常来，乡保队兵单力薄不易站住脚；第二，当地反动武装曾被我消灭过，剪除了"地头蛇"；第三，"急性土改"时这里受的影响较少，因而争取了一些中小地主和富农暂守中立；第四，已经建立起我们的游击队（40余人），成为坚持这个地区斗争的骨干力量；第五，在这个方圆50多里的地区上，我们的地方工作人员和游击队，同群众已经建立了很好的联系，彼此都很熟悉。

9月7日　马家围子。蒋介石为挽救其经济危机，近又宣布币制改革，发行所谓"金本位的流通券——金圆券"；规定票面一元顶银圆一元，伪法币将于11月停止流通。这是一个搜刮民财的新手段、大骗局。中共中央中原局发出了关于开展反对"金圆券"斗争的指示。鄂豫区党委据此结合当地情况，拟定了几项办法：一、借此广泛宣传蒋家王朝财政经济已经到了山穷水尽的地步。所谓"法币"已成废纸，"金圆券"也很快垮台。教育群众不用伪钞用银圆，不要保存伪币，以免吃亏。二、我们一切税收一律要银圆、铜圆，"金圆券"虽然有时可要，但应很快出手。疟疾流行，我们政治处已有四人患疾病，占了三分之一还多。

接　款

9月10日　商城铜观乡严家湾。我团奉命接款。连存二日，每日行程不远，未感疲劳。昨过上石桥，与乡保队接触，毙敌7、俘敌6，获步枪6支；我无伤亡。

9月13日　白雀县（新设）市区蔡家洼。赴旅政治部开会，研究部队教育问题。今后准备着重解决以下几个问题：①战争结束时间问题；②担心美国出兵干涉问题；③对战争应有的正确认识。通过教育，克服悲观失望、害怕困难、斗志消退等倾向。方法：传达文件（上课）、讨论、反省（三查——斗志、思想、工作）。组织：连建学习小组，营建中心组，团建学习委员会，对战士联系实际讲道理，一个问题一个问题地解决。每日行程不超过30里，就要坚持政治课制度。

9月15日　白雀园南五里和家湾。接款任务完成，部队准备休整。款子领来即发了一次津贴。由于动员深入，办法合理，数目虽少，而无一怨言。我当即用银圆八角买了鞋一双，穿四个月不成问题。得民谣一首："八路来了，喜喜欢欢；民团来了，要粮要款；'中央'来了，又抢又奸。"

整　训

9月17日　商城铜观乡杨棚子。整训开始。晨，团召开军人大会进行动员。饭后，阎芝青主任作第一次学习报告。他从军事、政治、经济诸方面，对战争形势的发展作了深刻分析，引起大家很大兴趣。

9月20日　杨棚子。政治整训已经三天，部队学习情绪很高。补课制度坚持得好，做到了"不旷一堂课，不漏一个人"。只是进度稍快，有些同志"消化"不了。今早，六连干部在讨论中提出三个问题：①长江能不能顺利过得去？②蒋介石要是收兵守四川我们能不能打进去？日本人都没有打进去，因此认为"三年打败蒋介石"是容易的，彻底消灭他恐怕要困难。③蒋介石打倒后，会不会再有战争？看来，这次学习"自由思想"搞得不错，每人都敢散开思想说心里话。

9月22日　商城西余家集南十五湾。二营干部学习有两个好现象：深夜补课和辩论会。五连反映，三班学习情绪特别高，主要是解决了"战争没边"的问题。

9月24日　十五湾。第一阶段的学习结束，昨赴团政治处汇报。通过这段时间的学习，树立了胜利信心；绝大部分人员都相信"三年一定能够胜利"，"恐美"思想也消除了；部队情绪能够转向稳定而高涨；克服困难、坚持到胜利的劲头也大了。当然个别人员还有问题。例如有的说："三年胜利我相信，反正还不是马上胜利。"这反映了在少数同志的思想上仍然存在怀疑和不耐烦的情绪。对敌人可能提出假和谈问题，有三种看法：一般认为我应提出严格条件让其投降，不答应就打，这是一种彻底革命的思想。另两种，则有不同程度的认识模糊：一怕我们不接受和谈与人民愿望和平的心情不符，为争取民心应当和；二是不管怎样，和了就好。

第二阶段的学习任务是："联系形势检查自己，把这次学习化为动力和力量，贯彻到实际行动中去。"步骤是：启发动员、示范反省、普遍反省、总结。检查的内容是：①斗争决心和胜利信心如何？学习前后个人思想有什么变化？②工作态度怎样？有哪些不良倾向？（如右倾消极、不团结、不安心、军阀主义残余等）③对党的各项政策执行得如何？④今后决心。

9月29日　麻城福田乡两路口。大捷！济南解决！歼敌十万！……我大别山区也传来捷报：我军区地方武装恢复立煌（金寨）和经扶（新集）。国民党的"金圆券"发行未及两月即告贬值。最后的胜利，迅速向我们接近了。二营整训已到结束阶段。27日，我奉命回团政。

我军被动局面开始转变

10月4日　商城南"新生乡"朱家。部队连日寻求战机未能得手。这两天，边行军边总结（政治整训工作）。钱，上级发下不少。预计明年1月底前经济上无问题。军衣，豫皖苏军区为我们准备了一万套，今年冬天不会再穿去年那样的杂乱衣服了。

10月9日　新集北浒家湾附近之余家湾。我们大别山部队也展开了攻势。继克金寨之后，皖西军区部队克岳西。6日，我教三旅在军区率领下远程奔袭经扶城（我地方武装一度解放后敌又进占）。昨日将守敌地方武装大部歼灭。又，我鄂豫三分区队最近于麻城至河口镇的路上，击溃敌四十六师后调旅第三十团一个营，获迫击炮、重机枪各一。我军在大别山的被动局面，开始转变了。

10月11日　光山刘家店。经扶战果尚未查明。据说敌人化装潜逃，步枪遗弃满街，我缴获甚多。其中有迫击炮2门，重机枪2挺，布匹1捆。军区嘉奖参战部队，每人并慰劳半斤肉。现光山、礼山均无敌正规军，伪人员夜间不敢住城内。

10月14日　光山泼陂河乡郸李家湾。我部豫军区部队普遍活跃起来。一分区霍固大队于固始东北桥口集，击溃固始出来抢粮之保安团，俘敌30余人，毙伤60余人，获轻机枪1挺。经扶战果查明如下：俘敌200余人，缴获迫击炮2门、六〇迫击炮2门、战车防卫枪1挺、重机枪2挺、步枪180支。三分区歼敌三十团一部之战果，除已知获迫击、重机枪外，毙敌营长1，俘敌副营长及反动民团大队长各1。目前，鄂豫地区敌人兵力为：北线有三个正规团，即五十八师一三八旅之二十八、二十九、三十团。其中，除一个团调往信阳外，余部负责商、潢、固、光、罗五县防务，由于地广兵少，光、罗两县均无其部队。

椿树店大捷

10月18日　光山县朱家湾。东北战果：要地锦州于15日攻克。与这一胜利同一天，我们也打了个胜仗。敌五十八师第十旅副旅长龚襄平，14日率所属二十九团和保安团各一个营,在光山乡保队配合下南犯,企图再次进攻经扶城。15日,军区指挥我教一、教三两旅,于〔泼陂河北〕椿树店一带占领阵地,阻击该敌。经几日战斗，我仅以亡2、伤8的代价，就歼敌300余人，其中毙伤100余人，俘上尉指导员及电台台长以下200余人；缴获迫击炮1门、重机枪3挺、轻机枪9挺、电台1部。龚襄平这位所谓"信潢路南剿匪总指挥"，丢盔卸甲，狼狈逃回。这是我旅进入大别山以来所获得的第一次大胜利。敌之9月21日至10月20日的"清剿"计划落空了。

10月20日　商城独立乡余家集。刚住下，供给处程副处长就传来一个惊人的消息：长春敌人全部投降！大家听了，一片连声地叫起来："胜利来得好快呀！"你拥我抱，互庆胜利，个个喜得合不上嘴。

过淮北领棉衣

10月23日　商城西二十里梅楼。开始向北行动，准备渡淮领棉衣。伪"金圆券"与银圆的比价，由开始国民党宣布的一比一，跌到五至八比一了；而所谓"法币"与银圆的比价则跌到一千五百万比一。物价飞涨，猪肉由每元（银圆）八斤涨到每元三斤半至四斤。群众特别是小贩叫苦不迭。到处都可以听到对蒋家王朝的诅咒。

10月26日　阜南县（新设）三区李台子。今日渡过淮河。一路上，群众纷纷向我军控诉蒋匪帮暴行。当我们走到商城的北部李集附近时，群众纷纷逃散。我们住下之后，群众又陆续返回。原来，敌乡公所正在抓壮丁，上一集抓走30多人。他们先派便衣把村子围起来，当群众发觉，跑也跑不了。我军穿的也是便衣，群众远远望去，误以为抓壮丁的来了，故而纷纷逃避。等弄清是解放军，才转回来。到固始境内，也听说抓壮丁抓得厉害。被抓者的家属纷集西门，请求释放，毫无结果。但谁要出银圆40元到60元，便可赎回去。还听说，牛皋集一次逢集，龙岗乡公所抓了80多人，引起群众极大愤恨。有位老人大喊："反正不能过了，拼吧！"群众挥舞扁担、棍子一拥而上，乒乒乓乓一阵乱打，顿时将前来抓壮丁的20多人打散。被抓壮丁大部逃脱。敌人狠狠地骂："你们都随了共产党！"

10月27日　捷报一个紧接一个，忙煞了油印组的同志，日夜加班刻印还赶不及。当然，这样辛苦，大家都乐意去干。

10月30日　固始城北观音堂老蔡家。棉衣发齐，返回了淮南。这棉衣很好，一律黄色军服，坚固厚实，穿戴起来又精神又暖和。

11月3日　固始西北八里老段家。第二纵队过平汉路东来，我军区主力趁机包围了固始城——内驻五十八军营及保安团扈继武部共1500人——拟（在二纵配合下）将其拔除。

两克商城

11月10日　商城南下梅河曹湾。因二纵有紧急任务速渡淮北去，一营和金商支队又未调来，上级决定放弃围攻固始的计划。部队当即南下。5日，我团驻段集；7日，举行了全团贺功大会，到会功臣28名。虽然只有6日一天的准备时间，但开得仍很隆重。会上，一、二两营提出挑战比赛，情绪分外高涨。

8日，军区传来命令：立即行动，攻打商城、固始。因为敌二十八团他调，该两城均为反动民团驻守。当时团正召开连以上干部会议，传达冬季工作计划。命令一到，大家都坐不住了，恨不得马上行动。〔当夜〕部队沿商叶公路向西急行，4个小时就走了50里。不料，到了城下，敌人已经向南逃走。遵照上级命令，我团立即追击。尽管部队彻夜未得到休息，已行军70里，劲头仍然满足。进至亮子山，终于追上敌人。那些"草包"敌人哪敢抵抗，撅起屁股一股劲地跑。两天来，我们边打边追，行程90余里，一直追深山里〔我们多次驻过梅河〕来了。我团总计俘伪县政府科长、电台台长以下40余人，获电台2部、枪16支、掷弹筒1个、炮弹10余发、子弹1000余发、马1匹、西药1部。在此期间，金商支队歼敌太枫乡乡公所，俘伪乡长、大队长以下30余名，获步枪70余支；教一旅歼敌一个中队，俘敌50余人，获轻机枪2挺。在追击中，金商支队又俘敌100余人，获轻机枪1挺、步枪数十支。总计这次战斗，已俘敌250余人。现敌已分散逃匿大山中，我正计划进行清剿。固始方面，敌亦弃城逃窜。

11月13日　商城西南郊李家湾。我团追击残敌至百战坪，因有消息：敌五十师二十八团将由潢川犯商城，遂于昨日奉命赶回城郊待机。今天和数位战友一起进城游览……

这次部队进城纪律极好。那天到后正值夜中，大家在街上直坐到天亮，没有一个单位在群众未起床就急着打门号房子。在住房时，从连到排又层层动员遵守纪律，对一个违反纪律的同志当场就作了处理。驻在城内的同志还告诉我：我军到后公买公卖，对群众很有礼貌，群众情绪迅速安定下来。商店照常营业，学校照常开课。县民主政府一进城，便有前来"打官司"的。这充分说明群众对我新政权的信任。

昨天召开了军民祝捷大会，各界都有代表讲话。当晚，工商京剧团还给部队作了慰问演出。

随着我军胜利的发展，蒋币跌势更猛，与银圆比价，一天上涨500元。现在需4000伪币方能兑换银圆一元。票额五元到十元的"金圆券"，已经没人要。前天团直事务长买了两盒纸，把所需伪钞称了称，竟然重达12两（抄注：合现在十进位制的7.5两）

11月20日　关王庙。敌二十八团没来，返增援信阳去了。于是，我团又转到南面来剿匪，并扒出了过去埋藏的迫击炮。14日，我负责人发表关于全国军事形势的评论，指出，"今后再有一年左右，即可把蒋家反动统治根本打倒"。为了配合全国的胜利，近来我军区部队展开了一个宣传活动，并且用空隙进行助民劳动。仅打柴一项，我团每人都不下2000斤。目前部队情绪分外高涨，问题也少了。

11月26日　白雀园西北安堂。全国战局在迅速发展，"徐州战役"〔这是当时个人杜撰，那时还未听说"淮海战役"这个名称〕已告一段落，共歼敌18个师。今后可能继续打，中央已提出准备在此与国民党决战。

商城于23日再陷敌手。……但形势已非昔比。第一，伪公安局、太丰乡公所等伪组织被我消灭，另民团两个中队被歼，其余逃窜者甚多，在蒋政权摇摇欲坠的形势下，要想重建反动政权已经十分困难了。第二，敌原来防守工事大部分被我破坏，加上敌兵力单薄，势难在此长驻守。第三，我军入城后纪律良好，民心向我。因此，我估计敌人保有此城至多一两个月，甚至不过十来天。

12月2日　固始县方集。商城第二次被我攻克，从此永不复为敌人所有了。这次战斗，军区在指挥上非常正确。战术是"声东击西"，敌人完全落入我们的圈套。

自五十八师师长龚德敏率二十八、三十两团及二十九团两个营，保安第十三团等进入商城后，28日又以主力攻陷固始。敌在豫东南本只有一个旅，这样一来，敌旅部驻在潢川城内便极为空虚。于是，军区令教导第一旅第一团于28日袭击潢川，攻入南城。29日，我再攻克光山城，同时我六十八团进扰信潢公路，破电线30余里。敌人老巢顿起恐慌，急电南侵之州团、保十三团等，立即由固始回防潢川。我一分区部队（代号三十"史河"）乘机收复固始，并追击数十里，俘敌十数名。正当主力回潢未达之际，我军区主力教导两旅，便在军区司令员王树声的指挥下，由潢光地区回扑商城。29日，我旅〔教三旅〕抵观音铺，30日黄昏，向驻商城之敌二十八团发动猛攻。教一旅从西门向北面攻击，我旅自西门南向南面攻击，一分区部队则由固始赶来从东面攻击。战斗自下午5时打响，12月1日3时攻入城内。由于一分区部队迟到，未封住东西缺口，致敌大部分逃走，但仍有近半被追歼。截至今日统计：俘敌600余名，缴获了大批武器装备。

三天来，工作较忙。30日晚，参加组织战场救护；12月1日，处理俘虏；今日饭后，奉命到后方慰问伤员，晚宿方集。

12月6日　固始北李家湾。慰问伤员于4日返部，带回出院人员30余名。当行经方集时，遇部队出发，当即北折，与团部会合。一到家就听到好消息，徐州解放……上级给予我军区的任务是控制淮河，准备截击逃敌。

配合淮海大战，迎接全国解放（1948.12—1949.5）

寻求新战机

12月10日　固始城北五里岗汪营子。到城内听取军区首长关于商城战斗的总结报告。

12月26日　光山西北二十里龚家凹。半月来，先从商城移固始，开了几天会。15日南下，准备堵截淮北溃敌。但未发现有敌军逃来，遂西进光山境，寻求新的战机。口号是："配合淮海大战，截歼新十旅，光复潢川！"

天大雪，一连四天未移动。昨日获悉：保安旅长旭东部五个营，即将由信阳来潢川接替五十八师防务。军区当即率教导一、三两个旅前往信潢公路截击。行抵沙河，桥为流水冲断。为不误军机，部队一边徒涉，一边架桥。我团一营为先头部队，全部徒涉。河水深及臀部，两岸积雪寒光逼人。在杨劲副旅长带头下，指战员们不畏寒冷，脱光下半身迅速涉过。

12月28日　光山县南向店。由于敌情变化，原定在信潢公路截击敌人的计划不得不改变。原来，五十八军（即原五十八师）在潢川甚恐慌，察觉我军在其左右盘旋，未敢即行撤走，反而增调保安第十三团及一八三旅前来接援。据悉：昨日二二六团（原属新十旅）、三十团及一八三旅两个团已经到光山。我因敌兵力集中未便下手，乃南返，今日抵南向店。

文殊寺——郑阳堆战斗

1949年1月8日　光山西北45里谢庄。一连串行军：未战之前要调动敌人创造战机，必须走路；打完仗后，为摆脱敌人仍要走路。我们的胜利，原本是靠两条腿走出来的。

敌五十八军一部连日继续南犯，曾进至文殊寺、泼陂河、晏家河等地。目前豫东南敌军部署是：五十八军军部及所属一八三师（即旅）一个团驻信阳；二二六师师部及所属二十九、二十八两个团移驻光山，其三十团驻文殊寺；一八三师师部及两个团驻周党畈；潢川由保安第五旅之九、十两个团驻守，其军官家属已经撤退完毕。敌人企图：在我大军南下前，采取机动出击，暂时维持豫东南潢、光、罗等要地；以掩护信阳侧翼安全，避免困守被歼和便于随时逃跑。

为相机歼敌，我们部队5日从黄陂站出发，一天一夜走了120里，将敌三十团包围于文殊寺。敌怕被歼，当即突围北窜。我教三旅七团予以截击，毙敌30余人，俘虏10余人，缴机枪1挺。7日拂晓，又将敌困于郑阳堆附近。我团俘敌上尉副官以下10余名。光山敌二十八团第二营来援；又被一旅第三团全部歼灭，俘敌正副营长以下200余人，缴迫击炮2门、重机枪2挺。当晚，敌一八三师之两个团，由罗山南部出动东援，前锋与我相距10里。军区遂决定撤出战斗，分路转移：一旅往南，我三旅往北。在此期间，我团侦察部队在信潢公路上焚毁敌汽车两辆，俘敌5名。二分区部队（代号"曲河"）一度攻入潢川东关。

郑阳堆战斗，我团打得不够好，事先未侦察好地形，在白天向敌据守的围寨进攻，冲到寨前被寨壕（水甚深）阻住。部队遭到不小伤亡：牺牲9名，重伤20余名。在牺牲的同志中，有两个是我最要好的战友：一个是一营长王登安同志，另一个是六连指导员孙振清同志。两人遗体都由我亲手掩埋。孙（枣强县将官村人）葬于光山城西三十余里寨（河）西南之李家河村后，自西南至东北数第五个坟头。王葬于光山城西北西十五（里）张胡店附近谢庄村后丛墓间〔解放后听说已迁走了〕。

王登安同志是威县八区杨常屯人，现年25岁，家有结婚不久的妻子。早在冀南抗日青年团时期我们就相识。他作战勇敢，战功累著。1945年初，曾荣获冀鲁豫边区甲等战斗英雄称号。这次战斗中，他来到前面观察敌情时，不幸被流弹击中头部。临瞑目前，他还拼着全部力气，发出微弱的声音鼓励周围同志："努力，加油，我们胜利了!"

进逼潢川

1月10日　潢川城东北20里邓店子。潢川敌保安旅一个营向我作试探进攻，被击退。这时，传来惊人的捷报——被我包围之邱清泉、李弥兵团于今日上午12时全部覆灭。从11月初打起的伟大淮海战役，历时两月余，至此胜利结束。蒋家王朝全部覆灭已在眼前了。

1月13日　潢川西北梅湾。军区估计潢川之敌还不会马上撤走，因此决定将主力后收一些，只派我团第二营在潢川以西以北监视敌人。如敌向我进攻则阻击之，使主力获得时间展开和准备反击；如敌撤退则尾追，进占县城。该营由营玉田副团长率领。政治处派我随首长行动，并帮助二营"请功评模"和进行支部工作检查；指导部队在新区的群众工作；协助进行政治教育。

1月15日　潢川北20里三里庙。昨晚营副团长带二营赴信潢公路侦察情况，截获敌保安第五旅满载货物的车辆，获军用胶鞋160双、军大衣数十件、棉衣数十套、皮腰带700根、电话机7架、步枪17支、驳壳枪3支、掷弹筒3具，其他日用品一部。潢川城敌极度慌张，一连三个夜晚戒严。

奔袭罗山保安团

2月4日　罗山竹竿铺南苏家湾。前天从乌子铺奔袭罗山（抄按：1月下旬，鄂豫军区首长曾率军区主力南下宣化店地区，伏击由罗山南下之敌正规军未成，然后决定有此行动。记得乌子铺好像在宣化店南）。经一天一夜行军，急进170余里，迫近城郊，将敌第五绥署保安第二旅第三团李宗林部打垮，俘敌少校军医主任以下

68名，毙伤敌团长李宗林（重伤）、一营营长李如珍（伤）、三营营长阮光政以下20余名；缴获迫击炮1门、重机枪1挺、轻机枪3挺、长短枪70余支、子弹万余发，骡子两匹。我阵亡四、伤六。正待向县城发动进攻，闻七师一个团到宣化店，我乃同车转移。今日处理俘虏，拟组成一个训练队（共51名），下组两个分队六个班，以便管理和训练。

潢川解放和七团归建

2月6日　潢川东北30里谭店子李家营。古都北平于2月1日宣告解放……整个华北大局乃告底定。近日，潢川地区反动武装六个中队向我投降。昨日，部队继续向东移，据说系奉中原军区命令，让我们诱平汉铁路东侧之敌深入，并拟寻适当地区休整几天。当晚，我们因事断后的少数人，曾留宿潢川城内，观看了本城京剧班演出。

今天赶到部队驻地，下午参加团政工会议。会议研究了部队思想情况，布置了2月份的教育工作，主要内容是：一、反对无组织无纪律倾向；二、深入解释我党对待蒋求和的态度和方针；三、关于当前行动方针和物资供应等问题的解释。

2月10日　李营子。一个出乎意料的消息：我旅七团要归建——调回二纵去了。今天，旅部召开干部会议，寇庆延政委作了一年来军政工作的总结报告，雷绍康旅长讲了话并宣布上述消息。他说："同志们，我们五旅（实际上这时已称独立旅〔抄按：现记不清原日记后来为什么又把我旅记成'独立旅'，是怎样由'教导旅'又改称的，今天都想不起〕）到今天就解散了。有的要归建，有的要与兄弟部队合编。七团马上就要到淮北去。所以，今天的大会，既是总结大会，也是个欢送大会。……走的固然光荣，留下的任务也很重大。重要的是，不论到哪里都要做好工作。"……我们旅是1945年11月16日在邯郸成立的，到今天历时三年零三个月。会后，旅部招待全体干部会餐，吃了最后一次团圆饭。

湖北独立师成立

2月19日　旅于昨日召开贺功大会。会议开得很隆重。开始举行了欢迎功臣的仪式，会上授奖。今晚，由军区文工团组织晚会，演出了《军民一家》歌剧以及《打渔杀家》《捉放曹》《反徐州》等京剧。

2月26日　商城北三里王湾。今日，听传达毛主席的报告，很受教育。窃想，自接近最后胜利的时刻，那种贪图安逸、不愿再过艰苦生活的情绪，的确有所滋长。

2月27日　商城北街。旅部召开的传达毛主席报告的会议，今日结束，中午会餐。今天我们团（九团）、独一旅的一个团和三分区的一个团，合编为独立师，张体学同志任师长。我五旅原旅部，除一部早已组成鄂豫一分区领导机关外，现今旅的机关改为独立师师部。（抄按：当时未宣布是哪里的独立师，或许算是鄂豫军区独立师，但这个师不久就成为湖北军区独立第三师）

收复麻城和沙鱼头战斗

3月11日　麻城西北三里汪家畈。昨日收复麻城，守敌逃窜。下午3时许，敌四十八军一七五师五三四团第三营反扑。我于城西布置阵地予以猛烈反击，将敌击溃；毙伤敌10余名，俘敌20余名；缴骡马16匹（另打死6匹）。余敌回窜宋埠。

3月15日　麻城林度郑家冲。据说，我南下大军20日前可能到新集。武汉驻地白崇禧之第七、第四十八两个军已向外延伸，似以机动防卫掩护武汉撤退。

3月17日　邓家冲。南下大军已在中途店一带，与我鄂豫军区部取得联系。各连的《门板报》都建立起来了，对推动文化学习和配合思想教育有不小作用。

3月24日　黄冈县上巴河西下周湾。22日，我奔袭黄冈县沙鱼头敌据点。出动时春雨纷纷、道路泥泞，30里路走了整整一夜。23日六时半到达战地，当即将敌据点包围，驻敌黄冈绥靖第二团一闻枪声，忙向东逃窜，被我堵回。敌据工事固守。我突击队在迫击炮掩护下向敌实施突击。四连指导员薛钦山光着背膀率队冲锋，战士个个奋勇。经连续三次冲击，将山包上一个最大的碉堡攻下。到十二时许，守敌全部被歼灭。计俘敌副营长以下500余名，获轻机枪16挺。负责打援的我"吴店"部队（忘记是哪个团的代号，可能是新七团）将敌援兵击溃，全歼一个连。这次战斗，我团仅伤亡十余名。不幸的是，新到任的副团长朱文春同志为流弹击中头部殉职。朱副团长秉性温和，作战勇敢，学习积极，为大家所爱戴。他的牺牲，同志们极为悲痛。

4月6日　麻城东丁家园。今日行军途中，路过白果镇，与正向南开进的中原野战军第四纵队相遇。大家看到南下大军的雄壮行列，都啧啧称赞。那队伍，人强马壮，军容齐整，战士个个红光满面。阵阵歌声在行列中此起彼落。一杆杆的奖旗，迎着春风飘扬。一个新战士说："这样的队伍打到哪里，哪里敌人就受不了。"大军行列中，一位小战士走到面前，我一营一个战士问："你们开到哪里去？""打过江南！"那小战士高声答。我插上去问："小同志，多少岁了？""岁数不大，行军打仗保证不落后！"

4月7日　麻城西街胜利饭店。昨天到麻城。这小城十分破碎冷落，除主要街道两旁还竖着较像样的房子，其他地方大都是断垣残壁和瓦砾场。有的墙壁上还记录着抗日战争时期日寇轰炸的罪恶，商业十分萧条。现在这里暂处敌我接触的锋面上，人心还不安定。商人害怕通货膨胀，引起损失，大多藏货拒售。因此，街上没有什么可值得看。这几天都在帮助一营开展诉苦教育。主要是教育沙鱼头战后补充的一批解放战士。教育效果不错，该营单独活动以来还未出现一个逃亡。

4月12日　上巴河。在一营帮助工作7天，今日返回团政。

东进浠水

4月19日　浠水北关。昨天，师部召开排以上干部会，传达任弼时同志的报告和我师今后任务。

4月22日　浠水县竹瓦店。我解放大军业已横渡长江了，时间是1949年4月21日。截至目前知道的消息，我军渡江作战极为顺利，仅仅用了十个小时，就有30万大军涌过江南。国民党的半壁山河，不用很久，就会冰消瓦解。

20日，我师奔袭浠水保安团，俘敌60余人。我团任务是打援，没有战斗。今日下午全师北返接单衣。今后，没有什么敌人的正规军可打了，我师的任务可能转为清剿残匪。

欢呼蒋家王朝覆灭

4月24日　晚宿黄冈山庙河。正在床上假寐，忽听外面同志们一片欢呼："喂！

好消息。南京打下来了!"我一骨碌爬了起来,见主任(三月下旬记载是蔡子明,此时可能仍是他)正拿着信看。我上去看,见上面写着:

"我军收复太原,守敌全部投降!"

"今日上午十二时,我解放(收复)南京。南京反动政府宣告灭亡!"(抄按:当时不知为何都写成"收复")

1927年"四一二"政变后,在尸山血海上建立起来的蒋家王朝,仅仅维持了22年,就颓然倒下了。过去的一切,对蒋介石说来,只不过是做了一场春梦。

5月4日　商城县蔡家巷冈。潢、商、固三县交界地区。地主残余武装猖獗,农民困苦不堪。我师即展开全面清剿。

商、潢、固边剿匪

5月7日　商城北双柳树。今日开往商、潢、固边界地区清剿张大学匪部。

5月9日　潢川江集西叶桥。三天来,我团剿匪战果不大。计俘匪10余名,缴枪12支,子弹千余发。昨天接令调我到师宣传科任副科长。

原载中共信阳地委党史资料征编委员会编:《丰碑:中共信阳党史资料汇编》第4辑,1984年,第201～268页。标题为编者所加。

首战金家寨

◎ 田维新　王虎田

　　1947 年 8 月 29 日，我们八旅受命由固始直取立煌金家寨，三纵队副司令员郑国仲随我旅行动。旅部决定由二十四团团长吴先洪带一个营，旅部作战股股长王文贞、侦察股股长张苏文带侦察排先行出发。

　　大别山的 8 月，山青水绿，野花遍地，山上生长着茂密的马尾松，山下是一片金黄色的水稻梯田。战士们情绪高涨，欢乐的歌声此起彼伏，连日行军的劳累早被丢到淮河岸边了。行军途中经过一些村庄，在村头断墙上，有时还能隐约看到"打土豪、分田地"等大字标语。旅政治部主任彭宗珠是经历过鄂豫皖苏区斗争的老战士，站在这些经受了近 20 年风雨的标语面前看了又看，他指着标语深情地告诉我们"这是当年红军写的"。这些标语比任何政治动员都有力，它给指战员们带来欢欣的回忆和战斗的激情。

　　经过两天急行军，部队于 31 日抵达立煌县城金家寨史河北岸。在这里，先期派出侦察的王文贞、张苏文同志顾不得休息，详细汇报了侦察得来的敌情：金家寨三面环山，北靠史河，河宽数十米，可以徒涉。城内驻军为安徽省保安团一个营，约 400 余人，29 日又增调四十六师五六四团的两个营加强防守。敌人依据城西黑龙潭至城东南之张家畈设置的密集碉堡和新筑的几道堑壕进行防御。

　　金家寨是皖西的一个门户，打开金家寨对挺进皖西具有重要意义。为了首战必胜，旅部立即召开了作战会议。会议由马忠全旅长主持，郑国仲、卢南樵同志也参加了会议。

　　一间不大的农舍里坐满了团以上干部，会上你一言，我一语，讨论得十分热烈。马忠全同志认真地倾听着大家的发言，有时还走近挂在墙上的地图前仔细地查找。会议在紧张地进行着，忽然，一个参谋匆匆走进来，压低声音对马忠全同志说："纵队首长来电！"马旅长急忙走出会议室，与会同志不约而同地相互看了一眼，心里明白，纵队首长也在关心这场战斗哩。

　　不一刻，马忠全同志神情兴奋地回到会议室，对大家说，刚才纵队司令员陈锡联来电，传达刘、邓首长指示，要求我们"勇猛顽强，首战必胜，力求全歼，坚决打好这一仗"。首长相信我们这支经过 8 年抗战的部队是能打好这一仗的，我也有这个信心，我们回电向首长作了保证。接着他分析了作战不利因素，要求我们认真对待，只能打好，不能打坏。最后，郑国仲同志勉励大家说："我们的作战指导思想是积极出击，稳扎稳打，力求全歼，打好第一仗，为国民党杀害的父老姐妹报仇！"

　　会上，马旅长对进攻作战作了部署：部队在史河北岸面对敌人展开，分别占领有利的进攻地形，具体位置是：二十二团在河东北的洪家湾待命出发，二十四团放在河西北一个高地上，二十三团及旅直放在河正面的高地上，面对立煌县城展开。

　　为查明城内敌人守备情况和保障主力迅速歼敌，决定二十二团立即派出一个连的兵力，摸清城内敌人的防御情况。该团立即派出能攻善战的三连执行这一任务。连长崔玉宝立即向团里表示"坚决完成任务！"然后率领部队，利用水声作掩护，偷偷涉过水深齐腰的史河，隐蔽接敌，在敌人毫无知觉的情况下，一直插到城南门，然后一阵猛打猛冲，攻入城内。守敌保安团猝不及防，一时如惊弓之鸟，溃逃上山。金家寨大部为我三连占领，史河南岸完全为我控制。

　　消息传来，马旅长立即命令各团趁势渡河，向敌攻击。二十二团在涂学忠团长指挥下，涉过史河，向黑龙潭以东以南高地进攻。田世繁率一营已先从上游徒涉，插至金家寨南山断敌后路。二十四团在吴先洪团长指挥下，从史河下游徒涉，向张家畈西及西南高地进攻。指战员们在猛烈的炮火掩护下，多路猛攻，英勇冲杀，连破敌人两道堑壕，强占了部分火力要点和碉堡，杀伤了部分敌人，守敌不甘心失败，也曾凭借碉堡火力疯狂反扑，但都遭到我军火力的迎头痛击。经过多次反复争夺，我军巩固了已占领的阵地，守敌无力反扑，也被迫全部退入堡群里，困守顽抗。

这一夜阴雨绵绵，加之山区地形复杂，不仅炮火不易发挥威力，部队运动也多不便。此时，根据纵队敌情通报，守敌正处于孤军无援状态，于是旅首长决定，除以小部队对敌实行监视袭扰、疲惫围困外，其余部队暂停攻击，抓紧休息和积极做好准备，以便白昼来临时再组织进攻。

9月1日拂晓，部队立即对敌发起了攻击。战斗中，各级指挥员身先士卒，带领战士冲锋陷阵。经过激战，全部占领包公祠以西高地上的敌碉堡，并继续向西南方向发展；樱桃湾以西高地的敌碉堡则被我二十二团占领，并向东及东南方向发展。余下的守敌虽然依托碉堡，并利用火力相互支援，以阻止我军的进攻，但由于指战员们英勇顽强，步兵和炮兵密切协同，加之白昼便于指挥联络，观察敌情，避开敌人火力，所以战至下午4时，敌人大部被歼灭，进攻部队在余家湾以北高地会合，残余敌人被我火力压缩进包公祠以西的十几个坚固碉堡里。

为了减轻伤亡，加快进攻速度，我们采用火力试探的方法，摸清敌人的位置和火力配置。我们判定，居于山梁后的第三个大碉堡即敌人的主堡，就是敌人团指挥所。但白天进攻接近目标困难，用炸药包不易炸开碉堡，敌人妄图据此负隅顽抗，于是前沿部队即要求旅部调山炮来支援。

9月2日，旅首长即令山炮连连长张发根用4门山炮进行抵近射击。部队派一个连战士将山炮拉到离敌人100米处，利用地形，逼近主堡，同时组织好步兵火力队和突击队，准备实施突击。炮手们瞄得很准，随着山炮的几声怒吼，炮弹像长了眼睛一样，钻进敌碉堡爆炸。当敌人据守的最大一个碉堡被掀翻后，残敌有的打出白旗投降，有的四散溃逃。我突击队立即跃出堑壕，追歼逃敌。一时间"缴枪不杀"、"解放军优待俘虏"的喊话声此起彼伏。战斗到上午10时全部结束，俘敌千余人，缴获迫击炮1门、轻重机枪24挺，敌五六四团上校团长陈铁汉被击毙，立煌县长李宣也在莲花山下棺材沟被我生擒。我旅首战金家寨旗开得胜。在胜利的鼓舞下，部队未作休息，便挥师东进分路出击，向皖西腹地前进。

原载陈忠贞主编：《皖西革命回忆录·第三部·解放战争时期》，安徽人民出版社，1991年，第121～124页。

不让一个敌人跑掉

◎ 吴先洪

张家店战斗打响后，我所在的二十四团参加了围歼敌人的战斗。当时，我团守在镇南的几座小山岗上，三营为突击队在最前沿，一、二营为第二梯队和预备队。总攻开始前，我和参谋长王镇清同志带着参谋等人从设在二道岗的团主阵地向前沿指挥所行进途中，突然发现从三营阵地的右侧与友邻部队的接合部之间，窜出一二百敌人。于是，我立即组织身边的十几个人进行阻击，并命令一个参谋迅速去前沿阵地调一个连队，消灭这股敌人。七连很快从敌人背后迂回过来，已成惊弓之鸟的敌人，吓得沿山凹四处逃散。我团主阵地的所有机关工作人员及勤杂人员，均出来抓俘虏。草木皆兵的残敌，早已失去战斗力，只要见到我方人员就立即乖乖举手投降。

解决了这伙敌人后，天已黄昏。总攻时间到了，我方山炮、迫击炮齐鸣，张家店顿时笼罩在一片硝烟火海之中。在我强大火力掩护下，九旅对当面之敌发起了猛攻；七旅二十团则以迅雷不及掩耳之势，一举夺得了镇北小河外沿的居民点并迅速派一个营冲过小河，占领了附近的制高点。然后，该营又集中了所有轻重火力，掩护突击部队沿小河近旁的居民点交替突击前进。该团另一个营则在右翼与镇外守敌展开激战。我们八旅二十二团沿朱家冲以西高地，以一个营的兵力直插胡家祠堂。我二十四团则在张家店东面韩家畈与胡家祠堂之间，向镇内突击。

敌人在我四面包围、全面突击的形势下，已经是四面楚歌，处于背水一战的境地,所以整个战斗打得非常激烈。即使是一个独立院落,也要经过反复争夺才能占领。激战进行了约两个多小时,担任主攻的九旅终于扫清了外围据点,进逼到敌人鼻子底下。这时,我纵队集中炮火猛轰镇内之敌,不一会儿,镇内敌指挥机关驻守的一座较坚固的房屋中弹起火,指挥系统全部失灵。此时镇内火光冲天,枪炮声、哭喊声混成一片,几千敌人顿时陷入一片混乱之中。敌八十八师副师长张世光见大势已去,只带10余人乘镇内混乱之机,首先仓皇逃窜。群敌无首,大队人马像热锅上的蚂蚁乱爬乱跑,都在寻机逃窜。天将破晓,我到了配属给我团的山炮连阵地上,忽然从望远镜中看到数百敌人,拼命冲向镇北高台地我七旅二十团的阵地,企图夺路逃走。于是,我急令身边的两门山炮,把阵地上仅剩的二十几发炮弹全部射向敌群。敌人除被炸死炸伤者外,余皆乱作一团,全被我二十团俘获。

这时,我军从四面八方像潮水般涌进镇内,残敌完全失去了战斗力,纷纷举手投降,4000多个敌人统统做了我们的俘虏。

原载陈忠贞主编:《皖西革命回忆录·第三部·解放战争时期》,安徽人民出版社,1991年,第162～163页。

槐树岗阻击战

◎ 何志聪　林有声

　　六安县中店附近的槐树岗，是一个约百十人住户的小山村，就是这样一个在小一点比例尺地图上也许还找不到它的位置的普通小山村，却在我们脑海里留下深刻的印记。那是在刘邓大军挺进皖西的日子里，我们三纵队七旅二十一团，在这里打了一个漂亮的阻击战。我们以一个团的兵力，经过3昼夜持续激战，抗击了敌3个团兵力的连续攻击，保障了纵队主力干净、彻底全歼张家店之敌八十八师师部及六十二旅全部，受到野战军的赞扬。40多年过去了，这次战斗的情景仍历历在目。

　　1947年9月下旬，我七旅由固始回师皖西途中接到纵队命令，要求我们七旅派出一个团的兵力，在槐树岗一带展开阻止六安守敌四十六师可能的驰援，以利纵队主力在张家店地区歼灭被围的敌军。

　　赵兰田旅长当即把槐树岗阻击的任务交给了我们二十一团。当时，我们两人分别任二十一团的团长和副团长。赵旅长对我们说：敌人整编八十八师师部率六十二旅正处于分散孤立状态，纵队决心抓住这一有利时机，坚决、彻底地歼灭该敌。为了防敌四十六师增援，由你们团在槐树岗地区担任阻击，你们无论如何要把四十六师拦住，为主力全歼敌人创造条件。为了便于与旅部的联系，赵旅长还给我们配属了一部电台。

　　受领任务后，我们抓紧组织部队向槐树岗运动。好在当时部队距离槐树岗不远，经过几个小时的行进，就赶到了预定位置。

槐树岗属丘陵地带，山路两侧的小山坡上，野草丛生，马尾松及其他杂树密布。这种地形对我们隐蔽十分有利，但对视界和射界影响较大。

这里，距六安县城仅10多公里，是通向张家店的必经之地。为了及时掌握六安敌人的动向，我们派出了身着便衣的数十名游动哨。部队摆成纵深梯队的前三角队形，一营在前，二、三营居后。特别是在大路两侧，配备了较多的兵力和较强的火力。

部队进入阵地后，抓紧时间在大路两侧的小山坡上构筑简易的防守工事。由于山地石头多，土质坚硬，加之缺少土工器具，施工困难，进展很慢。

单人掩体刚挖好，从六安方向就传来"砰砰"的枪声，在前面的便衣游动哨兵与敌人接触了。起初，我们还不相信敌人的增援部队会来得这样快，后来才知道，敌人刚与我友邻九旅部队接触，就预感情况不妙，急忙向六安守敌四十六师求援。但是，狐狸再狡猾也斗不过好猎手，纵队首长早料到敌人的这一着棋，我们团已经在敌人增援部队的必经之路上筑起了一道铜墙铁壁。

便衣游动哨边打边撤，枪声愈来愈近，增援之敌被迫过早地实施了展开，组织向我进击。

二连阵地上，战士们正平心静气地注视着前方。这时，阵地上除稀疏的枪声和树叶在飕飕的秋风中沙沙作响外，几乎听不到其他声响。

时间一小时一小时地过去，战士们等得心急火燎。"沉住气，没有我的命令，不许开枪。"二连连长高有祥同志操着典型的山西口音向战士们提出了要求。

游动哨回来了，他们压低嗓门报告高连长；"敌人开来了！"

二连战士的眼睛睁得更大了。不一会儿，大约一个多连的敌人，端着枪，躬着腰，像一群受惊的耗子，向我二连阵地扑来。200米、150米、100米、80米，连敌人帽子上的那个可恶的标志都看得清楚了，战士们的枪口已经对准了目标，每个人的食指都压在扳机上。

"打！"高连长猛地一声令下，顿时，全连的机枪、步枪发出了震耳欲聋的声响，一颗颗子弹愤怒地射向了敌人，一下撂倒几十个。敌人一看大事不妙，连尸首也顾不上往回拖，爬的爬，滚的滚，乱哄哄地退了下去。

敌人第一次冲锋被打下去不久，他们又用猛烈的火力向我实施轰击。霎时间，阵地上浓烟滚滚，山摇地动，树枝、残叶像雨点似的直往下掉。接着，敌人的第二次冲锋又开始了。就这样，敌人一次接着一次地往我阵地上冲，一天内连续发动了5次攻击，但每次都被我们英勇顽强地阻击了下去。

傍晚时分，从电台里传来了赵旅长的指示："现已查明，敌八十八师师部及其六十二旅，全部聚集张家店内，我旅二十团和九旅二十六团已将敌套住，后续部队正向张家店靠拢，你们务必守住阵地，阻敌四十六师增援。"

张家店距槐树岗仅有20公里的路程，接到赵旅长的电报后，我们既为主力部队咬住敌人而高兴，坚信主力部队一定能干净、全部地把敌人吃掉，同时，又深深感到我们团阻击任务责任重大，20公里的路程实在是太近了，稍不注意，敌四十六师就会从眼皮底下滑过去，那后果将不堪设想。

"请首长放心，无论如何，我们一定守住阵地，粉碎敌人四十六师的增援！"通过电台，我们向旅首长表达了我们二十一团全体干部、战士的坚强决心，并简明扼要地汇报了当天战斗的情况。

天渐渐黑了下来，黑得伸手不见五指。敌人最怕夜战，他们暂停了进攻。这时，我们又从俘虏的口供中得知，白崇禧为了援救张家店的敌人，从四十六师抽来3个团的援兵。以我们经过长途跋涉，连续作战，部队极度疲劳又未得到整补的1个团来对付敌人装备齐全的3个团的进攻，肩上的担子实在是不轻，我们预感到明天将有一场更大的恶仗。

在夜幕的掩护下，我们团的几位领导同志分头到各营传达了赵旅长的指示。要求各营一定要不惜任何代价，克服一切困难，坚决圆满地完成阻击任务。团领导的决心像一把火照亮了战士们的心头，把同志们的战斗热情鼓得更高了。指战员们纷纷表示：发扬朱德警卫团的光荣传统，人在阵地在，誓与阵地共存亡，坚决打好槐树岗阻击战。

第二天，天刚破晓，张家店方向就传来了隐隐的枪声。与此同时，敌四十六师也对我开始了新的攻击。敌人真舍得花本钱，太阳升到约有丈把高的时候，天空中传来了"嗡嗡嗡"的声响，敌人居然派飞机来支援步兵的进攻，敌机疯狂地在我阵地上投下了一枚枚重磅炮弹。同时，敌又以密集的炮火对我这块阵地实施了猛烈的轰击，顿时，阵地上硝烟弥漫、尘土飞扬。

敌人步兵凭借飞机加大炮的"威力"，又一次向我们阵地扑来，一群群敌人在指挥官手枪的驱赶下，号叫着、拥挤着，压向山坡。

我一营不愧为一支具有光荣革命传统的英雄部队，素以战斗动作迅速、作风泼辣、敢打敢冲而闻名全团。面对黑压压数倍于我的敌人，他们个个圆睁双眼，怒目而视，在张良营长的指挥下，进行了顽强的阻击。机关枪像开了锅似的嘟嘟叫，手榴弹不停地在敌群中开了花。敌人在我英勇顽强的打击下，终于又像潮水般地退了回去。

这时，在张家店已成了"瓮中之鳖"的敌人，急得像热锅上的蚂蚁团团转，声嘶力竭地频频向四十六师呼救。敌八十八师副师长张世光甚至连起码的保密规则也不顾，竟用明语在电台上呼救起来，要求四十六师"赶快靠拢，救兄弟一把"。白崇禧也接二连三地督促四十六师立即向八十八师靠拢。

正午时分，敌人经过稍事调整，又发起了更凶猛的攻势。这次，他们改变了战术，在正面进攻的同时，以主要兵力对侧翼实施了迂回。实施包围迂回，这是白崇禧的广西部队惯用的战术，在过去的行军作战中，我们已经领教过。这一手还真有点厉害，他们居然突破了我右翼三营八连的阵地，一小股敌人甚至冲到了团指挥所附近，其后续部队又在使劲儿地往上冲，敌人的子弹把指挥所电台的天线杆子都打断了。情况十分危急，我们当即命令七连、九连分两个箭头向突入之敌进行了强有力的反冲击。战士们个个表现得非常英勇顽强，和敌人进行了短兵相接的殊死搏斗。有的战士刺刀捅弯了，就用枪托砸，枪托砸断了，就和敌人抱在一起扭打。团指挥所的全体人员个个拿起武器，和敌人展开了面对面的战斗。在我团勇士们的坚决反击下，敌人的攻势又被迫减弱了下来。

为了更好地迟滞敌人，当天晚上，我们又主动采取了以攻为守的战法；以连为单位，组成数个小分队，对敌实施出击。这一夜，敌人阵地上的枪声、手榴弹爆炸声此起彼落，没有停息，打得敌人胆战心惊，不得安宁。

10月10日清晨，一道电波传来了喜讯："张家店歼灭战已经结束，蒋匪八十八师师部及六十二旅被我全歼……"得到这个胜利的消息，我们高兴得几乎要跳起来了。张家店歼灭战的胜利，也凝聚着我们二十一团全体指战员的心血，经过这三昼夜惊心动魄的防守作战，我们把增援的敌人挡在距张家店仅10多公里的地方，圆满地完成了阻击任务。这时，敌四十六师也乖乖地夹着尾巴滚回六安县城去了。

　　沐浴着早晨初升的太阳，槐树岗上一片欢腾，我们为纵队主力全歼敌八十八师师部及六十二旅而欢呼，也为我们团胜利完成阻击任务而歌唱。我们打扫好战场，掩埋好牺牲同志的遗体，开始了新的征途。

（孙祥林　整理）

　　原载陈忠贞主编：《皖西革命回忆录·第三部·解放战争时期》，安徽人民出版社，1991 年，第 164 ～ 169 页。

坚持下来就是胜利

——忆皖西一地委的斗争历程

◎ 卢仁灿　傅大章

　　1947 年 8 月，刘邓大军千里跃进大别山后，第三纵队便在皖西地区迅速展开。至 10 月，三纵教导团和第二十团在皖西支队配合下，先后解放岳西、潜山、太湖、望江、宿松和石牌、徐桥、华阳等县、镇，随军南下的地方干部和各部队抽调的干部立即推毁敌人的政权，建立人民政权，组织发动群众，进行土地改革。从 1947 年 9 月初组建一分委到地委，直至 1949 年 5 月安庆地委成立，在近两年的时间里皖西一分区的斗争大致上经历了四个阶段。

　　第一阶段，1947 年 9 月至年底，军事上实施战略展开。分兵发动群众，建立党组织和革命政权，进行土地改革。

　　岳西、潜山、太湖、宿松、望江等县解放之后，立即着手建立了县、区党组织、革命政权和武装。11 月，皖西区党委和皖西军区成立，下设三个分区，其中一地委辖岳西、潜山、太湖、怀宁、宿松、望江六县，卢仁灿任地委书记兼分区政委，孔令甫任司令员，刘秀山任专员。为了加强地方武装力量，皖西支队一部整编为分区基干团，又从三纵抽调七旅二十团和教导团一个大队到一分区。12 月，二十团抽调第三、四、八连分别到太湖、潜山、宿松三县组建独立营，教导团大队亦分到各县作基干武装。

　　九十月间，各县县委和政府建立后，就开始派出工作组发动群众，进行土地改革。一分区群众和整个皖西地区一样，有着光荣的革命传统。但由于我军主力历史上曾三次撤离，人民群众长期受三大敌人的残酷镇压和剥削，生活极其贫穷，处境十分悲惨，大多数农民一年只有几个月有口粮，冬天则很少有棉衣、棉被。当时流行的民谣"红军走了蒋军到，怀里揣了三把刀：头把刀子要粮食，二把刀子要钞票，三把刀子要姑娘"，反映了广大群众处于水深火热之中。刘邓大军到达皖西之后，广大群众欢欣鼓舞，"红军走了又回来，穷人喜笑又颜开，大伙拉住不放手，要和红军在一块"，反映群众热烈情绪的民歌广为流传。

10月10日，中共中央公布了《中国土地法大纲》，反映了广大农民群众要求在政治上经济上翻身的强烈愿望。地委根据中央土地会议精神和中原局关于"放手发动群众，创建大别山根据地"的指示，发出了"关于开展土地改革运动"的指示。各县、区、乡工作组发动群众，组织贫农团和农民协会，领导广大农民开展了土改反霸斗争。这次土改是在战争环境中进行的，而且我军初到，反动的保甲政权尚未彻底摧毁，各地还残存着土顽武装，封建地主又在暗中组织、操纵假农会，威胁、控制群众。因此，土改斗争尖锐、复杂，群众发动不平衡。群众发动较为广泛的地区，涌现了一批立场坚定、斗争勇敢的积极分子，成为我们同群众联系的有力纽带，还有一批积极分子参加我基干团和县、区武装。有些地区群众则未发动起来，他们虽然拥护我党政策，但怕"变天"，不敢同我们接近，工作极难开展。在进行土改过程中，由于急于立足生根，未能根据新区特点，从反霸入手，分阶段进行，而是采取了华北老区的做法，过早地分了地主、富农的浮财和粮食，分散了社会物资，侵犯了部分中农和工商业者的利益；在镇压反革命中有的地方又扩大了打击面，犯了"左"的错误。在这一阶段，我民兵武装也有所发展，发挥了一定的作用。如敌第二十五师进攻岳西时，杨殿义领导的响肠河民兵在沙岭头多次截击敌运输队，并消灭了三区还乡团头目方梅庭，受到中原局和皖西军区的通报表扬。

第二阶段，1948年元月至秋天，我主力部队转出外线，敌人重兵围剿。我们在十分艰难、十分残酷的环境中坚持斗争。

刘邓大军进入大别山后，胜利地完成了展开战略进攻，歼灭了大量敌人，初步发动和组织群众，建立了民主政权，使敌人十分惊慌。蒋介石匆忙抽调33个旅的优势兵力，于11月27日开始对大别山展开全面围攻。

为了执行党中央、毛主席关于"再将敌人拖出来，引到预定战场消灭之"的方针，我主力部队于1948年春陆续转移外线相机歼敌。留在一分区坚持斗争的只有二十团、基干团和各县武装力量。

一分区位于大别山东南部，长江北岸，是我军直接威逼敌人长江防线、挺进江南的前沿阵地；其东部安庆是安徽的军事重镇，掩护长江下游的屏障，得失影响重大；西部宿松与敌国防部九江指挥所仅一江之隔，敌人与我争夺皖西，一地委则首当其冲，战略位置十分重要。"卧榻之旁，岂容他人鼾睡？"因此，敌人乘我立足未稳，即以重兵对我实行疯狂"清剿"，妄图摧毁我初建的政权和群众组织，使我不能立足生根。

这一阶段的斗争十分残酷。在军事方面，敌以整编第二十五师、整编四十八师及七师，还有四十六师、四十七师计5个至8个旅的兵力先后向我一分区进行频繁"扫荡"。首先以正规军进行分进合击和"铁桶合围"，相继占领了各县城，接着实行重点驻守和分区"清剿"。同时，地方封建势力也纷纷成立土顽武装，反动气焰十分嚣张。如太湖县的张开南、赵金山，岳西县的张华子、汪汉初，潜山县的余学武等，与敌正规军相配合，成为耳目和帮凶。而我一分区二十团、基干团和各县武装力量，总数只有3000多人，敌人兵力十多倍于我，双方力量对比悬殊。

敌人在军事围剿的同时，又实行一系列反动政治措施，如：恢复联保制度，颁布极其反动的"十杀"条令，对所谓"通匪""窝匪""知情不报"等，均格杀勿论；恢复和发展特务组织，逼迫群众"自首"，对群众严加控制，大肆捕杀我地方干部和积极分子，仅岳西县我农会干部和积极分子就被杀害百余人，区长李单堂牺牲后被敌人割下头挂在县城"示众"，乡长储德才12岁的儿子也被敌人用刺刀捅死。

由于敌人封锁，我们缺少弹药，有的轻机枪只剩下10余发子弹；伤病员无法安置，除个别的隐蔽安置在可靠群众家里外，只得组织干部、战士搀扶，背着抬着随部队行动；吃粮也发生了极大困难，常常数日不得一饱，几天吃不到盐。有一次，分区卫生处没有搞到粮食，挨饿多日。卫生处处长找到分区领导想搞一点吃的，但看到分区的六七名负责同志只有半升米煮粥时，竟难过得流下了眼泪。有的部队连续多日搞不到吃的，只得忍痛杀掉战马果腹。没有衣服，春天棉衣改夹衣，夏天夹衣又改单衣。进入初冬，雨雪纷飞，干部、战士还没有穿上棉衣。由于衣服无法替换，天长日久，破烂不堪，难以蔽体。有时到河边洗衣，只得藏在树荫或岩石下等衣服晾干再穿。同志们打趣地说我们都成了"白毛男"。夜晚宿营，没有棉被就用稻草盖在身上御寒。行军途中，看到一根布条子，也要拾起来留作打草鞋。经费更是十分困难，有段时间，分区机关只剩下100余块银圆，除购买电池保证无线电台使用外，分文不敢动用。大别山区林深树密，春夏之交阴雨绵绵，南下干部和战士很不适应，不少人生病长疮，给部队活动、作战造成很大困难。

开始，我们对这种急骤变化的斗争形势估计不足，没有及时采取有效的措施。敌人主力在土顽配合下，多次对我奔袭，使我分散的干部和个别连队受到不同程度的损失，新建的区、村政权绝大部分被摧垮，最严重时，只剩下太湖县弥陀寺西的紫金、松平保等一小块隐蔽根据地了，太岳、岳南等地均成了游击区。在敌人的反复"清剿"中，战斗十分频繁，我兵员得不到补充，也无时间休整，常常是边打边转移，二十团三营有一次在回分区途中三天打了五仗，有时小部队就从敌人行军间隔中插过去。敌我反复拉锯，完全成了胶着状态。特别严重的是，我们同上级和兄弟地区的交通被隔断，只靠一部时常发生故障的无线电台同军区联系，报告情况、接受指示，收听中央广播，了解斗争形势。我们是处于独立作战状态，经受着极其严峻的考验。

鉴于一分区极其严峻的斗争形势，区党委曾经指示我们，情况严重时，可以暂时离开。但我们知道，坚持一分区的斗争，就可以拖住一部分敌人，减少友邻部队的负担，便于主力部队寻机歼敌。所以，大家的誓言是不惜一切代价，坚持到底，最终实现党中央发出的"打倒蒋介石，解放全中国"的伟大号召。由于干部、战士都有坚持到底的决心和信心，因此，不管困难再多再大，大家同甘共苦，上下一心，团结对敌，从损失中总结血的教训，寻找适应残酷斗争的新方式。1948年1月，斗争日趋紧张，区党委决定一分区的太湖、岳西西部交界地区成立太岳县，组织了县的领导班子和武装，这对于我们后来的坚持，发挥了相当大的作用。3月，卢仁灿参加三纵在英山召开的会议，传达了党中央、毛主席关于在不同地区实施土地法的不同策略和新解放区土改要点的指示精神。3月底4月初，彭涛、曾绍山又先后在南庄、弥陀寺等地向地委、县委负责同志作了贯彻新区政策的具体指示，指出要转变政策，坚决停止急性土改的做法，保护工商业，争取利用敌乡保长搞两面政权，建立反蒋统一战线。为了便于斗争和减少损失，干部和部队要适当集中，同时，传达了刘、邓首长关于"开展大别山游击战争""坚持下来就是胜利"的指示。地委认真传达贯彻这些指示，在加强思想政治工作，反复教育干部、战士认清形势，树立坚持就是胜利的信念的同时，抓紧从四个方面实行转变。

一是组织形式上不断进行调整。为了对付敌人的频繁"扫荡"，机动处置随时变化着的复杂情况，曾成立过潜太、太宿望等指挥部。为了便于坚持斗争，将岳西县划分为岳南、岳北两块，岳北归三分区领导；潜山县划分为潜南、潜北两块，潜北归二分区领导。宿松、望江两县和太湖南部地区暂时撤出，集中力量搞好岳南、太岳、太西山区，并派一些县级干部兼任区委书记、区长，加强第一线。

二是采取有效措施，保护干部力量。1948年5月，我们将撤出地区的干部适当集中，区以上干部成立干部队随分区活动，结合进行群众工作；区以下干部组织武工队，随部队行动，或在部队驻地周围开展宣传工作，进行社会调查。

三是大力宣传，坚决实行新区政策，广泛建立反蒋统一战线，积极建立两面政权。

四是军事上实行适当集中。分区基干武装力量集中之后，利用山区的复杂地形，作宽大的辗转机动，避免与敌人主力作战。对地主武装和分散的小股敌人，则寻机歼灭，几次奇袭都取得胜利，显示了我们的力量和坚持到底的决心，从而威慑了土顽，鼓舞了群众。

在残酷的斗争中，我们注意做群众工作，教育干部、战士坚决执行三大纪律八项注意，借群众粮食一律打借条（解放后都顶交公粮），战斗间隙帮助农民干活，加强同群众的联系。

通过贯彻新区政策，实行一系列调整和转变，我们在残酷的斗争中逐步取得了主动，干部、战士的情绪也越斗越高。一部分曾经担心我们要离开大别山的群众，也转变了看法，开始暗中接近我们。经过严峻的斗争考验，我们付出了一定的代价，但终于渡过了最艰难的阶段，在皖西一分区的土地上站住了脚。

第三阶段，1948年初冬至1949年3月，形势逐渐好转，根据地得到恢复和发展。

1948年9月开始，辽沈、淮海和平津战役的展开和取得胜利，迫使敌人不得不放弃重兵"围剿"大别山的计划。敌第二十五师和四十八师先后被抽调到其他战场，敌人在各县的守备力量大大削弱，形势对我发生了有利的变化。1948年秋，中原军区为了解决皖西坚持部队的困难，又通知我们派部队到湖北红安取回了一大批银圆和弹药。这不仅解决了我们棉衣的经费和弹药的困难，更重要的是给广大干部、战士以极大的鼓舞。

我们抓住有利时机，大力恢复和发展根据地。当时，二十团已调军区独立旅，分区只有基干团和各县武装，地方干部力量也很不足。地委决定集中力量，首先重建和发展岳西、太岳、太湖三县的党组织和革命政权，对土顽武装和敌政权实行军事打击和政治瓦解相结合的方针。10月1日，我们配合独立旅解放岳西县城，基干团乘机在沙岭头将敌县政府和自卫大队消灭，又消灭了包家河的土顽，解放了岳西。太岳县首先消灭了店前河的土顽，不久白帽区自卫队徐景贤慑于我强大攻势向我投降，接着冶溪河的土顽也缴了枪，而顽抗到底的土顽头子汪汉初则更加孤立，终于被我彻底消灭，从此太岳县局面全面打开。太湖县先后消灭了叛徒胡文干和李子乔两股特务武装，以及敌县自卫大队队长李宽和张开南所部反动武装。1949年3月，我分区部队解放太湖西部和北部各区、乡后，又解放了太湖县城，分区、地委、专署进驻城内。在潜山县，1949年春节前夕，我基干团歼灭了水吼岭守敌一个自卫中队，控制了岳西、潜山两县之间的交通要道和山区、平畈交界的咽喉。1948年底，基干团在余井活捉敌岳西县党部书记柳志介。不久，敌潜山县县长逃跑，代理县长王少俊向我投诚，并写信劝降土顽武装，收到了较好的效果，潜山县的局面也很快打开了。在宿松县，1949年3月，敌县自卫大队队长汪庆豪所部三个中队也全部缴械投诚。

这样，太岳、岳西、太湖、潜山四县都先后获得解放，岳北、潜北也划回一分区。这时，残存的几股土顽已根本孤立，广大群众情绪高涨，主动接近我们。我地方干部已可分散活动，深入乡、村发动群众重建政权，或通过两面政权开展工作。同时，我们抓紧扩大县、区武装，岳西县组建了独立团，太岳、潜山、太湖三县的县大队也有很大的发展。经过斗争的考验，南下干部地方化了，在斗争中涌现的本地干部也成长起来了。这两部分干部融合在一起，锻炼成了一支坚定顽强、善于斗争的战斗力量，同群众建立了血肉联系，为政权建设的全面铺开，迎接大军南下，支援渡江作战打下了基础。

第四阶段，1949年3月至5月，全区解放，全力支援大军渡江。平息暴乱，人民政权进一步巩固和发展。

1949 年 3 月，皖西区党委在六安召开了有各地、县委书记参加的区党委扩大会议，传达党的七届二中全会精神，布置迎接大军南下，全力支援渡江作战。3 月下旬，二野四兵团开进一分区沿江各县，并在华阳镇及沿江滩头阵地，歼敌刘汝明部一个营，至此，一分区全部解放。

当时，全力以赴支援大军渡江，是党政军民的头等任务，各县成立了支援大军渡江指挥部，在部队运动途中及集结地点的区、乡，均设立了粮站和兵站，构成了数百里的补给线。我们实行合理负担政策，在短短一个月时间内，一分区筹集了大量粮食、被服等物资，组织民工赶修了一些桥梁、公路，疏通了望江到华阳阵地的河道，动员船民打捞沉船加以修补，同时集中一批木匠赶造新船。仅第十五军在一分区就筹集与修补大小船只 748 只，组织群众水手 800 余人。当时，我们的干部力量严重不足，除上级及时派来一批干部外，在没有土顽武装的地方就指派保长为我们办事。同时，对反动土顽武装坚决予以打击。这些措施，有效地保证了支前工作的开展。

敌人南逃时，毁坏和劫走了沿江大批船只。为保证大军顺利渡江，我们派出工作组配合部队，向群众宣传动员。船民们听到我军将要渡江，将为躲避国民党军而沉下湖去的船只打捞上来加以修补。在支援大军渡江的日子里，广大群众真正做到了"有钱出钱、有粮出粮、有力出力"。我们还对船工和群众进行了政治教育，宣传胜利形势和我军政策，使他们提高了觉悟，鼓舞了斗志。船工纷纷宣誓不惜一切牺牲，保证送大军到达南岸，出现了许多激动人心的场面和感人至深的事例。

1949 年 4 月 20 日，国民政府拒绝在我党代表团提出的"国内和平协定"最后修正案上签字。21 日，我百万雄师发起了声势浩大的渡江作战。四兵团也在炮火掩护下，从宿松、望江的沿江阵地上，迅速渡江。

我大军胜利渡江后，一些封建地主不甘心失败，妄图进行垂死挣扎，乘我全面展开，在某些地方立足未稳之时，又集聚溃散藏匿的土顽和反动会道门大刀会在坝头、凉亭、黄泥、石灰山等地暴乱。当时正值春季青黄不接，我们一面组织群众进行生产救灾，一面开展剿匪反霸斗争。在军事打击的同时，发动强大的政治攻势，各县分别召开了各种形式的剿匪动员大会，宣传"首恶必办，胁从不问，立功受奖"的政策。在对大刀会的作战中，为了不伤害受蒙蔽的群众，我指战员机智地集中打击指挥冲锋的堂主、开师、点传师等反动道首，既惩办了首恶，又破除了"刀枪不入"的迷信，迫使会众一哄而散。由于军事打击和政治瓦解双管齐下，先后消灭了黄柏、水吼岭一带活动的土顽余学武部，逃窜在潜南一带的敌潜山县自卫大队郑桥所部，逃窜在太湖、英山间的赵金山股匪等。剿匪斗争取得了重大胜利，仅潜山县就俘敌114人，其中营、团级9人，缴获各种枪支730余支，子弹31000余发，其他各县也同样取得巨大成果，整个一分区境内的反革命暴乱及时被平息下去。

1949年5月，皖北区党委将原一地委和二地委合并，成立安庆地委、安庆军分区和专署，下辖安庆市及桐城、怀宁、潜山、太湖、宿松、望江、岳西、桐庐（今称枞阳）等八县。

对于皖西一地委、一分区的胜利坚持，刘伯承同志曾加以赞扬和鼓励。1949年3月，刘帅路经六安时，对卢仁灿说：你们辛苦了，你们坚持得很好，对整个中原战局都起了重要作用。这是对我们在重建和坚持大别山革命根据地的斗争中所发挥的作用的高度概括和评价。

皖西一分区的创建和巩固，是我们遵循党中央、毛主席的伟大战略决策，在刘、邓首长，中原局和皖西区党委的正确领导和关怀支持下，在广大人民群众的支持援助下，团结奋战的结果。这与当时全国军事形势的根本转变也是密不可分的。在长期艰苦转战中，不少同志为革命流尽最后一滴血。如地委副书记、分区副政委李唐同志，在桐城县黄甲镇突围战斗中不幸牺牲；分区副政委梁诚同志，在1948年7月1日敌人合击分区时，于突围中壮烈牺牲；九旅二十六团团长赵翼亭同志，在太湖县李杜店战斗中英勇牺牲；太岳县大队副政委黄抑强同志和宿松县大队副政委郭清泰同志先后在战斗中英勇牺牲；岳西县大队教导员刘建民同志被俘后，壮烈就义。还有肖兰银、肖柄吾、徐家惠、金凤阁、刘清文、秦彬、祁家会、胡立森、刘烈、刘福星等同志和一批战士，宿松、岳西等县随我们坚持的一批干部和积极分子，如朱春顺、朱子健等同志。我们深深怀念为坚持一分区而英勇献身的烈士。

特别使我们永远不能忘怀的是皖西广大群众给了我们极大的支援，出现了许许多多可歌可泣的动人事迹。在敌人"扫荡"中，太岳县县委书记李景堂和部队失去联系，当地群众不仅掩护他，而且提供了土顽活动的详细情况，对后来太岳县的剿匪起了很好的作用。宿松县我一名区干部，群众掩护他长达五六个月的时间，使他终于安全归队。在青黄不接时期，群众自己忍饥挨饿，还常把仅存的口粮给我战士。一次，有位老大娘把自己家里仅有的一缸粮食从地下挖出，交给我们的战士。大家不忍收下，反复谢绝，老大娘生气了，战士们只得接受了一半粮食。这样的动人事例，不胜枚举，不少群众为了支援我们而流血牺牲。群众从物质上、人力上和精神上，都给了我们巨大的鼓舞和支持，深刻地证明了"兵民是胜利之本"的伟大真理，在重建皖西革命根据地的斗争史上，写下了永不磨灭的光辉一页。

原载陈忠贞主编:《皖西革命回忆录·第三部·解放战争时期》，安徽人民出版社，1991年，第 254 ~ 265 页。

英雄的土地　英雄的人民

——回忆和固始人民共同战斗的生活片段

◎ 程明显

　　1947 年 9 月 4 日，我刘邓大军第二纵队教导团到达大别山的中心腹地金寨县。为了配合地方干部迅速建立各级政权，开展群众工作，二纵队党委决定把教导团的四个中队划归金寨县，五个中队划归商城县。到达金寨县的四个中队，由张绍基带两个中队到金东一带活动，并由他任金东军事指挥长；黄华带一个中队到金北活动，由他任金北军事指挥长；我和贾志华带一个中队到金西活动，由贾志华任区队长，我任指导员、代理六区区委书记。从此我们就和金西的广大群众共同战斗，坚持大别山的斗争。

　　1948 年 3 月在黄龙河和国民党四十八师遭遇，战斗非常激烈，我部为掩护地方干部和群众撤退，阻击了敌人四个小时，虽然杀伤了大量敌人，但我军也遭受很大伤亡。在这次战斗中，区队长贾志华壮烈牺牲，我负重伤被送"野战医院"，不久就转到固始县赵家岗赵海青家里养伤。

固始县人民不惜生命掩护伤病员

　　当时所称的"野战医院"是个什么样的医院呢？这样的医院在世界战争史上也是绝无仅有的，很难找到的。"野战医院"的院长是袁兴明，他既无办公室，也没有固定的住处，他身上带着手枪，背着一袋子银圆，见了伤员给三元钱的伙食费，跟随他的医生身上除了手枪就是一个小药箱，碰上伤员就给涂药水或撒点消炎粉。他们在一个连的掩护下边找伤员边打游击。伤员大部分分散在金、商、固边界的山区，共有多少伤员也是无法知道的，因为伤员都是由部队随时安排在可靠的群众家中。部队进入大别山的初期，因为敌人的乡保武装还没有歼灭，人民群众也还不知道解放军能否站得住，害怕解放军走了像二战时期①被敌人杀害全家的惨剧重演，所以见解放军来了就都跑上山躲起来，不敢接近解放军。这时部队深深感到没有后方作战的艰难困苦。特别是伤员在受伤以后无医无药，无处安住，留在群众家里，不仅连累群众，还随时有可能被乡保队抓去，捆绑吊打，以至残害。所以当时有的战士在背地里说，"不怕行军和作战，就怕负伤住医院"，个别战士受伤后怕给组织上增加负担，怕群众受株连，背地里自己打自己一枪，自尽牺牲，以身报国。

固始县是一个有革命传统的老革命根据地，土地革命战争时期就是鄂豫皖苏区的重要组成部分。在这块英雄的土地上，涌现了无数可歌可泣的英雄儿女。固始的人民把共产党、解放军看成是自己的亲人，所以在那最艰苦最困难的时候，不惜自己的身家性命来掩护解放军的伤员。二道河乡的张大爷因为家里藏着伤员，被乡保队绑在树上边拷打边追问，他至死不说掩藏伤员的地点。段集小湾子因藏着几名伤员，敌人烧毁了全庄的房子，类似的事例在固始各乡不胜枚举。

我受伤以后，不久就转移到固始县赵家岗贫农赵海青家，其他伤员也都安置在段集四周的山沟里。赵海青是一个非常善良的贫苦农民，全家七口人佃种着地主几亩薄田地，每年交租交课以后，粮食所剩无几，全家过着缺吃少穿的苦日子。赵海青兄弟三人，只有二哥结了婚，有个小妹妹才十几岁，老父亲常年卧病在床，一切家务全靠赵大娘操劳。他家的三个男人都患了一种大别山地区的地方病，粗脖子肿腿，每到秋后腿肿得很大，从里面发炎化脓把腿肚子胀破，不断往外流脓血，又因缺医少药，经常疼痛得整夜整夜地大哭大叫。

我住到他家以后，全家最担心我的安全，生怕乡保队来抓人，所以他们就在屋后的山冈边挖了一个秘密地洞，洞里铺上稻草，每到夜里就把我背进山洞，白天没

---

①此处表述应为：全民族抗日战争时期。

事了再背回来。他们全家常吃野菜煮的稀饭，但对我特别优待，总是面条、煮鸡蛋，实在没菜了就到水沟里摸几条小鱼给我下饭。他们上山挖草药给我治伤。在他全家的精心护理下，我的伤病（又患疟疾）不到两个月就基本上好了。其他伤员也不断地好转归队，拿起武器继续战斗。

在剿匪反霸斗争中的固始情报站

我在赵家岗群众的热情关怀和精心护理下，很快就能走路了。不等伤病全好就赶到军分区报到，要求继续战斗。军分区刘毅政委和陈忠民司令员问了伤病的情况后，决定让我担任军分区固始情报站的站长，配合部队开展剿匪反霸斗争。

当时刘邓大军的主力纵队先后转移到淮北地区，待机歼灭敌人的有生力量，留下地方武装配合区县干部坚持斗争。蒋介石除从豫鲁抽调敌第七师、十一师、四十八师等30多个旅进攻大别山区外，还派遣固始县的著名匪霸、伪国大代表汪宪拼凑了一个"鄂豫边区反共自卫军司令"，任命汪宪为中将司令，袁成英、樊迅为副司令，他们携带电台、印鉴和不值钱的大批委任状潜来大别山区，把金寨、霍丘、商城、固始等县的残余反动武装编成14个支队，对各处的大小匪首加委封官，妄图建反共基地，挽救蒋介石的反动王朝的厄运，固始县的残余反动武装以为有了靠山，也重新纠合起来3000多人，拼凑了大小100多股反动武装。他们疯狂地袭击我区乡政府，杀害我区乡干部和伤员，抢劫仓库，断绝交通，并一度占据了集镇，还计划攻打县城，其反动气焰十分嚣张。

固始县委员会专门召开了剿匪会议，县委书记李光、李晓明作了报告，布置了剿匪任务，他们明确指出："固始县当前的中心任务是消灭残余匪霸，打击封建势力，加强和健全区乡政府，彻底解放人民群众。"会议决定成立剿匪指挥部，由韩一梦任指挥长，李晓明任政委，统一指挥全县的武装部队。会议强调要认真发动群众，依靠群众在全县开展大规模的剿匪反霸斗争。

情报站是剿匪部队的重要耳目，因此我们夜以继日地紧张工作，除加强县情报站的力量外，还在各区设立了情报干事，专门搜集敌人情况，掌握匪情动态，及时向剿匪部队提供情报。为了迅速实现县委提出的"起尽匪枪，捉尽匪首，根除匪患"

的要求，我和王拣材干事连夜绘制了"固始县匪霸组织系统图"，整理了"固始县各股匪基状况"，还编印了许多期"匪情通报"，发给各地剿匪部队。

我们情报站配合军分区侦察科完成了金、商、霍、固边区多次的剿匪任务。配合公安局破获了潜伏城关的特务组织，并在各阶层各地区建立了广泛的人民情报网组织，每天收到大量的检举揭发信和秘密情报材料。

我各区的情报干事、侦察员带领剿匪部队，出色地完成了多次剿匪战斗任务。如三区情报干事周品南利用各种关系打入土匪内部，及时掌握了土匪的内部情况，带领部队一举歼灭了张广庙、刘集的数股土匪武装，击毙匪首屈子新、姚树常等40多人，活捉匪首张利生、郭文清、皮广田等160多人，缴获各种枪支100多支，彻底消灭了这一带的土匪武装。

在武装进剿的同时，还展开了强大的政治攻势，我们利用各种关系和上层人士进行劝降和瓦解敌人。如雷云霆利用电话队原工作人员破获了敌特组织。我们广泛地宣传"改悔自新，弃暗投明，既往不咎；坦白从宽，抗拒从严；首恶必办，胁从不问，立功受奖"的政策，并树立了典型人物。在我军事打击和政策感召下，大部残匪缴械投降，仅8、9两个月统计共歼灭匪特2170余人，投案自首的大小匪首220余人，匪众1220余人，缴获各种枪支2800余支、小炮3门和其他大量军用物资。

在全县人民的支持下，到中华人民共和国诞生的前夕，固始在全县范围内，除少数匪首潜逃到深山老林苟延残喘外，已经基本上消灭了匪患，使广大人民群众得以安居乐业，进行生产建设。

团结紧张战斗的固始县委

随着剿匪的胜利，军分区决定撤销各县的情报站，情报站的工作、材料移交给公安局。办完交接后，我被留在中共固始县委任秘书室秘书。

中共固始县委员会是全县人民团结战斗的领导核心。县委书记李晓明是个年纪轻、资历老、经历过抗日战争锻炼的老县委书记，从他到各区委书记大都是二三十岁的青年干部。他们精力充沛，朝气蓬勃，说干就干，雷厉风行，确有"坐如钟，走如风，令必行，禁必止"的战斗作风。在一地委的领导下，出色地完成了剿匪反霸、支援大军渡江、减租倒押、土地改革、生产互助等一个接着一个的中心任务，每个任务完成得都很出色，受到一地委的多次表扬，地委书记刘毅曾说："固始县委是一支强硬的青年战斗队。"

1950年固始县遭受到严重的自然灾害，全县农业减产，群众面临着麦收前的春荒困难，同时全县还有繁重的支前调粮任务，如何既要完成支前调粮任务又率领群众度过春荒呢？县委组成了两套人马，由县长徐泽南领导支前调粮任务，县委书记李晓明带领机关干部深入一区大店乡和群众一起试办生产度荒和土改试点工作。以点带面推动全县工作是李晓明的老作风。不久他们就提出了"大店乡生产自救的经验""大店乡副业生产的总结""固始县解决城乡互助协作生产的经验"，中南土改汇编给予转载并加了按语。这些经验都是人民群众看得见摸得着的事，因此就有力地推动了全县的工作。

与此同时，潜伏在各地的漏网匪首恶霸乘春荒之机，大造谣言惑众，煽动和胁迫一些不明真相的群众掀起了一阵抢国家公粮的歪风。他们派遣匪众分散在群众中，大造谣言，说什么"共产党要把大米运到北方去了"，"开仓济贫就是共产"，"分吃公粮不犯法"，等等，一时谣言四起，敌特还威吓强迫一些群众跟着他们抢公粮。电话不断打到县委会办公室，"罗集区仓库被包围"，"六区运粮车被劫"，"在史河行驶的一队粮船被抢劫"。我立即通知县公安局长刘净渊率领县公安局和县通讯班的工作人员，跑步赶到史河湾，但见成群的人，从船上扛米包和面袋，在河滩上撒了一地的粮食。在这紧急关头，我们向空中鸣枪警告停止哄抢，然后将群众都召集起来讲了支前的情况和党的政策，特别是介绍了大店乡的生产度荒经验，有个青年站起来说："咱们算是上了郭秃子的大当了。"他带头又把粮食扛回船上，群众也纷纷收拾地上的粮食，助船队起航。随后我们深入各乡，发动群众检举揭发。在人民群众的协助下，很快就捕获了潜伏的匪特头子王洪起、郭幼明（郭秃子）、蒋民权和其他暗藏的特务分子，胜利完成了支前调粮和生产度荒的任务，迎来了全县麦子的大丰收。麦收刚完，忽接地委调令，调李晓明到潢川地委担任秘书长，我奉令调往息县担任县委宣传部长，并令日内报到去参加县委会议。因时限三日，我匆匆办完交接，也顾不上和固始的人民、战友、老房东和赵家岗的医院户告别，就怀着难离、难别、恋恋不舍的心情上马出城直奔息县。出了固始县城一再回头张望，不觉落下了两行热泪，默默地向这块英雄的土地、这些英雄的人民告别，衷心祝愿全县人民在中国共产党的领导下全面发展，繁荣昌盛，富强起来。

1985 年于湖南长沙

原载中共固始县委党史资料征编委员会编：《蓼城风云：固始党史资料汇编》第 2 辑，1986 年，第 258～259 页，第 261～265 页。

黎明前的战斗

——忆皖西二地委的斗争历程

◎ 张伟群

1947 年 11 月 29 日，皖西二地委、二专署、二分区成立。武旋声任第一书记，张伟群改任第二书记；专员刘征田,副专员宋尔廉；分区司令员吴先洪,政委张伟群。主力部队为三纵八旅二十四团及分区基干团。

二地委领导舒城、桐城、桐庐、桐潜、庐江、沿江、怀宁等县，先后建立 8 个县级党政机构。

反敌清剿

1947 年冬，刘邓大军胜利地完成了在大别山区的跃进，蒋介石慌忙调集优势兵力，对大别山区展开全面围攻。

为了粉碎敌人对皖西地区的疯狂"清剿"，三纵主力部队和配属皖西各分区的第二十、二十四、二十七团采取敌进我进、迂回包围、各个击破的战术，不断歼灭敌军和土顽武装。

1948 年春，三纵主力部队转到外线作战后，敌第七师以桐城为基点，四十六师以舒城为基点，配合敌二十五师、四十八师、青年军二〇二师、青年军二〇三师等部队，在土顽武装配合下分进合击，以小集中与诱伏相结合、化装隐蔽与长途奔袭相结合的战术，对我留在皖西的部队进行反复"清剿"。皖西军区和二分区主力经常集结、隐蔽在舒城和六安、霍山交界地区，伺机歼敌。

2月，敌军一个团从龙井关开往桐城，皖西军区派第二十、二十七团埋伏于挂镇以北，二十四团设伏于挂镇西面和南面，桐城县部队在外围警戒。此战虽未全歼敌人，却给敌人以重大的杀伤，打击了敌人的嚣张气焰，稳定了当地群众的情绪。

5月下旬，舒城独立团向上级报告了敌第四十六师加强营（农营）在舒城的危害及活动规律，军区首长集中二十四团全部、二十七团一部和舒城独立团，在西沙埂地区伏击围歼敌人，经过激战，歼敌150余人，敌副营长负重伤后死亡。此后农营再也不敢轻易进山"扫荡"了。

8月上旬，皖西独立旅摸清了驻在舒城南港的敌安徽省保安第三团情况后，集中第二十四、二十七、三十七团在舒城独立团等地方武装配合下分头埋伏、警戒，以小股部队诱敌出动，在沈家山嘴一带，将窜过河来的敌军两个营全部消灭。敌团长（未敢渡河）带余部慌忙逃窜，又遭我军重大杀伤。

在敌人的残酷"清剿"中，我地方武装受到一些损失，许多地方干部被杀害。我们不断总结经验教训，由"分散看家"变为"集中主力外线歼敌"，由"见敌必打"改为"避广（桂系）打土（顽）"，同时彻底纠正"左"倾错误，认真贯彻执行党的新区政策，因而争取团结了90%以上的群众，最终粉碎了敌人的全面"围剿"。

打垮反动会道门

在开辟二分区的工作中，反动会道门活动十分猖獗，指使会众成群结伙骚扰我地方组织，威胁群众断绝与我方往来。

1947年12月下旬一天拂晓，分区第二十四团在桐城以西集结，准备攻打青草塥敌碉堡，消灭这一带的反动地方武装。守碉堡的敌保安团一个连凭借坚固的堡垒工事，顽强抵抗，敌我双方形成对峙局面。

枪声惊动了附近村庄的反动会道门，其头目组织会众前来援敌。最先冲来的100多人都在腰间扎着一条白布带，带子的一端垂在膝盖以下。他们手持大刀、长矛、篮子、扇子、小黄旗，口中念念有词，边跑边跳边叫着迎面而来。这时，我正率领一个连伏在河堤下面担任警戒，感到很突然，就朝天鸣枪警告，但他们仍然猖狂向我方进犯。我们只好组织还击，为避免误伤一般群众，我们组织几个神枪手专打手执黄旗指挥的头子。但一群会众还是冲击我方阵地，我们只好用机枪扫射，并同逼近的会众展开肉搏战，不少人被我们击倒在地。直到这时，那些受愚弄的会众才知道吞符念咒并不能刀枪不入，血肉之躯是抵挡不住枪弹和刺刀的，这才纷纷溃逃。其他几路小股会众也逃窜而去。我们乘胜追击，又将坐落在青草塥西南的大刀会总香堂捣毁，除打死一批会众外，还搜捕了几十个反动会道门头目，收缴了大批刀、矛、土铳等武器，为桐潜一带的百姓除了一害。

接着，我们连续攻下青草塥敌碉堡和高河埠、金神墩、新安渡等地敌据点。这是我二分区正式成立后打的第一仗，使我分区在以后发动群众、建立政权、巩固根据地等项工作得以全面展开，并很快打开了一个新局面。

1948年夏，桐庐县地方反动武装为配合国民党正规军的"清剿"，和反动会道门纠合在一起，进行疯狂反扑。我地方干部、贫农团积极分子有的被捕，有的被挖心、活埋，有的被迫去"自首"，许多群众被搞得家破人亡。庐南地区的一些地主豪绅和反动乡长，伙同当地大刀会"点传师""武术师"张遵恩、蔡兴甲、蔡小姑（七小姐）等人，以迷信欺骗手段，强迫群众参加大刀会，设香堂多处。在他们控制的方圆几十里的范围内，到处布置岗哨，步步设防，使我们在泥河、小矾山、砖桥一带无法开展工作。6月，桐庐县委副书记顾正钧、大化区委书记李聚珍带领一支武工队，向三官山地区转移，行至砖桥区蔡家老屋附近，被蔡兴甲、蔡小姑等带领的一支大刀会发现并包围，经过激烈战斗，顾正钧等光荣牺牲，李聚珍等13人受伤被俘，后被敌人活埋。

这一重大事件，激起了广大干部群众的无比愤慨，也引起我们地委、分区负责同志的高度重视，决定狠狠打击这股反动会道门势力。9月中旬的一天夜里，桐庐独立团包围了夏家大墩大刀会总堂。大刀会"点传师"张遵恩、张遵安慌忙敲锣聚众烧香烧纸，饮朱砂酒，头裹白布，口念咒语，手持大刀，一阵杀声，蜂拥而出，向我部队冲来。我部队原想逮捕少数反动头目，瓦解大刀会，遂向天空鸣枪警告。可是他们越发猖狂，只好又组织神枪手专打头目，击毙张遵恩等10多个头目后，200多名会众乱成一团，哭爹喊娘，纷纷磕头口叫饶命；另一部分会众逃到小矾山，又被我部击溃。其他地方的大刀会经我们打击后，再也不敢轻举妄动了。

从此以后，该地区的工作逐步得到恢复和发展。由于形势的好转，经过一两个月宣传和组织工作，农村基层政权和贫农团、民兵等组织也得到迅速恢复和发展。1949年庐南解放不久，反动会道门头子蔡兴甲、蔡小姑等被当地政府处决，其他一些头子也被判刑。

贯彻新区政策

太湖刘家畈会议后，皖西地区在分配地主浮财的基础上，开展了改革封建土地制度的工作。无地、少地的农民积极性很高，纷纷要求参加贫农团。但由于指导思想上有"左"的倾向，在实际工作中出现了侵犯中农和工商业者利益、斗争过火的现象。对此，皖西区党委在潜山官庄召开会议，认真总结经验教训，提出改正办法。各地停止了打土豪分浮财的做法，在非巩固区停止土改，而把工作重点放到发动群众，消灭敌人，发展生产，整训干部和加强政权工作、财经工作，广泛建立反蒋统一战线上来。在全区进行土地改革的复查时，我还曾到黄甲区对土改情况作了一次调查。

1948年五六月间，党中央和中原局发布了一系列新区工作指示，区党委和二地委都一一传达，并将党的新区政策编成通俗易懂的十大口号，印成布告、标语到处张贴，进行广泛宣传，主要内容大致是：鼓励工商业恢复营业，赔偿被侵犯的中农、富农、工商业者的损失；老区按二八征收公粮，新区实行二五减租，实行合理负担；严禁乱斗乱杀；等等。皖西区党委书记彭涛在舒城县检查执行新区政策的情况，研究和解决问题，并于8月13日作了《对舒城一年工作检查总结》的报告，用以指导全区的工作，使各级干部更加自觉地贯彻执行党的新区政策。这样一来，群众的情绪逐步稳定下来，跑走的人又回来了，集市也开业了，山货也运出来了，许多地方还设立了税收机关，杜绝了把"捉肉头"当作解决财经出路的现象，团结了各阶层的人民群众。我们终于站稳了脚跟，迎来二分区的全境解放。

1949年2月，桐城第二次解放后，我们即全力投入轰轰烈烈的支前工作，郭万夫、张格负责桐城支前工作，我和马守一则负责庐江方面。我们发动群众，准备船只，训练水手，动员民工，组织担架，筹集粮食，忙得不可开交，终于顺利地完成渡江支前任务。此时，我们还开办了桐城公学，吸收了七八百名要求参军的学生，经短期培训后，作为工作队随军渡江进军西南。皖北区党委成立后，一地委和二地委合并，组建安庆地委，我也调至安庆市工作，二地委也完成了自己的历史使命。

原载陈忠贞主编：《皖西革命回忆录·第三部·解放战争时期》，安徽人民出版社，1991年，第266～271页。

艰苦的岁月　难忘的日子

◎ 韩少堂

我于 1947 年随刘邓大军南下，当时我部属四旅十团一营一连。为开辟解放区，上级决定将我部留在豫、鄂两省，作为我军活动的根据地。我旅活动在潢、固一带，经常与敌五十八师相斗，为了消灭敌军，解放大别山人民，并为渡江扫除障碍，我旅奉命，集中兵力攻打固始，按期打下固始县城。

1947 年 10 月间，攻打固始县城的战斗打响了，当时我旅担任主攻任务。据侦察报告：城内敌军除驻守一个保安团外，还有四十八师的一个加强营，而且城内明沟暗堡，地道交叉，主要道口都筑有坚固的城防工事。敌守我攻，敌强我弱，再加上地形生疏、情况不熟，攻城十分困难。尽管如此，我军解放固始的决心坚定不移，要不惜一切代价拿下固始，这是刘、邓首长的指示。当时，我军根据地形决定进攻北门，在东、西、南门佯攻，以分散敌火力。我十一团投入进攻北门的战斗，从某日拂晓到当晚 10 时许，我团运动至北门外围。当时，担任主攻任务的是二连，我们一连是预备队，也就是第二梯队，二连攻城失利，紧接着一连上去。我一连进去两个排都很顺利，而我三排翻越城墙时，敌人从东西两侧迂回过来，卡住了三排，使我排进退两难。城进不去只有撤退，在撤退的时候我身负重伤……

大约十个多小时后，我才苏醒过来。到下午 5 时许（太阳偏西的时候）部队到达了叶集，后转移到陈淋后冲（当时不知道这个地名，现在回忆那个地方一清二楚）。这条冲里安排伤员 100 多名（包括庙高寺），大都分散在当地有权势的家庭中。安排在这些地方，看起来危险，其实最保险，因为大势所趋，人心所向，各阶层对共产党的力量已经信服了。清剿时，敌人不敢轻易闯入这些门户搜查，所以，这批伤员养伤期间非常安全，并且被照顾得很好。不仅如此，当地的穷苦农民对子弟兵更是关心备至。我住在李家，他本人是理发的，并非富有之户。没几天，县长徐泽南（当时并不知道他是县长）带几个人来到李家，交代了一些事情，这家后来对我特别好。有几个深受感动的事例，我永远不会忘记。

在李家住了近两个月，每日三餐照常不误，并且生活搞得比较好。当时，我们每月伙食标准伍角（硬币），而他家的饭菜调剂得合适，有时炒点好菜，他们不吃送给我，还经常问我：喜欢吃什么？北方人喜欢吃面吧？他能想到的都办到了，跑几十里到叶集买面条、买馍馍给我吃。虽然李家条件不错，但吃肉、吃盐是比较困难的，他不顾安危和疲劳到叶集买肉、买盐，有时挑柴火到集上换几斤盐，有时还带点零食，如糖果、点心什么的。从言语到行动都非常关心，体现了鱼水相关、军民一家之情。

在养伤期间，除当地土匪外，还有敌四十八师、五十师经常进山"清剿""扫荡"。李家每到这关键时刻，都对我掩护得很好。有一次，敌人采取夜袭战术"扫荡"，相距十多里就能听到狗叫，而且越叫越近，老李说："不好，敌人搜山了。韩同志，咱们上山吧。"我伤在腿上不能动，他就背我上了后山，在距李家二百米的高处，把我放在一个水冲过的沟坎里，下铺草，上盖树叶，只要踩不到身上，敌人是不会发现的。果然，这天敌人搜山一整天，没清到一个伤员。敌人看着很凶，其实胆小如鼠，不敢轻易进林子，只不过放几枪，喊叫几声（"快出来，不出来打死你！"）罢了。天快黑了，敌人才撤回。这时，老李扮成一个打柴人偷偷地送来大米饭团，并说："韩同志，你饿了吧？他们（指敌人）不知到底走了没有，今夜你就在这里委屈一夜。我不来你千万别动。"第二天一大早他把我背下了山，这样的背来送去不知有多少次哩。

后来，我们的巡回医疗队对我的伤势进行了检查，确定我归队。老李听说我要走，难分难舍，但也没办法，只好做送行的准备。这天晚上刚过半夜，他把馍蒸好了，早已准备好了的还有饼干、一双布鞋、一件外衣（穿在军装外的）。鸡叫头遍我离开李家，他一直送到豫、鄂交界处（大概叫伏子岭）。休息片刻，天快亮了，他向南方指了指说："你去的地方离我这不过三四十里路，上午可以赶到。"分手时，我们紧握的双手久久难以放下。按照他指的方向，一路顺风，到上午 11 时许（部队才开饭）找到了大部队所在地——花园。

上面的回忆是我亲身经历的真实情况。听说老李早已不在人间，如果他还活着，我一定当面酬谢。

原载中共固始县委党史资料征编委员会编：《蓼城风云：固始党史资料汇编》第 3 辑，1987 年 9 月，第 197 ～ 199 页。

无限春色绿巢无

——忆皖西四地委的斗争历程

◎ 宋尔廉

刘邓大军南下时，我们太行一分区的干部 80 多人随三纵九旅南下，进入大别山的第一站是六安县城。不久，皖西区党委成立，我被调到第二行政专员公署任专员。1948 年初，我又被调到皖西四地委，1948 年底调离。每当我回忆这段峥嵘岁月，与巢无地区群众共同战斗的历程历历在目。

1947 年 12 月间，我正率领庐江县基干团在靠近巢县、无为交界的白湖一带活动时，新四军北上后一直坚持当地斗争的巢无工委书记陈力生与王子轩诸同志，带着巢无游击队 100 多人找到了我们。他们准备到大别山去找皖西区党委接关系，以便取得党的领导及大部队的支持。我立即带他们到潜山官庄向区党委汇报，军区司令员曾绍山接见时说：桂林栖讲庐江是我们的游击区，巢无是我们的边缘区，那里原是新四军七师的根据地，群众条件好，又很富。现在山里很苦，连饭都没得吃，正希望你们来联系。不过具体意见要等区党委开会研究决定。过了几天，陈力生向区党委正式汇报了巢湖、无为一带的情况，并提到 10 月底 11 月上旬，二十四团曾派出 4 个连到无为一带，在当地游击队配合下，连续攻克严家桥、胡家山、槐林嘴等地敌据点，一度形势很好，要求区党委派出领导干部和部队加强这一地区的对敌斗争。这时，由于敌人的大规模进山"围剿"，皖西山区形势很紧张，区党委也有派一支小部队到无为一带开辟新区，牵制敌人，以山外斗争配合山里斗争的打算。听了巢无地区情况的报告，便决定成立一个支队，由张义成任司令员，宋尔廉任政委，主要任务是开辟巢无地区工作，并把大别山区的敌人引出去，减轻山区的压力。

这个支队仅有张有道带领的在本地坚持斗争的一个连和三纵南下的一个连共200多人，于1948年1月下旬同巢无游击队一起进入巢南地区，与杨杰诸同志会合。当晚恰是大年三十，我们在群众家度过除夕。第二天拂晓，我们从银屏山出发，攻克了敌人在石涧埠的一个据点。紧接着又扫除了从盛桥到槐林一带敌人的几个据点，解除了敌人从西南部对银屏山的包围圈，大大地振奋了当地群众，也震动了敌人。不久，皖西区党委副书记桂林栖来到我们这里，原在巢北、定合一带活动的李刚、方茂初、王光前等率领的几支游击队到了巢南，唐晓光受华东局的委派率领一个干部队从山东南下也到达巢湖地区。桂林栖通知唐晓光和坚持巢无地区斗争的各负责同志到巢无边界的无为上庄院子开会。2月中旬，在唐晓光主持召开的会议上，桂林栖正式宣布成立皖西四地委、四分区、四专署。地委书记唐晓光、副书记宋尔廉，分区司令员吴万银、副司令员张义成、政委唐晓光、副政委宋尔廉、参谋长张有道，专员赵梦明、副专员陈力生。四地委开始领导无为、临江（接近芜湖）、湖东（白湖东边）以及合含、巢北等县委或工委，后来对所辖各县的划分作了多次调整。会上还决定唐晓光同我带部队到合含一带活动，吴、张则在无为、巢县活动。

由于四分区逼近芜湖，威胁南京，敌人很恐慌，除派当地驻敌保四团、保六团继续"围剿"外，还从大别山区抽调敌四十八师一部和保一团跟踪追来，共纠集6个团兵力合击我们，企图乘我立足未稳把我们挤出这一地区。敌人还大力拼凑土顽武装，在各县设立"剿匪"指挥部，各区设联防大队，从巢、无、庐几方面合击银屏山区。这就实现了皖西区党委分散大别山敌军兵力的意图。

2月中旬开始，我们在敌众我寡的情况下进行了频繁的战斗。我们时分时聚与敌周旋，有时还取得一些胜利。在一次夜行军中我们与敌人遭遇，不待敌人弄清情况，我部队猛冲猛打，打垮敌保安团一个营，粉碎了敌人企图包围偷袭我部首脑机关的计划。这次战斗，我方无一伤亡，缴获的武器中还有一挺重机枪。事后我们听群众说，那个敌营长坐在一家老百姓的门坎上抱头痛哭，说"大牛（指重机枪）丢了，回去怎么交账"。

这一期间敌人多次包围袭击都未得逞，但我们各支游击队几合几分也都没有摆脱敌人的追击。4月间，敌一七六师部及土顽共三四千人从无为县城、襄安、石涧埠三路进犯我方驻地。我军分路转移，吴万银和我率独立支队一个连及一部分游击队员共 200 多人往西北撤向巢湖边。在庐北陡岗附近，我们碰上庐北游击队的李教导员。他也因发现敌情把队伍拉到岗子上。拂晓时东面发现敌人，同时敌一七六师副师长杨创奇率广西军一个加强营从西边包抄上来，向我们开了炮。部队先是往北面湖边撤，但沿湖东边又上来一股从巢县来的敌人。我们边打边向西撤，又遇到一条小河。就在我们准备过河时，另一股敌人从河对面用机枪封锁了河岸。吴万银带几个人掩护我们过河时不幸中弹牺牲。警卫员痛不欲生，想战死战场，在我大声斥叫中他才清醒过来。这时敌人已追了上来，我们连万银同志尸首也来不及背走就向西撤退。我边打边跑边撕毁身上的文件，留下最后一颗子弹准备自己用。从拂晓一直打到太阳落山，才摆脱敌人的追击。这时，200 多人的队伍只剩下 29 人，其余大部被打散，部分同志牺牲。其中吴万银司令员的牺牲，是我们不可弥补的损失。他是一位优秀的共产党员和身经百战的指挥员，抗战后期任新四军定滁全县总队总队长，新四军北撤后他奉命就地坚持，长期在定远、合肥、巢县等地进行不屈不挠的斗争。他曾在反抗敌人的残酷"清剿"中负伤而只身突围，伤好后又收集所部继续战斗，发展游击武装。1947 年 10 月间，他率游击队两个大队伏击敌汽车，俘敌合肥城防司令刘文朝等军官 10 余人，当晚又率队打垮敌军一个正规营，威震皖中。正当中国革命即将取得胜利的前夕，他却在开辟四分区的战斗中光荣牺牲，使全区干部群众感到万分悲痛，大家决心以粉碎敌人"清剿"的实际行动为吴万银同志复仇。

我突围出来后连夜带人进大别山找军区汇报，途中在庐江碰到区党委副书记桂林栖。和他在一起的是华东野战军第六纵队十七师副师长马长炎、副政委兼政治部主任高立忠率领的华野先遣部队两个主力营。桂林栖正协助他们从安庆一带寻找过江的路线，拟在江南建立我军立足点。我向他们汇报了这次万银同志牺牲的战斗情况，也介绍了我军北上后无为群众遭敌摧残的惨状及渴望部队回来拯救他们的心情，并积极建议他们循巢、无一线，从无为过江，顺便帮助我们打开那里的局面。巢湖、无为原是新四军七师根据地，群众基础也好，他们带的干部、战士很多是无为人，同时桐城、安庆一带也没有过江的机会。马、高二人同意了我的意见，并向上级作了汇报，第二天便率队进到无为，与唐晓光、张义成、杨杰等同志会合。这时才知道吴万银牺牲后，敌人非常猖狂，杨创奇更是得意扬扬，又是开庆祝会，又是登报纸，宣扬"毙敌司令员吴××，俘敌宋政委"，纠集各种反动势力对我"清剿"，我四分区一时处于困难的境地。

5月初，敌杨创奇率一个正规团又来"扫荡"，不期与我马、高部在无北石涧埠相遇，我分区军民配合作战，出敌意外地打了一天硬仗。当夜马、高部作战术转移撤至严家桥方向。战斗后敌人方知我主力部队到了无为，但并不甘心，第二天拂晓，敌人又追上来，妄图与我主力决战。马、高部当即决定不再后撤，坚持打下去。打到下午，孙仲德、顾鸿率华东野战军南下先遣支队及时赶来增援。战斗非常激烈，一直打到天黑，双方拼手榴弹，才将敌人击溃。这次战斗我们也付出一定代价，一位营长牺牲，但打击了敌人的气焰，鼓舞了全区军民士气，不但起到稳定四分区局势的作用，而且从此扭转了被动局面，转入了主动。

6月间，顾鸿率先遣支队在运动中于含山县小庙岗附近伏击敌保六团第三营，接着在南义附近全歼保六团，活捉敌团长兼和（合）含"剿匪"指挥官钟经麟以下数百人。7月12日，敌杨创奇孤注一掷，率敌一七六师五二七团全部和一些保安部队联合进犯巢南山区，寻我主力决战。我四分区所属武装及马、高部、顾鸿部在龙骨山一带迎击敌军，双方展开大规模激战，许多群众听到枪声就纷纷前来助战。敌遗尸数百后溃逃，从此一蹶不振。

这几次关键性的战斗，对开辟四分区地方工作起了决定性的作用，对群众鼓舞很大，也迫使敌人长期龟缩在县城以内不敢出来。在华东野战军的支持下，我们得以放手发动群众，开展各项工作。主要的是建立健全各级党政领导机构发展武装，在控制区搞土改，在游击区搞减租减息。在这里特别值得一提的是巢无地区群众的英勇斗争。他们有着光荣的革命斗争传统，在我新四军北上后就陷于水深火热之中，受到各种迫害与压榨。大军南下时才见到曙光，却又遭到广西军及当地土顽的不断"扫荡""清剿"。在党的领导下，他们组织起来参军参战，或成立民兵组织，建立情报网，利用"消息树"给部队站岗、放哨、通情报，并且付出了很大代价，几乎每天都有一些革命群众牺牲、受伤或被捕。如果没有人民群众的支持，我们就站不住脚，更不可能取得胜利。

我军进入大别山之初有些政策过"左"，如打土豪分浮财等做法，违反了统战原则，脱离了群众和斗争实际，中原局及时发出纠"左"的指示，确定了新区政策。

因为四地委建立较迟，在其建立初期斗争形势又很紧张，我们开始搞土改时，上级已部署贯彻执行新区政策了，所以土改中"左"的错误较少。纠"左"后，我们更积极地团结民主人士，开展敌占区工作，建立反蒋统一战线，这方面的工作由唐晓光负责。到1948年冬，四地委的工作有很大发展。四分区的武装由两个连发展到5个团，各县也建立了独立团、营或大队。四地委所辖8个县拥有控制区人口35万，游击区人口56万，而且这个地区是安徽产粮最丰地区，皖西区党委和皖西军区及三分区都经常得到四分区的物资支援。四分区的同志听说战斗在大别山区的同志缺少衣鞋和武器弹药，都感到支援主力部队及兄弟地区是义不容辞而又光荣的任务。我们在巢湖、白湖边上建立了军工厂、被服厂、后方医院，在芜湖到巢县的沿江、沿湖一带设了一些税卡，筹粮筹款，生产或购买武器、服装，供应大别山区部队，皖西四地委在艰苦的斗争中，为巩固大别山根据地做出了自己的贡献。

此时四地委的情报联络工作也很有起色。地委联络部长顾训方与上海建立了联系，从上海搞了一些电台，又买了些军火。军火是用粮食换钱买的，然后用牛皮包着固定在船底下从水路偷运回来。当时，上海人民开展了轰轰烈烈的"反饥饿、反内战、反迫害"斗争。由于敌人的迫害，一些进步学生在上海蹲不住了，同济大学地下党组织在皖西四地委联络部配合下，通过设在上海、南京、芜湖、裕溪口、运漕等地的地下交通站，迅速、稳妥地将100多名进步学生分期分批安全撤到巢南解放区。为了他们的安全，我们把这批大学生都分散到巢湖、白湖边上的农村里做群众工作，并由群众掩护。他们经过几次反"扫荡"斗争，并无一人伤亡。1948年12月底，根据军区指示，将这批大学生全部集中起来，我在调离四分区的时候，顺道将他们带进大别山交给军区。这时中原军区要召开商丘会议，我同这批学生，随同皖西军区司令员曾绍山、政委彭涛、副政委桂林栖从六安毛坦厂出发到亳县，将这批学生交给了三纵陈锡联。在进军大西南的时候，这些学生都发挥了重要作用。

1948年12月，陆学斌奉命率领一个干部大队南下到达四分区，皖西区党委决定调唐晓光到三地委工作，由陆学斌接任四地委书记。这时，我军发起淮海战役，敌人为打通运输路线和准备南逃之路，集结省保安第三、五、七团，中央军第四十六师和南京警备第十三旅各一个团"围剿"皖西四分区武装。皖西四地委发出《关于立即进行备战动员的紧急指示》，号召党政军民动员起来，投入备战，配合淮海主战场的决战。其间,四分区军民多次出击敌人,截获敌军轮船汽车上的军用物资,阻敌南逃。淮海战役胜利后,第二、第三野战军饮马长江,皖西四地委成立了支前司令部,司令员夏戎,副司令员赵梦明(专员兼)、彭光福(分区副司令员兼),政委由陆学斌兼任。四地委发动了大批民工、水手,筹集了大批粮食、物资,以支援渡江战役。

1949年4月,皖北区党委成立,原皖西区党委和江淮区党委撤销。6月,皖西四地委与江淮五地委合并,成立了中共巢湖地委,皖西四地委完成了它的光荣使命。在此之前,1948年12月底,中原局调我和郭光洲、武旋声三名大别山干部到中原人民政府工作。我走时区党委交给我一份太行区南下干部伤亡名单,约百分之五十的干部牺牲在大别山,其中有地委书记李唐及县委书记多名。先烈们的鲜血染红了大别山,新中国的诞生也实现了他们的遗愿。他们的英勇献身精神,无时无刻不激励着我们更好地工作。

原载陈忠贞主编:《皖西革命回忆录·第三部·解放战争时期》,安徽人民出版社,1991年,第272～279页。

战斗在大别山的皖西军区独立旅

◎ 马忠全　张敬一

刘邓大军千里跃进大别山后，为了重建皖西根据地和配合主力机动作战，1947年11月成立皖西军区，由原第三纵队副司令员曾绍山任司令员，彭涛任政治委员。军区初辖三个军分区，三纵抽调七旅二十团、八旅二十四团、九旅二十七团分属各军分区，成为其基干团。

1948年6月，为配合主力部队作战，消灭大别山的残敌，中原军区决定将上述的三个团集中成立皖西军区独立旅。此外，由皖西人民自卫军第一支队改编的三十七团也归独立旅指挥。上级任命马忠全任旅长、曾庆梅任政治委员、朱光任副旅长、张敬一任政治部主任。8月15日独立旅宣告成立，9月初在舒城毛竹园召开成立大会，军区首长在大会上做了重要讲话。原来分散在各军分区的部队重新合在一起，力量更集中，指挥更协调，说明皖西的形势有了好转，我们可以集中主力给敌人以更大的打击，全体指战员都像过节一般的兴奋。

独立旅在皖西区党委和皖西军区的领导下，在皖西人民大力支援下，经历了无数艰难困苦，坚持斗争，积极寻找战机消灭了大量的敌人，紧紧拖住敌四十六师、四十八师，使其不得向外增援，取得一个又一个胜利，为创建皖西根据地做出了积极的贡献。

西沙埂重创"农营"

　　在皖西军区独立旅成立前夕，其所属部队已开始集中作战。1948年5月24日，皖西军区集中第二十四团及二十七团二营共4个营的兵力，在司令员曾绍山、政治委员彭涛率领下，准备东越舒（城）桐（城）公路，到庐江地区活动。行至大关，因情况发生变化，遂返回向河棚方向前进。将近西沙埂，前卫部队第二十七团二营与从舒城出发"清剿"我根据地之敌第四十六师独立营遭遇。二营迅速展开，四连占领了西沙埂东面阵地，五连占领了西沙埂背后的南山，六连向西沙埂西北的豆腐尖高山冲去。敌在营长农世发的指挥下，抢先占领了豆腐尖制高点。这时我旅六连尚距山顶50米左右，眼看就要吃亏，连长郭长福、副连长王成羊指挥部队，趁敌立足未稳，先敌开火，一排手榴弹，把敌人打下山去，控制了制高点，掩护了整个部队侧翼的安全。敌人虽几次组织反扑，均被打退。

　　敌人又重新组织力量，对西沙埂南山的我旅五连阵地发起攻击。我旅调四连、六连支援五连，由于敌反复攻击，失去我旅几个山头。为支援二十七团二营作战，军区命令二十四团向敌侧后迂回。战斗自上午9时起，激战到黄昏。敌人由于伤亡过大，加之我二十四团从侧翼迂回，惊慌动摇。我旅抓住有利时机，组织部队进行反击。战士们勇敢冲锋，接连夺过三个山头。敌为掩护撤退，在鼓乐山（亦称苦儿山）上顽抗固守直到天黑，丢下57具尸体，仓皇逃回舒城。

　　此次战斗，共毙伤敌150余人，其中击伤敌连长2人，副营长负重伤，抬回舒城后死亡。我二营营长、六连副连长负伤，战士伤亡27人。

　　这次战斗打掉了敌人的锐气和威风，使敌再不敢到这一带解放区横冲直撞，对我根据地的巩固、扩大和各项工作的开展都起了重要作用。

南港歼敌保三团

　　1948年8月1日，我独立旅集中3个团的兵力，在军区首长和旅长马忠全的率领下，于当日夜晚自舒城西南杜店出发，急行军60里，奔袭舒城南港之敌。敌闻讯逃窜，我旅遂于 2 日拂晓前在南港以北、小河以南的丘陵地带展开，设下埋伏引蛇出洞，准备聚歼敌安徽省保安第三团。当时我旅的部署是二十七团埋伏在正面，三十七团向桐城方向警戒，准备阻击南线援敌，二十四团做预备队，在旅指挥所附近待命。

上午 8 时左右，敌保三团两个营在其副团长的指挥下，窜过河南岸，顺公路向南港进犯，其团长则带另一个营留在河北岸。敌保三团是一条凶恶的地头蛇，经常配合敌第四十六师进山"扫荡"，烧杀奸掠，无恶不作，群众早已恨之入骨。这时敌人以为遭遇的又是几个"土八路"，算不了什么，过河的部队仍像以往那样在公路上大摇大摆，向南开进，敌副团长骑马走在队伍前列，脖子上还耷拉着一个望远镜，一副趾高气扬的模样。

当敌过河部队窜至沈家山嘴附近我军阵地前沿时，我二十七团八连机枪班首先开火，霎时间我军阵地枪炮齐发，在敌人队列前行进的便衣队应声倒下。敌人顿时手忙脚乱，晕头转向，有的往稻田里滚，有的向水沟里钻，一个个吓得抱头鼠窜。敌人后退四五百米后，重新整顿了队形，依托一块坟地，在炮火掩护下，向我阵地扑来，但两次冲锋都被我军打下去了。

敌人终于清醒，挡在他们面前的是"真八路"，困兽犹斗，急红了眼的敌人赶紧组织火力，继续向我军进逼。我军指战员沉着应战，阵地上枪炮轰鸣，硝烟弥漫，敌人除了遗弃下一片尸体外，无法前进一步。

下午 1 时，旅长马忠全见时机已到，立即命令预备队二十四团从右侧松林中出击，跑步前进，直插渡口，截断敌人退路。敌见势不妙，慌忙后撤。我二十七团指战员跃出战壕，猛虎下山似的向敌冲杀过去。两个团协同配合，英勇奋战，将敌团团包围，喊杀声、枪炮声连成一片，震天动地。我二十七团二营营长王国忠英勇牺牲。战斗胜利结束，战士们像赶鸭似的把俘虏从水沟里、稻田中、荒草丛一群一群地赶了出来。这次战斗消灭敌人两个营，歼敌 400 余人，俘敌副营长 1 名，缴八二迫击炮 1 门，还有大量的枪支弹药。

至于敌团长带的另一个营，根本没敢过河，他见势不妙，急忙带队向舒城逃窜。我二十四团立即追击直到河口镇一带，给敌以重大杀伤。敌惊恐万状，纷纷跳下杭埠河逃命，不少人被活活淹死。

鹿起山"李团"受挫

国民党桂系第四十六师长期盘踞皖西，经常在舒（城）桐（城）公路上窜扰，以公路为依托向我根据地"扫荡"。为寻找战机，消灭敌人，我们决定在舒城南港以南鹿起山一带伏击敌人。听说要打"广西佬"，部队士气高涨，战士们兴高采烈，摩拳擦掌，天不亮就赶到 50 里外的伏击地点。这时已是 9 月 18 日的清晨，按照部署，第二十四团埋伏在右翼，二十七团埋伏在左翼，二十团向南警戒，三十七团作为预备队，旅指挥所就设在鹿起山顶的庙后。

秋天的清晨，雾气沉沉，天气显得格外清凉，战士们在草丛中一动不动，一心想着消灭敌人，忘记了寒冷和饥渴。

在我军小部队引诱下，敌第四十六师李团两个营于下午 1 时许，从舒城南港镇蠢蠢出动，洋洋得意地"攻占"了一个又一个山头。待敌人前进至鹿起山前的虎颈山、邵大冲和毛竹岗我军伏击圈时，指挥所下令吹响冲锋号，轻重武器一齐开火，打得敌人晕头转向。我军各部队乘势出击，分别从梅新驿和响山冲杀下来，对敌实行包抄。

敌死顽分子向我军战士拼起了刺刀。我们的战士英勇顽强，奋力搏杀，二十七团一营战士何绍亮一人就刺倒了三个敌人，还抓了一个俘虏。

战斗胜利结束，敌李团的一个营被我军全部歼灭，其余残敌纷纷逃窜。夜降临时，战士们押着俘虏，抬着缴获的弹药武器，踏上胜利的归程。

难忘的西两河口战斗

中原局和刘、邓首长始终关心皖西根据地的建设，就在紧张准备淮海战役期间，还决定给皖西地区拨发黄金、银圆、棉衣、弹药等大批物资，同时抽调一批干部南下以加强皖西党政机关，开辟新区。为此，皖西军区命令我旅出动三个团（缺两个营），于 1948 年 11 月 3 日北上三河尖迎护南下干部和领取物资。

三河尖是淮河中游的重镇，我军南下时经三河尖渡过淮河，还在那里阻击过敌军第七师。部队听说北上三河尖，像是要重游故地一样，情绪特别高涨。

我旅在三河尖领取了黄金 500 两、银圆 18 万元和其他物资，迎接 100 多名南下干部。物资分别由指战员和民工背运，每个干部背银圆 100 至 300 元、棉衣两套，战士每人除背两套棉衣外，还携带子弹 200 发、手榴弹 4 枚、迫击炮弹 2 发，黄金则由旅的三个领导干部的牲口驮带。面对迎来的南下干部，大量经费、物资，全旅指战员都为刘、邓首长对皖西根据地建设的关心而欢欣鼓舞。

11 月 14 日，部队南返至六安县独山镇，决定第二天经西两河口、三尖铺东进，越六（安）霍（山）公路到根据地。

我们的行动意图被敌人发觉，敌人觊觎我旅运送的物资，密谋调集两个团对我旅实行突袭。敌第四十六师五十六团及土顽一部于 11 月 13 日自霍山到青山，14 日与来自六安之敌第五十五团一个营在青山及三尖铺以西山地集结，并于 15 日拂晓，进至骑马冈、黑炭冲以北之东西山梁设伏。由于敌人多次受挫，此次行动异常诡秘，以至我军未能及时发现敌人的行动。

15 日白天，我旅按第二十四团、二十团、旅直、二十七团的序列从独山镇出发，为保障主力侧翼之安全，以二十团一营在主力之左翼行进，负责六安方向警戒。部队涉过淠河，行至金寨村时，伏敌突然开火，前卫二十四团二营六连在副营长曹银秀指挥下随即展开战斗，向敌还击。此时，随前卫行进的马忠全同志即指挥三营和二营两个连奋勇冲杀，激战黑炭冲，与敌拼刺刀格斗，将伏击之敌击溃。三营营长吴开奎率部队突到二岗头敌伏击点时，与敌人展开白刃战，最后将这股敌人全部消灭，但吴开奎英勇牺牲。此时二十团一营也在左侧翼同设伏敌人展开激烈战斗，同敌人争夺要地，战斗中一连指导员李玉华英勇牺牲。三营也与插入二十团行军路线的敌人发生激战，阻击敌人，使其未能前进一步。

为了南下干部和物资的安全，部队必须实行机动，避免与敌纠缠。在前卫部队掩护下，旅直属队和南下干部大队由政治部主任张敬一率领；二十四团团直和一营由副团长王镇清率领；掩护部队在坚决阻敌，完成任务后，由副旅长朱光率领，分三路再涉淠河，绕道霍山县以西迅速返回舒城晓天，二十团也安全渡过淠河，回到根据地。

这一天，正巧刮大北风，后卫第二十七团没有听到前面的枪声，仍按原定计划开进。行至鸡头山下，前卫二连发现敌人后，便迅速抢占山头，与敌人展开激战。

团长杜德云即组织一连、三连两次冲锋，均因宽达 300 多米的开阔地被敌人猛烈火力封锁，未能成功。冲锋时，三连指导员申双成、教导队队长郭景荣壮烈牺牲，三连正副连长负伤。在指挥战斗时，杜德云腿部负伤，部队即由政治处副主任张见礼指挥，在给敌人以重大杀伤后，主动撤回独山至麻埠以西山地宿营，并于第二天夜间，从六（安）霍（山）公路的青山至霍山段通过，回到根据地。

这次反伏击战斗，我军虽伤亡 170 余人，但也毙伤敌 100 余人，更重要的是敌人阴谋未能得逞，护送的干部、物资没受损失，完成上级交给的任务，这对巩固皖西根据地起了重要作用。

发起攻势，配合淮海战役

为配合淮海战役，皖西军区命令独立旅发起攻势，收复各县城并截击南逃之敌。由于我军主力部队在外线的节节胜利，皖西各县城的敌人守备空虚，且军心涣散。我独立旅抓住战机，对各县城之敌发起攻击。

1948 年 12 月 3 日，第二十七团、二十四团再克霍山县城。接着我旅又连克六安、舒城、庐江、桐城等县城，加上 10 月初我军二十团、二十七团解放的岳西县城，使皖西广大地区连成一片，为渡江作战提供了有利条件。

在解放县城的同时，还拔除了不少敌人盘踞的据点。金牛镇位于庐江县城以北，驻有国民党庐江县联防大队 400 余人。1948 年 12 月 18 日，皖西军区副司令员鲍先志率领第三十七团攻打金牛镇守敌，战斗中还阻击增援之敌安徽省保安第三团，将敌包围大部歼灭，俘敌 200 余人，缴重机枪 2 挺。此次战斗我军亦伤亡 30 余人，团副参谋长武彬、政治处副主任钱继元、一营长曹柏喜、教导员杜克英勇牺牲。

国民党河南省保安第一、二旅及安徽省政府的武装共约 5000 余人，沿合肥至安庆公路逃窜，于 12 月 20 日宿营于舒城南港镇。为阻敌继续南逃，独立旅奉命于 12 月 21 日在北起大关南到胡家埠全长 15 华里的公路西侧山地设伏。

部队迅即进入阵地，第二十四团在正面，三十七团和二十团在左翼，二十七团在右翼，公路东侧还有华东野战军先遣纵队一部和桐庐基干团配合。此时正值严冬季节，部队不顾饥寒，严密监视路面。但直到下午，仍不见敌人踪影，有的同志开始急躁起来，我们要大家耐心等待。

下午 4 时许，只见公路远方，出现了黑压压的长蛇阵，在前后 10 多里的公路上，敌人的汽车、马匹和部队像一股浊流推拥而来。待敌人全部进入我师伏击区后，刹时枪声大作，杀声遍野，已成惊弓之鸟的敌军四处逃窜。一个多小时战斗即告结束，我歼敌 2200 多人，缴获轻重机枪 30 余挺、炮 17 门、汽车 12 辆、电台 8 部，以及一大批长短枪、子弹和物资。

配合主力　准备渡江

1949 年 4 月，皖西军区撤销，皖北军区成立。皖西军区独立旅改编为皖北军区独立师，归皖北军区指挥，下属二十七团、三十七团和二十团的第二营。原属皖西军区独立旅的二十团、二十四团团部各率两个营先后归建第十一军，二十四团三营则与起义的寿县保安团组建为独立第八团。独立师接受了准备渡江的任务，占领安庆西南的海口洲、铁板洲，收集船只，进行水上训练。

我师于 3 月 21 日由桐城出发，向安庆方向开进，师部进至安庆西北之大桥头时，敌桐怀潜边区联防区署上校主任林珣也率联防大队逃至安庆以西的洪家铺。该敌装备较好，弹药充足，长期盘踞青草塥一带，经常窜入桐城、怀宁、潜山地区，屠杀人民。

24 日下午，我军进抵洪家铺，林珣慌忙带 100 多人钻进过去日军修的钢筋水泥碉堡，负隅顽抗。我师以三十七团、二十团二营向该敌发起攻击，当担任主攻的三十七团六连向敌碉堡运动时，突遭街道北头敌师火力猛烈射击，有 7 名战士负伤。一排长蔡桂花为扫除攻碉堡的障碍，减少伤亡，主动请求将街口敌师机枪阵地炸掉。当他腰插 3 枚手榴弹，手提驳壳枪，沿着河坎埂前进到距敌师火力点近百米时，被敌人发现，不幸身负重伤，经抢救无效光荣牺牲。六连在山炮、战防炮火力掩护下经多次强攻，都未成功，我师伤亡较大。

27 日拂晓 4 点钟，我师二十团二营六连和三十七团一营二连向敌发起攻击。师工兵排在火力掩护下用炸药爆破敌堡，第一次爆破因爆炸口太小，部队无法进攻，工兵排长乔中拴牺牲。第二次爆破炸开了两米来长的缺口，六连、二连当即冲进碉堡。林珣等 30 多名匪徒被当场击毙，其余 100 多人被俘，缴获八二迫击炮 2 门、重机枪 2 挺、六炮数门、轻机枪和长短枪 200 余支以及其他军用物资一部。

在消灭洪家铺敌人的同时，我师第二十七团直抵山口镇，控制皖河，参谋李戊辰率侦察排先后消灭了三股敌人，俘敌营长以下 100 余人，缴获轻机枪 7 挺，长短枪百余支，搜集木船 300 余只。

拔除洪家铺敌据点和占领山口镇，扫清了通向长江的障碍。接着我师抢占江北滩头阵地，登上安庆西南江中的海口洲、铁板洲，控制了长江航道，迅即抢筑工事，继续搜集船只，修、造船舶，抓紧水上训练，准备配合主力部队横渡长江。

渡江作战完成后，我师撤回桐城进行休整。1949 年 6 月，我们皖北军区独立师奉命改编为第二野战军十军三十师，指战员们都为能归建野战军，参加解放全国的战争而感到高兴。部队进行整编补充和政治动员后，于 8 月从安庆大桥头出发，踏上进军大西南的征程。

原载陈忠贞主编：《皖西革命回忆录·第三部·解放战争时期》，安徽人民出版社，1991 年，第 280～289 页。

南港歼敌记

◎姜　峰

1948 年的秋季，解放战争已转入战略决战阶段，皖西敌军抽调出两个师出山，向蚌埠方向移动。这时，中共皖西区党委决定趁敌兵力空虚，把在各地游击的部队集零为整，形成一个拳头，配合中原各个战场，大量歼灭敌人有生力量，巩固和扩大皖西解放区。

野猫子要当真老虎打

"不要轻敌，野猫子要当真老虎打，要时刻记住毛主席的话，在战略上要以一当十，在战术上要以十当一……"皖西军区独立旅马忠全旅长在简陋的作战室里，向各团领导干部交代了战术思想。接着端起油灯，走到作战地图前，指着地图上的箭标，继续说："这次奔袭南港保警中队还不是我们的全部目的，我们还要引诱舒城的敌人上钩。"

马旅长一言道出了上级的作战意图，各团首长都相互会意地笑着点头。

旅长叫大家注意地图上的位置，接受战斗任务。命二十七团拂晓前直插舒城至南港之间的公路，派两个营到公路边的双火墩高地构筑工事，特别注意警戒舒城方向之敌。三十七团直插南港至桐城之间的公路，在距南港 5 华里处派出一个营，特别警惕桐城方面前来增援之敌。二十四团除派一个营直突南港外，另两个营做预备队随旅部前进，这是第一步作战方案。不论南港之敌被歼或逃窜，全旅兵力仍集结在南港附近，设置袋形阵地，诱舒城敌保三团出洞，予以歼灭，这是第二步作战方案。在第一步作战方案完成后，二十七团全部集结到双火墩一线，构筑阵地，三十七团全部警戒桐城方向之敌，二十四团进驻南港抓紧时间休息，随时准备出击。旅部的指挥位置未打响前设在南港，打响后移到双火墩附近。

旅长布置完战斗任务后说："看曾政委还有什么指示。"这时，曾庆梅同志从长凳上站了起来，操着一口浓重的江西口音，慢慢而有力地说："皖西军区党委指示我们，趁皖西敌军调出两个师之机，集中优势兵力歼灭留下的敌人。"他在分析作战的有利条件时指出："一年多来，部队在山里爬上爬下，既无被服，又少弹药，吃不饱肚，睡不好觉，艰苦紧张，一直得不到休整。但是，这些可贵的老战士，只要向他们说明这次战斗的意义，他们一定像往常一样鼓起劲来，冲向敌人……"团首长们都会心地相互点头，脸上挂着充满信心的微笑。

第二天，各团的动员会一开，战士们的作战情绪就像烧沸了的开水一样翻滚起来，长时期的分散游击，战士们早就想打大仗了。

8月的大别山区，仍然酷暑逼人，当地人称它是"秋老虎"，晚风热乎乎地吹拂着战士们的脸，可是，谁有工夫去管什么冷呀热的，指战员们早就把心挂在战斗上了。

傍晚，部队从杜家店子出发了。皖西山区路小埂窄，一不小心就要掉到稻田里，战士们风趣地称之为"睡泥绒毯"，"穿泥子衣服"。蜿蜒的山脉，在夜里好像一条黑乎乎的巨龙，以庞大的身躯横挡在战士们面前。但是，大山怎能拦住他们的去路呢，一座座都被跨过去了。

越是接近敌占区，战士们就越是兴奋，脚步也加快起来，如果有人稍微拉下几步，后边的同志就马上抢上前去把他的枪扛到自己的肩上。炊事员的担子，也经常被"押阵脚"的连指导员抢过来挑一阵子。

啪！啪！几声突如其来的枪声，打破了黑夜的沉寂，接着狗吠声、枪声交织在一起，在山沟里回响。情况顿时紧张起来，马旅长急促地命令我："姜参谋，派两个侦察员到前面去了解一下情况，越快越好！"

侦察员刚刚走出一刻钟，二十四团通信员就前来报告说，方才的枪声是南港保警中队哨兵打来的，我方没有还枪。接着又送来情况说南港之敌已闻风逃跑了。眼看到嘴的肥肉又飞了，战士们大不快活，旅部一个姓赵的侦察员坐在大石头上，嘴里一个劲地嘟囔着："这些龟孙子，倒趁早穿兔子鞋啦！"通信员毛广仁压不住内心的怒火，气愤地说："跑了一夜，连个毛也没看到！"但军区和旅首长们丝毫没有放松，开始紧张地部署兵力，准备实行第二步作战计划。

猴儿不上竿，多打几遍锣

火红的太阳爬上了山头，大地上的景色分外鲜艳。部队除了担任警戒和准备打援的以外，开始轮流休息。尽管战士们十分疲困，但是求战心切，怎么能睡得着呢？他们在双火墩一线，仍在加固着工事，新土加了一层又一层，准备着给出洞的敌人以狠狠的打击。

在去前沿阵地了解情况的路上，电话员荣祥和正在忙着架线，他一眼看见了我就立即报告说："姜参谋，电话很快就架通了，请旅首长放心！"我打趣地问道："小荣，今天你算'就业'了吧？"自从部队分散打游击以来，这个勇敢、机灵的电话员就"失业"了。为了有一天再"就业"，他把电话机和电话线深藏在一个山洞里，而他自己则要求下班当一名荷枪的战士。上午7时许，一切都安排就绪了，这天兵神降，在一夜之间布下了一个擒敌的大口袋，袋口正冲着舒城方向，战士们急不可耐地等着战斗的信号。

南港发现共军的消息传到舒城，保三团以为又是几个"土八路"捣乱。拂晓时集合起队伍向着我军已经布置好了的"口袋嘴"方向移动，一切进行得全和上级首长预料的那样，敌人在按照我们的指挥棒跳舞。敌军从马家河口摆渡过河，其团长带一个营留在河北岸，做预备队，副团长指挥两个营渡过河后，摆出一副威风凛凛的派头沿舒桐公路，向南港方向呈纵队前进。这真是猴儿不上竿，多打几遍锣。

拦腰斩断地头蛇

我旅二十七团的战士们，在早已挖好的堑壕里，眼巴巴地等了大半天，目不转睛地注视着舒城方向,真有些不耐烦了。正在这焦急的时刻,团部下达了准备战斗的命令,战士们兴奋极了,相互间轻轻地叫着:"地头蛇到底出洞了,上级真英明!"

二十七团指挥所就设在双火墩高地,团政委张敬一率一个营以此为中心构筑第二道阵地,架设两挺重机枪。另两个营由团长杜德云指挥在双火墩前四五百公尺的公路两侧构筑工事,用杂草和灌木做天然屏障。当敌人一过河,张政委、杜团长就从望远镜里把他们看得清清楚楚。快接近我方阵地了,骄傲而愚蠢的敌人仍然摆着行军队形前进。

上午8时,双火墩上的重机枪发射出了第一排子弹,这是南港战斗开始的信号。霎时间,我方阵地上各种火器齐发,弹片在敌群中开了花。八连的机枪设在公路的弯头处,正对准敌人的大队人马,一连几梭子弹,正好击中敌人的先头便衣队。这些骄横的敌人,还没弄清楚枪声是从哪里发出的,就应声倒在公路上了。这突如其来的一击,打得敌人手忙脚乱,一个个像热锅里的蚂蚁,有的扭头向回逃跑,有的忙向路边的水沟里钻,也有的滚进稻田里。敌人后退了四五百米后,慌忙整顿了一下队形,依托一块坟地,开始向我军反攻。敌人在密集的炮火掩护下,不断向我军阵地冲杀。但他们除了遗弃一片尸体之外,一无所得,一直到下午1时,双方仍然在激烈的战斗中。

旅指挥部设在双火墩南500米的林荫下,在两部电话机和一张军用地图旁边,马旅长、曾政委坚定沉着地指挥着这场有充分准备的战斗。突然,一颗流弹落在电话机旁,四周冒起一股尘烟。

"你看,敌人还要到我们这里报到哩!"旅长诙谐地笑着对政委说。

按照军区首长的指示,下午1时许,我旅二十七团的前沿阵地稍稍向后退让一点,目的是把敌人牵制住,以便最后围歼。突然电话铃响了,耳机里传来了二十七团团长杜德云一口急促的四川腔,我忙把电话机交给曾政委。杜团长说:"向首长汇报,敌人集中了一个营的兵力,企图从右翼突破我军阵地,抢占双火墩,我八连正在顽强抗击。"

"无论如何也要把敌人顶住,在做好交叉掩护、避免伤亡的情况下,可以有计划地退到预备阵地,大量杀伤敌人……"曾政委对着电话大声说。这时军区司令员曾绍山赶来了,他从政委的手里接过电话,斩钉截铁地说:"杜德云同志,你们无论如何要牵制住这股敌人，还有一大盘肉等着我们吃掉哩！预备队马上就要出击。"机不可失，时不再来，马忠全旅长立刻命令已经在南港待命的二十四团马上出击拦住敌人渡河退路，把"口袋嘴"扎上，并亲自带了警卫人员随出击部队赶至渡口。守在距马家河口约有半里路的敌人，一看势头不对，立即从前沿阵地后撤。但是，为时已晚，憋了一肚子火的二十七团战士们，猛虎般地跃出堑壕，直杀得敌人四处溃逃。

这时，二十四团已经到达河岸，截住了溃散逃跑的敌人，除部分压制河北岸敌人预备队火力外，我两个团一前一后把敌人夹在中间，这时冲锋号和喊杀声连成一片，震天动地，直杀得敌人阵脚大乱，溃不成军，乖乖就擒。敌团长带的那个营，眼看大事不妙，在河北岸虚放了几枪，便脚底抹油一溜烟地逃回舒城去了。下午4时许，战斗结束，部队在集合号声中押着大批俘虏鱼贯而来。迫击炮、轻重机枪、步枪和弹药，都成了我军的缴获品。战士们抑制不住胜利的喜悦，高声地唱起了："铁流两万五千里，指定了一个坚定的方向……"这凯旋的歌声冲走了他们一天一夜的战斗疲劳。好久没听到战士们歌声的马旅长会心地笑着说："这次南港战斗，总算是把这条地头蛇给拦腰斩断了。"曾庆梅政委望着那些因长期分散游击而得不到休整的战士们深陷的眼窝，黑瘦的面孔，褴褛衣衫，深情地说："老马，你看这些千锤百炼的战士，真是一笔最宝贵的财富呵！战士们不是唱起了铁流两万五千里嘛，一点也不错，我们就是一股滚滚铁流。"

此刻，恰好太阳透过云缝，射出万道金光，山顶上已被照得一片灿烂。长长的行军队列又好像一条出海的蛟龙，在峰峦起伏的海洋里腾上腾下，渐渐隐没在青翠葱郁的大别山。

原载陈忠贞主编:《皖西革命回忆录·第三部·解放战争时期》，安徽人民出版社，1991年，第302～308页。

奔袭李家圩

◎ 贾毓歧

    刘邓大军在大别山区胜利展开战略进攻，国民党地方反动政权纷纷土崩瓦解，但是，一些反动骨干分子和地方武装仍很猖獗，继续与人民为敌。这时，已临近隆冬，部队远离后方作战，给养与装备发生了问题。为了彻底消灭地主武装，充分发动群众，同时解决好部队的供给，我们二纵五旅十四团和中共霍固县委决定，奔袭李家圩。

    李家圩，位于霍邱县城西约70里的马店附近，它分东西两个圩子，东圩建于民国初年，西圩则建于清咸丰年间，两圩相距只一里多路。圩主依附反动政府采用欺骗霸占等手法，占地达到20万亩，横跨安徽、河南两省，是安徽最大的地主庄园，顽固的反动堡垒。李家圩的主子们不仅采用种种残酷手段剥削农民，过着骄奢淫逸的生活，而且出于阶级本性，疯狂镇压农民起义，对抗人民革命。圩主李梦庚曾任国民党霍邱县参议员和省议员，早在1933年他即参加铲共团联防委员会，并以"皖北难民团"名义，要求国民党派兵镇压工农红军，直到1948年他还参加伪"国大"竞选。其堂兄弟李松泉在任霍邱西二区保卫团团长期间，一次就屠杀红军及其家属数百人。

    1947年初冬的一天傍晚，我们部队从金寨县白塔畈出发，在一眼望不到头又见不到尾的行军行列里，鸦雀无声，只能听到唰唰急速的脚步声。经过约10个小时的急行军，于次日晨4点多钟到达马店。

    对于李家圩里的情况，我们已经掌握：西圩分东、中、西三个大院，圩主李梦庚住在中院，这时外出，一切由其总管李朴厚负责。圩子里虽有几十个看家兵，但战斗力并不强。东圩的圩主是李焕球，圩里的看家兵战斗力更弱。根据圩内情况，部队在团政委杨杰的指挥下，兵分两路，一路由一连指导员张保禄带一个排进攻李家圩东圩，一路由我率第一营随团首长负责解决李家圩西圩。

马店距李家圩只不过三四里路，部队悄悄靠近圩子时天已黎明，只见东西两圩，庄宅庞大，林木葱茏，颇有气势。透过稠密的树林，可以清楚地看见高悬着的吊桥，桥后面便见雕梁画栋的门楼，沿门楼两边伸去的是高耸的围墙。这围墙是用青石块从深水沟底砌上来的，高约二丈多，四周筑有碉堡，满布枪眼，环围则是宽大的水沟。看来这既不便于接近，又不易于攀登入圩。

天已经大亮了，我们正在观察思考着，突然，东圩大门裂开，随着一阵声响，只见吊桥徐徐落下。这正是我们所盼望的，机不可失，埋伏在吊桥外边的全排战士，蓦地跃起，对方猝不及防，部队跑过吊桥，冲了进去。圩内出来的看家兵，在战士们的喝令下，未敢抵抗，乖乖地放下了武器。接着，又找出来总管李介庸，要他把所有的枪支弹药全部拿到前院来，不准有任何隐藏。在我大军的威慑下，他们很快集中来几十支长短枪和成箱的子弹，还打开仓库，取出银钱等物品。战士们不知从哪搬来个铁箱子，锁得紧紧的，都认为这里头有宝贝，就是没法弄开。有人拿来锤子，正要砸的时候，一个人忙说："不要砸，不要砸，我有钥匙。"当他正要开锁的时候，不料有人枪走火，打中了这个人的大腿。这个人引起我们的关注，经查问，原来他就是圩主李焕球。

进东圩的时候，西圩里面并未察觉，但是走火的枪声惊动了他们，他们紧闭大门，高悬吊桥。我们要他们开门，他们非但不开门，还派看家兵荷枪实弹虎视眈眈。这时有一个高高个儿，不胖也不瘦，年约50岁出头的人站出来同我们对话。我说："我们是人民解放军，路过这里，请你们开开门，让我们进去住一下，搞点吃的。"那人说："贵军到此，我们理应接待，但是圩内条件有限，要住要吃，请到佃户家去吧。"我质问他："你们圩内，房屋宽敞，粮食又多，为什么不让我们进去吃住？"那人想了想说："我们圩子里有妇女，你们进来不方便。"我理解他这话的意思，便说："我们解放军纪律严明，请你们放心好了，我们一定要进去！"杨杰等领导同志见他们不愿开门，便宣传我党我军的政策，指出国民党大势已去，他们只有向人民投降才是唯一出路，如能自动开门，定将保证人身安全。这些宣传他们全当耳旁风，仍然顽固地紧闭大门。这时双方都是剑拔弩张，大有一触即发之势。毕竟圩内见我们人多枪多，不敢轻举妄动，老实说他们也怕我们把他们打个稀巴烂，于是提出来要与我们商谈，我们也同意，双方确定在第九临时中学里举行商谈。

第九临时中学就在西圩门前一箭之地，由杨政委出面与圩方商谈。杨政委临走时告诉我和刘毅：看来他们是在耍花招，打还是要打的，你们赶快准备。随后，我和刘参谋长分头作战前的各种部署。不一会儿，刘毅跑来问我："老贾，都布置好了吗？"我说："布置好了，西面山上和周围道口都放了流动哨，谅他们跑不了。"刘毅点了点头，又说："炮也架好了，就在这南边的平地里。我告诉余来兴要把炮瞄准准的。"我说："余来兴这个连长是有名的炮手，准能打得准。"

商谈很快就结束了，杨政委说："不行啊，还是不让我们进圩子，现在看来不动武不行了。"接着，杨政委又指出，要对圩内进行分化工作，告诉圩里帮工的伙计，我们马上要开炮，他们应赶快逃出去，不要再为圩主卖命了；同时也要注意圩主们化装逃跑。我们反复喊话，果然有效，靠西北角围墙便门处不时有人乘小船渡过围沟向西边山上跑去。对于他们的逃跑，我们不打不追，只是问明身份，是圩主的才扣留下来。

日过中午，我们又向圩内作最后一次喊话，要他们开门，如果不开门，就要开炮了。圩内置之不理，于是一声令下："开炮！""轰"的一声，一发炮弹正好命中住在东院的另一圩主李鸣球的房子，接着第二发炮弹正好命中了李梦庚的堂屋。刚打两炮，就把圩内的人们吓得惊恐万状，一片大乱，他们连喊："不要打了，不要打了！我们开门！我们开门！"

部队进圩后，缴获了大量的金银财宝、枪支弹药和一些物资。48两的大元宝我是第一次见到，拿在手里沉甸甸的，成堆的银圆，白花花的耀眼。附近的群众也被发动起来，前来分地主的浮财和粮食等。我们捉到了已经化了装的李鸣球，他要求不要杀他，要他干什么都照办不误。因为当时部队的冬衣困难最大，就提出要他给解决2000套棉衣，他满口答应了。部队撤离李家圩，带走了李鸣球。

取得李家圩的胜利，报告了中共鄂豫一地委，地委书记刘毅（与第十四团参谋长刘毅同姓名）说："李鸣球是个财神爷，要好好保护起来，可别让他跑了。"我们对他是保护得很好，部队走到哪里就把他带到哪里，他走不动了，就让他骑上马走。不久，2000套新的棉衣送来了，我们就把他放了。

1948年2月，刘邓大军主力转出大别山，我们被留下来坚持游击斗争。国民党地方军政人员和地主恶霸组织并扩大反动武装，疯狂地向革命力量反扑，潜逃在外地的李焕球也回到家中，当上了马店联防区头头，穷凶极恶地向人民进行"反攻倒算"，大肆捕杀、关押革命群众和我基层干部。

6月，我部又游击过来。这时，广大群众经受了地主还乡团的残酷迫害，革命斗志更加坚强。为了有效地消灭敌人，保护人民群众的利益，上级决定我们团配合分区部队再次攻打李家圩东圩（西圩里已无人住了）。部队在首长熊家林的指挥下进行攻击，我带一个排在圩子的东北角发起猛烈的进攻，顿时，炮声轰鸣，弹雨纷飞，硝烟弥漫，墙倒屋倾。有不少敌人爬上围墙想逃跑，在我部密集的火力下，有的被打了下去，有的掉进围沟里。部队打开圩子后，将反动分子一网打尽。李家圩，这个用劳动人民的血汗造起来的宏伟建筑物，终于回到了人民的手里。

原载陈忠贞主编：《皖西革命回忆录·第三部·解放战争时期》，安徽人民出版社，1991年，第297～301页。

重返家园征战忙

◎ 张泰升

　　皖西是我的家乡，1932年我随红四方面军西征后就远离这块红色土地，对亲人和故土的思恋时时煎熬着我的心。1947年夏，刘邓大军挺进大别山，我随部队又回到久别的家乡，其间已相隔了15个年头。

　　当时我在二纵炮兵营担任副营长。由于重炮在山区难以行进，纵队要求我营把大炮埋入商城南山，炮弹和小炮则带到金寨县境再埋，把炮和弹分开，即使敌人发现一时也无法使用。大炮埋好后，纵队命令我营接受新的任务，由于我是金寨（立煌）县人，组织上便要我到金寨县担任县大队副大队长。能回到自己家乡工作，我的心情十分激动。

　　南石塘是我的祖居，队伍行进途中，正好经过我家门口，我便请假回家看了看。亲人们见我活着回来，激动得流泪。乡亲们闻讯也都围找来，问这问那，有的打听亲人的下落，有的询问部队会不会再撤走。我便乘这个机会宣传刘邓大军挺进大别山的重要意义，告诉大家这次部队回来就是为了重建大别山根据地，再也不会走了。乡亲们听了放下心来，房里屋外充满了欢声笑语。

　　由于任务紧迫，我很快告别了亲人，随即找到了堂兄张泰普，把带进山里的部分炮弹和小炮埋入他家的庄稼地里。我交代他要办好三件事：一要把埋存的武器弹药看好；二要把国民党地方势力的情况了解清楚告诉我；三要串连好贫雇农，把农会搞起来，为建立村政权做好准备。

一切安排好后，我便赶到金寨县委报到。当时，金寨县大队长是县长白涛兼任，政治委员由县委书记张延积兼任。组织分工上，由白涛同志负责金东地区，张延积、王相卿和我三人负责金西地区，以南石塘和南溪为中心开展群众工作。

我回到南石塘，地形熟，群众关系好，便于开展工作，不到一个月就扩大了半个连的队伍。但是群众组织起来的不快，我很奇怪，找到基本群众，经过了解才知道，原来是国民党隐蔽势力暗地散布流言，威胁群众，老百姓心存疑虑的缘故。此时，我们得到县委的指示，经过研究，决定采取公开打击的办法，以揭露敌人，鼓舞群众。

张春普是我的远房爷爷，是个叛徒，后来成了国民党特务，当上了保长，他的老婆也是特务。我们决定首先镇压这两个影响较大的反动分子。经过搜集罪证，认真准备后，我们在南石塘东岳庙召开了千人群众大会。由我首先上台揭发，将张春普夫妻俩的罪恶公布于众，当时群情激愤，纷纷拥上台要狠揍这两个坏蛋。王相卿副县长当场宣读了金寨县人民政府的布告，就地处决了这两个特务。

当地群众看到我们对敌斗争坚决，消除了心中的疑虑，参加农会的人就越来越多，工作开展更加顺利。到 10 月份，南石塘的村政权就正式建立。

11 月底，敌第五十八师由金寨向商城窜动，在经过南石塘南溪、汤家汇的一段山路密林时，我便衣侦察排对敌人进行两次袭击，缴获大米 50 余担，俘敌 12 人（其中副官 2 人），缴获枪 7 支、子弹百余发。我对俘虏讲了我党、我军的一贯政策，给每人发了路费和口粮，要他们回家，不要再给国民党反动派卖命了。俘虏上路时，一再表示感谢说，要不是你们解放了我们，还不知道到什么时候才能回家呢！

1948 年 2 月，进驻金寨的敌第四十八师，趁我主力转出大别山之机，在地方反动势力的配合下，对我地方政权进行长途"奔袭"和分区"围剿"。中共鄂豫军区党委在分析了当时斗争形势后指示我们：既要看到全国战场的有利形势，也要看到大别山区革命斗争的暂时困难，要求适当集中力量，组织百人以上的武装集团，以机动灵活地歼灭散小股部队。根据这一指示，金寨分成 3 个武装集团，县大队 500 余人成立县独立团，由县委直接领导，李华珍任团长，张延积任政治委员，我任参谋长。

武装集团成立后，我们开始了对敌人的主动进攻，独立团也连续对敌进行了三次袭击。第一次，在斑竹园附近围歼了乡保队一个排，缴获机枪 1 挺、步手枪 10 余支；

第二次，袭击了"清剿"吴店的第四十八师一个团；第三次，袭击了"驻剿"四道河的第四十八师另一个团。我们的行动使敌人慌了手脚，他们便开始耍起阴谋诡计来了。3月上旬，我带一个便衣排在南石塘活动时，国民党秘密党务人员汪子清突然约我和石塘村长张泰普去吃早饭。汪的一家都在国民党里面干事，我们虽然认识，但为什么要在大清早这种紧张的时候请我们吃饭呢？我估计其中必有问题。于是我表面上答应，暗里布置好瞭望哨，规定了联络暗号。吃饭间，我借故到门外观察，见瞭望哨向我招手，我知道有了敌情，要便衣排迅速抢占山头。当我们刚爬上山头，只见约有一个连的敌人已将汪子清家和我的住处团团围住，结果扑了一个空。

6月以后，金寨地方武装采取大集中、大迂回的游击方式，相机歼敌。到了秋天，为了统一指挥，统一行动，便于打击敌人和开展群众工作，我们根据上级指示，将金寨独立团和商城县地方武装一个团，合并组成金商支队，直属鄂豫军区一分区，同时也接受金寨县委领导，仍由我任参谋长，在三省边界上打击与牵制敌人，有力地支援了全国解放战争。

（金寨县委党史办　供稿）

原载陈忠贞主编：《皖西革命回忆录·第三部·解放战争时期》，安徽人民出版社，1991年，第367～370页。

回忆防胡区剿匪反霸斗争情况

◎ 王钦宏

1947年6月，刘伯承、邓小平率领的晋冀鲁豫野战军主力在鲁西南强渡黄河，发起鲁西南战役，歼敌九个半旅，揭开了中国人民解放战争从战略防御转入战略进攻的序幕。接着向大别山实行无后方的千里跃进，途经我县时，当地伪匪几乎销声匿迹了。可大军过境后，国民党反动派为了镇压人民的反抗，除扩大伪县保安团、区大队、乡中队等伪政权反动武装外，还以封建地霸为头目，以地痞、流氓为骨干组建反共游击队，当时全县拥有二万多人的反动伪匪武装。

防胡区是当时全县伪匪武装比较多的地区，全区8万人口，8个小集镇（张里店、防胡店、麻里店、赵集、三空桥、高林店、傅庙、张门集）。东邻乌龙集区的固城仓，南与马集区的新里店接壤，西与包信区（现属息县）毗邻，北与新蔡、临泉县交界。

当时大股伪匪武装有国民党中央立法委员简贯三豢养的简承三、简玉安伪区大队1000余人，装备精良，经常在赵集、马集一带活动。反共游击团长郑汉三有800多人，盘踞在三空桥、麻里店附近。伪乡长吴建堂、中队长王盘希有400多人盘踞在防胡店周围。伪游击支队长杨登武有1000多人经常流窜于防胡店和新蔡县的练村一带。土匪司令马铁嘴、匪首谢立吾经常在赵集和临泉交界处骚扰。此外还有许多小股土匪武装，他们官匪勾结，既官又匪。白天公开向群众要粮要款，制造谣言、威吓群众。夜晚到处抢劫群众财物，绑架和暗杀我农会骨干。反共游击团长郑汉三给匪徒训话时公开说："有银洋不拿票子，有猪肉不吃小鸡，有大闺女不要媳妇。"

真是明抢暗夺，烧杀奸淫，无恶不作，闹得田地荒芜，民不聊生。

1948年2月，刘邓大军一部从大别山转进北上。当时县委领导下的县大队在刘邓大军一纵二十旅七团和第八军分区独立三团的配合下，经过近一段时间的艰苦作战，于11月份在包信一带歼灭伪匪武装800多人，先在包信建立了第一区民主政府，接着县大队配合独立三团，在军分区卜万科副司令员统一指挥下，一举歼灭了盘踞在防胡和新蔡县交界处练村的梁子成匪部，歼敌300余人，活捉了伪游击大队长梁子成。当天上午县大队回到张里店，利用逢集的机会召开了群众大会，县长廖进平同志在会上讲了话，宣布息县第二区民主政府成立（即防胡区），任命王钦宏同志为区长，季元庆为副区长。随即县委决定区委书记由王钦宏兼任，副书记、组织委员、宣传委员、区中队长分别由陈振龙、孙家龙、牛本然、张诚担任。当天夜晚县大队就转移了，留下10名干部，在区委领导下，开展该区的剿匪斗争。

当时开展这个区的工作困难是有的，一是该区只有10名干部，没有部队，伪匪徒们想趁区政府立足未稳之机消灭之；二是群众怕区干部人少站不住脚，不敢接近区干部；三是区干部都是外来的，人地生疏，对敌情、群情不够了解。但有利条件也是有的，当时适逢规模巨大的淮海战役取得胜利，基本上解放了长江以北的华东和中原地区，国民党反动派的统治中心南京和上海、武汉完全暴露在我军打击之下，国民党反动统治陷入土崩瓦解状态。这一伟大胜利对伪匪震慑很大，他们内部有很多矛盾区政府可以利用，区干部虽然人数少，但都是经过战争锻炼出来的，有做群众工作和对敌斗争的经验；有党的正确领导，有主力部队做后盾。根据上述情况分析，区委研究决定：（一）在军事上采取游击战方式，巧妙地和敌人周旋，避开大股敌人，先打分散之敌，夺取敌人的武器，武装自己，再打大股顽固之敌；（二）在政治上大讲辽沈、淮海、平津三大战役的伟大胜利，大讲全国解放战争的大好形势，大讲我党我军实行的"投降者宽大、立功者受奖、顽抗者坚决消灭"的政策，开展政策攻势，对敌人进行攻心战；（三）在策略上，集中打击顽固之敌，争取瓦解动摇观望之敌，采取打、谈两手齐下，分化瓦解敌人，利用敌人之间的矛盾，各个击破；（四）在工作上，在深入群众宣传的同时，要做好进步人士的工作，先利用伪保甲，再逐步向建立乡、村政权过渡。由于区委正确执行了党的政策和采取有效的对敌斗争的策略及方法，因此，剿匪斗争进展比较顺利，收获很大。整个防胡区剿匪反霸斗争大体经过以下几个阶段：

一、区政府刚刚建立，区中队还没发展起来，只有10名干部坚持开展工作。他们向群众进行宣传教育，向敌人开展政治攻势，侦察分析敌情，进行社情调查的同时，在区委书记兼区长王钦宏、区中队长张诚的率领下，采取灵活机动的游击战，给予敌人以沉重打击。

1948年底的一天下午，在麻里店西边徐楼住着伪游击中队的四十来人，正忙于杀猪宰羊过春节。王钦宏、张诚率领区中队，分成两个战斗小组，突袭徐楼，抓住两名伪匪人员，缴获步枪七支，回来后对两名俘虏教育释放，并让其带信给伪游击中队长做争取工作。同年除夕突袭新蔡县境内的李长营，活捉回家过节的伪中队长李焕均，缴获长、短枪各一支。1949年正月初二夜晚土匪抢劫张里店，区干部闻讯赶到，将土匪打跑，保护了群众利益。在春节期间，区中队利用各种形式向群众宣传淮海战役的伟大胜利和我党对敌政策，进一步表明区政府剿匪斗争的决心。因此，我区民主政府在群众中的威信有了很大提高，群众说：别看区政府的人少，他们都是老八路，有能人，能掐会算，要捉哪个土匪头子，一到就捉来了。张里店的黄学会提出听从区长的指挥，积极协助区民主政府清剿土匪。为了更进一步分化瓦解敌人，区中队长还以区长的名义给大伪匪头目写了公开信，向他们讲形势，讲政策，动员他们缴械投降。当时的伪中队长赵建东不听劝告，继续与区政府作对，我区中队决定拔出这根眼中钉，打一警百，就趁其回防胡赵寨过年之机，于正月初七下午从张里店东张寨出发，进行25里的长途奔袭，行至赵寨门首，见到一个站岗的，我区中队的人就谎称：我们是第二野战军前哨部队，去新里集，天气很冷，借你屋子烤烤火行吗？他见区中队的人要进寨子，上了寨门就往里跑，区中队随即人顶人越过寨墙，占领他第一层院子，待赵建东和护寨人拿出枪来射击时，区中队的手榴弹就打进了第二层院内，把敌人压回第三层院子，手榴弹又打进了第三层院子，把院内的草垛、伙房均烧着了，火光冲天，赵家老少跑到北屋东头碉堡上哭叫求饶，这时区中队向赵建东喊话，直截了当地告诉他我们是第二区民主政府王区长的队伍，给他讲投降者宽大，反之坚决消灭，并限他三日内到何寨缴械投降。这次突袭吓怕了赵建东，迫使他按期携带机枪一挺、手枪两支、步枪60多支投降来了。区政府举行了受降仪式，区长王钦宏同志在仪式上讲了话，当场宣布宽大处理，后将他释放回家。政策的威力是无穷的，原在张里店一带徘徊观望的伪中队长马卫民，听到赵建东投降受到宽大处理，也主动带长、短枪80余支向区政府投了降。随着形势的迅速发展，区委研究决定成立区大队，区长王钦宏同志在张里店群众大会上提出了"剿匪保家，建立区大队"的口号，号召好青年要积极报名参加区大队，会后就有十多名青年来区政府报名参加区大队，到正月十五就发展到一个排，并吸收一些青年学生成立了宣传队。

二、利用敌人之间的矛盾，解放防胡店。防胡店是伪乡公所所在地，赵建东、马卫民投降后，伪乡长吴建堂、中队长王盘希、保长黄栋臣，还有200多人盘踞在防胡店。这时，全县剿匪斗争形势很好，又逢淮海战役的伟大胜利，当地反动势力惶惶不可终日。正月初六伪保安总队缴械投降，和平解放了息县城，同时军分区独立三团在防胡区的三空桥与新蔡县交界处打垮了杨登武、郑汉三匪部，击毙了杨登武，活捉了郑汉三，为区政府开展剿匪反霸斗争创造了有利条件。为了开辟新区，县委调走了一些老区干部，区委会进行了调整，王钦宏续任区委书记兼区长，孙家龙任组织委员，宋德标任民运委员，华文之任宣传委员，张诚任委员兼区中队长。正月初八夜晚从高林店来了一股土匪抢劫防胡店周围群众，吴建堂、王盘希、黄栋臣等伪匪武装开枪把高林店的土匪打死数人。住高林店的土匪原系郑汉三残部，他们又纠集了1000多人扬言要血洗防胡店。吴建堂等人由于息县保安总队、赵建东、马卫民已缴械投降，感到人少势孤害怕吃亏，就派几个士绅向我区民主政府求援。区干部同他们交谈了三次，一方面向他们说明区民主政府是保护人民利益的，土匪胆敢来抢劫，我们一定消灭之。另一方面请他们做吴建堂、王盘希的工作，让他们认清形势，了解政策，消除顾虑，早些投降，争取宽大处理。当时区委具体研究了去与不去防胡店的利害关系，大家一致认为吴、王二匪为大势所吓不可能把区中队骗去予以消灭。区中队虽然人少，但威信高又有主力部队做后盾，一旦到了防胡店，高林店那股土匪绝不敢前来骚扰，因此，区中队决定开赴防胡店。为了以防万一，区政府做多方准备，通知吴、王二匪在区中队到达前必须撤离防胡店。

正月十六早晨区大队（这时区中队已扩编为区大队）全部赶到距防胡店三里路的李庄，大队长张诚带领5名战士化装先进防胡店观察吴、王二匪的动静。其实吴、王二匪首接到区政府通知后已带领全部匪徒到间河湾一带回避。得此情况后，区长王钦宏同志带领区大队从大路赴防胡店，当地士绅们组织学生和群众敲锣打鼓，鸣放鞭炮，贴标语、喊口号，夹道欢迎。他们明着是欢迎区大队，实际上是告知高林店一带的土匪：区大队到了防胡店。区大队利用这个机会开了两个会：一是在集上召开群众大会，王钦宏同志就当时的形势、我党的政策作了讲话。他指出在淮海战役取得伟大胜利，息县和平解放的大好形势下，伪匪人员面前摆着两条路，一走投降争取宽大处理，立功受奖的路；二走继续顽抗，与人民为敌的路，但这是一条死路，走不通。并说高林店的土匪要血洗防胡店，我们区民主政府是保护人民利益的，敌人胆敢来犯，我们一定要消灭它。二是在学校召开当地士绅座谈会，针对他们提出的问题，王钦宏同志一一解答，并请他们做吴建堂、王盘希等人的工作。为了防备敌人偷袭，当天晚上区大队撤到和包信交界处的张庄，又接受了一个伪乡队长率队投降。正月十九区大队从张庄回张里店途经徐楼时，春节前遭区大队袭击的那个伪中队长拿着区长给他写的信，带着机枪、手枪、步枪 40 余支（挺）来投降。区大队回到张里店后很快扩大到拥有机枪 4 挺，冲锋枪、手枪、步枪多支的一个连，同时宣传队也发展到 20 多人，经过短期训练，第二次进驻防胡店，迫使吴建堂、王盘希投降，并缴获各种枪 160 余支（挺）及其他军用物资。

三、进驻林洪寨，清剿郑汉三残部。张里店、防胡店一带成股的土匪被消灭了，但林洪寨、高林店以东的伪匪武装还较多。区委研究决定先进攻林洪寨，后清剿高林店、麻里店、三空桥一带郑汉三残部，再寻机清剿简承三、简玉安的伪区大队。

1949 年 2 月份的一天下午，区大队进攻林洪寨，伪乡长林仲祥、伪保长林仲辉未敢抵抗，率 20 多名匪徒逃跑。区大队离开林洪寨后，以区长的名义给二林留下一封动员投降的信，二林见大势已去，自知顽固到底便是死路，遂于第二天率部，携带长短枪 20 余支到防胡店向区政府投降。这时的区大队已扩充到两个连，他们进一步采取军事打击和开展政治攻势相结合的方法，分化瓦解敌人，迫使敌人缴械投降。一次区大队利用三空桥唱戏的机会，包围了剧场，区长王钦宏在戏台上向观众讲了当时的形势及我党的政策，在场听讲的就有 40 多个土匪。会后又通过关系做了伪中队长白玉堂的工作，白于第二天就到区政府投降，接着伪游击大队长王显堂也带队投降了，这次共缴获各种枪 400 余支（挺）。

简承三、简玉安匪部 1000 多人，经常活动在赵集、张门集至马集一线。由于该匪部匪众枪精，顽固狡猾，区大队暂无力消灭。1949年刘邓大军四十一团一个营在副团长的率领下到达防胡区的贾坡寨，区政府除了积极筹办粮草，发动群众修桥补路支援大军南下，同时向团长汇报了剿匪情况，并请求主力部队协助消灭简承三、简玉安匪部。团首长指示由区大队负责侦察敌情，部队负责清剿。这时县委派周道邦、任华群、李恒祥等乌龙集区领导干部和工作人员来到防胡店，同四十一团一个营的部队一起去乌龙集区。当时侦察简匪的人员住在三空桥东的几个村庄，晚间部队赶到后，敌人闻讯逃跑。部队跟踪追击，途经金围子时，匪中队长简再臣组织20多名匪徒躲在土炮楼里截击我军，我军当即还击，打得敌人惊慌失措，一名匪徒边跑边喊："简队长，子弹不多了，你快想办法吧。"凶残的简匪举枪将其击毙。敌人的顽固更激起我军的仇恨，于是发起了更猛烈的攻击，用掷弹筒把土炮楼打得大火冲天，众匪才缴械投降，匪首简承三、简玉安闻讯后，吓得带着家眷细软连夜潜逃。主力部队协助区大队虽然才歼灭了一小股敌人，但为进一步清剿伪匪组织创造了有利条件。

四、刘邓大军的四十一团的一个营南下途经防胡区时，对当地伪匪武装是个很大冲击，简承三、简玉安等大股伪匪武装被冲垮，失去了战斗力，有的则逃跑隐避。但大军过境后，一些土匪武装又纠集活跃起来，到处抢劫群众，破坏社会秩序，马铁嘴、谢立吾等大股土匪又蠢蠢欲动。区政府研究决定，采取集中打击和小分队出击相结合的办法，狠狠打击土匪武装。1949年3月下旬一天晚上，区长王钦宏带领一个排的队伍行至防胡店北头，听到小雷庄打了两枪和群众呼救声，就迅速赶至把土匪打跑，夺回了被土匪抢去的财物，缴获长、短枪各1支，并救下了被土匪吊在梁上的群众。对小股土匪连续进行清剿和打击，不仅缴获了一些枪支，而且保护了群众利益，维护了社会秩序的安定。同年4月，由于息县县大队在路口区老张庄剿匪受挫，防胡区大队一个连升级为县大队。5月，息县划归潢川地委领导，第四野战军南下的一个师进驻潢川地区剿匪，在乌龙集建立了临时工委和剿匪指挥部，赵集、三空桥一带派去的野战军一个营协助区大队剿匪，经过两个月的清剿，全区剩余股匪被全部击溃。土匪司令马铁嘴、匪首谢立吾被活捉，赵集的伪匪头目简恒安、简重光、简重三等缴械投降。

防胡区在整个剿匪斗争中，共缴获机枪8挺，掷弹筒1个，冲锋枪20多支，手枪 200 多支,步枪 2700 余支,子弹 5 万余发(未计算部队缴获的)。还有战马 16 匹,电话总机 1 台,单机 5 部。出名的伪匪武装基本被消灭,区、乡人民政权得到巩固。从而结束了土匪蜂起,民不聊生的混乱局面,人民得到了新生。

五、发动群众开展反霸斗争。为了打击顽固匪首,教育匪众,摧毁伪保甲,建立村政权,区政府在清剿伪匪武装取得胜利的基础上,发动群众,开展了声势浩大的反霸斗争。1949 年秋,区政府先后在三空桥、赵集召开万人大会,依法处决了罪大恶极的伪匪反共游击团长郑汉三、匪中队长简再臣。秋末,在齐寨斗争了大恶霸齐维汉。冬初,区长王钦宏在赵集发动群众,开展反霸斗争时,伪匪大队长简玉安的马弁回来看家被逮捕,经教育供出简玉安带着两个小老婆化名跑到固始县一个村庄里隐藏,区政府立即派人前往将这个罪大恶极的伪匪头子逮捕归案,并缴获了一些枪支和金砖、金条等贵重物资,这样一来,大大鼓舞群众斗志,深入开展了反霸斗争。同时也摧毁了伪保甲,建立了村政权,为深入发动群众进行土地改革奠定了基础。

(冯天森　整理)

原载中共河南省淮滨县委党史资料征编委员会编:《中共淮滨党史资料汇编》(2),1986 年 11 月,第 170～184 页。

在麻城战斗的日子里

◎尹　萍

　　1947年8月刘邓大军南下时，我在六纵十八旅五十三团当作战参谋。当时团没有参谋长，战斗由我负责部署。8月31日，我团经大河铺乘马到达麻城。当时麻城没有国民党正规军，县长罗文郎带着自卫队跑了。我派一营沿城西前进，驻城西，防宋埠方向来敌；派侦察排先行搜索县城，然后二营、三营进城。当时城内居民涌上街头，欢迎大军到来。我们没有在城内住，二营住城南3里地一个垸子里，三营宿城边。在这里部队误食桐油，都拉肚子，住了一晚，我团遂过河经闵集进驻白果，住在靠罗田方向的山坳口上，休息了3天。旅部命我团占领罗田，9月6日克罗田，后克英山。我团后在英山、广济一带剿匪。

　　1948年4月，我团改为中原独立师一团，二十一团改为二团，三十七团改为八团。后三十七团归建，二十一团调走了，十九团归独立师，又改为鄂豫军区中原独立师教导一旅，十九团为三团，我团为一团。我团团长王礼荣，政委李震宇，我当团参谋长。是年7月，我教导一旅从河南商城进驻到三河口，当时主要任务是牵制敌人。黄昏时侦察参谋向我报告，桂系八十五师由麻城正向阎河方向前进。当时我被蜈蚣咬了，我叫他向团长报告。第2天8点钟我团向月形塘转移，恰与敌军遭遇。我主力一营当时也头戴钢盔，身穿黄制服，敌军误认为是自己人，我一营向敌人痛击，掩护大部队转移。我团转移到滕家堡宿营。一营担任掩护，有一个排被敌包围，他们利用深山密林，突出包围，在木子店东南一个垸子里赶上我们的大部队。三营教导员带领营部共 16 人在撤退时迷失了方向，误入敌军包围圈，被郑家贤土顽部队抓捕，并残酷地活埋了。

同年 9 月 15 日晚，我团和四军分区部队原四十八团从罗田固基河出发奔袭李胜垸乡保武装，16 日拂晓包围李胜垸。四十八团打徐古桂系的两个碉堡，我团打李胜垸。李胜垸当时有 4 个碉堡，一个尚未做成功，还有 3 个碉堡，我一营用平射迫击炮打下敌 1 个碉堡，其余两个碉堡之敌见势不好，遂缴枪投降，我一营营长周兴体令战士们不要打了，恰敌人一个冷枪打中了周兴体同志的头部，他当场牺牲。战士们见营长牺牲，眼都红了，冲上前去，将第 2 个碉堡的敌人全部歼灭。第 3 个碉堡的敌人组织突围，我军用机枪扫射，敌军只突围出二三十人，其余全部歼灭，计歼敌 160 多人。

同年 10 月，我教导一旅从福田河向麻城挺进。事先获悉守城桂系部队 1 个营向宋埠方向撤退。下午 5 点左右我军到达麻城，王树声带各团团长、政委到麻城街上观察敌人工事构置，三团驻城北边，我团驻离县城 10 里地的陡坡山公路一线。我安排一营在南，二营在北，三营在西，旅部驻在我团与一团中间。当我团刚进入宿营地时，敌 1 个营突然向我三营扑来，三营七连被迫退到团部，我急令侦察排、警卫排上前顶住，令二营三营两边往中夹击，这样敌 1 个营全部被我军歼灭，计消灭敌 1 个机枪连，俘敌 160 多人，缴获迫击炮 3 门、重机枪 3 挺、骡子 27 匹，击毙敌 1 个副营长。

注：尹萍，原南京高级步校教研室主任，已离休。

（根据调访记录整理）

原载中共麻城市委党史资料征编办公室：《刘邓大军在麻城》，1987 年 6 月，第 85 ～ 87 页。

我的回忆

◎ 吴学勤

1947 年刘邓大军南下时，我在六纵十七旅五十一团三营九连任班长。是年底，我营七连调到蕲（春）黄（冈）广（济），八连、九连留在麻东，六连在英山。以后由我们两个连和区干队组成了罗麻独立第十团。

是年 11 月 4 日，麻东匪首郑家贤组织暴乱后，小保队撤到寺基山、名山（细石岭）。开始派我们八连、九连去打，由于地形不熟，两个连失去联络，没有将小保队歼灭。后请示军分区，军分区派四十八团来剿匪，他们从古城往上攻，我们从寺基山攻，将小保队追赶到坳峰河，捉着 40 余人，其余的人跑到宋埠去了。

1948 年春，刘邓大军主力转出大别山后，我们留下坚持麻东斗争，形势很紧张，我们有时一晚跑 3 省，从长岭关跑到安徽、河南。是年 6 月，在九歇山，张体学同志开会讲要积极行动，寻机歼敌。同月，在滕家堡，我们歼灭桂系两个连，击毙敌营长，此仗后，麻东一带局势好转。滕家堡战斗后 8 连调到黄冈去了，我连仍在麻东活动。

同年 9 月 15 日（农历八月十三）晚，我们从罗田的固基河出发，奔袭黄麻交界的李胜垸，第 2 天拂晓将李胜垸包围，四十八团打徐古桂系的两个碉堡，未打下来，五十三团打李胜垸，我们负责打黄冈增援之敌。五十三团全歼李胜垸乡保武装 200 多人，五十三团的一个营长在此仗中牺牲。

注：吴学勤，现任麻城市人大常委会副主任。

（根据调访记录整理）

原载中共麻城市委党史资料征编办公室：《刘邓大军在麻城》，1987年6月，第87～88页。

渡江前夕在皖西

◎ 陈鹤桥

　　1947 年 8 月，我刘邓大军胜利挺进大别山，直接威胁国民党反动统治中心南京，使敌人惊恐万状。蒋介石为挽救其灭亡的命运于 11 月召开了六省"绥靖会议"，成立"九江指挥所"，任命其国防部长白崇禧亲自指挥，凑集 33 个旅，近 80 个团的兵力，对我大别山根据地进行疯狂的"围剿"。为了粉碎敌人的围攻，我野战军除分遣一部分以团为单位作为各分区的主力，以打击敌人、掩护开展地方工作外，主力部队战略展开于鄂豫、皖西、江汉、桐柏、豫西、淮西等地，牵制并打击敌人。到 1948 年春，大别山的游击战争已广泛开展，33 个县地方政权均已建立。此时，我野战军为集中兵力打歼灭战，并配合华东野战军进行战略机动，中共中央军委指示刘、邓首长率主力部队转出大别山区机动作战。当时，大别山仍然控制在我军手中，主力部队转出山区机动作战更加证明我们在战略上已处于主动地位。指挥国民党军队围攻大别山被我军打败的白崇禧，却在他逃到台湾后写的回忆录中大吹牛皮，他写道："我任国防部长，正于九江之国防部指挥所指挥军事，攻打中共军队第一号悍将刘伯承，不久将其击退，并摧毁中共在大别山之根据地，为此一事，蒋先生于国民代表大会中曾特别为我宣扬一番。"这是蒋介石、白崇禧二人为掩护其失败，欺骗人民而表演的一出丑表功的闹剧。

　　但历史是无情的，谣言总归是谣言，不管敌人如何吹牛撒谎都改变不了历史的进程。1949 年 1 月，随着三大战役胜利结束，国民党反动派军事上已丧失实施有效防御的能力，政治上民心丧尽，处于分崩离析的境地。中共中央审时度势，做出了我军随时准备渡江作战，以夺取全国性胜利的战略决策。此时，刘邓所率中原野战军已改名为第二野战军，经过近一年的外线作战，又回到皖西，准备渡江战役。当时我曾写了不少战地日记，现从中选录整理数则，虽属雪泥鸿爪，却是当年战斗生活的真实记录。

1949 年 1 月中旬，中共中央中原局在商丘召开扩大会议，传达中央政治局会议精神，提出树立正确政策观念，蔑视美帝，敢于渡江夺取全国胜利的信心和积极完成渡江准备的思想。

2 月，中原军区遵照中央军委指示，组成第二野战军，刘伯承任司令员，邓小平任政委，同时成立二野前委，邓小平任书记。将原中野部队 7 个纵队和部分地方兵团组成第三、四、五三个兵团；将十纵、十二纵和三十八军等几个部队和地方兵团 20 余万人作为军区武装，担负中原根据地的巩固和发展任务。二野全军共 28 万人，各种火炮 1500 门，还成立了特种兵纵队，扩建了后勤部门。整编后，二野即脱离中原军区建制，全力执行渡江作战的准备工作。

2 月，总前委下达《京沪杭战役实施纲要》，决定二野渡江地段选择在汤恩伯、白崇禧两集团接合部之贵池、马垱间 200 里江面，以安庆东西段为重点，实施突破。具体部署为：三兵团由安庆以东至枞阳段渡江，五兵团由安庆以西至望江段渡江，四兵团由望江至马垱间渡江，各部队在完成渡江后即向两翼扩展，协同友邻部队作战。

作战部署下达后，各部队即积极进行军事、政治、后勤等各项准备工作。

3 月 5 日，我第三、四、五兵团开始从阜阳、漯河、沈丘等地出发，向长江北岸挺进。

3 月 24 日，二野领导机关由商丘之张菜园出发，经亳县、阜阳、正阳关、寿县、六安，于 4 月 3 日进抵舒城。

4 月上旬，我从舒城野政驻地到六安城内参加第五兵团的政工会议。兵团副政委张霖芝讲渡江作战的政治思想工作，我也谈了加强基层党的工作等方面的意见。

在六安和副科长刘树英一起，接见了即将动身赴北平出席中国新民主主义青年团代表大会的二野 5 位代表，谈了出席会议时应注意虚心学习及互相帮助等问题，并交他们带去二野进军大别山、伏牛山，创建中原解放区的事迹材料，及献给大会的"青年先锋"锦旗一面。

4月15日，由舒城抵桐城，晨看望老战友，给十二军送去两本七届二中全会决议。上午参加二野师以上干部会，邓政委传达七届二中全会基本精神，讲了当前和谈情况和加紧准备渡江作战等问题。刘司令员作渡江作战的动员报告，号召部队用最大力量做好渡江作战的充分准备。张际春副政委讲了作战中加强政治思想工作。

晚饭后乘车返舒城，见到从冀鲁豫地区随军南下的干部大队，同原冀鲁豫军区参谋长傅家选同志谈了老区情况。

4月16日，上午参加组织部所属直工科的党委会议，同唐济盘科长与直属单位负责干部一起讨论渡江行动的准备工作及学习二中全会决议的问题。

4月18日，上午在组织部部务会中，谈组织青年团代表赴北平开会的准备工作及代表组成的情况。

4月19日，指挥部领导机关率直属队今日开赴桐城，指挥渡江作战。12时住进张宰相府，深宅大院可与《红楼梦》中贾府大观园相比。我们住房内有不少西式家具，足见宰相后代仍有派头。

下午，张副政委谈国民党反动派很可能拒绝在和平谈判协议上签字，我们要全力准备战斗，打过长江去。

晚间，白冰、夏屏西几位科长来谈工作，主要考虑部队打过长江去后，如何了解部队思想情况和帮助部队工作的问题。

4月21日，由于南京国民党政府拒绝签订国内和平协定，毛主席、朱总司令于本日发布"向全国进军的命令"，命令要求全军奋勇前进，坚决彻底干净全部地消灭中国境内一切敢于抵抗的反动派。我三野、二野百万雄师从20日午夜到21日在西起九江，东到江阴长达500多公里的战线上发起渡江作战，敌人苦心经营的长江防线迅速被摧毁。

当晚我二野部队在贵池和马垱间渡过长江，控制了宽百余里的登陆场，掩护第二梯队渡江。到23日，我二野已全部渡过长江，经22、23两日战斗占领了青阳、贵池、东流、至德、彭泽等县城和马垱要塞，继续向敌纵深追击。同时，安庆守敌弃城南逃被我军歼灭，22日安庆宣告解放。

4 月下旬，二野领导机关从桐城经庐江、巢县、全椒到达浦口，30 日进驻南京市。

原载陈忠贞主编：《皖西革命回忆录·第三部·解放战争时期》，安徽人民出版社，1991 年，第 566～569 页。

峥嵘岁月

——在坚持大别山斗争的日子里

◎ 游书华 [1]

　　1947 年 11 月，麻东发生反革命暴乱，杀我南下工作队及地方干部 70 余人，麻东一时乌云翻滚，反革命气焰甚嚣尘上。在这革命的紧要关头，我于 12 月上旬宋埠战斗后在麻东古城尹家岗参加了工作队，开始走上了革命的征途。

　　记得参加革命队伍的第一天，就是捉拿参加麻东暴乱的土豪劣绅。晚上一个个地审，把那些罪大恶极的坏家伙一下子杀了 12 个。第二天，麻东县委率领我们转移到金寨。过了几天，我们又转回来，开始医治暴乱给我们工作带来的创伤。区委安排我随区长胡大祥一道工作，具体负责征集粮草、联络。我经常送信、情报给驻在平堵山的三河区委副书记郭庆年。

　　1948 年 2 月，杨劲率麻东县大队在平堵山、撞林坳将自卫队 3 支队打垮了，俘虏了 40 多人，缴获了几十支枪。部队转移到熊家坳时，区委书记廉希圣把俘虏交给我，宣布我代理区干队长。我向被俘自卫队士兵作动员，其中有 10 多个出身于苦大仇深的贫农被迫拉去当兵的愿意参加我的区干队，另把我的一些亲戚老表也发动起来参加区干队，这样，组织起了一二十人。2 月底，六纵路过竹林垸，我和赵金良找部队要了 4 支马枪和一些子弹。区干队逐渐组建起来了，后来调张绪珍当了区干队长。

---

① 游书华，原任黄冈地区公安处第三科科长。

我和廉希圣在邱家垱开展工作，在河东住，区委经常在河东邱汝斌家开会，他是一个单身汉，同情革命，在他这儿比较安全。3月，刘邓大军开始转出大别山，麻东形势变得更加紧张。8月中旬，廉希圣把游书臣、徐家元等人找到河东来开会，讲敌人组织20多个整编师向我们进行"清剿"，我们要坚持"区不离区，县不离县"，要同敌人进行艰苦的斗争，要我们做好充分的思想准备。接着讨论家属如何安排，当时，我和书臣都是30岁以上的人了，我们出外打游击，老婆孩子怎么办？最后廉希圣同志说把他们送到有地位的土豪家中去，这样才能保证他们的安全。我把大孩子送到石头坂，老伴送到李家塝青帮头子家中去，母亲和女儿送到河东外婆家去。

4月底，形势更加紧张，区委又在河东开会，决定迅速转移。行动方案是，第一步到定慧寺集中，第二步到杨术垱，第三步到金寨。我们到达杨术垱时，罗田县大队也来了，有100多人，在杨术垱开了一个会，讨论是分散活动还是集中打圈子，大家一致意见是集中力量打大圈子。在杨术垱住了两天，我们向金寨转移。走到白沙岭，下雨，我们正在煮粥吃，老百姓报告说广西军来了，廉希圣把文件都烧了，以防万一。我们二三十人遂沿河向北转移，走到吴家店，碰到在燕子寨突围出来的四十八团的一部分，和他们一起走九牛山、隘门关、黄柏山，到达长竹园。这时已是5月上旬了。这一天没有吃饭，煮一锅肉，部队又要出发，我用葫芦瓢舀一瓢肉，边走边吃。第2天天亮到滚子河，又叫梅河，河里坐满人。当时，有的整个营往北跑，对坚守大别山信心不足。鄂豫区党委书记段君毅作了报告，讲全国解放战争形势，明确政策，分化瓦解敌人，树立坚守大别山的信心。军区司令员王树声讲了话，他说："往北上是狗熊，往南走是英雄，南边的天还是亮的，蒋介石是细伢的鸡巴硬不了几下，打到南京去，活捉蒋介石！"宣布四十八、三十七团归军分区建制，罗、麻两县县大队及四十八团的八、九连组建成罗麻十团。

罗麻十团成立后，休整了一段时间。6月初，我们打回麻东，走刀臂峰，到仙桃冲。当地的群众都跑光了。没有粮怎么办？我们把稻谷用两块青砖夹起来搓。没有锅，游书臣搞两个香炉煮粥，结果粥熟了，香炉也破了。军分区司令部要我们准备7天的干粮，我们就用破缸瓦片炒。接着，我们去打三河口，敌人有1个正规营，我们没有打赢。第2天重新组织，把敌人摧垮了。在三河口休整了几天，我们走姚家畈、高桥河向木子店进发。这天是小端阳节（公历6月1日），我们分4路包围木子店，卡住细石岭、段水山、杨梅畈、六棵松4个关卡。12点左右，我们到达木子店，敌正规军已跑了，只有郑家汝的自卫队。当时敌人建有两个碉堡，街周围用树木设有栅栏，企图阻挡我军前进。我军将两个碉堡敌人消灭，俘敌100余人。张体学叫我、游书臣、徐家元负责审查被俘人员。这时，我们已开始执行边打边瓦解敌人的政策。经过一番教育，我们把大部人员放了，只留下两个较顽固分子。第8天，我们到落梅河涂家铺，又将这两个人也放了，要他们一人一捆布告，拿回去张贴，宣传我党的政策。由于我们明确政策，麻东的局势已开始好转。

大端阳（公历6月24日），我们到滕家堡，三十七团驻木栖河，罗麻十团驻固基河，敌人从罗田方向向我军扑来，侦察连在肖家坳与敌人打起来了。张体学在金家垸召开紧急会议，主张坚决消灭敌人。敌广西军一个营，加上罗田县大队共1000余人，占领了滕家堡周围的4个山头，我军将敌人一个个山头逼，把敌人逼到最后山头将其全部消灭。活捉广西佬七八十人，击毙罗田县自卫队大队长徐国伟。这一仗，我们罗麻十团的廖肇康连长牺牲了。仗打完后，我们到英山石头咀开庆功会，游书臣在这次战斗中抢救伤员负了伤，立了二等功。滕家堡战斗后，麻东、罗北的局势发生了重大变化，我们基本上站稳了脚跟。

1948年7月，军分区成立教导队，下面设8个队，正区级以上干部为一队，其余区、乡、村干部为二、三队。一队没有战斗任务，二队有警戒任务，三队有战斗任务，教导队由十团九连保护。我在二队八班当班长，二队队长马次堂，指导员吴德简，我们负责担彩号，廖鹏当时长背花，我和吴德简抬廖鹏还抬了一个多月呢! 10月份教导队解散，我又回到了麻东工作。

在木栖河，张体学要我们侦察土匪徐庆南的踪迹。我到殷家园，侦察到徐庆南带十几个土匪经常在这里活动，在殷家园徐匪有七八个皮绊。我把情况报告给张体学后，他派两个团迂回包围捉徐庆南。我们走到关帝庙，看见好多人念黄经，到朱赵二姓这个垸，发现有自卫队，我们将其包围，活捉了矮排长雷振武及土顽60人，缴枪40支，战斗刚结束，听见枫树坳那边枪响，喊捉着徐庆南了。徐有4个警卫，他们冲上屋顶打，我们一枪放倒一个，徐庆南见势不好，只好出来，被我们活捉了。到固基河，我们要徐庆南写信，把乡保长叫来开会，缴了6支手枪、4支冲锋枪。我们向他们宣传党的新区政策，让他们不要再与人民为敌。张体学叫徐庆南回去还去当绥靖团长，把手枪还给他，给50元光洋、2斤烟土、1捆布告，把徐庆南放了。当时，我们想不通，事后才知道捉放徐庆南对瓦解土匪起了很重要的作用，很多土匪见我们连徐庆南捉了也不杀，纷纷缴械投诚。这样，麻东敌败我胜的局势始现端倪。

　　1949年春节到了，这是坚守大别山已取得根本胜利的时节，我们驻在木子店，当地群众高高兴兴过春节，正月还玩狮子，甚是热闹。这时，姜一同志来了，姜一把我、熊新华、徐家元几个人带着一路经三河到福田河双庙关，找到麻西县委，住了一二十天。3月初，我们准备解放麻城，把老百姓的长梯都借来了。3月10日夜，我们过北道河，11日拂晓攻城，当时城内有国民党正规军一个营。敌闻讯早已逃之夭夭，我们身上挂红带，市民手持小红旗欢迎我们。赵怀德邀我到义井一个姓阎的国大代表的家抄家，没抄到什么。接着，跑到国民党县政府一看，见到满地甩的是文件，阳沟边一箩筐照片。张体学、杨劲来了，说我们胡闹，赶快把文件照片捡起来，今后有用。在县城住了7天，发动群众，当时小学校长吴伯厚经常出面与我们接洽工作。后国民党两个师从宋埠分两路北上，张体学要打，杨劲说要慎重，打了半天，我们撤出麻城，又回到了福田河。过了几天，二野四兵团十三军周希汉率部抵达麻城，我们又随之进驻麻城。当时城关成立区政府，在刘保兴家办了两桌酒，犒赏大军。以后十四军李成芳率部也来到了麻城，晚上开群众大会，把拆散的大炮架起来，叠上两张桌子，李成芳在上面讲话。他说，我就是当年街上卖油条的，现在，我们人民解放军百万雄师准备过长江，解放全中国，麻城人民从此要获得彻底解放啦！在我们欢欣鼓舞庆祝解放之际，敌人突袭十三军驻五脑山的一个营，伤100多人，部队将这些伤员交给我们护送到大崎山陆军医院。我和熊新华、徐家元到土门、北道河、丁家园、平靖一带找到了200多个农民帮助抬伤员，我和王汝才负责护送，当时每人给2元钢洋、1斗米、1个功劳证，我们将伤员安全送到了夫子河交给了十团。此后，我调到了县公安局。在城关和中一搞了一段支前工作，我们把那些保长捉来，要他们家里来人保释交粮。中一有一个林云甫，我们去找他征粮，他故意装穷叫苦，给我们吃大麦米饭，而他自己吃大米饭，我们把他的兄弟捉来游街，林云甫害怕，一下交粮4石。此后，各地财主陆续交粮，从而较好地完成了支前工作。

　　四十年弹指一挥间，回顾刘邓大军挺进大别山，创建大别山解放区所进行的艰苦卓绝的斗争，感慨万千，没有刘邓大军挺进大别山，也就没有麻城人民的解放，我们应该特别珍惜今天安定团结的政治局面，同心协力搞好四化，为振兴麻城做出新贡献。

（根据谈话记录整理）

原载中共麻城市委党史资料征编办公室：《刘邓大军在麻城》，1987 年 6 月，第 99 ～ 104 页。

在大别山的日子里

——记鄂豫区党委、军区二三事

◎ 黄克开

今年是刘邓大军挺进中原 40 周年，作为一名当年参加过这场举世闻名的揭开埋葬蒋家王朝序幕伟大战役的老兵，每当回忆起那段难忘的岁月，心情总是不能平静下来。下面，我把在那段日子里耳闻目睹的一些片段追忆出来，以飨读者，以志纪念。

1947 年 6 月，我所在的冀鲁豫总指挥部在段君毅总指挥的率领下，随刘邓大军从鲁西南地区强渡黄河，直下梁山、开封等地。8 月中旬，越过陇海铁路，穿过黄泛区，渡曹河、汝河，而后抢渡大沙河、淮河，经光山生铁铺向大别山挺进，一路势如破竹、摧枯拉朽，消灭了大量敌军。接着又打到大别山和长江流域，锋芒所向，直插蒋家王朝的心脏，揭开了埋葬蒋家王朝的战略序幕。同年 12 月，冀鲁豫总指挥部改为鄂豫军区，王树声将军为司令员，郭天民任副司令员，段君毅同志任政委。当时，我有幸被分配到鄂豫军区司令部工作，在王树声、段君毅等同志身边工作的日子里，从他们身上学到了许多党的优良传统，有些事情，至今还深深地刻在我的记忆中。

亲临前线　身先士卒

1948 年初，我们鄂豫军区司令部在王树声、段君毅的率领下，为钳制敌人兵力，辗转在蒋军腹地光山，商城，经扶（现新县），大、小界岭，三河口，福田河一带，几个月来，共钳制了敌人约 20 个团的兵力。

5 月的一天，部队经过数日的急行军，像一把尖刀直插到光山附近的窦沙河畔。王司令员和段政委亲自来到河边，仔细观察地形后，决定了渡河的地点，制定了渡河方案。当时，敌军约有一个团的兵力驻扎在河对岸，当他们发现我军要渡河时，就疯狂地用重炮、机枪封锁河面，妄图阻拦。形势紧迫，刻不容缓，王司令员果断地下令："强行渡河！"这时，我军把已准备好的木料迅速向河心铺去。敌军的炮弹在空中尖声呼啸，落在河里，水柱冲天；落在岸边，尘土飞扬，硝烟弥漫，一时间，枪炮声、喊杀声响成一片，窦沙河沸腾了！王司令员和段政委从容镇定地站在河边，指挥部队搭桥过河。当时，我们真为首长们的安全捏着一把汗，警卫连的同志上前劝首长们避一避，王司令员却摘下帽子操着浓厚的麻城腔风趣地说："怕么事，'刮民党'就像纸糊的虎，经看不经打！"战士们看到王司令员和段政委站在桥头，顿时战斗激情倍增，大家高喊着刘（伯承）司令员、邓（小平）政委提出的"狭路相逢，勇者胜"的口号，以锐不可当之势，冲过浮桥，插向敌人的阵地，一下歼灭了敌军近半个团的兵力，其余的敌人，吓得屁滚尿流地向南逃窜，只恨爹娘少生了两条腿。

部队胜利地渡过了河，警卫连的同志才如释重负地跟随王司令员和段政委跨过河去。直到这时，我才觉得肚子饿得咕噜噜地叫，才想到，王司令员等首长也和我们一样，已有一天一夜未沾茶饭了。

从严治军　纪律严明

王司令员经常这样讲：我们是老百姓的军队，纪律严明，爱护群众的一针一线，人民才会拥护我们，我们才能打胜仗。

一次，部队行军到福田河双庙关一带，司令部的一位同志不慎踩倒了地里的庄稼。王司令员看见后，立即铁青着脸叫那位同志扶起庄稼，用土培好。他当着大家对那位同志说："'三大纪律，八项注意'不是都明白吗？如果我们不维护群众利益，那鬼才拥护我们。"一席话，说得大家不住地点头，那位同志也当面承认了错误，并表示今后一定注意爱惜群众的财物。

我们司令部驻过老百姓的房子，要离开时，王司令员和段政委都要亲自过问，借用的东西还了没有？房子打扫干净没有？尽管战事繁忙，有时还要亲自检查一遍。一次，我们驻扎在大界岭附近的一个村庄，因国民党军队把老百姓糟蹋够了，当地群众都跑光了，村里没有一个老百姓。我们拿了水桶和柴火来用，子夜时分因部队走得急，我们就没有将借来的东西放回原处。这件事让细心的王司令员知道了，就对我们严肃而亲切地说："我们是打国民党嘛，么样自己也当起国民党来了？还不快把用过的东西送回原处，另外，烧了百姓家的柴火，冇得还的就应给钱。"听了王司令员的话，我们心中既惭愧又难过，王司令员那么辛苦，我们还给他找麻烦，想想真不该呀！

艰苦朴素　普通一兵

在大别山的日子里，几乎天天要行军打仗，加之后勤供应一时跟不上趟，所以大家常常难得吃上一顿可口的饭菜，穿上一件舒服的衣服。老百姓又被国民党搞得食不果腹，衣不遮体，无力帮助我们，有一段时间，部队的食用油几乎天天是木梓油，吃了光拉稀，生活非常困难。

记得有一天，司令部负责首长伙食的一位司务长（名字记不清了），看见首长们呕心沥血，几天没吃上一顿饱饭，就跑了10多里给首长弄来了4只母鸡，想给首长们补补身子。可是鸡未杀，王司令员就知道了。他亲自找到那位司务长，问道："鸡是哪儿弄到的？"那位司务长支吾着说是买的，王司令员说："这里连老百姓都冇得鸡，你怎么买得到？"王司令员批评了司务长，并语重心长地向他解释："不要以为我们是干部就可以特殊些，目前整个部队的战士都还是三天难吃两顿饭，他们还要行军打仗，流血流汗哩，我们当官的也是普通的战士，千万搞不得特殊。"接着，他让司务长把鸡全部送给了负伤的战士。

我还记得，王司令员有一件棉衣，上面千疮百丁，棉絮几乎都掉光了，可王司令员还舍不得丢掉。大别山的冬天常常是大雪封山，寒气逼人，王司令员经常穿着它行军打仗，问寒问暖。一次，一位战士把家里新婚妻子缝的一件新棉衣送给他，让他换下那件破棉袄，王司令员笑着谢绝了，他对战士们说："莫看它破，它可是件'火龙衣'哩。"有些战士不明究竟，王司令员就笑着解释说："财主穿着皮袄不干活，再新的皮袄也会冻死他，我们百姓家出身的子弟，整天行军打仗，翻山越岭，穿衣也嫌热，你说它是不是件'火龙衣'？"一席话，把大家都逗乐了。

现在，每当我回忆起在大别山战斗的那些日子，以及老革命家们的光辉业绩，心情总是久久不能平静。是啊，正是因为我们的党、我们的军队里有千万个像王司令员、段政委这样的好首长，所以，我们的新中国才能得以诞生、发展。我觉得，在建设四化的今天，我们仍需继续保持和发扬这种优良传统，并把它当作我们党的传家宝，那么，任何困难都将阻挡不住我们前进的步伐。

原载中共麻城市委党史资料征编办公室：《刘邓大军在麻城》，1987年6月，第105～109页。

英山解放战争回忆

◎ 程贞茂[①]

挺进大别山

1947年6月，从中原突围的新四军五师，到达山西晋城后，举行了高干会议，传达中央二月会议精神，决定向蒋家王朝大反攻。毛主席指出，打得好，三五年取得胜利；打得不好，全国十年十五年也得胜利。

刘邓大军奉命挺进大别山，晋冀鲁豫解放区组织大批干部随军南下，五师突围到达华北的部分军政干部，也参加了这一大反攻的行列。随军干部支队代号为"天池部队"。部队南渡黄河后，在定陶、郓城、金乡、鱼台等广大地区，连歼蒋军9个半旅，取得重大胜利。紧接着过陇海路、蹚黄泛区，千里跃进，于9月初抵达大别山。

部队到达豫南经扶县后，开始分配干部，确定去各县的工作班子。当时组织上决定任谭扶平为英山县委书记，知道我是英山人，故安排为英山县县长。1939年，我从太行山调往华中李先念部队，因离家乡近了，为避免敌人迫害家庭，将程字拆开，

---

① 程贞茂同志，英山毛家坳人，1947年后，历任英山县县长、县委书记，黄冈地委宣传部长，河南省委委员、省经委主任，经委顾问等职。——编者

改名王和，这次进大别山时，组织上要我恢复程贞茂原名，便于联系群众。

当时除谭扶平和我以外，到英山工作的还有石毅、刘涛、浦一之、潘大义、彭科祥、王献文、张岩月、赵桂林、吉品先等十七名干部，以及饲养员郭恩光、通信员余德元。这就是第一批进入英山工作的干部。

创建英山根据地

进入英山后，我们确定在山高林密的鄂豫皖三省交界、地形有利于工作的英北，创建革命根据地。要创建根据地，就必须发动群众，依靠群众，才能坚持斗争。根据这一方针，我们以毛家坳为中心，北起烂柴沟，南至金家铺，在西河一线，深入扎根串联，充分发动群众，建立农会，组织武装翻身队，搞得轰轰烈烈，西河局面初步打开。当地参加工作的有200人，余正修同志等就是当地出来的骨干。当时英山县、乡的敌伪武装未被消灭，躲进山里同我们斗争，刘涛同志牺牲于张家咀。加之搞了"急性土改"，走了一些弯路，我们吃了亏。

1947年底，蕲春高山铺战斗的巨大胜利，给群众鼓舞很大。战后，刘伯承、邓小平等同志来英山，从南河经过县城到石桥铺，召开剿匪会议。我同留英山部队团以上干部参加了会议。小平同志要求部队在战争间隙，清剿县、乡敌伪武装，支持地方发动群众。会后刘子元同志给我抄了一份《贫农团组织纲要》，提出要紧紧依靠贫雇农的阶级路线，开展新区工作。

战争年代首长生活非常艰苦，那天，我被安排同刘伯承、邓小平等领导同志同桌吃饭，说明首长非常关心爱护地方工作干部。饭后，刘伯承同志叫我与他同坐在一条长板凳上，询问英山情况，指示要消灭自卫队，地方工作才能开展。我看到了这些领导人在老百姓上堂屋天井边大地铺上摆的被褥，他们的警卫员正在为首长做棉衣，是白土布用稻草灰、黄土染的颜色。战争年代领导人的艰苦生活，在我脑海中记忆犹新。这年年底，地委派李方炎同志来任县委副书记。

1948年元月，我带30多个翻身队员，到蕲春的张家塝向五军分区汇报工作，并要了一批武器。这次分到英山的干部有王泽江、陈惠、孙国科、林漫、曾秀斌、宋建勋、陈玉祥、张且力等17位同志，给英山充实了领导力量。这是第二批进入英山工作的干部。

刘邓大军进入大别山，高山铺战斗消灭了大批敌人，蒋介石发了慌，急忙从进攻山东的主力部队中抽调了十多万人，来对付刘邓大军。1948 年 2 月，敌人向英山西河"扫荡"，当时，谭扶平同志在石镇区带领政府机关人员和一个机枪连，搞就地坚持。我和刘勇率领的教导队在东河占家河、草盘地一带，浦一之在伍家冲。敌人这次"扫荡"，使我方遭受重大损失，谭扶平等十余人牺牲。地主武装活动猖獗，豪绅恶霸反攻倒算，贫下中农受到很大摧残，陷入白色恐怖之中。

坚持英北斗争

敌人"扫荡"后，三纵队从霍山过来，派人经张家咀河铺到达罗田僧塔寺来找我们。我从太湖县店前河返回石头咀一带，重新聚集王泽江、陈惠、曹鹏兴等被打散的同志，一起到僧塔寺。纵队的陈锡联、阎红彦同我们谈话，刘、邓首长要他们沿途找地方同志谈形势交代任务，并告诉我们说："刘邓大军要撤出大别山，到中原地区寻找机会歼灭更多的敌人，大别山区是不便于打大规模歼灭战的，你们要坚持游击战争，首先要动员群众返回家园搞好春耕。"并说："我们走了，你们是艰苦的，但刘邓大军出了大别山，大部分敌人也会被带出去，形势会逐渐好起来的。"这次王家尧同志率领的刘邓大军汽车大队，随三纵队一起撤出大别山。

1948 年 4 月，地委副书记易鹏来英山兼县委书记，随带五十一团 1 个排，由连长孙先德率领，来英山参加战斗，加上大部队留下来的伤病员，又聚集了一支300 多人的队伍，组编 3 个连和 1 个干部连，集体行动于英北、罗田以及金寨、霍山、岳西、太湖等广大地区。后来孙石来接替易鹏为县委书记。这时中央"五·二五"指示已经下达，要我们停止土改，执行抗日时期的政策。与此同时，张体学同志路过英山，也帮助我们制定新形势下的斗争路线、方针、政策。体学同志说："失败的账是算不清的，只有重新开始斗争。"我们对地主恶霸、伪自卫队头子，开始统战攻势，用县长名义发出许多统战信，还走访敌方重要人物的家属。提出只要他们停止作恶，帮助或暗中帮助革命，立功赎罪，就既往不咎。这在全国军事斗争胜利形势下，起了很好的作用。

我们由被动逐渐转为主动。敌人龟缩在县城里,英北广大农村基本为我们控制。群众称之为"上县下县",下县即国民党县城那么一块。在此以后,我们部队多次主动出击,指挥长王兴发率部奔袭贺家桥,活捉匪首叶拯民、金惠民,副指挥长刘瑞年在石头咀遇敌打了漂亮仗,活捉敌中队副 1 名、士兵 6 名。特别是西庄畈战斗,敌人集中全县伪自卫队近千人,结果被我们打垮 1 个中队、俘虏 18 人,吃了大败仗。这些都说明我们英山军民在坚持大别山斗争中做出了贡献。蒋介石的武汉行辕白崇禧的所谓"匪情通报"中记载大别山的动态,英山是单独记载的一股力量。

斗争逸事

党的新区政策在英山产生了巨大威力,我们同群众关系密切了,群众团结在党的周围,英北地区是有群众基础的根据地,人民不受苛捐杂税、征粮抓兵之苦,得到了实惠。

敌人营垒也不是铁板一块,所谓七擒七纵黄治绵,成为斗争佳话。匪首黄治绵,在苏维埃时期,就是一条地头蛇,我们采取捕捉他,教育后又释放他,捉四次,放四次;释放时还交还他的枪支,最后一次还交给他任务,要他把张家咀、草盘地一带的零星土匪收集在一起,听候我们的收编。在游击环境下,这种敌人背靠地主阶级,威胁群众,群众不敢得罪他,如果捉一个杀一个,难于一网打尽。我们采取这种办法来限制敌人。另一股土匪黄坤治也用此办法一起解决了。群众中流传着"一来一往程贞茂,七擒七纵黄治绵"。

在游击战争环境下,同志们生了病挂了彩怎么办? 不能随军行动,又没有后方,又无医药治疗。一开始安排在基本群众家隐蔽休息,但这样做都失败了,因为在敌人社会基础未被摧毁的条件下,伤员不能得到有力的掩护,还是被敌人抓去了。新区不比老区,也不比对付异族敌人时的日伪统治区,后来,我们安置伤病员,选择我游击区内恶霸地主家和家在我游击区的伪方有势力的人家,我们晓以利害,要他们请医治疗,小心调养,负责安全,如有被害唯他是问,病好归队,以功折罪。我们这样做,有十余位同志都安全无恙。董舒同志有病,就是住在占家河王家畈恶霸王 × 家,治愈后归队的。

为解放大军打过长江筹备军费。1949 年春，我们接到豫鄂边区党委负责人刘子厚、行署负责人段君毅的一封信，谓大军过江后在新区作战，中州票子不能使用，要我们向地主富豪借银圆、黄金、白银，以作军资。经县委研究，我们到杨柳湾一带英山最富地区，向地主展开借款活动，告诉他们要打倒蒋介石，解放全中国，就要有钱出钱，有力出力，号召地主、殷实户资助。在当时三大战役的影响下，在大军云集长江北岸的条件下，这一行动取得很好效果，地主们迫于形势不得不响应，那次筹集的"硬通币"数字是不小的。我们把借到的银圆，用布袋子五十元一串缝好背在身上，后由赵辛初同志交给豫鄂边区行署。

英山人民是有革命斗争的光荣传统的，苏维埃时期建立过政权，人民踊跃参加红军。抗日战争时期，在地下党的领导下，进行过改革，发动抗战。三年解放战争中，英山这股革命力量，在经常与上级失去联络的情况下，经历了无数的艰难困苦，始终战斗在大别山南麓，同敌人斗争直到全县彻底解放，写下了一页光荣斗争的历史。

（英山县委党史征办　供稿）

原载中共黄冈地委党史资料征编委员会办公室编：《鄂东革命史资料》第二辑，1984 年 12 月，第 133 ～ 139 页。

回忆沙河图战斗

◎ 赵文志 [①]

　　1949 年春，张体学同志带领鄂豫皖军区独立师在黄冈县沙河图全歼国民党绥靖一团，伤毙俘敌 700 多人，摧毁了国民党在鄂东的一个重要军事据点，为迎接大军渡江扫清了障碍。

　　3 月的鄂东山区，还是春寒料峭，细雨绵绵。当时我们部队正集结在麻城闵集，准备进驻宋埠。11 日早晨，突然接到师部命令，要我们当天赶到黄冈贾庙待命。下午 3 点左右，部队刚到，通信员就通知营以上干部到师部开会。

　　会上，师长张体学同志首先传达了军区的命令。接着，他简要地讲了全国的形势。他说，我军在全国各个战场都取得了全面胜利，淮海战役歼敌 60 多万，取得了决定性胜利。党中央、毛主席发出号召，要打过长江去，解放全中国。现在，南下大军已经到达霍丘、固始，马上可进入鄂东，集结江北，准备渡江。在这大好形势下，我们的任务是什么呢？我们的任务就是要深入敌占区，消灭土顽，扫清障碍，扩大影响，支援大军渡江，迎接解放。根据军区的指示，我们准备暂时放弃宋埠，连夜插入黄冈沙河图，彻底消灭驻在那里的反动土顽——国民党黄冈绥靖团。说完，师长拉开了地图，向我们介绍了沙河图的地形和周围敌人驻防情况，又讲了讲这次战斗的重要性。

---

① 赵文志同志，现任广济县人民政府顾问。——编者

沙河图是一个只有七八十户人家的小集镇，但在军事上很重要，是大别山进入黄州、团风的咽喉。国民党为了巩固长江防线，把黄冈县保安大队和一些乡自卫队、民团、恶霸、土匪等乌七八糟的地方反动武装改编为绥靖团，驻在沙河图，修筑了永久性的工事。团长吴正华，是黄冈县有名的恶霸、杀人魔王，下面三个营的头头，有群众称为"何阎王"的何辅清，"林团头"林六芹，还有什么"李鬼王""秦魔王"，这些人都是双手沾满了人民鲜血，多次屠杀过我革命战士、共产党员的恶贯满盈的凶手，群众无不痛恨。

独立师的战士不少是黄冈人，听说要攻打沙河图，消灭吴正华，都高兴得不得了，个个摩拳擦掌，士气很高。

担任主攻沙河图的是我们二团。当时，我们这个团是个减员很大、人数不多的一个团。师部考虑到这个情况，调一团打浠水巴河的援兵（当时上巴河驻有国民党一个营正规军），十三团打新洲、黄冈援兵。我们团两个营，我当时是一营营长，由于在一次战斗中胳膊挂了彩，团长叫我们营打佯攻，攻打沙河图街，堵住敌人的退路，让二营担任主攻。会议一结束，部队就找了向导连夜出发。当时，细雨蒙蒙，天已漆黑，伸手不见五指，一晚上翻山越岭走了93里，我们营按预定时间，于天亮前悄悄插进了沙河图后面的白杨山冈埋伏起来。由于二营的向导带错了路，耽误了一个多小时，加上天阴雾大，使我们失去了联络。

二营刚赶到沙河图附近的标云岗，就遇到了敌人游动哨，我们一阵排子枪，打得敌人掉头就跑。这时，二营营长张庆林带一个班迅速冲上去，一下子冲到了敌人团部工事外围——霍家丛林。凶恶的敌人发现出路被堵，马上用疯狂的火力封锁了我军的进攻，这使二营处境非常被动，攻不上去，又退不下来，和团部失去联系，后面大部队又未跟上来。敌人的防御工事修得很牢固，沿山布满了碉堡群，碉堡居高临下，碉堡间有一人多深的交通壕，地上还埋下了一道道用桐油浸过的竹蒺藜，还有不少暗堡，轻重火力交叉，弹药充足，碉堡内的守敌又非常顽固。这样，敌人仗着坚固的工事，拼命抵抗，使战斗僵持不下。

二营主攻受到暂时挫折，团长命令通信排长任殿湘同志突破敌人火力封锁，去和张营长取得联系。然后，吹起冲锋号，发起冲锋，压住了敌人火力。敌人眼看从正面突围不出去，妄图从沙河图街后面向白杨山方向逃跑，这里，我们一营早就埋伏好了，布置了火力网，看到敌人上来了，"嗒嗒嗒"，我们的机枪响了，敌人正在我们的有效射程之内的一片开阔地，枪一响，就倒下了一大片。敌人知道后面也被堵死了，又慌忙掉头向北跑。这时，二营主力也攻上来，压到敌人阵地跟前，占据有利地形，封锁了敌人的退路，形成了南北夹击，瓮中捉鳖。上午 10 时，我们营冲进了沙河图街。沙河图街敌人有一个连防守，根据师长的指示，为了保护当地群众，避免伤亡和损失，我们本来可以使用炮火而没有用，战士们冒着春寒，涉水过河凿墙穿壁，摸到了敌人的连部。敌人完全昏了头，一会儿向北冲，冲不上去，丢下了几具尸体；一会儿又向南跑，这样来回逃命，像赶鸭子一样，几个回合，就完全丧失了战斗力，最后全部举手投降了。

战斗还未完全结束，碉堡里的敌人还在疯狂地向我军射击。我们喊话，叫他们投降，"缴枪不杀，优待俘虏"。有几个碉堡里的敌人在我军的政治攻势下，伸出了白旗，但是，主碉堡的机枪还没有放下，妄图负隅顽抗。这个碉堡又大又坚固，轻重机枪都无法摧毁，小六〇炮用上了也无济于事。最后，我机炮连"神炮手"冯锡章用火箭筒把碉堡的顶盖掀了，机枪哑了。上午 11 时，战斗全部结束了。

这次战斗，由于指挥得当，全歼了这个国民党的反动地方武装。清理战场，审查俘虏，知道只有团长吴正华天晚上就带了几名随从潜逃了（后来在上海被抓住带回镇压了），三个营长打死了两个，"何阎王"受伤，躲在竹林池塘里，侥幸逃命（后来也被我军活捉镇压）。而我军伤亡很小，只牺牲两人，不幸的是副团长贾文春同志被敌人冷枪击中，光荣牺牲。这一仗，打出了我们独立师的威风。当地的群众说："老八路回来了，果然厉害，那些杀人魔王平时在人民头上作威作福，如今碰到了解放军，好像老鼠见了猫，骨头都软了。"战斗结束，群众都要留我们吃饭，说我们为民除了害，为老百姓报了仇申了冤。后来，许多在外地工作的黄冈籍的同志也来信祝贺我们取得的胜利。

沙河图战斗结束后，我们又回到麻城，为迎接大军渡江做准备。当年 4 月，刘邓大军第四兵团从麻城到浠水渡江。

（广济县委党史征办　供稿）

原载中共黄冈地委党史资料征编委员会办公室编：《鄂东革命史资料》第二辑，1984 年 12 月，第 140～143 页。

风扫残云　飞渡天堑

◎ 郑国仲

　　经过辽沈、淮海、平津三大战役，歼灭了国民党主要军事力量，解放了除少数据点以外长江下游以北的全部地区，敌人仅剩之百余万军队已陷于众叛亲离，不能维持的境地。蒋介石为争取喘息时间，在江南重新编练军队，以图卷土重来，便提出了虚伪的"和谈"建议。

　　1949 年 1 月 14 日，根据中共中央的决定，毛泽东主席发表关于时局的声明，批驳蒋介石的元旦求和文告，提出以彻底消灭反动势力为基础的八项和谈条件。我军根据党中央的指示，先后转入大规模的整训，准备渡江作战。

阜阳整训

　　按照刘伯承司令员、邓小平政委的指示，我们三纵队于 1949 年 1 月 20 日进驻阜阳进行休整。1947 年以来，我们曾两次经过阜阳，但这次阜阳县已解放，成为我军屯兵养兵，渡江后勤保障基地之一。部队进入驻地，全力投入了以政治为主、军事为辅的大整训、整编，准备渡江。整训内容：根据野战军"两个月整训工作大纲"，进行以渡江政治动员为中心的形势、政治教育，以山地、河川战斗为主的战术、技术为训练重点。形势教育中，我们学习了毛主席《关于时局的声明》和新华社新年献词《将革命进行到底》。纵队党委经过充分讨论，提出要教育干部、战士普遍认识到国民党的"和谈"建议是慑于我军强大而布设的骗局,揭露国民党反动派"和谈"真正面目和美帝国主义外强中干的纸老虎的反动本质,树立敢于蔑视美帝,敢于打过长江去,解放全中国的胜利信心。

解放战士是我们当时兵员补充的主要来源,他们在军事素质上有一定基础,出身上大都来自农村,都有一本家庭被剥削账,但仍需进行阶级教育。因此,政治整训中,各旅根据部队增补的解放战士多,老战士普遍不及半数的客观情况,普遍开展了为时两周的诉苦复仇运动,提高政治觉悟。九十七团三连苏永福诉出家庭被地主逼得倾家荡产,逃荒要饭父母双亡,幼妹失踪经过时,全场一片沉静,迅速卷起愤怒的浪潮。九十八团三连与驻地30余家受过敌黄维军队践踏的群众进行的访苦座谈会上,军民大哭。有的说,匪军抢吃了我家鸡,有的说强扒了我家粮,有的说没抢到钱反把我父母毒打一顿,更可恨的是,村上上自50岁下至14岁的女性备受匪军践踏。我住的一家,丈夫被匪军抓去多日,至今未归,衣物粮食被抢一空,妻子亦受匪军糟蹋,令人惨然。这不仅教育解放战士,也教育了干部群众,一提到打过长江去,立刻成为部队和群众的普通要求。九旅部队整班、整排、整连上书党委和领导机关,坚决要求担任渡江突击队。九十八团通信连在动员会上集体刺血盟誓,要求党委电请毛主席迅速下令过江;该团二连在毛主席像前宣誓:坚决革命到底,争取在渡江作战中立功! 同时由于战士们阶级觉悟提高,纯洁了队伍,仅二十一团就清查出隐藏的国民党军官15名,国民党党员11名,企图逃跑的人员100多名,并分别进行教育处理。从而增强了上下之间、新老之间、党内外之间的团结。

军事训练中,各部队根据江南地形特点,开展了山地、河沟、稻田、城市攻坚的战术演习和技术训练,连排干部参加了纵队组织的战术集训。通过紧张的突击训练,使广大指战员在淮海作战经验的基础上进一步提高了战术、技术水平,为渡江作战打下了良好的基础。

1949年2月21日,三兵团在阜阳县正式成立,由陈锡联任司令员,谢富治任政治委员,下辖第十军、十一军、十二军。

2月22日,兵团于阜阳召开二、三、六纵队团以上干部会议,由宋任穷(当时为二纵队政治委员)作关于今后战争形势发展的报告。号召每个革命军人既要能打仗,又要能做工作队,并讲了要做好城市工作和执行城市政策等问题。

3月2日，在阜阳县倪后湖，三纵队奉命改编为中国人民解放军第十一军，皖西军区司令员曾绍山同志为军长，皖西军区副司令员鲍先志同志为政治委员，我为副军长，钟汉华同志为副政治委员，杨国宇同志为参谋长，刘华清同志为政治部主任，隶属第二野战军第三兵团。

七旅整编为三十一师，师长赵兰田，政治委员周维，副师长兼参谋长胡鹏飞；八旅整编为三十二师，师长何正文，政治委员卢南樵，副师长兼参谋长史景班；九旅整编为三十三师，师长童国贵，政治委员高治国，副师长兼参谋长孟警宇。下设9个步兵团，从九十一团到九十九团依次排号，原配属皖西军区的3个团也于3月19日归建。

渡口练兵

遵照刘司令员、邓政委关于"乘敌混乱，江防未就绪之际，先期扫清江北敌桥头堡，逼近江岸，进行渡江具体准备"的指示，3月6日，我十一军从三河尖渡口重过淮河，经固始、六安、舒城、桐城等县，于3月底进逼长江。

根据所领受的任务，我军于4月30日先后集结于枞阳镇以西十八步地区。随即召开连以上干部会议，决定各部应以成熟的准备，争取渡江第一船；各师团应根据各自的任务和不同的情况，以不同的方式进行动员，并展开热烈的讨论，做好宣传教育工作。

三十一师进驻江防后，为了迷惑敌人，增大渡江作战的突然性，以九十二团于前江口布防，构筑阵地，实施佯动，使敌误为我起渡点。而我主力则选定地形开阔、平坦，且凹向敌人的大坝及新河坝之间的鸭儿沟口为起渡点，于老峰头、汪家圩、丁家嘴、张家店地区隐蔽集结。

三十二师、三十三师拟定在铁板洲附近渡江。江对岸是鸟沙镇，防守这一带的是由淮海战场败退到这里的敌军刘汝明部。这段江面约两公里宽，北岸低，南岸高，且有一些大大小小的山头，地形给我军渡江带来一定的困难。同时，敌人在南岸山头上修了许多地堡，还把战壕修在江堤上，在江堤腰部开挖炮眼，控制江面。离江不远处有座小山，山上敌军士兵驱赶着民夫赶修工事，山顶上则架着大炮，大江完全被封锁了，江上没有船只来往，只有敌人的飞机沿着江岸低飞巡逻。

上级规定我们两星期内完成一切准备工作，时间和任务都相当紧迫，我军不但手头没有船只、水手和各种必需的修船工具与器材，且部队中由于北方人多，习惯于山地和平原地区作战，对渡江作战摸不清底，思想上也产生一些顾虑。

针对上述情况，各师党委分别召开会议进行了研究，认识到渡江准备工作做得好，是保证部队胜利渡江的关键。因此必须深入动员，进一步加强政治思想工作，讲清完成任务的有利条件和困难，发动群众讨论解决。在战前动员中着重说明，敌人虽依托长江天险和海、空军的配合，但士气不高，防线漫长，内部矛盾重重；我军挟以重兵，肩负拯救江南三亿人民的光荣任务，且万众一心，士气高涨，在强大炮火支援下，实施全线强渡，敌人根本无法遏制我军强大的攻势，从而增强了战士们胜利的信心。

为了做好准备工作，赵、何、童三位师长还亲自对长江两岸的地形、水情、敌情进行调查、分析，并组织当地群众和有水上经验的同志举行座谈会，介绍长江风浪、江潮情况及水上生活的体验，提出了水上自救的办法，从而打消了战士们的顾虑。部队迅速掀起轰轰烈烈的群众性的试制救生器材、引船入江和水上练兵的热潮。

与此同时，曾军长、鲍政委同我研究，要加强对渡江的组织指挥，师里要组成渡江准备机构（设指挥、通信、工程、船只、管理5个部门），首先要抓紧渡江的船只搜集。由于敌人撤退时的破坏掠夺，以及群众防范敌军抢船而把船只隐藏起来，所以渡江作战用的大量船只毫无着落。我们就一手抓水兵水手的训练，一手抓搜集船只的工作。为了征集船只、船工，三十一师4月6日抽调干部20余人协同分区派来的干部组成"船舶管理委员会"，组织部队四处访问，宣传我党我军的政策。经过宣传、动员，人民群众热情支援我们，纷纷把隐藏起来的船只开出来，把坏的修补好送到部队。还抽出最好的水手编入船队，教授划船、游泳、救护等技术，他们仅一周时间就征集到100余只船，船工近200名。船舶管理委员会还不断对船工进行政治思想教育，讲清形势，开展立功竞赛、戴光荣花等活动，注意关心船工家庭生活，从而启发了船工的阶级觉悟和荣誉感，解除了顾虑，树立了信心。船工们纷纷表示：争当渡江第一船，更好地为人民立功。

三十三师也投入大量人力，一面动员渔民船只，一面在当地群众协助下打捞沉船，组织修补，先后搜集到大小船只 106 艘，动员船工 100 多名。

船只有了，如何使它翻过两道高大宽阔的江堤，从内湖引入长江，成为十分棘手的问题。经过民主讨论，选取"劈开江堤修引河"的方案，经军部批准，三十一、三十二两个师共投入 13 个连队，经 13 个昼夜的紧张突击，疏通了虾子河，挖通了一条长达 50 米、深 7 米多的引河，展开鸭儿沟口挖堤工程，使干涸了的鸭儿沟充满了水，集中在内湖的船只终于能通过引河，顺利进入长江。

为了抢渡的安全，部队大力提倡发明创造。战士樊瑞来仿制木制推进器获得成功，大多数船只安装了这种推进器后，增大了船速。战士们还做了大批以 4 段竹筒或 3 个煤油筒连成的土救生圈，准备了大量木楔、棉花、桐油、石灰、麻袋等补漏物品和射击器材。

与此同时，三十一师主力开展了热火朝天的水上训练，普遍习惯了水上生活，学会了摇橹、划桨、判定方位、通信联络及水上射击等技能。同时，根据水上作战特点，对战斗人员重新组合，打破班排建制，以船为单位编成新的战斗组织，每船十五六人，分成火力组、突击组，并配备轻机枪、冲锋枪、炸药包及足够的手榴弹，由连排干部分工掌握，以利独立战斗。为便于指挥和协同，将突击部队编成几个战斗梯队，每个梯队都配有突击、火力、指挥、救护船，要求散得开、聚得拢。师里又按照预定作战方案，在长枫港进行昼夜轮番大演习。通过上述努力，解决了渡江作战的战术、技术和极其复杂的战斗组织、水上指挥等问题。

为了及时掌握敌情，组织好火力掩护，部队除在鸭儿沟口大王店设立观察所，魏家嘴设外助观察所外，还组成了由 7 个分队组成的火力队。其火力配置为高射机关枪 3 挺、战防炮 5 门、山炮 1 门，横宽配置于马家窝、前江口一线，以封锁安庆方向的敌舰；以高射机枪 2 挺置于大王庙，封锁夹江口、杨柳洲并担任对空射击；其余各火力部队分置鸭儿沟口两侧，直接掩护突击部队。这样，在我军正面 2000 米内，所有敌人火力点均置于我军火力控制之下。为了提高命中率，还组织沙盘作业，调制射击要图，并在马家窝组织了试射，以摸索隔江射击经验。

友邻第十二军攻占铁板洲后，军里组织部队进行参观，学习他们强渡江河的组织和实施经验。此后三十三师也于 4 月 10 日奉令移驻铁板洲做突击长江的准备，他们一面修筑船坞、隐蔽船只，一面开渠道，以便在铁板洲与玉板洲之间架设一座长达 170 米、宽可容车炮通过的浮桥。部队在组织水手及班以上干部到江边进行实地观察的同时，还积极组织部队在内河进行强渡训练。根据各方面的准备情况，师部决定以九十七团三营及九十八团二营为渡江突击营，以 2 个团向黄土墩、陈家坟地段实施突破，以火炮 35 门集中进行火力支援的战斗预备方案进行训练。

三十二师作为第二梯队，也做了充分准备，每天夜里都有成百条帆船被拉到江堤后面的江汊，或是江滩柳荫深处去，在那里修有隐蔽的藏船场。每当战士们劳作完毕离开江滩时，他们身上的衣服总是湿得像从江水中捞起来一样。

经过一个月的准备，万事俱备，只等党中央毛主席一声令下，飞渡天堑，指日可待。

飞渡天堑

1949 年 4 月 20 日，南京国民政府除了拒绝接受《国内和平协定（最后修正案）》外，还要求先达成临时停战协定，自己揭穿了“呼吁和平”的假面具。为夺取解放全国最后胜利，毛主席和朱总司令下达了“打过长江去，解放全中国”的战斗命令。4 月 21 日，我百万雄师，万船争发，以雷霆万钧之势，飞渡长江。

当日下午，倾盆大雨。我三十一师、三十三师分别在江边举行了誓师大会，军部的几位领导同志到突击营讲了话，分别同突击队员一一握手，颁发突击队员证，号召各单位为争取红旗而努力。三十一师全体指战员及船工在庄严的誓师大会上，个个意气风发，斗志昂扬，庄严宣誓：“坚决打过长江去，解放全中国，为人民立功！”三十三师在动员会上，为突击营的同志戴上大红花，在军乐队、宣传队的欢送声中，指战员们斗志昂扬地通过“光荣”“胜利”“英雄”三道彩门迅速登船。

21 日 17 时 30 分，渡江战斗发起炮击，成千上万发炮弹泻向敌岸。顷刻间，黄土墩、陈家坟、李阳河一带浓烟滚滚，尘土飞扬，在猛烈的炮火掩护下，两个师的突击排、连、营呈后三角，团呈重叠梯队的队形，以有我无敌的气概，200 多艘船只齐发，冲破敌人猛烈的炮火封锁，以排山倒海之势驶向敌岸。

九十一团第一船仅用 15 分钟就顺利登陆，其余船只亦相继抵岸，战士们抢占滩头阵地，英勇消灭岸上的敌人，仅以伤 15 人的代价胜利完成了强渡长江的任务。

三十三师突击队穿过敌人的严密火力封锁，直逼南岸，15 分钟完成强渡，至 18 时 18 分，各个突击营全部登陆。九十七团团长张庆和同志指挥三营攻占了黄土墩之牛头山高地，直取李阳河，俘敌 200 名。九十八团二营靠岸前一船中弹，战士们弃船涉水强占了滩头阵地，并连续击退了敌人 3 次反扑后，尾敌向南进击。因敌大股南窜，我军仅毙俘敌 300 余名，我军伤亡 10 余人。

由于突击部队胜利登陆，迅速粉碎了敌人江岸防御，掩护了我军第二梯队顺利过江。为不给敌人以喘息余地，按刘、邓首长"抓住敌人坚决歼灭之"的指示，我军各师采取以分队轻装先遣，指挥员随前卫行进，适时调换前后卫的措施，连夜兼程南进。22 日，三十三师侦察分队侦悉敌军二一二师主力已南向祁门，当即令九十七团四、六连轻装疾进，坚决歼灭该敌。当夜 24 时追上该敌，趁其不备发起突袭，一举歼敌后卫一个营 300 余人。

22 日晚 8 时，整装待发的三十二师经过一天一夜的等待，终于受命登上渡船向南岸进发。船行 20 分钟后，江上游突然响起一阵船只引擎声，当船逼近后发现竟是敌舰，大江中，机枪、火箭筒猛烈地向其开火。不一会儿，引擎响声渐远，满江上下，一片惋惜声："跑了跑了，狗东西！"原来，这条军舰白天把安庆守军一个团送过南岸，便趁天黑顺流而下，想在当晚跑出长江，正碰上三营船队。战士们毫不畏缩，猛扑上去，对准这浑身铁甲的庞然大物一阵猛揍。敌人的军舰吃不住木船的火力，慌慌张张往铜陵方向逃窜了。后来听说，这只军舰还是没能逃脱覆灭的命运，在芜湖附近江面，被我第三野战军的炮火击沉。

沉沉夜色之中，我军后卫部队全部渡过长江，而后各部队相互协作，展开势如破竹的千里追击，开始了向全国尚未解放地区的大进军。

原载陈忠贞主编:《皖西革命回忆录·第三部·解放战争时期》，安徽人民出版社，1991 年，第 570～578 页。

鄂豫皖边区北线剿匪纪实

◎ 胡继成

　　1949 年 5 月上旬，我们第四野战军四十二军一二六师和兄弟部队在豫北拔掉了国民党军在华北的最后一个据点安阳后，继续向南挺进。南下途中，我师奉令留下，配合兄弟部队在豫东南及豫皖边区发动群众，剿匪反霸，建立人民政权，组织地方武装，开展新区工作。

　　此时，正值我各路大军继续渡江作战，蒋介石、白崇禧垂死挣扎，乘我无暇顾及新区工作之机，在大别山及其周围地区纠集国民党散兵游勇，收编乡保土顽、恶霸惯匪、反动会道门，封官加委，派遣特务进行控制，妄图在这一地区建立反革命游击根据地，开辟所谓的"第二战场"，开展"敌后游击战争"，以牵制我军正面战场的作战，伺机配合幻想中的"反攻"。

　　为加强对大别山区反革命武装的统一领导，白崇禧还派固始县籍的伪国大代表、原国民党军第 92 师师长、"华中剿总"少将高参汪宪及特务分子樊迅等 9 人，携电台 6 部，经武汉潜入大别山区，在金寨县七邻乡白水河成立"豫鄂皖边区人民自卫军"，汪宪任中将总司令兼"豫鄂皖边区行政委员会主任"，袁成英任副总司令，樊迅任参谋长。他们搜集匪徒，网罗民团，裹胁受欺骗的群众，将三省边区大小股匪拼凑成 14 个支队，约近 2 万人，活动在以金寨县为中心的三省边界十几个县境内。

　　股匪们尽管政治上都是反共反人民的，但各自为王，互存戒心，汪宪不能完全指挥和控制。但国民党政府却对他们寄予厚望，除派遣特务加强控制外，为给其壮胆打气，增强实力，还多次派飞机空投炸药、电台及报务人员，更增加了匪徒们"反攻"幻想。他们大肆抓丁弄枪、搜罗残匪、扩充各自山头，如冯春波、吴砚田两部即各由200余人扩充到700余人；匪徒们还疯狂地反攻倒算，袭击我政府机关和区乡武装，杀害干部群众，截击交通，抢劫民财，制造谣言，阻挠我们发动群众，破坏支前工作，气焰甚为嚣张。

我师进入指定地区后，即根据中共河南省第二次党代表大会关于以"剿匪反霸为下半年压倒一切的任务"及省委"关于剿匪组织问题"的决定，进行剿匪反霸。并于7月23日，与潢川军分区组织成立潢川地区剿匪指挥部，我任司令员，潢川军分区司令员熊作芳任副司令员，潢川地委书记刘毅任政治委员，一二六师政委何善远任副政委，统一指挥一二六师及潢川分区所属部队。为了加强对地方剿匪工作的领导，7月中旬又在乌龙集成立洪淮剿匪指挥部，一二六师副政委车学藻任指挥长兼政委，统一指挥三七六团、分区基干团及潢川、固始、息县的7个区武装。我师分遣至商、潢、固各县后，即协同地方部队开始清剿。但由于顽匪凭借地形复杂、环境熟悉的优势，采取游击战术与我军周旋，我军虽予敌人以相当打击，但未能给敌人以重创。如8月份在商城南乡对冯春波、吴砚田等股匪曾进行14次奔袭合围，仅俘匪营长以下头目9名，匪徒约百人。

为了稳定社会秩序，巩固地方政权，保障交通运输畅通无阻，大力支援前线，为民除害，上级决定用最短时间、最快速度，集中力量，配合行动，围歼盘踞鄂豫皖三省边界的匪特。1949年8月，在武昌召开第一次鄂豫皖边区剿匪工作会议，成立鄂豫皖边区剿匪指挥部，并成立中共鄂豫皖边区联合剿匪工作委员会，统一指挥三省边界剿匪。任命王树声同志任司令员兼政治委员和边区工委书记，梁从学任副司令员，何柱成任副政治委员。会议还确定采取"军事清剿，政治攻势，发动群众三者相结合"的方针，集中力量，密切配合，以半年时间肃清大别山区的股匪。

整个剿匪区域划为三片：东线剿匪指挥部设在金寨县麻埠，司令员梁从学，政治委员何柱成，所辖主力部队为第三野战军二十四军七十一师、皖北军区警备一旅和二旅；南线剿匪指挥部设在罗田县滕家堡（胜利镇），司令员傅春早，政治委员李庆柳，所辖主力部队为湖北军区独立第3师；将原潢川地区剿匪指挥部改为北线剿匪指挥部，设在商城南之达权店，我任司令员，何善远任政治委员，所辖主力部队为第四野战军四十二军一二六师及河南军区独立第六、七团。各线均成立中共剿匪工作委员会。

我们北线指挥部成立以后，对剿灭境内股匪7个支队的任务作了划分：一二六师负责围歼商城以南、麻城以东、史河以西地区的股匪5个支队；独立第六、七团及潢川军分区所属部队负责围剿洪淮、固始、霍邱、潢商之间的股匪2个支队；光山、罗山、新县、潢川县大队互相配合，负责围歼平原小股散匪。

我师进入指定位置后，即听取当地党政部门和随军工作队的介绍，初步了解了豫东南地区的匪情和社情。

大别山区匪患由来已久，具有匪、特、霸三位一体的特点，除以打劫为目的的一般惯匪外，还有土地革命战争时期由地主恶霸、土豪劣绅组织起来的反动民团，在国民党反动政府的扶持下，一贯反共反人民，长期和革命武装对抗，破坏根据地建设，迫害我地方干部和基本群众，杀害红军家属和我伤病掉队人员，贩卖妇女，手段毒辣，人民对其恨之入骨。豫东南著名匪首顾敬之，曾任国民党商城县县长，匪部长期盘踞在商城"亲区"进行骚扰破坏。1931年5月红四军曾集中主力对其围剿，红二十五军以及解放战争初期的皮定均旅也对其打击过几次，但终因部队忙于集中主力粉碎敌正规军的"围剿"，未能将其消灭，致使该匪得以残存，成为豫东南的一颗恶瘤，长期危害革命，残害人民。解放战争后期，顾敬之毙命，其部由冯春波率领，在国民党特务操纵下，通过地主恶霸、反动会道门强派壮丁，收集流氓匪徒以扩大反动武装，拥有5个支队，分别由冯春波、吴砚田、顾东郎、顾中莫、张继武率领。这伙匪徒十分狡诈，采用麻雀战术，常以百人一伙，三五十人一队；有时化整为零，分散活动，不易对付。他们凭借反动基层政权，实行五家联防，互相监督。规定"三不准"（不准接近解放军，不准给解放军带路，不准给解放军通消息），对所谓通共产党、解放军，知情不报者"全家抄斩"。致使广大群众不敢接近部队，不敢说真话。

根据河南省委确定的"集中力量、明确政策、发动群众"的剿匪方针，我们组织连以上干部反复学习，要求强化党的领导，大力发动群众，组织广泛剿匪反霸统一战线，以军事清剿和政治瓦解相结合，城乡清剿与反匪特相结合，一般地区清剿小股散匪与重点地区围剿股匪相结合的方法，展开全面清剿，推动了清剿工作的开展。

同时，我们还从上而下召开党组织会、干部会、政工会和军人大会，对指战员进行深入动员。为帮助大家认清形势，做好克服困难的思想准备，动员中还着重讲了彻底肃清土匪的有利条件和不利因素。

在战术运用上，决定首先集中优势兵力，突袭匪特重点地区，以歼其有生力量，打乱其指挥系统。为防止敌化整为零，与我周旋，予敌重创后，即穷追猛打，严密搜索，务求全歼。然后，配合政治攻势，摧毁反动政权，收缴匪枪，登记匪特人员，解散反动会道门，废除保甲制度，破坏其情报系统，彻底摧毁匪特的社会基础；严格执行"首恶必办，胁从不问，立功受奖"的原则，对股匪实行分化瓦解，以孤立匪首，打击首恶；派出大批工作队，深入群众做细致的宣传工作，把受蒙蔽的群众争取过来，以孤立匪徒，收竭泽而渔之效。

剿匪共分三个阶段进行：第一阶段为奔袭合围。根据北线匪情，划分两个重点清剿区，集中兵力进行围歼。遵照剿匪指挥部于9月5日实施以歼灭汪宪"豫鄂皖边区人民自卫军总司令部"总部为中心任务的联合围剿的部署：东线由六安、霍邱方向，南线由麻城、罗田、英山方向，北线由商城、固始方向，对敌盘踞的金寨及其以南地区实行分进合击。我师兵分两路，以三七七团奔袭南溪、蔡祠堂。得手后，直驱金家寨，配合兄弟部队围歼匪指挥部扑空，乃于次日回袭双河、皂靴河。于双河毙俘匪150余人，其中含营长1名；在皂靴河围歼匪第三支队，捉获其司令张继武，俘匪200余人。

以三七八团奔袭新建坳、新店、汤池，得手后即袭击北庙，共歼敌200余人。匪第六支队由新店向东逃窜，我三七八团分两路猛追，将匪包围，经10分钟战斗，匪支队司令顾中莫率250余人投降。此外师警卫连袭击金刚台，俘匪六支队营长以下20多人。我独立第六、七两团袭击高楼，歼俘匪第七支队200多人，当晚在固始附近击毙匪第二支队司令张连合，俘团长张兴禄、汪伯彦及以下200多人，营长张少芝等20多人投降。

各县大队也加强配合，注意堵截，防止东线股匪由山区向平原流窜。在清剿中活捉潢川、罗田、新县、商城四县匪指挥陈赞民、光山县长陈光华、团长李鸣之等30余人。著名悍匪岳岐山部也在固始祝家高楼被固始剿匪部队与皖北警二旅合围，受到重创，其部溃不成军，岳岐山化装逃遁。

经过一个月的清剿，共毙俘匪特1170人，包括一批匪首，缴各种枪支930余支、轻机枪11挺、小炮4门。

第二阶段，分区分片进剿追捕，以打乱匪特指挥关系，破坏匪特联络系统和情报网，摧毁其基层组织，歼灭成股匪特。

在我军突然有力的打击下，匪特惊慌万分，立即改变战术，时分时合，依靠高山密林，昼伏夜出，伺机伏击，避免与我军正面作战。匪变我变，我军随即采用划分区片，以分散对分散的办法。具体方法是在重点进剿区，以排为单位，占领要道、山垭口进行堵截；利用俘匪带路，深入匪穴，穷追猛打；白天看烟，晚间看火，跟踪追捕。必要时则集中力量，以对付股匪。

在我军事压力下，敌内部开始动摇，投降自首者日益增多，有的则插（丢）枪隐匿。为稳定内部，匪首们即加强控制，同时编造谣言，胡说投降自首和被解放军俘获的均遭杀头、活埋、抄家。致使不少打算弃暗投明的胁从分子，徘徊观望，甚至转向顽固。

为了肃清股匪，我们遵照三省剿匪指挥部10月上旬金寨会议关于剿匪工作应以政治争取为主，辅以军事打击的方针，明确宣布：胁从者不究，携械投降者有功，顽抗者坚决消灭。为揭露敌特谣言，对裹胁入股的俘虏，经教育后迅速予以释放，并发给口粮；选派贫苦出身的俘虏，经政策教育后，动员他们上山劝降；对俘获的小头目及一般匪兵不杀不关，集中到新建坳编队集训组织学习，促其觉悟，动员他们坦白交代罪恶，视其情节和态度逐一处理。这样一来，敌人编造的谣言便不攻自破，政策攻心动摇了匪军，他们有的下山自首，有的一时无法脱离也通过关系向我们悔罪，预留后路。

军事进剿则集中主力，重点打击冯春波匪部5个支队。冯原为顾敬之部属，狡诈成性，作恶多端，情况熟悉，横行该地区近20年之久。冯匪不除，群众思想有顾虑，给剿匪反霸、发动群众、巩固地方政权带来困难和阻力。为此，剿匪指挥部制定了由金刚台、飞旗山、葛藤山、北庙关，从东、南、北三面进剿，留出西面的望儿寨作为预歼地区的方案。经过5天时间的追剿，将冯春波赶至望儿寨，我军立即收网，将其团团包围。10月28日，我军对望儿寨地区开始全面搜剿，为加强力量，师直机关干部也深入连队，参加搜剿。冯春波等见势不妙，即向我搜索部队后方逃窜，企图从北面突围，在我军严密防范下，未能得逞。下午4时左右，被我搜索部队压缩在冯店螺丝畈一带水沟草丛里的冯春波及其亲信20余人，被我军发现，我搜索部队立即从四面八方压过来。冯春波，这个杀人不眨眼的刽子手在颤抖中被活捉，其余匪徒也都乖乖投降。整个第二阶段，北线共俘匪2500多人。

群众听到冯春波被擒的消息，个个喜笑颜开，奔走相告。为了震慑残匪，发动群众，指挥部决定将冯春波交付公审。届时，三四千群众挤满了设在冯店河湾的会场。当冯春波颤抖着被带上审判台时，愤怒的群众一拥而上：老太太要儿子，妇女要丈夫，更多的举起铁锹棍棒要向冯匪讨血还债。如果不是部队使劲劝阻，冯春波早被活活打成肉酱。公审大会后，将冯春波就地处决。消息传开，群众沸腾起来，敢同我们接近了，主动为部队带路，检举匪霸，规劝亲友自首投诚。

第三阶段，军事驻剿和贯彻党的方针政策，进一步发动群众，建立人民政权相结合。

在第二阶段，我军虽给股匪以决定性打击，但北线尚有顾东郎、吴砚田、岳岐山3个支队司令在逃。他们改变活动方式，插（丢）枪隐蔽，观望动向。山上，三五成伙的散匪，伪装成群众，砍柴烧炭，匪首则躲进高山石洞，靠伪装的匪徒暗通消息，传送给养；山下，潜回平畈的匪徒则利用宗族、亲友、会道门作掩护，致使匪民不分。

为此，部队采取清剿与驻剿并进的办法。担任清剿的部队，一旦发现匪踪，即长途奔袭或设伏捕捉，遇到敌情，一处打响，各处支援，聚而歼之；遇敌逃窜，即不怕疲劳，穷追不舍，务求全歼。

担任驻剿的部队，以连排为单位，分别进驻驻剿地区。小分队发扬我军既是战斗队又是工作队的光荣传统，一面深入调查研究，摸清匪情，解散匪特利用的反动会道门，控制可能窝藏匪特的地主恶霸，捣毁股匪的地下指挥机关，清查漏网匪特；一面积极帮助地方建立和巩固基层政权，要求做到清一块、巩固一块。

驻剿是清剿的深入，关键在于能否充分发动群众。指战员们严格遵守纪律，执行党的方针政策，一面为群众做好事，一面走村串户，深入群众，做细致的思想教育工作，组织开展诉苦运动，揭露匪霸罪行，开展反匪反霸反窝匪斗争。召开群众大会，讲清大好形势，以及我军消弭匪患的决心，以解除群众顾虑。对受匪摧残严重、缺粮断炊、赤身裸体的穷困户，则从清匪反霸的缴获中予以救济。在发动群众过程中注意物色对象，培养积极分子，吸收他们参加民兵和基层工作。认真做好匪属工作，政治上不歧视，生活上给予关心，认真交代政策，动员他们上山劝降。在发动群众的同时，抓紧区、乡政权的建立和巩固。当时沿淮不少乡的乡长均由部队连排职干部兼任，成立区小队，这样既能给刚发动起来的群众撑腰，保护他们剿匪的积极性，又为部队解除了后顾之忧。

群众经过反复发动和政策教育，认识提高，政治经济地位得到改善，开始焕发出强烈的政治热情。他们说：你们把压在我们头上的大山搬掉了，现在我们不怕了，敢讲真话了。他们不仅主动报告匪情，给部队带路，上山喊话，规劝亲友弃暗投明，而且配合部队站岗放哨，监视匪属及反动地主恶霸，盘查行人，控制山垭河口，断匪粮食，登记敌特人员，收缴零散枪支，剿匪变成了群众运动，大大孤立匪特，很快打开局面。

此时，我们对属于第一重点驻剿区的金寨县皂靴河、银沙畈实行分片清查，深挖潜匪，采取发动群众检举，或以匪供匪的方法做到准确无误，不漏一人。这样，许多隐蔽的匪徒被清理出来，少数漏网分子也纷纷到驻军和乡公所自首。

当第一重点驻剿区基本清理后，一二六师主力便及时转移至新店等其他匪部活动地区，集中4个营及师直一部，利用下雪之机，把守山口，控制通道，深入高山密林，对匪徒经常出没的峭壁、山沟、洞穴进行搜剿，发现脚印和行踪即跟踪搜捕，东西对剿；工作队则加紧做好村内群众工作，以堵截窜匪。仅三天时间，就在七十二拐的深沟岩缝里，活捉匪三支队司令吴砚田等30余人。并趁热打铁，对洪家大山、葛藤山、金刚台、飞旗山、望儿寨、北庙关等处反复交错搜捕，端掉匪窝，清查藏匪，发动政治攻势，孤立匪首，瓦解匪众，敦促其下山投诚。在我军强大压力下，匪徒纷纷向我军投降，小股顽匪不断就歼。12月初，在汤家汇东山活捉五支队司令顾东郎等40余人。

独立六、七两团及分区所属部队，在固始、霍邱的剿匪中也歼灭匪徒300余人。到12月初，北线共歼匪5500余人，匪7个支队司令除岳岐山在逃外，就有2个被击毙，4个落网。

剿匪工作虽已取得很大成绩，但各地漏网散匪尚有约3000余人，剿匪任务仍很艰巨。这时，上级指示要在已取得胜利的基础上，深入动员部队，继续发扬吃大苦、耐大劳和连续作战的作风，一鼓作气，争取 12 月彻底清除匪患，让人民群众安心过上个太平年。为此，一二六师除对已基本肃清匪患的南溪、新店两地加强巩固外，将三七八团主力移驻望儿寨以西、北庙关以南地区剿匪。河南省委和军区划定潢（川）淮（滨）及霍邱以西、潢川以东、固始以北地区为重点，由独立六、七两团和商城、固始、潢川县大队进行重点清剿。罗山、新县大队着重肃清本县境内散匪，也可越境追捕。

由于全国解放已成定局，地方政权普遍建立与巩固，充分发动群众，政策深入人心，在实战中已总结出一套行之有效的剿匪战术和政治攻势经验。而匪特方面，其指挥系统已被打掉，匪首大部就擒，匪窝被端，加以大雪封山，饮食无继，山上山下皆无法立足，在我军事清剿与政治攻势的强大威力下，残匪受到震慑，穷途末路，士气崩溃。仅仅十几天内，被我军追捕歼灭，群众检举揭发，投降自首的匪特就达 2300 余人。北线自剿匪以来，共毙俘降匪特共约 11078 人，缴获步枪 8113 支、手枪 346 支、迫击炮 2 门、六〇炮 4 门、轻机枪 112 挺，还有部分刀矛。

在党委统一领导下，地方政府和广大群众的支持配合下，经过北线指挥部所属部队的努力，在半年时间内，基本完成肃清大别山北部和豫东南平原匪患，发动群众，建立人民政权的光荣任务。多年来受反动派和匪祸欺凌的广大群众终于扬眉吐气，过上舒心日子，他们载歌载舞，欢庆胜利，许多人激动地高呼：毛主席万岁！共产党万岁！

遵照上级指示，一二六师于 1950 年 2 月底将俘虏移交地方处理。在新建坳举行了剿匪祝捷大会，潢川地委及商城县的领导同志出席大会并讲话，向部队颁发了剿匪奖章。3 月，我们师在完成剿匪任务后，告别了大别山老区的父老乡亲，由信阳车站乘车北上，踏上了新的征程。

原载陈忠贞主编：《皖西革命回忆录·第三部·解放战争时期》，安徽人民出版社，1991 年，第 579～589 页。

生擒匪中将司令汪宪

◎ 陈先达

1949 年 9 月初，我按照东线剿匪部队二一三团党委的决定来到一营三连工作。三连是个加强连，配属二营，驻剿在金家寨西南帽顶山一带。

"副教导员，汪宪这家伙就潜伏在帽顶山。前天晚上，我们从匪报务员口供中，获得了这个情报。"与连队干部见面后，三连连长李桂华便兴致勃勃地向我报告。

汪匪担任过国民党的少将师长，1947 年被我们俘虏过，后逃至汉口。1949 年六七月间奉白崇禧之命，带着豫鄂皖边区人民自卫军中将总司令的头衔，伙同一些特务头子，潜入大别山区，企图以金寨为中心，建立"第二战场"，做反共复辟的美梦。我们早就想缉捕汪宪，因为消灭了这个中将司令，匪特群龙无首，就容易被各个击破。因此听到李连长的报告，我也极为兴奋。

根据匪报务员口供，得知附近有个匪参谋段长胜，最熟悉汪宪的情况，但这家伙一入山就躲起来了，到哪去找他呢？经党支部研究，决定一面加紧清山搜索，一面进一步发动群众，寻找线索。

一天上午，连部刚移防新的驻地，通信员就领着个十五六岁的"小放牛"来了。由于跑得太急，这孩子上气不接下气地说："昨晚上，我放牛回家，碰上段长胜的爹，提着一篮子饭菜上山，怕是给段长胜送饭去的。"这真是踏破铁鞋无觅处，得来全不费功夫，我高兴地拍着孩子肩头，又问了一些情况。

送走"小放牛"，室内顿时活跃起来，大家喜笑颜开相互议论。排长周小贵把帽子向后脑勺推了推，激动地说："副教导员，这任务交给我吧！"我同意后交代了几句，他便领着几个战士快步走了。

不多时，门外传来周小贵粗声大嗓的呵斥："快走！快点！"周小贵抓来了段长胜的父亲。这老家伙矮矮胖胖，一进门就哭丧着脸说："长官，饶了我吧……"

"不要耍滑头了，把你的儿子交出来！"我厉声地说。

"长官，他早走了，实在不知他在哪儿。"老家伙装着一副无可奈何的样子，同我们打起了太极拳。

我知道他在跟我们玩花招，便严正地向他交代了党的政策，指明其出路。经过教育，他感到大势已去，不得不低头认罪，把他儿子的去向说了出来。我们迅速缉拿了段匪，经突击审讯，他交代他仅仅是外线联络，至于他和汪宪的联系，都要通过汪家冲的地主汪建堂。

为了争取时间，我和李桂华亲自率领一部分人，前往汪家冲。中途遇见一个瘦老头，一双老鼠眼，不住地眨动着。周小贵赶前一步问："老乡，汪建堂家住哪儿？"

老头听了，神色有些慌张，连忙说："汪建堂是个好人哪，你们找他干吗？"

李桂华同志立刻警惕起来，心想：替汪建堂帮腔的，一定不是好货。便向周小贵同志丢了一个眼色，就转过话来："是啊，正因为汪建堂是个好人，才找他有事。你知道他家吗？"

老头沉不住气了，结结巴巴地说："就，就在前……前面。"说着扭头就想溜。周小贵一把拉住他说："给带个路！"这时，老头浑身犹如筛糠，脸煞白，小声地哀求说："长官，就……就在前面。我还有急事，放我走吧！"听了这话，周小贵越发怀疑这个老头，不但不放他走，还推着他向前去。

到了汪家冲，庄头上便挤满了老乡，一个个交头接耳，叽叽喳喳，可脸上都泛着惊喜的神色。一打听，老乡们不约而同地指着带路的老头说："汪建堂不是让你们给逮来了！"战士们兴奋地相互望了望，周小贵拔出手枪，大声说："嗬，原来就是你呀！"

这个老奸巨猾的家伙，暗地勾结汪宪，为非作歹，民愤很大。李连长便严肃地对他说："汪建堂，你是恶霸地主、土匪头、地头蛇，罪大恶极，你知道吗？"汪建堂一听，面如土色，像个泥人立在那里，连大气都不敢出。李连长接着说："我们的政策你是知道的，要宽大，就要立功赎罪。"他听了，捣蒜似的点头，供出了他和汪宪老婆如何联络，以及交代了匪婆的住址。

战士们听说找到汪宪的线索，一个个精神抖擞，押着汪建堂，一口气翻过几个山头，来到狮子口山顶上，汪建堂指着半山腰松林里一个低矮的茅棚，说："那就是。"

战士们飞快地包围了茅棚，周小贵等闯了进去，屋内烟雾缭绕，昏昏沉沉，在灶口坐着一个皮肤黝黑的烧火女人。

周小贵厉声喝道："什么人？"这突如其来的喊声，像晴天的一声霹雳，把那女人给吓住了。但她很快地又恢复了镇静，迎上前来，嘴里"啊啊"乱嚷，两手不自然地比画着。怎么是个哑巴？周小贵仔细地打量着她，哦，原来脸上抹着黑灰，和颈脖里露出的白嫩皮肤很不相称。

周小贵心里有了数，嘲笑她道："哑巴装得不像吧，汪太太！"这时，汪建堂也被押了进来，她才如梦初醒，于是屁股坐在地上，披头散发，天地爷娘地嚎叫起来。汪建堂无可奈何地对她说："汪太太，山上待不下去啦，你就说了吧！"

汪宪老婆一听，越发哭得凶了。周小贵把帽子向后脑勺一推，手一挥："再闹就把她带走！"两个战士一把将她拖了起来，她这才不敢大声哭嚷，只是低声抽泣，一句话也不说了。

周小贵火了："你放明白点，宽大是有条件的！""你说不说？"战士们怒吼着。

那女人见势不妙，无可奈何地提出："长官！对汪宪不打、不吊，给饭吃，我就……"

"优待俘虏是我们一贯执行的政策。"李桂华严正地说。

周小贵接着紧紧追问："人在哪里？"

"在，在山洞里。"她吞吞吐吐地说着，又转身对汪建堂，"你……你领他们去吧！"听说知道了汪宪的藏身之处，战士们一个个浑身是劲，像离弦的箭，直奔山林。

汪宪躲藏的地方，是一个狭长的山谷，冷森森，阴沉沉，悬岩壁立，瀑布直泻而下，水花四溅，激起巨大的回响。汪建堂指了指瀑布后面的石洞，战士们会意地迅速闪在峭壁边和石洞旁。

洞里寂然无声，我们要汪建堂喊话，汪建堂便对着洞口大声地喊："汪司令，汪司令!"

"妈的,再叫毙了你!"洞里传出了骂声。

"汪司令,有事找你呢!"

"啊,是建堂。"洞里一阵嘈杂,两个家伙钻出洞来。

"举起手来,缴枪不杀!"战士们愤怒的声音震慑住了两个匪徒,一个乖乖地交了枪,另一个正想举枪顽抗,被周小贵飞起一脚将枪踢落,二十响的快机顶着他的胸膛,那小子哪敢再动弹。这时洞内向外面胡乱地扫射,妄图顽抗。一个战士闪到洞口,大声喝道:"你们跑不了啦,快把枪扔出来,我们优待俘虏。不然,老子要扔手榴弹了!"这一着真灵验,枪,一支支扔出洞口,藏在洞里的10个土匪,一个个爬了出来,最后出洞的就是匪首汪宪,他细长的个子,罩着件黑色长衫,头发蓬松,苍白的脸上挤出不自然的笑容,点头哈腰地说:"弟兄们,我早就打算下山投诚啦!"一边举起了双手。

在捕获汪宪的同一天,匪副司令袁成英、樊迅等匪首也被兄弟部队捕获。国民党吹嘘的"第二战场"也就随之烟消云散,成为自欺欺人的画饼。10月2日发出了胜利的《捷报》,向豫鄂皖三省人民宣告:"9月30日,在帽顶山与狮子口山之间的一个山洞内,活捉鄂豫皖三省人民公敌,大别山两大最高匪首,匪鄂豫皖人民自卫军汪宪司令(中将)及副司令兼第一支队(即立煌支队)司令又兼立煌县长袁成英,并缴获军用指挥电台一部……汪、袁两匪此次被我活捉,实为我三省人民除了两大害,亦象征着大别山匪特基本上宣告灭亡,残余散匪次要匪首的彻底消灭的日子已近在眼前了。"

(陈道荣　整理)

原载陈忠贞主编:《皖西革命回忆录·第三部·解放战争时期》,安徽人民出版社,1991年,第590～594页。

霍邱剿匪记

◎杨 健

一

  霍邱县的匪患历来就十分严重。霍邱县位于安徽、河南两省的接合部，南临大别山脉，丘陵起伏；北接淮河，河汊湖泊交错，东西两湖紧靠县城，这些极易于土匪特务的隐匿与活动。解放战争时期，在国民党反动派的收编下，土匪已成为官匪，形成官匪合流了。

  霍邱匪特大体由三方面组成。一是岳（岐山，外号岳葫芦）、屠（纪周）、凌、（致和，外号凌傻子）、陈（华先）四大股匪，近2000人，不仅有长短枪，还有机枪，实力雄厚。岳岐山匪众500余人，起源于河南潢川、固始，发展到霍邱的西乡白大山，长期活动于两省交界的各县；屠纪周有匪众400多人，以霍邱、颍上交界的屠家湾为巢穴，长期活动于霍邱西乡和淮河两岸；凌致和有匪众400余人，窝于城西湖月牙滩，长期活动于颍、阜等地和霍邱西乡，因而群众称"岳不离山，屠不离湾，凌傻子不离月牙滩"。二是散布在全县各个角落由散匪和土棍组成的中小股匪，约达百余股，3000余人，有长短枪等武器。如南乡的熊大典、赵光汉、赵丙生、杨傻子、郑克义，中部地区有余八、王金花，西乡有万瘟子、曹小孩、陈西璜、小龚八，北乡的陈继康、方大彬、陈西彬，东乡的牛伯均、汪立中等。三是地方上原来8个联防区的乡保武装，如伪县长管笃生、三青团主任朱援五、县参议王祥等。这些人后来有的就依附于岳、屠、凌、陈。综合上述，霍邱股匪和散匪约5000余人。1947年我刘邓大军南下时，国民党政府即采取公开收买和扶植股匪和逃亡的地主武装的办法，将其建成国民党军的别动队，对我革命政权和根据地进行骚扰破坏。其做法是收编加委任，如国民党霍邱县县长，武汉（国民党政府）就采取收编形式，委任岳岐山为第四大队长，利用土匪力量反对共产党。1948年，国民党霍邱县县长王瑞麟对岳岐山无法控制，呈请安徽省保安司令部批准，重新对岳匪进行改编。委任黄埔军校学生刘纪渊为团长，岳、屠、凌三人分任一、二、三营营长。各中小股匪与地主豪绅之间也予以效法，互为利用。同时发展匪特武装，组织地下军，阴谋暴乱；乘混乱状态，拉找旧关系，威胁旧人员，搜罗民枪和逃亡匪首，发展股匪。霍邱大小匪首被岳搜罗200余人，其中委任为大队长和支队长以上者就有60余人。

土匪的活动方式是时而隐匿，时而集中，当我们进入霍邱时，他们闻风而逃；当我们侧重打击区乡保武装时，他们突然出现，乘机作乱；当我们对其给予军事打击时，他们分散隐匿，插枪埋枪，一旦时机有利，又扒枪为匪。

二

我们的剿匪斗争策略是随着形势的发展和匪情的变化而变化的。霍邱是开辟的新区，对土匪还不能全面清剿，而是采取政治攻势结合军事打击，集中力量打击最反动的国民党土顽武装。1948年初，在高塘集把霍邱西区联防队歼灭，俘获20余人。这年旧历四五月在丰河桥把霍邱县保安大队1个连消灭，活捉副官1名，士兵20余人。8月15日前后又在桥沟集，打垮了固始的1个保安团，歼灭1个连，缴机枪1挺，俘获40余人。我们又对股匪进行了分析，采取区别对待的方针。当岳岐山尚未公开投靠国民党时，我们对其采取孤立的方针；屠纪周投靠国民党县长较紧，则坚决打击；对散匪，除罪大恶极、民愤较大者外，一律采取教育的方式，具结悔过准其回家为民，防止他们再投靠股匪。但是对敌探和欺压群众的土豪及匪首则坚决镇压，如1948年2月15日到4月15日，共镇压了匪首、敌探、土顽124名，这对开展工作、发动群众起了很好的作用。

随着政权巩固，形势好转，1948年12月县委在李家北圩召开会议，分析形势，做出了剿匪决议，提出首先以剿匪安定社会秩序为中心，积极发展人民武装，进而摧毁乡级反动政权，肃清残匪土顽。1949年2月县城解放后，县政府、指挥部便联合发出布告指出：一切土顽土匪，携械投诚，本着宽大精神，准予回家安业；罪恶重大者，如能率众来归，从轻免于究办；坚持反动，顽抗到底，坚决消灭，首恶严惩，协助缉拿匪首者奖。对全县人民不分穷富，凡不通匪、藏匪、庇匪者，一律加以保护。

开展剿匪后，全县有1000多名顽匪向我们投诚，收缴各种枪支600余支。但敌特又转变了方法，由集中到分散，由武装对抗到伪装打入内部，阴谋暴动。1949年3月孟集区收编的区队副张文藻（原国民党乡警卫股主任，区常备队分队长）在敌霍邱县县长管笃生和三青团主任朱援五、匪首岳岐山的主使下，勾结了敌孟集区区长陈铁铮、刘李乡乡长王济民、国民党孟集区分部书记孟福村和孟集乡乡长徐文中，密谋策划利用打入我区政府的刘怡甫，串联了混入我区队内的原乡队士兵5人于3月8日晚在陈铁铮等人指挥下发动叛变。张文藻首先闯入通信班，抢走冲锋枪，打死我区队指导员庞文相同志及排长、机枪射手、班长、老战士共11人。继之突入区委副书记郝利钧、副区长梁景勋的住处。这时郝、梁等同志闻枪声惊起，发觉区队叛变就开枪还击。我驻孟集的部队也闻讯赶来。张文藻看抵挡不住，就裹胁士兵18人，带机枪1挺、冲锋枪1支、长短枪20余支逃窜。3月15日张犯又窜回袭击了我区政府，抢走仓库粮食百余石，与陈铁铮、王济民公然在王家圩子成立反共团，陈任团长，王任副团长，张文藻为二营营长，妄图逃到大别山和岳匪合股。后被击溃，张只身逃至颍上县，被我军俘获。

3月9日，霍邱县最南方的大顾店乡也发生叛变。该乡2月16日解放，由江应术同志负责建政。由收编的原叶集区联防中队队长汪泽东任乡长，原保长朱亚民、易乾三任正、副队长，把原乡队19人扩充到28人后成为我方乡武装。不久县委派去杨指导员、张子安等同志。3月9日汪泽东在管笃生派匪10余人接应下，发动了叛变，打死我方江应术等干部3人，带走乡队28人，枪32支。叛变后汪投入岳匪，当了副营长，后在我剿匪中被击溃。

3月13日，长塘梢区队叛变。此次叛变使我方遭受损失最重，打死我区长、区委书记及其他干部、战士 32 人。这次事件仍然是管笃生、朱援五、岳岐山策动的，由新收编的区队副赵秉生（原岔路口敌区联防中队队长）和众兴乡乡长秦炎（原敌联防分队队长）、长塘梢乡乡长曾沛林（国民党区分部书记）发动的。叛变前赵等早有预谋，频繁接触。2 月底，接到朱援五密令，诡称解放军已退至合肥，必须抓紧发动，要赵秉生负责攻打区政府和长塘梢乡政府，秦炎攻打众兴乡队。3 月 12 日岳岐山派匪 18 人埋伏在何家仓，13 日潜入区政府周围院内，这天正逢下雨，区队指导员刘海江同志奉命与赵秉生带 3 个班出发至岔路口，当晚赵秉生乘其不备将原收编士兵 10 人和机枪 1 挺偷偷带走，赶往区政府与岳岐山派来的匪徒里应外合发动了叛变。我留守区政府的 4 个班和区政府人员除徐副连长、夏慎修等 4 人逃出外，其余均遭杀害。区长吴建仁不幸牺牲，同时被抢走机枪 3 挺、步枪 40 余支。众兴、洪集两个乡合编的联防队 23 人也被秦炎带走，投往岳匪。

为此，县委做出了剿匪与整军的决议，对收编之敌顽武装进行整顿。适当集中武装力量，将各区武装力量分别放到河口、石店埠、李家圩、潘店、县城等处，每处分设 3 至 4 个哨点，构成有机动的联系，抽出兵力实行机动奔袭清剿。

在鄂、豫、皖三省实行联合清剿期间，县政府先是于 8 月发出命令，动员民工 470 多名参加大别山剿匪斗争。接着于 9 月又发出通知，指出："我各路大军正以秋风扫落叶之势，团团包围大别山，顽匪闻风四散，又窜回平原，号召大家动手捉拿散匪，活捉岳葫芦。"接着，根据皖北军区、行署和地委、军分区联合布告精神，采取了集中时间，集中力量，紧急动员配合大别山的全面清剿，提出了"不准岳葫芦从霍邱跑掉""捉尽匪首，起尽匪枪，根绝匪患"等口号，发动群众村村站岗盘查，处处追缉堵截，日夜防匪捉匪。农协会员，田里做活带武器，匪到即报，见匪就捉，形成人人捉匪报匪的热潮，同时争取以匪剿匪，号召自首土匪，提供土匪线索，立功赎罪。致匪众纷纷投降缴枪，经过集中清剿，共俘获、打死匪首 253 名、匪众 3119 名，缴获长短枪 2200 余支、机枪 8 挺、各种子弹 3.9 万余发。

三

1949 年二三月份，岳、屠、凌股匪于国民党军队在全国战场上不断溃败的形势下，走投无路，被迫假投诚。收编后，匪首对我们一直怀有戒心，只让其亲信屠家风、耿相阁、薛九香、张广友等人和我们联系，并阳奉阴违，不听指挥，继续抢劫、奸淫，群众反应很大。为了取信于民，县委书记杨杰和县长张瑞符先后找其谈话，责令其悔改，未见成效；又在薛家圩子召集匪众百余人进行训话，耐心教育，他们回去毫无收敛，仍继续作恶，危害群众。县委研究决定，必须采取果断措施，以武力解决。

一、奔袭屠家湾。3月底，我们侦察到该部在屠家湾等地活动，踞守于西湖与淮水之间，对我们实行武力剿灭极为有利。经过周密研究部署，由指挥长熊家林率两个连顺西湖沿岸秘密绕道陈嘴子，县长张瑞符率一个连秘密插到王截流，拂晓前由西往东首先发起攻击。土匪们惊慌失措往东跑，遭陈嘴子方向截击，他们只得狼狈地跳进了淮河和西湖。因水深难逃，俘匪180余名。周集区队在薛集一带也俘获了屠家风等残匪数十人，只有屠纪周落荒而逃。这股土匪作恶多端，广大群众无不刻骨仇恨，为了平息民愤，将屠纪周的亲信屠家风等罪大恶极者在周集公开处决，大快人心。对一般匪众经教育后释放，不准再做坏事。

二、活捉凌傻子。1949年2月，我军解放霍邱县城不久，城内秩序尚未完全稳定，县委、县政府、指挥部等大部力量都集中在河口集，忙于支前工作，城内只有公安局局长张学信和指挥部参谋长吴明学带领二连的两个排和公安局两个班，共百余人守城。岳、凌股匪于8月17日拂晓乘隙偷袭霍邱县城。事先由土匪头子马成九、孟国凡（副参议长）、赵锡九（敌区区长，"六立霍清剿"指挥官）在五里墩密谋策划后，凌匪从北湾方向前来，于16日晚秘密潜入城内，分别隐藏在城隍庙等地，首先策动了我指挥部收编人员孟班超（孟国凡之侄）叛变。17日拂晓，孟打死我指挥部站岗的班长王和平同志并砍断通往河口集的电话线。接着一部分匪众假装卖菜的从北门涌进，另一部分伪装打架的企图闯进公安局。幸被及早发觉，土匪几次试图翻墙，均被打退。指挥部在吴明学指挥下，也紧闭了大门，未被冲入。土匪又企图冲进城关区政府，又被区队和公安区员宋学昌打退。中午12时左右，情况基本搞清，首先由指挥部参谋长吴明学率队出击，土匪开始混乱而逃。公安局局长张学信、队长邓士云等也率队出击，由南往北打，土匪往北逃窜。我们又侦察到一部分土匪隐藏在西门口一家烧饭吃，当即包围，活捉土匪13人。岳岐山等从三流集方向赶到黄泊渡，见凌匪败退，未敢前来。当晚县政府等机关临时撤往师范王家圩子内固守，并在城内准备大量碗筷，终夜忙碌，造成大军将要来临之假象以麻痹敌人。次日下午指挥长熊家林和县长张瑞符派两个连来城稳住了局势。

后来，凌匪又窜回颖上半岗区一带。我们配合了阜南、颖上等地人民武装将凌匪挤到水上全部消灭，活捉了凌致和，群众无不欢欣鼓舞。

三、消灭岳葫芦股匪。1949年4月，我大军胜利渡江，占领了南京，宣告了国民党反动派的覆灭，皖西地区开始了全面剿匪反霸斗争。岳岐山被我军收编又叛变后，被匪首汪宪收容，委任为淮河挺进支队司令，拼成6个大队2000余人。1949年4月5日窜回叶集时被我军重挫，活捉50余人，缴获机枪6挺。1949年8月我大别山全面清剿开始，使其受到严重打击，剩下600多人窜回霍邱，企图依靠老巢负隅顽抗。9月8日岳岐山、王祥、管笃生等率领匪众窜至白大畈被我军重创。岳等慌忙将原3个营拼凑成一个加强营，岳自带加强营150人，其余分成6股计划隐藏。匪部窜至叶集又被我军重创。后窜至高店打死我乡长王协同志，抢劫粮库一座，又窜至石庙，打死我一乡长妻子。9月13日，窜到赵家河沿一带隐匿。其先头匪部20余人，偷宿我陡岗乡附近村庄，这些匪徒由于连日疲于奔命，困乏不堪，一进村就呼呼大睡。一农会会员借挑水之机报告了区乡政府。经河口区政府率队包围，全部俘获，缴枪10余支，其中，匪首邵老猫是打死王协的凶手，押解至高店公开处决，为王协同志祭奠追悼。

隐居在赵家河沿的岳匪无处藏身，于9月17日又窜回茶庵山下隐匿，袭击了我军组建不久的四连。因该部大都是新兵，兵力不足，被突然袭击，虽猛打猛冲，但陷于敌阵，遭受严重损失。县剿匪部队闻讯赶到，于9月18日在皖北军区警二旅配合下立即追剿。岳匪因习惯于山区活动，不敢北去，遂向西逃，又被固始剿匪部队堵截。后因洪水上涨，岳匪众淹死一部分，被毙伤一部分，至此全部遣散。我军缴获机枪4挺、长短枪50余支、马1匹。

溃散之残匪分别由土匪骨干贾仲权、易茂生、熊大兴等收拾起来，潜于霍邱东乡和龙潭寺一带活动，岳岐山与其爪牙万瘪子、曹小孩等化装成麻贩子逃往淮北。特务分子岳匪参煤长白云亭带两匪化装东逃，一天，逃至陡岗乡的王店子附近，被群众在田里做活时发现，立即进行盘问。其中两匪徒唯恐被捉，拔腿就逃，而白匪仍故作镇静,大摇大摆地往北走,企图蒙混过关。但警惕的群众早已发现此人的马脚,衣帽不称,高高的个子,又白又胖,不像劳动人民,遂当场抓获。狡猾的白犯乘人不备将手枪扔掉。正巧马陈乡乡长郑善初同志率民兵巡逻到此,立即集合全乡民兵百余人聚拢而来,将白犯押送河口区政府。经河口派出所所长粟秀岩同志审讯并找伪人员核实确系白云亭无疑。朱援五走投无路,于9月派人到岔路乡找其亲戚同学打探消息,被我岔路乡政府发现,查获朱援五找枪的信一封,遂将枪搜出,并派人到山里将朱捉回。不久,管笃生也落入法网。1951年春节前,我公安机关在九〇师二六九团二营四连的配合下于寿县板桥附近将匪首岳岐山捕获。

原载陈忠贞主编:《皖西革命回忆录·第三部·解放战争时期》,安徽人民出版社,1991年,第595～603页。

英山解放战争中的三次战役

◎ 王兴发[①]

  英山解放战争,从 1947 年 9 月 7 日我军进入英山开始,到 1949 年 3 月 20 日解放英山县城结束,前后共计一年半时间。整个战争阶段,至少有一大半时间是处于敌强我弱的状态下,因此,战斗十分频繁,环境十分艰苦,几乎天天要行军打仗,大小战斗不下百次,关键性的战役则有 3 次,给我的印象很深,至今难忘。

  在刘邓大军进入大别山以前,我和易鹏同志带领一个支队,在大别山坚持游击战争,我任支队长,易鹏任政委。刘邓大军挺进大别山后,我们遇到了亲人,就把带领的那支队伍交给鄂豫军区第五军分区(分管蕲春、黄梅、广济、英山四县)领导。区党委任命易鹏为五分区地委副书记,任命我为英山县大队指挥长。我是 1947 年 11 月 22 日到达英山的,那时正是刘邓大军打了高山铺这一大仗之后,大军准备开到淮河以北到中原去作战,如何坚持大别山的游击战争,上级有了新的安排。我去英山时只带了一个掉队的四川兵,叫他扛了一挺在战斗中缴获的日式歪把子机枪。这时英山县委书记是谭扶平,委员有程贞茂、欧阳章,不久又来了李方炎、曹鹏兴。县大队还没有成立起来。我去了以后,抽调了十几个战士组成一个班作为骨干,正式成立了县指挥部。当时全县的武装力量不算少,刘邓大军第六纵队五十三团留下了 1 个正规营(三营),由王力勇副团长指挥;第二纵队四旅留下了一个教导队

---

① 王兴发,1947 年 11 月至 1948 年 8 月任英山县军事指挥部指挥长。

七八十人，由刘勇带领；刘邓大军汽车大队留下一个警卫排，由王家尧带领；还有各区的区干队各有二三十人不等；大部队几次路过英山时零零星星留下的干部、战士，以及病号、彩号、掉队人员等有几十人；当地参军的新战士也有几十人，加起来大约有六七百人之多。但这些力量，大部分散在各处，尚未很好地组织起来，指挥也不统一。正在这时，敌人的大"扫荡"却开始了。

"扫荡"前夕，地委发来通知，要我们做好反"扫荡"的准备工作，县委会当即讨论应付办法。会上有两种意见。一种意见是"区不离区，县不离县"，就地坚持。我和程贞茂认为就地坚持要受损失，不如跳出圈子，在大范围内机动。当时大家各持己见，意见未能统一。1948 年 2 月 26 日，敌七师（广西军）从县城出发，沿西河北进，我和谭扶平率领县政府机关人员及西河几个区的武装六七十人，转移到英罗交界的大山火炉尖。我从山头远远望去，只见山沟里黑压压的全是敌人，望不到尽头。我心想：不好，凭几十条枪怎能对付这么多的敌人？转眼间，敌人上来一个营，我紧紧抓住手下的一个班，一挺机枪，和敌人对战了一阵，就向罗田方向撤走。谭扶平同志在战斗中英勇牺牲，人员全被打散。这次战役，因为敌我力量悬殊，又未采取灵活机动的战术，因此吃了败仗。

谭扶平同志牺牲后，地委调易鹏来主持英山工作。这时英山的局面急剧恶化，县乡"自卫队"空前猖狂起来，到处袭击我工作队，逮捕我零星外出人员，屠杀我伤病员。县委会开会讨论当前形势和应急办法，一致认为，如再分区坚持，各自为战，分散力量，势必被敌人一个个吃掉，应该立即改变战斗方式。决定将全县人员集中起来，统一编制，统一指挥，统一行动，采取五师时期打大圈子的办法，不受区界县界省界的限制，敌人正规军来了就走，敌人走了就回，走到哪里，打到哪里，宣传到哪里。这时，五十三团三营已回军分区，分区另派了五十一团的一个排来英山，改编为一连。又以原指挥部的一个班为骨干，集中各区的零星战斗人员编成一个连，命名为三连。刘勇领导的教导队，改称为二支队。县区干部集中编成个连，称为七连。共计 3 个战斗连，1 个干部连，加上县委指挥机关，全部人马三四百余人，正式组成了英山县大队，我任指挥长，刘瑞年任副指挥长，易鹏为政委，曹鹏兴为副政委。

我从抗日时期开始，一直在大别山区坚持游击战争，地形、道路、村庄相当熟悉，对敌人的作战规律摸得也比较准。我的作战方法是打大圈子，避开敌人正规军，来打地方小土顽。在 2 月大"扫荡"以后的几个月里，敌人的大部队虽已撤走，但还留下两个正规营死死盯着我们，我们走到哪里，他们就跟到哪里，要甩掉他们可不容易。5 月下旬，这两个营跟到张家嘴，我们转移到西界岭，和罗田、金寨两县的县大队会合，彼此交换了情报。我劝他们赶快转移。吃过晚饭，我们连夜向东走，罗田、金寨的队伍向西转到金寨的前后畈。由于情况不明，正好钻进了敌人的包围圈。敌人那两个营兵分两路：一个营直插到天堂寨脚下，由北向南压；另一个营由南向北包抄，前后夹击。两个县的武装力量处于被动地位，损失严重，基本上被搞垮了。而我们一日夜行军上百里，转到安徽岳西县境，终于把敌人甩掉了。

敌人没有抓住我们，当然是不甘心的。我们在岳西住了七八天，探听到英山已无敌踪，又折回英山西河石头咀。住了一天，就转移到石头咀以北的桃花冲。部队长期行军，实在太疲劳了，就在此多住了一夜。我估计敌人会来袭击，6 月 3 日拂晓前，就派了侦察班向石头咀方向侦察。侦察班走的是小路，不料敌人沿西河大路上来，双方没有碰面，因而没有及早察觉。我晚上一直睡不着。天蒙蒙亮，又派张言玉领一个班去侦察。不料刚一出村，就碰上了敌人，小张当场牺牲。战斗一打响，我一听到枪声，就感到情况严重，"自卫队"是不敢来打的，来打的必然是正规军，而且人数不会少，我一出村，就看到西边山梁上大股敌人冲上来，手里端着明晃晃的刺刀，来势凶猛。我下令叫刘勇带二支队抢占东边蔡家畈那条山梁，又抓住一连排长傅山说："你不能走，快给我打。"傅山领一个排，迅速架起两挺机枪，向敌人扫射，挡住冲上来的敌人。我们占领了东边的那条山梁后，我就指挥一连的另一个排，向北边篓子石方向前进，打算转到和安徽交界的那座大山上去。正在这时，我的通信员去一家茅屋喝水，听那家大娘说，昨夜过了一夜的兵，抬了机枪、小炮，牵着骡马，总有几百人，向篓子石上去了，还把她的儿子抓去当向导。她劝我们千万不要上去。我听了这个情况，又向周围查看了一下，发现山顶上的野草被踏倒，踩出一条一米来宽的新迹，又看到沿途有新鲜马粪，相信这个情报是确实的。于是马上叫通信员，把已上到半山的一连那个排叫回来。当时的情况是：西边沟里的敌人已经冲到半山，北边篓子石方向有敌人埋伏，只有东边山沟纵横，是一条出路，估计在那儿不会有敌人埋伏。我立即下决心，叫二支队开路，直下大坳沟，经伍家冲，涉过东河，登上朱家山。一口气急行军 30 里，才把敌人甩掉。

这一次包围我们的仍然是广西军的那两个营,加上县"自卫"中队和各区乡"自卫队",不下千人,他们兵分两路,一路从西河正面出击,一路从东边侧背上山,又想来一次前后夹击,把我们一网打尽。假如东边那股敌人,不上篓子石,而布置在蔡家畈的那条山梁上,我军确有全军覆没的危险,所以说这是一场险仗。对敌人来说,这是一次重大的失误,主要是敌人没有摸清情况。我们从石头咀转到桃花冲,当夜又向北转移了三五里,起了迷惑敌人的作用。敌人不知道我们宿营的具体地点,只是估计在那一带,因此只能布置较大范围的包围圈,不能搞小包围圈,这就给我们留下了空子。加上敌人熟知我军行军规律,一旦打响,必定向高山转移。由此,他们就重兵布置在叶家山篓子石一带,等待我们上钩。我们没有上当,是由于那位大娘提供了情报,民心向我,这是胜利的根本。这一仗,我们原本打的是被动仗、危险仗,但一旦占了东边那条山梁,我军居高临下,就由被动变为主动,我们在半山集中3挺机枪,向冲上来的敌人狠狠射击,给敌人以很大杀伤。敌人的围歼计划破产了,他们一无所得,自己却受到很大损失,正所谓乘兴而来,败兴而去,只得灰溜溜地滚回县城。敌人的疯狂劲儿达到了顶峰,从此以后,再没见到这两个营的踪迹,也没有再碰到国民党的正规军。这一仗,我军转败为胜,成了英山斗争的转折点,我们可以专心致志去对付国民党的县、区、乡小土顽,纵横英北,扫荡群丑,开拓局面。难关过去,胜利在望了。

最后一次战役是西庄畈战斗,发生在1949年2月。这时,全国战局已发生根本性的变化,蒋军败局已定,我大军正在准备渡江。月初接到地委指示,要我们募集一批银洋,支援南渡大军。县委开会分析了全县经济、军事形势,认为要募集军饷,只有到杨柳垮以下富裕的地区去,才能见效。从敌我双方军事力量对比看,英山县城内蒋介石的正规军已全部撤走,只剩下县6个"自卫"中队,加上各区、乡小土顽,号称千人,但已成惊弓之鸟,战斗力弱,不堪一击。而我军的情况却相反,这时,刘勇的教导队(二支队)已经调走,分区又调来一个排组成第二连。县指挥部仍然掌握着三个战斗连,一连、二连从正规军调来,打过大仗,三连虽然新战士较多,但经过一年多的战斗,也已锻炼出来。加上我军士气高昂,斗志旺盛,如果敌人来犯,定可给予迎头痛击。县委根据上述分析,决定把队伍开到杨柳垮一带去,一边募集军饷,一边准备歼敌。经过层层动员,开展军事民主教育,全体指战员无不信心百倍，意气风发。

队伍开到杨柳塆东边的西庄畈一带驻扎。这里背靠大山，西临东河，南边还有一条小河阻隔，地势险要。3个连队作扇形展开连夜挖掘工事，准备阵地作战。

我们在西庄畈住了一个星期，白天派出工作组到各保向地主富农下条子，催银洋。但大部分地主是不甘心的，他们一边采取拖延办法，一边到县城去告急，催促国民党县长赶快出兵解救。

2月×日，伪县长张靖海果然带着大队人马出来了。敌人敢在大白天出动，说明他们信心很足。我们隐蔽在战壕里，目睹敌人沿着东河大堤北进，跨过南边的小河，向我一连的前沿阵地猛扑过来。我一连预先派了一个班，扼守在阵地最前面的一个小山堡上。我向一连下了死命令：把子弹打光，把炮弹打光，把手榴弹打光，不打光不能撤。并派副指挥长刘瑞年前去督战。我则掌握二连在右翼指挥，敌人倾全力来犯，步枪、机枪、小炮齐发，一连的那个尖兵班和他们激战了足有1个小时。我眼看着敌人已经接近该班，如再不上，就会失掉战机，当即命令二、三两连分左右两翼向敌人迂回包抄，冲锋号声震天动地，3个连的战士个个奋勇，人人争先。敌人慌了手脚，没命地向后奔跑，县长跌倒在河沟里，连马也丢了。我军一直追到城边，要不是敌人逃得快，准能全军覆没。这一仗我军获得全胜，从此，声威大振，残敌龟缩在县城内，不敢向外跨出一步。英山全县除县城外全部为我们控制，地富们一看大势已去，只好乖乖地把银洋如数送来，募集军饷任务胜利完成了。

在英山解放斗争中，几十名优秀干部和上百名优秀战士光荣牺牲了，代价是巨大的。但我们活着的人，前赴后继，自始至终坚守住这块阵地，直到最后胜利，从而保存了大批干部和一批有生力量，为党为人民做出了应有的贡献。

原载中共黄冈市委党史办公室等编：《鄂东解放斗争史》，中共党史出版社，1997年，第225～230页。

二纵六旅武工大队的组建
及其在广济的工作

◎ 张昭剑[①]

　　1947 年 10 月，高山铺战斗结束不久，我们第二纵队六旅奉命组建武工大队，旅政委刘华清指定旅司令部四科科长李青英任大队长，我任政委，在此之前，我任旅教导大队政委。

　　武工大队由 6 个干部中队和 1 个警卫排组成，共有 380 余人。一中队由十八团二营副营长王登榜任队长。二中队由旅司令部指导员张厚吉任队长，旅政治部军法干事王明堂任指导员。三中队由十六团三营副教导员秦子庚任队长。四中队由十七团二营副教导员牛明仁任队长。五中队由十八团政治处组织股副股长史颜明任队长。上述五个中队都是由军队干部组成的。六中队由随军南下地方干部组成，由冀南武城县区长霍培德和区级干部刘兴华负责。警卫排是从旅警卫连抽调的一个建制排，配有两挺轻机枪，由旅警卫连连长戴长锁、指导员李树庆、副连长盖玉存负责。

　　武工大队组成后，旅政委刘华清要我和李青英到纵队接受任务。到纵队后，陈再道司令员、钟汉华政委接见我们，首先询问我俩的经历，是否经历过日军 1942 年在冀南搞的"4.29"铁壁合围"大扫荡"。我俩回答说，当时我们都是从敌人的铁壁合围圈里冲出来的。陈、钟首长听后说，坚持大别山，要有比"4.29"时环境更

---

① 张昭剑，1947 年 11 月至 1949 年 5 月，任中共广济县干仕区委十八保区委书记、鄂豫五分区十四团政治处主任。新中国成立初，任黄梅县指挥部副政委、黄冈军分区干部管理部副部长。

严重更艰苦的思想准备。接着向我们布置了几项任务：一是下到地方后，要尽快扩建1个新兵团，以补充部队；二是要抓紧时机大力征收军鞋，解决部队的穿鞋问题；三是在地方党组织的领导下，打击和摧毁敌人的地方政权和地方武装。最后，首长指示我们到广济县百园岳山下与县委、县政府联系，在广济县开展工作，并给我们开了介绍信。

当我们武工大队到达岳山下时，首先接见我们的是县长居文焕同志，他对我们很热情，问寒问暖，关怀备至，并亲自把我们安排到村里住下。翌日晚，在五地委书记刘仰峤、副书记易鹏的主持下，广济县委书记鲁岱、县长居文焕、指挥长贺导海以及五师突围留在广济县坚持斗争的同志们与我们武工大队全体同志一起举行联欢大会。刘仰峤、易鹏、鲁岱、居文焕、贺导海等同志都发表了热情洋溢的讲话，使我们深受感动和鼓舞。李青英同志和我代表武工大队，也作了表态性的讲话。随后，刘仰峤、易鹏主持会议，鲁岱、居文焕、贺导海、李青英和我都参加了。会议讨论研究了广济县开展工作和人员力量部署问题，健全了县、区领导机构，确定广济县按东、西两大片分布力量。东片以干仕区为重点，西片以四望山区为重点，全面开展工作。会议决定李青英和我参加县委，并分别兼任干仕区和两路区区委书记。武工大队基本以中队为单位下到各区，各中队负责人分别担任区委书记和区长；各中队的小队长，多为区属片上负责人。鉴于蕲春、英山县缺少干部，地委领导确定从武工大队抽调部分同志到这两个县，于是我们就派十六团指导员孙立志带20余人到蕲北，十六团供给处干部孙廷庚带20余人到英山县。

百园会议后，我们武工大队就下到各区，在县委统一领导下，开展以土地改革为中心建立区干队、民兵、贫农团等各项工作，武工大队警卫排和五师留在广济县坚持斗争的同志们合编为一个连，归属县指挥部领导。

大约在1947年底，第二纵队挥师北上，六旅路过十八保，遇见史颜明，旅长周发田和政委刘华清联名给我写了一封信，由史颜明派人送到干仕大垸交给了我，信中要我速到岳山下找部队。于是我就立即带1个班赶到岳山下，但部队已经开走了，去向不明。我只好转回干仕，继续在广济坚持工作和斗争。1948年春末，我奉命调任五军分区十四团政治处主任。

我们武工大队在广济工作期间，取得了一定的成绩，也有一些失误。我们既享受过胜利的喜悦，也经受过严峻的考验。总的来看没有辜负广济党组织和广济人民对我们的期望，在残酷的对敌斗争中，许多同志，如张厚吉、王明堂、秦子庚、梁祖德等，为了革命事业，英勇地献出了自己的生命。我们之所以能在广济坚持下来，主要是由于有党的正确路线，富有光荣革命传统的广济人民做我们的大靠山和原五师同志们的具体帮助。

（朱国树　整理）

原载中共黄冈市委党史办公室等编：《鄂东解放斗争史》，中共党史出版社，1997 年，第 231 ～ 233 页。

鄂豫皖边区南线剿匪纪实

◎ 傅春早

绵亘鄂豫皖边界的大别山，是当年中国工农红军第四方面军的根据地，也是我的故乡。1929 年我参加红军，在这里开始了革命战争生活；新中国成立前夕，我又回到这里参加了最终解放大别山的剿匪斗争。

重新上山

1949 年 5 月上旬，武汉解放之前，退踞湖南的桂系军阀白崇禧，指派"华中剿总"少将高参汪宪潜入大别山，纠合乡保队、地主武装和土匪，统编为所谓"豫鄂皖边区人民自卫军"。国民党军派飞机数次投送弹药和装备，更增加了匪徒们死灰复燃的幻想。匪徒抓丁抢粮，积资财，四处袭扰，残害群众，气焰甚为嚣张。惨遭蹂躏的金寨县人民发出了求救的呼声：

秋天里呀稻子黄，乡保队奸淫又掠抢。

解放军快来救金寨呀，苦难中的人们盼天光。

8 月的一天，时任湖北军区司令员兼政治委员的李先念同志，把我从孝感叫到武昌，对我说："春早同志，大别山土匪猖獗，现在还不是都进大城市的时候。组织决定让你接替将调地方工作的张体学同志，任军区独立第三师师长，带着部队上山剿匪。有什么意见吗？"对组织的分配，没有价钱好讲，我说："听从调动，需要上山就上山！"李先念同志说："很好。"接着对我讲了这次剿匪的意义：不把土匪消灭，就不能有力地支援前方和巩固后方，建立革命秩序，土地改革、生产建设都无从谈起；不大力剿匪，我们就要犯战略上历史上的错误，就是对人民犯罪。最后他鼓励我说："你去挑这副担子，把大别山人民最后解放出来，是很光荣的。"我表示："坚决完成任务。"谈话后，先念同志招待我进餐——油条加稀饭，算是送行。

密布罗网

武昌受命之后，我立即赶到独三师师部驻地——罗田县北部的滕家堡（今胜利镇）。这个师所辖三个团，原来分属刘邓大军一、二、六纵队，全师共约 4600 余人。

此时，大别山的剿匪工作，已经部署就绪。鄂东以独三师为主力，连同黄冈军分区独立团和麻城、罗田、英山县大队，为南线剿匪指挥部所辖部队。同时在豫东南和皖西分设北线、东线指挥部和工委。

独三师师部兼南线指挥部由我任指挥，师政委李庆柳同志任工委书记。兵力分为三线配置：第一线为进剿部队，对匪控中心区域进行合击和扫荡，寻歼股匪；第二线为驻剿、堵击部队，控制要点及城镇，协同第一线部队进剿；第三线为封锁部队，由县区武装担任，在匪我交界区组织群众联防，防匪流窜，维护交通运输和社会治安。

大别山区匪特在鄂东方面，主要为活动于罗田北部的匪"自卫军"第十一支队陈新民部，金寨、麻城边界的第五支队周醒民部，以及不时南来窜扰的商城南部第三支队吴砚田部，总共约 2000 来人。黄冈分区遭匪扰害的有 22 个区，约占全区总面积的三分之一。针对匪情，南线指挥部以第七团部署于罗田东北地区，第八团暂部署滕家堡地区，九团部署于麻东地区，黄冈独立团部署于英山北部，形成南面对匪包围之势。

大别山区历史特点之一，是革命与反革命斗争激烈，数经反复，人民群众有着革命传统，反动派也有一批顽固分子和一套反革命经验。尽管土匪是一群乌合之众，但彻底清除他们须经艰巨复杂的斗争，军事打击是首要手段，更基本的是场政治战，即利用全国即将解放的大好形势，从政治上思想上瓦解敌人，大力发动群众参加剿匪斗争。据此，我们师党委注意从以下三个方面加强工作：一、教育部队克服面对胜利向往城市生活的倾向，以不畏艰苦困难的英雄气概，坚决完成剿匪任务。二、严格执行群众纪律和认真执行中央规定的"首恶必办，胁从不问，立功受奖"等剿匪政策，反复告诫部队，剿匪是为了救民，决不能扰民害民；对待俘降匪众，切戒打骂、滥杀。三、尊重地方党委和政府，与地方干部亲密团结，以便党政军民协调一致地开展剿匪斗争。

扫荡匪穴

大别山全面的剿匪行动，始于 1949 年 9 月，在鄂豫皖边区剿匪指挥部的统一指挥下，经历了联合进剿、分区围剿和分散驻剿等步骤。

我从参加革命起，多次在大别山参加反"围剿"的战斗，现在翻了个儿，轮到我们围剿敌人了，这是多么巨大的变化啊。经过充分准备，我军在大别山密布下天罗地网，苟延残喘的匪徒们好比锅里的游鱼，只待烹煮了。

9 月 5 日，我军北、东、南三线，开始了以歼灭汪宪匪"自卫军"总部为主要目标的联合大围剿，数十支红色"箭头"，指向汪匪巢穴——金寨及附近地区。南线以独三师 3 个团的各两营参加，分别从罗田东北的僧塔寺、滕家堡以北的松子关、麻城东北的独杨树等地区出发，奔袭金寨附近的南庄畈。黄冈独立团于英山边境西界岭地区，堵歼向南流窜之匪。敌匪慑于我军声势，不敢作正面抵抗，只是散踞山头进行阻挠。7 日，各线部队按时进至预定合击点，金寨于是日为东线部队收复。我独三师共歼匪 109 人，缴获步枪 59 支。其中，仅七团四连三排就一举歼敌 1 个排。

这次行动打乱了敌匪的指挥系统，震慑了敌人，并且是一次武装大宣传——告诉人民，顽匪的末日已经来临了。

在我大军压境下，各股匪开始化整为零，分头向深山老林潜逃。9 月 10 日，我军遂转入第二步：以团为单位，对匪徒藏匿的险峰峻岭进行合击。我师七团合击金寨、罗田、英山交界处的海拔 1729 米的大别山主峰天堂寨，搜歼匪陈新民支队；八团合击金寨南部、吴店东南的茶园山区，搜歼匪立煌挺进支队第二区团黄英部和第三区团饶国栋部；九团合击金寨西南的牛山河，搜歼匪周醒民、吴砚田等部。

这步行动，开始获得重大战果。9 月 11 日，七团合围天堂寨西南、罗田北部的大地坳、龚家坳、西佛寺地区，捕获敌匪十一支队夏清林等60余人，得悉该支队副司令彭楚才隐藏在大孤坪一个卫士家中。黄昏，尹萍副参谋长即率团特务连的侦察、警卫两个排，飞速前往捕捉。拂晓将小湾包围，天亮逐家搜寻竟无踪影。尹萍同志遂带侦察员再行细查，终于在一瘫痪老人睡铺里将彭匪搜出。此次战斗，总计俘获彭匪及正、副营长、副官18人。彭匪曾在特务组织励志社中任过中校组长、联络站主任，随汪宪潜入大别山，协助陈新民组织反动武装。湖北军区首长为表彰该团取得的这一胜利，20日特予通令记功。10月2日至5日间，八、九两团在商城、金寨、麻城边界，一举歼灭敌匪饶国栋部一个营的大部分，俘降敌匪敌营长以下98人，也是一次重要胜利。

这期间，东线部队于9月30日至10月2日，在金寨县帽顶山，先后将汪宪及其第一副司令兼参谋长樊迅，第二副司令兼立煌挺进支队司令、伪立煌县长袁成英等捕获，摧毁了匪"自卫军"总部，对各线剿匪工作进展产生了重大影响。

从9月5日至10月5日各线总计歼匪3831人，缴获小炮4门、机枪53挺、长短枪2819支。其中，南线各部队歼敌949人，缴获小炮1门、机枪13挺、长短枪434支。这一胜利，大振军威，大快民心，剿匪局面迅速打开。

两个"结合"

经过大合击，各地股匪军心动摇，顿呈瓦解之势。但是，那些死硬分子仍企图顽抗，潜伏待机，一般匪众大多回乡插枪观望，降者甚少（南线歼敌总数中降者只占28%）。根据这一形势，我军由以军事进剿为主转入以政治攻势为主的分散驻剿阶段。

1949年10月，遵照"边指"部署，独三师沿大别山主脉岭脊两侧，西北起麻北三河口，东南至天堂寨，跨鄂皖两省边界展开。七团团部驻僧塔寺，主力分布于周围及牌形地等地区，以第二营分布于天堂寨北侧，金寨县有名的"封建堡垒"大土匪黄英老巢——前畈后畈。八团团部驻吴家店，部队分驻吴家畈、斑竹园、牛食畈地区。九团团部驻独杨树，主力分布于周围及三河口地区，以第一营前出金寨西南境的白沙河。到11月间，清剿取得基本胜利，根据鄂豫皖边第三次剿匪工作会议关于部署的调整，我师在金寨的清剿区由东线、北线接防。八团全部移驻麻东龟山区（团部驻余家湾），九团一营及团部移驻木子店，七团二营移驻滕家堡以东之江家畈。

部队转入分散驻剿之后，进一步贯彻两个"结合"——政治攻势与军事搜剿相结合，军队剿匪与发动群众相结合——以形成群众性的剿匪运动。我们师党委要求部队深入动员，坚定"不灭尽顽匪不收兵"的决心，不使匪徒一人一枪漏网，广泛开展为民剿匪立功运动。10月1日，中华人民共和国宣告成立，更鼓舞了部队的剿匪热情，指战员们决心夺取剿匪的彻底胜利，来庆祝新中国的诞生。

各团在划分的清匪区，实行了以排、班为单位的高度分散，做到一切要道、隘口、居民点都置于严密监视之下；采取"梳篦战术"，不怕疲劳，不怕扑空，对深山密林反复抉剔搜剿；在群众中建立秘密情报员，暗中侦察匪踪；细心调查研究，掌握潜匪活动地点和规律，以至于连匪首有哪些亲友和姘头也弄得一清二楚，从而逼得顽抗匪徒们无处藏身，无路可走。此外，修公路，建碉堡，修葺部队住房，养猪种菜，既为剿匪的保障，又有助于消除群众怕我们"站不长"的疑虑和匪众暂避风头的幻想。

广泛深入地做群众工作，在日常工作中占有重要地位。部队实行了全面工作队化，师党委先后抽调828名优秀官兵组成专门工作队，在地方党委、政府统一领导下做群众工作；没有基层政权的地方，暂由军队派人组成乡政府。师党委还号召人人动口动手做宣传工作，广泛开展助民劳动，据当时不完全统计，剿匪头3个月，全师帮助群众担水、运肥65910担，打柴83674斤，割谷3128亩。1949年10月到年底，师政治部印发宣传品38000多份，部队集体和个别宣传群众30万人次以上。

群众尽管内心向着我们，但一时尚不明了全国大势，基于历史上革命斗争几起几伏，屡遭镇压的惨痛经历，对共产党能否长期立足还有疑虑，敌匪又以残暴手段胁迫群众不得与我们接近，因此，我军所到之处大都十室九空，许多群众躲上山去，使剿匪遇到很多困难。比如就地难以筹粮，七团有些连队有时每人一顿只能吃到二两多米，不得不杂以南瓜充饥。人民币在当地尚不流行，九团一营缺乏群众使用的铜圆，难以买菜，宁肯吃盐拌饭也不动群众一片菜叶。八团三营在某驻地以大型植物叶子当碗用，也不去乱翻群众藏起的生活用具。每到一地，部队还尽可能助民劳动，七团一连于4天行进途中，就为群众担水699担。部队的良好纪律和行动，很快影响了大批群众下山回家。

部队严格执行分化瓦解敌人的政策，争取士绅、匪属、保甲长以及没有严重恶迹的过去自首附敌分子，为瓦解匪众出力；通过各种渠道向匪众说明全国大势，指出他们只有投诚才是出路，顽抗是自取灭亡。自首来归者，一律宽大对待，不打不辱，不追不逼，缴枪登记后允其返家过和平生活，并教育他们劝说同伙早日归降。各种劝降的传单标语，一直贴到匪徒可能出没的密林中和山洞口。各团还举办多期俘匪训练班给予系统教育，即使有罪恶的匪首，俘降之后也给予瓦解部众、立功赎罪的机会。罪大恶极者亦暂不处决，待群众发动后交政府依法审理。

各级领导还亲自做瓦解工作。八团团长李逊同志就曾以他的名义，给匪第五支队二营营长兼麻城梅庄乡乡长张兴汉发去劝降书，在各方工作配合下争取了该匪投降。金寨的漆先志，红军时期就与我同在一个部队，抗日期间从华北逃回家并做了一些错事。我特意找到这个人，教育他立功补过，后来他劝说了一些匪众来归。当匪首周香波投降后，我与他谈话，让其立功赎罪，并令部队解除软禁，使其四处劝说，以实例宣传我军对归降人员的宽大政策，也对瓦解匪众产生了一定影响。

经过上述工作，剿匪形势逐渐好转，广大群众积极向我们靠拢，主动报告匪情，瓦解匪众。在麻东，曾有成百上千的群众配合县区武装上山搜剿。匪属中，妻呼夫、父唤子、友劝友投诚登记的事例随处可见，匪众动摇，大批来归。七团二营在金寨县，一个月中争取了匪乡长投降，60余名匪众登记，缴机枪3挺、长短枪48支。八团一营在金寨县斑竹园，9天俘匪15名，降匪团副以下125名，缴获机枪4挺、炮5门、步枪等84支。八团剿匪功臣、三连副排长郑修文，一次经耐心谈话，感动得匪属吴婆婆哭起来，随即把儿子叫回来交枪登记，并且通过她儿子瓦解了土匪一个班。陈新民的特务连连长"恶麻子"余少清，开始拒不投降，还从浠水搬来一个会道门头子沈道人，以"刀枪不入"蛊惑匪兵。匪徒们与七团二连一交锋，这个抢着龙头拐杖指挥匪徒冲击的头目，立即饮弹毙命。恶麻子埋身于稻田泥水中侥幸逃脱，让家中供起灵牌佯装死了。七团一营经过向他父亲做工作，迫使余匪带着全连名册和9支步枪投了降。八团八连驻地麻东黄冈庙一带，有个敌区长李孟枢为逃避人民惩罚，藏进一个坟棺中，由其姘头送饭吃。八连与群众结合，派人把他的一些姘头暗中——监视起来，终于悄悄跟着一个送饭的人，将其从墓穴中揪了出来。

匪首就擒

少数罪大恶极的匪首完全陷于孤立，他们头发蓬松，衣衫褴褛，消息闭塞，觅食艰难，感到处处有陷阱，游魂般地在老林岩穴之中东躲西藏，但最终也逃不脱灭亡的命运。

匪十一支队司令陈新民相貌凶恶，身躯粗壮，早年参加青帮，任保长时便吃喝嫖赌，花天酒地，敲诈勒索，鱼肉乡里。1947年9月，他以松滋乡"自卫队"数十人枪起家，直到当上罗田县"自卫队"第二大队大队长，并且是励志社的特务，曾经杀害我区长、农会主席等多人。清剿中，其副司令彭楚才及部属300余人被俘。10月7日，其参谋长兼罗田县县长叶蕃，也被七团在九资河附近山里抓到了。陈匪惊魂丧胆，带着老婆和几名卫士，躲进僧塔寺东面笔架山的一个山洞里，并派亲信卫士陈世丙带着一部电话机假装投降，蹲在僧塔寺街上为他暗中送饭和通风报信。这一诡计很快被我们识破，经过教育争取，这个暗探愿意立功赎罪。为了不惊动匪徒，七团领导特地借11日夜不良天气，由王立勇团长、军区侦察科陈天胜科长率领从团直分队、军区侦察排挑选出的70多名精干勇士，让陈世丙带路，顶风冒雨摸上荆棘丛生的笔架山，将陈匪新民潜伏的山洞包围。陈新民从梦中惊醒，仅着一条裤衩外逃。当他爬上山崖的时候，战士王廷金扫了一棱，大家一齐开火将其击倒。这个双手沾满人民鲜血的刽子手奄奄一息时还问尹萍副参谋长："有医院吗？杀我不？"及至僧塔寺，便一命呜呼。群众闻讯，拍手称快，感谢解放军除掉一个"活阎王"。截至15日，包括正副司令、参谋长在内的连以上匪首，被我们毙俘降35人，这支拥有4个营500余人的股匪武装基本被歼灭了。

周香波是金寨县白沙河一带的大地主，1931年以3支枪拉杆发展到50余人，积极配合国民党军进攻"苏区"，他走一塆烧一塆，见到红军亲属就杀，极为残暴。由于反共有功，1935年被委任为国民党安徽省"直属大队大队长"。1948年，当了立煌县自卫团团长，次年7月被汪宪委任为第五支队的副司令。这股匪由白沙河及麻城东木区的地主武装组成，麻城匪首李俊芳任第一副司令兼第十七团团长和敌麻城县县长。为消灭这股顽匪，九团在加紧军事搜剿的同时，展开强大政治攻势，宣传"活捉周香波立大功"，宣布"知情报告而能捕获者赏银洋100元"，"通周、窝周、知周不报者以通匪论罪"。与此同时，争取与周有联系的士绅向我们靠拢，大力瓦解其部众，10 天之内即有营长以下 37 人来降；而东面毗邻的饶国栋匪部，被八团"肃清"殆尽，饶本人亦降。周匪处境日益孤立，东藏西躲，无处栖身，终于在 11 月 2 日带着给他的劝降书，到驻白沙河部队低头认罪。

14 日，九团管玉田团长率直属分队连摸 4 个塆子，最后于刘家嘴将李俊芳捕获。该匪支队第十六团团长李兴芳、副团长陈尧，也于是日在麻东地区投降。这股顽匪基本被剿灭了，暂时漏网的匪支队司令周醒民，后来在土改时落网。

郑家贤任匪第五支队第十七团副团长兼第一营长，职位并不高，但是他的罪恶甚至超过某些大匪首。郑家贤家居木子店东北八字塆，是血债累累的民团头子郑其玉的继承者，从土地革命战争时期起就是个屠杀人民的刽子手，由于积极反共而得宠，一直当上大队长。1947 年 10 月，他发动反革命暴乱——东义洲事件，枪杀、活埋了我大批工作人员、伤病员、贫农团干部和群众。据统计，郑匪一生杀害我革命干部、战士、群众 203 人，许多人是遭活埋的；强奸妇女 14 人，有的年仅 14 岁；烧毁村庄 4 座，抢掠财物无数，麻城人民同他有着血海深仇。这是个自知罪责难逃而拼死顽抗的匪首，随着剿匪工作的开展，他的部众全部瓦解，郑匪只身流窜于隘门关、平头山、敖家河一带深山密林中。

九团三连三排领受了捕捉郑匪的任务，进剿郑匪经常出没的刘家湾。1949 年 11 月 21 日夜，郑家贤窜出觅食遭我哨兵喝问遁去。机警的排长王福祥立即召集班长们研究，判定很可能是郑匪，天一亮，便逐湾搜索。九班副班长王兴仁带本班进到陶家湾，在助民劳动中从一个婆婆口里得知有个胜家垱没有搜到，于是立即前往，原来是个独屋。他们将屋子包围进去一搜，在碗柜下搜出一个穿长袍的胖子，从乡保队解放参军的战士郭庆祥，一看就说，他是郑家贤。郑匪赶忙拼死夺门外逃，郭庆祥一把扯住他的长袍，随着一起滚下丈余深沟。战士何正清、冯士东、谭纪亮赶上来，一起将这个恶魔擒住。活捉郑家贤，在麻城震动很大，次年 4 月 2 日，人民政府在木子店召开了有两万人参加的公审大会，将郑家贤枪决。

这期间，在英山剿匪的黄冈分区独立团以及各县地方武装，也都获得了显著成果。独立团俘虏了英山县匪自卫团团长胡建忠及敌县县长等，还从一个山洞里抓到了六安县匪自卫团团长。

大别春晓

两个"结合"发挥了巨大威力。到1949年12月5日，进剿3个月，各线剿匪部队消灭了匪"豫鄂皖边区人民自卫军司令部"及所辖各个支队、9个国民党县政府以及"自卫团"等，总计歼匪12436人。在10、11两个月所歼8605人中，投降者6585人，占76.5%，足见政治攻势的效果。主要缴获有：各种炮75门，轻重机枪206挺，其他各种枪9558支，子弹近27万发，电台5部半。其中，我南线剿匪部队即消灭了匪第五和第十一支队，第一、第三支队各一部，立煌挺进支队第三区团以及第一区团一部，匪英山县自卫团，歼麻城、罗田、英山敌县政府共2189人；缴获迫击炮4门、小炮12门、轻重机枪50挺、其他各种枪1321支，各种子弹52933发、炮弹840发、手榴弹2033枚。大别山区的股匪基本歼灭。

1950年春天对大别山人民来说，是个胜利的春天，当鲜艳的杜鹃花漫山开放的时候，潜藏的散匪也大部分被清出了。这期间，南线剿匪部队又俘降匪徒200余人，缴枪100余支。全区歼匪总数达到15413人，彻底粉碎了敌人妄图在这里"开辟第二战场"的阴谋，为在当地实行土地改革使农民彻底翻身创造了最重要的前提。我这个从大别山战斗出来的人，面对这胜利自然特别激动，这个胜利，是在湖北省委和军区正确领导下，边区指挥部正确指挥、协调，全体指战员艰苦奋战中取得的，也是人民群众大力支援和参加的结果。麻城、罗田、英山等县人民提出"剿匪部队打到哪里就支援到哪里"的口号，协助部队修公路，架电话线，送粮食，仅罗田县就动员民工70000余人。群众还积极参加侦察匪情，组织联防；搜查潜匪，监视坏人，配合军队进剿。没有广大群众的支援和参加，就不可能有剿匪的胜利。

剿匪胜利后的大别山，犹如春天的早晨，生机勃勃，一派清新。人民不仅安居乐业了，并且普遍组织起农会等群众组织，减租反霸，迎接土改，准备向千百年来压在头上的封建势力发起最后的冲击，一个新的时代展现在大别山人民的面前。

（张涛　整理）

原载陈忠贞主编：《皖西革命回忆录·第三部·解放战争时期》，安徽人民出版社，1991年，第604～616页。

活捉匪首彭楚才

◎ 尹　萍

1949 年春，盘踞在罗田、金寨、英山三县交界的天堂寨脚下的顽匪，成立"鄂东剿共总司令部"。8 月，被汪宪编为"第十一支队"。该支队是以罗田、英山两县国民党自卫团、乡保队及鄂东各县反动骨干为主编成的，下辖 2 个团，连同地方武装共 2000 余人。司令陈新民以凶残著称，被授为少将军衔。副司令彭楚才系特务分子，曾任国民党特务机关励志社少校参谋、上校联络站主任等职。国民党败走前授他少将军衔，派其潜入大别山区，控制陈新民匪部与人民为敌，伺机东山再起。

这股顽匪经常出没于湖北、安徽两省交界的深山老林，烧杀抢掠，杀害干部群众 200 余人。一次就残杀我天堂区工作队队员 30 多人，对新解放区构成极大威胁。为此，鄂豫皖边区南线剿匪指挥部决定独立第三师第七团专门施行对该股匪的清剿。当时我担任七团的副参谋长。

9 月 11 日，团长王立勇、政委李震宇、政治处副主任周山铎和我率两个营在罗田大地坳、龚家坳、西佛庙围歼了匪"第十一支队"司令部及其第一团的一营，俘其支队政训主任王玉清以下 300 余人，毙伤其营长陈宝文以下 30 余人，缴获长短枪 150 余支。但匪首陈新民、彭楚才及其参谋长却于头天晚上溜掉了。

为弄清匪首去向，我到俘虏群中进行追查。当走近帽檐拉得很低、耷拉着脑袋的俘虏面前时，一眼认出他是匪副营长夏青林。夏原是罗田"自卫团"第六中队中队长，1948 年 6 月我团袭击下巴河湖北保安第三旅时将其俘虏，为执行宽大政策，我亲自教育了他，发给他 5 块银圆后将其释放。可这家伙不知悔改，继续坚持与民为敌，返回罗田后抓了我们 50 余人，并在九资河河滩一次活埋我 8 名伤病员，还剜吃了 13 个人的心。因其反共"有功"，被提升为副营长，是一个十恶不赦的惯匪。

我盯着他，冷冷地说："夏青林，恭喜你'升官'了。你做的事你清楚，杀害了我几十个人，这次还想我们放了你吗？"听了这话，夏青林吓得面色苍白，浑身发抖，"扑通"一声跪了下来，连连说："长官饶命！长官饶命！"

"这就要看你愿不愿戴罪立功了。"我就势对他进行开导。

夏青林磕头如捣蒜，连声说："愿立功，愿立功！"接着，便背书似的说出在哪座山埋了多少枪，在哪座庙藏了多少箱子弹。我见他避重就轻，不愿讲出匪首的下落，便把脸一沉，厉声地说："几支破枪就能顶几十个人的命，赎你的罪吗？你必须把你的司令、副司令交出来，才能考虑对你的宽大！"

夏青林慌了，赶忙交代说，昨天会后就不知他们都到哪儿去了，陈新民就是罗北人，到处都能藏，实在不知藏到哪儿了。我心中有数，有意敲打他："副司令彭楚才呢？"夏回答说："副司令对罗北山区不熟悉，好像没有什么亲戚。"我又问他卫士是哪里人，会不会藏在他卫士家。

"这个，这个，"夏青林思想斗争很激烈，他揩了揩脸上的冷汗，愣怔了片刻说，"他要藏很可能藏在卫士家里或附近山上。"

根据夏青林提供的情况，经与团长、政委商量后，决定奔袭捕捉彭楚才。为隐蔽意图，我们决定午夜出发。午夜，我们冒着小雨出发了，我带参谋孟正绪、特务连连长张庆及侦察警卫两个排 70 余人组成的小分队，押着夏青林，从九资河出发了。为防止泄露消息，小分队专拣隐蔽的小路走。山路崎岖，荆棘丛生，但战士们还是行走如飞，一口气急行军 40 里，很快就赶到大孤坪东北坡离匪卫士家约 2 里的一个小山岗上。待战士们做好战斗准备后，天快拂晓，因塆内响起了狗叫声，为防彭楚才逃跑，我即命令部队分三路跑步前进，将小塆子严密包围。

于是，派人向塆内喊话，告诉群众不要出门，以防搜查时误伤。随后由侦察参谋带侦察员们分头对塆内各家各户隔离搜查，但却没有发现彭楚才。再仔细搜查一遍，仍未搜着。

得知搜查结果，我的心情沉重起来。我冷静地将各种可能出现的情况进行了反复琢磨，断定彭楚才一定还隐藏在塆内，因为他毕竟是昨天或前天才到这里，要到山上潜伏还得做些准备，花些时间，不可能这样快，于是决定再组织一次彻底的搜查。

命令一下，战士们忘了疲劳，忍着饥饿，立即重新投入搜寻匪首的战斗。这次我也亲自带着侦察员逐户搜索。在一家肮脏不堪、臭气熏天的房内，看到一个白发苍苍、胡须很长、病得很重的老人躺在床铺上。一个妇女心神不宁地对我说，老人是她爷爷，今年84岁，瘫痪已快5年，最近又得了伤寒。

我不置可否地应对着，同时仔细观察房间的每一个角落。发现床头放了一个个便桶，脚头还有一个大便桶，我想这家人不孝，老人床头不该放这些东西，顿觉可疑，便立即命令两个侦察员将老人扶起，检查床铺。谁知话音未落，房外却跑进几个女人，跪的跪，拦的拦，一边哭，一边求告："老爹病得重，动不得，一动就会死呀！""他得的是伤寒，会传染给你们呀！"哭叫声响成一片。

这反常的哭叫声，更增添我的怀疑，一边解释，一边果断地叫侦察员们将老人抬下来，揭去铺上被褥，到铺内的稻草里摸，可什么也没摸着。这时哭叫的妇女似乎松了口气，这促使我下决心再仔细搜查一遍。我认真打量了一眼这个床铺，发现铺位两边靠墙，另两边则用土坯垒了起来，床肚完全被遮掩了。铺面离地约有两尺半高，而刚才侦察员们将手伸入时仅能伸进一尺左右，这说明床底还有一尺半高的空间没有检查到。我让侦察员拔出床头稻草，我将手向铺草深处伸下去就触到一个人身，我顺手抓住他的衣领，用劲一扯，就将他拉了起来。

这人自称"王文智"，他站在铺前，面色苍白，浑身抖得像筛糠。侦察员们立刻把他捆了起来。这时旁边的几个女人哭喊着，有的说是她哥哥，有的说是她叔叔，并再三求情，叫"长官莫捆"。

一看"王文智"及几个女人的神情，我心里已明白了八九分。我们做夏青林的工作，解除他的思想顾虑，叫他隔窗认，这"王文智"果然正是彭楚才。又找出了彭的妻子和女儿，而房里那几个求情的女人则是彭楚才卫士的家人。

这次突击除捉到彭楚才外，还捉到其副官、卫士一干人。战士们押着俘虏，怀着胜利的喜悦，沐浴着清凉的晨风，返回了宿营地。

俘获彭楚才、王玉清等是我"边指"所属部队进入大别山剿匪首次俘获的重要匪首，为表彰这一胜利，当时的湖北军区通令为我七团记功一次。

狡猾的匪支队司令陈新民也未能逃脱法网，于10月上旬在笔架山山洞里，乖乖地做了七团的俘虏。

（何振华　整理）

原载陈忠贞主编:《皖西革命回忆录·第三部·解放战争时期》，安徽人民出版社，1991年，第617～621页。

鄂豫皖边区东线剿匪纪实

◎ 顾　鸿

　　地处鄂豫皖东部边界的皖西地区由于历史的原因，匪患一向严重。土地革命战争时期，国民党反动政府为了镇压人民革命，扶植地方反动势力，收编土匪武装，组织反动民团，以致兵匪不分，匪患更趋严重。解放战争后期，国民党反动派因其正规武装节节败退，已无反攻余力，便采用以溃散的保安团队、武装特务为骨干，网罗土匪、反动会道门、地主恶霸、地痞流氓、散兵游勇等组成反动武装，授予番号，使之成为政治性质之土匪，妄图以大别山为依托，开辟所谓"敌后战场"，垂死挣扎。

　　1949 年 2 月间，国民党反动派在皖西成立了以游权为首的"皖北行政专员公署"和"皖北保安司令部"，并成立霍山、六安、岳西、潜山、舒城五县联防司令部。收罗匪众组成 7 个保安团、8 个自卫团和 3 个独立营，计 1 万多匪徒。仅在皖西第三专员公署辖区内活动的股匪即有 5000 多人，散匪也有 3000 多人，主要股匪有黄英、阮志凌、潘澍师、郑荣波等部。

　　这些反动匪徒，怀着对人民革命的刻骨仇恨，疯狂袭扰、侵害群众，手段凶残毒辣，令人发指。六安张明华股匪在椿树岗、枣树店一带，纵火烧死群众 25 人，抢去耕牛 69 条。霍山县诸石乡储学义勾结被收编为民主政权的诸佛庵乡乡干队中的原顽匪，于 4 月间发动哗变，打死乡长石俊卿等 5 名南下干部。

　　为了安定社会秩序，保护人民生命财产安全，以利支前和发展生产，皖西区党委即把剿匪作为当时三大任务之一，于 3 月上旬开始开展剿匪工作的思想动员和组织物资方面的准备。我所在的华野先遣第九支队奉命于 1949 年 4 月 12 日改编为皖北军区警备第二旅后，星夜开赴六安县麻埠镇，接受剿匪任务。16 日军区发布第一号剿匪令，成立了六安剿匪指挥部，曾庆梅同志任指挥兼政治委员，我任副指挥。由警二旅的第四、六团和皖西三分区的第七团、八团为主力，重点清剿六安、金寨、霍邱地区的股匪。此后，七团于霍山西部，警六团于霍邱南部，相互配合向金寨山区清剿。八团为机动部队，在山外清剿，防匪流窜。七团则和地方部队组成支前大队，专门护路、护仓。

大别山区的春季是美妙的，茂密的马尾松、艳丽的野花，那秀丽的景色使指战员们悄然入迷。可是山头上不时传来的枪声，提醒我们，匪特正在行凶作恶，群众正在遭难，现在还不是游山逛景的时候，每个指战员都以百倍的警惕投入清剿匪特的战斗中去。

大军渡江后，剿匪指挥部决定集中力量，对顽匪实行全面清剿。到 5 月底，仅三分区范围内，即进行较大的战斗 92 次，计歼灭匪顽敌特 1315 人（毙伤 330 人，俘 714 人，投诚 271 人）。

此时，白崇禧将游权调走，改派汪宪潜入大别山区，在金寨县七邻乡白水河成立"豫鄂皖边区人民自卫军总司令部"，并任中将司令，袁成英任副司令兼立煌县县长。他们以金寨为指挥中心，将三省边界的股匪拼凑成 14 个支队，主要在皖西地区活动的股匪就有 7 个支队，即第二、四、五、六、十支队及淮河挺进支队、立煌支队，约 8500 余人。

为了给匪徒撑腰打气，国民党还曾三次派飞机空投物资、弹药，已被打散的皖西丘陵地带的残匪受到鼓舞，又重新啸聚，打起所谓"九路军""华中剿匪义勇军"等旗号，与山区股匪相呼应，疯狂袭扰我区乡政权，残害人民群众。

为了加强皖西剿匪力量，二野第二十八师、徐州警备第五团，于 6 月初奉上级命令，开赴皖西，与原皖北军区剿匪部队组成剿匪兵团，并在六安设立第二剿匪指挥部。曾庆梅仍为司令员，李国厚为第二司令员，六安地委书记马芳庭兼政治委员，我任副司令。后勤指挥部正、副司令员由六安专区正、副专员刘征田、田世五兼任。各剿匪部队迅即对各自负责的清剿区内股匪进行围剿，到 6 月底，六安专区内歼匪已达 2636 人，使我控制区由 4 月份的 24 个区 1116 个保，扩大到 39 个区 2535 个保。

大别山区山高林密，沿淮一带河湖相连，股匪经我军打击后，转入分散隐蔽，化整为零，分成小股，与我军周旋，致使以大部队围歼的办法已难奏效。如我军奔袭霍山新铺沟一股 300 多名匪徒，仅毙俘 10 多人。警备一团三营七连在东岗岭歼匪，匪徒分散逃匿，我军仅毙匪 3 名，自己反而伤亡 21 人。针对出现的新情况，从 7 月初开始，我们决定各剿匪部队相继休整，总结经验教训，研究战略战术。进山剿匪初期，以团为单位打击集中股匪的战术是完全正确的；后来敌情发生变化，我们就应因时而异，把集中对集中改为分散对分散，变被动为主动，机动灵活地打击敌人。

为此，我们决定将大部队以连、排为单位分散活动；抽调干部、战士组成武装工作队，开展群众工作，搜剿散匪；剿匪部队军政合一，各团政治委员兼任各县委副书记，营教导员兼任区委副书记，营长兼任区长，连指导员兼任乡指导员，连长兼任乡长。剿匪部队进村后，首先召开群众大会，宣传剿匪政策，组织武装民兵，进一步发动群众，部队组成便衣队，以隐蔽对隐蔽，采用夜袭、奇袭、长途奔袭等战术，穷追猛打，务求全歼。由于及时改变战术，扩大了剿匪战果，如警备第六团一营于 8 月 9 日奔袭金寨县境的"淮河挺进支队"岳岐山部，消灭其 90 多人。

与此同时，我剿匪部队在平原地区也加快了剿匪行动。仅 8 月份巢湖军分区警卫团在肥西毙匪 25 人，俘匪大队长任树平以下 54 人。基干团在肥西严惩叛匪，击毙 100 多人，生俘 39 人。警备一团在肥西活捉匪中队长魏静芝以下 31 人，迫使匪大队长孙华庭以下 18 人投诚。肥西剿匪部队在防虎山和舒城县百神庙、周公渡等地击毙匪首余化非及匪区长张东平以下 27 人，活捉匪司令张纯以下 14 人。皖西平原丘陵地区匪徒受到沉重打击后，大部分逃往鄂、豫、皖三省交界的大别山区。

8 月以前，鄂、豫、皖三省对剿匪工作分别实施清剿，致使边界的惯匪有机可乘，四下流窜，无法全歼。鄂豫皖边区剿匪指挥部成立后，皖西地区也于 8 月 25 日于金寨县麻埠设立东线剿匪指挥部，司令员梁从学，政治委员何柱成，第一副司令员梁金华，第二副司令员兼参谋长曾庆梅，六安地委书记、副政治委员马芳庭。指挥部下设两个指挥所，第一剿匪指挥所司令员李国厚，政治委员彭宗珠；第二剿匪指挥所司令员孔令甫，政治委员桂林栖。剿匪主力部队为第三野战军二十四军七十一师，皖北军区警一旅的一团、三团，警二旅的四团、六团，六安军分区的七团、八团及安庆军分区警备团。为了加强山区外围力量，皖北军区还将警一旅旅直移驻桐城，二团进剿肥西。华东骑兵第二十五团也前来参加剿匪。为了做好后勤保障工作，9月初还成立了皖北剿匪后勤司令部，六安专署专员田世五任司令员，梁绪修任政治委员，并在独山、叶家集、霍山、金家寨四处设立指挥所。

遵照上级部署，三省边区剿匪部队于9月5日统一行动，对以金家寨为指挥中心的匪"豫鄂皖边区人民自卫军总司令部"实行合击。东线除七十一师由六安方向，皖北警备四团由白塔畈方向向金家寨出击外，还以警备一团、三团及警备六团的两个营，七十一师二一三团的一个营和六安军分区的七团，进击燕子河、漫水河处匪巢。六安军分区八团为机动部队，在山外设伏堵截。

这次进剿力量集中，行动隐蔽迅速，打掉了敌指挥机关。到6日，金家寨即告解放，15日共俘匪720多人，匪首汪宪、袁成英、黄英、潘澍师等各带少数武装遁逃入山。匪特受此致命打击，一蹶不振，汪宪在拍给白崇禧的电报中发出"现在士气消沉，民心观望……职恐难潜伏于大别山"的悲鸣。

但是被打散潜逃的匪特，有的流窜外地，有的化整为零，为此我剿匪部队采用内线控制要地，外线严密封锁，实行分片驻剿，反复围捕，一处打响，各处支援。控制要道，白天看烟，夜晚看火，一旦发现匪踪穷追不舍。部队还抽调一批精明强干的指战员，化装侦察，深入各乡镇村庄以探明匪情。然后深夜潜伏，拂晓包围，黎明进屋，发动突袭。警六团在金寨县傅家山歼灭岳岐山部数十人，接着于9月18日会同固始县地方武装毙俘100多人，其中副团长、军需主任等匪首10多名。岳岐山股匪经我军多次打击，元气大伤，便改变战术分散活动，岳岐山则带领亲信，东流西窜。我警二团于9月11日两天时间，在肥西三十里岗活捉匪"华中剿匪义勇军"第四大队大队长周家峰，歼匪41人。警四团则在燕子河后畈歼灭反动民团武装黄英的"老八团""小八团"。截至9月20日，东线剿匪部队在地方武装配合下，在山里山外共歼匪1478人，缴轻重机枪31挺、长短枪1147支、各种子弹4.3万多发。

"擒贼先擒王"，匪"豫鄂皖边区人民自卫军总司令部"虽被我军打掉，但匪首尚未擒获，成为一大隐患。我剿匪部队指战员在胜利形势鼓舞下，信心百倍，决心依靠广大群众严密搜捕匪首，消弭匪祸。9月30日，我七十一师二一三团接到群众报告，捕获了匪报务员，根据口供，得到了汪宪等匪首的线索。副教导员陈先达即率加强连，赶赴阴森狭长、悬岩壁立的帽顶山，在狮子洞一带先后活捉匪正、副司令汪宪、袁成英及樊迅等头目。到 12 月底，又相继毙俘匪第十支队司令兼六安县县长阮志凌、第六支队司令兼立煌、固始、商城三县联防司令张天和、皖北第五行署督察副专员郑良甫等多人。从会剿开始到此时，大别山区又歼匪 4500 多人。

遵照三省剿匪工作会议确定的以全力发动群众，开展政治攻势为主，结合军事清剿，各线严密协同，彻底"肃清"匪患的方针，东线剿匪指挥部充分认识到党的政策就是党的生命，抽调大批干部组成工作队，深入股匪活动地区开展瓦解顽匪运动；将秘密剿匪人员分散各村，边做深入的政治思想工作，边清查隐藏的匪特，动员广大指战员做好宣传和发动群众的工作；还广泛张贴布告、刷写标语，明确昭示"小保队投降者既往不咎，立功者赏，窝藏匪者同匪论处"；普遍举办集训班，对投诚、被俘人员进行感化，进行形势政策教育，启发参训人员反省悔过，交代罪行，对部分受裹胁入伙的俘虏经审讯和教育后即予释放，对小头目及一般官兵不关不杀，集中学习，从而粉碎敌特谣言，解除思想顾虑，促其分化瓦解；普遍召开祝捷大会，宣传剿匪胜利形势；召开匪属座谈会，组织投诚人员写信，现身说法，进行攻心；发动群众，组织民兵，实行联防，做到匪情必报。

大别山区人民生活本来就十分艰苦，加上革命战争年代国民党反动派的长期摧残，群众生活非常困难，日子难度，不仅缺衣缺食，而且无油无盐，不少人都长了粗脖子（甲状腺肿大）又无钱治疗。我们的人民政府为了发展经济，解决老百姓生活中的困难，以便进一步发动群众，针对山区群众无盐无油、缺衣缺食的状况，成立了公营商店和供销合作社。主要任务是把山区土特产品以比市价高一倍的价钱买进，再转手运到上海；再从上海买海带、食盐、布匹等运回山区，以低价卖给群众，帮助群众克服困难。由于高价买，低价卖，所以每个商业单位都赔钱，我们开玩笑地把它叫作"赔本公司"。当时还规定哪一个"赔本公司"赔的钱越多，哪一个公司完成的任务就越好。同时，政府和军队还抽调医务人员，组织一些医疗队，在武装掩护下到山区村庄义务巡诊，治好不少病人。

广大群众看到政府确实在为人民办事，真正是人民的政府，逐渐靠拢我们，纷纷向我们密报匪情。群众充分发动起来后，匪特再无藏身之地。民兵和农会会员见散匪就捉，遇股匪即打，改变了剿匪工作单纯依靠正规武装力量的局面，使匪特陷入轰轰烈烈的人民战争之中。舒城县南港区以乡为单位组成村际联防，一次 13 个土匪窜到魏家湾，被群众发现，干部即带领民兵、农会会员 45 人，将其一网打尽。群众还被组织起来，参加大规模的搜山运动。搜山时部队、群众成千上万，漫山遍野，惊天动地。残匪狼狈逃窜，东躲西藏，也难逃天罗地网。金寨县垒山乡 2000 农民连天带夜，围山搜捕，终将匪首方临杰活捉。汤汇区动员群众数千人搜山，一次即生擒隐匿深山的顽匪 4 人。匪"豫鄂皖边区人民自卫军"支队司令郑荣波、"立煌挺进支队"第四团团长潘澍师也在短期内先后被捕获。立煌县调查室主任、特务分子王述完也被迫出山投降。

在清剿残匪的过程中，政治攻势越来越显示出强大威力。有次部队进山围剿，开始未能注意发动群众，匪情不清，行动难免失误。我二七〇团五连找了一位老百姓做向导，可转来转去，花了几天工夫，不但一个土匪也没抓到，连向导也跑没影了。事后了解到，原来这个向导就是国民党小保队队长。为了发动群众，对敌人进行政治攻势，我们就地召开群众会，讲明我们的政策，当场便有一名小保队员投诚。我们因势利导，进一步对他进行政策教育，指出他是受骗上当，只要缴械投降，便既往不咎。这样处理，对匪顽震动很大，不几天，那个小保队队长也主动缴械投降。

由于采取政治攻势，许多匪徒受到教育，主动放下武器，投诚自首。仅六安县6 个区的统计，50 天中投诚者即达 673 人。4 月到 7 月，六安地区毙伤匪 1167 人，而投诚自首的匪徒即达 1761 人。其中包括不少匪首，如匪"立煌挺进支队"第一团团长兼立煌城区区长陈云溪，于 9 月下旬率部属 50 多人投诚。匪立煌县独立营正、副营长汪宴群、杨衡义于 9 月 28 日率部投诚。至 9 月 30 日，东线清剿区投降、自新之匪徒已占全歼匪特总数的百分之七十。

10 月 2 日鄂豫皖边剿匪指挥部在金寨召开三省剿匪工作会议，对政治攻势又作了新的部署。会后，在进行军事清剿的同时，加强了政治攻势，匪部迅速分化瓦解，投诚匪徒日益增多。10 月 6 日，"立煌挺进支队"第二团副团长邵子厚带领五连连长等投诚。15 日，匪霍（山）六（安）岳（西）潜（山）舒（城）五县联防指挥所司令彭文鞠投降。至 11 月份，大别山区投降自首的匪徒已达 5310 人。

东线剿匪的过程就是武装斗争与群众工作相结合、公开工作与秘密工作相结合、军事打击与政治攻势相结合的过程,由于政策正确,措施得力,到1949年12月底,又歼匪千余,反共老手"立煌挺进支队"副司令兼第二团团长黄英也被迫投降。至此已基本消灭了山区和平原的匪患,少数潜逃匪首如岳岐山、周醒民等后来也先后被缉拿归案,为实行土改、恢复和发展皖西地区的经济创造了条件。

原载陈忠贞主编:《皖西革命回忆录·第三部·解放战争时期》,安徽人民出版社,1991年,第622～630页。

岳西剿匪记

◎ 明克诚

金寨、岳西、霍山三县交界地区是大别山的腹地，崇山峻岭，树大林密，匪司令汪宪及其主力多活动在这一带，因此这里就成为剿匪的重点地区。1949 年 6 月间，我团（安庆警备团，以后改为皖北军区警备第十团）奉令上山，负责岳西以及霍山、金寨、舒城三县接合部的剿匪任务。

我同团长张友道同志在军分区司令部接受这个光荣任务之后，立即召开了团党委会，研究部队的思想情况和上山剿匪部署以及安庆市警备工作。

会议根据东线剿匪指挥部第二指挥部（简称"二指"）的指示和掌握的情况，对剿匪作了具体部署，确定分片包干进行清剿：团部及一营进驻青田畈、河口寺，负责河口地区；二营进驻包家河，负责包家河、蔡家河地区；三营负责西美店、白果树地区；二营五连留在安庆市负责城市警备工作。要求各营应积极发动群众，摸清情况，捕捉战机歼灭匪特。

会后，政治处召开了上山剿匪动员大会，我在会上作了报告，着重指出反革命武装的残酷暴行和剿匪的重要性、必要性；我团剿匪任务和有利条件以及剿匪的方针政策，特别强调一定要遵守三大纪律八项注意，发扬我军优良传统和作风，吃大苦耐大劳，坚决完成剿匪任务，不剿灭土匪不下山。最后，大家振臂高呼"为民除害，坚决消灭土匪""为大别山人民报仇"等口号，会场情绪振奋，斗志高昂。会后各营、连又进行深入动员，战士们纷纷表决心，递交请战书，只等一声令下，立即开拔。

天高气爽，我团遵照"二指"的命令，从安庆踏上征程，来到来榜河。我和张团长在岳西县委稍停片刻，受到县委书记李景堂、县长李正乾的热情接待，就剿匪的部署问题交流了情况和意见后，立即赶回部队驻地。次日，各营到达目的地就地展开。

团部到达青田畈当晚，我和张友道同志找河口区区委领导同志开会，了解了当地情况，还确定区委领导同志分头到各营配合工作，王锁昌同志（区委书记）随一营、王业和同志（副区长）随三营行动，以利于各营开展工作。

在部署上，一手抓发动群众，一手抓军事清剿，前者是为剿匪开辟道路，奠定各项工作的基础，后者是实施军事打击，务求消灭顽匪的有生力量，两者相辅相成。

我剿匪大军进山剿匪，人们奔走相告："人民子弟兵回来了，毛主席的队伍回来了。"有的控诉敌人的罪行，有的提供匪特的活动情况和线索，有的送茶送水，热情欢迎我军的到来。我团进驻阔滩河时，汪老汉就拿着家中最珍贵的东西——一只母鸡，冒着大雨来慰劳，他说："解放军一回来，我们老百姓又好了……同志们辛苦了，我们山里老百姓没有别的好东西，一只老母鸡表表心意。"经再三劝说，他才把老母鸡带回去。

我们在发动群众过程中，特别重视群众纪律，及时表扬好人好事。九连就是一个生动的典型，当时的《皖北日报》报道说："九连上了大别山，任务是驻剿西美乡梓树、石盆两保的土匪。战士们个个都有劲，他们冒着大雨连爬了四天大山，浑身湿透了，身上还在滴水，自己还打柴烧饭。天晴了，搜山回来还帮助群众锄草、挑水，家家水满缸，有的还挑一担水放在水缸边。有的群众受了土匪欺骗，跑上山头，家里的猪牛饿得直叫，战士们抢着帮助放牛、喂猪。天下大雨，山沟里水陡涨，粮食送不上来，我们喝稀饭，不向群众借米，也找不到一个说怪话的，群众大受感动，都嚷着'毛主席的部队来了'。"

营是独立作战单位，各自根据地形和匪情，对所属地区制定和实施清剿方案。各营连对大小山峰、山谷、森林进行了搜索，捕捉了一些零星散匪，从中了解到匪特的情况。但是，由于土顽熟悉地形，关系熟悉，还有散布在各地的爪牙为他们送情报、送粮食，对我军进驻早有防备，因此，清剿的战果不够理想。我团围剿牛槽山是一次规模较大的清剿，当汪耀南股匪发现我部合围，只打了一阵就向后山逃跑，因而没有一举歼灭他。"二指"领导同志指出"要研究战术，务求一网打尽"。据此，我们发动干部、战士总结经验教训，下定"十网打鱼九网空，一网打尽就立功"的必胜信心，采取重点围歼与奔袭相结合的战术，争取较大的胜利。

由于进一步发动了群众，部队反复进行清剿，顽匪被打得七零八落，剿匪斗争取得了新的进展。

一天深夜，情报员用肯定的语气向张教导员报告："上王乡有匪修械所，确实在蔡家河上，下午我经过那里，还听到叮叮当当的铁锤声……"

张教导员沉默了一会儿，果断地下了决心，命令李连长带一个排去奔袭，并严肃地说："务必完成任务，一网打尽！"

连长李文明是打游击的老手，夜间动作是他拿手的一招，十分钟光景，部队就出发了。他们敏捷地爬过了大山，悄悄地过了小桥，东方发白时，茅棚出现在跟前。他们猛扑上去，将茅棚的前后门都把守着，连长提着手枪走上前一脚踹开了两扇板门，战士们蜂拥般冲进房子。那批"野猪队"还躺在床上，像死猪一般响着呼呼的鼾声，连长高声喊道："起来，赶快缴枪，饶你活命！"

匪徒们吓得乱抖，都跪着求饶，乖乖地交出枪弹，满房子的枪弹、炸药也成了胜利品。这时太阳才刚刚出山。

四望山是大别山有名的山峰，30里宽，50多里长，山高林又密，是土匪老窝子，常有匪出没其中。

30号那天，教导队一个班奉命去剿匪，在山下的孙家畈碰到20多个匪徒。我部走在前面的是坚持大别山斗争的老战士小叶同志，他见匪徒向山下来，迎头就打了一枪。匪徒调转身就像兔子样地飞跑，灵活的小叶甩下被包拼命尾追，"砰"一枪就打倒一个。匪徒们只还了一枪，便钻进树林。小叶爬山很快，同志们在半山腰，他已爬上山顶，还高呼着："同志们，快追上去啊！土匪就在前面，看谁缴枪多！"他的勇猛鼓舞了同志们的劲头，一个个飞快地爬上了山头。

这时，九连同志从山北麓过来了，他们会合在一起，反复地搜索树林、洞沟、石岩、茅草，终于搜出了匪排长朱兴富和10多个匪徒，缴了21支步枪。包家河的匪首大小花子被我军捕捉，马家河保长被捉后交出14支步枪，被我军捕获的一些匪徒愿意立功赎罪，有的供出线索，有的为我军送情报。

经过几个月的剿匪，大别山的形势起了根本变化，人民扬眉吐气，社会秩序开始恢复。股匪在走投无路的情况下，不得不化整为零，各自利用亲朋关系躲进深山老林里。岳西县匪首汪耀南下落不明；有的反动分子隐藏在深山岩洞里，等待时机下山作恶；有的匪徒虽然表面悔过，但是他们不服罪，在背后威胁群众，造谣说："部队蹲不长，将来的天下还是我们的。"不少群众心里不踏实，担心那些恶狗将来还要出来咬人，要求部队务必"斩草除根"。

11月下旬，东线指挥部和"二指"研究了剿匪的新情况和新问题，做出新的部署，要求剿匪部队进一步发动群众，全面开展清匪反霸斗争，坚决打击和镇压罪大恶极的匪首恶霸，开展政治攻势，争取和瓦解胁从人员，把剿匪斗争引向深入。

我团根据上述指示，对第二阶段的剿匪斗争作了新部署，确定：

第一，黄尾河是我团与友邻部队的接合部，地处霍山、舒城、岳西交界处，地形险要，顽匪常出没其间。为防止股匪钻空子，因此确定团部及一营的两个连进驻黄尾河，加强这个地区的清剿工作。

第二，部队以小分队（排、班）为单位进行活动，加强部队的机动性，以利于捕捉战机，歼灭分散之敌。除各连在进山时成立的工作组专门做群众工作外，干部、战士都分散到各村庄，一面发动群众，发现积极分子，组织农会；一面深入调查研究，加强侦察，发现匪的活动线索，就及时捕捉。

第三，办好"管训班"。由政治处副特派员陶太贵、组织干事张文柱、民运干事张文英等同志在河口寺王家祠堂举办"管训班"，区委派人参加工作。

一营进驻黄尾河后，对周围的高山深林及霍山东西溪一带进行了规模较大的清剿。各小分队主要是积极找线索，查匪踪，搜山查洞，不让一个匪特漏网。特别注意做匪特家属工作，讲解政策，消除顾虑，动员匪特放下武器，洗手不干。这样，藏匿在大山里的匪特，胆战心惊，不少人下山缴械投诚，河口寺匪首汪遥章就是经亲属做工作后，携械投诚的。

在"管训班"里，大力宣传我军剿匪的决心和剿匪政策，详细阐明宽大与镇压相结合的政策，晓以利害，指明前途，要他们弃暗投明，重新做人，如果继续作恶，只有死路一条。经过说服教育，受训人员的态度有了转变，有的交代了罪行，提供线索；有的表示动员匪特归降，立功赎罪。这对分化瓦解敌人，争取匪特归降起了积极作用。

当时，我团的主要追歼目标是顽匪汪耀南，他是这一带匪特的总头目。经过几个月的清剿，他率领的股匪已溃不成军，有的被捉，有的投诚，他自己藏到深山老林里去了，没有发现他的踪影。因此我团这一阶段的剿匪重点是捕捉这个作恶多端的匪首。驻守在走马滩一带的七连承担了搜捕汪耀南的重任，他们一面帮助群众生产，一面进行搜查。一旦发现匪特的线索和踪迹，就追根究底，搞个水落石穿，不管是晴天还是刮风下雨都坚持到深山搜查。

几天之后，七连发现汪耀南有个姓王的姨亲居住走马滩，他的岳父也住在这里，因而引起了大家的警惕。不久，他们发现王家的老太婆经常提着竹篮外出，觉得此人可疑，便对她进行严密的监视。

一天，乌云满天，下着毛毛雨，战士花××发现王老太婆上山，便在后边盯梢，只见她钻进密林，一转眼就不见身影。他走到山崖边，发现有一个竹篮，篮里还装着饭菜，甚为可疑，立即将此情况报告给了政治指导员杨国志。杨指导员当机立断，带领小分队飞奔山崖，严密搜索。战士花××直接奔赴王老太婆放篮子的地方搜查，发现石崖旁边有一个小洞。他把枪对着洞口，高声喊话："缴枪不杀，顽抗有罪！"汪耀南在洞里听到喊话吓得浑身发抖，乖乖地举起双手，爬出洞来向我军投诚。

活捉汪耀南的消息传开后，大振军威，大快人心，在群众的要求下，先后在七里大坳、河口寺召开了群众大会进行批斗。

在强大的军事打击和政治攻势下，匪首刘玉标也相继落网，从此岳西的匪特基本"肃清"。部队进山剿匪 11 个月，同志们同当地人民群众建立了深厚感情，当部队奉命下山向群众告别时，各村都召开了联欢会，人们高举五彩缤纷的彩旗，敲锣打鼓，鸣放鞭炮，庆祝剿匪胜利，欢送人民子弟兵下山；还给各连赠送锦旗，旗上写着闪闪发光的大字："毛泽东队伍，为人民除害""剿灭匪特，为人民立新功"。会后我们怀着胜利喜悦的心情，踏上抗美援朝的征程。

原载陈忠贞主编：《皖西革命回忆录·第三部·解放战争时期》，安徽人民出版社，1991 年，第 631～637 页。

一枕黄粱

◎ 许爱清

　　1949 年初，在组建六北县独立团时，我被调到该团第二连任政治指导员。这个连的成员，不少是国民党地方武装起义、投诚的官兵。曾任国民党乡队长的聂建武带来的 30 多人，原封没动地编在第二排，他还被委任为排长。

　　一个多月后，连队移防，我们发现聂建武曾多次与一个名叫陈三妹的年轻娇艳的妇女同餐共宿，称夫道妻。陈三妹每次都是黄昏至，黎明走，别人很难见到她的面。

　　有次宿营，二排与连部驻在一起。部队刚进村，我就发现陈三妹立在村边。平时对这对"夫妻"一直没有在意的我，这次却陡然起了疑心：行军路线是保密的，我们刚到此地，她怎么就知道了？我把疑点向陈光潮连长、丁元树副连长说了，他俩也有同感。陈连长说："这妇女说过，她娘家住金家粉坊，粉坊离此地这么远，她怎么来得这么快？"于是便叫党支部保卫委员、二排副排长小丁抓紧时间了解情况，并注意观察。次日天明，小丁来连部汇报，见陈三妹钻进聂排长屋后便闭门不出，还看到六班汤班长开门出来，后来他悄悄地溜到屋后窗下，偷听到聂建武与陈三妹说的话。

　　聂建武要陈胆子放大些，因为他已经向连部说了，他们之间是夫妻关系。陈三妹却浪声浪气地说，要做真正的夫妻你就不能老当个小排长，当个"山大王"多威风。聂要陈放心，一定叫她做个"压寨夫人"，尽情享受。陈三妹也要聂放心，既然做了他的人，一定竭力把事办好。她还要聂多搞些"短的"，说是什么"弯弓"讲的，以后就要凭功摆座。聂要陈转告"弯弓"他们，自己一定照办，但要再等一个月才能见分晓。

听完小丁的汇报，我们大吃一惊，立即做了研究，根据情况判断，陈三妹根本不是聂的什么妻子，而是土匪的联络员。聂不是刚开始和土匪联系，而是已开始加快叛变准备工作。情况紧急，支部决定由陈连长组织全连进行战备操练，做到内紧外松；由丁副连长和二排副排长小丁对陈三妹进行跟踪；由我赶到团部汇报请示。

团长荚存秀听完我的汇报后说："你说的那个陈三妹可能就是匪首赵老板的三姨太，据说是被派下山'钓鱼'，搞策反活动，聂可能上钩了。聂要走估计有两种走法：一是只身叛逃，这还无关大局；二是勾结土匪搞里应外合，制造流血事件，把他带来的人再带走。"团政治处主任也提醒我们，聂和土匪一定会把矛头对准从野战军调进的十几个老同志。荚团长赞同地点了点头，要我们一面研究防范措施，一面加紧进行正面教育，讲清大好形势，争取群众，孤立顽固分子。他还自信地说："我看他姓聂的带来的那30多人，也不是铁板一块，跟着他反动下去的不会有几个。"最后，荚团长又叮咛我们要注意在没有确凿证据的情况下，切勿轻易抓人，以免对尚未起义的人员造成影响。

团长的话使我心里明亮多了，我回连后就立即在支委会上作了传达。接着支委们又反映了两个情况：一是见陈三妹马不停蹄地进山去了；一是有人发现昨晚六班长小汤曾在聂排长门前走来走去望风，原来汤班长早被聂拉过去了。

我们按支委会的决定，第二天上午由我召集全连上政治课，进一步讲清大好形势；陈连长找聂谈心，力求教育挽救；丁副连长则带一位老战士去摸陈三妹的底。事情很快弄清楚了，聂建武咬定陈三妹是他的发妻，可丁副连长追查到陈三妹原是金家粉坊匪首张明的情妇，张为了勾结山上土匪，把她送给匪首赵某做了三房。这次就是赵匪利用她的色相来搞策反的。

支部经过研究，认为对聂还应尽力争取，这样既可挽救他本人，又可稳定各部收编人员的情绪。团首长肯定了我们的建议，并强调对待起义人员的政策是既往不咎，如犯有新的罪行还允许立功赎罪。荚团长要我们一面做好对聂建武的教育挽救工作，一面做好取证工作，争取在半个月内见成效。

恰在此时，连部接到命令，开赴新安执行作战任务。1月17日晚上，正当我和丁副连长研究工作时，小丁副排长慌慌张张地进来报告说，今天上午聂建武派他的心腹五班聂班长和六班汤班长找来几个他认为可靠的人开会，决定今晚12点半行动，在山上来人配合下，用冷兵器杀掉野战军派来的干部，夺取武器弹药，然后把二排拉上山。另外，聂建武还以"三耳"为代号，派人送信告知"弯弓"，将率众于17日午夜哗变，望派人接应，并火速转告陈三妹与老板。

我忙问小丁是怎么知道的，他说是参加会议的胡海清刚才说的，胡还说12点后要出大事，要连部几位领导晚上避一避。我听后吃了一惊，抬头看看桌上的闹钟指针已指向8时50分，离聂建武动手的时间只有3个小时了。事不宜迟，我们作了紧急分工：小丁副排长去找一排长迅速做好应急准备；丁副连长速去团部，请团里给予支援；我找胡海清进一步问明底细。

我带着通信员小朱快步向胡海清的住处走去。月夜里，流星闪闪，寒风阵阵，除远处传来断断续续的犬吠声，整个连队显得十分平静。我知道，在这个平静的黑夜里，正隐藏着一起由反革命叛变带来的流血事件。但是，我坚信团长的话，"跟着他反动下去的不会有几个"，胡海清同志在关键时刻没有跟他反动下去，就是活生生的事实嘛。我正在想着，忽见胡海清从我的背后急步上来，我正要说话，他连忙摇摇手示意我回到室内。一进连部，他就声音颤抖地说："指导员，快避一避吧，聂建武准备半夜动手，杀掉你们四位老同志，夺取手枪和子弹。把二排拉上山去当土匪！"我说："这些情况都知道了。"我反问他："既是聂建武看中了你，你为什么又向我们报告呢？"胡海清沉痛地说："自从今天上午聂建武找我后，心里总觉得像塞了个大石头，我想自家也是穷苦人出身，想到入伍后受到的阶级教育，老同志对自己的关怀和帮助，我生病时你亲自给我端水送饭，真比爹妈还亲，我怎忍心干这种伤天害理的事情呀？"他把知道的事统统告诉了我。

听着胡海清的肺腑之言，我不由得热泪盈眶。我见时针已指向10点，自觉时间紧迫，不能多谈，便对他进行了一番鼓励，要他照常回班睡觉，我们自有办法对付他们，也有办法保护他。如果他们提前动手，要他设法拖延时间，及时报告。

送走胡海清，丁副连长也匆匆从团部赶回，他带我来到了一个隐蔽的地方，见到了团长和他带来的几个干部和侦察员。我把情况作了汇报，准备先诱捕聂建武，同时命一排设伏，控制二排，再逐个逮捕。时间已经10点半了，团长要我们11点就完成部署，接着他命令王股长率团侦察班，丁副连长和一排长率几个战士相机逮捕叛变分子；通知陈连长率三排进入阵地，严密监视山上匪徒动向。

完成部署后，时间正好 11 点，部队住房内已看不到一点灯光，整个旷野万籁无声。丁副连长和陈连长带领战士闪进室内，胡海清忙说："我和他们都说好了，那是伤天害理的事，大家都不干了！"四班长也应声道："我们坚决不干了！"四班的问题就这样顺利地解决了。

一直在监视聂建武等人的王股长，见聂 11 点 50 分时捏亮手电，叫起汤班长，轻轻走到门外观察动静，这时我 4 名侦察员便一拥而上。聂建武未及反抗，便被侦察员们下了枪。紧接着，又将汤班长、聂班长捕获。

午夜过后，我与团长等人在连部对聂建武进行了审讯。聂颓丧地耷拉着脑袋，只承认自己想开小差，不承认有杀人抢枪计划，可是其他几个被捕的人都招供了。在搜查聂建武物品时，我们找到山上匪特给他的一封信，大意是：徐蚌线尚有国军百万，接受招安实属欠虑，自古兵匪一家，不论谁主沉浮，岂无容我之地，人生能有几回醉，盼速来分。信背面是两行半文半白、似通非通的打油诗："愚兄割爱赠三妹，贤弟归山胜八仙。"人证物证俱在，聂建武抵赖不掉，只得低头认罪。

一轮红日从地平线处跃起，一切都如往日一样宁静，可战士们差一点就沦入腥风血雨之中。下午，我们派人将主犯押送团部。3 天后，团侦察班又根据聂建武提供的线索，说服了坐探"弯弓"，诱捕了陈三妹。可是不久又将她释放了，对此，我很有些不解。县委一位领导同志解释说，山上能派她来搞策反，我们也能教育她上山做说客，争取赵匪早日下山来降，这就叫"以其人之道，还治其人之身"。他的话把我们都说笑了。

原载陈忠贞主编：《皖西革命回忆录·第三部·解放战争时期》，安徽人民出版社，1991 年，第 638～642 页。

活捉惯匪"岳葫芦"

◎ 吴先洪

1951 年 4 月 29 日，我司法机关在六安公审处决了岳岐山等一批罪大恶极的反革命罪犯，消息传开，皖豫边区群众无不拍手称快。

"岳葫芦"本名岳岐山，是横行皖豫两省达 13 年之久的惯匪头目。因为他体态黑粗、凶险毒辣、心地难测，故当地百姓送了个"岳葫芦"的绰号。岳匪于抗战初期从家乡河南潢川流落安徽霍邱，不久便投靠惯匪许志凯、冯传安，开始杀人越货的土匪生涯。他羽毛渐丰后，便结帮拉伙，倒弄枪支，公开行抢，很快便自立门户，成了盘踞一方的匪首。岳岐山以霍邱为巢穴，活动于两省边区，杀人放火，抢劫民财。1944 年后，更投靠日寇，充任特务稽查。日寇投降后，他乘混乱之机，扩充枪支、人员，约达 500 多人，匪势日盛，为害更烈。解放战争时期，国民党反动政权利用土匪，对抗人民革命，以图苟延残喘，岳岐山也被收编，被委任为霍邱自卫第四大队大队长、营长。1949 年初，迫于形势，他曾率残部假起义，旋即率部叛变，被敌"豫鄂皖边区人民自卫军"总司令汪宪委任为自卫团长、县长、淮河挺进支队司令等职。岳岐山被国民党收编后，有恃无恐，群众备受其苦，敢怒而不敢言。同时，他率部与我为敌，围攻我政府机关，残害我干部群众。在李东店岳匪偷袭我霍邱县大队第四连，使我遭到重大伤亡。在霍邱县陈棚子活埋我干部群众 24 人，围攻长集区政府。残害我干部 37 人，在高店乡一次就抢劫粮食 10 多万斤。岳岐山十恶不赦，群众恨不得食其肉寝其皮。

我和岳岐山相识是在1949年初。那时，淮海战役已胜利结束，国民党的主要军事力量被基本消灭，长江以北的反动武装纷纷瓦解，人员内心惶恐，在我军事打击和政策感召下，许多地方保安团队宣布起义或投降。此时，走投无路、狡猾无比的岳岐山，又作了一次政治投机，在霍邱宣布起义。当时，我任皖西军区第三军分区的副司令员，经研究分工，我和彭宗珠副政委带一个营去寿县接收起义的寿县保安团，当即编为军分区独立一团，原建制不变，任命原保安团团长李旭东为团长。分区司令员曾庆梅和地委副书记唐晓光去霍邱县收编了岳岐山等匪众，编为分区独立三团。岳岐山部原建制不变，编为独立三团一营，下辖3个连，共300多人，任命岳岐山为营长。

敌军虽已起义，但官兵的思想很复杂，尤其是大小头目各怀心事，部队的思想很不稳定。为此，在收编敌军后，我们立即将其撤离原驻地集结整顿。我和曾庆梅司令员率领独一团和独三团，先后到达迎河集和马头集后，地委领导急于返回六安处理工作，就留下我来负责整顿这两支起义后组建的部队。在春节期间我们召开了排以上干部会议，学习我军宗旨，交代我党政策，还分别召开了两个团的全体军人大会，进行形势和政策教育。

春节后的一天，岳岐山找到我说，他们营有两个士兵开小差被抓了回来，他决定枪毙这两个逃兵。在国民党部队和地方土顽及土匪的帮伙里，逃兵抓回来就是枪毙，所以"岳葫芦"仍要按他们的规矩办。我听了当即予以否定，并指出，我们现在是人民的队伍，人民军队以教育为主，一切都要按党的政策办，没有批准他枪杀逃兵。这是我和岳岐山第一次打交道。

为了补充分区部队和便于对起义部队的改造、控制和使用，原计划过完春节，就在马头集将这两个整顿后的独立团分别编入我分区部队第七、第八团，但后来考虑到马头集离这些起义队伍的老巢较近，且分区在马头集只有一个营的兵力，怕应付不了改编时可能出现的不稳定的情况，于是决定：把部队开到六安城集结后再进行改编。

部队经一天行军，到达六安县城。当时，为了保证部队改编工作的顺利进行，对两个团的宿营地点做了精心部署。将独立一团（这个团较好些）部署在六安城北外中学校一带宿营，独立三团驻六安城内，岳岐山的一营住县城中心，靠淠河边的商业区。我分区部队七团及警卫营均驻在城内，对狡诈成性的岳岐山有所防范。

就在我们到达六安县城的第二天凌晨，独立三团政委（我方派到起义部队的干部）到分区司令部向我报告说，岳岐山和独立团副团长（此人也是起义部队原建制的副团长）拉着 3 个连叛变逃跑了。我立即带上几名同志赶到岳的驻地查看，发现岳部将所有的电话线割断后，全部叛逃而去。我们又到淠河边上察看岳岐山西逃的渡河点，可能是怕惊动我分区部队，虽然河上帆樯如林，船只不少，但岳岐山却没敢动用船只，而是在低温下泅水逃过了淠河。

经分析断定，岳部渡淠河向西北逃窜，是要回到他们原来的老巢，以图东山再起。但这只能是白日做梦，在我各级政府和地方武装相继建立，全国解放指日可待的大好形势下，岳岐山等一小撮人，窜入其老巢后无法公开活动，成了过街老鼠，不得不逃进了大别山区的金寨县，投靠了匪首汪宪。

渡江前我军忙于准备工作，地方政府也正全力组织和发动群众做好支前工作，无暇对大别山的几万土顽进行清剿。也就在这段时间里，岳岐山的队伍乘机扩大，曾一度发展到七八百人，并不时窜到平原对我地方政府进行骚扰。一次，在六安县徐家集一带，我军一支小部队被岳匪袭击，伤亡 20 余人。但岳匪也不断遭到打击，一次我军奇袭岳盘踞的叶集镇，正在澡堂洗澡的岳岐山，惊慌失措，只得光背赤脚，跳窗潜逃。匪部群龙无首，乱成一团，被我军活捉 70 多人，缴机枪 5 挺、长短枪60 多支。

为早日清除匪患，大军渡江南下之后，我们即开始剿匪工作。1949 年四五月间，皖北军区在合肥召开了剿匪工作会议，对剿匪工作做了统一部署，我和分区彭宗珠副政委参加了这次会议。随后又成立了安徽、河南、湖北三省联合剿匪司令部，组成 5 万多人的剿匪大军。

大别山区是我党我军老根据地，群众基础好。我剿匪部队进入大别山后，在人民群众的帮助下，剿匪工作节节胜利，首先收复了金寨县，捣毁了土匪的老巢。战斗中，大部分匪特被消灭，那些暂未被歼的小股匪徒，就处于到处挨打的境地。岳岐山的队伍，在金寨曾被我分区七团打击过两次，予以重创；在霍邱、固始又多次被歼，还不断被我公安干警和民兵搜捕，只剩几十个匪徒。1950 年夏，岳岐山领着仅有的匪徒，在淮河上抢了些小船，穿着便衣，混在群众的船只当中，往来于寿县、正阳关、霍邱一带，企图逃脱人民的法网。据此，我分区剿匪部队也组织了淮河水上剿匪支队，乘大帆船，在淮河上往来巡逻、搜索、缉拿逃匪。岳岐山的爪牙一个个被捕获或击毙，他只身一人东躲西藏，成了真正的光杆司令。

为了捕获岳岐山，我九十师与霍邱县公安局均派出精干人员化装侦察。秋去冬来，眼看1951年的春节又到了，2月4日霍邱县公安局捕获岳匪亲信万凤云，得知岳岐山要到寿县板桥集王亚生家过年的可靠情报。局领导立即命令侦察股正、副股长赵邦安、陈德桥两同志率人缉捕。

赵邦安一行8人，在板桥集附近，同剿匪部队九十师二六九团二营部队会合。干部在一起商讨缉捕计划，经研究决定，趁除夕岳匪放松警惕之机，部队深夜包围岳岐山可能藏匿的两个圩子，由赵邦安、陈德桥分别带人进圩搜捕。

2月5日是除夕，村民们张灯结彩，燃放鞭炮，欢庆解放后第二个翻身年。噼噼啪啪的鞭炮声迎来了除夕之夜，此时岳葫芦才舒了一口长气，他想共产党也是人，难道年也不过了吗？正当他多少天来第一次放心大胆地睡个安稳觉时，赵邦安带领侦察员和解放军战士，于6日拂晓将徐家圩围了个水泄不通。

徐家圩碉楼下有明暗两间屋子，王亚生夫妻睡外间，岳岐山睡里间，经过大年夜的纷扰两人正在酣睡。赵邦安撞破房门，未等王亚生回过神来，战士们的枪口已对准了他。这时岳匪听到响动，立即向楼上窜去。赵邦安紧紧跟上，岳岐山回手一枪，赵邦安胸部中弹。同志们将他抢出楼，身受重伤的赵邦安还对闻声赶来的陈德桥同志说："不要管我，快去逮岳葫芦！"

战士们将碉楼围得水泄不通，但岳岐山却困兽犹斗，凭借碉楼和精湛的枪法进行顽抗，以拖延时间，等待逃跑的时机，致使我多名指战员负伤。当日中午，接到求援信的二营营长和教导员带领支援部队跑步赶到，喊话无效，营长下令架起重机枪，集中火力，射击碉楼。碉楼在猛烈轰击下，尘土飞扬，墙面被打成蜂窝一般。直到下午4时，才将岳岐山擒获。

消息传开，四乡群众一片欢腾，携带酒肉，涌向徐家圩，慰劳为民除害的解放军指战员和公安干警。可是年仅28岁的河北籍南下干部赵邦安同志，经全力抢救无效，献出了自己年轻的生命。

岳岐山被捕后，即由军分区转交给专署公安局关押受审。1951年春经上级批准，将血债累累的反革命罪犯岳岐山处以死刑。宣判大会有上万人参加，其中有从几十里外带着干粮，赶来参加大会的。宣判大会后，立即对岳岐山等一批罪犯执行枪决。南门外刑场上，观者如潮，欢声雷动，深受匪霸糟害的广大群众，面对岳匪等人污秽的尸体，禁不住发出舒心的欢笑。

原载陈忠贞主编：《皖西革命回忆录·第三部·解放战争时期》，安徽人民出版社，1991年，第643～648页。

回忆大别山剿匪

◎ 周霁风 [1]

　　1948年11月9日商城第二次解放。当天下午，我们十多位零娄高中的同学正在操场上打篮球，此时来了一队解放军战士，为首的两位解放军高个儿战士，一胖一瘦。当他们走到球场边时，我们也自动围拢上去。那位为首的胖解放军战士问我们："怕不怕？"我们说："我们不怕，学校还在照常上课。"他又问学校的其他情况，我们都一一做了回答。在亲切随和的交谈中，我们丝毫也不觉得拘束了。有位姓黎的同学（固始人）突然问那位胖解放军战士："别人都那么瘦，你的头怎么那么肥？"这个玩笑开得太过火了，顿时使大家都感到十分尴尬。谁知那位胖解放军战士不但不生气，反而用手摸摸自己的后脑勺对我们说："我这颗头可值钱呀，国民党悬赏10万大洋呢！"这么一说，我们顿时明白了，他就是那位令敌人闻风丧胆的鄂豫军区王树声司令员。我们邀请他和我们一起打篮球，王司令员说他不会打，并指着那位瘦高个儿解放军战士说："我的参谋长会打，以后叫他带球队来和你们比赛。"嗣后，王司令员又向大家问寒问暖，还问有什么困难。当他听说我们的伙房没米吃时，他立即答道："我叫供给部送些米。"

　　第二天，解放军送来了三包大米，晚上当同学们吃上又甜又香的芜湖大米饭时，都说："共产党的大官平易近人，关心群众疾苦，将来共产党肯定要得天下！"

---

[1] 周霁风：生于1933年，商城人，会计师，从部队转业后，在潢川食品公司等单位工作。

1949 年 1 月，街上张贴着鄂豫公学的招生广告，落款是兼任校长王树声。进入鄂豫公学以后，我们都是王司令员的学生。

在鄂豫公学学习的日日夜夜，令人终生难忘。那些使人激动不已的画面，至今仍不断在脑中闪现。

亲人就是解放军

1949 年 5 月 16 日武汉解放，5 月 20 日鄂豫区撤销，鄂豫区与江汉区合并组建湖北省委、省人民政府和省军区。鄂豫公学也于 1949 年 5 月 23 日奉命随军南下。

鄂豫军区独立师，抗日战争时期是著名的雷寇支队，解放战争时是晋冀鲁豫野战军的二纵五旅，刘邓大军挺进大别山后编为鄂豫军区教导三旅。教导三旅和教导一旅并肩作战，曾两次解放商城。1949 年 5 月，鄂豫公学同学和独立师指战员在潢川、固始、商城边境剿匪时结下了友谊。在我们南下途中，又是独立师的同志负责保护工作。我们南下到达麻城后，听说独立师要扩建文工团，同学们纷纷报名。最后经组织批准，我们 37 名同学，由独立师组织科苏竞副科长带领，于 6 月 1 日到麻城县阎家河参了军，这些同学除杨志平同志到宣教科，高觉非同志到司令部，刘庆林、吴宜中两位同志调到独立师的勇士报社外，其余都分配到文工团工作。其中吴宜泽、李文汉、刘琛、顾云、李蔚如、向益民、孙华峰和我在一分队（创作分队），程伯钧、李西、方维先、朱邦明、汪整中在二分队（美术分队），陈彤、周霁云、李儒慎、姬振兴、杨安西在三分队（戏剧分队），黄钟骧、余开泰、余云飞、王佐才、吴毓必、袁剑民在四分队（音乐分队），谢伟、冯文锦、吉德修、杨俊昭、杨溢、周维民、胡泽桂、周毓芳、陈源在五分队。

第一次发津贴时，给女同志发了卫生费，炊事班的老张得知后，跑去找班季超指导员说："他们才来就发给卫生费，我是老同志，为什么不发给我？"惹得在场的人都哈哈大笑起来。老张还板着面孔说："你们笑什么？"经班指导员讲明卫生费的用途后，老张才恍然大悟，怒气全消。

郑分队长提高我们的认识

6月30日听罢新华社社论《论人民民主专政》后，创作分队忙着编写歌词，并叫我们第二天每人去一个队教唱。教歌，这可是大姑娘上轿——头一回，我不敢去。郑诚分队长（离休前是郑州警备区政委）说："知识分子要走与工农兵相结合的道路，下连队教歌就是与工农兵相结合。"一席话鼓足了我的勇气，在"七一"庆祝会开始前，我到连队教唱了。当时教唱的歌曲是：

```
5·5  35 | 6 53  2 | 5·6  53 | 21   5 |
七 月 一 日  真 荣  光，大 家 齐声  来 歌  唱，
共 产 党    到 今  天，已 经 年久  二 十  八，

1·2  35 | 23   5 | 11   2 16 | 5   - |
咳 嗨 咳 嗨  咳 嗨  哟， 歌唱   共 产  党。
咳 嗨 咳 嗨  咳 嗨  哟， 身强   力 又  壮。
```

当时，国民党反动派的残余势力仍在做垂死挣扎。残留在各地的反动武装沦为土匪，他们猖狂袭击人民政权，阻碍大军南下。5月，白崇禧派遣特务汪宪潜回大别山，并拼组"自卫军"万人，在大别山一带进行骚扰破坏，一时匪患炽烈，其凶焰甚嚣尘上。我师奉命接黄冈分区独立团的防地，进驻到滕家堡、木子店、僧塔寺一带剿匪。8月1日，王树声校长为我师授军旗，番号为湖北军区独立第三师。为统一指挥作战，用最快的速度、最短的时间"肃清"鄂豫皖边区的土匪，8月中旬上级决定在罗田县滕家堡成立了鄂豫皖剿匪总指挥部，由王树声校长任总指挥。当时的军事部署是：把大别山区划为东线、南线和北线3个剿匪区域。东线由皖北军区独立师负责，北线由四野一二六师负责，南线由湖北军区独立三师负责。

我们从阎家河出发时，房东们都出来热情欢送，并嘱咐我们以后再来时，仍住到他们家。在行军路上，我们一分队的同志讨论起群众对解放军的态度来。当时我从群众对我们非常热情的情况看，认为群众是真心欢迎我们再到他们家住的。一位同志却说："群众是表面情，俗话说'好铁不打钉，好男不当兵'，他们不会真心欢迎我们这些当兵的。"正在大家争执不下之时，郑诚分队长发了言，他说："国民党的兵到处烧杀奸房、拉夫抓丁欺压老百姓，解放军严格执行三大纪律八项注意，

不拿群众一针一线，群众当然从内心里拥护解放军。"不知是谁唱了一句"兵呀兵，是哪里来的兵"，大家跟着唱"当兵的都是老百姓，因为老蒋要杀人民，中国才有了两种兵。蒋家兵是什么样的兵，他给老蒋当家奴，挨打受骂害百姓，人人痛恨留骂名。子弟兵是什么样的兵，全心全意为人民，赤胆忠心救中国，人民拥护人人敬。中国有了两种兵，天上地下大不同，壮大自己的子弟兵，坚决地消灭蒋家的兵。"歌声在行进队列中回响，在山谷中荡漾。

自百万雄师跨过长江以后，战局发展迅猛，我军横扫千里如卷席，捷报如同雪花飘。我们文工团成员行军时，身上除了枪支、背包、米袋、碗筷外，比战士们还多两种装备。一种是半截毛竹桶，用来盛放糨糊或红土、石灰；一种是用麻扎的把子，可以书写标语，也可以抹糨糊。在行军途中要张贴宣传品，为了能紧跟行进队伍不掉队（土匪穿便衣，掉队或单独行动是非常危险的），我们由两个人组成一组，一人往墙上抹糨糊，后面一人就往上贴捷报、标语。部队行军 15 里一小休息，30 里一大休息。我们就利用队伍休息时间书写标语口号。在山区买不到红土和石灰，我们就用锅烟子代替。开始没有经验，用凉水拌锅烟子，锅烟子漂在水上边化不开，以后改用开水冲锅烟子，才把锅烟子溶解。凡有人烟的地方就有锅烟子，那里也就有我们的宣传标语。

田副分队长接受批评

我们一分队副分队长田庆瑞同志因打摆子不能走，只有坐担架，第二天行军时由我护送他。走到半路上，一位抬担架的老乡不愿送了，田副分队长要我去找一位老乡来替换。因为受土匪的恐吓，群众都跑了，我到湾子里去没找到男人，没有人替换，而那位抬担架的老乡还是坚持要走，田副分队长急得骂了他两句，他才"老实"，表示愿意继续送到宿营地。到了宿营地，我向郑分队长汇报了田副分队长违反群众纪律的事。为此，晚上点名时，我受到了表扬。到达滕家堡后，田副分队长还当面感谢我对他的帮助。田副分队长胸怀坦荡，处处以革命利益为重，能虚心接受批评并勇于自我批评。这种高尚风格，使我受到一次深刻的教育。

继承先烈遗志

　　大别山区是革命老根据地，从黄麻起义到 1947 年解放大军南下，我军曾在此三进三出。国民党的白色恐怖，使革命群众受到极大摧残。王校长要求我们在这次剿匪中要政治军事双管齐下，军事进剿与发动群众紧密配合，只要把群众发动起来了，土匪就是钻到深山密林里也无藏身之地。《长江日报》女记者何嘉根据王校长的讲话精神发表了一篇题为《三进三出、四进永不出》的报道，激发了群众的革命热忱，坚定了老区人民的信心。根据王校长的指示，从师文工团和工兵连抽人组成剿匪工作队，由师特务营苗振兴教导员任队长，工兵连贾副连长任副队长。

　　下乡剿匪之前，王一栋分队长（离休前任邢台军分区参谋长、副师职）给我讲了五旅文工团张九会烈士壮烈牺牲的事迹："刘邓大军挺进大别山后，为了重建大别山根据地，部分军队化整为零，深入群众中做地方工作，借以发动人民群众，建立党组织，建立革命政权和进剿土匪。1947 年 10 月至 1948 年春，我在金寨县关王庙区政府当秘书。和我是同乡又是抗日高小同学的张九会同志，被分配到关王庙东南 20 多里的吴家店一带发动群众剿匪。1948 年春天的一天夜晚（那晚是个月亮天），他去山坡上一户独居人家做工作。谈话间忽然看见门外人影一晃，他立即起身站在门后边，紧握手枪准备战斗。土匪用手电筒往屋里照，张九会同志顺着电筒光就开了枪，但枪虽击发了，子弹却未响，这时土匪就拥进屋了。此时，再退掉瞎火已经来不及了，张九会同志就和土匪拼打，因寡不敌众，腿裆和左手腕被土枪击伤，两处伤口都有鸡蛋大小，已处于休克状态中，次日晨他苏醒过来后，群众把他抬到区部，此时他尚能睁眼。在当时的条件下，我们给他做了碗鸡蛋汤，包扎了伤口，并派民兵连连长带担架送他去汤家汇医院。因张九会同志流血过多，行至中途就牺牲了。回来后，我们开了追悼会，追认张九会同志为共产党员（他生前就是党的发展对象；张九会同志的哥哥是抗日干部，被日本鬼子杀害），区委书记周荣甲同志号召同志们学习他的革命精神。"当时，我默默下决心，要以张九会同志为榜样，立场坚定，密切联系群众，在剿匪工作中锻炼提高自己。由于有了这种信念，在以后几十年的风风雨雨里，我都能做到不怨天不尤人，不以物喜，不以己悲，踏踏实实地为党工作。

1957年在我受到批判时，女友劝我受辱不如死去，我弟也劝我去北大荒，一走了之。我相信党，相信群众，也相信我自己，我不去死也不走，在哪儿摔倒还要在哪儿爬起来。因为跟着共产党走这条路是我自觉选择的，事实将会证明这条路我是走对了。

贾副连长遇险

剿匪工作队进驻到滕家堡、松子关和僧塔寺三角地带的中心——江家湾。由姜光明分队长（离休前是301医院门诊部政委）带两个班向前延伸到距江家湾有10余里的老虎冲。江家湾有二三十户群众，只有王、阎两个姓。有次在小溪边洗衣服，我听见一位妇女低声咏唱："起来，饥寒交迫的奴隶！"顿时我感到奇怪，忙问旁边的同志："她唱的《义勇军进行曲》，怎么和我们唱的不一样？"旁边的同志告诉我："她唱的是《国际歌》，《国际歌》是共产党的党歌。"这使我想起湾里住有一位老农会主席，可他白天不敢和我们接触，晚上也不敢和我们谈心。这说明这里的群众对共产党是有一定认识的，只是怕我们站不住脚再走了，他们又要受二茬罪，也说明了王校长讲的要深入发动群众、解除他们的顾虑的重要性。

进驻江家湾不久，有一天贾副连长去滕家堡汇报工作，天快黑了还没回来，大家非常着急，苗教导员立即派人去迎。原来贾副连长上午走到离滕家堡不远的拐弯处时，田里几个正在割稻的"群众"趁贾副连长走到田边，突然一拥而上，用刀猛砍贾副连长的头部，把贾副连长砍晕死过去了。贾副连长在解放商城时缴获的战利品头把盒子，也被土匪抢走了（这支枪几个月后又收缴回来了）。贾副连长苏醒后，满身血迹，他忍着剧痛一步一步地向滕家堡方向爬，当即被送到医院抢救，不久伤势痊愈，又回到战斗岗位。

"考验"

有天晚上，吴宜泽等出去执行任务，把我的德国造二把盒子拿去了。鸡叫头遍轮到我站岗时，听到有脚步声，一问口令，知道是吴宜泽他们回来了，当他们走到我跟前时，一个人猛地蹿过来夺我手中的步枪，当时我被搞懵了，明明是自己人，怎么又有土匪呢？我年纪小体力弱又夺不过，只好边往后跑边大声喊："土匪来了！土匪来了！"把工作队员都喊起来了。大家一看，原来是工兵连的小李（外号叫二虎）和我开了个不大不小的玩笑。以后有人把这件事当笑料来谈论，领导却说，一个小青年不顾个人安危，发出警报，能做到这一点也不简单。

山区的秋天非常美丽，秋风习习，硕果累累，万山红遍，层林尽染，它象征着我们进山消灭土匪把红旗插遍鄂豫皖边区的大好形势。这里到处是野果，真是"七月杨桃（即猕猴桃）六月楂，九月栗子笑哈哈"，使我们大饱眼口之福。我们几个小青年，每次出去都不住嘴地吃野果，回到驻地连饭也不想吃了。

随着军事上的进剿，我们消灭了股匪，由于宣传发动工作的步步深入，解除了群众的思想顾虑，我们的工作面逐渐扩大，活动方式也随之改变。先是晚上集中住宿，白天集体行动，继而晚上集中住宿，白天分组活动，直到分组住宿、分散活动。我和王佐才、工兵连的小任及一位四川籍的战士为一组，住在从江家湾到恶霸保长方福廷家路上的一个湾子里，湾子里有一座三层破楼。这里离方福廷家只有二三里远，随时可以搜查。当时，我们谁也不知道方福廷长什么样。有天夜里我们到方福廷家没有找到他，就又去他"皮伴"家（湖北方言，即姘头），正好床上有一男人，方福廷的"皮伴"说那不是她男人，我们就以为此人一定是方福廷，于是把那男人带到江家湾，一审问真是那女人的男人，闹了一场误会。

教导员巧手铺棉被

山区冷得早，上级给我们每人发 4 斤棉絮。我们在家乡都是用被套，现在没有被套只有棉絮，为此大家眼盯着棉絮直着急。正好苗教导员来了，他帮王佐才铺棉絮，中间厚两边薄，套好后又在中间缝了三道。我先是平均铺棉絮，苗教导员说："这样下边垫的厚，上边盖的薄，睡觉不保暖。"我照着他的办法又重新铺好。苗教导员平易近人，对人言传身教。他看问题很全面，很会做思想工作，说得人口服心服，我们文工团的同志都爱找他谈心。我问他怎么会套被子，他说，他也是 16 岁当兵（1949 年时我 16 岁），当时也不会，是老同志教的。

军民鱼水情

一天夜里天很黑，我们回驻地都打着火把。人到齐后，突然浓烟直往三楼上窜，呛得我们咳嗽、冒眼泪。我们意识到可能是遭到土匪袭击，因而做好了战斗准备。往楼下一望，竟是端盆拎桶的群众，要我们快开门好救火。当看清都是本湾的群众后，我们才把楼门开开，群众把火扑灭了。要不是群众及时援救，火烧到第二层，我们就下不来了。是群众救了我们，群众是我们的再生爹娘。

欢天喜地过新年

在剿匪高潮中，我们迎来了中华人民共和国成立的特大喜讯。建立新中国是我们的共同心愿。初到滕家堡时，三分队的同志在街东头的一处山墙上画了一幅毛主席像，这是按鄂豫公学教材封面上的木刻像画的。现在有毛主席的标准像，我们分队的朱岚和二分队的同志在原处又重新绘制了一幅，让广大群众都能及时瞻仰毛主席的光辉形象。为了庆祝这个伟大的节日，上级犒赏我们每人2斤猪肉。1950年发"中南解放纪念章"也是以1949年10月1日为界限，凡建国以前参军的每人1枚。

不久，我们部队回到文工团的驻地文氏祠。为了迎接新年，我们赶排大型歌剧《白毛女》。没有剧本，我们分队的李蔚如等同志自己动手刻钢板，借油印机自己推。鄂豫公学同学在剧中担任主要角色，如：周毓芳饰演喜儿，李儒慎演大春，冯文锦演大春的妈，谢伟演黄世仁的妈，陈彤演赵大叔，姬振兴演大锁，等等。冯文锦同志的湖北话说得很地道，深受群众欢迎。在筹集道具时，一般东西好找，布置黄母卧室的道具就为难了。后来我们想到了傅春早师长，就去他家借东西。他爱人很开明，只要是演戏用，凡是她屋里有的，都可以借用。1950年5月，傅师长到黄冈军分区当司令员，我们把到他家借道具的传统，又带到了军分区宣传队。

为了提高艺术水平，领导还派人去省军区文工团学习。黄钟骧学跳鄂伦春舞，李儒慎学打胜利腰鼓，回到驻地再教我们。我们把建国后第一个元旦搞得非常热闹。

根据1950年的工作任务，我们创作分队编了歌词："1950年是胜利年，毛主席号召大生产，为了建设新中国哟，为了减轻人民的负担，部队生活来改善嗯哎哟，响应号召全军上下齐动员，齐动员。"在去木子店给九团、僧塔寺给七团演出时，我们到各连队教唱了这首歌，把1950年的工作任务向广大指战员作了广泛宣传。

经过初步锻炼，我于1950年1月11日经王一栋同志介绍，加入新民主主义青年团。十一届三中全会拨乱反正，党对我的"右派"问题做了改正。改正后我向组织提出恢复团籍的要求。当时有人说："团籍没啥要头，别提了。"我说："我入团是党的培养、领导教育、首长亲自介绍的，一个团籍联系着我和首长的两颗心。"组织派人去团县委调查，团县委负责同志说："当时单位来报材料，要开除他的团籍，我们看材料不够开除的杠杠，没有批就退回去了，所以团籍还保留着。"团县委于1979年3月7日给我补发了一份《中国共产主义青年团超龄团员离团纪念证》。在极左时期，还有人能坚持实事求是的优良作风，真令人钦佩！

1950年过罢阴历年，有一天我们文工团的几位同志上街，当路过司令部门前时，王校长正从对面山坡上下来。我们向王校长问好，王校长也问我们好。余开泰同志指着我和周霁云向王校长介绍说："他俩是一对双生。"王校长说："弟兄俩一起参军好呀！"

1950年5月，剿匪工作胜利结束，独立师与黄冈军分区合编。我和吴宜泽、余开泰、黄钟骧、冯文锦、余云飞、李文汉、李儒慎、陈源、方维先等鄂豫公学校友一起到了黄冈。我们和分区宣传队合编后要开赴麻城，执行大生产的任务。

原载中国人民政治协商会议河南省潢川县委员会文史资料委员会编：《光州文史资料》第10辑，1994年12月，第46～57页。

皖西后勤财经工作述略

◎ 刘征田

1947 年，刘伯承、邓小平率领晋冀鲁豫野战军十几万人，从太行山的豫北地区出发，强渡黄河，作战鲁西南，千里跃进大别山。在此期间，直到 1949 年 4 月渡江前，我一直随第三纵队负责战地的支前后勤和从事皖西财经工作。岁月依稀，往事峥嵘，谨据回忆记述如下，以缅怀这一段难忘的历史。

组建随军办事处，奠定皖西财经工作的组织基础

随军南下之前，我在太行五专区（下辖安阳、涉县、磁县、武安、林县、新乡、淇县、汤阴、辉县等）任副专员，负责豫北地区的支前后勤工作。刘邓大军在挺进大别山前夕，决定建立随军支前指挥部，下设各纵队随军办事处。此时，邓小平政委找我谈话，指定我为第三随军办事处主任，三纵队供给部部长芦洪海同志为副主任。邓政委指示我们在专区直属单位和部队出发地的安阳、林县、汤阴等地，就地迅速抽调几十人组建随军办事处，随第三纵队南下，做好三纵的战地支前工作，保障三纵的后勤供给。谈话后的第五天，我即随军工作。

在办事处筹建之初，全靠纵队供给部、卫生部开展工作，在阎红彦副政委、曾绍山副司令员的直接领导和政治部的协助下，边行军作战，边组建，边工作。抽调到办事处来的干部，都是在豫北出发的路上陆续赶来报到的。郑象生、冯建华、赵

指南等同志接到通知，都没有回家探亲，及时赶来报到；张助汉（专区秘书）、马力（安阳县县长）等同志也都是在行军途中按时赶来工作的。到渡黄河时，已有40多名太行五专区的地方干部到随军办事处工作。在鲁西南的作战中，又有张云峰（阳谷县县长）、刘文波、聂克等同志参加了办事处的支前工作。这时，抽调做支前工作的干部已达80多人，办事处设有供给部、卫生部、民运部、办公室，并有一个武装连。供给部、卫生部、武装连全为军队的原机构干部，办公室多数同志也是部队来的，张云峰为办公室主任，张助汉同志为秘书。马力同志为民运部部长，民运部的干部大多为地方干部，工作就是负责战地及群众的宣传教育、动员组织民工、运输军械物资、运送伤病员等。我们在没有后方的情况下，要做好部队的后勤支前工作，困难确实不少，加之我们又都是才开始做随军工作，缺乏经验，刚开始时工作并不顺利，但是我们以高昂的政治热情，积极的工作态度投身到这一新的工作之中。我们在鲁西南战场上把随军的地方干部，大多数分到各旅团，和部队政治、供给、卫生等部门的同志们一道工作。在部队同志的指导和帮助下，我们这些同志在战火中锻炼，在行军中学习，在困难中工作，为打败蒋介石、解放全中国贡献了应尽的力量。

我们紧紧跟随刘邓大军的第三纵队，从太行豫北出发，同年7月1日渡过黄河。在三纵转战鲁西南的一个多月里，我们较好地完成了战地后勤支前任务。8月中旬，部队跨过陇海铁路和黄泛区，过了淮河，于8月27日进驻河南固始县，胜利挺进到大别山区的边缘。

三纵队进驻固始县城时，国民党县政府的人已经逃跑。阎红彦副政委当天即决定，由办事处抽调几位同志临时组成县人民政府，维持县城秩序。我们确定马力同志为县长，并连夜张贴布告，于第二天上午召开100余人的群众会，宣布县人民政府成立。同时，积极宣传我军的方针政策，动员工商界开门营业，并把国民党县政府囤积的粮食和物资，除留一部分军用外，60%以上都分给了当地的贫苦群众。由于固始县不属皖西地区，也不是我们开辟工作的目的地，因此我们留在那里工作的同志，3天后又撤出，随最后离开的后卫部队继续向皖西前进。

重建皖西根据地，建立以战争为中心的供给制财政

在固始县休整的 3 天，三纵队召开旅以上干部会，我也列席了会议。陈锡联司令员、阎红彦副政委都在会上介绍了大别山和皖西的情况，同时对进一步挺进大别山作了动员，确定了各旅团进入皖西的军事行动路线和今后将要开辟工作的活动范围。会上还确定将随军南下的干部支队（代号为天池支队）600 来人，分别派到各旅团，随作战部队进入皖西各县区。要求部队打到哪里，解放到哪个县，就留下一批南下的地方干部迅速组建县级人民政府；并从每个团抽出 100 至 200 人，共同组成工作组，开辟地方工作。如遇有坚持斗争的地下党或游击武装，就要很快地联合起来，组成县工委统一领导，进行政治宣传，开展各项工作。这次会议还强调了大家要做好长期工作的思想准备，一定要站稳脚、生下根、不怕牺牲、不怕困难、遵守纪律、热爱群众，要依靠贫雇农，分田地、分浮财、征集粮食，充分保证部队的物资供给。一句话，就是要保证部队在大别山区站稳脚跟，积极做好各方面的工作，尽快重建皖西革命根据地。

8 月底，三纵队分多路从固始县出发向皖西挺进，大军浩浩荡荡，以雷霆万钧之势摧垮国民党反动派的军队和各级政府，不到半个月，迅速解放和占领了皖西各地。国民党在我军威胁南京、武汉，进逼安庆、合肥的情况下，调集重兵移防合肥，围攻皖西，企图把我军赶出大别山。我军为集中兵力歼灭敌人的有生力量，主动让出了一些县城，六安、舒城、桐城等县城在 9 月下旬又先后被敌军占领，皖西各地在九十月份一直处于“拉锯”状态，到当年的 12 月份，皖西各主要集镇又均被敌人占领。在此情况下，难以开展系统的财政经济工作，财经机构和收支制度也很简化，办事处的主要任务仍以保障部队的急需为目的。

我们初进皖西时正值秋收，同时又没收了国民党政府和土豪恶霸的粮食，这时部队的吃饭问题较易解决。至于菜金，起初部队还带有点硬通货，拿钱买菜。当时困扰我们这些从北方来的干部、战士的是蚊虫侵袭，加之水土不服，不少人生疟疾，生疥疮，医药成了大问题；时近冬令，冬衣的筹备越来越紧迫，还有长途行军带来的穿鞋问题也亟待解决。部队千里跃进，深入敌后，无后方供应，这一困难全要靠

自力更生来克服。

我们随三纵司令部于9月2日进驻六安县城后，4日陈锡联司令员就亲自布置，要办事处一批同志到六安苏家埠，建立后勤联络点，任务是：负责部队的后勤工作，接收和医治伤病员；转运物资，把解放六安时缴获的500余匹布料带到苏家埠，准备过冬军服；帮助和支持建立人民政权，开展宣传工作；筹粮筹款，支援前线。如果敌军来侵犯，即向霍山方向转移。我们到苏家埠大约有10来天，通过原有的商会筹集了一部分物品和现款，转运和医治了几十名伤病员。在此时张家店战斗打响了，我们迅即动员，组织了一批担架支援前线。15日接通知要我们离开苏家埠转到霍山县黑石渡。后来接到报告，在苏家埠镇政府坚持工作的王謦山、尹传民和镇长小杨等6名干部，被敌四十六师包围袭击后壮烈牺牲，我们十分悲痛。

9月下旬，办事处随司令部所属的部分单位，携带布匹等物资，由霍山转到岳西汤池畈。到那里，我们和皖西工委的领导同志桂林栖、于一川会了面。我们办事处向工委汇报了工作情况，提出后勤支前工作上存在的问题。工委召集有关人员开会讨论，布置了三纵队进入皖西后的财经工作，并于1947年10月4日发出《关于当前财经工作的指示》，10月10日又发出《关于财政工作的指示信》，明确提出：①先解决三个月的部队必需物资。②分散筹粮筹款，统一调剂。负担面最低50%，最高70%，按大户多出、中户少出、贫困户不出的原则。负担额地主一般不超过40%，富农不超过20%，中农不超过10%。③群众运动中，分配地主的粮食，不要分光吃光，留40%做军粮。④集镇工商业的筹款负担面按50%至70%。大商号不超过其收入的20%，中户10%，小户不派。⑤发动群众制作一部分军鞋，筹借一部分棉布棉花做冬装。⑥不准以粮食换取任何东西，规定每人每日供给大米1斤12两（16两制）、菜金1300元（蒋币），伤员菜金2000元，票证收据由办事处印制发给各单位。这些规定和指示发出以后，起了一定作用，后来由于环境逐渐恶化，许多地方未能全面正确贯彻，在执行过程中曾出现了侵犯工商业者和农民群众利益的行为。

这时办事处在贯彻执行皖西工委的决定中，直接负责的主要工作：一是保障后方直属单位的供应和物资调剂；二是制定供给标准和制发票证；三是筹备药品和布匹，赶制冬衣等。部队冬衣所用衣料，除在六安城筹集的布匹外，大都是在大别山坚持斗争的二工委书记兼二分区政委张伟群安排筹集的，一专区专员刘秀山也交给我们不少布和棉花。筹集的办法有的是向商会筹借而来，打正式借条保证归还；有的是扣押反动乡保长，迫其交款交棉花；还有的是派出武装深入敌后，直接从敌占区筹措。为争取时间，各县都尽责尽力，一工委在潜山、太湖兑换来300余匹布；二工委从桐城、舒城运来100余匹布；八旅二十四团袭击石牌镇搞布200余匹等。为抓紧赶制冬衣，办事处指派岳中林、许立人、杨殿义、纪侠等同志，带领民工和十几匹骡马，专门联系和运输物资、衣料。张助汉、聂克、郑象生等同志负责组织制作，岳西工委还帮助我们组织近百名会做衣服的群众和40余架缝纫机，由岳西县财务科科长张瑞文同志带队，陆续到达办事处。此外还采用集中裁剪衣料，分到连队和单位，发动战士、干部动手制作。由于布匹有着多种来源，品种不一，所以制作出来的服装面料、颜色、样式很不统一。尽管在筹集冬装的问题上我们遇到了很多困难，但在冬季来临时，大部分干部、战士还是穿上了棉衣。

我们初入皖西时，对敌情、乡情、地理等都不熟悉，工作一时难以开展。由于当时局面呈“拉锯”状态，群众怕我们过不了多久又要撤走，不敢接近我们；还有一些国民党特务潜伏在我们工作的地区，威胁群众，并时时窥探我们。这些都更加增添了我们的困难。在我们政权尚未全面建立的情形下，有原来坚持的党政组织的地方，我们就依靠他们开展工作；没有地方组织的，我们就发动群众，依靠贫雇农进行工作；有的就直接通过原国民党的保、甲长来征粮、派民工，但是这些保、甲长不按我们的意图和各项经济政策行事，欺压基本群众。我们认为如不充分发动群众，就不能坚持皖西的斗争，我们除了采取常用的访贫问苦、建立贫农团和小组、深入调查等方法外，还把保、甲长派的贫苦群众集中起来，进行宣传动员，讲解我们的方针政策，并以这些贫苦群众为骨干，发动广大群众建立乡、村的基层组织。这个办法推行后收到了很好的效果，后勤工作得到保障，岳西1500多名群众带着300多副担架和几十个毛排，帮助大军抬运伤病员，搬运物资；还筹措300多担粮食，建立后方医院，安置了300多名伤病员。张家店战斗开始后，舒城、六安两县又有200多名民工踊跃支前，晓天的群众在几天内捐送大米100多担、军鞋2000多双。

从8月底三纵队挺进到皖西至年底的4个月中，财经工作以供给制为特点。财政收入的主要来源是由部队从豫北带来的经费和地方上筹集的粮、款；没收地主的浮财；商会捐款；通过各县工委组织群众送交的粮、布、鞋,还有部队的战利物资等。吃的粮食主要来源于没收国民党政府和地主的粮食；地方干部和部队吃了群众的粮食,付给收据或粮票,群众可以凭此抵缴公粮。当时市场上各种货币混合使用,部队吃菜,就在市场上买。

1947 年冬,我们的财政经济工作开始出现困难,除因战争财政无保障外,各县政府的收入仅够本身开支,没有余额上缴；初入皖西时被没收和缴获的粮食,除自食外,剩余的全部分给了群众；财政收支制度松散,各分工委的财政经济制度也不尽相同,很多是各地自行制定的；我们进入皖西后,有的地方犯了"左"的错误,如在筹集粮款、棉布时,采取了要商会捐献和强制性购买、打白条作借据等做法,导致一些工商业者离开了我们；另外还片面强调贫雇农打江山、坐江山,忽略了统一战线工作,孤立了贫农。这些失误严重削弱了我军的群众基础,也给我们的财政经济工作带来了一定的困难。

贯彻新区经济政策,克服困难

1947 年 11 月 15 日,皖西区党委、皖西行署、皖西军区在岳西县汤池畈成立。12 月份,随军办事处即划归皖西行署领导,成为行署的具体办事机构。办事处的机构和人员仍然以纵队供给部和卫生部为基础,实际上仍是军、政合一的财经后勤机关。

12 月起,国民党集中 14 个整编师的优势兵力,对大别山区展开全面围攻,在政治上采取一系列白色恐怖政策,在经济上实行封锁、扰乱和破坏。1948 年春,曾作为我们活动腹地的晓天一带山区,一度竟成了无人区。这时,我军为了粉碎敌人的围攻,实行内外线相配合的反围攻作战方针。留在内线坚持工作的党政军机关实行军事化,县以下机关和分散工作的地方干部相对集中,以免被敌人分割、消灭；军区机关则相对分散,加强领导,坚持战斗。我在 1947 年 12 月被任命为皖西第二专员公署专员,与分区马忠全司令员,武旋声、张伟群政委等会面后,即开始工作。

在敌军围攻下,我们二分区也处于十分困难的境地。那时,我们每天都要转移驻地,四个多月中没有在一个村庄连住 3 天,有不少南下干部在这一时期牺牲了。敌人疯狂破坏根据地建设,抢掠粮食财物,破坏生产,运用金融货币手段吸引皖西腹地的物资外流，直至搞无人区。这一切使我们的经济陷入十分困难之中，干部、战士经常缺米无盐，最艰苦的时候，太湖、岳西、太平等县部队，有的一天一人只有几两粮食，有的缺盐长达两个月。不少同志没有衣服、鞋子穿，长了疥疮无法医治。为了支援作战部队，地方上的同志在极为困难的环境下，还积极筹措粮、款，庐江、桐城、舒城、潜山、太湖、岳西等地还做了许多军鞋送给部队。我们在晓天的山里设立了医诊所，接纳各地转送来的伤病员。由于敌人实行保甲制度，我们还常常把征集来的公粮寄存在保甲长家，明告他们：如有出卖行为，严惩不贷。

在内线坚持阶段，各级党组织认真学习和贯彻党中央的指示，对于"左"的恶果逐渐有了越来越深刻的认识。1948 年元月中旬，中原局发出电报通知，要求各地立即纠正前一时期所犯的"左"的错误。皖西区党委也于 3 月下旬发出关于赔偿中农、赔偿工商业、赔偿敌占区被搞错对象，争取地主、富农及俘虏，改善军民关系等指示。后来又决定在游击区立即停止土地改革，停止分浮财，禁止到边沿区打土豪，实行减租减息，合理负担，保护工商业等政策，并提出贯彻新区政策的具体措施。

在贯彻新区政策及纠偏中，主要是采取正面教育的方法，领导出面承担责任。要求凡侵占群众利益的，要当众承认错误，并加以道歉，进行退赔，无法退赔的要开出证据，保证在胜利后退还（全国解放后大都予以归还）。对极个别坚持"左"的错误而又继续严重违反政策的人，进行了典型处理。我们还利用亲友和社会关系，动员逃亡的工商户还乡搞经营，串联各地商人进山开展购销业务，规定对肩挑贸易一律不征税。有的区委还对归来的乡绅张贴标语表示欢迎。3 月份我们到湖西、庐北和桐庐一带传达新区政策时，还布置县委同志通过我党开设的地下商店，到芜湖、安庆购买药品和军用物资，以保证坚持斗争的需要。我们支持群众发展经济，向各级干部讲清形势，宣传新区政策，鼓励他们克服困难，坚持斗争，纠正错误，做好工作，坚决贯彻新区政策，继续做好财经工作。

新区政策的贯彻执行，使原先的困难局面逐步改善，不少逃亡的地主、富农、工商业者回来生产和经营，舒城县不仅中农全部返回，富农也大部分返回。舒、六县手工业作坊恢复了三分之二，舒城庐镇关、晓天、中梅河等地的工商户恢复了60% 左右，市场逐渐繁荣，促进了生产，开拓了财源。

7 月初，皖西区党委召开财经工作会议并作出决议，指出：建立财粮工作机构和制度，以克服混乱，解决困难，保障最低限度的供给，是全党全军当前工作的中心任务，规定"敌占优势和受敌摧残过重的地区"的"征粮的量减少三分之一到二分之一。负担面不得超过80%，最高负担额不得超过家庭总收入的30%"；"在我活动的基本地区，实行统一的征派公粮和合理负担政策，派粮数目以不超过当地人民收入的8%—10%为原则，在山地负担面为6%，最高负担额不得超过总收入的30%，全年一次派款两次征收，除派公粮公柴外，不再征派其他款项，营业税只征毛利的百分之一到百分之三，每季只征收一次"。规定统一的供给标准，建立统一征收制度，收支报告制度，粮食批拨、粮票、柴票制度；机关定编，建立各级财政、粮食机构，规定县以上党委建立财经委员会，由党委书记或副书记任书记，政府负责人为副书记，政府为各级党委的财经工作机关。

7月17日，我们二地委也做出《关于检查与整顿财粮工作的决定》，要求所辖地区贯彻地委5月7日《关于解决军粮的紧急决定》，批评了财粮工作中的一些混乱现象，确定仍以财粮工作为中心任务并向各县下达了财粮指标。同时，派出干部到连队和区中队，组织一批干部分组下乡，挨村挨户办理手续，将所有临时收据、空白条子一律收回登记，虽无条子但可以证明已食、用了的粮款也予登记，由县政府发给统一的正式借据。规定各村超过征派数目的部分由县政府发正式借据，抵交秋季公粮。在敌占区，通过两面政权直接征收或募捐的粮款，亦由县政府发给正式收据。规定建立统一的收支制度，克服混乱现象，严禁贪污浪费。任何部队、机关及个人不得随意摊派及修改税章，严禁抓"肉头"和随意没收等非法行为。机关进行机构整编，按照临时供给标准开支报销，规定各县不得随意增加编制及修改供给标准，并要逐月向专署报告人员增减及收支情况。加强财经机构及其工作，注意调配、培训财经干部。

部队同志也严格执行筹粮政策、工商业政策，缴获归公。他们还自力更生解决困难，没有衣服，就将长裤改短裤，棉衣改夹衣，夹衣改单衣，吃野菜，用草药，千方百计节约财力物力，减轻地方负担，以坚持大别山根据地的斗争。

建立财政系统和规章制度，开创财经工作新局面

随着我军在全国各战场由战略防御转为战略反攻，皖西的形势也逐步好转，我们控制的地区不断扩大、巩固，为财经工作的全面开展创造了良好的经济和社会环境。

1948年9月，皖西区党委为建立财经工作系统，有效地开展经济工作，成立了皖西工商总局，调我任皖西财委副书记、工商总局局长。工商总局的职能是管理皖西行政区的金融、税收、工商业等工作，其任务是扶持生产，开辟财源，加强税收，整顿财政金融，保障军民生活，为日益发展的革命形势打下基础。总局下设工商科、财会科、税收科、审计出纳科、金融科、秘书科。科长有刘文波、吴江、刘茂贤、赵平、王文焕、段俊杰、赵指南等。各专署设工商分局，县设工商局，重要的出入口市场设税务所，还开设了综合性的公司和商店，初步建立了财经工作机构。

11月，召开了县长、各行署专员和财粮、供给、工商科长参加的皖西财经工作会议。区党委的几位领导人彭涛、桂林栖、于一川、罗士高参加了这次会议。他们有丰富的知识和实际才干，区党委的一些重要通知都由他们亲笔起草，他们在财经会议上的报告，也是在大家参加讨论后由报告人自己动手起草的。

于一川同志在会议总结报告中指出了财政经济工作的任务，提出了团结各阶层人民恢复生产，发动对敌经济斗争，做好财政、供给工作的一系列方针、政策和措施。主要有扶持私人生产，发放工商业贷款；从财政收入中拨出一万银圆作为冶铁、锅炉和土纺土织业生产的无息贷款；恢复市场，反对破坏工商业的行为；发行皖西地方流通券，建立解放区货物出入口管理制度，在重要的场所设立税务所，管理出入口货物，如禁止粮食出口；把生产生活必需品和非必需品的税收分开；加强市场管理；财政收支实行分区统筹统支，全区统一调剂；恢复财政机构；建立预决算制度、会计制度、粮票制度、审计制度、金库制度，规定各级政府在财政方面的权限，乡村只有保管权，县级有5石米的批准权，专署有25石米的批准权，如超过要逐级上报审批；适当提高部队供给标准；加强财经机构，抽调一批同志充实财经部门，反对轻视及不愿意做财经工作的思想。皖西财经工作会议后，工商总局在区党委的领导下，按

照会议的部署，着重做了以下几项主要工作：

（一）建立地方财经制度。在皖西财经工作会议前，我们已派几位同志去豫皖苏区学习财经工作经验，借鉴了他们的一套财经制度。会后，我们加强了各级财经机构的建设，制定了一些规章制度，把部队供给系统与地方财经系统进一步统一起来，并由以部队供给部门为主，逐步过渡到以地方财经系统为主，统一领导、统一调剂。12月30日，皖西区党委发出《关于财经工作的指示》，要求各地加强组织各种税收，严遵税率，严格税务制度和手续。从1949年1月1日起，开征屠宰、烟酒、产销、营业等税，力求经费支出以现金支付，实行统一收支，建立收支报告、预算批付、粮票等制度。

（二）加强财经干部队伍的建设。财经干部队伍建设十分重要而又困难，在战争条件下，离开作战部队做地方财经工作危险性大，不少财经干部英勇殉职。除前面所说的王謦山等6位同志在苏家埠牺牲外，跟随我一道南下的王福来同志，在庐江黄泥河筹款时被人告密，遭敌捕捉后牺牲。当时财经队伍十分缺乏干部，我们就选调有地方工作经验的干部作为财经工作的骨干，广泛吸收知识分子参加工作。此外，我们还吸收了一些国民党财经机关的旧人员、商人等参加财经工作队伍，通过皖西公学及其三个分校，对他们进行培训，有些人员在培训结束后就留在总局工作，逐步形成了财经工作的基本队伍。

（三）成立裕民公司。为促进地方工商业的恢复和发展，繁荣市场，开掘财源，区党委决定，拨出一万银圆，开设国营裕民公司，公司归工商总局管理，廖辛芳任经理。自贯彻新区政策后，皖西工商业虽然有所恢复，但是由于群众对我工商业政策不完全信任，又怕受战争损失，加之国民党的金融冲击，以及我们手头缺乏资金，因而已恢复起来的企业多是副业性质的小手工业、小作坊和小商店，建立裕民公司，带动和激发了生产和流通的繁荣。裕民公司在岳西、舒城晓天一带开办了炼铁厂、造纸厂、竹器厂、木器厂、织布厂（土纺土织），还开办了裕民商店，既收购山货，又经营工业品。这个商店刚开始只有30多名职工，后来逐步发展，12月在梅河设立了分店，进入六安城后又办了裕民烟厂，直到建国后才改为土产公司，交给了国营商业部门。

（四）发行皖西流通券。国民党在政治、军事节节溃败的情况下，运用金融、货币手段对人民进行经济掠夺，过量发行金圆券，不仅国统区人民群众深受其害，而且也破坏了解放区的工商业和人民生活，甚至使我们部队的生活也发生困难。为抵制金圆券的冲击，便于市场流通和经济往来的需要，挽救人民群众遭受的损失，皖西财委多次研究，认为这时以使用我们的货币为上策。开始曾设想用解放区的一种货币代替，但分析后认为地区分割，交通不便，远水解不了近渴；解放区的冀南钞、中州钞、北海钞等均有一定的地区范围，比价不一，容易产生新的混乱。最后认为还是发行皖西流通券较为稳妥。经区党委和行署决定，由皖西工商总局制造并发行皖西流通券，从上级拨交银圆中支付 2 万元作流通券的发行准备金。为此，皖西区党委专门发出《关于发行皖西流通券的通知》，并规定在二、三专区的一切公款收入中，一律禁止用蒋币，完全以皖西流通券为征收及计算单位，所有内地市场的营业税、出入口税也收流通券。

为此，选调郑守一同志为厂长（县级），陈长亭同志专门负责在流通券上打印作暗记，还有 3 位同志各负责盖一专章，另外还有专门负责出纳、保管的同志，分工很细，管理严格。经过一个多月的紧张工作，皖西流通券终于 1949 年 1 月 1 日首先在晓天一带投入流通，为此，还专门召开了动员大会。

由于流通券的票面是银币本位，和银圆的比值是一比一，并十足兑换银圆，市场信誉很好，很快成为市场上主要流通货币。除徵纳各种税收归财政使用外，2 万元银圆始终有部分库存，到皖西区向皖北区移交时，我们还向皖北区移交了 5000 银圆。

在皖西流通券发行过程中，我们对扰乱金融秩序的行为进行了严厉惩处；为维护我金融基础，我们的同志在战争条件下为保存银圆也殚思极虑，屡经风险，尽职尽责。当皖西军区从华北后方取回银圆后，由军区供给部保管，交给行署的 5 万元（50 箱）由赵指南同志负责保管。1948 年 11 月，在敌人进攻，我军主力转移之前，赵指南和杜太华、段均杰 3 位同志将这 50 箱银圆（每箱 1000 块）巧妙地埋藏起来，敌人退去后又如数收回，无一损失，为此受到区党委和行署的表扬。

皖西流通券在市场流通第 3 个月，皖西根据地逐渐和豫皖苏区连成一片，华北、中原解放，各野战部队也陆续来到皖西，各种货币开始流通。宋任穷等同志指示，停止使用皖西流通券，通过各种税收进行回收。

（五）制定财经政策。为了建立解放区经济秩序，我们着手制定了一些财经政策。1948 年 10 月 10 日，皖西行署发出第四号布告，讲述了对敌伪、工商、财经、文教、赋税等各个方面的政策，规定：一切机关和部门要公买公卖；用了群众的粮食要出具正式凭据，不准打白条；征收进出境税，税率不超过 5%；工商业缴纳营业税，税率不超过 10%；给困难的工商户发放短期无息贷款；等等。各项财经政策的建立和健全，对发展生产、活跃流通、增收节支发挥了很大的作用，工商业逐日兴旺。1948 年冬晓天还成立了工商联合会，梁学坤兼任主任。

淮海战役胜利结束后，遵照中央关于"华东、华北、中原三方面，应用全力保证我军的供给"的指示，皖西区党委和行署把支前工作列为最紧急的中心任务。

为了筹集供应作战部队的粮款，贯彻合理负担政策，皖西区党委于 12 月 27 日制定《新区征收公粮田赋的临时办法》，要求各地"在支援前线，保证军费，迅速全部征齐公粮的要求下，适当照顾各阶级利益"，负担面占总户数的 80%，每户最多负担额不超过总收入的 30%。增收大户，平原地区每人平均 1 石田种以上之户，山地每人平均 7 斗田种以上之户都属大户，每斗田增征米 7 斤，不论庙产、祠堂田等一律征收租额 50%。以斗种为计算单位，每斗种征收中州币 20 元，折合银圆 1 角。要求各分区以最大努力完成财政收入。由于新区政策的贯彻，皖西的工商业也得以逐步恢复。据六安城 1949 年 2 月的调查，全城区 734 家工商业中，恢复营业的 580 家，准备开业的 110 家，停业的仅 54 家，推烟业由原来的 23 家增加到 25 家，各项生产都有很大发展，财经状况有很大改善。

在刘邓大军千里跃进大别山前后时期，发生在皖西大地上这一段由无数共产党员和人民群众用鲜血共同谱就的壮丽篇章，从此永远载入皖西革命斗争的光辉史册。我们活着的人，应负起责任，教育子孙后代认识创业难、守业更难的道理，永葆社会主义大业，决不允许国内外任何反动势力颠覆破坏。

原载陈忠贞主编：《皖西革命回忆录·第三部·解放战争时期》，安徽人民出版社，1991 年，第 462 ～ 478 页。

皖西地方流通券发行记

◎ 刘征田　王文焕

1948 年 8 月，国民党政府濒临灭亡，军事费用猛增，财政赤字庞大，国库空虚，经济危殆，法币泛滥贬值，强行发行金圆券，规定 1 元折合法币 300 万元，并以纯金 1 两折合金圆券 200 元，纯银 1 两折合金圆券 3 元的比价，限期强迫收兑民间黄金、白银。金圆券过量发行，刺激物价疯涨，这一灾难也波及法币尚在流通的皖西革命根据地，昨天一两花生糖只要 25 万元，一夕之隔竟涨到 40 万元，老百姓叫苦连天。其时干部每月津贴仅 180 万元法币，但一袋牙膏却要 300 万元。法币几成废纸，于是粮食成了交易的媒介，限制流通的银圆也无令而出，金融市场极其混乱，人民处在水深火热之中。

刘邓大军千里挺进大别山后形成的皖西革命根据地，是解放战争中中原战场的枢纽，是南下兵团的屯兵场。为了畅通贸易，活跃金融，反对敌人用贬值的法币掠夺物资，支援大军渡江，就必须加强皖西地区的对敌经济斗争，而印制发行自己的货币，则是当时解决问题的主要途径之一。

1948 年 11 月皖西区党委召开的财经工作会议上决定：在皖西未发行中州币前，先由皖西工商总局发行皖西地方流通券。于一川同志在这次财经工作会议的总结中也提出："目前发动对敌经济斗争的主要问题是发行地方流通券，抵制并逐步达到肃清蒋币……目的不是解决财政问题……在目前讲是一种避免掠夺、保护生产的经济上的自卫手段。"当时《皖西日报》也在第一版上发表题为《速速驱逐敌币》的社论。12月，皖西区党委关于发行皖西地方流通券给各地、县委的通知中指出："为保护人民利益，反对敌人破产之货币掠夺，加强对敌经济斗争，决定在皖西未发行中州票前，先由工商总局发行皖西地方流通券，从一月一号起即在全区开始流通。……特别重要者，要用财政经济力量给予有力的支持……凡一切之公款收入，一律禁要蒋币，完全以流通券为征收及计算之单位……"

在这一新的形势和任务要求下，皖西工商总局于1948年10月筹建成立皖西工商总局印刷厂，厂址设在离舒城县晓天镇约两华里的蒋家大屋背后的郭家冲，有8间茅屋，厂长郑守一，工人有16人。开始用油印机印，印出的流通券质量太差。后来从无为县运来道林纸，改用石印印刷，经过套色几道工序，印出流通券的质量虽比油印有了提高，但是编号无号码机，又通过地下党在敌占区的上海购来一部号码机，印制机具才基本完备。流通券印出后，由总局会计科负责按顺序打上号码，并组织发行。为了防假，还设有暗记，并派一个武装排专门保卫印刷厂。

皖西流通券曾先后在庐江沈桥、舒城晓天、六安城关等地发行，沈桥五千元、晓天一万元、六安县城关五千元。共有5种面额、8种版面。其面额分为五分、一角、二角、二角五分、五角5种。五分、二角、二角五分券各1种版面；一角券有2种版面，以上几种票面由皖西工商总局印制和发行。五角券有3种版面，由皖西四专署工商管理局印制和发行，在四专署辖区内流通。

五分券：正面左上额题"皖西流通券"，右上印阿拉伯字码，左中间"伍分"，右中圆轮显现轮船图案，左下书"中华民国三十七年印"，并盖有篆文小方印"局长之印""副局长印"。背面上书"工商总局"，左右并列纵书"公私款项""一律通用"，下缘左右角分题"局长""刘征田"，是蓝色的。

一角券：有两种版面。一种版面正面左上端题"皖西流通券"，右标阿拉伯字码，左中标"壹角"，右中设古城门楼图案，左下书"中华民国三十七年印"，并盖有篆文小方印"局长之印""副局长印"。背面上额中间题"工商总局"，左右并列纵书"公私款项""一律通用"，左右角下分书"局长""刘征田"，是蓝色的。另一种版面大体相同，其不同处，正面设"园林图景"，下书"中华民国三十八年印"，是红色的。

二角券：正面左上额题"皖西流通券"，右上为阿拉伯字码，左中标"贰角"，右中为塔式城楼图案,左下盖有两颗篆文小方印"局长之印""副局长印",下书"中华民国三十八年印"。背面上额中间题"工商总局",左右并列纵书"公私款项""一律通用",中间花纹图案中标"工"字,左右角下分书"局长""刘征田",是蓝色的。

二角五分券:正面白底天蓝色,上额题"皖西流通券"与号码,左中标"贰角伍分",右中两边有树,中有瓦房,后面远景有山,山上有塔,左下盖有两颗篆文小方印"局长之印""副局长印",中下书"中华民国三十八年印"。背面白底鹅黄色,中间花纹图案中标"25"字样,左右并列纵书"公私款项""一律通用",左右角下分书"局长""刘征田",是蓝色的。

五角券:共有3种版面。其一,正面上额中间题"工商管理局",左右中间并列纵书"皖西""四专",右中标"伍角"字样,左中为农家劳动图案,左下盖有两颗篆文小方印"局长之印""副局长印",右下书"中华民国三十七年印"。背面上额标"工商管理局",中右纵书"陈力生",中左纵书"刘文波"。其二,券样与其一大体相似,不同之处是:正面右下书"中华民国三十八年印",背面中左纵书"余衡"。其三,正面额题"工商管理局",中间为毛泽东像,像的两边谷穗环绕,左右并列横书"伍角"字样,右上角标有"皖西四专"四字,左右角下盖有篆文小方印"局长之印""副局长印",下书"中华民国三十八年印"。背面上额中间题"工商管理局",左右角下分书"陈力生""余衡"。五角券3种版面的背面中间均纵书"本券以公粮税款作保证金,拾角换银圆一元,完粮纳税通用"字样,是青紫色。

皖西流通券与各革命根据地货币及人民币比值为:流通券1元同华中、北海币比皆3万元,比中州币750元,比人民币300元。

皖西流通券发行一万五千元,连同皖西四专署发行的五千元,合计为二万元。以银圆为计算单位,并以1比1的银圆作保证金。其银圆的来源系1947年冬至1948年,鉴于皖西游击区的经济非常困难,区党委和行署曾请求中原军区支援一些硬通货。8月底,接中原局电告,同意支援皖西一部分银圆和黄金。当时,刘征田是二专署专员,9月调回皖西区党委担任皖西财委副书记、工商总局局长。刘征田到职时,区党委和皖西军区已派皖西独立旅穿过敌人封锁线,到中原局所在地河南。

二野后勤部当即拨给皖西游击区银圆 20 万元、黄金一千两（包括部队费用在内）。10 月间，运回银圆 18 万元，黄金 500 两。皖西区党委只留银圆 6 万元，归地方支用和发行流通券的基金，其余黄金、银圆交给部队。

皖西区党委和皖西行署规定皖西流通券于 1949 年 1 月 1 日起在全区流通，并要求各地区以财经力量给予有力支持，凡公款收入均以流通券为计算单位。

流通券开始在二分区、三分区所在地的晓天、七里河、河棚、毛坦厂、张家店等镇上发行使用，在晓天首次发行的 1 万元流通券，第二天即有 90% 汇兑回笼。过后，回笼率一般稳定在 50%—70%。春节前又发行了 2 万元流通券。由于在流通中采取就地、就市设立兑换点，保值保换，持 10 角流通券，即可兑换银圆 1 元，从而取得了群众的信任。后逐步发展到金寨、霍山、潜山、岳西、寿县等地区流通。由于保证兑现，不仅在行使中群众乐于接受，而且还当作银圆保存，信誉越来越高，群众赞扬说："皖西流通券，票子，胜银圆，积存五分二十张，能兑一块大洋钱。"

为了保证流通券的信誉，打击破坏金融秩序的坏分子，六安市逮捕了伪造皖西流通券 3 百余张的 3 名罪犯。他们作案的第二天即被揭发，六安市查获作案工具和已上版的白票底，遂将主犯张家道审讯后于 1949 年 2 月 15 日宣判处决，从而震慑了金融犯罪活动。

随着革命形势的发展，皖西流通券很快完成其历史使命，1949 年 4 月 18 日，中共皖西区党委发给各县委《关于使用人民币》的指示中指出："过去因敌之封隔，我解放区之金融货币无法统一，现江北全部解放，各解放区连成一片，在此情况下，为了组织生产，畅通贸易，活泼金融，从人民长远利益打算计，特决定人民银行发行之人民币，为解放区之本位币，不论公私款项，一律以人民币为计算单位。过去，我皖西为排除伪钞，特发行的皖西流通券，在当时是非常必要的，但今天大部地区为我控制，伪钞已成废纸，流通券之历史任务应告结束，否则必冲击人民币。因此，我们决定皖西流通券立即在市场停止使用，限期收回，其办法首先以缴纳公款和各项税收，其次由银行贸易机关用人民币及物资按当地市价兑回。"

皖西流通券，经布告通知停止使用，到 5 月 10 日前已收回大部，尚有一部停留于民间，后又延期限于 6 月 10 日前登记抵徵田赋，过期作废。经过各种渠道共收回本券 1 万元，其余部分在流通中消失。

皖西流通券的发行，在当时对驱逐蒋币，畅通贸易，活跃金融，支援前线均起了重要作用，而且为开创人民金融事业提供了宝贵的经验。

原载陈忠贞主编:《皖西革命回忆录·第三部·解放战争时期》，安徽人民出版社，1991年，第479～484页。

人民手中线　大军身上衣

◎ 潘成章

1947年10月，刘伯承、邓小平自湖北高山铺战斗后，率师东移，到我县南阳河、刘家畈一带驻扎10余天。在此期间，刘、邓首长在刘家畈胡氏祠堂召开了部队旅长以上和地方工委书记以上干部会议。会议上，传达了党中央、毛主席的指示，建立了皖西区党委、皖西军分区。

当时部队的条件十分艰苦。部队到刘家畈时，正是露寒霜重的初冬时节，战士们身上仍穿着单薄的军衣，一停下来就甩胳膊弄腿，有的蹲着搓手往手里呵热气，有的围着操场跑以此驱走身上的寒冷。当地群众看到都很心痛。于是，大家自动拆下家里的棉絮，送给大军做衣服。那时我是以做裁缝为生，还带了一个徒弟叫胡昌明。乡亲们听说要给刘邓大军做衣服，都踊跃报名学徒，我带的徒弟也由一人扩大到几十人。由于要做的衣服多，光靠手艺人远远不够，军民们便一起用竹鞭、树条和自制的弹弓弹棉花；妇女们纺纱织布做军鞋；身强力壮的小伙子到邻近的宿松县去挑染料石头。染布的方法是：把石头碾成粉与冻绿树皮（一种染料植物）混合煮沸，再与自家酿造的米酒水放在锅里熬；同时，用大木桶装满布匹叠在锅上蒸，然后取出晾干就成了灰色的布料。如果技术不过关，有的就会出现红一片、白一片，或者蓝一团、灰一团的。记得大部分布匹是用稻草灰、麦草灰、锅底灰做的染料。经过大家共同努力，部队干部、战士很快都穿上了各色各样的灰花布棉衣，刘、邓首长也穿了，并在大会上风趣地说："我们的部队变成姑娘队了！"

记得当年部队还规定了筹借材料的政策，对各家各户献出的粮、棉、鞋等物资，都逐村逐户进行了登记，许多借条解放后政府和有关部门一一付了款。

（吴明芳、陈文传　整理）

原载中国人民政治协商会议安徽省太湖县委员会文史资料研究委员会编：《太湖文史资料》第 4 辑，1987 年，第 26 ～ 27 页。

1947年黄安土改回忆

◎ 李　夫[①]

1947年，我任冀鲁豫干部大队大队长，随刘邓大军挺进大别山，担任鄂豫区党委三地委（又称孝感地委）副书记、民运部部长兼黄安（今红安）县委书记。"一手持枪，一手分田"，艰苦备尝。这段不到两年的斗争，真可谓我一生中的"峥嵘岁月"。1987年9月，旧地重游，会见一批尚在的老同志，一面庆幸老苏区的发展，一面抚今思昔，感慨万千，特为文以记之。

一、随军挺进大别山

1947年下半年，解放战争由战略防御转入战略进攻，由内线作战转入外线出击。6月30日，刘邓大军渡过黄河，接着展开羊山战斗、金乡战斗，攻克陇海路砀山等县城，击溃蒋介石40万大军，消灭敌人6万，是谓"鲁西南大捷"。队伍经黄泛区，渡淮河，像一把利剑插入敌人心脏。8月27日到达大别山北麓白雀园一带。

当时，我任冀鲁豫干部大队大队长，带干部150余人，随第一纵队（司令员杨勇、政委苏振华）南下。7月初从山东寿张出发，乘船、架浮桥过黄河。一路上四面有敌人，天上的敌机轰炸扫射不停。由于我们干部大队的同志，一般都是在根据地经过多年

---

① 李夫，解放战争期间，任中共鄂豫区三地委副书记、民运部部长兼黄安（今红安）县委书记。

武装斗争锻炼的区、县骨干，有作战经验，机智灵活，因此没有一个伤亡。

路上出现很多惊心动魄的事。干部大队过铁路不久就进入了黄泛区，黄泛区高高低低，干干渍渍，生满了杨柳与蒿草。一天，忽然遇到一群敌人，我们一阵吆喝，枪声一响，敌人就吓得举枪投降了。一次，我们走到一处丘陵地带，忽然敌机飞来，向大队来回扫射，我们人都隐蔽了，队里一些经过训练的马也卧着不动，就是部分骡子竖起耳朵，瞪大眼睛，敌机似乎就要碰到它了，可它站着一动不动。我们都叫好，有种！还有的说它傻大胆。

到了 8 月份，队伍从罗山过淮河。大家刚见到淮河开始都很高兴，觉得河面不宽，好过去，可沿河上上下下走了几处，水都深得很，最后还是搭浮桥过去的。

一过淮河，眼前什么都不同了，真的"淮河分南北"。田里一色都是稻子，水塘、田畈卧着水牛。稻子、水牛我都是第一次看到。过去只在北方见到小麦、杂粮、黄牛、骡子、驴子，房子是黄土草房，而稻子、水牛还是当学生时从书本上见到。眼前的砖石瓦屋，常绿的冬青、黄杨等树，一派江南景色。就是道路不好走，很少有骡马道。不时走山边弯路和田埂，不小心就会滑在沟里或水田里，弄上一身泥巴。这里是有名的河南省"潢、光、固、息、商"五县的"赤色苏区"。一路所到之处，可以看到，这里群众虽然很穷，但态度亲热，见到我们高兴地喊道："红军又回来了。"帮我们烧水、打柴、引路，跟我们谈笑。我们真像回到家里一样，感到精神振奋。

二、寻机歼敌，打开局面，铺开摊子

刘邓 12 万大军在淮南潢、光、固、息、商稍事集结整顿之后，兵分数路，越过大别山，敌人望风披靡，至年底，消灭敌人 5 个旅 5 万余人，连克鄂豫皖边区几十个县城，解放人口 1000 多万。以后又转战江汉、桐柏，先后创建了鄂豫、皖西、江汉、桐柏四个解放区，人口 4000 多万。

记得南行不久，部队就由丘陵、小山地带来到大别山深山中。大别山山高路陡，乱石埂滑，行军困难。部队决定丢掉马匹，把马一群群解开笼头赶向深山老林，有的马赶跑了又跑回来，饲养员哭哭啼啼又带上笼头把它拴在树上。有的马又肥又壮，饲养员实在不愿丢掉，首长就叫带走，部队宿营时杀了吃。

在五师突围以后，留在黄安坚持斗争的独立旅与分散活动的小股游击队听说大军到达大别山，无不兴高采烈。独立旅先后两次派政治部主任萧德明等同志前来联系。不久，在黄安坚持斗争的游击队徐锡煌、马友才也来接了头。大军有了他们，如鱼得水，顺利南进。

9月先头部队到达黄安县七里坪。国民党黄安县长石敏灵闻风率部逃到县南八里塆。9月3日，我们占领了黄安县城。9月6日撤销"罗、礼、经、光中心县委"，建立黄安县领导班子。大部队南进走出黄安后，敌人又回头占领了黄安县城。10月初，大军在独立十九旅及黄安地方武装配合下，二次攻克黄安，全歼国民党少将观察员邹晓轩以下700余人，活捉国民党军统特务兼黄安谍报组组长高维均等。10月8日成立了中共黄安县委、县政府，并集中地方武装成立了30多人的县大队。县委成立后，开始宣传中央10月12日颁布的《中国土地法大纲》，号召农民进行土改，打倒蒋介石，解放全中国。

不久，鄂豫区党委、鄂豫军区及三地委、三军分区先后成立。鄂豫区党委书记段君毅，军区司令员王树声；三地委书记乔明甫，军分区司令员罗厚福，我任三地委副书记、地委民运部部长兼黄安县委书记。这时土改的气氛很浓，土地法颁布了，我们曾提出解放战争一是打倒蒋介石，二是土地改革。中原局10月13日指示"放手发动群众，四个月完成土改，以便大军过江"。我接受任务后就急赴黄安上任，冀鲁豫边区干部大队的大部分干部约七八十人随我到了黄安。我们扩建了县委、县政府、县大队，并筹建了8个区的机构架子。县委副书记汪群，县长徐锡煌，县委还有紫云区书记李振江、金牛区书记李成茂、龙山区书记冉砚农等。经过县委研究，确定七里坪、紫云、金牛三个区为基本区，实行土改。干部要充实加强龙山、大有、山角三个靠近县城的区（这时县城又被敌人占领了），这三个区为半游击区，成员要少而精，只分浮财。城西高桥、乔店两区为游击区，只建立武工队活动。强调武装斗争，县有县大队（以主力连作骨干），区有区中队（以主力排作基础），联村设脱产武装班、排，行政村组织民兵。当时基本区干部确实配备很强，负责人都是南下前的地、县级负责干部。像紫云区李振江是冀察豫地委统战部部长，紫云区的副书记安平、金牛区书记李成茂、区长马友才、董玉森等都是华北县区委负责干部。当时汪群副书记负责黄安县委、县政府机关的日常工作，我深入到七里坪区蹲点。

三、发动群众，打土豪，分田地

开了县委会、干部大会，根据上级文件及实际情况明确了土改指导思想：1. 中原局要求四个月完成土改，我们争取三个月完成；2. 不能依靠保甲和平分田，应走贫农路线，组织贫农团，搞土地革命；3. 土改分三个阶段：分浮财、分田地、深挖地下财；4. 在土改运动中组织、宣传、武装群众；5. 反对包办代替，开始可带领群众分浮财，但贫农团、贫农代表会——联合村成立以后，扶持群众当家做主。

已经是 11 月份了，三个基本区分浮财开始了。我们大力宣传："打土豪分田地，打过长江去，解放全中国！"我们干部带领群众到地主家把衣服、粮食、牛羊、鸡鸭、物什等搬到街上，当场分给群众。看到群众高高兴兴拿着分到的东西回家，我们甚为高兴。但是，过了几天以后，我们发现有不少群众在晚上又悄悄地把分到的浮财送还了地主。我们问群众这是怎么一回事，他们说：这些老财、小保队都没有走远，藏在深山老林，要他的东西，他回来了怎么得了啦！还不如把他们的粮食拿来充军粮，那我们就受益不浅了。我们工作队的干部也产生了很大的疑虑，到底怎么办才好？

恰在这时（11 月 20 日前后），区党委、军区部队来到七里坪。首长段君毅、王树声等同志听三地委、黄安县委汇报土改工作情况后，指示我们：群众有顾虑，根本原因还是地主封建势力没有受到镇压。于是接着汇报研究了七里坪周围最坏的地主封建统治人物，整整研究了四五个小时，决定镇压南山头一个大地主、大保长黄绍勤及国民党坐探和另一个大保长等 4 人。我们派武装连夜抓到了他们，第二天开大会公审枪决，并出布告，公布其罪名是勾结国民党反动派，镇压群众，破坏土改。

这一招震动很大，群众都说杀得好，干部群众劲头都大了，各村群众纷纷主动组织贫农团、民兵队伍，主动与我工作队接洽。这时我在七里坪西杨家山蹲点，杨家山是七里坪的三联村。一联村是七里坪向北潘家河一条 18 里的山冲，二联村是七里坪周围一带。杨家山联村村主席潘和俊是老苏区骨干。借七里坪镇压恶霸的东风，我们到处宣传土改，访贫问苦，组织串联，不久杨家山附近各村（以行政村为单位）都成立了贫农团，并成立了联村贫农代表会。贫农们行动起来后，立即组织贫农团的武装，找几个青年农民，背着枪，挂着手榴弹、大刀，到处活动。贫农团团长走到哪里他们就跟到哪里，好不威风！接着成立了联村武装班，后来发展到十几个人、11条枪。浮财分了以后，就要分田地了，群众提出了镇压在逃的大保长的要求。群众揭发大保长在西南山的隐藏地，贫农团连夜跑了三四十里路把他抓了回来，接着召开公审大会枪毙了。这一来，群众的劲头更大了，冲底、山坡到处是人和小红旗。他们丈量土地，插标分田，并当众焚毁了田契。儿童团、妇女会也成立起来，自动站岗放哨，民兵武装昼夜分班巡逻。这时我到一、二联村及檀树岗（紫云区中心）、华家河（金牛区中心）走了一趟，真喜人，村村有人站岗放哨，田野里飘扬着分田的小红旗，到处是人，到处可听到"解放军，是支枪，插在敌胸膛"的歌声。

三地委12月8日的通报表扬了黄安县的土改工作："最近七里坪因为镇压了地主反动分子（杀掉首恶分子），群众由不敢动到竞赛大动，这是群众由不敢动到竞赛大动的具体说明。"《贫农通讯》还登载了黄安三个土改典型例子：陶家边的地主暴乱与贫农斗争、江家岗从反狗腿子到贫农团的齐心运动、莲花背贫农团联合中农团结闹革命。

四、大军转移，斗争尖锐，土改成果得而复失

1947年12月底，白崇禧33个旅侵入我大别山。我大军与之多次交手，因白崇禧广西军较习惯于山地战，我军净打消耗战，很是被动。于是刘邓大军2月转战到豫南平原平汉铁路沿线，并与陈谢大军在漯河会师。20万大军合在一起，攻城陷镇，横冲直撞，引得白军下了山，于是我解放军与白崇禧大打了一场运动战，消灭了敌人大量有生力量。

这一来，大别山敌人乘机宣传"刘邓大军逃跑了，国军胜利了"，黄安地方工作日趋困难。敌军开始窜扰到我中心七里坪、华家河、檀树岗一带。地方土顽小保队，也乘机蠢蠢而动，各地不时报警。根据日益严重的情况，我们的指导思想与实践也跟着变化，提出了"一手持枪，一手分田"的口号。这时三个区已在土改中产生了脱产干部，联村武装民兵达到500多人。我们提出抓好武装斗争，区、联村武装、

民兵要"区不离区,村不离村,保卫土改胜利果实"。基本区进行复查分田,搜地财,半游击区开始了分浮财。加强对不安全根子地主、坏分子的控制。针对敌人嚣张气焰,我们针锋相对地提出"你杀我一个,我就杀你两个"的口号。枣林畈反动地主将我们派去的土改干部黄永洋活活打死,我们就捉了主犯四人杀了两个。在基本区贫农已经发动起来后,我们将贫农团改为农民协会,进一步联合中农,树立基本群众的优势。

这时候群众与我们真可谓生死与共,团结奋斗。一方面忙分财分田,一方面积极拥军优抗。分浮财、分田地都有军烈属一份。国民党军于1948年一二月份几次窜扰七里坪等中心区,都因我军坚壁清野,敌军吃不上饭,听不到情报,找不到人引路而仓皇逃走。春节期间,我军在华家河周围与敌军作战,广大群众冒着炮火越过封锁线给我军送茶送饭、送弹药。全县还送拥军棉衣1万套,其中金牛区送棉衣3000套、鞋子5000双。

到了1948年二三月份,敌我斗争更加严峻了,敌人零星武装竟敢窜扰我根据地,袭击破坏我地方工作。为了适应斗争形势,调金牛区区长马友才为县长兼指挥长,我为政委,想以县大队武装搞好全线的对敌斗争。2月底,我们前进到县北张士河,还没有住下,敌人就打来了,县里的几匹马都给丢了。转移到七里坪北天台山口,拂晓又遭到敌人袭击。第三天进驻华河南王家墕村,晚上又被敌人摸了哨兵。3月初,接连发生三四起事件:七里坪二联村武装18人前往接应杨家山民兵队时,被国民党黄安县大队200人埋伏包围,除5人带3条枪逃出外,其余13人牺牲11人,失去了12条枪。联村主席董汉章(老苏区干部)、联村副主席李太平牺牲。接着龙山区、山角区、大有区等因区机关与区中队不住在一起,先后被敌人袭击,死伤并被俘了一批干部。群众中产生了恐慌情绪,中心区不少群众纷纷外逃、隐蔽,七里坪街上几乎空无一人。干部也有些恐慌,不少人自动跑到县委、部队请示怎么办。正在这时(大概是3月12日),延安新华电台广播了任弼时同志的《新区土改的几个问题》,该文大意是新解放区、游击区暂时不搞土改,应根据情况开展剿匪、反霸、减租减息、合理负担以及如何对待地、富、中农和杀人权限等政策规定。听了广播,大家很高兴,如释重负,群众也陆续回来了。

由于军事斗争形势的变化,整个大别山形势的严重性有增无减。我们一面大张旗鼓地宣传中央新政策，一面把工作中心转到对敌军事斗争上。大约4月底，我们在鄂豫区党委、鄂豫军区直接领导下，在豫南豫新桥附近的黄家岗召开了地、县武装整顿会议。黄安县委将联村、区以上所有武装编成1个大队4个中队（其中四中队是手枪队）集中活动。为了灵活作战，各支武装活动可以打破县区乡的界限。另外，挑选了一部分精干得力的干部、积极分子，组织5至7人为一组的武工队回地方工作。像现在还健在的孙才甫、熊梦英（华家河北枣林乡大塘塆）、石福来（七里坪北潘家河）、汪内远（檀树岗东莲花背）、万思春（七里坪镇）就是当时坚持武装斗争的一批干部。

黎明前的黑暗终于来了。正像大军首长邓小平同志1月新集会议上所说的："大变天不会，小变天可能。"县大队、武工队都难以回乡活动，地主还乡团、小保队对农民又进行残酷的镇压。分得的土地、耕牛、衣物等又被地主夺了回去。一批革命干部和群众积极分子惨遭杀害。1948年4月，敌人袭击我金牛区，俘虏了我女干部符秀英，强奸不成，竟将她剥光衣服把炸弹塞在下部炸死。9月，我武工队员陈润州在龙山黄柴畈战斗中被俘，他破口大骂，英勇不屈，敌人割掉他的耳朵，在他身上泼上汽油活活烧死。这是我们大别山斗争中壮烈牺牲的光荣烈士。

五、我下放当区长，直到徐州解放

根据任弼时同志的报告，黄安县委立即召开了杨家山会议，地委书记乔明甫同志参加了。会议宣布："暂停土改、分浮财，已进行了的要巩固，未进行的不再进行，改为剿匪反霸。"并决定立即向群众传达，以安定人心。

会后，地委派我去南部孝感地区给军分区，地、县机关和黄陂、孝感县委传达会议精神。记得我由一个排武装护送，乘夜越过"黄礼封锁线"，第二天9点多钟到了花园火车站东山里青石铺地委及分区驻地。在一片大树荫下，我和地委副书记、军分区第二政委（第一政委是乔明甫）李仕才等同志见了面。传达会议由李仕才副书记主持，我原原本本地把任弼时同志的报告和地委的贯彻意见传达了。大家听后表示满意，响起了热烈的掌声。

1948年4月，黄安县委书记由王伟同志接任，我回黄安向他作了交代，并在会上将王伟同志向干部们作了介绍。我要离开黄安县回地委了，就召开县委扩大会听取意见。大家都觉得中央新区土改政策、方针是及时雨、清凉剂，但对黄安土改后期极左的根源，北方干部和本地干部看法很不一致。这也难怪，在工作中，特别在后一段就存在着"外来干部怕本地干部搞'两面派'，本地干部怕北方干部搞过火"的问题。

我回到地委（花园火车站东山里），地委在讨论中央有关土改精神，联系我区土改实际时和县里情况类似。我任地委民运部部长又兼黄安县委书记，自然有些同志把矛头集中到我身上。

已经是5月份了，孝感敌我斗争形势日趋严重，为了轻装上阵，灵活作战，地委、分区机关、后勤、伤病员作了精简，不便行动的人、马、物越过铁路转移到路西江汉军区某地。我被不宣而降职，带一个警卫员到孝感东洋岗区当区长了。

我没有泄气。东洋岗区区委书记魏华春同志住华石冲内石家大塆，我带区中队30余人在华石冲口东洋岗集镇周围打游击、做宣传、征公粮，组织村政权、群众团体等，多次与小股敌人作战，经常在集市及附近村庄活动，保卫农贸市场。群众反映我们不错，受到县委书记陈新同志在县委党员干部大会上的口头表扬。

1949年初徐州解放了，鄂豫区党委调我回军区——驻商城一带，组织部部长程坦同志对我说："急性土改，来自上面，问题也由上面负责，恢复你原来的地委副书记职务。但你也应当经一事、长一智，学习中央有关文件与毛主席著作，改进工作方法和提高思想水平。"这个决定我心服口服。

六、后语

大别山的斗争时间虽短，仅仅一年半，却是振奋人心，惊心动魄。这一辈子我岂能忘记！多次翻阅毛主席著作四卷有关新区土改的八篇文章，深深地认识到：新区土改的成绩是主要的，新区土改的正确方针政策是通过新区土改实践的经验、教训总结出来的。

大别山的斗争，经历了光辉的历程。鲁西南大捷，击溃了河南陇海路沿线40万敌军，消灭了敌人10万有生力量，破坏了敌人在河南11万人的征兵计划。我们从黄河到长江，前进 1000 里，敌人退却 1000 里，打乱了敌人整个部署，牵制了敌人大量精锐部队，像一把利剑插在敌胸膛。但又是艰苦的斗争，黄安土改果实得而复失，黄安县第二次土改又失败了。黄安第一次苏区土地革命，死亡惨重，人口由 60 万减少到 40 万，此次土改又遭磨难，至解放前人口减至 33 万。直到解放后第三次土改成功，人民才坐稳江山。经过 30 多年恢复发展，人口又接近 60 万。革命总不是一帆风顺的，鄂东解放斗争史证明革命的理论指导革命的行动，革命的实践才会产生出革命的理论。《毛选》四卷就是在中国革命成功、失败、再成功、再失败许多正反面经验教训中总结出来的。没有 1947 年、1948 年的新区土改，也就没有毛选四卷中真知灼见的关于新区土改的八篇文章。

作为个人的经验教训，一句话：实事求是。什么时候都要注意时间、地点，调查研究，从实际出发，理论联系实际，本本主义或狭隘经验主义没有不碰钉子的。

原载中共黄冈市委党史办公室等编：《鄂东解放斗争史》，中共党史出版社，1997 年，第 174～184 页。

鄂豫解放区财粮供应粗记

◎ 王克文[①]

　　1947 年 8 月 27 日刘邓大军挺进大别山地区的光山、新县、商城、金家寨一线之后，休息了几天，即于 9 月初向豫南、鄂东、皖西各地展开。大军云集，粮食、柴草、油盐、蔬菜的供应严重困难。当时大别山的高山地区秋雨连绵，气候转凉，冬衣鞋袜问题也自然地、紧迫地提出来了，蚊帐雨具等必需品，也成为人们议论的重要内容。每月发给个人的零用钱，也停发了。从 1947 年 9 月至 1948 年 12 月这一时期的生活困难，较之晋冀鲁豫解放区最困难的 1941 年、1942 年还要大。但是，当时战斗在大别山的部队和地方工作人员，斗志一直很高，坚持大别山斗争至最后胜利的信念非常坚定，大家坚信这是暂时的困难，特别坚信在刘、邓首长的领导指挥之下定会取得一次又一次的战争胜利。借以稳定地开展地方各项工作，克服困难，保障部队的供应。因此都能自觉地忍受和战胜各种艰难困苦，并努力工作，坚持斗争，绝无悲观消极情绪的滋生。这种非常实际的革命精神，感动了所有的人。因而我们各个时期采取的征粮征款办法，大别山人民是支持的，即使有些做法不妥当，但由于是为了保障英雄部队的必需，为了打倒蒋介石解放全中国，也是谅解的。因此粮食、服装、油盐等困难一个一个被克服了，基本上保证了最起码的需要。

　　我的手头没有任何资料做参考，只凭回忆，写点粗记。

---

① 王克文，解放战争时期任鄂豫区四专署专员、鄂豫行政公署财政处处长。

1947年九十月间，采取过利用保甲征集粮食，保甲长跑了，找代表人物办理的方法。在是否利用保甲这个问题上，有过不同意见，但不赞成的人也拿不出一个适应部队每天流动于新区，粮食往往是随到随征，征粮之后还能稳定人心的具体办法，也就同意利用保甲征粮了。还规定，在紧急的情况下，如自带的米袋内无粮，来不及由保甲派征的，由本伙食单位的首长批准，使用征借粮证及粮票直接向民户借粮食。利用保甲征粮，大军在南下经过的新区采用过，部队的供给系统（包括伙食管理人员）以及地方随军的工作人员都取得了这方面的经验。

1947年10月以后，鄂豫区属于乡以上的地方政府及地方党组织，先后都建立起来了。以后虽被迫集中活动，离开过本县、本区、本乡辖境，但它是工作的依托，在坚持斗争中，尤其在发动群众、征粮征款中，起了重大的作用。

1947年冬季，鄂豫区不顾新区的实际，错误地搞了"急性土改"，走马分田，打土豪，分浮财。地方干部及分散于地方的小部队的粮食、现金、冬衣的解决，也靠这种办法。但因是新区，数字统计有限，时间稍长，就难以为继了。而且这种不符合当时实际的社会政策，引起了人心不稳，加大了坚持斗争的困难。1948年春，根据中央指示，停止了这一做法，纠正了这个错误。这时，主力部队已转到了淮河以北，鄂豫区坚持斗争的部队和地方干部总计约有1.5万多人，由于敌我斗争形势恶化，分散于乡村开展工作的，损失不小，大多数县便以县集中活动。经常游动的地区，粮食供应困难，故游动就食，把能否就食和离开时还能背带两三天口粮的地方，作为活动的一个重要条件。这时由县人民民主政府向各乡村分派公粮任务，数字不大，部队以后征用，吃多少取多少，付给粮票者打正式收据，超过者，允许到县财粮部门结算。这种办法一直延续到1948年底形势大为好转之时。1949年春，县区乡政府多数在原县原区工作，工作人员也充实了。人民解放军的第三、第四、第十二兵团先后经过鄂豫区向江南进军。我们支前任务很大，粮食征集刻不容缓，不但向各乡、村分派公粮任务，而且须集中于适当地点。征收有了具体办法，集运和保管都有一套制度。对此，区党委向各地有过不少口头的、电报的原则指示，各地也自定了一些具体办法。各级地方干部，由于一年多来每个人都走过许多地方，了解了许多社会情况，并与当地人民建立了一定的联系，担负并完成了各种繁杂的支前任务。所征集之粮食，还于1949年夏，向刚解放的大中城市送了一部分。由此亦可证明鄂豫区五个地区的财粮工作、支前工作做得都很出色，也说明一年多坚持斗争中往返游动的意义。那种"走路浪费了干部"的怪话是错误的。

征款始于 1947 年 10 月，在我们一时占领的繁华的城镇里，通过商会征点款，征多征少，要看我们之工作。如要的数额恰当，宣传解释合情合理，设身处地为商会人员出点主张，便可多征一点，而且能征到银圆和布匹等实物。此种征款一般是捐助性质，给收据证明，收据上称赞了捐助者在我们困难时期给予的帮助（此种证明在全国解放之后，有的商人仍存，我们亦视其为立功证明）。也有的作为借款，声明可顶解放后应纳税款，也可到人民民主政府处要求归还。1947 年 10 月以后，紧急解决冬衣的征款，在长江沿岸多数是借款性质，不少冬衣是靠这种借款解决的。

设立税务局，征收货物土产猪鸭禽蛋出入境税。1947 年 10 月到 1948 年 1 月，当我们占领了一些水陆码头时，便在这里设立税务局或税务所，征收货物过境税，客商带货物出入境的征税。税率大概是 3%—5%。10 月至次年 2 月正是旺季，军分区部队、地方干部的油盐菜和办公杂支，就是依靠这一来源的。斗争环境恶化，税务局（所）不能在原地收税了，不得不跟随县级机关部队游动行军，当游动到货物集散中心之地时，即使住三天两天，也由税务人员持证向客商征收货物税，因税率低，依税收办法办事（套用老区收税条款）并未造成不良后果。开始，领导上担心这种突然征税是否会使商旅绕道或断路发生，但在个别地方试行，能行得通，也就采用起来了。在 1948 年夏季，靠此收入，逐步解决了一部分油盐菜钱、雨具蚊帐费用。

部队南下时，原计划 1947 年冬季服装由晋冀鲁豫解放区负责制作并运送到前方。千里跃进，敌人层层分割封锁，运不进来了。10 月初，接到通知棉衣让自行解决，任务大，时间紧，为解决棉衣问题，令部队活动于淮河沿岸、长江沿岸地区，向一些大的城镇筹款并购买布匹。有些负责人也亲自随军到长江沿岸的团风、武穴和淮河的三角尖等地筹款，并且使用一些从晋冀鲁豫老区带来的银圆，用了两个月时间，十几万人的棉衣、棉被和鞋袜基本上解决了。解决的那样顺利，是和采取的"借款"性质的动员及我军严格执行"三大纪律八项注意"有密切关系的。

1948 年春夏之交，服装问题又成为一件大事。坚持大别山战斗的 1 万数千人，一般都是棉衣拆洗成夹衣单衣，并用收税补充了些，经过批准使用了一些代中原局保管的银圆，这样单衣、雨具、蚊帐和电台的通信器材等，按低标准都解决了。

用特殊办法保证了大部队的换季服装，其他问题也就容易解决了。

部队各部门以至个人都带有晋冀鲁豫解放区的唯一货币——冀南银行货币，而且数量不少，部队供给系统也存有相当数量。中原局通知，继续使用冀南银行货币，有人将其比之为军用流通券，方便了一时，商民不欢迎，很快就不能流通了。1947年11月，第十纵队、第十二纵队、各补充团到达大别山时，带来了中州农民银行货币，存于新县老苏区，1948年后半年曾拟发行使用，后据报有部分遗失（找不到存放地点被人挖出），故未使用。直至1949年春，在商城县开始使用，区党委发过一个使用中州票的指示。形势发展很快，中州票也没有普遍流通起来。市场上以古来铜、银币作为流通货币。

鄂豫区的财粮工作，是在游击环境下进行的。但当1947年9月、10月逐步展开地方工作之后，所有豫南、鄂东的每一个县，都建立了党的领导机关和县区乡人民民主政权机构，都有大小不同的地方武装。同时，军区党委、行署在征粮办法、筹款办法、税收政策、供给标准、会计制度这些重大问题上，又有了统一的规定。工作是有计划有步骤有秩序地进行的，是卓有成效的。老苏区的人称赞我们的粮食工作说，你们办事都有个一二三，今天办什么、怎么办，又为明天的办事做了准备。派了粮食任务，只吃不征，给形势好转，集中征运支援大军打下了基础。

1948年底至1949年4月，商城县城的工作、农村征粮、城关商户征收营业税、支前和知识分子的工作、工商业者的工作，以及剿灭反动武装团队等等密切配合，成绩很大。虽其只是一个县的局面，但其经验对城乡财粮工作很有用处。

原载中共黄冈市委党史办公室等编：《鄂东解放斗争史》，中共党史出版社，1997年，第120～124页。

鄂豫皖东线剿匪后勤工作片段回忆

◎ 吕文宜

　　1949 年夏末秋初，皖北行署组织一支后勤队伍，随中国人民解放军第三野战军第七十一师进入大别山区的金寨县，剿灭国民党的残余顽匪。当时，国民党留下来的匪特有 7 个保安团、8 个自卫团、3 个独立营，约 10 万人。剿匪任务很艰巨，支前担子也繁重。我们这支后勤队伍，是由皖北行署、皖北军区、六安专署机关干部和六安专区所属各县的部分中小学教师组成的。我当时在六安专署文教科工作，被抽调随田世伍副专员到后勤司令部。田兼任司令员，皖北行署派来的梁绪修任政治委员，皖北军区派来的管韵寒任副司令员。司令部全称叫"鄂豫皖东线剿匪后勤司令部"。本部设在麻埠，独山、叶集、霍山、金寨镇分设 4 个指挥所，下设还有韩摆渡、燕子河、流波䃥、金寨城关、白塔畈、叶集等转运站。我们的主要任务是调运、中转军用物资，为东线剿匪主力部队 1 万多人搞后勤服务。他们的粮食、油盐、蔬菜、肉食和军装、鞋袜以及柴草等大量物资，全由我们负责调入、转运，及时供应。虽然外运进山使用的大部分是机动车辆，但由于任务紧迫，必须日夜兼程赶运。我们虽非作战人员，却也似在临战状态之中。9 月上旬的一天，我跟车运粮从六安到麻埠，行到独山，突然南边山头传来枪声，有土匪妄图劫粮。我们当即停车，跟车的武装人员就在米包上架起机枪反击，直到顽匪逃窜销声匿迹后，才发动车子继续行驶。

　　支前人员中，当时绝大多数是 20 岁左右的年轻人，而且多系中小学教师、大学和中学毕业生，堪称知识分子。大家从未吃过大苦，也未经过任何训练，但自觉自愿到艰苦地方锻炼，凭一腔火热的激情投身支前工作，经受了革命的考验，为人民解放事业做出了一定贡献。

1949年8月到1950年3月，前后不到8个月，蒋介石留下大别山的匪特被全部肃清。以中将司令汪宪为首的樊迅、袁成英等师团级以上的匪首和地方反共团队首要分子黄英、阮子陵、潘澍师等均先后落网，其所属匪兵全部分化瓦解。剿匪部队之所以如此全部、干净、彻底、迅速地消灭敌人，是与我广大后勤队伍（包括民工）的跟踪支前分不开的。据有关资料统计，我东线后勤部队在剿匪最紧张期间的8、9、10三个月内，总计组织动员民工15000人，其中常备民工5000人，运输汽车28辆，马车18辆，手推车800辆，扎竹排（筏）200多对，木船200多艘。共运进粮食186万公斤，油、盐22.25万公斤，蔬菜75万公斤，其他军用物资50万公斤，向缺燃料地区送柴草250多万公斤。修复六安至金寨、六安至霍山、六安至寿县公路300多公里，搭建公路桥梁31座，修好公路涵洞32处，架设长途电话线250公里。在剿匪后期，为了发展山区市场经济，保证人民生活供应，迅速筹建了麻埠、流波䃥、金寨老城、燕子河、漫水河、舞旗河等20多处集镇贸易商店（供应站），从而也解决了解放初期广大农民生活日用品的需求。

人少任务重　苦大热情高

直属后勤司令部的韩摆渡转运站，地处六安至金寨山区的咽喉要道。进山的所有支前物资都须通过仅有的这条公路。此条公路为淠河所隔，中间有宽约1公里的大沙滩，人行步履维艰，汽车载重行驶更难，只有分段转运。每运一车物资先在淠河东岸卸下，再用人力搬到河西岸边待运。所以我们不得不在韩摆渡西岸黄家窑设站中转。这个站是露天站，一无堆场，二无办公房屋，工作地点就在沙滩边上、公路两旁或在田埂地头，条件极其艰苦，工作非常繁忙。由于特定的地理位置和军事任务，决定了这个站工作的重要性和艰苦性。

全站共9人，除1名站长年龄在40来岁外，其余8人都是20岁左右的小伙子。在那剿匪初期三四个月的紧张战斗中，这里的任务最大。几乎所有的进山物资，都通过这几个小伙子组织转运。中转的那几百万斤粮食，全堆放在沙滩边沿和路边田埂上。为了看粮、护粮，几个月大家风餐露宿，晴天睡在沙滩上、树荫下，雨天挤在一间茶棚里或群众家磨坊内。用餐无正常时间，忙饿了借用群众家厨房自己烧饭。整天在沙滩上来回奔忙，夜以继日地工作，每天一干就是十五六个小时。炎夏酷暑季节，上面是烈日晒头，下面是炽热沙滩烫脚。体质较差的邵长运同志穿着鞋子，脚烙烫了好几个大泡。然而在这样的艰苦条件下，大家却出色地完成了转运任务。大家饶有风趣自豪地说："我们来时是白面书生，现在炼成黑脸大汉，虽未拿枪上前线，剿匪功劳也有一半。"

未用上的军火与"子弹"

1948 年底，蒋匪帮逃窜台湾，拟将大别山作其今后反攻基地。1949 年 5 月，调来原国民党九十二师师长汪宪等 9 人，携带电台 6 部，潜入我县白水河一带，纠合地方反动武装匪特成立所谓"鄂豫皖边区人民自卫军司令部"，近万人。国民党反动派为了充实其军火力量，先后三次派来飞机空投一大批枪械子弹，给他们的"反共"部队。孰知如数收的不是敌方，而是我方人民群众和剿匪部队。蒋介石实指望给他的汪司令支援了重大实力，然而却成了一堆废物。我军得之无用，舍之不能，只好存放在后勤司令部。散装子弹至少有好几万发，都是湖北条、老套筒子步枪上用的。我们部队用的全是卡宾枪和冲锋枪，这种子弹用不上。

无独有偶，皖北行署为我剿匪前线送来两车银币也派不上用场，同样放在后勤司令部。这是因为解放军进山时，传自反动派的谣言说大山里老百姓不相信纸币而用洋钱（银圆）。为了防备市场货币阻塞，影响剿匪任务的完成，当时皖北行署主任宋日昌在麻埠亲笔致函安徽省地方银行送来两汽车银圆，全用子弹箱装着。那是一个深秋的夜晚，我们好几十个同志卸货，来了围观群众惊奇地问是什么，我们告诉他们说是"子弹"，他们才走开。这批假子弹存放在后勤司令部很长时间未使用。市场无任何波动，人民政府印制的皖西流通券畅通无阻，深得群众信赖。当然这与我们为市场调进大批生活用品，广大军政人员自给自足也不无关系。

银圆由于不使用，年底又原封未动地送回合肥。所以后来人们开玩笑地说："我们自己送来的假子弹和蒋介石送来的真子弹都未用上，倒让我们后勤兵落得个紧张地来回忙碌一番。"

难忘的中秋节之夜

我剿匪前线捷报频传。盘踞在大别山"反共"几十年的"老小八团"匪首黄英等相继被活捉。蒋介石派来的中将司令也成了瓮中之鳖。正值我剿匪部队向深山进发时刻，解放后的第一个中秋佳节悄然来临。那天上午只见当地群众打酒买肉，我们未想起来过节。田司令员未讲，我们也就没有安排。时近中午，梁政委打了招呼。于是我们连忙筹备些月饼和一些南瓜子、炒花生之类。晚上在司令部大院内组织全体干部和警卫人员开了晚会。会上说大鼓、讲故事、唱京剧，各表技艺。梁政委还用英语唱了一段莎士比亚戏剧十四行诗。与会人员个个精神焕发，来到大别山区虽已苦战三个月，却无佳节思亲之感。赏月晚会简单而气氛热烈。正在此刻，剿匪指挥部通知开会，田司令叫我随之一道参加。会上，政治部时主任简要讲几句话后，即宣布："明天潘澍师（伪立煌县挺进大队第四团团长兼麻埠区区长）来打麻埠，我驻军武装警卫队全部撤离，诱敌入内以聚歼，各机关单位做好自卫。"接着时主任反复强调："麻埠镇是我剿匪指挥首脑机关所在地，保证万无一失。"自那天晚上起，我们后勤机关每人发了枪支子弹、手榴弹，划片包干，防守自卫。由指挥部统一秘密口令"解放"二字。我们机关食堂司务长郑邦杰跑到警卫连学习投掷技术，积极参加夜间站岗。一切俨然是临战状态。中秋节后不久，匪首潘澍师落网。12月9日在麻埠召开万人宣判大会，将这群众恨之入骨、杀人不眨眼的"潘阎王"当众处决，人心大快。继而，匪首中将司令汪宪、副司令袁成英、参谋长樊迅、民团首领黄英等均在我后勤部集中羁押，不久即解送省城。自此，我们皖西山里山外的广大城乡很快出现升平景象，迎来了社会主义革命和建设的高潮。

原载中国人民政治协商会议安徽省金寨县委员会：《金寨文史》第7辑，1992年，第136～141页。

前哨阵地剪影

◎ 郭六合

1946 年 4 月，蒋军撕毁停战协定，进攻我旅防守的重要制高点——小界岭的枪炮声，震撼了大别山，它预示着国民党反动派妄图围歼我中原军区部队的一场大战即将来临。

为了紧急备战，旅轮训队停办了，学员全部分配到连队去。我那时还是个离开家门、校门不久，稚气未消的青年，参军后一直在旅轮训队当学员。现在突然要离开一起参军的亲密相助的同乡、同学，到一团一连去当民运工作员，不禁忧虑重重：民运工作员怎么干？今后遇到困难谁来帮助我？但是，又想：军人应该服从命令，干革命要不怕困难。因此，我抱着服从命令到连队去锻炼自己的决心，背着背包，奔向陌生的连队。

一连驻守在沙窝东南峰峦起伏的高山阵地上，同对面山头上的敌人阵地对峙着。一连阵地的山坳处，有个用松枝和稻草搭成的小窝棚，窝棚内铺了一层稻草，这就是连部所在地。

我跟着营部通信员，怀着紧张的心情到一连连部报到。陈德荣连长和徐锡禄指导员一见到我，就像兄长一样，亲热地叫我"小鬼"，问寒问暖，从吃饭、睡觉到工作，都特别照顾。我被安排在窝棚里住，它虽然四面透风，但与战士们住的阴暗潮湿的地堡相比，可算是高山阵地上的"高级宾馆"了。

徐指导员见我没有雨伞，特地派人从沙窝镇买了一把雨伞给我。尽管是一把油纸伞，但来之不易。它是用全连指战员烧木炭、砸钢筋卖的钱买的，凝聚着对新战友的深切关怀和友情。我拿着它，高兴万分，爱若珍宝。

连部文书、卫生员和通信员都是十六七岁的年轻人，热情、豪爽、活泼。他们常常带我到阵地前沿去插竹签子，钻进地堡听老战士讲战斗故事，在战壕里观察对面敌人的活动，到山村里向老百姓做宣传。没几天，我们就成了好朋友。愉快的阵地生活，像一阵春风，吹散了我心头的愁云。我当时在日记中写道："同为人民求解放，相逢何须曾相识，党的光辉照四海，革命同志处处亲。"

使我终生难忘的是徐指导员帮我做布袜的事。5月初，连里给每人发一套灰色的土布军衣。除军帽和上衣是成品外，裤子和布袜子都是剪好的布片子。领到这样的新军衣，全连同志都喜气洋洋，而我却犯了愁。心想，做裤子是缝直线还好办，而要把四张袜布片和两只袜底缝合成一双合脚的布袜子，真是无法下手。徐指导员看出了我的心思，笑着问我："小鬼，你会不会缝啊？"我低着头不好意思地答道："裤子我能缝，就是这袜子……"徐指导员拍着我的肩膀说："别不好意思哟，这袜子我帮你缝，我们都是阶级兄弟嘛！"徐指导员是一位老红军，那时他已经30多岁，饱经战争风霜的脸庞，黑里透红，长期的艰苦劳累，使他过早地有点驼背，夜以继日的行军作战，损害了他的视力，眼角上经常带着眼屎，遇到强光就得眯缝着眼看东西。当我看着这位可亲可敬的人从我手中把袜布片和袜底接过去，看着他在那紧张的战备工作之余，白天在耀眼的太阳光下，夜晚在用油松枝点燃的灯光前，用他10多年来握枪冲锋杀敌的粗大的手，眯缝着眼睛，吃力地一针一线地缝制，并不时用手背擦眼屎的时候，我心里充满着内疚和感激之情，久久不能平静。唐朝诗人孟郊在《游子吟》中写的名句"慈母手中线，游子身上衣"，感人肺腑，千古传诵。几十年来，每当我回想起此景此情时，仍禁不住感慨万千，思绪难平。徐指导员那慈母般的形象，仍历历在目，使我无法忘怀。革命部队，温馨胜家；阶级情怀，暖如春风。转眼快40年了，我忘不了老红军战士徐锡禄指导员慈母般的爱育，也忘不了我在革命大熔炉起步的沙窝高山阵地上的前哨生活。

原载《铁流千里》编写组：《铁流千里——中原东路突围纪事》，四川人民出版社，1986年，第32～33页。

艰苦岁月

◎ 张笃文　梅拥义

在敌人的重重包围和封锁下，我中原解放区物资奇缺，生活极为艰苦。但是，同志们始终保持着高昂的战斗情绪和革命的乐观主义精神。当时，上级提出劳武结合，战斗、训练、学习、生产都要兼顾的方针。号召大家，不分前方、后方，不论机关、连队，不管是单位或个人，都要普遍订出自己的生产节约计划。于是，各自根据自己的特长，群策群力，紧密团结，终于克服了困难，渡过了难关。

野菜饭

由于敌人封锁，解放区的粮食严重不足，同志们都吃不饱饭，吃菜就更难了。部队没有钱买菜，即使有钱也买不到菜。因此，必须自己开荒种一些菜。可是，菜也长不赢，不能满足需要。小白菜才长三四片叶子，就被拔掉吃了。为了改善伙食，有的去摸鱼，有的去捉黄鳝，更多的人则去挖野菜。把野菜挖回来，用开水烫一烫，掺在饭里。大家吃着野菜饭，还感到特别香咧！同志们说，延安有南瓜汤，我们这里有野菜饭，敌人想饿死我们，真是白日做梦。

"金筷子"

我们驻在老乡家里，吃饭的碗筷大多数是借老乡的。上山构筑工事或去野外演习，就没有碗筷吃饭了。开饭时，大家就从树枝上摘几片大叶子，把它卷成圆锥形，用它当碗盛饭，再折两根小枝条，撕去树皮，现出黄色，当筷子。这样既简单又实用，用后也不用洗。大家风趣地称它们是"银碗""金筷子"。

两用衣

1945年冬天，虽然早就天寒地冻，同志们却仍穿着无法御寒的单衣。为了能让大家穿上棉衣，上级尽最大的努力，才给每人发了几尺布和一点棉花。这几尺布仅够做棉衣的面子，里子却没有解决。怎么办？大家只好把身上唯一的单衣脱下来，用热水烫烫洗洗后，做棉衣里子。棉衣虽然穿上了，可缺少换洗的衬衣，时间久了，许多同志身上都生了虱子。到了夏天，又把棉衣里的棉花掏出来当单衣穿，成了单棉两用衣。

松油灯

部队晚上学习，需要小油灯。当时，连食油都没有，哪里还有油来点灯呢？开始，大家总是早早就上床睡觉，坐在床上拉会儿呱，没有办法组织学习。后来，我们发现从山上砍来当柴烧的马尾松上面的疙瘩就是松油，把它剥下来，用火点燃，比小油灯还亮呢！打这以后，我们就用它来照明，每到晚上燃起松枝，大家愉快地聚在一起，一边取暖，一边学习，真是一举两得。

原载《铁流千里》编写组：《铁流千里——中原东路突围纪事》，四川人民出版社，1986年，第39～40页。

无形的力量

◎ 苗扶中

抗战胜利后，国共两党和平谈判，好不容易才达成了协议。这给饱受战争之苦、渴望实现和平的中国人民带来了极大欢乐，也带来了一线希望。

然而，"协定"的墨迹未干，国民党反动派便调集 30 余万人的大军，将我中原军区部队重重包围起来。他们对我军实行严密的经济封锁，连食盐、火柴都不准运进我解放区，更不必说粮食和其他生活用品。在这方圆不足 3000 平方公里的狭小山区内，我中原部队 6 万余人，其生活上的艰难困苦就可想而知了！

严重的形势，必然会给人们的思想带来极大影响，这种影响集中地反映在对待战争与和平的问题上。起初，看到和谈达成了停战协议，双方又发布了停战令，不少同志就盲目乐观，认为天下太平了，部队可以复员了，艰苦的日子就要熬到头了……不料，后来形势急变，与人们的愿望相反，和平的气氛越来越少，战争的阴影愈来愈大。生活条件不仅毫无改善，反而苦日子越来越苦。吃不饱，穿无衣，把每天吃三顿饭改为吃两顿饭，把棉衣改成夹衣，到了夏天又改为单衣。这时，我们有的指战员焦急地想蛮干，主张一拼了事。部队普遍反映："要打早打，要拼就拼个痛快，拼死也比饿死强！……"这是当时部队干部、战士中比较突出的思想问题。

产生这样的思想问题，是很自然的，不足为怪。关键是要各级领导如何及时了解和掌握部队的思想脉搏，因势利导，把广大指战员的思想引到正确的轨道上来。

当时的旅、团领导正是这样做的。他们深入基层和干部、战士促膝谈心，一起生活，一起劳动，一起讨论问题。旅政委徐子荣同志去干部轮训队，讲形势，参加学习讨论会；听取前沿阵地我营政治干部汇报思想情况。当听到战士在阵地上挨雨淋和用树叶子当饭碗使时，便责成后勤部门，给每个战士买顶斗笠和发一只饭碗。正是由于各级领导能够随时掌握部队的思想脉搏，他们才能和广大指战员心心相印，息息相通。

6月中旬，中原的军事形势已经到了一触即发的严重地步。根据党中央的指示精神，旅首长根据中原军区关于整顿部队思想的指示精神，先召开了旅党委会，学习上级指示，分析形势，研究部队的思想情况。接着，召开了全旅营以上干部会议，这也是一次整风的会议，以统一领导骨干的思想认识，随时准备粉碎敌人的围攻。

会议在旅部驻地白雀园召开。白雀园是第二次国内革命战争时期红四方面军领导机关常驻的地方。这是一个拥有近千户人家的集镇，四面群山环抱，峰峦叠翠，镇外清溪回绕，流水潺潺，绿水青山，一派诗情画意。然而，这时谁也没有心思去欣赏这美丽的田园风光。

皮定均旅长、徐子荣政委、方升普副旅长和郭林祥副政委、张介民参谋长，都参加了会议。各团团长、政委也都来了。纵队干部科长黎映林也专程前来参加会议，听取意见。

会议由郭副政委主持，徐政委讲了会议的内容和目的，还简明扼要地讲了形势、任务和要求。大意是：形势越紧迫，会议越要开好，放下一切思想包袱，团结一致战胜敌人；克服困难，坚定信心，相信党和人民的事业一定会胜利。会上，皮旅长针对一些同志主张早点打、快点打，急躁、蛮干，一拼了事等思想，明确指出：仗是有打的，但不能着急，更不能蛮干，我们得听党中央和上级的命令。以前和是为了顾全大局，现在打是为了胜利，为了生存，而不是为了拼命。他针对前一段有些同志看到下了停战令，以为天下太平了，可以复员回家种地了，没有看清国民党反动派的本质，因此产生了一些不切实际的幻想，强调指出：国民党反动派和谈是假，想消灭我们是真。我们的方针只能是针锋相对，坚持斗争，直至最后胜利。

会议采用整风的方法。以团为单位分组，围绕中心议题，展开讨论。大家敞开思想（心扉），畅所欲言，谈形势，讲看法，提困难，想办法，充分发扬民主，开展批评和自我批评。旅首长和团的主要领导同志，都亲自深入各组，一边听取大家发言，一边也和大家一同讨论。一有空隙，还和个别干部谈心；征求意见，听取批评，交流看法，疏通思想。大家感到非常亲切。

会议开了三天，收到了非常丰硕的成果。这就是：认清了形势，统一了思想，提高了斗志，增强了团结，坚定了信心。大家一致认为，国民党反动派决心发动内战的方针已定，向我中原军区发动大规模的军事进攻就在眼前，我们决不能再存有任何幻想。

与会同志清楚地认识到：我们面对的是5倍于我、有着优势装备的敌人。他们吸尽人民的血汗，养精蓄锐，而我们则处在敌人长达半年的封锁围困、物资奇缺、生活艰难、指战员体弱多病、形势十分险恶、大敌当前的紧急时刻。我们必须放下一切思想包袱，紧密团结，万众一心，共同对敌，不管遇到多大的风浪，哪怕是十二级的台风，都要坚定沉着，勇敢顽强，排除万难去夺取最后的胜利。

许多同志纷纷表示，党中央和中原军区提出，要以小的代价去换取大的胜利，为了大局，为了整体，我们甘愿付出这个小的代价！这是党对我们的信任，同时也是我们的光荣。

这次会议，既有充分的民主，又有高度的集中，整个会议开得生动活泼，开出了信心，开出了办法，并转化成为无形的巨大的力量，为我旅后来完成掩护主力西进突围的光荣任务和本旅历尽艰险，胜利突围打下了牢固的思想基础。

原载《铁流千里》编写组：《铁流千里——中原东路突围纪事》，四川人民出版社，1986年，第41～44页。

战地的花朵

◎ 何济华

山道弯弯路茫茫，一条钢铁的长龙在腾飞，全旅指战员在东进突围的征途上，个个精神抖擞，日夜兼程。而我呢？怀孕已有九个多月了，挺着大肚子，跟随部队行军。一天走下来，身子就像散了架子。那困难就像眼前的绵绵群山一样多。但是，我只有一个想法：紧紧跟上，决不掉队。

过潢麻公路时，我跟着部队跑步通过，累得满身大汗，就像水洗了一样。由于昼夜奔忙，肚子越走越疼，两腿像灌了铅一样沉重，眼看就要掉队了，这该怎么办？我灵机一动，把随身带来的一大块土布，紧紧地绑在肚子上，这下子走路方便多啦。当翻越大牛山那天，有些地段太陡，我就抓住荆条往上爬；下山，有时我就和几位女同志，坐到坡上手拉手往下溜蹭。反正我已下决心，不管走到哪里，我都要跟上部队，这是我不可动摇的意志。

部队到了青风岭，前卫二团与堵截的敌人交上了火，一时炮火连天，杀声动地。青风岭山峰笔陡，中间夹着一条弯弯曲曲的小路。就在这个地方，我快临产的肚子一阵阵剧痛，眼看就要分娩了。曹玉清团长的爱人许清同志马上扶我走进路边一间破烂不堪的茅草棚，我就在这里等待新生命的问世。

恰巧这个时候，我的爱人、三团参谋长青雄虎走来了。他瞅了瞅草棚内外的环境，鼓励我说："济华，坚持就是胜利，你要勇敢些，渡过这一关！"他把警卫员留下来照顾我，就匆匆赶去指挥部队了。

一阵剧烈的疼痛袭来，使我几乎昏了过去，我咬紧牙关坚持着，黄豆大的汗珠在脸上滚动着，不一会儿，小宝宝出生啦。许清同志打开早准备好的小药箱，拿出一块消毒棉花、一捆绷带，把孩子包起来。我顾不得自己的身子，顺手拿起破被单包住孩子，外面再用绷带捆一捆，许清同志接过去抱走了。我使劲一挺爬起来，拖着虚弱的身体也跟着部队。

上了路不久，前边传话说："好消息，二团在青风岭歼灭敌人一个连，残余敌人逃跑啦！"我听到这胜利的喜讯，激动得流出了眼泪。心想，这枪声好似鞭炮，炮声正像锣鼓，不正是在庆贺我的小宝宝诞生吗？

我分娩后，刚走了一段路，就觉得浑身酸痛，肚子空空。若在平时生小孩儿，一定得卧床休息，还要吃流质和营养丰富的食物。而现在是弹痕遍地的征途上，不要说吃什么有营养的东西，有时连一点干粮都吃不上，还必须跋山涉水急行军。我横下一条心：跟上部队走到底！我又用原来的那一大块土布，绑紧肚子，和许清同志一起跟着同志们的足迹继续前进。半天下来，警卫员看我步履艰难，硬劝我骑上牲口，当我骑上走了一段路，颠得人实在受不了，我坚持要下来走。幸好前面护送伤员的同志们看到了，便叫轻伤员骑上牲口，叫我睡上担架，这虽然比骑马好些，可惜山路又窄又陡，高一脚，低一脚，抬着担架也很不好走，这使我产后的身子一阵阵钻心地疼痛，我咬咬牙要下来步行，大家拗不过我，只好让我下来走。

我上午生了小孩儿，部队一直在不停地运动，我也在不停地走。下午2点钟左右，要过漫水河，这是河的下游，河水又宽又深。几个女同志有的骑马过去了，有的徒涉过河。独有我，既不能骑牲口，也不能徒涉。几位侦察员看到这种情况，请来八个老乡，绑了一副担架，把我高高举起护送过了河。

在行军路上，我处处感到同志情、战友爱。部队一边行军，一边打仗，首长和同志们无微不至地从各方面关心我。同时，他们也非常喜欢这个革命的后代——新生的小宝宝。警卫员、饲养员、给养员等同志们不顾征途的疲劳，一路上轮流抱着小宝宝行军。每到途中休息时，同志们总是围上来。这个说："小宝宝，你是炮火里生、炮火里长，给你起个名，就叫青火生吧！"那个说："小乖乖，真是乖，你是革命好后代！"有的喂她温热水，有的喂她泡馍花。这个在炮火硝烟中出生的战地的花朵，在同志们的精心照料下，奇迹般地活了下来。

在燃烧的战场上，我的小宝宝一出世就面临着严峻的考验。抢渡磨子潭时，敌人堵截我们，子弹横飞，有一颗子弹把包小宝宝的被单打穿了一个洞，幸好我们母女俩都平安无事。一路上，我发现小宝宝很有自己的特点。听到震耳欲聋的枪炮声，她不哭；敌人子弹呼啸着打穿了她的被单，她不哭；抱着她急行军，她不哭；饿了，噙住我那没有奶水的奶头儿，她也不哭。说也奇怪，每当我们原地休息时，一停住脚步，她就哇哇哭叫了。作为母亲，看到自己的亲生骨肉这样可爱，我心里真有说不出的幸福和骄傲。

我们母女俩生活在充满艰辛却又充满温暖的战斗集体里，同志们的深情厚谊激励着我。我也以自己微薄的力量来报答同志们。每逢宿营的时候，看那些警卫员、饲养员、给养员等同志跑来跑去，做这做那，都挺忙，我就帮他们打来开水，倒进盆子里，催他们洗脚。如果炊事班里没有开水打，我就抓紧时间找地方烧开水，看见他们都洗了脚，我的心里就有说不出的欣慰。每当这时，同志们总是半疼惜半是关心地对我说："大姐，你刚生产，身体虚弱，还要为我们烧开水，我们怎么过意得去呢？请不要再为我们烧开水了，请你保重身体多休息！"我笑着回答说："谢谢你们的关心，我很好，看到你们有开水洗脚，我心里才舒服。"真的，每当我为同志们做了一点好事，心里总是乐滋滋的。

有一天，皮旅长看到我，跳下战马兴致勃勃地逗着小宝宝，并鼓励我说："何济华同志，听说你很坚强，很勇敢，是好样的。坚持到底就是胜利！祝你胜利进入解放区！"皮旅长这一席话，给我鼓足了劲。我把牲口让给伤病员骑，每天坚持走路，和大家轮换着抱小宝宝，行进在长长的行列中，终于胜利地进入了苏中解放区。

原载《铁流千里》编写组：《铁流千里——中原东路突围纪事》，四川人民出版社，1986年，第144～147页。

忍痛割爱

◎ 薛留柱

真不巧，中原突围时，我已临近分娩期，眼看宝宝过几天就要降生了，我还是毅然决然地准备好行装，走向充满艰险的突围道路。

临出发前，旅首长知道我快要分娩，专门给了一匹骡子要我骑。一路上，在同志们的帮助照顾下，经过七天的行军，7月3日晚，我和大家一起突围到了吴家店，在离村口几里路的野地里，我感觉有临产的预兆。同志们知道了，都过来帮助我，在大家的搀扶下，我才坚持走到了宿营地，慌慌忙忙地在一家老乡的灶房里开始生产。大约在晚上10点，生下了一个白白胖胖的小女孩儿。

这时，旅部供给部的同志们都为我分娩的事忙得团团转。虽然当时正在行军打仗，物质条件差，但大伙儿都像办喜事似的喜气洋洋，有的帮我做护理工作，有的问寒问暖，有的送汤送水。孩子下地后，就有人提议：为纪念中原突围，就给孩子起名叫范中原吧？我和爱人范惠一合计，认为这个名字很好，就同意了。

正好，旅领导决定部队在这儿休整三天。第二天天刚亮，我生孩子的消息就传开了。旅首长和同志们先后都来看望和道喜。首长们春风满面地对我说："行军打仗还添人进口，真是喜事呀！"皮旅长还轻轻地抱起中原，边端详边夸奖："这娃娃很漂亮，生在艰险的征途中，很有意义，要好好照料她，长大好接革命班。"由吴家店出发时，首长还专门派了四个战士，轮流用担架抬着我和孩子跟着部队走。我是一个饱经风雨的女兵，首长的亲切关怀和同志们的热情帮助，几次使我流下了幸福的热泪。

我们部队在炎热的夏天里行军，走的多是山路，跋山涉水，忍饥挨饿，还要时刻准备战斗。可是，我还要人抬着，越想越不是滋味。我是第一次做妈妈。人说天下最高尚的感情就是母爱。孩子是娘身上掉下的一块肉，哪个父母不爱自己的儿女。但是，我思前想后，为了不拖累部队，为了部队突围的胜利，为了革命的整体利益，我决不能连累同志们。于是，我暗暗下定决心，含悲忍痛地向范惠同志谈了我的想法，得到了老范的积极支持，我们毅然决定忍痛割爱，把孩子寄养在附近老乡家里，等胜利后，如果她还活着，再来接她。

7月11日，我们一路斩关夺隘，来到了霍山地区抢渡磨子潭后，发现左边山坡上有几户人家。我去一打听，有家姓项的是船工，男人近日不在家，女人刚生下的孩子死了。我想，这是个难得的机会，就向项家的女人说明了情况，请她行行好，收下了我的女儿中原。我将身边仅有的一点钱全部留给了她。在敌人的阵阵枪炮声中，我抑制住母女分离的内心的痛苦，久久地亲吻着我的小宝宝，然后匆匆踏上征途。我反复念叨着一句话："中原，我一定要回来的，一定要回来的……"

原载《铁流千里》编写组：《铁流千里——中原东路突围纪事》，四川人民出版社，1986年，第148～149页。

情深谊长

◎ 秦久俊

7月3日傍晚，部队进入大别山腹地——金寨县吴家店。

吴家店是第二次国内革命战争时期著名的赤南暴动的地方。老乡们看到当年的红军回来了，一个个兴高采烈，纷纷向我们报告：离吴家店三里的山沟里有敌人的粮仓。在我们粮草奇缺之际获得了敌人留下的这批粮食，给我们解决了大难题。

雨下个不停，在山地中行军作战，同志们脚上的鞋子大都被磨破，有的同志脚也磨烂了，前进的路上常见斑斑血脚印。无论干部、战士，除关心食粮外，都非常想解决鞋子问题。到达吴家店的当天，旅首长就指示：各级干部要爱护战士，除想方设法让部队吃饱吃好外，要特别注意筹集鞋子，每人至少得备两三双布鞋或草鞋。一声令下，全军齐动。三天休整中，会编草鞋的同志，昼夜忙个不停。当地群众也纷纷将绣着"铁脚鞋""胜利鞋""拥军鞋""灭敌鞋"等字样的鞋子送到部队。镇子里处处可见军爱民、民拥军的情景。

那时候，我在一团供给处工作。我们打开敌人的粮仓后，除分发给部队外，还救济当地穷人每户一袋大米。7月5日，太阳西沉时，我背着一袋大米走到三岔路口，忽听到背后有人喊："同志，慢点走，俺有话对你说。"我回头一看，只见距我几十步的小路上走来一位老大娘，她低声问我："上午在粮仓给穷人分粮的可是你吗？"我点了点头。大娘接着告诉我，今天她早饭后上山挖野菜，中午回到家，听邻居说驻在镇子里的队伍在粮仓给穷人分了粮，这可把她乐坏了。大娘边说边仔细打量着我脚上的鞋子。"看看，烂成这个样子，脚指头都露出来了，咋去行军打仗?!"她老人家说着从身上掏出一双布鞋，塞到我手中，带着命令的口吻道："给，把这双鞋穿上!"

大娘那慈母般的爱，像春天的太阳温暖着我的心，我感激地对她说："大娘，我还有草鞋哩! 这鞋留给您儿子穿吧。"

不料，我的话音刚落，大娘的眼泪簌地流了下来。原来，我的话勾起她对一段苦难遭遇的回忆。十几年前，大娘的儿子要去参加红军。一天深夜，她正在油灯下手拿针锥纳鞋底，为儿子做鞋子。忽然，村子里传来阵阵狗吠声，大娘觉察不好，马上叫儿子翻过后墙逃走去找红军。不一会儿，突然从门外闯进三个人来，其中一个拿着"文明棍"，还有两个挂着盒子枪。大娘还没看清他们的面孔，那个拿"文明棍"的人便开了腔："臭老婆子，你儿子到哪里去了?"大娘一听口音，见是本村一个地主的大儿子、伪乡长吴大卿，便不慌不忙地回答说："儿子上山拾柴还没回来。"吴大卿见问不出什么就一棍子打在大娘拿锥子的手上，锥子一歪刺穿她的手心，鲜血流到了鞋底上。大娘含泪向我控诉了这一切，最后手指鞋底说："孩子，这上面还有血迹。你穿上这双鞋，去多杀敌人，为我老婆子报仇呀!"

听着大娘的血泪控诉，再看眼前国民党反动派想卷土重来，更激起我对亲人的无限感激，对敌人的刻骨仇恨。亲人的盛情难却，我只好收下鞋子，转即问大娘住在哪里，她用手指着三里开外的一个小村庄算是作了回答。我灵机一动对大娘说："您老人家待我像待亲儿子一样，我要去您家看看!"于是大娘在前面走，我背着一袋大米紧紧跟着。到了大娘家，我把米袋往地上一放，转身就走。大娘连喊几声："把粮扛回去。"我说："明天再来看望您。"走出很远了，大娘还在向我招手。

回到部队驻地，我向同志们讲了这件事，大家争先恐后抚摸着这双血迹斑斑的鞋，感慨万千。

原载《铁流千里》编写组：《铁流千里——中原东路突围纪事》，四川人民出版社，1986年，第150～152页。

女兵风采

◎ 马兰英

豫西支队渡过黄河到我们家乡时，只有几个女同志。她们都有较长的斗争经历、丰富的工作经验、艰苦朴素的生活作风、热爱人民的高尚品质，对我们的影响很大。豫西人民由于长期遭受反动军队敲诈勒索和凌辱，他们害怕军队，憎恶军队，在他们眼里，军队就是祸害人民的土匪，都不是好东西。因此，要人们出来当兵，特别是叫女孩子出来当兵简直是不可想象的。八路军抗日独立支队来到豫西，通过宣传党的政策和抗日主张以及干部、战士严格遵守三大纪律八项注意的行动，群众认识到八路军与国民党军队截然不同，确实是为穷人求解放的，是抗日的军队。因而在很短的时间内，不但有许多男青年参了军，几十个女青年也参军了，我就是其中的一个。

组织上为了培养我，把我送到豫西支队的干部学校学习。当时，干校设在巩县的浅井村，有几个区队。我被分在三区队女生班，共 10 多人，班长叫张当筹。我们这些女兵都剪了辫子，穿上了军装，心里高兴极了，特别是戴上有两个纽扣的八路军军帽，扎上棕色的皮腰带，更加感到威风和自豪！干校的生活紧张而有秩序，除出操上课外，有时还进行夜间演习。有一天半夜里突然枪声四起，紧急集合的号声划破夜空，女兵们真不知怎么办好，拿着衣服找衣服，扯着被子找被子，忙得团团转。这时我才认识到，虽然穿上了军装，并不等于就是一个合格的战士，要做一名合格的战士，还得下决心刻苦锻炼。

1946 年 6 月，我们部队东进突围时，环境非常恶劣，生活极其艰苦，很多同志脚都跑烂了。饲养员王根的脚板化脓流血，行走非常困难，实在不能再喂马了。一天，首长把我找去，叫我代替王根喂几天马。我想冲锋打仗用不上我们这些女孩子，喂喂马还是可以的，便满口答应了。以后，每到一地我就立即去找草料喂马。一次，部队刚打完仗天就下起雨来，大家在山坡上露营，天黑又下着雨，我跑了许多地方也没有找到马料。可是，马不吃东西怎能继续行军呢？何况，首长还要骑它指挥打仗。我找到距营地较远的一位老乡家，顺手弄了一盆稻谷端回来喂马，首长知道这件事后，把我叫去，说我破坏了群众纪律，狠狠地剋了我一顿。我很不服气，心想，搞点稻谷把马喂好，还不是为了行军打仗。我把这股气都算在老乡身上：如果不是他告状，首长怎么会知道？我想报复他家一次。第二天一早，我就摸到老乡家里把他家的碗全都拿出来，埋在柴火棚的稻糠里，老乡要吃早饭了，可一个碗也找不到，他问我："小同志，你看到我家的碗了吗？"我不吭气，他又问我一遍，我气呼呼地说："我不知道，你去领导那里告我吧！"我这样一说，他肯定是我把碗藏了，看我性子犟，就跟我讲了许多好话。我想再不拿出来，万一首长知道了，又要挨批评。于是，我就从稻糠里把碗扒了出来。这件事还是被领导知道了，我想这下又要倒霉啦，没等首长找我，我主动向首长说："首长，你批评我吧，我又违反群众纪律了。"首长说："哟哟，你还知道犯纪律，这次不批评你了，再批评你，你可要放火烧老乡的房子。"首长这样一讲，我什么话也没有说，呆呆地站在那儿。首长见我那个样子，从挎包里拿出两块锅巴塞到我手里说："还没吃饭吧，快吃！"接着又语重心长地说："我们是人民军队，是为人民的，军队离开人民，就像鱼儿离开水。这次我们突围东进，如果没有人民的支援，还不知道会成什么样子哩。你已经是穿军装的革命战士，不能再耍小孩子脾气，要牢记三大纪律八项注意。假若当年我们到你们豫西，也像你这样对待群众，你们能拥护我们吗？说不定早被你们赶跑了。"首长这一席话，我听着想着，对呀！要不是八路军对人民好，我会出来当兵吗？我认识到自己错了，流着眼泪说："首长，我错了，我再也不犯纪律了。"首长那语重心长的话语，至今还萦绕在我的脑际。

原载《铁流千里》编写组：《铁流千里——中原东路突围纪事》，四川人民出版社，1986 年，第 165 ～ 167 页。

无言战友

◎ 周朝臣

大家都说，无言战友——老红驹是我们宣传科的重要成员，这话不假。

老红驹是一匹驮马，是旅里分配给我们驮东西的。它和我们朝夕相处，同甘共苦，建立了深厚的感情，同志们都亲切地称它为老红驹。

我第一次见到老红驹，是在支队撤离豫西的时候。那时，它一身枣红色鬃毛，双耳如笋，四蹄挺立，不时打着响亮的响鼻。我好奇地折了根柳条，在它背上轻轻地抽了一下，没想到它竟然扬起前蹄，仰天长啸，几乎挣脱缰绳疾驰而去。后来，我们才摸透了老红驹的脾性，它受不得一点屈辱，有着极强的好胜心和顽强精神，对于它，鞭子是多余的，只要轻轻地一抖缰绳或者吆喝一声，再沉重的负荷和艰难的道路，老红驹也能坚持过去。

老红驹对革命是有功的。从豫西到中原，它驮着宣传用品和行李，历尽艰辛，使我们顺利到达了中原解放区。中原突围开始后，部队在大别山区的崇山峻岭中跋山涉水，日夜兼程，很多同志的脚磨破了，烂得像蜂窝，不少同志生了病，发着高烧。这样一来，老红驹更辛苦了，背上总是驮着伤病员，爬山的时候，连尾巴都被同志们拉着。每当这时候，它总是吃力地紧蹬着四蹄，头低得几乎要擦到地面，鼻孔里喷着粗重的白气，一步一步地向上登。老红驹救助了我们多少战友啊！

在艰苦的战争岁月里，老红驹和我们同甘苦、共患难，它付出了艰辛的劳动，获得的却只是几把干草。中原被围时，它半年没吃过一口精饲料，全科的同志都心疼它，有空就跑到山上去割几把鲜嫩的青草，采些可吃的树叶，喂它吃。我经常拍着它的脖子，深情地对它说："老红驹，你太瘦了，你吃了这么多苦却连口精料也吃不上，等革命胜利了，我一定搞好多好多粮食，让你吃个饱。"后来，当我们这个心愿再也无法实现时，我难过极了，直到现在，想起这件事心里还酸溜溜的。

那是部队突出大别山后的一天中午，全旅在毛坦厂召开动员大会，皮旅长进行紧急动员，要求部队彻底轻装，除武器、弹药、粮食、鞋子以外，其他物品一律烧毁或扔掉，病弱骡马，走不动的也一律丢下，以加快行军速度。我们的老红驹这时马掌已磨光了，马蹄也磨烂了，难以继续行走。我们不得不忍痛割爱，与老红驹道别。大家默默地围绕在老红驹周围，掏出仅剩的几把干粮，塞进它的嘴里。听着它香甜的咀嚼声，我忍不住抹了几把眼泪。然后，狠狠心，丢开缰绳，拍拍它的脖子，催它离开，老红驹像是有了预感，死活不肯离开我们身边。部队出发了，我们只好把它拴在一棵松树上，走出好远了，还听到老红驹凄厉的嘶叫声。

部队疾速前进着，转眼几里山路甩在身后，大家思念老红驹，心里沉甸甸的。突然，我们听到一阵急促沉重的马蹄声，不一会儿，只见老红驹驰骋而来，挣断的缰绳拖在地上，汗水顺着毛尖向下滴落，它亲热地依偎着我们，用头抵抵这个，用嘴舔舔那个，然后慢慢地倒在我们身边，两只鼓鼓的眼睛放射着幸福的光芒……

老红驹倒下了，它的形象却永远活在我们心中。在东进的征途上，我们还仿佛听到它那嗒嗒嗒的蹄声，在万水千山中回响。

原载《铁流千里》编写组：《铁流千里——中原东路突围纪事》，四川人民出版社，1986 年，第 168～169 页。

深沉的爱

◎ 李宪增　胡铁华

　　中原突围时，我们在一旅政治部工作。政治部组织科科长卢富贵、宣传科科长赵瑾山都是红军老战士，在突围路上对战士忱挚的爱，使我们终生难忘。

　　7月4日，部队抵达吴家店。经过连续一个多星期的急行军和战斗，人困马乏，极度疲劳，粮食吃光了，受伤和患疟疾的同志增多，旅首长决定进行短期休整。当时，我们都很年轻，身体非常单薄，听说要宿营，简直一步也挪不动了，眼皮足有千斤重。宿营后，两位科长帮我们挑脚上的血泡，又亲手端来洗脚水，让我们泡脚。科长们何尝不疲劳呢！但是，当我们一觉醒来，揉着蒙眬的眼睛一看，两位科长还在昏暗的油灯下，聚精会神地为我们编织草鞋。看着年仅三十七八岁的卢富贵科长高大的身躯消瘦了，我们联想他平时关心同志、爱护下级、平易近人、和蔼可亲的形象，使人倍感亲切。我们睡眼蒙眬地问道："科长，你们怎么还不睡呀？"卢科长亲切地说："小鬼，不打草鞋怎么行军呢？"科长的话提醒了我们，是呀，脚已打了几个血泡了，现在脚上穿的鞋，前面张了嘴，后跟穿了洞，往后怎么穿呢？但又想这里没有草，我们又不会打，咋办呢？他接着说："我们这次突围，就要靠'飞毛腿''铁脚板'了。除了一颗为革命的心，还要有一双日行百里的脚，没有鞋，光着脚是不行的。"我们急忙问："拿什么打呢？"科长语气坚决地说："撕被子打呀！"我们愣了，撕被子，往后怎么睡觉？再说，我们的被子是用母亲亲手织的土布做的，参军时，她们亲自给我们背在背上，怎么舍得呢？科长看出我们的心思，接着说："眼下关键问题是走路、突围，要轻装，背着被子是包袱，打成草鞋可以穿。"一边说一边教我们把被子撕成碎条，打起草鞋来。他们的手艺真好，在三天休整时间里，就为我们科每人打了两双布质草鞋，还为其他同志打了十几双。穿上它，我们又踏上突围的征途。一路上，时而爬山，时而涉水，在那崎岖的山道上，到处印上了我们的足迹。当看到有的同志赤着脚走路，有的脚磨破了鲜血直流时，我们内心对科长充满了感激之情。正是这些草鞋帮我们踏遍了大别山区的山山水水，胜利地完成了突围任务。

突破青风岭后，7月11日晚，我们到达磨子潭。磨子潭两面高山耸立，中间夹着水流湍急的淠河，广西军及民团已占领对面高山，集中火力封锁了河面。夜里，电闪雷鸣，风大雨急，伸手不见五指。我们借着敌人炮火的亮光，赶到河岸，工兵划的小船已送警戒分队到对面去了。这里一无船只，二无桥梁，部队都在徒涉渡河。当时河水猛涨，恶浪翻滚，使人望而生畏。为了保证人马安全，组织身高力壮的同志站在水深流急地段保护着我们：他们有的手挽着手，有的拉着身旁同志的腰带，结成"锁链"，用尽全力向对岸涉渡。开始水浅只到腹部，然后就淹过胸口。李宪争个子瘦小，又患疟疾，体质虚弱，在水中老是东倒西歪的，猛不防被上游来的洪水卷进洪流中。卢科长不顾自己的安危，奋力冲过去，一把将李宪争从水中拉了出来，用手牢牢地挽着他的胳膊，扶过了河。宣传科通信员小张只有十四五岁，个头小，也被急流冲倒，他一面挣扎，一面惊叫着。赵科长赶紧扑过去救他，因水深站立不稳，他俩在水中翻腾了两下，赵科长使尽全力，才把他拖到岸边。

每当我们回忆这段往事时，都由衷地感到两位科长的高尚品格。今天，我们在为人民服务的岗位上，要好好学习他们的优良作风，发扬中原突围的拼搏精神，为党和人民做出自己应有的贡献。

原载《铁流千里》编写组：《铁流千里——中原东路突围纪事》，四川人民出版社，1986年，第170～172页。

赶　队

◎ 李明义

　　1946年夏天，我不幸染上了疟疾，因没有及时治疗，又转成回归热，浑身烧得发烫，四肢无力，住进了卫生队。一天，团军务参谋许良和管理主任杨敬贤对我说："小李，为了粉碎蒋介石围攻我中原部队的阴谋，党中央决定部队立即突围，上级命令我旅担负掩护任务，而后伺机转移。根据你的身体情况，团里决定把你留下……"

　　"不！我就是死，也要跟着部队一块儿走！"没等他俩说完，我就倔强地拒绝了。许参谋、杨主任见我这么坚决，婉转地劝慰我说："那么，我们回去研究研究再说吧，不过你思想上还要做好留下的准备。"

　　6月下旬的一天，天刚亮，远处响起隆隆的炮声和炒豆般的枪声，我们的主力部队向西突围了。午饭后，卫生队的同志开始打背包，整药箱，给房东挑水、扫地，看样子我们团也要开始行动了。我想到部队担负的艰巨任务，再看看自己得的这个倒霉的病，心里一急竟晕了过去。

　　不知过了多长时间，我感到有些凉意，渐渐醒过来。雷声隆隆，雨点噼里啪啦地敲打着门窗。我睁开眼一看，窗外已经一片漆黑。部队出发了没有呢？我挣扎着坐起来，看了看屋内，又望了望窗外，一切都是那样地陌生，这才发现，自己已不是睡在卫生队了。

　　这是什么地方呢？我正在纳闷，一位年近六旬、头发花白的老大娘端着一盏油灯走了进来。她脸上带着微笑，疼爱地对我说："孩子，你可醒来了，快躺下好好休息。"说着放下油灯，按着我重新躺下，侧身坐到我身边的床沿上。

望着老大娘那慈祥的笑脸，我心头的陌生感顿时消失了，忙问道："大娘，我是什么时候来到这儿的！我们部队呢？"

"噢，别急，听我说。咱们队伍呀，已经转移啦！队伍转移时，首长担心你的身体差，跟不上，今天下午派人把你送到这里让我照料。孩子，你安心养病好了，保管出不了事。"

部队已经转移了，反动派马上就会扑过来，我隐蔽在这里，万一被敌人发觉，老人家就要受连累。可是，这位素不相识的大娘却丝毫也不考虑自己的安危，反而来安慰我，使我心里很感动。然而，眼前国民党反动派已经挑起内战，我们部队正在执行着艰巨的战斗任务，自己又是后勤的粮秣员，有许多工作需要我去做……想到这里，我再也躺不住了，不知从哪儿来的一股劲，腾地翻身下床，站起来对大娘说："反动派在打咱们，我哪能在这里养病，我得马上赶部队去！"说罢就向门口走去。

"孩子，听大娘的话，你养好了病，再回去打反动派也不晚嘛！"她边说边抢先站在门口拦住了我。

"大娘，我在部队过惯了，你不知道，我一离开部队，心里就闷得慌。"我还是坚持着自己的理由。

老大娘见我决心要走，知道留不住，只好让步说："外面下着雨，你的病没好，要走也得等天明呀！"大娘说的也是，我只好先在这里住一夜，等天亮以后再说。

夜深了，雨还在一个劲儿地下个不停，远处的枪炮声也连续不断，听着这雨声、枪炮声，我久久不能入睡。亲爱的同志们，你们在哪里？部队的食粮都筹足了吗？

鸡刚啼过头遍，我就起来要走。老大娘听到响声，忙阻拦说："孩子，天还早着呢，你再躺一会儿，我给你做点吃的。"待我起来洗完脸，她便给我端来一盆香喷喷的鸡蛋面条。大概是肚子真饿了，我竟一连吃了两碗。休息了一夜，又吃了这顿饱饭，我的精神似乎好多了，于是告别了大娘，沿着坎坷的山路，向团部驻地余集方向走去。

往西走出去没有多远，碰到一位老乡，我一打听，余集已被敌人占领。我只得转向北面，往旅部白雀园走去。这时又下起蒙蒙细雨，不一会儿我的衣服就淋湿了。雨后的泥泞路，稍不小心就要摔跤，这些全都难不住我。当我快到白雀园时，从那边来的人告诉我，白雀园也被敌人占领了。我正站在那里发愣，这时从南面走过来几个老乡，也嚷嚷着说发现了敌人。我意识到自己已处于敌人的包围之中。为了避免碰到敌人，我向路西的一个村庄走去，准备先躲避一下，再打听部队的消息。

我过去曾到这个村庄买过粮食，和一些群众比较熟悉，我一到村口，就有几个老乡围过来说："李同志，你们部队都往西去了，你怎么还在这里？"我正要回答，忽听村子里传来破锣嗓子的叫喊声："八路军，你们部队在这里。"我循声望去，只见那人头戴礼帽，身穿长衫，猴子脸，老鼠眼，留着山羊胡，这不是当地的伪乡长、有名的"人皮狼"吗？我们部队进驻这里后，曾经整治过他。那是今年春天的事，由于这一带驻的部队比较多，加上国民党反动派的经济封锁，造成了我们粮食危机。地方政府和群众见我们吃粮有困难，纷纷从他们的口粮中匀出一部分给我们，但为了减轻群众的负担，我们决定向富户征购粮食，"人皮狼"就是征购的对象之一。这家伙家中囤积着几百担粮食，不但不卖给我们，还暗地里串通其他富户也不卖。我们了解到这个情况后，决定给他点颜色看看。一天夜里，我带着两个战士摸进"人皮狼"的家里，把他从床上拖起来，带到驻地，连夜审问他。开始他还想抵赖，当我们将他抵制征粮的事实摆出来，并要惩处他时，他吓得瘫倒在地认了罪。第二天，他写信叫家中送来 100 担粮食，我们才把他放了回去。"人皮狼"交出了粮食，其他富户也都陆续送来了粮食，部队的吃粮问题解决了。从那以后，"人皮狼"表面认了错，似乎老实一些，心底却对我们恨之入骨。今天狭路相逢，他能放过我吗？不行，得赶快甩掉他，我厌恶地朝"人皮狼"看了一眼，扭头就向村西边的白鹭河走去。

白鹭河是淮河的支流，干旱时节，河窄水浅，但那时正是梅雨季节，河面增宽，水深流急。我不会游泳，身体又有病，要在平时，说什么也不敢下水过河，但这时却顾不上那么多了，横下一条心宁可淹死，也不能落到敌人手里。于是，我把牙一咬，跳进混浊的水中，向对岸蹚去。幸好河水只有齐胸深，我这个"秤砣"竟也顺利地涉过了这条激流。

河是过来了，可周围都是敌人，大路不敢走，我只得沿着路旁的田埂，向西南方向的一片树林走去。雨，越下越大；路，越来越滑。我不是摔倒在地，就是滑进稻田，一会儿浑身就滚得像个泥人。我渐渐地感到了疲累，两条腿就像灌了铅一样，每挪动一步都要花费很大的力气，但为了赶部队，仍然坚持往前走。

中午时分，雨停了，我拖着疲惫不堪的身子，走进一片松林，坐在一块石头上，极目远眺，映入眼帘的是起伏的山包，弯弯的河流，稀疏的村落，我被这秀丽的景色迷住了，似乎第一次发觉我们的祖国是这样的壮丽可爱。当想到这大好河山马上就将遭受反动派的蹂躏时，心中万分痛恨，从而更加坚定了我迅速赶队，参加战斗的决心。这时，我发现林边有几间茅草屋。休息了片刻之后，就向那里走去，打算弄清情况，再继续往前赶。

那幢茅草房坐落在树林边缘，门前有个小水塘，我走到那里时，一个五十来岁的老汉正在水塘里放鸭。我走上去问道："大爷，你看到这里有部队经过吗？"

"部队？"那老汉抬起头看了看我这身打扮，端详了一阵认出了我是八路军，亲热地回答说："有过，昨天夜里在这里过了不少。"

"他们往哪个方向去了？"我高兴极了，急切地问道。

"都往西去了。我说小同志啊，你是掉队的吧？"老汉的谈吐那么直爽，深深感染了我。于是，我把自己因病被留下，现在急着赶部队的情况统统告诉了他。

"好！有骨气。哎，你在路上被敌人发现了没有？刚才有个戴礼帽、穿长袍，瘦猴子脸的家伙，带着十几个人来这儿，问我有没有见到一个小八路，我回答说没有。他们屋里屋外翻了一阵，又向东南方向去了。"

听他这么一说，我心里明白了："人皮狼"这个狗崽子果真带人追来了。显然这地方不能久留。于是，我谢了谢老汉就要往前走。

"慢，小同志，你还没吃饭吧，我给你找点吃的来。"老汉边说边往屋里走去。

经他这么一提，我感到肚子真有点饿了。不一会儿，他手里拿着几块锅巴，脸上带着歉意对我说："实在对不起，家里的干粮没有了，这几块锅巴你带在路上充充饥吧！"这是多好的老人啊，我感动得急忙掏出钱来给他，可老汉说什么也不肯收。

谢别了老大爷，我沿着村子向西边的一座山走去。这山并不怎么高，也不算陡，可对我来说却比登天还难，往上没走多远，两条腿就颤抖起来，心里"怦怦"地跳得厉害，再走一阵，实在支撑不住了，一下子摔倒在地上。我头脑很清醒，这里地势过高，容易被敌人发现，索性将身子贴着山坡向上爬起来。爬了一个多小时，我终于顺着山沟爬到了山鞍部，很快就要翻过山了，我心头一阵高兴，急忙站起来想走下山去，还没迈出脚，眼前就直冒金花，一下子又栽倒在草丛中，迷迷糊糊地昏睡过去。等我醒来时，太阳已快下山了。

睡了这一觉，头痛好些了，但嘴里干渴难忍，嗓子里像塞了团棉花似的，我慢慢站起来往山下走去。没走多远，便发现一汪清泉，我伏下身子一口气喝了个够。说起来也怪，那泉水不仅能解渴，还能够治病，喝了水之后，我感到身上舒服多了，肚子也饿了，我想起口袋里还有老大爷送的锅巴，便掏出来匆匆忙忙吃了两块，迎着夕阳走下山去。

俗话说："冬走十里不明，夏走十里不黑。"我一下走了十多里路，太阳才消失在群山背后。前面又出现了一片不大的松树林，透过树叶的缝隙，一条南北走向的公路横在眼前。我正想通过，忽听见北面传来乱哄哄的声音，定睛一看，只见公路上熙熙攘攘地走来几路部队。从他们那黄蜡蜡的服装、乱七八糟的队形我认出是敌军。大约等了一个小时，敌军才过完。这时天早已黑了，我趁着黑夜迅速过了公路，沿着一条山间小道向前赶去。

走不多久，我又走进一条山沟的密林中。雨后的泥泞路很难走，我一不小心，"扑通"一声摔倒在地上。刚要爬起来，忽听前面有人问："谁？"

糟糕，遇上敌人了。这时，要跑已来不及，还是拼了吧，我猛地站起来，刚要朝来人扑去，忽然看见他胳膊上有一块白布条，这不是我们部队的符号吗？我心头一喜，抢先问道："你是哪个单位的？"

"咦！这不是粮秣员吗？"对方已听出我的声音，我也猜定是自己的部队，走过去一看，原来是三营炊事员小张。

那时，我的高兴劲儿就甭提了，连声说："可赶上啦！赶上啦！"

小张见我这副神态，惊奇地问："粮秣员，你这是怎么啦？"我把这一路的情况简单说了一下。他听了忙说："你可辛苦了，我们大部队正在这一带隐蔽集结，随时准备突围，你先到我们营部去，然后再回后勤处吧！"说着把我领到炊事班。班里的同志大都认识我，见到我都热情地拿出干粮给我吃，并打趣地说："有粮秣员跟我们一块儿走，吃喝就不用愁了。"

就这样，我找到部队最后隐蔽集结地刘家冲，终于赶上了部队，回到了后勤处，跟随部队踏上了千里突围的征途。

原载《铁流千里》编写组：《铁流千里——中原东路突围纪事》，四川人民出版社，1986年，第177～183页。

娃娃班

◎ 鲁幻龙

风雨交加，夜色如墨，我们团就要从余集出发了。卫生队队长周正贵对我班进行出发前的点名：

"王照林！"

"到！"

"宋绍殷！"

"到！"

"鲁幻龙！"

"到！"

……

他一口气点完了 14 个人的名字。点名，已经成了我们老队长的习惯。我们这个卫生班，年龄都在十三四岁，真是名副其实的"娃娃班"，不要说行军打仗，就是在平时也难带呀。有时，睡着了，没有听到集合哨，就把人丢下了。也许因为老队长经常这样呼唤我们这 14 个人的名字吧，这些名字是那样清晰地烙印在我的脑海。老队长点名时的语气，是那样亲切，就像父辈在呼唤自己的孩子。老队长是一位红军老战士，他每一声呼唤都带着对我们这些娃娃兵的深挚的疼爱。正是从这次点名起，我们娃娃班踏上了千里突围的艰苦征途。

那是 1946 年 6 月 26 日的深夜。雷鸣电闪，大雨滂沱，道路泥泞。我们离开余集，走上田埂小道。不少同志边走边埋怨说："早不下，晚不下，偏要在我们行军走田埂小道时下。"尽管一些老同志有着风天雨地黑夜行军的丰富经验，此时，也免不了跌跤。而我们新参军的娃娃，跌倒的次数就更多了。有的跌倒了，爬起来刚走几步，又滑倒了，接连不断地传来咕咚咕咚的跌跤声。指导员王永图发现田间小道行走艰难，跌倒的人连续不断，他想活跃一下气氛，就用山西口音哼出豫西小调：

天上下雨地下流，山山水水任我走，

天上下雨地下滑，哪里跌倒哪里爬。

几句诙谐风趣的曲调，活跃了娃娃班的气氛，说来也怪，跌倒的人逐渐减少了。天刚亮，远远望见白露河像一条大蛇，横卧在我们前进的路上，绕来缠去堵住我们的去路。一夜的大雨山洪暴发，河水猛涨，原来只有几十厘米深的河水，一夜之间猛涨一米多深，看到洪水滚滚，水急浪大，我们卫生班的小同志们面面相觑。

老队长沉着地指挥担架排携带药品先渡过河，又指定会游泳的同志返回来扶着矮小的同志渡过河去。当我们过河时，老队长不断高声喊。看水势，避浪头，选稳处，躲急流。全队过河后，心细的队长一个一个清点人数，呼唤着：李银河、寇牛、何玉明……听到全班 14 个人都有回声，才放心地领着大家继续前进。

我们刚到瓦西坪，炊事班的同志抢时间为我们烧水、做饭。我们有的跑到老乡家去借铺草，有的用针挑脚上的泡。大家正蹦蹦跳跳，忙个不停时，突然，几发炮弹落在河滩与团部驻地。爆炸声刚停不久，就响起了冲锋号声。战士们不顾疲劳，直向有敌人枪声的山头冲杀过去。行军锅内的饭还半生不熟，老队长叫每人都舀一碗，边吃边上山。当我们爬到半山腰时，天下起瓢泼大雨。老队长十分关心我们，他时而叫年龄最小的郭冈贵，时而又喊有病的宋绍殷，定要他俩骑他的小红马。平时，他非常爱护小红马，每逢大休息，他都要割青草给马儿吃。翻越大牛山，他却毫不爱惜它，让它驮着两个小战士翻山越岭。他在前面牵着马边走边说："骏马要用在难路上！"

7 月初，部队在吴家店休整三天。周队长带领我们"娃娃班"去背粮，在路上休息时，他便利用山地复杂地形，给我们传授利用地形、地物和抢救伤员的各种方法，边讲边示范。我们正听得入神时，突然从树林内跳出两只恶狼，大家齐喊：打狼！打狼！那两只狼拼命向山上逃去。寇牛光着脚追赶上去，队长笑着说："寇牛啊寇牛,你真是初生牛犊不怕狼!"大伙儿都哈哈大笑。赶跑狼后,队长拔起一根蒿草,接着讲,这种草可以驱蚊子,做艾条可治关节炎,指着路边一株黄蒿说:"把它的叶子捻成团,塞到鼻孔内,可以止住流鼻血。"一次休息一堂课,大家都入神地听着。

在吴家店休整期间,周队长和两位医生针对行军途中患疟疾、痢疾、回归热病人较多的情况,给我们讲防治知识及战地抢救技术,还教我们打草鞋。从吴家店出发时,队长仔细检查我们每个人的干粮袋是否装满,草鞋带上没有,叮嘱我们学习红军二万五千里长征的精神,把突围的任务完成好。

7月11日晚,我们宿营在磨子潭街上。对岸山上的敌人,突然向我们猛烈射击,还没弄清情况,就听到参谋辛洪同志喊:"快渡河!"周队长指挥担架排先运伤员过河,同时带领我们徒涉!下河后,周队长叫个子高的在两头,个子矮的在中间,前后牵一条绳子,大家抓紧绳子走。涉到河中间,一个浪头打来,我倒在一块大石头上。指导员游过来,扶着我才渡过河。过河后,周队长仍逐一喊叫每个人的名字,听到都回答后,才又带"娃娃班"继续前进。

7月20日拂晓,过津铺铁路。冒着敌人的炮火,我们争先恐后向铁路东直跑,越过铁路。当爬到路东一个小山岗时,敌人的机枪子弹射到我们身前身后。周队长指挥我们沿着田埂小路向东走,避开敌人的火力,天黑到了宿营地,队长又逐个清点了人数,当我们14个娃娃都有回声时,他才笑着说:"好哇,'娃娃'班的人都过来了!"

原载《铁流千里》编写组:《铁流千里——中原东路突围纪事》,四川人民出版社,1986年,第184~187页。

向太阳

◎ 仝金让

突围前夕，连续几天的疟疾，把我折磨得浑身无力，高烧使我瘦得皮包骨头。在昏迷中，我朦朦胧胧地看到战友们在捆铺草，上门板，眼看部队马上就要行动了，而我还躺在床上发烧。这怎么行呢？一急，我又昏了过去。

等我醒来时，张华清股长走来告诉我，国民党反动派军队要向我中原解放区发动进攻，我旅奉命掩护主力部队向平汉铁路以西突围，完成掩护任务后，我们也要突围，还不知道走到哪里去。领导考虑你久病体弱，随部队行动困难，打算把你留下，安置在当地群众家里养病。他要我先想一想，再把想法告诉他。

这突然的消息，使我坐卧不安，思绪万千。我回想起自从参军到部队，一天也未离开这个革命大家庭，在敌人围困的艰苦岁月里，我和同志们朝夕相处，患难与共，结下了深厚的革命情谊，谁也离不开谁。现在突然要我离开这个战斗集体，怎能不叫我心急如焚呢？作为一名老战士，死也要死在征途上，倒下也要朝前倒。想到这里，我挣扎着爬起来，喊来了张股长，斩钉截铁地说："不！我决不、决不离开部队，决不离开同志们，无论遇到多大困难，我都要跟随部队前进。"张股长看我有如此坚强的意志和战斗的决心，便点头同意我的要求。

我带着重病跟随同志们上路了。政治处主任吴立兴看我有病，就把我的背包放在他的马上，叫我空着手走。突围这一天夜里，黑云压顶，天上不见一颗星，地面不见一盏灯，伸手不见五指。走着走着，天空雷电交加，大雨倾盆，淋得人睁不开眼，看不清路。我一脚踏空，跌进路边的河里，呛了几口水。因河岸较高，几次都没有爬上去，幸好被岸上的同志们发现，把我拉了上来。我发高烧的身子被雨一浇，水一呛，更虚弱了。我坚持跌跌撞撞地朝前走。一个信念鼓舞着我，跟着战友走，不能掉队。一步一步、一天一天……我硬是挺了下来。说也奇怪，我既没吃药，也没打针，在这艰苦的行军中，我的病竟渐渐好转了。

道路在伸延。在行军途中，政治处技术书记王克同志也病了，连日高烧不退。同志们都十分关心生病的战友，千方百计地为我们轻装。有的同志一直是扛着两支枪行军。吴主任把马让给他骑，只因他病情太重不能骑马，我和刘贯三同志一左一右搀扶着他，摇摇晃晃地朝前走。我安慰他说："你放心吧，就是背，就是抬，我们也不会把你丢下，只要我们还有一口气，就要一起突围冲出去。"刘贯三同志是乐天派，又有好口才，沿路上他不断编顺口溜来鼓励大家："东一摆，西一摇，咱们可要关照好；西一摇，东一摆，高山大河脚下踩。""不要笑，不要笑，前面又是大山包；不要怕，不要怕，战士双脚走天下！"大家听后，越走劲头越足。王克同志在我们的护理下，病也一天天好起来。他坚持不要人扶，自己单独能走了。从此，我们在行军和战斗中，团结得像一个人一样。

部队连续行军，吃不饱，睡不好，人困马乏，病员一天比一天增多。团部文书白明珠同志因营养不良患了夜盲症，一到晚上行军，就晕头转向，有时走着走着，不是踩住了前面同志的鞋子，就是撞到了路边的树上。他却对我说："我的眼睛看不见路，但我的心是亮的，我就是摸着同志们的脚印，也要爬到解放区！"他铿锵有力的话语也鼓舞和鞭策着同志们，大家齐心协力，决心不让一个战友掉队。我和白明珠结成对子，我对他说："只要有我在，拖也要把你拖到解放区！"每到晚上行军，我就用棍子拉着他走。特别是最后过津浦铁路时，我的鞋子也穿烂了，脚也磨破了，走路一拐一拐的，我仍然用棍子牵着他，大踏步朝前走。7月20日，当曙光从东方升起的时候，我们终于越过津浦铁路，来到了解放区。望着冉冉升起的红日，我们自豪地唱起战斗的歌："向前、向前、向前！我们的队伍向太阳……"

原载《铁流千里》编写组：《铁流千里——中原东路突围纪事》，四川人民出版社，1986年，第188～190页。

将军情

◎ 赵元福

  国内外新闻记者称皮定均同志为将军。中原突围时，我是将军的警卫员。在艰难险阻的突围征途中，将军身为一旅的主要军事指挥员，尽管肩负千斤重担，但他依然神情自若。在极端艰难困苦的时候，他对干部、战士和人民群众是那么地爱护，那么地关怀。其动人的事迹使我倍感亲切，深受教育。我仅略举一二。

  1946 年 6 月 26 日下午，我们一旅向西突围。离开白雀园不久，就下大雨了，路两边的稻田一片汪洋。我们在很窄的田埂上，像扭秧歌一样地走着，稍不小心就会滑倒。皮旅长肩上披着雨布，一走一滑，猛地一下掉进水田里，我和小李赶忙把首长拉上田埂。走着走着，我也掉进稻田，首长又把我拉上来，就这样艰难地前进着，好不容易才到达刘家冲。部队隐蔽在树林里，大家身上都湿透了，脸冻得发紫。皮旅长顾不得休息就要下部队去看看。我说："首长，您已三天三夜没有休息了，应该休息下了。"他把胸部一挺说："你看，我不是很好吗？"我随着首长来到一团，他逢人就问"冷不冷""走得动走不动？"到一营时，他看到通信员李金斗的脚肿了，忙问："怎么样，疼不疼？"在去三团的路上，我说："首长，我们吃点东西吧！"皮旅长说："好，我们来一顿风雨加炒豆吧！"我们边吃边走，到三团时，郭林祥副政委正在那里和战士们谈心。皮旅长看到他便亲切地问："老郭，你怎么没有休息啊？"副政委笑着说："你带头，我向你学习。"说完，两人都笑了。

  7 月 11 日傍晚，部队到了磨子潭。这时天空黑云翻滚，电闪雷鸣，大雨即将降临。皮旅长要作战科科长许德厚通知部队，马不卸鞍，人不卸装，支灶做饭，随时准备出发。这时，雨唰唰地下起来了，雷声震耳欲聋，闪电一道接一道，首长戴着草帽快步到了邮局，见到一个三十来岁自称邮差的人，他听说我们是八路军，便热情地请我们坐下。首长说："蒋介石要打内战，我们是为人民求解放，反对内战的。"邮差抢着说："我知道，八路军、新四军是人民的军队，是为劳苦大众服务的。"接着，他毫无顾虑地说："我在安庆看到国民党军队在抓民夫，听说在霍山、岳西的国民党军队也有行动，好像要打仗，过往行人都要盘查，说是检查'共军'。"

离开邮局，皮旅长向渡口走去。这时，山洪暴发，浪头撞击着河岸，发出巨大的咆哮声。皮旅长命令工兵迅速架桥，并命三团派出一个营用小木船分批渡河抢占制高点，掩护工兵架桥，保证渡口安全。这时，公务员刘德昌冒雨跑来说："徐政委请首长回去吃饭。"首长说："请政委他们先吃。"小刘说："政委讲，你不回去，他们不吃。"旅长心里惦记着政委身体不好，让政委先吃完饭多休息一会儿，这会儿听说自己不回去政委不吃饭，只好回去了。皮旅长大口大口地把饭吃下去，徐政委和方副旅长、张参谋长也一道吃完。他把刚才了解的情况向三位首长作了介绍，说："假如敌人抢先占了对岸高山，那就麻烦了。我们必须争取时间，抢在敌人前头！办法是船渡、徒涉、搭桥三招并用。"大家同意皮旅长的意见。

饭后，他对政委说："你休息一下，我们几个到渡口去看看。"皮、方、张三位首长来到渡口。架桥的工兵顽强地在洪水中架桥。皮旅长看看怀表已是夜里十点多钟，他果断地说："情况不允许我们有丝毫的犹豫，现在只能用小船将妇女和伤病员渡过去，部队涉水过去。"正在这时，对岸山上响起了枪声，敌人的机枪子弹已落到河中间，炮弹掀起的水柱几乎把小船震翻。皮旅长一边指挥部队徒涉，一边帮助妇女和伤病员上船。伤病员和女同志渡河后，旅长开始涉渡。战士们看见了，忙说："首长，您应该乘船去！"他推脱说："不，我会游泳，我会游泳！"说着，大家把他抬上了小船。我目睹了首长那么照顾伤病员，大家又如此爱护首长的情景，深受感动。

离开了磨子潭，侦察员带来几个学生。看样子他们有些害怕，皮旅长便和蔼地向他们打招呼，并说："我们是八路军，就是当年的红军呀，你们不要怕。"其中一个哭着说："我们是从安庆回家过暑假的，路上遇到一股队伍，把我们的钱和东西抢走了，还说是要检查'共军'哩。"另一个学生接着说："我们离老家还远着呢。"皮旅长接着问："前边是什么地方？有多少军队？""离这儿有十多里路，有不少当兵的在做工事，路旁有站岗的，对过往的行人查得可严啦！"皮旅长沉思了一会儿，对我说："元福，给这几个青年100元钱（法币），让他们做盘费。"我说："咱们……"首长明白我的意思，说："他们有困难嘛。我们自己节省点吧！"于是，我拿出100元来给他们。这几个学生感动得热泪盈眶，连声道谢，解愁容，泛笑颜，依依而去。

连续跋山涉水，我脚上的布鞋破了，泥沙钻进鞋子，把脚趾磨破了，走起路来疼痛难忍。我扔掉破布鞋，买了三双稻草鞋，刚穿上还好，蹚水后，草鞋磨到破脚趾上，像针刺似的剧痛，行走十分艰难。我把草鞋也扔了，光着脚走。首长问："你怎么不穿鞋？"我说："草鞋把我的脚磨起了泡，我把它甩了。""你这小鬼真胡闹，不穿鞋怎么走路！"说着首长弯下腰仔细查看我脚上的血泡，心疼地说："磨成这样，你也想当'司令'啦，哈哈，提升你当'泡兵司令'！"说着，他把自己的一双新布鞋脱下来，要给我穿上。我急忙说："首长，这怎么行！"他穿上我脱下的草鞋，原地跳了几下说："你看，我穿上正好。"他又风趣地开着玩笑说："我一双换你两双，还赚了一双呢！现在我们快走吧！"

原载《铁流千里》编写组：《铁流千里——中原东路突围纪事》，四川人民出版社，1986年，第211～214页。

坚持不掉队

◎王　克

　　我现在过着幸福愉快的晚年生活，我珍惜这来之不易的生活。人最宝贵的当然是生命，但在艰苦的战争年代里，人们也很难重视这个问题，因为环境迫使你不可能考虑得那么周到。

　　我常回想起战争年代里我生活中的一段戏剧性插曲，这段插曲几乎使我的一切成为泡影，当然也包括生命。这件事还得从1946年6月26日的中原突围说起。

　　中原突围时我在中原军区一纵一旅一团政治处任技术书记。突围的当天晚上，我们部队由河南商城县的余集出发，天下着倾盆大雨，夜黑得伸手不见五指，靠着不时的雷电闪光，同志们一个挨一个地疾速前进。每人的左臂上都缠了一条白毛巾，这是联络识别的记号，这时谁若掉队使部队中断了联系，那必将造成不堪设想的后果。这一夜大都在泥泞的稻田埂上行进，使人感到特别吃力。天明时雨停了，经过一夜的急行军，我感到特别疲乏，而且也有些头疼。为了突破敌人的封锁包围，在开始行军的几天里，真可谓马不停蹄，昼夜兼程，而且风雨无阻。从行军的第二天起，我感到周身发冷关节痛疼，头晕发烧，经医生诊断这是疟疾，按常规疗法，应是服药打针多喝开水卧床休息，但在当时急行军的条件下，这都是不可能的，甚至连坐下来休息五分钟也很难办到。大别山的6月，气候多变，一会儿是烈日当空，一会儿是倾盆大雨。身上的衣服湿了又干，干了又湿，雨水汗水交织在一起。饥饿和疲劳连续不断，过封锁线时还要跑步前进，这种环境对于一个身患疟疾的人来说，真是雪上加霜。我们还处在敌人的封锁包围之中。在这种环境下，除拼死挣扎前进之外，别无良法。我靠着一根棍子和同志们的搀扶艰难地随部队前进。

急行军四天之后，部队走到了大牛山，这是鄂、豫、皖三省交界处的一座大山，海拔1900米，能否翻过这座大山，对我是个严峻考验。从上山到下山近100里的路程，部队走了一天，队伍穿插行进在浓云密雾中，阵阵暴雨不时地倾盆而下，山下炮声隆隆，敌人还在追击，我们必须疾速前进。我也亲眼看到真正走不动的同志有的倒在路边，再也站不起来了，但他们却走完了革命的道路。

我是个幸运者，在翻大牛山时靠同志们帮助和自己的毅力终于翻过大山并和同志们一道来到了安徽省金寨县的吴家店。这里曾是革命老区，部队要在这里休息三天，以恢复体力和补充干粮，我高兴极了，希望能在休息三天之后把病治好，也能像正常人一样继续行动。但我的希望落空了，三天之后，病仍未好，因为没药治疗，不可能好。

部队又要出发了，同志们进进出出地在整顿行装。我有气无力，焦急地躺在那里，头疼发烧。只有患过疟疾的人才能体会到这种痛苦。这时政治处的组织股长马匡汉同志找到我说："部队马上要出发，经领导研究，把一批身体不好不能随部队行动的同志留下来，就地休息，待身体恢复好之后，再向东边苏皖解放区找部队。你身体不好步行更艰难，就暂时留在此地休息吧！你有何意见？"听了之后，我的心像揪了一下似的，紧张不定，在略思片刻之后，我当即表态，若没有其他办法，我也只有留下来，领导在出发之前才把决定告诉我，这也是出于十分无奈的情况下才做出的决定。我立即把政治处的公章交给了他，随即又躺下休息。其他同志知道我要留下来的消息后，也都与我作了告别，并互相勉励。当我与民运干事全全让、青年干事刘贯三同志握手告别时，心情特别难受，不觉流出了眼泪。我们三人是同时参军同时分配到一团政治处工作的，经常互相帮助，建立了牢不可破的友谊，翻越大牛山时，是他们搀、扶、推、拉，才使我渡过难关，现在就要分别了，今后会不会再见，那就很难定了。他们去集合出发了，屋内仅剩我一个人躺在那里，孤独、空虚、恐惧的心情油然而生。今后前景如何？也顾不得那么多了，反正这是组织上的决定，不是我故意脱离革命，当前迫切需要的是休息！休息！再休息！

我躺在门板上迷迷糊糊似要睡着了，突然有人把我推醒，是团部的指导员徐恩光同志来了，部队出发之前他是来检查群众纪律的。他看到我还躺在那里不动，说："部队要集合出发了，你怎么还躺在这里？"我说："因身体有病，被领导决定留下不走了。"他听后哦了一声说："你还是跟部队走吧！你从小在家也没出过门，一个人留在这里吃饭都是问题，敌人来了你怎么办？"我不由得看了看留给我的一袋米，这是我唯一的生源，这是一袋生米呀，我身上连一根火柴也没有，能吃生米吗？赤手空拳如何对付敌人？当时同意留下来不走，是因为身体发冷发烧，生理的本能要求非休息不可。现在到了真要留下来当思考到会出现的各种困难和危险时，就不得不再重新考虑今后的去向，求生的愿望占了上风。

徐恩光同志是河南洛阳人，早年参加共产党长期做地下党的工作，抗日时期曾在我的家乡当过小学校长，由于他的启发教育，我初步懂得了一些革命道理，继而参加了革命。他是我参加革命的启蒙老师，他的话我特别重视。他动员我紧跟部队行动的话使我猛醒，也容不得再过多考虑了，三十六计走为上，只有紧跟部队前进，才是唯一生路。我随即拿起棍子、干粮和他一块儿紧赶到集合地，又和政治处的同志们会合在一起继续前进。

离开吴家店一天之后部队在行进时暂停在路边休息，只见从后边来了个一瘸一拐急忙向前赶的人，及至跟前，才认出他是在吴家店出发时，因身体不好被留下来的炊事员老冯。同志们围上去问他情形，他说我们部队出发后敌人即进村抓人，他乘混乱之机逃了出来，我急忙追问留下的其他同志怎么样了，他说不知道。我这是多余的一问，能逃出来就是万幸，他还能顾那么多？此时我联想着留下来同志们的处境，也联想到我的情景，真是有些惴惴不安。在吴家店出发的两个小时之内，关于我的走留问题先后做出了两个截然不同的决定，如若我当时坚决留下不走，一定是凶多吉少，也绝不会有现在的幸福生活，那一瞬间要走的决心，竟成了我一生中幸福与灾难的分界线。

自吴家店出发之后部队即进入皖中平原，敌人处处设防追击，大小战斗几乎天天不断，但都被我们冲杀过来了，经过24个昼夜的行军战斗，行程1000余里，终于胜利地到达了苏皖解放区。在24天的艰苦征战和1000余里的紧急行动中，除经常和敌人打仗之外，还需忍受饥饿疲劳、风风雨雨等恶劣条件的侵扰，然而我的疟疾竟不治而愈了，这真是难以理解，但却是事实。

部队到达苏皖解放区之后，即改番号为华中军区十三旅，旅长仍是皮定均，政委仍是徐子荣，在稍事休整之后即参加了保卫苏皖边区的战争。我参加革命时的启蒙老师徐恩光同志，在苏北盐城保卫战中英勇牺牲了，那时他是十三旅一团九连的指导员，我永远怀念他。

原载马焰等著：《驰骋江淮河汉》，解放军文艺出版社，2001年，第501～504页。

中原突围中的张才千

◎ 吴昌炽

人到暮年，多喜抚古思旧，年近古稀的我，恐怕亦属其列。当然，常使我激动不已的则是坎坷不平的戎马生涯、艰难困苦的战斗历程和无数豪杰的英雄壮举。这里我想向大家介绍一位曾被人们誉称为"多谋善断"的优秀指挥员张才千同志。因年事已高，精力衰减，对许多往事的记忆已有些模糊，对其一生更不敢妄加评述。本篇回忆的仅仅是张才千同志在举国震惊的中原突围中的几个片段……

不惜一切代价，冲破敌人的封锁！

1946 年 6 月下旬，国民党为了进一步策动内战，公然调集了 11 个军 26 个师约 30 余万正规军，对我中原部队实行了包围，妄图一举"围歼"我军。中原局根据中央"突围越早越好，越快越好"的指示精神，于 6 月 24 日命令各部队开始在我防区内秘密集结，向突围方向运动，决定于 6 月 24 日夜，按预定计划分路向西突围。与此同时，另以少数兵力向东运动，迷惑和牵制敌人，掩护主力部队行动。其具体部署是：中原局和中原军区率第二纵队及十五旅之四十五团为北路突围部队，向西北突围，而后进入鄂豫陕边区；第一纵队（缺第一旅）及第二纵队的十五旅（缺四十五团）为南路突围部队，向西突围。越过平汉铁路后，于唐河以南祁仪镇归还建制。第一纵队之第一旅向东突围，与华东我军会合。鄂东军区部队于掩护主力突围后留原地坚持斗争。江汉军区除留少数武装坚持原地斗争外，其余部队进入襄河以西地区；河南军区部队于掩护北路突围部队越过平汉铁路后仍留原地坚持斗争。

1946年6月26日，大雨倾盆，我南路突围部队共约1万余人，在王树声同志的率领之下，由光山县泼陂河、白雀园等地出发，以迅雷不及掩耳之势，向西南方向突围。当时，纵队司令兼政委王树声同志年龄大了，身体也不好，行动比较困难；纵队副司令刘昌义同志又亲率三旅担任前卫；指挥整个纵队突围的军事行动的重担便落在了年仅34岁的张才千参谋长的肩上。为此，王司令抱憾不已，深感焦虑。张参谋长则诚挚地宽慰道："请司令放心，有您这位身经百战的老将主阵挂帅，咱们就不愁有闯不过的火焰山。我相信他国民党龟儿们也不是三头六臂。只要我张才千活着，拼死也一定把部队安全带出去！"王司令深情地凝视着面前这位年轻刚毅、足智沉稳的参谋长，将他的双手紧紧握住了。这一握，包含着莫大的信任和鼓舞。

战争风云，迅变无常。当部队行至礼山以西的阳平口时，突然遭到国民党六十六军一八五师的阻击。敌人自以为兵广械良，加之占领着有利地形，气焰十分嚣张。对于突围，部队许多同志本来就不太理解。他们觉得，把多年辛辛苦苦创建起来的富饶的中原解放区白白放弃，很不甘心。偏偏又从半路上杀出个程咬金来，更是气不打一处出，纷纷请战，坚决要求和敌人拼个你死我活。作为指挥员又何尝不理解部队指战员的心情呢？可是他们更有全局在胸：不能因小失大，当务之急是必须尽快突破敌人的重围。根据王树声司令的指示，张参谋长婉言说服了纷纷前来求战的部队指战员，果断地发出命令："甩开敌人，绕道王家店，全速西进！"

雨越下越大，风卷着雨帘，迷得人眼睛也睁不开。为了加快突围速度，张参谋长及时提出了部队多路开进的建议，当即得到了王司令等纵队领导同志的一致赞许。1万余人，顺着田埂、沟坎，海潮般朝西南方向压去。

忽然，人们发现雨中有两条银光灿灿的"巨蟒"静静地横在前面。张参谋长激动地对王司令说："我们就要通过平汉铁路了。只要一过平汉铁路，我们就成了冲破羁绊的骏马，可以纵横驰骋啦！"

指战员们的衣服全湿透了，雨水混着汗水，裤腿高卷及膝，身上、脸上溅满了泥浆，一个个变成了泥猴子，而大家的情绪却异常高昂。只听得张参谋长一声："过铁路！"命令下达，指战员们如同呼啸的狂飙，如同拍天的巨浪，势不可当地朝平汉铁路铺天盖地涌去。

"嗒嗒嗒……"一连串的机枪子弹扫过。刹那间，铁路沿线机枪声如霹雳震响，火光似流星飞旋。盘踞铁路两侧的守敌七十五军第六师和六十六军一八五师一部被我南路突围部队这排山倒海之势吓得神不守舍，未等指挥官下令，便惊慌失措地开起火来。我前卫部队遭到了敌人的疯狂堵截，这是早已在张参谋长的意料之中的。他当即请示王司令同意，命令三旅：不惜一切代价，尽快组织部队奋力突击，打开突破口，为后续部队开辟道路。

不一会儿，由孝感方向前来增援的敌战斗机、轰炸机、铁甲车纷至沓来。我突围部队被敌人的狂轰滥炸截为两段。除少数部队越过铁路外，大部分均被压在铁路以东丘陵凹坡间。与此同时，由孝感方向前来增援的敌十八军第十八师，也正从我军的背后猛压过来。情况于我军十分不利。王司令迅即召集张参谋长等纵队领导共商计议。

张参谋长素以沉着、冷静、考虑问题周全闻名部队。在这军情十万火急之时，他仍保持着临危不乱的常态。他晃动着手中的马鞭，卷烟一支接一支地抽着，径自踱步，沉思不语。

王司令员熟知他这位年轻的参谋长的脾性。无论情况多么紧急，他的神情总是十分地沉着、镇定。王司令想跟他说什么又忍住了。他不愿打断他的思路。虽然此刻他心里已下定决心，但他希望对方能想出比自己更高的决策来。

真是"英雄所见略同"。张参谋长和王司令的决心不谋而合。王司令高兴地冲张参谋长当胸一拳："哈哈哈，你这个参谋长真是越当越神了。我真怀疑你成了钻进铁扇公主肚子里的孙大圣啦!"

张参谋长幽默地回答："古人说，强将手下无弱兵。我张才千跟你司令打仗也不是头一回了，对首长的这点意图不能领会，岂不是白吃干饭了?"说完，他操起送话器大声命令道："各部队注意调整队形，加强火力掩护，准备强行通过平汉铁路!"

大家都很明白，眼下我们所面临的处境是十分险恶的。一旦孝感方向的增援之敌赶到，我军腹背受敌，后果将不堪设想。必须赶在援敌来到之前突破敌人的封锁。铁路沿线的守敌仗着飞机、铁甲车的掩护，有恃无恐。他们依托铁路东侧土丘上一字排开的五座大碉堡，对我军进行火力封锁。我们的队伍被敌人截击时搞乱了。有的人不管三七二十一，趴在地上便朝敌人的碉堡方向胡乱开枪；有的队伍散了，尤其那些刚解放过来不久的战士，个个更是惊慌失措。

张参谋长一见此状，毅然往高处一站，将手中的马鞭一举，大声喝道：

"大家不要乱！不许瞎跑乱窜！注意节约子弹，不准乱开枪。听我的命令行动！"

这一喊把部队的情绪一下给稳住了。但凡跟张参谋长打过仗的人都知道，不管任何战斗，不管情况多么严重，只要见到参谋长把手中的马鞭一挥，就意味着他的决心已定。于是，大家迅速利用有利地形，做好冲击准备。

这时，只见张参谋长从容地整了整军装，然后把袖子一卷，操起送话器发出了战斗命令："三旅坚决拿下敌人的碉堡！"

此刻，刘昌义副司令正调整阵容准备组织新的冲击。接到纵队的指示，他立即命令八团、九团集中火力掩护，亲自率领七团奋勇当先。

敌人的四个碉堡相继被摧毁。在小丘顶端的主碉堡里的敌人见势不妙，立时集中了所有的火力实施封锁，企图做垂死的挣扎。卧伏在铁路沿线土坡上的敌人也极力疯狂配合。部队几次攻击失利，被迫退了下来。部队一下又乱了起来，少数指挥员产生了急躁情绪。身为纵队参谋长的张才千同志自然明白眼下部队所处的困境，但他更懂得，作为指挥员，在危急的关头，首先需要的是沉着、镇静、头脑清醒。正如他常说的"兵慌将不慌，将稳兵不慌"。他未及请示王司令便毅然决定：由王定烈同志所率担任纵队后卫的四团，负责掩护大部队过铁路并密切注视孝感方向援敌的动静，做好阻击准备。同时命令七团："不惜一切代价，冲破敌人的封锁，尽快摧毁敌主碉堡，拔掉这根钉子！"

敌人的主碉堡，是由1米多厚的钢筋混凝土构筑，共分上、中、下三层，整个碉堡能容纳一个连的兵力。四周枪眼密布，能够控制每一个角度。

突击队在刘昌义副司令的果敢指挥下又一次发起了攻击。未等接近敌人的碉堡，前卫排一下倒下十几个。指战员们的眼都气红了。他们好几次发起强攻，结果都被敌人疯狂的火力给压回来了，部队伤亡很大。

这一切，全被张参谋长用望远镜看得一清二楚。他的眼睛里流动着仇恨、沉痛、坚毅和果断。他忽然想起当年打日本鬼子炮楼的经验，当机立断，提出："用土坦克！"同时，集中纵队所有的轻重武器一起开火，掩护七团行动。

七团突击队的同志们很快找来了桌子、门板和湿棉被，架起"土坦克"便向敌主碉堡扑去。其余的同志在猛烈火力的掩护下，抱起一捆捆浇了煤油的柴草紧跟在一辆辆"土坦克"后面往前冲去。

突击队终于冲上去了。敌碉堡四周堆满了柴捆。只听刘昌义同志高喊一声："点火！"顿时，浓烟滚滚，火光熊熊，碉堡的敌人如坐火山，如坠烟海，一个个被呛得气都喘不过来。敌人的枪声戛然而止，咳嗽声、叫唤声和咒骂声响成一片，火光映红了半边天。一些受不住烟熏火燎的敌人，纷纷弃枪逃离，少数人竟不顾一切地破窗而逃。张参谋长目睹战斗场面，激动不已，禁不住放下手里的望远镜，拍手称道："好极了！我们成功啦！"

敌人的主碉堡终于被摧毁。部队势如洪流般地朝铁路以西奔腾……

渡过襄河就是胜利

在我南北两路主力突破敌人重围，迅速越过平汉铁路继续西进后，敌人又急忙调集重兵，企图对我突围部队重新组织包围，以求在追击、堵截中歼灭我军。

7月3日，敌人调遣四十一军一二四师经信阳西南之三里店、黄龙寺向天河口（随县以北）方向对我军疯狂追击；敌第十军第三师由枣阳以西向随县以北之厉山、高城、天河口地区兼程前往，企图夹击合围我北路突围部队。利令智昏的敌人万万没料到，在他们在天河口地区的合围尚未形成时，我北路主力部队早已神速地进至枣阳以北地区。

敌人的计划落空，蒋介石大为恼怒。他竟然赤膊上阵，亲自策划部署"围歼"我军。令其四十一军、十五军"迅速跟踪追击"，企图协同枣阳之敌第十军在苍苔镇地区突击我北路部队。

敌人仗着机械化装备，穷凶极恶，紧追不舍。在北路部队进入枣阳后，敌人的先头部队已咬住了我北路部队的后卫三五九旅的屁股。后续部队如饿狼捕食，汹涌而来。合围夹击，迫在眉睫。如果按原计划行动，我南路部队随北路往西北方向走，等于是自投罗网，自己往敌人的包围圈里钻。张参谋长边走边默默地权衡着。最后，他毅然提出：一、放弃随北路部队行动的计划，部队继续往西南方向突围；二、把三五九旅屁股后头的敌人牵过来，掩护北路主力往豫西和陕南方向安全突围。

"欲取姑予"这个成语的意思张参谋长是早已悉知的，《老子·三十六章》中曾有所云："将欲夺之，必固与之。"他当即向王司令提出派二旅和三旅部分部队朝敌追兵屁股后跟过去，揪住其尾巴狠咬一口，来一个"咬尾巴""牵鼻子"战术，把敌人的一部分兵力引过来，以减轻北路部队的压力。

值此，正当我南路突围部队抵应山以南之寿山地区时，7月3日接到中原局指示：敌人拟于厉山、天河口一线合击我军，如不能进入豫西地区，即西渡府河继江汉军区之后抢渡襄河，进入武当山地区。张参谋长的建议立即得到了纵队所有领导同志的一致赞许。

敌人完全被我军的"咬尾巴""牵鼻子"战术给迷惑住了，乖乖地上了我们的圈套。当我四团、七团刚咬住敌人的尾巴，穷追猛压的敌人不禁为之一怔，原来在他们的后翼尚有我突围部队，于是，掉头便向我二旅、三旅部队扑来。敌人夹击合围北路部队的阴谋彻底破产了。

张参谋长感到由衷的喜悦，但心情却并不轻松。他知道，敌人是被牵过来了，然而这是整整两个师的兵力，而且全是新式的现代化装备，毕竟是一个相当沉重的包袱啊！四团、七团能经受得住这股沉重的压力吗？王司令及时提出了这么一个极其重大的问题，指出：必须尽快设法甩掉这个包袱。

如何甩掉这个包袱呢？张参谋长一直在思考着这么一个问题。他走在路上想，坐下休息想，吃饭睡觉也在想，心里始终不能平静。

知己知彼，方能百战百胜。张参谋长认为：敌人虽然是机械化行军，速度比我军快，但毕竟不及我徒步灵活；我军抄小路走一天的路程，敌人走大路少说也得一天时间。只要能想法赶在敌人的前面渡过襄河，哪怕提前一天时间，我们便能甩掉背上的这个包袱。他铺开地图仔细查阅着，想从中找出一条捷径。忽然，地图上"府河"二字映入眼帘，他不禁双眼一亮，起身喊道："作战科长，你马上替我算一算，到达府河需多少时间？"

作战科长回答："府河距这里五六十里地，少说恐怕也得走一天吧。"

"不要概略数字。"张参谋长一反素日和蔼的常态，"要具体时间！"

作战科长慌了，不假思索地回答："最快半天能赶到！"

"这就好了！"张参谋长兴奋地在作战科长的肩头猛击了一掌，作战科长一时被弄得丈二和尚摸不着头脑。这时，只见张参谋长边来回踱步边盘算道："只要一越过府河，咱们少说能把敌人机械化部队甩下一天半天，这就为我们渡襄河争取了时间！"

王司令十分赞赏张参谋长的胆略。他用报话机对在前边勘察地形的张参谋长说："才千同志，照你的方案立即行动吧！"

7月11日夜，我们终于甩开了尾追之敌，顺利地抵达襄河边。

假若平汉铁路是我突围部队的第一道障碍的话，那么襄河便成了我们西进道路上的又一道天然屏障。

眼下，正值雨季。暴雨连降，河水猛涨。千里襄河滔滔奔流，浊浪翻滚，势若一条奔腾狂吼的巨龙。而此时，渡口所有的船只均被敌人控制，这给部队渡河造成了更大的困难。纵队命令先头部队立即派人去找船，首先解决渡河工具。结果，费了九牛二虎之力，一共才搞到七条木船。所有渡船均被敌人控制在襄河对岸了。万余之众靠七条木船得渡到何时呢？据可靠情报，敌七十五军第六师过了府河之后，在飞机的配合下正向我军猛扑过来。若不赶在追敌抵达之前渡过襄河，我军势必背水作战，后果不堪设想。大家的心紧悬着。而此时，指挥员们的心境更是难以平静。1万多人的生命全在他们的手中握着。更何况突围的成败对全国的战局有着直接的关系。在紧急干部会议上，张参谋长照例是一言不吐，径自坐在一边不紧不慢地抽他的"喇叭筒"。

经过连日强行军，身体本来就不好的王树声司令显得更加虚弱了，他只能终日躺在担架上，被七八个大块头战士抬着走。此刻，他禁不住从担架上翻身下地，走到张参谋长的面前，一把夺过"喇叭筒"，发急地说：

"才千同志，你得快下决心呀！"张参谋长微微抬起了头，欲言又止，又继续埋头卷起他的"喇叭筒"来。

到会的同志，紧紧屏住呼吸，一双双期待的眼睛都紧紧地盯着张参谋长棱角分明的嘴唇。突然，张参谋长倏地站了起来，猛然将手中卷好的一支"喇叭筒"往地上一扔，深沉地说道：

"同志们，眼下我军腹背受敌，并面临着背水作战的劣境。现在唯一的办法是赶在追敌之前，抢先渡过襄河。可是，渡船奇缺，给我们造成了极大的困难。"

人群中响起一阵低低的议论声。

张参谋长扫视大家一眼，继续说道："现在我提议，各团回去立即轻装，把所有的骡马、辎重统统扔掉，能扔的东西尽量都扔掉，现在最关键的是必须尽快使部队突破襄河！"

他的话引起了很大的反响。现有的这些骡马和重武器，是多年来部队仅有的一点家当，眼下要把它们统统丢了，许多人心里老大不愿意，有的人甚至公开嘀咕，说张参谋长的胆子太小了。

张参谋长完全理解大家的心情，他知道，眼下时间也不允许他去作更多的解释和说理。他深情地抚摸着身边的青鬃马，眼圈里闪烁着晶莹的泪光，强抑着激动的心情说道："俗话说，留得青山在，不愁没柴烧。只要有人，什么家当都会有的！我张才千到底是个什么样的人，大家迟早会看清的。"说着，轻轻拍了拍身边的青鬃马，径自离开了这个多年伴随他驰骋疆场的无言的伙伴。青鬃马仿佛懂得主人的心情似的，双眼流泪，冲着张参谋长一昂头，"咴儿"地打了个响鼻，掉头便顺着襄河边朝远方走去。

在场的人都被这无言的场面和张参谋长那几句深情的话给感动了，一个个抬头望着站立背手沉思的张参谋长，什么话也说不出，眼睛里闪射出一股热辣辣的感情。

争取时间就是争取胜利！张参谋长果断地做出决定：由三旅副旅长闵学胜同志带领三旅八团、二旅六团大部、警卫团一部分及二纵十五旅部共3000余人负责阻击尾追之敌，掩护部队主力过河。继而对部队发出命令：

"全部轻装，抢渡襄河！"

深夜，星月全无，天空乌云密布。河水不住地猛涨，猛涨，水急浪高，不时地发出一声声雄狮般的怒吼。河滩上，无垠的苇丛在夜风中剧烈地摇曳，低声呜咽着。

部队在张参谋长的亲自指挥下开始渡河。

张参谋长军衣大敞着，一手叉腰，巍然地站立在河岸渡口。他时而抬手看看表，时而翘首遥望东方微露白光的天空，时而又举起望远镜注视着河对岸及背后敌人的动向。烟一支接一支地紧抽，心里如同燃着一把火。

木船像几片树叶似的在波涛汹涌的河面上颠簸着，往返运行。忽然，一股急流涌来，几只木船被推下波谷。一时，船身摇晃、打旋，如同喝醉了酒的醉汉一般。张参谋长的心一下提到了嗓门口。他将手里的半截烟头往地上一扔，大声喊道：

"不要慌，稳住桨，两边一起划！"半晌，船终于稳住了。担任前卫的四团首先安全地渡过了襄河，后续部队继续抢渡。

我们的行动，早已惊动了河西的敌人。在我二旅四团由流水沟渡河之际，敌七十五军第十六师已奉命赶来堵击，在襄河西岸岛口附近与我先头部队展开了激烈的战斗。

张参谋长听到对岸有枪声，知道有情况，他操起送话器，大声命令道：

"四团必须坚决顶回敌人的堵击！"

12日拂晓，天刚蒙蒙亮，敌七十五军第六师在敌机的掩护下，从我们背后朝襄河边撵来了，情况十分危急！

不少同志提出，干脆和追敌干他一家伙。根据长期的作战经验，张参谋长深深知道，将在谋而不在勇。战争中不讲战略的拼命主义是十分有害的。他语气坚定地说：

"同志们，拼命蛮干不是上策，我们无产阶级的革命战士不能只当拼命三郎。我们必须坚决执行上级的指示，突出敌人的重围。只要渡过襄河就是胜利！"

渡河的速度加快了。大部队终于全部渡过了襄河。

正当张参谋长到达河西命令后卫部队开始抢渡时，敌人的追兵已接近渡口，与我后卫部队接上了火。我英雄的后卫部队的指战员和敌人短兵相接，展开了激烈的肉搏战。

敌机在襄河上空盘旋，大炮、机枪猛烈地朝河面、岸边狂轰滥扫，好几只渡船被炸成碎片，整个渡口被敌人的火力严密封锁，继续抢渡只能造成部队的伤亡。张参谋长立即通过电台向闵学胜副旅长发出命令："望照纵队原计划放弃渡河，利用苇丛作掩护，甩开敌人，迅速北撤，进入伏牛山地区开展游击斗争。"

气势汹汹的追敌终于追到了襄河边，除了看到几片被他们的炮弹炸烂的船板、无垠的苇丛和滔滔奔流的襄河横在面前，连我军战士的一个影子也见不到了。就在敌人望河兴叹、哀怨不绝之时，我军已彻底击溃了河西敌人的堵击，正浩浩荡荡地向武当山挺进！

我南路突围部队自渡过襄河后，于宜城西南孔家湾、林家店一带又一次击溃敌十八师阻击，经宜城以南李家垱、南漳以南报信坡等地继续向西北方向挺进。

敌人的夹击合围屡遭失败，眼睁睁地看着我中原突围部队这块肥肉一次次从嘴边滑过，这使独夫民贼蒋介石气急败坏，继之，又重整部署，调遣重兵，对我继续实行前堵后追，夹击合围。

坚决拿下黑山口！

7月21日凌晨，启明星高悬，东方微露鱼肚白。空中悬浮着极细小的水珠，只见远处的山峦群巅在乳白色的雾海中时隐时现。

走在队伍中间的张才千参谋长，迎着晨风，酣畅地呼吸着清新湿润的空气，浑身感到异常地轻松。这些天来，连续作战，他显得比以往消瘦多了，颧骨突出，眼窝深陷，宽阔的前额上几道皱纹显得更深了，双鬓增加了不少新的白发。只有深邃的、充满智慧的眼睛里，始终燃烧着一团火焰。他边走边默默地回想着连日来的战斗，由衷地产生了一种胜利的欣慰。

忽然，先头部队向他报告："前面发现敌人！"

原来，当我前卫部队二旅抵进石化街以西苍峪沟地区时，突然遭到了敌一八五师五五三团的阻击。

与此同时，驻石化街的敌六十四师一五三团两个营也对我后卫部队三旅进行截击，企图与敌五五三团对我形成夹击之势。

这个意外的情况使张参谋长不禁微微一怔：这半个多月来部队一次又一次地遭到敌人的前堵后追，夹击合围，连续作战，体力消耗很大，至今未能得到很好的休息。此时，又面临着新的战斗，部队能顶得住吗？

战士们的回答是："坚决粉碎敌人的阴谋！坚决完成突围任务！首长指到哪里我们打到哪里！"

狡猾的敌人首尾呼应。他们依仗有利地形和猛烈的火力，对我同时发起疯狂的攻击。

纵队命令七团、九团坚决阻击尾追之敌，二旅四团、五团及十五旅四十五团坚决突破敌人的堵截。英雄的七团、九团，在刘昌义副司令的亲自指挥下，迅速与尾追之敌一五三团两个营展开了顽强的战斗。

能攻善守的二旅及十五旅四十五团，由张参谋长直接率领，立即向石化街方向运动。担任主攻的四团在团长王定烈同志的率领下，对阻击我军的敌五五三团发起英勇迅猛的反冲击。

四团是一支具有光荣革命历史的部队，早在抗日战争时期便以"能征惯战"驰名中原。张参谋长视其为"钢刀""利剑"，总是在最关键的时刻将最艰巨的任务交给他们。用张参谋长的话说，"这是一支攻必克、守必固的过得硬的部队"。他们当中大都是经受过长期革命斗争考验的老同志，有许多还是参加过长征的老红军，都是一些见了敌人眼发红、上了战场不要命的勇士。面对气势汹汹的敌人，他们义愤填膺，怒火中烧，猛打猛冲，势不可当，敌人的防线很快被摧毁。石化街外围之敌，纷纷溃退至黑山口一线，企图凭据高山，继续阻止我西进。

黑山口位于石化街西南侧苍峪沟地带，此处山高坡陡路险，是通往鄂西保康山区的咽喉，大有"一夫当关，万夫莫开"之势。

敌人的机枪、大炮，弹如飞雨，严密地封锁着山口通道，山头的敌人时不时地发出歇斯底里的狂吼。我英雄的四团指战员们被敌人的反动气焰给惹怒了，他们冒着敌人的枪林弹雨不顾一切地往黑山口发起了一次又一次的进攻。由于地形于我十分不利，加之敌人一个团的兵力组成浓密的火网，我几次攻击均未奏效，伤亡极大。

许多战友的牺牲，加之山头敌人的狂妄气焰，指战员们的悲愤情绪发展到了不可抑制的地步，不少同志把上衣都脱了，光着膀子，要求组织敢死队，决心和敌人决一死战，为死难的战友报仇！

团长王定烈被战士们的情绪深深感染了。眼望着阵地前一具具血浆迸溅的战友的尸体，心头一股火直往胸口窜，他是多么希望和指战员们一道和敌人来个刺刀见红啊！可是这能行吗？有好些同志由于体力消耗太大，疲劳得连腿都迈不开了，有几个冲锋时竟然昏倒在山坡跟前。如果继续硬拼，只能给部队带来更大的伤亡。他立即向纵队张才千参谋长报告情况。其实这一切，张参谋长刚才在望远镜里已看得一清二楚，并已部署了新的战斗方案，即命令四团：

"全团占领有利地形，尽可能控制山头制高点，抓紧构筑工事。除留少数部队警戒，其余人员一律睡觉。敌人不攻我休息，敌人来攻我反击！决不打赔本的仗！"

当时，一些同志禁不住嘀咕起来，眼下和敌人可算是剑拔弩张，谁还有心思睡觉呢？张参谋长十分严肃地强调：

"任何人都要执行，立即休息，不得违令！"

指战员们真不知道参谋长这葫芦里卖的什么药。对面山头的敌人就更是如坠云里雾里了，刚才还是枪声大作、杀声连天的苍峪沟，怎么一下子变得死一般地沉寂，如同无人之境。

对于我军灵活多变的战术，国民党是早就领略过了的。眼下不知我们又玩什么新计谋。敌人的指挥官心神不安地不时探出身来，举起望远镜，四下找寻着我军的踪影。看到的却是茫茫的群山，郁郁的林海，淡淡的云雾。

天已大亮，东方透出一片灿烂的霞光。无边的山野一直铺向天际。山头，烟云缥缈。被树叶捣碎的阳光，像一层又一层闪光的波浪，后浪不停地追赶着前浪，激战后的早晨显得格外宁静。清新而又凉爽的晨风，不时地送来阵阵云雀的鸣叫，吹得树叶沙沙作响。

敌人也许以为我攻击失利，寻路溃逃了呢！一时竟自鸣得意起来，却万万没想到，我军指战员就在他们的眼睛鼻子底下酣然大睡。

下午，约莫五点钟的光景，夕阳西斜，漫山遍野仿佛披上了层金色的纱衫。张参谋长来到了山头阵地上，这给四团全体指战员多大的鼓舞啊！一见面，张参谋长便爽朗地问：

"大家休息好了没有？"

同志们齐声回答："休息好了！"

"好！"张参谋长高兴地把手中的拐棍儿一挥，大声命令道，"全团所有的重火器集中火力负责掩护，其余部队必须以迅雷不及掩耳之势直扑黑山口！"

此时，黑山口的敌人早已放松了警戒，他们完全以胜利者自居。狂欢的狂欢，嗷叫的嗷叫，洗脸的洗脸，睡觉的睡觉。当官的都纷纷跑到后山松林里各自抚慰起自己受惊的太太，当兵的早已三五成群地下山搜罗来了吃的，好几处，一些形似饿狼的家伙儿正为一块肉、一只鸡腿或是一块糯米粑，翻滚捶打，争抢得不亦乐乎。

我四团指战员在张参谋长的直接指挥下，乘势向黑山口逼近，敌人竟然毫无察觉。当我四团部队如同神兵天降全部出现在敌人阵前时，敌人一下子乱了。他们的第一道防线被我军突破后，纷纷撤至主峰，居高顽抗。

我四团阵地上的轻重机枪及八二迫击炮向敌人猛烈开火。

但黑山口的敌人也迅速组织了火力反击，我四团部队被敌人猛烈的火力封锁在山坡洼地里，一时抬不起头来。在这千钧一发之时，张参谋长边指挥边对部队进行了紧急的战场动员：

"同志们，现在我军是腹背受敌，是存是亡，在此一举。我们一定要发挥英勇顽强、前赴后继的精神，坚决拿下黑山口！为死难的烈士报仇！"

话音刚落，全团指战员齐声高喊着"冲啊！杀呀！"朝黑山口猛扑上去。

敌人经不住我军这势不可当的冲击，精神首先垮下了。未等我军全部冲上山头阵地，敌人便丢盔弃甲，抱头逃窜。敌团长竟化装成士兵跑在最头里。号称王牌的敌一八五师五五三团被我们彻底击溃了！300余敌人被我歼灭，同时，缴获敌人山炮4门、迫击炮1门、电台2部、轻机枪3挺、步枪数10支、马十几匹。不一会儿，我三旅七团、九团在刘昌义副司令的亲自指挥下也彻底打垮了尾追之敌，胜利归来。

夜幕降临，明月东升，皎洁的月光洒满群山。在月光的映照下，战士们汗尘满面的脸上挂着胜利的喜悦。山谷间，欢声笑语，经久不息，战士们深深地沉浸在无限的欢欣之中。张参谋长翘首遥望着西北方向迷蒙的山影，双眼闪烁着兴奋的泪光……

根据形势的需要，此后，便由刘昌义副司令和张才千参谋长分别率领三旅和二旅交替展开，掩护纵队机关及后勤、直属队向武当山地区胜利进军。

（萧禾　整理）

原载"革命传统教育丛刊"：《燎原》第7辑，河南人民出版社，1983年，第88～103页。

一双鞋子

◎ 贾照琴

　　1946年6月底7月初，正值梅雨季节。接连数日，时而滂沱大雨，时而细雨连绵；山洪暴发，河水猛涨。重重叠叠的峰峦，被云雾严密地笼罩着。树林密茂遮日，杂草丛生盖路，青苔满石，蘑菇群生。悬崖绝壁处，瀑布倾千丈，有无数的涧溪潺潺细流。在这崎岖的山间小道上，行进着一支所向披靡的铁军，这就是中原突围途经大别山的第一纵队第一旅。

　　这支英雄的部队，七天来，诱敌扑空，突破包围圈，首战瓦西坪，强越大牛山。连续行军作战，跋山涉水，既战胜了顽敌又征服了险山恶水，经历了千辛万苦，于7月3日来到大别山腹地——吴家店。这个小集镇，坐落在万山丛中，是第二次国内革命战争时期著名的赤南暴动的地方，是红四方面军的老根据地。旅领导决定部队在这里休整3天。

　　我们有几位旅团首长就出生在这个地方，对这里的山山水水了如指掌。10多年后的今天，在突围中路过自己的故乡，感到格外亲切。他们说："家乡的人多么亲，家乡的饭多么香，家乡的水多么甜！"

　　子弟兵热爱乡亲们，乡亲们更爱子弟兵。群众见到当年的红军来了，个个兴高采烈，奔走相告。有的送来了大米白面，有的送来了柴米油盐，有的送来草鞋雨具，有的送来鸡鸭猪肉，展现了一幅幅鱼水深情的动人场面。在这3天的休整中，最令我终生难忘的莫过于一位老大娘给我送来一双鞋子的事。至今想起来仍历历在目。

突围前，我们每人都准备了二至三双草鞋或布鞋，在前段山地雨天行军中，多被尖石山路磨破了。有的同志鞋底烂了，用稻草垫在脚下，捆在腿上，继续前进；有的同志脚磨破了，边走边淌血，咬紧牙，忍着痛，坚持行军；有的同志赤着脚，一歪一扭地走着，也不愿掉队一步。部队到达吴家店的当天，太阳西落时，我从缴获的粮库中背着一袋大米往回走，刚走到三岔路口，就听到背后有人呼唤：

"同志，慢点走，有话对你说。"

我急忙回头，发现距我百余尺的小路上，有一位老大娘正向我跑来。大娘累得满头大汗，跑到我跟前，目不转睛地细看我全身，她那瘦弱的手抚摸着我的鞋子，心痛地说：

"看看！烂成这个样子，露出脚指头，爬山行军作战能行吗？"边说边从身上掏出一双鞋来，"好孩子，把这双鞋穿上吧！"

慈母般的爱，母亲般的亲，像春天的太阳暖着我的心房。当时我感动地对大娘说："我还有草鞋，这鞋就留给你儿子穿吧。"话音刚落，大娘的眼泪夺眶而出，一直往下淌，她颤抖着声音，边哭边说："13年前，为送别参军的儿子，我在深夜赶做这双鞋子，正当我上鞋帮子的时候，邻居家的狗一阵接一阵地叫。敌人来了，怎么办？我叫儿子翻后墙走，去找红军。不到吃一个馒头的工夫，门外突然闯进来3个人，一人拿着文明棍，两人挂着盒子枪。我还没看清3人的面貌，那个拿棍子的人恶狠狠地开腔了：'臭老婆子，你儿子哪里去了？'我听清他就是吴家店地主的大儿子、伪乡长吴大卿，群众叫他吴不清。提起此人我就仇恨万分，斩钉截铁地回答：'儿子上山打柴没回来。'这个恶鬼边骂边打，突然一棍打在我拿鞋的手上，锥子刺穿了我的手心，满手的血流到了鞋底子上……"说到这里，大娘泣不成声，手指着这鞋底，连说："你看！这血迹还在这鞋上，这双鞋子浸透着我老婆子的血和汗，你穿上它行军打仗，为我老婆子报仇！"

听了大娘诉说这一桩血泪仇心酸事，我义愤填膺，怒火万丈。全中国不知有多少像这大娘一样的人还在受苦受难，不消灭蒋匪军，穷人就不能翻身解放。在大娘的教育和感召下，我只好收下了这双鞋子。当我把鞋子往身上装时，大娘满意地笑了。我问大娘家距这里多远，大娘手指东北方向。我一想，正好给她送粮，于是对大娘说："您老人家对我像对儿子一样，我要到您家去望望。"大娘在前边走，我扛着一袋大米紧紧跟上大娘走进屋，她叫我休息喝水，并留我吃了饭再走。我把粮食往地上一放，就向大娘敬礼告别向外走。大娘连说几声"不要米"，我边走边说："大娘，明天上午再来看望您。"

回到部队驻地，我向大家讲了上述经过，同志们深受教育和鼓舞。许多同志争先恐后抢着看我这双有血迹的"报仇鞋"。有的同志劝我，保存起来做纪念，有的劝我全国解放时再穿。从此，我对这双鞋子爱如珍宝，每当行军打仗遇到困难的时候，我就拿出来看看，给同志们讲讲，它虽然是一双鞋子，却寄托着千百万贫苦人民对子弟兵的殷切期望。

原载李少瑜、曾焕雄主编：《鏖战大别》，军事谊文出版社，1993年，第113～115页。

雄才大略　创业中原

——忆李先念同志在抗日战争和中原突围中的光辉业绩

◎ 任质斌

伟大的无产阶级革命家、政治家、军事家李先念同志离开我们与世长辞了。他在十年内战、抗日战争、解放战争以及社会主义建设时期，都曾为中国人民的解放事业建立了丰功伟绩。我有幸在抗日战争和中原突围中同他一起工作了七八年，对他在这段时间的光辉业绩和领导才能，耳闻目睹，感受极深，直至今日记忆犹新。

抓住时机　深入敌后　不断打击日寇伪军

日本帝国主义自1937年7月7日对我国发动大规模武装侵略以后，从华北到华中，节节进犯。1938年10月，又占领了武汉及其周围的广大地区，并在这个地区屯集重兵，修公路、设据点，布置成蜘蛛网般的防御圈，来与国民党部队对峙。中国人民的抗日战争进入相持阶段。当年11月上旬，党的六届六中全会为了开展中原地区的抗日游击战争，建立了以刘少奇同志为首的中共中央中原局，并从延安派出一批高级干部到中原地区工作。其中，李先念同志被派到设在河南省确山县竹沟镇的中共豫鄂边区党委任军事部长。这时，竹沟镇虽驻有我党武装部队，但周围还是国民党统治区。李先念同志于1939年1月初到达竹沟镇后，初步了解了豫鄂边区的敌我态势，便立即同边区党委的负责同志商定在1月17日亲率我党在竹沟的一部分干部和武装力量共200余人南下，经过信阳、罗山、礼山、应山等县，于三四月间进入这些密如蛛网的鄂中敌占区，展开了一系列的打击日寇、扫荡伪军、收缴各种游散武装的活动。这是一个非常重大的战略行动，它为确立我党在中原地区抗日战争的地位起了进一步的奠基作用。因为，当时鄂中的日寇虽已利用铁路、公路、河流湖泊、大小城镇，初步织成了一个严密的蜘蛛网，并在其中遍设据点。但由于这个地区刚沦陷不久，国民党的军政组织已经瓦解，日伪统治尚未真正扎根，在这种情况下，我党深入敌后的武装组织，只要有比较坚强的领导，即使为数不多，也能打开局面、站住脚跟，迅速发展壮大起来。事实证明，李先念同志率领南下的新四军独立游击支队和以后扩编而成的新四军豫鄂挺进纵队、新四军第五师，就是在日伪军精心密织的蜘蛛网中纵横驰骋、拼搏奋战逐步发展起来的。如果当时我党我军在这个大好时机面前犹豫不决，未能及时深入敌后，而让日、伪、顽取得时间建立起比较巩固的统治以后才去开展抗日游击战争，那就困难得多了。1943年我军发展到鄂南敌占区时，就是因为日、伪、顽在鄂南的统治已经相对稳固而遇到了很多困难。

旗帜鲜明　独立自主

李先念同志从竹沟出发带领南下的200多人一开始就是打着新四军旗号的，它的名称叫新四军独立游击支队。在这以前，我党在豫南、鄂东、鄂中、鄂南、江汉等地组建起来的部队，为了谋取合法的地位和解决粮食、财政的困难，大都是用国民党部队的名义，听从国民党军政机构的调动和指挥。其中绝大部分还驻扎在国民党统治区内。1939年春，国民党顽固派在党内发布"限制异党办法"等反共法令以后，国内的政治局势逐渐变坏。为了应付这种情况，当年夏天，李先念同志同鄂中区党委负责人会合以后，在中原局领导同志的指示和支持下，毅然决然地共同商定把党所领导但用国民党合法名义的应城、京山、钟祥等县的抗日武装改用新四军番号，并编入新四军独立支队。这又是一个重大战略措施，其意义不只是改了一个名称，更重要的是这些抗日武装从此就完全摆脱了国民党顽固派军令、政令的束缚，而在中国共产党的直接领导下独立自主地放手发展抗日游击战争了。由此开始，这些部队完全按照八路军、新四军的军政制度进行建设，很快提高了战斗力。同时，新四军独立游击支队也由几百人扩编为一支几千人的武装部队。历史的发展表明，当时豫鄂边区党所领导的武装，凡是及时进入敌后、公开打出新四军番号、独立自主活动的，都保存下来并发展壮大了；凡未及时深入敌后并墨守国民党顽固派军令政令限制的，都先后被国民党顽固派吃掉或被武装围攻而遭受了重大的损失。

坚持抗日统一战线　坚持自卫立场

李先念同志对执行党的抗日统一战线政策是非常认真的。他在 1939 年春率队从河南竹沟镇南下鄂中时，沿途曾多次亲自到国民党的军政机关进行联络，宣传党的抗日政策，争取互相支持。到当年夏、秋，国民党顽固派加紧了反共活动，对鄂东、鄂南、豫南我党领导的部队，接连进行了多次武装进攻，在短短的三四个月中，围歼了我党在黄梅县组建的第八游击大队（共有千余人），又突然袭击了我党领导的在黄冈县境活动的二十一集团军独立第五大队，使之遭受重大损失；我党原豫鄂边区党委所在地的河南省确山县竹沟镇也被国民党武装攻占。国民党的最高统帅部还密令其在河南、湖北的部队，要把所有在各该地区活动的我党部队全部歼灭。在这种黑云压城城欲摧的情况下，李先念同志坚持了党的"人不犯我，我不犯人；人若犯我，我必犯人"的自卫立场，亲自组织和指挥了刚由豫南、鄂中、鄂东三个地区我党部队组成的新四军豫鄂挺进纵队进行坚决的反击，在 1940 年春沉重地打击了反共气焰特别嚣张的鄂东土顽程汝怀部，解放了该部设在大小悟山的据点，并逐步将这一地区建设成为纵队领导机关所在地。在大小悟山战役和以后进行的历次反摩擦战斗中，李先念同志都严格地执行了毛主席指示的有理、有利、有节的原则。对每次战斗中俘获的顽军头目都及时释放，有的还曾发还一部分人枪，对个别头目甚至曾三擒三纵过。对其士兵则采取愿留者留、不愿留者给资遣散的方针。当国民党军队为了打击日寇而进入我区时，我军都积极配合、支持。有时国民党部队被日寇包围，我军还曾驰往支援，帮其突围。我军的野战医院曾经多次收留过国民党对日寇作战的伤兵。太平洋战争爆发后，美军在武汉上空作战的飞机驾驶员跳伞降落到我区时，我地方党政机关都妥为保护，护送其返回国民党统治区。1944 年，在华美军为了收集武汉日寇的情报，经中共中央批准，在我区设了情报站，李先念同志亲自领导和组织、管理了这项工作。美军对此甚为满意。

边发展边巩固　发展和巩固交替地进行

　　李先念同志率领的新四军独立游击支队及其后身新四军豫鄂挺进纵队、新四军第五师，最初是由豫鄂边区地方党建立起来的，它不像其他解放区的八路军、新四军那样有成建制的红军部队做基础。同时，这支部队从 1939 年底国民党发动第一次反共高潮以后，就孤悬敌后，断绝了从陆地同中央、华中局及其他解放区的联系，只能依靠无线电收发报机向党中央、华中局汇报情况、接受指示。因此，这就要求这支部队必须在对敌顽斗争中积极地扩大发展，建立起一定的数量，同时也要努力提高军事、政治素质，不断增强战斗力。1940 年，党中央曾经致电李先念同志和豫鄂边区的其他党政军负责人，指示：豫鄂边区作为一个独立的战略单位，必须建立一支有 4 万人枪的武装力量。以后中央又指示五师首长要注意边发展边巩固，发展和巩固交替地进行。李先念同志忠实地执行了党中央这些指示。他除在一开始就注意主力部队的建设，并经常组织这些主力部队在战斗间隙轮番整训以外，还以极大的精力关注地方武装的扩大和发展，在主力部队每次打了胜仗以后，他总要从主力部队缴获的枪支中调拨一部分给当地的地方武装。1942 年他在兼任边区党委书记以后，曾一再向地方党政机关号召加强战争观念，克服困难，积极支援军队建设；同时他除经常直接掌握一部分主力部队外，又放手把其他部队撒到鄂豫皖湘赣所有的敌占区，以广泛发展抗日游击战争来进一步打击敌人，壮大自己，并减轻我中心区的战争负担。在李先念的指挥下，新四军第五师像整个八路军、新四军一样，是一支既能撒得开又能收得拢的作战部队。

　　由于国民党顽固派对豫鄂边区的新四军从未给予丝毫支援，而其他解放区又无法同豫鄂边区联系，豫鄂边区及其所属的新四军部队在李先念同志及其他负责人领导下，一切都靠自力更生解决。没有干部就自己办教导队、随营军校、抗大十分校、边区党校、洪山公学、建国大学和各种专业训练班来培养；没有枪支弹药，就自己建立兵工厂；为了医治伤病人员，就自己开办野战医院；为了不使敌人的钞票在边区以内流通，就自己印发边区钞票；为了同敌人的经济侵略做斗争和解决边区的财政困难，就在武汉周围及所有敌我交界处设卡收税……新四军第五师就是这样发展壮大起来的。到抗战胜利时，五师已发展成具有5万主力部队、30万民兵的强大武装，根据地扩大为跨鄂、豫、皖、湘、赣五省边界，拥有60余县的广阔地区，解放人口1300余万。

坚持斗争　胜利突围

抗日战争胜利以后，党中央指令新四军第五师、八路军嵩岳军区部队、八路军三五九旅在桐柏山地区会师，组成中共中央中原局和中原军区，李先念同志任中原局副书记兼司令员。在毛主席到重庆同国民党中央签订了《双十协定》后，李先念同志和中原军区的其他负责人曾多次同国民党的代表交涉，按照两党签订的《双十协定》的精神，把中原军区的部队转移到皖东地区。但国民党不仅拒不执行《双十协定》，反而调集了30万大军围困我中原部队，妄图再发动一次"皖南事变"，把孤悬在鄂豫边区的几万中原部队武装歼灭。当时，李先念同志毫无畏惧之意，仍像平时一样谈笑风生，在召开的团以上干部会和小范围的谈话中，都一再表示：有五六万久经考验的人民军队存在，任凭狂风暴雨，都不会奈我何。就这样，在半年多的围困反围困以及打打谈谈中，把国民党的30万大军牢牢地牵制在中原部队的周围，从而减轻了国民党军队对其他解放区的压力，使其他解放区取得了进行反内战准备的时间。就国民党反动派来说，则是偷鸡不成反而蚀了一把米。

1946年夏，国民党最高统帅部下决心要在全国范围内发动全面内战，并准备当年7月初首先消灭我中原部队。在这紧急关头，李先念同志仍是十分沉着冷静，充满信心地同中原军区的其他负责人共同制定了突围作战的计划，在报经党中央和毛主席批准以后，便毫不犹豫地展开了震惊中外的中原突围。

中原突围是一次胜利的突围。在李先念同志的组织和指挥下，被围困在豫鄂边区的5万中原人民解放军，在不到半个月的时间里，都分别跳出了国民党在平汉铁路两侧的包围圈。后来，有的进入陕南地区，有的进入鄂西北地区，这两支主力都遵照党中央新的指示就地停下来创建新的根据地；有的进入苏皖解放区，同新四军主力会合；有的进入陕甘宁边区休整补充；有的则在鄂豫皖广大地区坚持游击战争。

这些部队虽在突围和执行新的任务（创建新的根据地，发展游击战争）中，遭受了一些或轻或重的损失，但都继续牵制了一大批国民党军队，使之不能用来向其他解放区进攻；同时又巧妙地保存了自己的基干力量。毛主席、党中央先后对中原突围及其在外线的斗争给予了很高的评价。

李先念同志在中原突围中，直接率领北路军进入陕南地区，并在陕南地区展开了创建根据地的斗争。当年9月，他奉命返回延安，又在延安通过无线电台指挥了继续在鄂豫陕地区坚持斗争的各部。

1947年夏，人民解放军由战略防御转入战略进攻。中原部队在突围后保留下来的2万多武装先后投入了反攻大军的行列。由陕南转入山西晋城休整的北路军，奉命编入晋冀鲁豫野战军序列，编为第十二纵队。当时李先念同志的胃病虽然很严重，但他仍以大局为重，毅然率队南下，参加了重建中原的艰苦斗争。

放手使用干部　团结一切积极因素

新四军第五师和前中原军区的干部都是来自五湖四海的，有的是共产党员，有的是民主人士；有的是经过较长时间锻炼的老干部，有的是参加工作不久的新干部；有的是白区工作的干部，有的是红军干部；有的是这个方面军的干部，有的是那个方面军的干部；有的是工农干部，有的是知识分子干部；有的是本地干部，有的是外来干部。对于这些不同出身、有不同经历的各种干部，李先念同志都能一视同仁与之融洽相处。他平易近人、接近群众，常用方言俚语，诙谐幽默地同同志们谈天说地。就是在纠正同志的缺点时，也常常采取笑脸批评的方式。同志们和他在一起，一般都不会感到拘束不安。他待人宽厚，多从积极方面看待同志。所以不少同志愿意同他讲心里话，即使有牢骚不满，也愿在他面前倾吐。

李先念同志的民主作风很好。在处理重大问题时，他总是同核心领导中的其他成员共同商量，共同探讨。他从善如流，很善于听取别人的好意见，而不独断专行，固执己见。他豁达大度，潇洒超脱，放手让党委其他成员和下级组织施展自己的才能，从不争权揽权，束缚、压抑别人的正当积极性。李先念同志为了增强团结，很能照顾大局。1944年底，八路军三五九旅南下时，从延安带了一批红军干部到豫鄂边区，郑位三、李先念同志立即调整皖豫鄂边区党政机关的某些机构，把这些红军老干部安置在各种领导岗位上。1945 年，新四军第五师同原在豫西活动的王戴部队会合后，李先念同志闻知王戴部队急需补充兵员，便首先倡议并最后决定将原新四军第五师的一个正规旅以团为单位分散补充了王戴部队的 3 个旅。这些行动都是常人不容易做到的。

正因为李先念同志具有高度的领导才能和领导风度，所以他自然而然地成为新四军第五师和前中原军区中最有威信的领导人。

李先念同志已经去世了，但是他的光辉业绩和崇高品德将永远留在人们心中。我们应该继承李先念同志的遗志，在以江泽民同志为核心的党中央的领导下，按照邓小平同志指引的方向，为实现我国的"四个现代化"、建设有中国特色社会主义而努力奋斗。

原载北京新四军暨华中抗日根据地研究会：《铁流 19（上）》，解放军出版社，2012 年，第 109 ~ 117 页。

战火中诞生的《皖西日报》

◎ 王兆乾

    1947 年 11 月，成立不久的中共皖西区党委，为了宣传胜利，鼓舞部队的战斗意志，教育广大干部群众认清坚持大别山斗争、建立巩固根据地的重大战略意义，同时，为及时指导工作，决定创办区党委的机关报——《皖西日报》，并指定由新华社分社随军记者方德同志负责筹备。方德是 1938 年投身延安的老同志，曾在鲁艺学习，从事新闻工作颇有经验。

    1947 年 9 月起，我在三纵队文工队任音乐教员，是个刚刚从蒋管区投奔革命的青年学生。由于我在学生时代就办过四开铅印的《学风报》，对办报感兴趣，方德同志了解这一情况后，就同纵队政治部联络部部长姚大飞等同志商议，调我去报社工作。方德操着一口四川话与我谈了很久，使我感到创业的喜悦和责任。我服从组织分配，随他去岳西。同行者还有与我一道从贵阳投奔革命的罗琼（藜蒛），他的文学基础很好，从事过编辑工作，第一期报纸就是由他编辑的。

    报社的架子很快搭起来了，社址设在岳西县腾云庙的储家花屋。首先调来的是山西人杜恒贤，参加革命前是药材工。还调来一位文书，叫王辉，他能写一手漂亮的钢笔字。以后又调来两三个刚参军的学生。

    皖西军区为了支持我们办报，将一个从战场上缴获的美造报话机拨给我们，这在当时战斗任务十分紧张的情况下，无疑是十分宝贵的了。我们在方德同志带领下，又费了很大力气，才搞来一块印刷石板，并请来两名石印工人，这石板已是山里最好的印刷设备了。没有新闻纸就用岳西大山盛产的皮纸。至于新闻来源，当时我们主要依靠陕北的新华广播电台和邯郸广播电台的口语广播和记录新闻。但因功率不大，再加上国民党以大功率电台拼命干扰，要收到新华社电讯稿十分困难，我们又只有一台报话机，只能收听新华社广播电台深夜的口语广播。恰好，新华社另一名随军记者杜宏来报社暂住，他是青岛人，大学生，自己创造了一种速记法，便由他暂时抄录新闻稿。我见杜宏用一些拉丁文符号就能记下长篇电讯，既新奇，又羡慕，便暗下决心，要掌握好速记。后来，安庆市一位中学生周绪中来此参加革命，他带有一册《亚伟速记学》，我借来抄了下来，天天练习，居然也能应付工作。所以1948年下半年，我负责报社通联组的工作时，就专门抄收新闻稿了。

经过一番努力，1947年11月，《皖西日报》创刊号正式出版，四开版面，石印，单面印刷，虽然是用棕刷在石板上手工刷出来的，却也像个样子。它把解放区战场一条条胜利消息传达到各个分区和各个新建立起来的基层政权。没有专门的发行机构，就按照解放区送鸡毛信的方式进行传送。

当时部队的生活是极其艰苦的，寒冬腊月，粮食匮乏，衣着褴褛，医药断绝，敌人又以几十倍于我的兵力疯狂扫荡。大别山能坚持下去吗？战士们需要鼓舞，需要了解全国各战场的形势，需要明了自己的艰苦斗争将牵制住大量的敌人，好让兄弟部队在外线集中兵力消灭敌人，报纸无疑是有力的宣传工具。要报道战士们的艰苦斗争，表扬他们的英雄事迹，我作为记者，曾到岳西的向山和茅山访问八旅的一个休养所。不久前，敌二十五师进山扫荡，伤病员和医护人员巧妙地用扫帚伪装成机枪，以少量人不断轮回出现，造成声势，在群众的掩护下，终于机智地保护了伤病员。我据此写成长篇通讯《茅山上的斗争》，连载在第二、三期上。

当时我只有20岁，但方德同志并不因我初出茅庐而不敢放手使用，却鼓励我到实践中去锻炼。他对我说，旧中国的新闻记者把自己看成是"无冕之王"，"见官大一级"，而我们党报的记者却是人民的服务员。他还向我讲述了苏联话剧《前线》中那个不实事求是的新闻记者克里空的故事，说："千万不能当克里空啊！"他还要我注意新闻的五个要素，给了我很大的启发和帮助。

1947年12月，方德要我去二分区采购报社急需的电池、石印墨、誊写纸和其他印刷设备，并顺道去二分区采访。在二分区驻地桐城张家湾，我将采购任务交给分区后勤部一位年轻科长吴江同志。这时，情况突然变化，敌二十五师、四十六师、四十八师以及青年军一〇四师正分几路进山扫荡。我必须赶回军区去。我带着饲养员小章在行进途中得知军区已转移，折回后冲，二分区司令部又已转移，我只好就地依靠农会和民兵组织与敌人兜开了圈子。几天中，又连续碰上二分区电话排长李根书带一个班的战士，一个姓刘的医助带 5 个伤员，我带着这一支只有一条枪和一枚手榴弹的队伍，在官庄附近与敌人兜起圈子，最后找到了桂林栖同志，并随他到了主簿园。方德也在这里，他告诉我，报社在敌人扫荡转移时，与敌人二十五师在一个山弯处遭遇，为了不使新获得的电台落入敌手，便忍痛将它砸掉，石印器材也都坚壁起来。我们的主要编辑藜蒺因身体瘦弱，又是深度近视眼，不幸被捕。另一个意志薄弱的青年方雨亭则投向敌人。这时，敌四十八师进山扫荡，斗争更为残酷、艰苦。报纸仍然坚持用油印出版过一个时期，但日夜行军作战，出版十分困难。区党委决定，报纸暂停出版，我被调到新建立的军区文工队去。

1948 年上半年，随着我各野战军在全国各主要战场节节取得胜利，皖西军区部队和地方武装力量不断歼灭敌人，粉碎敌军围攻，军事形势急骤地朝着有利于我的方向转化。到了八九月份，区党委决定恢复《皖西日报》，仍由方德同志负责筹备。大约 11 月底又调来林采为社长兼新华分社社长，方德为《皖西日报》副社长兼分社副社长，是两块牌子一套班子。这时，舒城一带陆续有一些青年学生参军，邬效杰、高绪楷、胡晓肇等先后调进报社。到了年底，上海、南京的地下党又输送了一批进步学生从苏北辗转来到大别山，其中有同济大学和中央大学的学生。同时又从部队调进了薛常进、汪玉堂等同志，还调来几位石印工人，在舒城晓天开始出报。

这时，虽然条件稍有改善，但报社仍没有电台，从军区情报科搞来一部三灯直流收音机，只能戴上耳机收听，而且必须架上很高的天线才能收到短波段的新华社广播电台广播。我负责抄收新闻的工作，与我在一起的还有从同济大学来的王健、余钦、马夜聆、何铃子等人。我们每到一地，首先架起天线，夜里收听新闻。有时赶不上抄记录稿，我就用速记按口语广播记录，随时供编辑部编用。记得有次在晓天，当收听到东北战场上消灭国民党新一军的消息时，我和王健立即用毛笔写成捷报张贴在晓天街头，报纸还出了“号外”。

一天，区党委秘书长王若派警卫员找我，说是区党委决定在皖西发行临时货币——皖西流通券，问我钞票怎么印。我当时愣住了，我哪里见过印钞票？幸好当时有一位新来的老印刷工人在场，他说他曾印过，但必须先绘出图样，制成版子。可当时没有一个人会设计钞票图样，我们只好找来几张日伪储备券和蒋管区发行的旧纸币来做参考，进行设计。经领导机关审定，由那位有经验的老工人描绘在石板上，进行印刷。皖西流通券的问世，在经济战线上沉重地打击了敌人。因为摇摇欲坠的蒋家王朝滥发钞票，货币贬值，一大捆"金圆券"也买不到一斤盐，可"皖西流通券"能以中原军区支援的银圆为后盾，群众可自由兑换，而且不随蒋币贬值而波动，人民群众对党和政府更加信任，根据地更加巩固了。谁能想到，一块走到哪儿抬到哪儿的简陋的石板和一把棕毛刷，竟能印出在群众中有如此巨大信誉的红色钞票呢？

1949年1月，报社从晓天搬到了毛坦厂，不久又进了舒城、六安。随着三大战役的胜利，国民党政府一面组织残余军事力量和所谓地方势力，加强长江防御和对后方边远省份的经营，一面玩弄"和谈阴谋"，以便争取时间，卷土重来。此时报纸的重要任务是揭露敌人假和谈、企图阻挠解放全中国的阴谋，我们不仅登载胜利战报，而且以显著版面，刊出毛主席亲自为新华社撰写的评论员文章和社论。4月，皖西区党委和江淮区党委合并成立皖北区党委。上级决定《皖西日报》的同志向江南进军，为接收南京国民党《中央日报》、创办《新华日报》做准备。同志们分两批南下，一批由林采带队；我在六安向新华社发出了题为《淠河两岸支前忙》的通讯后，才与方德、曾克第二批离开。我们沿安合公路步行到安庆外围的总铺待命。安庆原有《皖报》和《新皖铎》等几家报社。领导研究决定在安庆办报，命我和薛常进、杜恒贤、汪玉堂、许健生、胡晓肇、周绪中、高绪楷随军进入安庆；而以林采、方德等为首的大部分人，随十一军在枞阳附近渡江。同志们在总铺依依告别，奔赴了新的岗位。后来，一部分人进入南京，创办了江苏《新华日报》；一部分人继续南下，在重庆恢复了抗日战争时期卓有影响的《新华日报》。方德本人则作为随军记者直到西藏。4月22日夜，我军进入安庆，我们留在安庆的同志便于4月下旬创办了《安庆新闻》。

原载陈忠贞主编：《皖西革命回忆录·第三部·解放战争时期》，安徽人民出版社，1991年，第485～490页。

黎明钟声

——忆《皖西日报》复刊

◎ 章世鸿

在皖西桐城、舒城、霍山三县三角地带的万山丛中,《皖西日报》复刊了。

这虽是一张油印小报,但它却是当时中共皖西区党委的机关报,影响遍及整个皖西地区,甚至扩散到国民党统治的桐城、舒城县城内。这些闭塞的县城里听不到什么真实消息,《皖西日报》就成为无价之宝。桐城的官民在窃窃私语:"从共产党这张小报看,蒋介石在南京怕坐不住了。"

我是《皖西日报》复刊后的第一任编辑,我在这里接受革命的洗礼,从而踏上漫长的新闻工作的征途,再也没有离开过。

一、从上海到大别山

我到皖西区党委第二天,政治部主任对我说:"你是学新闻的,让你参加办《皖西日报》,你看如何?"我很惶恐,那年我只有 21 岁,在上海一家新闻专科学校读过书,当时忙于参加学生运动,其实并没有认真读什么书,我能办报吗?我没有信心,但我服从组织上的决定。

从上海到皖西,是我的革命生涯的一次飞跃。

1948 年 7 月的上海是炎热的。7 月下旬的一天,地下党组织通知我,说通往大别山游击区的道路已经打通,要我马上准备撤退。这个消息太突然了,使我又惊又喜。

自从我在学校里搞地下活动被敌人注意后，组织上就决定我去解放区，但等了四个月，一直没有消息，现在，梦寐以求的愿望要变为现实了，怎不令人高兴得跳起来？

根据组织上告诉我的联系暗号，我来到当时"法国公园"（即现在的复兴公园）的人造湖畔，见到有一个工人打扮的中年人正坐在湖边的一条长凳上读《新闻报》，他的右手臂上搭着一块白手帕，这就是我要找的同志，他是负责地下交通的。我靠上去同他坐在一起，问道："朋友，你是安徽来的吗？"他答道："是的，听说你要去安徽？"我点点头，他立即叫出我的名字，这样，我们的关系就接上了。他告诉我，本来决定今夜就走，但因芜湖涨水，船只不通，要再等几天，明天将有一位同行者来找我。

第二天，有一位之江大学姓徐的学生来找我，组织上决定将我们两人编为一组。我们设计了途中若有人盘问时如何答对，研究结果是，我俩作为表兄弟，在上海一家米店当伙计，老板因生意有亏损，把我们辞退了，我们只好到巢县去找我的伯父谋求职业，我的伯父在巢县开米店。

7月30日晚上，我们一行六个人，分三组乘火车去南京，相互保持距离。到南京后又坐汽车到芜湖，在旅店住了一夜，第二天清晨，我们先后上了去巢县的帆船。我们的船票买到巢县，实际上是在中途黄泥河下船，那里便是游击区了。船从长江进入裕溪口，因为不是机船，逆风前进，船速极慢。据船老大说，当天只能在运漕镇宿夜，不能到黄泥河。我们暗暗叫苦，运漕还是国民党统治区呀！半途又下起阵雨来，把大家淋得透湿。我们六个人都打扮成小商人模样，只能用目光代替语言，流露出无可奈何的神色，而带队的交通联络员同志则比较镇定，他暗示我们要沉得住气。

船到每个小码头，总有几个国民党士兵在岸上挡道，扬言要搜查，但多半是威胁性质，船客凑些香烟钱给他们，也就放行了，这对我们倒很有利。下午4时，船到雍家镇，遇到搜查，但这次我们凑钱给他们，却遭到拒绝。联络员同志很机灵，他跳上岸去，同两个穿黑衣服的农民交谈一阵招呼我们立即上岸。我们上了码头，才知道游击队昨夜占领了雍家镇，穿黑衣服的即是我们的民兵。我们立即同民兵同志拥抱，禁不住唱起歌来，一船的人都用惊疑的目光打量我们，不知我们是些什么人。

在一个民兵同志的带领下，我们来到临江指导处。这时天色已晚，他们在黑暗中招待我们吃了一顿饭。晚饭后，由于当地有敌情，怕生意外，我们立即动身。走了六个小时，半夜宿老乡家，第二天才赶到黄泥河，见到了联络部部长蒋子明。联络部负责接待白区来客，我们在这里同其他一些从上海、南京来的学生相会，交谈甚欢。在联络部招待所住了一夜，第三天继续前进，走了30里，才到达四分区司令部驻地。两天一夜，共走了90里。自此以后，我们的生活内容，大部分是走路，当地人称此"跑反"，即敌人从东来，我们往西走，流动性很大。为了轻装前进，从上海带来的行李大部分打了"埋伏"。走，走，走，不停地在敌人包围圈中来回穿梭，这就是我到解放区以后上的第一课。晚上，露天睡在从老乡家借来的门板上，面向夏夜天空的繁星，耳边拂过从田野上吹来的带有泥土芳香的凉风，我感到崭新的生活开始了。

在四分区学习了一个多月，听了分区首长有关形势的报告，也参加了农村调查。最后，领导决定：一部分人留在四分区，一部分人去皖西区党委机关工作，我就是其中一个。9月17日，中秋之夜，月光满地，我们一队人马在地方部队护送下开始向大别山挺进。9月18日深夜，穿过敌人封锁线，山越翻越高，20日到达三石寺区党委驻地。

这里群山环绕，泉水潺潺，已是大别山区。我们一到，小镇顿时热闹起来，区党委开了欢迎会，文工团演出了歌剧《王贵与李香香》。区党委书记彭涛同志热情地接待我们白区来的学生，他笑着对我说："形势发展太快了，我们连张报纸也没有，组织上决定让你参加办报，你是内行。"

我禁不住面红耳赤，我算什么内行呀？

二、几根扁担挑着走的报社

深夜，万籁俱寂。突然，一声长哨划破长空，人们纷纷惊起，政治部来人在我们门前低喊一声："敌人离我们只有10里地，赶快出发。"于是，我们睡眼蒙眬地急忙整理纸笔稿件、油印机、收音机等，装上五六个竹筐，列队出发。四周是伸手不见五指的黑夜，人们盯住前面一个人影，沿着七高八低的山岩小路摸黑前进，不时有人跌倒，但不能出声也不能抽烟。出一身汗，夜风一吹全身透凉。一口气走20里，坐下来休息时,许多人在几秒钟内就睡着了,有的甚至走路时就睡着了。因此,经常要前后传话:"不准睡着!""不准闭眼!"一直到凌晨,来到一个村庄,好不容易分配到一位老乡家休息,天已大亮。这时候,来不及脱衣,大家一头倒在稻草堆里就睡着了。中午醒来,草草吃一顿饭,就忙于写稿、编稿、刻蜡纸、印刷,保证报纸不脱期。当时连桌子也没有,我们就坐着把稿子放在膝盖上编。晚上,我们都做好行军准备,有些东西就放在竹筐内,只要一听到哨声,挑起扁担就走……

这就是当时皖西日报社的生活情景。我第一次同报社的同志见面,是在一个老乡的家里,名为"报社",可说是空空如也。我会见了报社的负责人方德同志,他由太行山下来,经过鲁南再上大别山的新华社老记者,我跟他学到很多东西。"我们怎么办报呢?要什么没什么。"我很不安地问道。可是,他却信心十足地答道:"走着瞧吧!"

现在,很难想象当年大别山生活的艰苦性。1947年刘邓大军南下,在这里开辟新的战场;后来大军北撤,只留下少数部队同国民党周旋,便天天玩起"捉迷藏"。皖西加皖中,这是我军挺进长江的重要跳板,离南京也不远,国民党当然不肯罢手,一是封锁,二是"围剿",因而尽管当时全国形势大好,我们占领了不少城市,但在皖西、皖中,我们仍处于强敌包围之中,很难有一天安宁。连绵不断的大别山是打游击的好场所,但山区物质条件很差,老乡生活困难,疟疾、粗脖子病、黄疸病流行,商品极端缺乏,在小镇上几乎买不到什么东西。加上蒋管区物价飞涨,群众不愿轻易出售东西来换取一大堆废票,我们只有用银圆同老乡交易,他们才乐于接受。

区党委决定办石印报,但器材要到桐城去买,由于国民党封锁,很难买到。眼看战局捷报频传:9月24日解放济南,10月15日解放锦州,10月17日收复烟台,10月19日解放长春……彭涛同志着急了,他说:"石印报办不成,就办一张油印报吧,反正11月1日报纸一定要同读者见面!"报纸终于如期出版(每两天出一期)。人力胜天,没有油墨,我们自己制造。纸张靠报社派人化装成老百姓到桐城去买,虽只是一些粗纸,却付出了血的代价。我们一位采购员进城时,不慎被敌人搜出解放区粮票和别人托寄的信件而遭逮捕,受刑后关进监牢,一直生死不明。收音机也是自己改造的,靠耳机收录延安广播,往往要到深夜才能听清,然后一字一字地记下来。

收报员往往彻夜难眠，有时连写字的墨水都发生恐慌，好不容易才弄到一包墨水粉。

物质生活的困苦同精神生活的充实形成鲜明的对照，全国各战场天天有好消息，这是最高级的精神会餐。报社是大别山舆论中心，每天都有人来探听消息，一进门就问："小章，可有什么最新消息？"我们几乎应接不暇。彭涛同志经常晚上来，一坐就到深夜。凡有捷报传来，他就高兴地大声唤通信员："去老乡家买二斤花生，我请客！"于是我们一边吃花生，一边听他分析形势，受到很大的教育。他就版面上重要文章和报道如何安排，也给我们出主意，而且经常给我们送书报，因而我们也能看到一些上海出的《大公报》和其他进步刊物。

报社的工作制度是严格的，每出一期报，我们都要开会总结，每星期要开一次党小组会或生活检讨会，相互提些批评意见。12月以后，报社人员增加。自12月1日开始，报纸改出石印版，从而结束了油印报的岁月。

三、反映当时生活的原始记录

在我的桌前，放着两本纸张已经发黄、墨色已经暗淡的小日记本，那是我1948年到解放区后自己买纸装订的，其中记录的都是当时的生活。我在这里摘取几段，也许比我的追述和回忆更能听到一个时代飞速前进的脉搏声。

11月2日（河棚子）晴

《皖西日报》今天开始发行。印刷、刻字、编排都在水平之上，大家想到曾花不少心血在这上面，心中有说不出的高兴。

目前环境是困难的，物资十分缺乏，但共产党有独创精神，无论客观条件多苛刻，我们发挥主观能动性来克服它，不诉苦，不依赖别人，用自己的双手来开展工作。油墨从白区买来的太少，自己用土办法制造，制法很简单，把桐油与锅灰和在一起，油墨出来了，印出来的报纸并不比大城市差。

晚上得到令人振奋的消息：蒋匪在东北的最后巢穴沈阳解放了，大局发展比我们预料的快得多。

11月8日（甘家岭）晴

山区的天气已经冷了，但我们还没有棉衣。昨天传来消息，要我们将报社迁至

20里外的甘家岭，在那儿发棉衣，之后我们立即出发。由于战局节节胜利，加上又能穿上棉衣，大家的情绪特别高涨。

在旅途中，我们一边唱歌一边爬山。满山艳红的枫树、碧清的山茶在向我们招手，山泉在我们头上奔腾，大别山真是太美了。我们一路上采了许多小毛栗，预备到甘家岭后煮着吃。

三小时后，到达甘家岭，把新的黑色的棉衣穿上，感到浑身温暖。晚上一边吃毛栗，一边印刷第四期报纸。这期版面尚美观，内容也还充实，大家一直忙到深夜，没有睡意。

11月11日（三石寺）晴

前天，我们又接到命令，把报社搬回区党委所在地三石寺，昨天我们赶回三石寺。

战局发展一日千里，我军已开始向徐州进攻，外围据点大致"肃清"，蒋军士气低落，纷纷向我军投诚。看来战局将急转直下。我们的思想跟不上形势，如在考虑标题时不够有魄力，拘谨得很。我们中间常有争论：有人希望用激动人心的标题，有人主张留有余地，因而一个标题要商量半天。

蒋管区物价飞涨，这里仍用蒋币，老百姓叫苦连天，昨天一两花生糖只要25万元，今天涨到40万元。区党委昨天开财政会议，决定发行"皖西流通券"，以银圆计算。我们手中有不少银圆，这是从中原大军区运来的。为此，我们在第一版上发表一篇题为《速速驱逐敌币》的社论，说明只有发行自己的货币才能解决人民的困难。原来我们干部每月发180万元蒋币津贴，只能买块糖吃，一袋牙膏要300万元，如何买得起？从12月份起，将改发银圆3角5分，这3角5分比180万元价值高得多，可以买一块肥皂、一袋牙膏，还有余钱买花生吃。蒋管区已实行所谓币制改革，发行"金圆券"，但这是骗人的，老百姓毫无兴趣，这里也没有见到。

这几天空中敌机穿梭，虽然空运频繁，但看来救不了他们的命。

12月3日（晓天镇）晴

昨天在睡梦中突然听到徐州解放的特大喜讯，我们在被中手舞足蹈起来，赶快起来印"号外"。彭涛同志给报社送来一封信，里面说："徐州敌人西窜，蚌埠已入我包围中，南京政府正准备迁移……"

今天一早从镇外住处赶回晓天镇，马上印发"号外"，同时满街去贴红纸捷报，老百姓也议论纷纷。晚上开支部大会，现在报社人员增加到 30 个，方德高兴地说："也许我们可在安庆过旧历年，那时候，我们将出铅印报。"好极了！我们天天连做梦都想早日出铅印报。

12 月 25 日（三石寺）雪

晨起打开门一看，山上山下全是雪白一片，亮得连眼睛也睁不开。

今天开业务检讨会，检查最近三期报纸，发现内容和技术上毛病仍然不少，我们每个人都做了自我批评。

淮海前线的残敌只剩下邱清泉、李弥兵团残部，他们饥寒交迫，靠空运接济，看来马上可解决。我们可能先进合肥，合肥的军事管制委员会已在筹备中，可能由四分区唐晓光政委任市长。想到我们要去接管国民党报社，心中有说不出的兴奋。

新年快到了，这几个月的生活也许令人终生难忘。我感到自己政治上、业务上进步都较快，知识分子自由散漫、怕艰苦等毛病克服了不少，也深感当好一个编辑不容易，在白区学到的一些新闻知识有的不适用，也太浅薄，我要用实际行动迎接新形势、新的工作岗位。

四、一个时代的结束

1949 年，一个伟大的时代已经到来，我国历史上开始了新的纪元。这一年元旦，《皖西日报》也面貌一新，出版对开大张石印报，发表了新华社重要社论《将革命进行到底》，版面全部套红，报头上《皖西日报》四个大字分外醒目。报纸一出，区党委领导非常高兴，我们把它张贴在各小镇上，读者非常踊跃，有一种迎接新时代到来的热烈气氛。

为了出好这期报纸，编辑部全体同志整整苦干了 48 小时，誊写员在石印纸上描写时，编辑一直没有离开。石印开始，大家都在印刷房候着。当第一张报纸印出后，看到鲜艳、清晰的版面，我们禁不住欢呼起来。虽然 40 多年过去了，我的脑海中还时常出现当时欢腾的一幕。

报社的队伍也在扩大，又来了一位新的领导人林采同志，他也是从太行山下来的，原为四分区的宣传部部长。

1月31日北京宣告解放。在安徽，大军已占滁县，直指浦口，南京、上海一片混乱；在皖西，霍山、舒城也相继解放，合肥城内的敌人也是一片混乱。这时候，报社随区党委进驻毛坦厂。毛坦厂是个较大的市镇，我到解放区后还是第一次到这样的大镇。这里地势比较开阔，可以看到整块的田地和遥远的天空，使人心旷神怡，这种心情只有从高山下来的人才能感受到。报社安置在离毛坦厂5里外的一个茶坊内，房屋比较宽敞，生活条件也有所改善。

在毛坦厂，我们度过了一个非常愉快的春节。不久，六安城解放，2月上旬，报社迁往六安市，开始时安置在城内一所女子中学内，后来学校复课，又搬迁到一家逃亡地主的楼房内。我们原想在六安市出铅印报，但这个愿望没有实现，当时六安还很落后，没有铅印设备，因而仍继续出石印报。但一进城市，精神生活就更丰富了，我们读到不少兄弟报纸，如济南出版的《新民主报》、中原大军区出版的《中原日报》，这些报纸在标题和版面安排上给我们很多启发。市内还举办了介绍淮海战役第一阶段的画展，使群众看到了战斗的现场情景。戏院内还有京剧班子在演出。六安城内当时约有五六万居民，很热闹，店铺都已开张，物价也很便宜，以银圆算，鸡蛋五分可买四个，花生一角钱一斤，我们还喝到了著名的六安瓜片。

新事物扑面而来，激起了我们的采访欲望。我们开始执行记者的任务，我参加了六安市政府领导人召开的为大军南下筹备粮草的会议并做了报道。报社为了鼓励大家努力工作，开始发些稿费，我第一次拿到的稿费是一角钱，感到特别可贵。

一个时代宣告结束了，《皖西日报》也完成了自己的历史使命。安徽省将成立省委会，上级命令我们准备南下接管安庆市新闻单位，因而，1949年3月1日，《皖西日报》编好最后一期就停止出版。这张战火纷飞中诞生的党报，前后共出了60期，我一直保存着报纸的合订本，但在"文革"期间几次搬移最后丢失，十分可惜。

不久，我们离开六安，步行了8天经合肥来到安庆前线。这里，我们经受了国民党飞机的多次袭击，在隆隆炮声中一边学习进城政策和守则，一边总结《皖西日报》的工作。通过这次总结，我在政治上、业务上又有了新的收获，为今后从事新闻事业积累了可贵的经验。

但是，我终究没有进安庆城，在安庆解放前夕，上级命令报社一部分同志去南京，留下部分人准备进驻安庆。我是去南京的，由林采同志率领，重新回到合肥，4月30日我们随大军过江，昂首阔步开进南京城，开始接管国民党中央新闻单位。从此，我离开了安徽，离开了《皖西日报》的同志们，踏上了新的征途。

原载陈忠贞主编:《皖西革命回忆录·第三部·解放战争时期》，安徽人民出版社，1991年，第491～502页。

战火硝烟桃李香

◎ 李 香 何 鹏

　　1948 年秋，随着军事斗争的逐步胜利和新区政策的深入贯彻执行，皖西局势日臻稳定，区党委决定在采取恢复经济、改善群众生活措施的同时，有计划地组织群众办学，逐步恢复教育事业。此时区党委要我带一个小组主持其事。小组成员共 5 人，包括向明（1949 年初任桐城县教育科科长）、肖雍（1949 年初任舒城县教育科科长）和 2 个通信员。

　　临行前，我向区党委请示工作，区党委几个领导非常重视，对今后教育工作的任务与要求，工作中可能遇到的困难，甚至工作方法和步骤都分别作了指示。区党委书记彭涛同志要我们"下去先实际体验，有困难，将来再共同解决"。皖西行署主任罗士高同志指示我们，"计划不要太大，要求不要太高。调查工作与行动结合起来，不要孤立地分开，开会的次数也不要太多"。皖西军区政治部主任何柱成同志则要求我们平时多同老百姓闲谈，因为在闲谈中常可发现问题。

　　我们还征求了当时任皖西日报社副社长的方德同志的意见，他要我们从群众的经济条件、政治觉悟和敌我斗争形势三方面去考察实际情况，不要凭主观想象。

　　到工作地区后，我们主动向舒城县县长杨震等同志了解地方实际情况。他们告诉我们小组，农民虽有学文化的热情和办学要求，但有一定的困难，如学龄儿童要干农活，缺少师资和校舍，少数群众在政治上还有顾虑。

　　根据上级指示，结合当时当地实际情况，我们决定边调查边发动办学，稳扎稳打，争取发展一个，巩固一个。从9月24日到12月10日两个多月时间里，我们就在庐镇关、晓天两个区的沈河、新村、黄土、小街、祝太、马堰、柳林、皂角、黄柏等9个村和庐镇关、晓天、河棚3个小镇，先后创办和恢复5所初级小学和9所新式私塾。所谓"新式私塾"，就是传统的坐堂式教学方法不变，但在新教材未编出前，临时采用国统区编印的语文教材，废除《三字经》《百家姓》《千字文》等传统教材，并适当增加反映解放区情况的新内容。如新课文《黄柏村，好乡村》：

　　黄柏村，好乡村，

　　山又高，水又深，

　　我们发展生产，大力支援解放战争。

有的青年教师，还讲一点算术和唱歌。这些小学各有二三十个学生，教师三四人；新式私塾各有十多个学生。教员都是本地贫苦知识分子，大部分是中老年教师，也有少部分是上过中学的年轻人。他们的共同特点是对党的政策比较了解，倾向革命。在办学中我们要求各学校注意吸收女孩子入学，禁止打骂学生。

虽然皖西还处于战争环境，但区党委十分重视教育工作，不仅专门发出有关教育工作的文件，对教育工作做了比较切实的部署，而且注意对区乡干部进行教育，提高他们对教育工作的认识，要求他们在抓军事、财粮工作的同时，还要过问学校工作。对于办校工作中的具体困难，他们要尽量帮助解决，如缺乏校舍就租借民房或公房；教员家庭困难，在公粮中支给一定数量的米贴，并组织代耕；教学业务问题，则通过业务研究会，漫谈讨论，相互提高。

这些山区小学的建成，不仅解决了部分学龄儿童在战争环境里的就学问题，为全境解放后教育事业发展创造了一定条件，而且也在政治上提高了基层干部和广大群众对革命胜利的信心。

进入1949年后，随着皖西全境解放，城乡教育事业得到迅速恢复和发展。早在进城之初，区党委就做出"对教育机关应严加保护"的指示。皖西行政公署还专门发出《关于恢复学校工作的指示》，规定今后学校应"培养大批有文化知识、科学技术和革命思想的各种知识分子，以发展生产建设事业，全力支援革命战争"。学校工作中的首要任务是"有重点有目的恢复各地原有的公立中学师范、职业等学校，培养各种干部，以应建设事业的需要"。指示还对学校恢复中所遇到的教职工配备、反动组织的处理、课程设置、经费管理、使用教材等问题都做了具体规定。指示还强调各级政府应加强对各级学校的领导工作。此外,行署教育处还给皖西教育界发出公开信,要他们认清革命形势,迎接解放,保护好校产,团结教育界人士。此信是由蒋管区进步人士传递出去的。

当时各级政府都很重视对旧学校的接管和恢复工作。例如当时三地委召开的县委书记、县长联席会议,就专门研究了恢复学校的问题,还对各类学校的隶属关系、教职员和经费问题做了具体规定。此后还减免了公私学校田产的税收。

皖西各县城的解放,大都在寒假期间。为了不延误开学,做好衔接工作,各县市文教科迅速组织力量进行接收工作,委派各校负责人,利用原有师资和设备积极筹备开学,在党和政府大力支持与教职员工的积极努力下,及时做好各项准备工作,3月份后各校相继开学上课。

皖西区党委还很重视干部的培养和教育。从1948年下半年开始,为适应新形势的需要,决定创办安徽公学,以吸收新区广大知识分子参加学习和工作。公学是培养革命干部的学校,区党委任命当时的四地委书记唐晓光为校长,我任副校长,徐志明同志任教育长。学校以学习政治理论为主,内容有革命形势讲话、党的政策报告,以及党史、社会发展史、革命干部修养等方面的内容。学习方法则采用请党政领导干部做报告,小组讨论、个人自学,撰写学习心得。还联系国统区、解放区不同的实际情况,进行大组讨论。公学开办之初,即有四五百名具有高中以上文化水平的中青年知识分子参加。他们通过两个多月的短期学习,大都被分配到地方工作,其中一部分人入伍后随军南下。

皖西公学最初校址设在六安县毛坦厂镇,不久六安城解放,学校即随党政机关搬入城内,接待站设在中正小学(现城北小学)内。这时,有不少外地知识分子到六安参加公学,涡阳县有个校长,一次就带了100多名学生来。据当时皖西行署文化委员会不完全统计,仅他们介绍入学的就有2000多人,为此,还受到上级通报表扬。

1948年底,随着革命形势飞快发展,培养大量干部已成当务之急,区党委决定在三分区内分别创办安徽公学的3个分校,并决定由我带100多名安徽公学学生到一分区参加支前工作。进入二次解放后的太湖县城,一地委副书记傅大章要我在太湖开办安徽公学三分校，以培养急需的地方干部。地委要我主持校务。拟出教学计划，经过短期筹备，学校即正式开学。太湖、潜山、桐城、怀宁、望江、宿松及附近湖北省的黄梅、英山、广济等县600多名知识青年经考试录取入校。其中半数为解放前即有进步活动的太湖县白沙中学师生。地委为加强对学校的领导，还指派梁秘书长和太湖县委委员杨杏珍到校工作。傅大章同志还专门到校检查工作，并向全体师生作形势报告。经过短期政治理论学习，学员们有的就近分配工作，有的参军，南下后在四川、云南一带工作。

安徽公学及其3所分校的建立时间虽然不长，但培养了数以千计的革命干部，对革命事业做出了一定的贡献。

原载陈忠贞主编：《皖西革命回忆录·第三部·解放战争时期》，安徽人民出版社，1991年，第503～507页。

前哨剧团在皖西

◎ 辛晓锐

向前！向前！

解放战争捷报传，

进军号声响彻天。

向前！进攻！

打过黄河，跨过淮河，

一下插到大别山，

…… ……

解放军红旗插上大别山，

中原人民把身翻。

向皖西急进的刘邓大军东路第三纵队的队伍里，时时传来嘹亮的战歌声。这支歌是三纵文工队——前哨剧团巴比伦在进军路上创作的，这支歌一直鼓舞着部队前进。

前哨剧团建立于 1938 年，原是山西青年抗敌决死第三纵队政治部剧团，后成为太行军区第三军分区宣传队。抗日战争中，他们在战斗中成长。解放战争中，前哨剧团编归晋冀鲁豫野战军第三纵队，改称文工队，一直战斗在前哨，转战冀鲁豫平原。下陇海、渡黄河、战羊山，部队打到哪里，哪里就有他们的足迹。他们除坚持给部队演出外，还在战场救护伤员，带民工担架队，收容俘虏，向战地送弹药。

一句话，战争需要什么就干什么。

进军大别山时，他们冒着盛夏酷暑和敌机干扰，忍受着饥渴困苦和行军疲劳，和部队战士一样长途跋涉，昼夜兼程艰难地通过积水齐胸和淤泥过膝的黄泛地区，渡过淮河，抵达大别山。

进军途中，他们贴传单，写标语，向群众做宣传。住下休息时，还经常组织小型演出。一次在苏家埠演出，三纵曾绍山副司令员在场地讲述红军在苏家埠战斗情况。参加过和目击过这次战斗的老乡听了，都高呼："当年的红军回来了！"年仅11岁的小队员史福喜，每到一处就抓紧时间写标语，宣传我军必胜、蒋军必败的道理。群众有的称赞他字写得好，有的说他像当年的"红小鬼"。

解放六安时，前哨剧团随部队进城，协助部队征集棉布，准备过冬棉衣。在10月上旬歼灭敌八师六十二旅的张家店战斗中，全体同志都参加了战勤工作。战后又组织了战俘收容所，在晓天镇收容、资遣全部被俘敌军军官。部队在大别山铺开后，文工队抽出一部分人跟随坚持大别山斗争的皖西人民自卫军到太湖县筹粮、筹款、筹布做棉衣。队长李漠同志还兼任了一段时间的太湖县县长。

我军进皖西不久，成立了皖西区党委和皖西军区。三纵队主力部队转到外线后，文工队全部留在皖西军区，分配到一军分区的潜山县开展工作。文工队对外改名工作团，指导员张锐任工作团团长兼水吼岭区委书记。文工队划为四个工作组，李根源为石河子工作组组长，牛畅为九山锡仗工作组组长，米荫锡为黄龛工作组组长，李漠为雾上、雾下工作组组长。

工作组下去后，迅速展开了访贫问苦发动群众工作。各村先后成立了贫农团，组织了民兵，建立了人民政权，然后开展土改，并为部队筹集粮款。

1948年春节过后，敌人对水吼岭一带进行"清剿"，又在水吼岭镇安了据点，并以还乡团为先锋实行疯狂镇压。有的干部被抓走，有的民兵、积极分子被杀害或被逼外逃。敌人凭借军事优势用恐怖手段摧毁了人民政权，恢复了保甲制度，刚露了笑脸的贫下中农，又陷入灾难之中。我们只好放弃土改工作，把文工队变为"武工队"，人手一枪，采取时而集中时而分散的办法对付敌人。我们在乡村里时隐时出，周旋于丛山密林之间，宣传我党的政策，召开伪人员家属会瓦解敌军。

斗争越来越艰苦。敌人在"清乡"时提出活捉×政委、×队长（群众对工作组长的叫法）赏××担谷子。敌人还经常派武装小组偷偷地闯进村子，钻山沟，向我们突然袭击；晚上还派人到周围山头上点火、喊叫，想使工作团陷入四面楚歌的境地。我们则采取夜间到水吼岭据点摸哨的办法，打击敌人嚣张气焰。一天晚上，雾下保恶霸地主葛士良，找来十几名国民党士兵在村边布好岗，把老乡集中在一起搞反攻倒算。就在这时，文工队队长李漠带几个人赶到现场。不等葛士良把话说完，吕学周同志一个箭步把他绊倒，紧接着其他文工队员又抓住三个坏蛋。没等村外的国民党士兵发觉，就都用刺刀结果了。另有一次，为敌人送情报的特务程和尚也被吕学周用刺刀捅死在大路上。吕学周同志一时成了传奇人物。

军分区直接派出的由胡奇、关夫生率领的工作组共 10 余人，也被迫从福太保和上、下心田撤出，和我们会合。工作团和上级领导机关失去了联系，处于岳西、英山、太湖、潜山和水吼岭几个敌据点的包围中。这一狭小地带，是敌四十八师的"清剿"区。我们用抗日战争时期在太行山打游击的经验，凭借复杂的地形，时分时合，像捉迷藏一样与敌周旋。我们把周围的山头和隐蔽点分别编号，并规定了联络暗号。为防意外，每次分散都规定两个以上联络点和集合点。多数情况是白天分散在周围点上搜集情况、监视敌人，临晚集结转移。每到一地先放好警戒，严密封锁消息，只准进村，不准出村。住宿很少一整夜的，常常凌晨两三点就转移，这就使敌人的拂晓奔袭一次也未得逞。

那时我们物质生活很困难。因为和上级失去联系，春天换不了季，就把棉衣掏去棉花穿夹衣，夏天又把夹衣改成单衣。工作团活动范围不大，当地群众生活也很困难，但都省吃俭用支援我们。我们则打借条，用来顶下季公粮。环境和生活虽然艰苦，但队里同志都很团结，并发挥党支部的战斗堡垒作用和党员的先锋模范作用，大家同甘共苦，同生死共患难，无一人悲观动摇。

工作团在水吼岭区和敌人周旋了半年之久，也遭受到一些损失。在另一工作组的刘让同志在敌人"清剿"时被地主武装杀害了，还有位队员送信时被敌人抓获。

1948 年夏季，经过多方侦察，我们终于在岳西县店前河附近找到了分区机关和三纵队二十团。工作团恢复为文工队后，就随军分区活动。文工队员和游击活动中收容的外单位零散人员共 50 余人，组成临时警卫部队，负责保护军分区的电台，同时为部队做小型演出。

1948年初，皖西军区领导曾派政治部宣传科科长辛鹰随炮兵营（实际是步兵，大炮已埋藏）去水吼岭附近寻找被敌人包围的三纵文工队，由于敌人封锁摸不清文工队的行踪，随后军区首长决定：由辛鹰和王知十、张玉群这三个前哨剧团的老同志带领新参军的本地青年学生20余人，组织一个轻便演出队，以满足部队对文化生活的迫切要求。演出队经过半个月的准备，排练了《劝夫打老蒋》（黄梅戏）、《诉苦会》（秧歌剧）、《小放牛》等几个短小精悍的节目。加演几套魔术，弥补节目的不足。

由于部队长期看不到戏，山区群众更难看到，演出队在官庄和庐镇关的首次演出深受当地军民的欢迎。其中黄梅戏《劝夫打老蒋》和《小放牛》更受欢迎。辛鹰耍了帽子炒蛋、万花筒、空中吊瓶、手表搬家等几套魔术，也很受欢迎。

那时二、三军分区环境虽比一军分区好些，斗争也很艰苦，吃粮也还困难。为减轻部队负担，以便于机动作战，同时解决吃粮困难，军区首长决定演出队单独活动。于是演出队开到晓天、庐镇关、官庄之间活动。这三个点相距各30里，三角地带山高林密，群众基础好，便于隐蔽。这里群众一听说解放军来演戏，争着请我们去演出，使我们应接不暇，常常一天演出两场。虽然当地产粮少，平时群众靠到外边卖山货买回粮食弥补不足，因为战争，山货出路不多，所以筹粮也有困难，但仍然慷慨地借粮食给我们，我们的吃饭问题也解决了。

1948年秋，三纵队文工队身背武器和全部乐器从一军分区胜利地回到皖西军区驻地——舒城县晓天镇，受到军区首长和领导机关的热情欢迎。辛鹰、王知十带领的小演出队即并入文工队，开始边排练边为部队和群众演出。

新排的节目有《王贵与李香香》（歌剧）、《坚持大别山》（快板剧）、《买卖公平》、《消灭保三团》（歌剧）、《血泪仇》（歌剧），还创作了组歌《大别山联唱》。其中《歌唱大别山》一歌，解放后又经洛水同志改歌词为《歌唱二郎山》，流行全国。

辽沈战役结束后，华东和中原野战军又发起淮海战役敲响了彻底埋葬蒋家王朝的丧钟。大别山区的反动地主如丧家之犬——有的外逃，有的表示悔过自新，有的反动武装把我们被捉的人礼送回来。

1949年1月底，震惊中外的辽沈、淮海、平津三大战役胜利结束。是年春节前夕，皖西军区举行盛大的春节晚会，庆祝胜利。会上，政委彭涛同志表扬三纵队文工队——前哨剧团是一支打不烂、拖不垮的坚强队伍，既能文又能武，既是演出队和工作队又是战斗队，很好地继承了老红军和老八路宣传队的光荣传统。军区政治部主任何柱成同志代表皖西军区和皖西区党委授予文工队以"大别山文工团"的荣誉称号。

演出结束后，文工队的同志谁也不想去睡觉，不约而同地会集到队部。大家一面嚼着节日的糖果，一面回忆着过去的战斗历程，又激动地唱起《前哨剧团团歌》来。

> 不怕我们年纪小，
>
> 我们战斗在前哨。
>
> 用戏剧的武器把日本强盗打倒！
>
> 钢铁的歌声为民族解放而怒号！
>
> 在舞台上，
>
> 在偏僻的村庄，
>
> 在前线在敌人的后方，
>
> 看，我们少年的先锋，
>
> 我们民族的前哨，
>
> 掀起了民族解放的怒潮。
>
> 怒潮！洗刷民族的耻辱，
>
> 怒潮！消灭敌人的狂暴，
>
> 怒潮！把几十年的耻辱一笔勾销。
>
> 同志们！同志们！努力在今朝；
>
> 同志们！同志们！战斗在前哨。

原载陈忠贞主编:《皖西革命回忆录·第三部·解放战争时期》，安徽人民出版社，1991年，第 508 ～ 514 页。

热血浇出幸福花

——忆张克前同志

◎ 赵子厚　李景中

张克前同志是我们的老战友，于 1947 年一起随刘邓大军千里跃进大别山，他担任了独山县委副书记，在反敌围攻时英勇牺牲，成为重建皖西根据地过程中牺牲最早的县级干部。

克前是山西省昔阳县人，1921 年出生在一个人口众多的农民家庭。9 岁时，父母靠着借贷让他上了本村小学。由于反动政府的苛捐杂税，地主的高利盘剥，再加连年歉收，致使家庭债台高筑，克前无奈，只得中途辍学。为了贴补家用，少年克前在家务农赶脚，又给人帮了 3 年工。

1937 年八路军到昔阳县东川一带建立抗日根据地，克前响应中国共产党的号召，积极投入抗日救亡工作，参加抗日宣传工作，进步很快，1938 年 2 月便光荣地加入中国共产党。他在担任河北获鹿县委书记期间，领导全县干部群众进行政权建设，开展对敌斗争。他虽然才二十出头，但已经是一个政治成熟、富有经验的领导干部了。

1947 年，克前积极响应党的号召，随刘邓大军第三纵队南下，经过长途跋涉，于 9 月 2 日进入被我解放的皖西重镇六安县城。在城关，克前与南下干部一起投入新区城市工作，向群众宣传全区政治形势与新区城市政策，筹备布匹、食盐等物资，以支援南下大军长期作战。

进城不久，于一川同志传达上级指示，决定留宋尔廉、王冲霄、赵锦章等 20

余位同志在城坚持工作，我们和张克前、赵振华、李延泽、杜炳南等同志及勤杂人员全部进山成立中共独山县委和县政府，在山区建立根据地。

在独山县，克前担任了县委副书记，和赵子厚一起分工负责县委和县政府机关日常工作。克前在独山工作时间虽然不长，但他对工作严肃认真、以身作则，对同志热情诚恳、体贴关怀，给大家留下深刻印象。

作为一个长期从事党务的政工干部，克前善于做深入细致的思想教育工作。9月中旬，当机关迁驻独山街时，有部分干部、战士误吃了桐油，以致上吐下泻。有的同志认为这是敌人破坏，必须追查，弄得很紧张。而克前则是深入细致调查了解，在摸清情况后，做好干部、战士思想工作，安定情绪，同时采取措施，使中毒同志迅速恢复健康。

克前对干部、战士从生活上关心，政治上爱护。到独山的部分同志，因不服南方水土，消化不良，有的患起疟疾，有的在战斗中负伤。其中部分同志就驻在县委所在地戴家茶行附近的村庄里，克前便经常抽时间去探望他们，关心他们的生活和医疗情况。伤病员恢复健康，重新分配工作前，克前都要找他们谈话，征求意见，提出要求。李景申病好重回冷水冲工作前，克前找他谈了工作，还亲自包饺子请李景申吃。克前严于律己，对干部也严加要求，由于他与县委一班人的模范带头作用和对干部的政策教育，在分配地主粮食和浮财时，南下干部中没有一个私分乱拿。

独山县新建，需要大批基层干部，克前把很大精力放到对新干部和基层骨干的培训上。他除了利用会议宣讲党的方针政策，传授工作方法，进行思想教育，还在龙门冲红石岩金大庄开办培训班，集中农会、民兵骨干进行了10多天的培训。由于克前同志南下前就做过党员训练工作，因此他能根据对象，深入浅出地宣讲全国解放战争的形势和任务，党中央毛主席对重建大别山根据地的决心，以及党在新区的政策。培训班还采取诉苦会的形式，引导学员们揭露国民党反动派及地主阶级的罪行，认识参加革命的意义，从而大大地激发了学员们的革命斗志。

克前生活一向艰苦朴素，身患胃病，生活从不特殊，但对同志他却关怀备至。他穿的是一双破旧布鞋和自己打的草鞋，南下时带的一双新布鞋一直舍不得穿，当他看到县委警卫班长田风鸣没鞋穿时，便送给了他。由于工作关系，田风鸣常常风里来雨里去，克前又将自己仅有的一件雨衣送给田风鸣穿。忆起往事，田风鸣同志便激动不已。

南下行军十分艰苦，克前又患上痢疾，一路得不到治疗，到六安时身体已十分虚弱。进城后，他向组织提出留在六安，但大家以为独山是山区，环境相对稳定，也有利于克前的休整治疗，便决定他到独山县工作。当县委从独山转移到落地岗后，没料到敌第四十六师一个营从霍山方向长途奔袭，突然包围了县委驻地戴家茶行。克前同志当即沉着冷静地组织留在机关的同志一边销毁机密文件，一边分头突围。他是在大部分同志已突围，自己枪弹快打尽时才开始突围的。他无力爬山，只有沿通向龙门冲的小路突围，被敌击伤。为了保守党的秘密，他边跑边撕毁随身带的笔记本，并回身射击。子弹打完后，他还将自己使用的盒子枪拆散甩掉。他孤身作战，最后被敌杀害在路边，时年仅 26 岁。

克前和其他同志的牺牲，激起我们对国民党反动派的无比义愤，同志们决心在反"清剿"斗争中，以多打胜仗、多消灭敌人来为烈士们报仇。

1948 年 9 月 23 日，皖西区党委在三石寺召开全区县以上干部会议，会议期间还组织了一次悼念烈士的活动。赵子厚在烈士名单中看到了克前同志的名字，不禁思绪万千，勾起了对烈士的怀念，于是利用休息时间写了一首长诗。现在让我们用其中的诗句来结束这篇文章，以悼念张克前同志。

> 克前，克前，
> 你离开我们已经一年。
> 参加追悼活动，
> 更增添了我的思念。
> 决心继承你的遗志，艰苦奋斗，
> 向前，向前！

（庞良举　整理）

原载陈忠贞主编：《皖西革命回忆录·第三部·解放战争时期》，安徽人民出版社，1991 年，第 515 ～ 518 页。

怀念白涛同志

◎ 张延积

白涛同志于 1948 年 7 月 7 日，被国民党反动派杀害在金寨县老城城郊。时至今日，他那充满乐观主义的革命豪情，全心全意为人民服务的高尚品德，仍不时萦绕于我的脑际。他不愧是一位坚强的无产阶级革命战士，一位优秀的共产党员。

白涛同志原名袁怀义，字炯涛，1915 年出生在河南省内乡县丹水区袁沟村（现归西峡县）。他自幼勤奋好学，酷爱书法，是闻名乡里的高才生。1932 年在北平精业中学读书时，即接受中共地下组织的教育，思想进步很快，经常参加学校各种政治活动，帮助党组织传送信件，隐藏秘密文件。1933 年转到开封高中读书，曾积极组织同学，进行抗日救亡宣传。为了反对蒋介石对日寇侵略的不抵抗政策，他曾参加开封学生南下请愿团，在数九寒天，卧轨四天四夜。

1937 年 9 月，经党组织介绍，白涛同志和一部分同学冒着敌机轰炸危险，到达山西前线参加八路军。由于他工作积极，对敌斗争坚决，年底便光荣地加入了中国共产党。

1939 年，白涛同志担任中共中央北方局交通科科长。1941 年，党组织派他到日寇"蚕食"严重的辽西担任县委书记，后调到斗争复杂的辉县担任县委书记。由于他的能力强，工作认真果断，这些地方群众运动和政权建设都搞得很好，地方武装得到壮大，对敌斗争得到加强，多次受到上级表扬。

由于林县靠近平汉铁路，临近国民党反动派豫北重要据点安阳，为了加强林县工作，1946 年党组织又调白涛同志任林县县长。

1947 年 6 月，晋冀鲁豫中央局决定抽调大批干部随刘邓大军挺进大别山区，白涛同志随三纵队南下到达金家寨。县城解放后，组织上决定白涛同志留金寨县工作。后因三纵队奉命向六安一带挺进，金寨由二纵队接防，并划归鄂豫一地委领导，地委决定由我担任金寨县委书记，白涛同志担任县委副书记兼县长。当时我曾想：白涛曾在太行区担任县委书记多年，工作经验丰富，由他担任县委书记较合适，但当时任务紧迫，不容许有过多的个人考虑。我从和白涛同志的相处中，了解到他是一位组织观念很强的同志，根本不会计较个人职位高低。他待人诚恳，能顾全大局，体贴同志。当时尽管金寨干部来自各个方面，但县委一班人，团结得甚好，工作开展得很顺利，这和白涛同志高尚的革命品德、极强的组织能力是分不开的。

白涛同志不但工作有魄力，办法多，而且很有文采。1932 年秋，红四方面军主力撤离，国民党卫立煌部队占领金家寨后，将商城、固始、霍邱、六安、霍山五县边界地区各划一部分，建立立煌县。1947 年 9 月 2 日，我三纵队八旅解放立煌后，经县委决定，报经上级党委同意，决定将立煌县更名为金寨县。县委决定以县长的名义出一张布告，一方面向全县人民宣布更改县名，一方面宣传一下党的政策。白涛同志略一沉思，便用群众喜闻乐见的五言诗句拟出文稿，然后欣然挥笔写了十几张布告张贴全县重要集镇。记得开头几句是：

> 查我金家寨，大别山中心。
> 革命根据地，中外有威名。
> 立煌本战犯，不应留臭名。
> 改名金寨县，历史面貌真。

大家看后无不敬佩他的才思敏捷，书法流利。

白涛同志工作非常投入，善于做群众工作。其时，金寨境内反动乡保武装数量很多，在红军时期曾和我们较量多年，积累了一套反革命经验；在我刘邓大军到达后，均暂时龟缩到深山老林，利用我南下干部人地生疏的弱点，一遇机会，就偷袭我区、乡政府，残杀我工作人员。白涛同志经常率领部队深入敌人盘踞地区，发动群众诉苦，揭露匪霸罪恶，指挥剿匪反霸，每次都能出色地完成任务。

白涛同志是一位不畏艰难、勇挑重担的领导干部。我们进入金寨县后，经过三个多月的工作，在大部分地区初步发动了群众，剿匪反霸工作取得很大成绩。尤其在西部、西南部地区，残匪基本"肃清"，已成为后方基地。但金寨以东地区，由于山高林密，又是反动头子黄英的老巢，土匪恶霸活动十分猖獗。11月中旬，地委在抱儿山召开会议，二纵队参谋长王蕴瑞、军政处处长刘大坤同志出席了会议。会上决定将金寨县划分为金寨、金东两个县和金北工委，提出对金东地区盘踞的反动民团实行重点清剿。金东斗争尖锐，环境艰苦，白涛同志坚决到金东工作。地委研究同意由白涛同志担任金东县委书记兼县长。白涛同志到金东后，很快将县委、县政府及各区委、区政府建立起来，大力进行"蒋必败，我必胜"的宣传工作，对敌乡保武装开展政治攻势和军事清剿，工作进展得非常顺利。12月下旬，反动头子黄英老八团和罗田县自卫团陈新民部200余人，企图包围我活动于前畈黄泥墩的县大队一部（当时只有48人）。由于事先得到群众送来的情报，我军占领了有利地势，给进攻之敌以沉重打击，击毙黄英匪部副大队队长鲍长荣。

但狡猾的敌人对人民的胜利，无时不伺机反扑。1948年春，由于我刘邓大军主力遵照党中央、毛主席的战略部署转移到外线作战，大别山只留少量主力配合全区武装坚持斗争，敌军便趁机频繁对我后方医院、县区武装进行长途奔袭，使我县区地方干部受到严重损失。5月中旬黄英匪部勾结桂系第四十八师一部，向金东县前后畈展开进攻，将我县大队包围于前畈胡家山地区。白涛和县大队长张绍基同志指挥部队和敌人展开激战，由于敌人三面包围，兵力多，火力重，县大队和地方干部受到损失。白涛同志率部突围后，夜间行军时与部队失去联系，隐蔽在一个老百姓家里。由于坏人告密，正在烘烤衣服的白涛措手不及，不幸被捕。敌人捕获白涛后满以为可以诱降立功，可是每次审讯，都使敌人大失所望。面对敌人威逼利诱，白涛坚贞不屈，总是把敌人痛骂一顿。

白涛同志被敌人押解到当时被他们盘踞的金家寨。一次放风，他与被捕的漆店区委书记江川同志相遇（后江川被敌押解到蚌埠时跳火车脱险，到叶集归队）。白涛镇静地对江川说："我决定准备牺牲，你要多保重。"并向江川同志念了《木兰诗》中的"将军百战死，壮士十年归"，充分表现了白涛同志视死如归、革命必胜的英雄气概。敌人对白涛无可奈何，便于1948年7月7日，以召开抗战11周年纪念大会为幌子，欺骗了一些群众和学生参加，借机审判杀害白涛同志。白涛同志自知敌人要下毒手，便换上干净衣裤和新草鞋，泰然自若地被敌人带进会场。当敌团长气势汹汹地逼令白涛交代"罪行"时，白涛却慷慨陈词，痛斥国民党反动派挑起内战、祸国殃民的罪行；高呼"中国共产党万岁""毛主席、朱总司令万岁"，"中国人民解放军还会回来的"等口号，最后英勇就义，终年仅33岁。和白涛同志一起被敌人杀害的，还有我城关区区干队队长袁化民同志。白涛同志遇难后，敌人为了恫吓群众，残忍地将其暴尸城关，并扬言"谁敢收尸与白涛同罪"。但金寨人民并没有被吓倒，他们对白涛同志在敌人面前大义凛然、视死如归的高尚气节，无不称赞。贫农吕绍先夫妇怀着对烈士无比崇敬的心情，冒着生命危险，趁夜深人静，将其收殓安葬。

当时金寨、金东、金北三县部队和干部，都随同地委、专署、军分区在金北叶家集一带集中活动，闻听白涛同志被敌杀害，许多同志都流下了沉痛的泪水。地委召开几千人的追悼大会，隆重悼念白涛同志，许多同志在大会上发言，决心坚持大别山斗争，为白涛等牺牲的同志报仇。我的文化水平不高，更不会写诗，但出自对白涛烈士的敬仰，当时曾写了几句感言，现抄录于下，作为对白涛同志的怀念。

痛悼英勇的人民战士——白涛同志

宁愿断头死，绝不屈膝降。

金寨白县长，名垂青史扬。

法庭与敌辩，临刑骂贼党。

心坚如铁石，气节似冰霜。

血洒金家寨，浩气贯长江。

烈士为民死，父老皆叹仰。

原载陈忠贞主编：《皖西革命回忆录·第三部·解放战争时期》，安徽人民出版社，1991年，第519～523页。

忆"妈妈"

◎ 王来虎

　　我有两个好妈妈，家里的妈妈给了我第一次生命，大别山的妈妈则给了我第二次生命。

　　1948年冬，我们霍山县民主政府的工作人员和武装部队，为了牵制皖西敌军，以配合淮海战役，对敌开展积极的军事打击，而我却因身患重病，不得不留下来养病。当时，我住在狮形老屋蔡世开家里，还有一部分缴获的枪支弹药也藏在蔡家的阴沟里。蔡世开是武工队队长，他的母亲储德香老大娘，把干部、战士都看成是自己的亲人。她勤劳纯朴，整日为大家烧水做饭，洗补衣服，忙个不停，就像我们的母亲一样，所以大伙都爱喊她"储妈妈"。

　　1949年初，孙家畈土顽头子蔡子玉探得此情后，便勾结东西溪、管驾渡、磨子潭等地顽匪，窜入堆谷山地区搜查。我在储德香及其丈夫蔡荣天的掩护下，转移到深山石涧里隐蔽。

　　3月16日晚，阴云密布，夜色昏暗。蔡子玉和警保大队长刘疯子带着一群匪徒，于深夜10时许，围住了狮形老屋。刘疯子带着几个匪徒闯进了储德香的家，装出一副伪善的面孔，企图从储妈妈口中哄骗出我和枪支弹药的下落。储德香报之以轻蔑的目光一声不吭，于是他又凶狠地进行威胁，储妈妈仍是镇定地回答："不知道！"刘疯子情急无奈，喝令匪徒把各家的人都赶出来，到屋内搜。顷刻间，屋内倾箱倒柜、挖地捣墙之声交织在一起，闹得人畜不安，鸡犬不宁，可是什么也没找到。

刘疯子凶相毕露，喝令匪徒把储德香带到屋里，他一手拿着手枪一手拎着黑漆棍，逼问枪藏在何处。储妈妈愤怒地回答："你们不是搜过了吗？"又追问王来虎藏在哪里，"他长的有腿，走也不跟我讲，我怎么晓得？"刘疯子什么也没问出来，一时恼羞成怒，举起黑漆棍就打，储妈妈机敏地将身子一偏，黑漆棍打在地上断成两截，刘疯子的手震得生疼。他暴跳起来，命令匪徒把储德香捆起来。储妈妈一腔愤恨，两臂一甩，竟把先来的两个匪徒甩倒在地。接着匪徒蜂拥而上，储妈妈拼力挣扎，狠狠吐了刘疯子一脸唾沫。刘疯子一面用手擦脸上的唾沫，一面咆哮："吊起来！吊起来！"兽性大作的匪徒遵照刘疯子的命令，把储妈妈的双臂反绑起来，吊在屋梁上，背上压上石磨，头上卡上水瓢，下面烧起稻草。疼痛使她冷汗浃背，烟熏得她双眼流泪，鼻孔出血。

　　储妈妈肉体虽受创伤，斗志却更昂扬，她愤怒地痛斥匪徒们："你们末日就快到了！"面对这位坚贞不屈的老大娘，刘疯子黔驴技穷，疯狂地喝令匪徒们用铁丝扭成的鞭子狠命地抽打。鞭子抽一下就是一条血痕，储妈妈被打得遍体鳞伤、血肉模糊，几次昏迷过去，但她始终没有吐露一字。最后被折磨得气息奄奄，刘疯子才叫匪徒把她放下来，可还歹毒地拧着她的耳朵问："你怎么不说话，没有耳朵吗？"又丧心病狂地命令把她耳朵割掉。匪徒洪友益拿来菜刀竟把储德香的耳朵活生生割掉一只。敌人的凶残，不但不能使她屈服，反而使她内心的怒火更加强烈地燃烧，她忍着剧烈的疼痛，咬紧牙关，将生死置之度外。刘疯子见她仍不作声，又命匪徒把她的鼻子也割掉。

　　正在这时，"叭叭"响了两枪，一个匪兵慌慌张张地跑来："报告大队长，八路军来了！"刘疯子和匪徒们一听，吓得魂不附体，一窝蜂似的逃出了狮形老屋。刘疯子见他的喽啰们乱成一团，也慌了手脚，只顾逃命，连他打人的凶具铁丝鞭也来不及拿了。

　　枪声赶跑了匪徒，储德香老大娘这位坚强的革命老人忍受了肉体的最大痛苦，以深厚的阶级情谊保住了我的生命，也保住了枪支弹药。

　　敌人撤走后，我面对储妈妈伤残的肢体，不禁泪如雨下，忘情地道："储妈妈，我的好妈妈！"从此，我把储妈妈当成自己亲娘一样看待，只要有机会，总不忘去看望她老人家。进城后，条件好了，我也曾想把她接出来享享福，可她劳动惯了，怎么也不愿离开山窝窝，仍然喂她的猪，种她的田。30 年过去了，老人结束了她的人生历程，但这位革命的妈妈，永远活在我的心中。

（黄兆儒　整理）

原载陈忠贞主编:《皖西革命回忆录·第三部·解放战争时期》，安徽人民出版社，1991 年，第 534 ～ 536 页。

彭涛同志二三事

◎ 杨 震 方 德

　　解放战争时期,我们曾在皖西区党委书记彭涛同志领导下工作,虽时隔40多年,但他和蔼可亲的音容笑貌却时时在我们脑海浮起,他那优良的工作作风和崇高品格又时时激励着我们。

　　在皖西工作期间,特别是在内线坚持最困难的时期,他始终坚持学习革命理论,认真贯彻中央的各项方针政策,注意调查研究,理论联系实际。因此,也能及时发现工作中的失误,并及时予以纠正。皖西根据地重建之初,土改工作中出现一些"左"的错误,不少地方脱离新区实际,搞急性土改,损害了中农和工商业者的利益。彭涛于1948年5月在舒城县河棚召开了区党委会议,要求各级党委坚决纠正"左"的错误,认真贯彻执行党的新区政策,团结广大群众。

　　6月间,新华社用记录新闻向全国播发了任弼时同志代表中央写的《土地改革中的几个问题》一文,彭涛不仅联系实际认真学习,而且要求方德立即翻印;不仅发给各地、县委,要求组织学习,贯彻执行,而且尽快散发到群众中去,有可能的还要通过各种渠道散发给逃亡户。方德受命后,即组织皖西日报社的同志,在不断转移的战争环境中,趁宿营时间用蜡纸钢板刻印。可是当时经费困难,社里存纸不多;即使有钱,但部队机关要日日行军,农村没有商店,想买也无处可买。后来报社同志想方设法找来几本账本和宣纸印的《二十二子》,用背面翻印了700份,并以最快的速度发出去,保证地方同志及时地看到中央文件。

1948 年春，我军主力转至外线寻机歼敌，彭涛带领地方干部和部分武装在内线坚持斗争，皖西区受到国民党重兵"围剿"，内线坚持十分艰苦。但越是艰苦，彭涛同志越是以共产党员的标准严格要求自己，与干部群众同甘共苦，风雨同舟。

此时，正是青黄不接的季节，加上处于拉锯状态，匪顽劫掠，兵差赋税，群众生活十分困难；在游击区坚持斗争的干部、战士也处于困难境地，风餐露宿已是常事，有时数日不得一饱，半月不见油盐，还要冒着山区连绵的阴雨行军打仗，与敌周旋，指战员们普遍营养不良，体力下降。

彭涛同志也和战士们一样饿肚皮，吃野菜，翻山越岭，还要考虑全区工作，身体十分虚弱，可他坚持和干部、战士同吃同住，决不搞特殊化。一次，部队连日行军，待到宿营地驻下时又累又饿，彭涛便要司务长熬点稀饭给大家充饥，可司务长却坚持煮点新鲜豌豆。彭涛吃过后便躺下了，可是却迟迟没听到战士们开饭的声音。原来部队带的粮食早已吃光，群众为躲国民党军也早已跑光，别说稀饭，就连米汤司务长也做不出来。为了保证首长的工作，他千方百计才弄来这么点新鲜豌豆，战士们只好饿着肚皮熬过一夜。

心存疑虑的彭涛同志，第二天一早就知道了这件事，他立即把司务长叫来，严肃地询问这是怎么回事。和战士们一样饿着肚皮的司务长委屈地汇报说，带的粮食已经吃光，让同志们都吃豌豆，钱又不够，自己动手去摘又要破坏群众纪律，左思右想，实在没有办法，为保证领导同志的工作需要才不得已煮了这点豌豆送给区党委负责同志垫垫肚子。

彭涛听后，眼睛都湿了，他沉默片刻，还是把司务长狠狠批评了一顿。最后他对司务长提出严格要求，既要遵守群众纪律，又要紧密团结同志，在缺粮断顿的情况下，要饿大家一起饿，绝不允许少数人吃着，多数人饿着。司务长心悦诚服地接受了批评，此后，部队、机关就再也没有发生过类似的事。

有一次，区党委机关转移到一个山乡，老百姓告诉部队地主婆把好米装进新棺材。战士们撬开一看，里面果然装满了上等大米。炊事员们连忙操办起来，不一会儿就菜熟饭香了。同志们多少天没吃过饱饭，见了这雪白的大米饭，连口水都快流下来了。可彭涛却立下一个新规矩，要从战士到干部，按照职务由低到高的顺序打饭，这样彭涛就成了倒数第一。同志们还要推让，但在彭涛的坚持下，只好按这一顺序打饭。等到大家都盛过了，彭涛才乐呵呵地最后一个端起碗来。

刘伯承司令员曾在一次会议上表扬了皖西区党委的工作，指出关键是搞好团结。这同彭涛同志以身作则，关心干部，注意搞好南下干部和本地坚持干部、军队干部和地方干部的团结是分不开的。记得 1948 年春节后的一天，在三分区基干团工作的原皖西坚持干部杨震奉命到区党委汇报工作。此时正下着鹅毛大雪，杨震穿着草鞋，骑着马顶风冒雪从曹家河一口气赶到区党委所在地河棚，身上几乎冻僵。彭涛见到两脚冻得通红的杨震，一面催炊事员做饭，一面赶紧叫他上床，也不管杨震满脚泥水，便用被子把他的脚焐起来。直到杨震吃饱饭、焐暖脚，他才和他谈工作。

这些事已过去多年，彭涛同志离开我们也有 30 个年头，但每一想起我们便激动不已，于小事处见精神，他的革命品质永远值得我们学习。

原载陈忠贞主编：《皖西革命回忆录·第三部·解放战争时期》，安徽人民出版社，1991 年，第 537 ～ 540 页。

效命工农几十春 三年坚持着功勋

——回忆桂林栖同志坚持大别山的斗争

◎ 魏文伯 黄 岩 傅大章 张伟群

桂林栖同志离开我们多年了。每当回忆起他生前的战斗业绩，我们这些曾长期同他共同战斗、工作过的同志，不禁心潮起伏，思绪万千。

桂林栖同志，湖北省黄梅县人，早在14岁时，就在家乡参加了轰轰烈烈的大革命，加入了社会主义青年团，1930年转入中国共产党。1939年，他受党的派遣，来到安徽。自此，桂林栖同志先后在这里生活、战斗了20多年，与安徽人民结下了深厚的情谊。在这20多年中，桂林栖同志曾参与了皖中抗日根据地的创建工作，担任过湖东县委书记、新四军七师独立营政委、巢无庐中心县委书记、白湖独立团政委、皖中地委副书记等职。在1945年至1948年三年游击战争中，担任过皖西工委书记、皖西区党委副书记等职。坚持并发展了以大别山为中心的皖西革命根据地，是桂林栖同志"效命工农几十春"最感欣慰的一页，也是他为党、为人民所做贡献中最出色的篇章。

敢于斗争 不怕牺牲

1945年8月15日日寇投降后，我党迫使国民党签订了《双十协定》。我新四军七师根据中央的指示，从1945年9月起告别了数百万父老兄弟姐妹，分批撤出皖中根据地。当时皖中区党委研究决定，成立皖西工委，统一领导敌后斗争，留下立场坚定、有较强的独立工作能力、善于团结同志又有一定武装斗争经验的桂林栖同志担任书记，并由他率领一支由二三百人组成的精干队伍挺进大别山区，坚持敌后游击战争。

在新四军主力撤出后，国民党反动政府在皖西驻扎了一个旅的正规部队，加上地方保安三团、四团、七团、八团及各县国民兵团共 1 万人，敌我力量悬殊。当时，敌人在大别山区实行大规模拆屋并村、联保连坐、烧光杀光抢光、制造无人区等反动政策，修筑大量碉堡，设立无数潜伏哨、盘查哨，并采取极为毒辣的"梳篦式""会剿"战术，妄图困死、饿死、消灭我敌后游击队。大别山地区的一些恶霸、特务也纷纷助纣为虐。我方的处境极为困难，斗争形势十分险恶。

1945 年 10 月，桂林栖等同志率部队进入大别山区，与原先在那里坚持斗争的 100 余名游击队指战员会合，成立了皖西大队，桂林栖同志担任政委。从这时起到 1946 年 3 月，是三年艰苦游击战争的第一阶段，即扎住脚跟时期。为了扎住脚跟，桂林栖等同志经常向大家讲述坚持大别山敌后游击战争的任务，斗争的艰巨性、持久性、必要性，使同志们明确在大别山区发展武装、建立组织、打击敌人、牵制敌人主力是皖西游击战士的神圣职责。经过周密调查研究，1945 年 11 月的一天，桂林栖率部队突袭了设有国民党特区、"清剿"指挥分部和特务中心组的青草塥，消灭了敌人的有生力量，迫使敌人把大批"清剿"部队急忙调下山来，从而使我方得以从容地回大别山建立根据地。正如桂林栖同志在他的《夜围青草塥》一诗中所说："敌驻官庄我出山，夜围青草袭源潭；枪声牵得猴儿出，我又回山扩地盘。"在此期间，桂林栖等同志还率部队在山区内开展了一次较大规模的锄奸除害工作，处决了一小批罪大恶极、血债累累的叛徒和特务分子，公布了他们的罪状。此举震慑了敌人，打击了他们的气焰，鼓舞了群众的斗志，大大有利于我游击队工作的顺利开展。在敌强我弱的斗争形势下，桂林栖等同志把毛泽东同志的军事思想运用到大别山区，部队时分时合，分兵以发动群众，集中以应付敌人，迫使敌人不得不承认"三个月消灭共军"的计划破产。

1946 年 3 月，桂林栖同志到苏北淮安向华中局汇报工作，在去华中局期间，国民党反动军队疯狂地向苏北解放区进攻。华中局考虑到他返回大别山有一定困难，加上他的爱人和孩子已在山东，曾打算让他留下来，在军部担任巡视员。但桂林栖同志向组织表示自己对大别山区熟悉，回到那儿对革命斗争有益，坚决要求重返大别山。经组织批准之后，他于 1947 年 2 月，带领 20 多名干部，日夜兼程赶到目的地。

从此时起到 1947 年 8 月，是坚持大别山斗争的第二阶段，即有所发展时期。在此期间，皖西工委成立岳北、潜（山）太（湖）、舒（城）六（安）、桐（城）庐（江）四个县委，皖西大队扩编为皖西支队，隶四个大队，两个直属连。不久，与先后转战到达这里的新四军二师、五师及中原人民解放军的几支部队会合，成立了皖西人民自卫军，刘昌毅同志任司令，桂林栖同志任政委，皖西革命根据地迅速出现新局面，曾连续取得庐镇关、源潭铺、石关口、象形地、毛坦厂、张家圩、黄冈、黄泥岗、储冲、董家祠堂等战斗的胜利，不仅歼灭了敌人的大批有生力量，我方部队也迅速发展到 3000 人左右，斗争局面大为改观，从而为刘邓大军挺进大别山创造了有利条件。正如 1947 年 11 月 3 日《人民日报》刊载我鄂豫皖前线司令部发言人在《纵谈大别山区目前形势》中予以高度评价的那样："富有二十年革命传统的鄂豫皖群众和两年来始终坚持大别山游击战争的同志们，是使我军能够迅速立定脚跟，并很快与人民结合的重要力量。"

1947 年 8 月，刘邓大军胜利地挺进到大别山，我军由战略防御转入战略反攻，三纵及大批干部南下与皖西人民自卫军胜利会师。从此时起到 1948 年底，是坚持大别山斗争的第三阶段，即革命根据地在艰苦中大发展的时期。11 月成立了皖西区党委，彭涛同志任书记，于一川、桂林栖同志等任副书记。下设三个地委，后来又在巢无地区设立四地委。这对于敌人来说，犹如胸膛上插上一把利剑，他们急忙从北线大量调军南下，仅在皖西范围内就有桂系七军、四军、四十六军，蒋军嫡系的二十五军及青年军二〇二师、青年军二〇三师等六个军的正规部队，加上保安团和地方民团，总共 20 多万人，向山区进行疯狂"扫荡"，使大别山地区斗争之残酷艰苦程度，超出任何历史时期。在斗争中，桂林栖同志和大家一样，在食不果腹、衣不蔽体的困境中顽强地坚持着，并想方设法解决了部队衣食不足这个当时最大的问题，使部队的物资供应有了一定保障。在坚持斗争的过程中，我方久经锻炼的 300 多个干部，如梁诚、吴万银、李唐、白涛、张克前、顾正钧、侯震东、李坤、张家英、姚守永、刘建民、黄抑强、彭年、吴斗山、余成宇等同志英勇牺牲。由于全体同志的努力，我皖西部队和人民群众在极其艰苦的条件下一直坚持到和我军主力会师，坚持到全江北的解放，因而受到中原局的表扬。刘伯承同志1949年春路过六安时，曾对马芳庭和曾庆梅同志说："和其他根据地相比，你们皖西根据地是坚持最好的。"这虽然主要归功于中原局的正确领导以及全体干部、军民的团结一致和英勇斗争，但桂林栖同志也为之浇注了很多心血，做出了不小的贡献。

密切联系人民群众

在斗争中，桂林栖等同志坚决保护大别山区的积极分子，保护军烈属，对其中生活困难者，在每次战斗有所缴获时，都及时给予救济；对其中遭受敌人迫害者，也千方百计地予以掩护，给予安慰；并抓住时机给敌人以有力的反击，以增强这些同志的革命信念。针对敌人的白色恐怖政策，桂林栖同志除在各地组织秘密农会、党的同情小组外，还组织了大量的"灰色"群众组织，利用合法和"非法"的手段和敌人做斗争。国民党反动军队"清剿"大别山时，到处拆棚并村，抓丁派粮，残害群众，桂林栖等同志就拟定宣传标语，如"清剿、清剿百姓不得了""拆房拆屋，百姓痛哭""穷人好可怜，没柴又没盐，国民党收税少不了半文钱""抓丁又派粮，穷人泪汪汪"等，印成传单，在各地散发、张贴，深得群众的拥护和欢迎。不少群众冒着风险来索取，然后回到本地散发，有的还塞进乡公所和敌特组织机关内，大长了群众的志气，大灭了敌人的威风，有力地推动了抗丁抗粮抗并村斗争的开展。桂林栖同志对要求进步的青年知识分子也很关心，经常同他们促膝谈心，引导他们走上革命道路。舒城县有一个青年学生同情革命，并希望能和游击队领导同志见面。桂林栖同志听说后立即约这个青年谈心，在他的培养下，这位青年常常为我方送报纸、送情报，为革命做了有益的工作。

桂林栖同志坚持党的密切联系群众的作风，还表现在能够站在党的立场上承认并纠正错误。1947年下半年，大别山区工作曾一度出现偏差，在急性土改中侵犯了一部分中农和工商业者的利益；在打击敌特时，有扩大化倾向，曾在分水岭祠堂里关了一些不应该关押的人。桂林栖等同志在听到这个反映后，经过调查研究，不仅将这些人释放出来，而且公开地向群众承认错误，对所犯"左"的错误切实加以纠正，从而得到了群众的谅解。由于这些，桂林栖同志在大别山区威信很高，大家都亲切地称呼他"老桂"或"赵先生"。直到今天，大别山老区的干部和群众都十分怀念他。也正由于我游击队始终站在保护群众利益的立场上，因而群众对我党帮助很大，经常掩护我军伤病员，为我军抬担架、搞运输，积极提供情报，甚至不惜牺牲以掩护我游击队指战员，充分反映了军民鱼水情。

积极开展统一战线工作

1947年8月，刘邓大军挺进大别山之前，皖西地区总的形势是敌强我弱，我们没有根据地，部队给养常常得不到补充，伤员医疗也有严重困难。面对这种斗争形势，作为皖西工委主要负责人的桂林栖同志，认真地贯彻执行党的统一战线政策，分化瓦解敌人，尽可能地利用一切可以利用的力量，以利我们党和部队的生存和发展。

对于当地国民党的上层人士，通过种种渠道，加强接触进行宣传教育，施加影响，做好争取工作。例如，对潜山县参议长等人，桂林栖同志都亲自做他们的工作，通过书信往来，晓以大义，帮助他们认清形势，了解我方政策，使他们逐步向我靠拢。同时我方还派遣一些同志打入敌方，同他们加强联系。这些工作都收到了显著的效果，他们后来都曾向我方递送过信件和情报。国民党安庆专员的卫士张×，也因此同我方建立了联系，一次，他从三层楼上将10余支枪用绳子坠下来交给我们，此事轰动了安庆城。同敌方上层人士进行往来，也为扩大统一战线工作创造了有利条件。一些国民党的下层人士，如乡保长和地主士绅，看到当地上层人士同我方有了往来，也开始敢于接近我们。

对于国民党政权的基层力量，桂林栖同志等当时主要是采用建立两面政权的方法开展工作，除派地下党员打入敌人内部担任乡保长以外，对于国民党的乡长、保长则做好争取工作，使其为我所用。这样，一些地方的乡、保公所，实际成了两面政权，他们除应付国民党的公差以外，也为我方传递情报，为我方买盐、买布、买药，有时也掩护我们的同志，帮助安排伤病员。潜山县黄柏乡一位姓聂的乡长，经过做工作，对我方有了正确的认识，曾多次表示："贵军是为穷人的，我心中有数。"他选派保长，事先都征求我方意见，国民党拉夫拉丁，他也按照我方意见，派有钱户去，又用残疾人抵数，使敌人阴谋无法得逞。又如潜山县大水乡乡长，常将乡公所枪支弹药存放情况透露给我方，让我们去取回。这位乡长在潜山县政府当科长时，还将敌人的"清剿"计划及时报告给我们，使我们能够有所准备。

对于地主士绅，桂林栖同志则区别对待：对于那些顽固地同人民为敌、民愤极大的地主恶霸，坚决进行镇压；而对那些政治上没有靠山和势力的，则逐步施加影响，使其为我方做一定的工作；对一些有进步倾向的则予以信任和团结。后来，有些地主士绅有不同程度的转变，有的安排我方伤病员在家吃住治疗，有的还掩护我方干部。潜山县官庄一名士绅，把家中的枪支弹药都支援了我们。

桂林栖同志还十分注意利用敌人内部的矛盾，进行分化瓦解工作。当时，占据大别山区的国民党桂系部队，以及当地保安团、特务组织、土顽势力之间矛盾重重，桂林栖等同志抓住敌人薄弱环节，常常派一些同志打进敌人的县大队或常备队，并通过他们的家属开展工作，争取了一部分力量投向我方。

带头维护革命队伍内部的团结和统一

我军主力北撤以后，在其他地区坚持斗争的一些部队，也先后转战来到了皖西，形成了一个新的战斗集体。当时，大别山区党的工作和武装斗争的许多政策性问题，要靠他们独立自主灵活机动地处置。在领导内部，由于各人的斗争经历不同，处理问题的方式方法难免会出现一些矛盾，桂林栖同志作为皖西工委和皖西人民自卫军的主要负责人之一，他以身作则，遇事谦让，严格要求自己，带头维护革命队伍内部的团结和统一，受到一致好评。他认真坚持党的原则，使革命队伍内部的团结有了牢固的基础。在桐城时，有一位当地干部同外来干部发生了分歧，就把10多位同志带了出去，向桂林栖同志诉苦。桂林栖同志认真听取了他的意见之后，严肃地批评了他："人和枪都是组织的，你为什么带到这儿来？"然后责令他返回原地继续工作并作检查。他还注意尊重各方面同志的意见，处理重大问题时总是先倾听大家的意见。出现分歧时，他就同大家个别交换意见，统一认识后，再做出决定。当时，大别山斗争形势十分紧张，生活极为艰苦，有时缴获了战利品，分配时，桂林栖同志总是首先考虑外来同志的困难，各单位也都相互谦让。

桂林栖同志还十分关心、爱护、信任干部。有一次，敌人伪造了一封信送到我游击队，内称我方有一位干部要投降过去云云，妄图在我内部制造混乱。桂林栖同志等分析了这位同志的斗争经历和一贯表现，充分肯定了他对敌斗争的坚定性，从而识破了敌人借刀杀人的阴谋，维护了革命队伍的团结。

艰苦奋斗　平易近人

在坚持大别山的斗争年代里，桂林栖同志出生入死，艰苦备尝，保持和发扬了共产党艰苦奋斗的优良传统。1947年2月，桂林栖同志带领20多名同志回大别山。当时，天寒地冻，在过运河时，连毛驴都冻死了，他却带头跳进齐腰深的水中，扑向对岸。上岸后，水淋淋的棉衣经风一吹，冻成冰块，走起路来哗哗作响。路途上还常常遭遇敌人，他机智地指挥大家摆脱敌人的纠缠，继续赶路。有时，两天吃不上饭，连喝水也是用一个茶缸传来传去，边走边喝。急行军一个多月，才返回大别山。

有一段时间，敌人割断了我们同群众的联系，使我们处于极为困难的境地，粮食、衣被、药物都十分缺乏，常常连盐也吃不上；晚上只能露宿街头、田野，还得随时投入战斗，连草鞋也不能脱。有几次弄到了粮食，正在做饭，敌人就摸上来了，饭未熟就急忙转移了。有一次，在岳西、舒城交界处板仓，我们被敌人包围了七天七夜。因为没有粮食，就买老乡的腌菜充饥。后来，弄到了一点粮食，没有锅，就用敌人的钢盔煮饭，还没吃进嘴，战斗就打响了。就在那样紧张、艰苦的战斗生活中，桂林栖同志严格要求自己，同广大干部、战士做到衣、食、住、行四个一样，从来不搞特殊。有时还同警卫员分吃一碗饭，合盖一条被，把牲口让给战士骑。有段时间，他身体很弱，痔疮发作，每天脓血淋漓，冬天则血湿棉裤，冻成冰块。日夜行军后，皮肤磨裂，他都一声不吭，也不让警卫员另搞吃的东西。在战斗的间隙，他还抓紧时间阅读书报。他平时十分平易近人，大家喊他政委时，他总是说："别喊我政委，就叫我老桂，我俩岁数不是差不多吗？"有一次宿营时，他同战士的住处仅一墙之隔，战士们说说笑笑，影响了他的工作和休息，警卫员去制止，他知道了，就批评警卫员说："战士们不打仗，就要娱乐娱乐，怎么能妨碍他们呢？"

回忆桂林栖同志在艰苦的战争年代以及社会主义革命和建设中对革命事业所做

的贡献,我们深深感到他不愧为一个优秀的共产党员,无产阶级的忠诚战士。他的一生不愧是革命的一生,战斗的一生。

原载陈忠贞主编:《皖西革命回忆录·第三部·解放战争时期》,安徽人民出版社,1991年,第541~550页。

满腔热情　一身正气

——忆曾庆梅同志

◎ 吴先洪

我和曾庆梅同志相识，是在抗战时的 1940 年冬天。当时他在三八五旅工作。

抗战胜利后，晋冀鲁豫军区组建第三纵队，他被任命为旅政委，我在八旅二十四团当团长。从此，我们之间的接触才多了起来。

1947 年，部队挺进大别山后成立了皖西军区，下设三个军分区，并各配备一个主力团。我任二分区司令员，以第二十四团为主力，活跃在以桐城为中心的广大农村。1948 年 2 月，过了春节不久，曾庆梅接替朱光当了三分区司令员，继续以第二十七团为主力，在以霍山县为中心的一带打击敌人。我们相互支持，配合默契。

根据斗争形势的需要，军区首长决定将三个分区的三个主力团捏成一个拳头，作为军区的主力部队，以便更有力地机动打击敌人。所以在 1948 年六七月间，军区领导责成曾庆梅、姚大非和我负责完成这支部队的组建。这时，我才有机会和曾庆梅一起工作，但这段时间比较短，不到两个月时间。8 月间，我们将三个团集结在中梅河、毛坦厂一带，刚搭了个架子，上级正式命名这支部队为皖西军区独立旅，并委派马忠全等同志担任旅的领导职务。这样，我们就移交了这尚未组建成的独立旅，曾庆梅仍回三分区任司令员，我也回到皖西军区等待分配工作。由于组建独立旅时，曾庆梅和我相互已有所了解，他就向组织提出要我到三分区去和他一起工作。当时，感于他的热情、诚挚，我便同意担任三分区副司令员，直到 1950 年 6 月他调离，我们在一起又工作了将近两年的时间。

曾庆梅是个暖水瓶式的人，从表面看非常严肃，甚至近于冷漠，但他内心却是滚烫的。记得 1940 年刚认识他时，觉得他一天总是板着面孔，一脸肃杀之气，认为他架子很大不好接近。但接触多了，才觉得他虽平时不苟言笑，但却平易近人。比如，他工作之余，经常到炊事班和警卫班去找年老的炊事员和警卫班的小鬼闲聊，有时一谈就是几个小时。警卫班的小鬼们看他闲暇时，也总爱找他聊天。他很体贴炊事员的辛苦，也很关心部队的生活，每到部队去检查工作，大都要抽点时间到炊事班去了解了解情况，并认真地询问部队的生活情况。每次会议，他都强调各级主管干部，要把搞好部队生活作为一个重要的工作环节去抓。

曾庆梅长期担任领导工作，却始终保持着革命军队艰苦朴素的优良传统。我们在一个食堂就餐，炊事员做什么他就吃什么，从来不要求特殊照顾，也从来不因为饭菜质量和口味，向管理人员和炊事员提意见。而在工作上，他又朝气十足，雷厉风行，从不拖拖拉拉。他工作中最大的特点是：能充分发挥同级干部和下属人员的作用。工作分工之后，他对同级干部承担的工作，从不以主官身份去说三道四，而是充分信任、支持；对下级干部也能充分发挥其工作热情，给予充分施展其才干的机会。但如在工作中出现了纰漏，他又能主动承担责任。因而同级干部和他在一起，感到能放开手脚抓工作；下级干部能大胆工作，感觉到组织上对自己的信任和温暖，所以积极性都很高。但如果由于主观不努力，本应做好但却没能圆满完成任务的，他批评起来，也是很严厉的。

我们常从敌人的鼻子底下溜出去，到敌人主力的背后去打击敌人。就在这种不时可能与敌军主力遭遇的情况下，曾庆梅总是那么沉着、冷静，似乎泰山崩于前，他也不会手足无措。

1948 年 6 月为组建皖西独立旅，曾庆梅负责将第二十、二十四、二十七团集结于舒城县西南方的晓天镇一带。当时盘踞在舒城桐城、庐江等地的是敌第四十六师和四十八师等。舒城之敌，得知我军区主力集结于晓天镇一带，立即出动向我军扑来。曾庆梅仔细分析了敌情，为了避开敌人主力，保存我军实力，立即安排转移，部署行军路线和时间。当敌人乘月黑之夜从晓天东北方一条山沟向晓天镇奔袭过来时，曾庆梅已从容不迫地指挥着三个主力团，从距离敌人不过二三百米的另一条山沟安全转移。敌人奔命般地跑了一天一夜，赶到晓天却扑了个空。

我军安全地在卅里铺附近越过安（庆）合（肥）公路，直插庐江县以西地区。翌日晨，部队行进中，担任前哨的二十四团一营在庐江县西30余里处与从庐江县出来之敌军一部遭遇打响。当时部队认为腹背受敌，确实有些发慌。但曾司令员却异常冷静、沉着，并没有急于派后续部队上去增援（那样就会暴露我军主力动向，招致庐江、桐城之敌来袭，而晓天扑空的敌人，也将迅速尾追而上，造成我军三面受敌的不利局面）。经过了解敌情，认为敌人并未发现我军主力转移动向，乃是小股敌人出城骚扰。于是果断命令二十团做好战斗准备，二十七团隐蔽待命，只命令将二十四团的二营拉上去增援一营。两个营兵力很快击溃了敌人，不仅取得了转移作战中的一次胜利，而且使敌人寻找我主力作战的企图也落了空。部队在这一地区争得了休息时间之后，又安全通过安合公路回到了晓天镇一带，顺利完成了组建独立旅的任务。

皖西军区独立旅组建后，我们三分区只从二十七团留下一个营，在这个营的基础上组建为分区基干团。在敌强我弱的内线作战的情况下，只此一个团的兵力难免总处于被动游击的局面。根据军区首长指示，三分区从1948年秋季开始，积极扩大分区的基干部队。曾庆梅多次在会议上一再强调抓军队建设的重要性，并强调从区、县武装中逐步扩大基干组织。他不仅逢会就讲，而且检查工作时，总是把军队的组建工作作为重点检查、督促的内容。经过半年左右的时间，从基干武装中逐步扩大升级组成了六安、霍邱、寿县三个独立团舒城、霍山、金寨三个县大队，同时军分区直接组建并指挥的有基干七团和八团。当霍邱县独立团组建时，他不顾路途遥远，骑马跑了两天，赶去参加建团大会，做了形势报告，给干部、战士以极大鼓舞。

他在组织地方部队工作中付出的心血，终于结成硕果，组建的团队不仅改变了我们的被动局面，而且在剿匪中也都发挥了极大作用。后来独一团升级到第十军参加了渡江作战，基干八团也于1951年参加了抗美援朝战争。

曾庆梅在抓建军工作上，确实是不遗余力、不辞辛苦的，甚至有时要冒生命危险。他亲自去收编惯匪岳岐山，就是典型的例证。淮海战役之后，我军节节胜利，江北的敌军主力已土崩瓦解，一些国民党地方武装及土匪队伍，有的投降，有的起义。当时，盘踞在霍邱县一带多年的惯匪岳岐山也感到末日已近，走投无路，有争取其起义的可能。曾庆梅不顾个人安危，在1949年临近春节之际和地委副书记唐晓光毅然率一个营部队，亲自去霍邱县争取这股土匪。惯匪岳岐山虽只领有300多人，但装备很好，每个连除配有长短枪外，还有轻机枪二三挺，且人员又大部分是惯匪、亡命徒，战斗力很强，曾、唐率领的一营兵力不占优势。而且岳岐山其人，又是极其刁钻狡诈、反复无常的惯匪，如果争取起义不成功，则曾庆梅等同志都可能遭遇到危险。但他和同志们当时只是考虑如何争取使之起义，救民于水火之中，把个人的一切均置之度外，义无反顾直趋霍邱。曾庆梅同志曾三入匪穴与岳岐山谈判，并两次与岳匪的骨干分子10余人接触。开始，岳匪等人态度极不明朗，经常出尔反尔，并设置一些障碍，提出些苛刻条件难为甚至要挟曾司令员。但在曾庆梅大义凛然、掷地有声、铿锵有力的谈话教育及形势震慑、政策感召下，岳岐山终于同意起义，接受改编。虽然后来岳匪又哗变叛逃，继续与人民为敌，但由于曾庆梅将他们改编后拉出了他盘踞多年的老窝，也给后来消灭这个绰号"药葫芦"的匪徒创造了有利条件。曾庆梅深入虎穴、舌战群匪的事迹，成了佳话，广为流传。

曾庆梅同志离我们而去已经多年了，但他的音容笑貌却宛在眼前，他对同志们的无限热情、对工作的高度原则性和负责精神和对敌斗争的坚决勇毅，却时时刻刻激励着我。曾庆梅同志将永远活在战友和皖西人民心中。

原载陈忠贞主编:《皖西革命回忆录·第三部·解放战争时期》，安徽人民出版社，1991年，第551～555页。

难以忘却的往事

◎ 夏云超

刘伯承同志逝世的时候，邓小平同志主持了追悼会，并写了《悼伯承》一文，以寄托他的哀思。全文抒发了他们两人共事 13 年，感情融洽，工作协调，彼此难以分开的战友之情，文中有这样几句话："我和他长期共事，相知甚深，他的辞世，使我至为悲痛。""人们习惯把'刘邓'连在一起，在我们两人的心里，也觉得彼此难以分开。"读了以后，催人泪下。

我有幸在刘邓大军警卫团担任过团长，两位首长的深厚友情，对我影响极深。特别是跟随首长转战大别山期间，在经历的许多事中，有几件至今难以忘却。

一条毛毯

刘邓大军自 1947 年 8 月底进入大别山以后，经过 3 个多月几个回合，歼灭了大量敌人，重建了大别山根据地。这壮举，就像一把钢刀插到了敌人的心脏，东慑南京，西逼武汉，南临长江，直接威胁国民党反动统治要害。蒋介石见势不妙，慌了手脚，急急忙忙抽调了 30 多个旅约 29 万余人的兵力，对大别山进行全面"围剿"。为了粉碎敌人的进攻，我军及时完成了战略展开，与敌人周旋。

10 月之后的大别山，天气已经很冷。由于部队刚到新区，群众还没有发动起来，政权才开始建立，粮食、被服、弹药、药品等都很缺。从司令政委到普通战士，身上穿的还是单衣服,睡觉盖的还是毯子和夹被。然而,在这极度艰难困苦的情况下,刘、邓首长一直与部队同甘共苦。

到了豫、鄂、皖三省搭界的福田河地区,根据刘、邓首长的指示,部队正抓紧时间休整,并自己动手解决冬装问题。在此期间,刘、邓首长几次来到我们警卫团驻地,他们一面视察部队的情况,一面给我们讲跃进大别山的重大意义。

刘司令员看到我们不会做衣服时,就亲自给干部、战士讲制作的方法,他把碗往布上一扣说:剪个圆口子,就是领口;中间剪一刀,就是开襟;边上缝一缝,就成衣服。大家一学就会,棉衣很快做好了。

邓政委在一次讲话中,就部队面临的严重困难,指示说:"我们千里跃进来到大别山,在敌占区进行无后方作战,现在是最困难的时候,大家都要想办法克服困难。困难确实是有,没有困难还要我们这些共产党员干什么? 司令员对大家很关心,实际上他比我们更困难。他年近花甲,还同部队一起行军作战,现在已到寒冬时节,晚上很冷,我们只好叫警卫员给他多铺一点稻草。"听了邓政委情深意挚的话,同志们心情非常激动,再看看司令员的马袋子是那样单薄,大家实在忍心不下。

正当我们着急想办法的时候,不知谁说了一句话:"有办法了,咱们把打土豪交来的一条毛毯送去,晚上睡觉的时候,叫警卫员给他盖上。"大家不约而同地说:"这个办法行。"可是司令员知道以后说什么也不要,还给警卫员讲了许多道理。转移宿营地后,警卫员在搭床时又偷偷地把毛毯垫在他铺底下,后来不知怎的,他睡觉时又摸出来了。司令员问:"是谁给加的?"警卫员说:"是团长让加的。"

后来司令员把我叫去批评了一顿,并语重心长地说:"大别山是老根据地,我军几进几出,敌人几次扫荡,老百姓好苦呀! 我们是人民的军队,要与人民群众同甘共苦。我说过我们在大别山的斗争,就好像一辆车上的两个轮子,一个轮子是消灭敌人,一个轮子是发动群众,如果不同时开动这两个轮子,就不可能在大别山坚持斗争。三大纪律八项注意你记得吗? 一针一线都不能拿。浮财是人民的,赶快把毛毯交给老乡。"他说着就叫我拿走。

邓政委自己衣单被薄,还时刻想着老友的冷暖。刘司令员全心全意为人民,正气浩然。两位首长的深情厚谊,对我教育很大。

一副担架

部队昼夜兼程，转战到了金寨县南边斑竹园地区。这里山高路窄，部队行军很困难。有时连骡马行走都要人前拉后推才能上得去。我们团炮兵连的迫击炮上山非常困难，实在没办法，我们不得不忍痛割爱，把它交给长期坚持大别山斗争的刘名榜同志"坚壁"起来了。我们年轻人走了一天下来，还累得不行，刘司令员年事已高，眼睛不好，常拄着棍子爬山越岭，指挥打仗，其艰难程度可想而知。

在一次夜行军中，我随一连（该连担任首长警卫）行动，听到刘、邓首长在说话。邓政委说："夜间这么黑，你骑在马上（其实是骡子），要是马一失蹄，把你摔了就不得了，你还是把马解放一下吧，下来我们俩一道慢慢走，还稳当些。"刘司令员说："老马识途。它有夜眼，不怕天黑，走路特别小心，连一个小小的坑洼，也要用鼻子闻一闻，侦察清楚了才走。你放心吧，摔不倒的！"政委又很不放心地说："不管怎么着，总叫人担心！"接着他又转告警卫们要特别小心，千万不要摔了。两位首长虽然有说有笑，但我作为警卫人员，内心感到很不安。

有一天，军政处处长杨国宇同志找我谈起了刘、邓首长的事。他说："一号（刘司令员）的情况你们都知道，二号（邓政委）讲，你们团想个办法，搞一副担架，你看行不行？"我当即回答说："行！"杨接着说："要做好思想工作，政委讲要特别注意两点：一是保证安全，不能摔倒；二是保证不掉队，他还要指挥打仗。"我说："保证没有问题。"

当时我们很快从炮兵连选了十几个大个子，大家听说抬司令员，心里都很高兴。后来确定是 8 个，由警卫班长叶智培担任担架班长。他们去了以后，司令员指着担架说这叫啥子嘛，要把他们打发回来。叶智培问我怎么办，我说你就说是二号说的。司令员听说是政委叫他们来的，就不说话了，但还是不坐。

后来刘司令员把我叫去问道："是谁叫你搞担架的？"那时我只好回答说："是邓政委指示杨国宇的。杨国宇看你上山太困难，拄着棍子走。"司令员说："我哪天掉过队？我坐着担架像个啥子？国民党当官的坐着担架脱离士兵，光打败仗。你是带兵的，要多爱护战士。"说着，就叫我把担架撤了。我说："这是杨大人（杨国宇外号）说的，我得请示他一下再撤，还是先留着吧，抬个伤病员也行。"司令员笑了笑，我心里也明白了。可是以后不管怎么劝说，他还是不坐。

一个小时

1947年末，在敌人的重兵扫荡下，刘邓大军积极作战，不仅在大别山站住了脚，而且举行战略再展开，把根据地发展到平汉路西，以后续部队十纵和十二纵向桐柏、江汉两个地区展开。刘邓司令部也分成两个指挥所：由刘司令员、张际春副政委率后方指挥所和一纵，转入淮北，进行外线作战；由邓政委、李先念副司令员、李达参谋长率前方指挥所和二纵、三纵、六纵，留在大别山，坚持内线斗争。这时我们警卫团也分开了，我带领一营、二营和六纵的一个营，跟随邓政委留在大别山，坚持斗争。经过两个多月连续作战，形势又发展了，刘、邓南北两指重新合一。

从1948年2月开始，邓政委挥师北上，以便与刘司令员会合。我们警卫团于春节过后不久，于2月20日左右跟随邓政委转战来到了潢固公路地区春河集南边高店附近。

潢固公路位于河南省东南角，西自潢川县，东到固始县，是豫皖由潢川到三河尖、六安的交通要道。敌人在这个地区重点设防，固始县有四十八师，潢川县有四十六师的一个团，他们日夜巡逻，进行严密封锁，企图以此作为隔断我南北联系的重点封锁线。

我团行军到达高店地区宿营，刚刚住下，五号（李达参谋长）电话把我叫去，下达了两条命令：第一，明天拂晓前行动，下午2时前通过潢固公路，黄昏前在老刘店地区过淮河，到马集地区宿营。第二，潢固公路是敌人重点封锁地区，东边固始县有张光伟的四十八师，是白崇禧的嫡系，比较顽固，威胁较大；西边潢川县有四十六师的一个团及地方部队，兵力较弱。你们今天要侦察好敌人活动的规律，派出警戒，明天拂晓前部队出发，一定要保障野直的安全。我说："明白了。"正想往回走，他又把我叫住问道："你准备用哪个营对付固始？"我说："用二营。"他知道二营作战顽强，便说声："好嘛。"

我回来后根据敌情和首长的指示，立即布置任务：在东边小河桥地区，由二营负责侦察、警戒，监视固始方向的敌人；在西边桃林铺地区，只派一个连负责侦察、警戒，监视潢川方向的敌人。

第二天拂晓前，我们开始行动，到了公路附近，因情况不大明确，我叫部队就地休息，并派骑兵去小河桥找二营营长黄廷林了解情况。不一会儿，骑兵通信员来了，说二号（邓政委）叫我去，我立即赶到指挥所，邓政委见面就问："夏云超，前面部队为啥不走了？"这时我有点紧张，就说："情况还不大明确，已派骑兵去二营了解。""要多少时间？"他又问。"要一个小时。"我回答。接着他就严肃地问道："你为啥给敌人一个小时，你说为啥子给敌人一个小时？"这时五号（李参谋长）说："是我叫他去把情况弄清楚的。"邓政委转而又问李："你为啥给敌人一个钟头时间？"当时李参谋长就对我说："夏云超，命令部队前进。"邓政委今天训得比哪一次都严厉，顿时我感到很难过。

于是我一面指挥部队继续前进，一面直奔东边小河桥。二营副营长齐德林见我就报告说："现在敌人还没有动静。"这时我已明白了邓政委的担心，一个钟头的时间很关键。我立即向黄廷林指示：将四连控制在小河桥以北地区机动，五连向东前出2公里，并派出小哨，六连在五连南展开，敌人出来时尽量先打响，把敌人引向南边。你营坚持至16时，然后撤向春河集以北找我们。但五连要坚持到18时后再撤，依情况找我们或回到鄂豫军区去。

我回头赶到春河集了解部队过路情况，一营副营长蔡得胜带领部队已来了。野直已基本通过公路，只剩卫生部了，估计12时前可以过完。据两个方向情况报告：西边二连与敌巡逻队遭遇，敌人逃跑了，捉的俘虏是潢川保安团的。这时我比较放心了。东边9点多就听到战斗打响，只有枪声，无炮声，看来也可能是敌巡逻队，我即叫骑兵通信员再去二营了解情况，10点多回来报告说，是六连伸出去的小哨与敌四十八师巡逻兵遭遇，敌人上来约1个营，听来虽枪声密集，但无炮声和手榴弹声，没有敌大部队，战斗也不激烈，达时我就完全放心了。最后我和六纵五十一团参谋长沈伯英同志商量，于11时多带着六纵的1个营，撤离春河集。

部队胜利通过了潢固公路敌封锁线。实际情况完全证实了邓政委及时指挥是非常正确的，我想今天挨训也是值得的。转出大别山以后，我心情已经比较平静。一面想着邓政委的批评及时纠正了我的错误，其含义就是争取时间，出敌不意，突然通过。邓政委不仅是个战略家，而且在战术指挥上也是里手。同时也想起了刘司令员常说的一句话："狭路相逢勇者胜。"在那种情况下，我们一冲而过，赢得了胜利，如果犹豫不决，给敌人一个钟头时间，很可能和敌人打上，北上会合就要受到影响。

正当我和老沈琢磨着怎样向首长报告情况时，警卫员传话邓政委又叫我去。当我们看到首长们正在路东不远的小屋前吃饭时，心情又紧张起来。我走过去给首长们敬了个礼，站着等候挨训。可是首长们都高高兴兴地边吃饭边谈话，不像要批评我的样子。李参谋长首先很和气地问道："都过来了吗？怎么还在打枪？"我说："11点前直属队就过了路，我是1点20分撤离春河集的。东边与四十八师巡逻队约1个连打上了，西边遇上潢川保安队跑掉了。"李又问："二营什么时候撤下来？"我说："二营坚持到16点撤，但五连要坚持警戒到18点再撤。"这时邓政委亲切地说："你们辛苦了，吃饭没有？"我说："没吃。"他说："就在这里吃吧！"我看盆子里只有几个饼，拿了两个。政委又说："多拿点嘛。"我又拿了两个，就往回跑。见到首长们喜悦的样子，我心里真有说不出的高兴。我回到路上，就听到老沈在树下喊，一见面他就问："挨批了吧？"我说："今天领奖了！"随手给他两个饼子，他也高兴了。老沈一再问首长们怎么说，我说："过去我们只看到政委严格严肃的一面，今天又看见首长亲切和蔼的一面，他还说我们辛苦了，又叫我吃饭，当时我非常激动，感到就像回到母亲身边一样。"

（曾冠雄　整理）

1989年1月于北京香山

原载杨国宇、陈斐琴、王传洪：《邓小平——二十八年间》，中国卓越出版公司，1989年，第92～99页。

小事不小

◎ 林桂森

在大别山反"扫荡"中，邓政委号召大家给群众做好事，认真执行三大纪律八项注意。因为群众出走，许多村子几乎成了空村，机关对执行群众纪律又提出了一些具体的特殊的要求。

野战军直属队的干部、战士每到一地，不管多么疲劳，都是一齐动手打扫房子院子，担水访老问病，写标语，给无人户干农活，忙个不休。有些村子未驻部队，部队也派人扫地担水，弄得村庄像过年一样干净。

野战军司令部驻商城五里山时，部队经过整夜行军，拂晓才宿营。各部门的干部都照着老规矩办事，扫地担水借办公桌凳，腾出通信员，让他们去挖厕所。因为已成习惯，一切都有条不紊。天刚明，太阳还没有露头，邓政委就到各处检查，检查工作，也检查群众纪律执行情况。刚走到二班（那时机关的处编成排，科编成班）附近，发现老乡厕所里粪便狼藉，未用土掩盖，便找着二班黄主任说："有了规定，就要人人执行，天天执行，不能松懈。"并嘱咐说："今后你们应放个哨，监督这些不遵守纪律的人。"

第二次我们复驻该村时，村里群众都回来了。群众见我们就说："解放军真好，标语满墙，水满缸。走时还把院子扫得亮堂堂。"

商城一带的群众，都是在国民党的威逼下逃走的，所剩确实无几。由于我们认真执行了三大纪律八项注意，给了群众良好的影响。一丝不苟地执行群众纪律，真心诚意地维护群众利益，不仅感动了未跑的群众，而且也争取了逃走在外的群众，被国民党逼走、骗走的群众一批一批地回家了。

原载杨国宇、陈斐琴：《二十八年间续编——从师政委到总书记》，上海文艺出版社，1990 年，第 200 ～ 201 页。

二次会面的蒋军八十八师战俘

◎ 明 朗

经过一天的追捕，蒋军八十八师六十二旅终于被我们包围在六安东南的张家店。

1947 年 10 月 9 日 19 时，前线司令部里还在讨论什么时候总攻的问题，10 月 10 日天一亮战斗就胜利结束。

这是使人十分兴奋又使人十分惊异的消息。今年 1 月 10 日在鱼台外围的杨庄，我们用了整整一天一夜的时间，曾经歼灭过八十八师的一个团，今天用了同等的兵力，仅仅八九个钟头，竟然能歼灭同一敌人一个整旅，实在是"不讲道理的事情"。

在俘虏军官收容所里，一个歪戴美式便军帽、斜披日本军用雨衣的人，得意地从裤腰里掏出个指南针：

"同志，把这家伙送给你，我这一下算是彻底放下武器了！"

这个人引起了我的兴趣。一经查问，他像表功一样承认他是一八四团二营营长宋万铭，并且着重说明，他这个营是站队缴枪过来的，四、五、六连连长一个不缺。接着，五连连长周天爵，也很得意地比画着他缴枪的姿态说：

"我把驳壳枪这么往外一扔，叫弟兄们站个队，把枪这么往院里一摔，事情就办妥了。"

我忍不住问了一句：

"去年鱼台外围战斗，是不是你们这一部分？"

"是这个旅的一八六团，那次被俘的二营营长叫杨光胁，这回消灭的还有他，那次他被释放回来还在一八六团，哈哈，他可是熟路。"

"你们那一次没被俘？"

"没有，没有，我们在金乡城里，就是那一仗以后，把我们剩下的两个营补充了些新兵，才编成这个旅的，这回，一个旅又完了。"

谈到他们为什么要缴枪的时候，宋万铭激昂慷慨地说：

"我们的指挥官指挥他妈的屁，我把队伍带上走过张家店8里路了，团长写信叫转回去，你问六连连长，我把脚一跺，当时就把条子给扯了。八路军一天一夜走180里，谁不晓得，才脱离开你们包围十几里地，走都走不赢，还叫返回来。我打个屁，打死了，老婆还得进窑子，到马路上当'野鸡'。"

"现在这队伍比去年可差远了，兵也不是那个兵，官也不是那个官，老百姓抓来两三个月补进来就打仗，谁不是爹娘生的，谁不怕呀！鱼台那回就打怕了。你们消灭台湾兵，知道。消灭六十六师，知道。跑回来的人都说，光见你们成师成旅消灭我们，没见过我们哪一次消灭过你们。同志！莫见怪，我嘴说惯了，可不是把你们当敌人，我是说这仗有个啥打头。"

歼灭六十二旅的捷报印出来了，他们挤着争着看，边看边议论："副旅长叫唐家楫吧，把他老先生也请过来了。"

"咱们团有2000人上下吧！全旅一共俘虏5000多人，差不离。"

"他们的消息就是差不离。鲁西南那一回公布消灭我们2个团，鱼台1个团，加上金乡城外2个营，单县1个营，不多不少刚好。"

"日他妈，我们上级说话都是卖狗皮膏药的。说人家向黄河北逃跑哩，逃跑还有把方向错到南面来的？"

宋万铭听到我军再次解放盐城的消息，往椅子上一倒，长叹了一声：

"我就是盐城人，打了一年多了，还在那里打，盐城又叫你们拿去了，这仗有个啥打头？"

他很懂一些解放区的政策，我顺便把新公布的《中国土地法大纲》中"分给地主同样一份土地"的决定讲给他听，想不到他突然站起来把桌子一拍：

"真是这样吗？"

"我们共产党说啥算啥!"

"那,天下一定是你们的了。"

我翻开鱼台外围杨庄战斗后1月13日的一篇日记,上面写着:

今天演了一幕舌战群俘,想不到这些下级军官脑袋会如此顽固,当了俘虏不承认他们打败仗,还批评我们指挥不好,队形不好,活捉了谢懋权硬不相信,根本不承认台湾兵到达鱼台;只说我们出击陇海,不承认他们先打李先念,满口夸耀他们的衡阳战功,方先觉降日叛国却一字不提;说得没道理了,又嫌我们共产党名字坏,"一听到就脑袋痛"。

"这些死法西斯是根本不讲道理的,难怪他们能一连反扑七次,能和我们拼刺刀,拼手榴弹……"

从1947年1月10日到10月10日,正好9个月,假如从鱼台到六安,六十二旅后退了1000里,那么从杨庄到张家店,六十二旅战斗力的下降又何止千丈?

张家店歼灭六十二旅的战斗,是刘邓大军反攻到大别山后第一个大的歼灭战,这个歼灭战的胜利,假如不如此迅速干脆,那才真是"不讲道理的事情"。

原载陈斐琴、杨国宇、王伟:《刘邓大军风云录》(上),人民日报出版社,1983年,第135～137页。

在"老虎洞"里养伤

◎ 王自阁

　　1948 年 1 月初,我在战斗中负了伤——一块弹片钻进了左腿的膝盖骨。当时部队在大别山区整天行军打仗,没有一定的后方,伤病员就都分散住在老乡家里休养,由卫生队的王医生负责治疗。我住在黄冈县西家湾童老大爷家里。他家还有老大娘和他们 20 来岁的儿子金孩。他家除了种田,还搞点副业——做挂面卖。

　　直到 2 月底,取出弹片,我的伤口才止住了化脓,不过还不能行动。这天清早,外面下着大雪,欧区长来了。欧区长是民主政权的区长。他看了看我的伤,谈起外面的情况来:敌人加紧了"扫荡",敌七师离这里只有 30 里;那些在民主改革中逃亡在外的土豪劣绅、伪乡保长,也组成"清乡队"回来了;咱们的伤病员都要迅速隐蔽起来。欧区长叫我到一个名叫"老虎洞"的山洞里去躲避一段时间。他说:"王同志,要让你受委屈了!那石洞地形很隐蔽,里面也干燥,只是听说藏过野兽,很少去过人。在这大雪天,也没有别的好去处。等情况一好转,再接你回来。"我说:"放心吧!天大的苦咱也吃得下。你们到哪里去呢?"他指了指腰上别着的手枪说:"上山同敌人兜圈子呗!你们伤病员的事由老乡照顾。"他又跟童老大爷嘱咐了一些事情,就匆匆走了。我真恨我这条不争气的腿,累赘了自己。要不,回到部队去,那真比长上翅膀还快活。

　　这时,房东一家人都到我床前来了。老大娘听说要送我到山上去,首先就一百二十个不赞成。她说:"谁不知道那山上是闹过老虎的,再说,吃的喝的,冷了热了，有谁来照顾?"于是她就出点子了——叫我喊她娘，装成她的儿子，口音不对就说是哑巴。金孩也出主意：如果有人问到我伤口，就说是打柴跌的。我知道他们是一片真心实意地爱护我，可是这些办法都不成呵!老大爷一直紧皱着眉头，不住地捻胡子。他说："那山上去年是闹过老虎的，乡里还组织人去打过。喏!"他指着墙上那把猎叉，说："那是我年轻的时候用的，他们还借去用过。可后来那虎就没有下落了。那石洞今年金孩打柴还进去过，倒也没有什么洞叫老虎洞，也不准定就有虎。去住三天五天，避开敌人这股风浪，也是个安全的办法。"老大爷说得有理，眼前只好这样做。天大的风险咱也能承担起来，千万不能让老乡受连累啊!我说："大爷!大娘!当兵的既然同枪炮子弹打过交道，也就有办法对付老虎。我还有两颗手榴弹，你们放心吧!"

我坐在一副用门板凑成的担架上，金孩和一个邻居抬着，老大爷在旁边照顾着我。临走，老大娘塞了一卷饼子在我枕头边上。担架走了好远，我扭回头去，她还站在大风雪中望着我……

上了半里多路的一个陡坡，又从山垭下到一个小山洼。紧靠山洼根，有个石洞，洞口被茅草盖得严严实实的，洞口也不高，要弯着腰才能进去，里面倒宽敞些，有3米深，低着头可以直起腰来，旁边还有岔洞。这就是"老虎洞"。洞里已经有一个伤员，也是刚抬来的，我挨着他躺在稻草上。老大爷帮我盖好被子，又给我一盒火柴，说："万一野东西来了，擦根儿火柴就能吓走它!我们年年在山上守庄稼，野东西怕的就是火。你们两个人好做伴，我叫金孩给你们送饭。"

洞里很暖和，但很昏暗。我模糊地看到身边的伙伴是个小圆脸，眼里闪着亮晶晶的带些稚气的光泽。闲谈中，我知道他是团里通信连的司号员，名儿叫宋新周，才17岁，说话还带着童子腔哩!他是和我在同一次战斗中大腿挂了彩的。我和他商量如何对付敌人，他说："怕什么?你有两颗手榴弹，我有两颗手榴弹，敌人来了，就叫他死在洞口!"我心里暗暗高兴，好个坚强的同志!

第二天天刚明，就听到隐隐约约的枪声，紧一阵松一阵地吵得人放不下心来。

中午，金孩送来一大叠饼子。他说："咱们部队和敌人在李家山接上火了。敌人的'清乡队'也进了村，挨家挨户搜查咱们的伤员，还抢粮食，我是装作打柴的才上山的。这点饼子是妈给你做的干粮，我还要给你送吃的来。"临走的时候，他愤愤地说："反动派又想回来，不行，这块天不能变！"

不一会儿，小宋的房东——一位老大爷也给小宋送了干粮来。他们亲亲热热地谈了好久。

黄昏时分，枪声停了。这时，我口渴得像火在燎喉咙，想试着爬到洞口，去抓点雪吃，但还没翻转身，左脚就痛得像被人一刀截断了似的。我连忙仰躺着，想歇一歇再走。忽然，洞口传来"呼哧""呼哧"的声响。洞里已昏黑得什么都看不见了。我们屏住气，心里像擂鼓一样跳动起来。敌人？不像！莫非是老虎真的来了？我们连忙掏出火柴盒。"呼哧""呼哧"的声音越来越响了。这时，手指头偏偏僵硬得不听使唤了，我暗自警告自己：沉着，要沉着！但是心还是咚咚地跳。"唰"的一声，我的火柴亮了，透过黯淡的黄光，见野兽在洞口停住了。它头上有黑一块白一块的花纹，眼里放出绿光，贪婪地一闪一闪地盯住我们。小宋一直在擦火柴，只听"哗""哗"地响，可一根儿也没有擦燃。眼看我的火柴快燃完了，野兽还丝毫没有退却的意思。"唰"的一声，小宋的火柴也亮了，随着这亮光的一闪，野兽回转身就跑了。我这时才觉得全身的血液都紧紧收缩到胸膛里来了，不知什么时候出了一身冷汗。我们商量好轮流休息，但一整夜谁都睡不着。

第三天半夜里，洞口又有了响声。我们连忙掏出火柴盒，却听见洞外传来了金孩的轻轻呼唤声："王班长！"金孩送饭来了，两大瓦罐煮挂面。我说："怎么晚上来啊？碰到野兽咋办！"他说："敌人四面站岗，围住村子，白天谁也出不来！"原来咱们部队转移了，敌人下午就进了村。敌人一来就抢粮食。金孩说："没有藏好的，就什么都翻光了。"金孩临走时问了我的伤情，又说："妈一天叨念你好几遍呢！一会儿说，怕把王班长冻坏了，一会儿说，怕把王班长饿坏了。哎！两位老人家愁得心都快磨烂了，敌人到处查问哪家藏过八路军的伤员，听说还要抓青年人当壮丁。"我拉住他的手说："你……你可要小心！"他说："脚长在我身上，一有动静，我就找部队去！"我听他摸索着出洞去了。他全家人的面容立刻涌上了我的眼帘，我们脑子里重现出两个月来他们爱护照顾我的情景，禁不住流出了两行热泪……

眼前的处境很困难。首先是粮食有断绝的危险，我们的干粮勉强还够吃三天。我们就控制起来，每人每天只准吃两小块麦饼。我们拿着饼子闻了又闻，舔了又舔，就像小孩子吃糖葫芦那样，舍不得吃下去。可是细嚼慢咽地吃了，肚里仍然空空的，反而更想吃。这时候就需要有极大的决心克制住自己。小司号员往往吧唧着嘴，吞吞吐吐地说："班长，我再吃一点点，一小块！"我怎么能忍心不让他再吃一点呢？

三天过去了，金孩没有送饭来。那天黄昏，那只野兽又来了。透过茅草伸进头来向洞里张望。它似乎熟识了火柴光，我们点燃了好几根火柴，它不但不走，反而在洞口坐下来，像等待什么似的。可真吓坏人了，我想扔出一颗手榴弹去，又怕爆炸声惊动了山下的敌人。到这时候，这条命算豁上了，光怕也没有用。我想起童老大爷的话来，就从身子下面扯出一把稻草来点燃，一下子满洞里都是红光。那野兽果然一惊，又转身跑了。我们白天晚上都睡不着觉，既怕野兽又怕敌人搜山，时刻都把手榴弹扣住线圈拿在手上。困得实在不行了，就轮流睡一会儿。值得高兴的是：我们的伤势都有了些好转。我的左腿能微微地弯曲了。我用手隔着绷带摸了摸伤口，肿消了，痒痒的。王医生说过，这是生长新肉的征候，但讨厌的是还不能站起身来。

干粮哪怕是一天只吃一点点，也是在逐渐地减少。金孩已经有六天没有来送饭了。一定是敌人封住了所有山路，不然他肯定会来。这时，我们只剩下巴掌大的两块干饼子，谁都舍不得再吃，尽管人已经饿得头昏眼花，浑身像拆掉了骨头似的，软得瘫痪了。就这样，我们还低声谈论着，猜测着部队的行动。我们都坚信部队会回来，我们会有回到部队的一天。我们还考虑到部队是不是出大别山去了，暂时不回来怎么办？当然要斗争下去！我想起王医生告诉过我，在这附近隐藏了30多个彩号，就对小宋说："别愁，等你好了，咱们和他们联系上，打游击去！"小宋说："对！咱们凭这四颗手榴弹就可以起家。班长，你不要丢开我啊！"于是，我们就讨论起打游击的办法来。

那天晚上，洞外透进来月光。我们决定爬到山坳上那户独立人家要点吃的。一想到饭，什么敌人野兽通通都不怕了，碰上咱就拼了！但是刚爬到洞口，只觉得两眼发黑，耳朵里"呜"地叫了一声，就再也不能动了。躺了一会儿，吃了些雪。我发现了一种宽叶子的青草，这植物在雪地里竟还能生存。我拔了一根儿塞进口里，还没尝出什么味道，就被牙齿嚼碎，随着唾液咽下去了。小宋也津津有味地咀嚼起来。但是，吃了一阵就再也咬不动了。我们体力实在不支，只好退回山洞。

第二天晚上，我们分吃了一块干饼子，把我的一件贴身衣服撕成布条缠好伤口，月亮一出来，就揣着手榴弹，又爬出了洞口。地上积雪有两寸厚，被冷风吹得结了一层硬皮。手指头冻得失去了知觉，爬着爬着又不想动了。这时候，躺在这里就是最大的幸福。但是，不能！我还要活下去，眼前并不是一切都已经绝望了。还有很多事等着我去做，一个共产党员不能窝窝囊囊地死在这里。吸进几口冷风，头脑清凉一下，我又催小司号员："快走！不远了，到那里就有饭吃！"在半路上，听到山下大声地吆喝："哪一部分的？"我们以为被敌人发现了，就把身子紧贴在雪地上。后来听到了另一个声音："老子查哨的！眼睛瞎了？"山脚下就是敌人的岗哨。半夜时分，我们才爬到山坳口上的那户独立人家的门口，其实这不过只有半里路。听到叩门声，一位老大娘把门打开，战战兢兢地问："老总，深更半夜的干什么事？"我们再三说明是解放军的伤员，她仍然将信将疑。她翻出一碗剩饭来，又回到灶前去拨弄柴炭，微微的红光映出她满脸愁容。她叹气说："在这山坳口上，也一天搜括几遍，几颗逗鸡的粮食都早翻光了！"我们两人看着一碗饭，互相推让起来，最后同意合吃，你一口，我一口，几口就吃光了。我们听到锅里发出"咕嘟""咕嘟"的声响，就揭开锅盖，一股微带酸味的热气冲鼻而来，唾液顿时涌满了口腔。小司号员拉了我一把，我们几乎同时说："老大娘，我们要吃！"她一惊，说："嘛事！猪食能吃？"她以为自己听错了。我们恳求了好一会儿，她说："你们真是解放军呀？我还说是国民党的逃兵哩！好，大娘还藏了一碗米，给你们做饭。"她用盆把猪食舀起来，要重新生火。我说："大娘，这里很危险，敌人看见火光可不是玩的！"这时，小司号员低声嚷起来："这东西才解馋呵！"他用碗舀起猪食吃开了。我也舀了一碗，这是用干红薯藤合米糠煮成的，有点酸味，热乎乎，怪香的；又解饥又解渴。转眼间，我们就把一小盆猪食吃光了。老大娘擦着眼泪说："苦了你们啦，孩子！"她端出一碗米来，说："大娘没有干粮给你们带，这碗米拿去煮吧！"石洞里没锅没灶的，我们谢绝了她。

回到山洞，天都快明了。月亮早已隐去，天上灰苍苍的，似乎要变天。我们奔波了一夜，又吃饱了肚皮，倒在草上就呼呼地睡着了。也不知过了多长时间，我猛然被一阵叫喊声惊醒——"在哪里啊！我们换药来了！""看到你了，你还躲？再不出来就开枪啦！"我慌忙摇醒小宋："敌人搜山了！"他一惊，连忙抓起手榴弹。我说："沉住气！"我提着手榴弹爬到洞口去看动静，透过密密的茅草，见天上正飞着大雪。我暗自高兴：亏得这场雪！不然敌人会发现我们留在雪地上的痕迹，好险啊！敌人在各个山头上乱叫乱嚷，有时喊声离洞口很近。我和小宋屏住呼吸，眼睛盯住洞口，一双手紧紧握住手榴弹，手心直冒热汗。直到天快黑了，山上才寂静下来。

连着两天，没有什么动静。石壁上湿漉漉地淌着浸水，外面在化雪。我们不敢出去找吃的，怕在雪地上留下脚印。小宋真是好样的，一点不叫苦。我劝他吃下那唯一的小饼子，可他说什么也不吃，还让我吃。我说："小鬼，苦吧？咬咬牙！敌人是兔子尾巴——长不了的。"他说："没什么。饿死了，也是革命战士！"我们的伤势更好转了一些，可以拄着棍子一瘸一瘸地慢慢行动了。我们决定离开"老虎洞"，到离这里5里路的邓家湾大松林里去。那一带地形复杂，便于我们的人活动，或许可以碰到自己人。再待在这里，无异等于饿死。

我们花了整整一晚上的时间，才到了邓家湾山上。天一明，阳光刺得眼疼。我们看到山下有老乡在地里生产，就想莫非敌人走了。这时，我最放不下心的是金孩一家人怎么样了，真想跑去看一看，但两条不争气的腿半步也挪不动了。

这天下午，果然遇着王医生了。我顿时觉得饿了，累了，浑身松弛下来了。见着亲人，困难有人共同负担了。王医生正忙着到处找咱们的伤员。他说："敌人走了，咱们部队又回来了。你们都回队休养。"回到部队不久，伤就完全好了，又随着部队北战南征，竟再也没有机会到金孩家去了。这件事我至今不能忘怀，像是欠了一笔永远无法还清的债。

原载陈斐琴、杨国宇、王伟：《刘邓大军风云录》（上），人民日报出版社，1983年，第173～179页。

千里征程返故乡

◎ 陈鹤桥

　　1947 年 6 月 30 日，刘伯承、邓小平同志率领晋冀鲁豫野战军主力，在鲁西南强渡黄河，揭开了战略进攻的序幕。就在这时，我接到了调任晋冀鲁豫野战军政治部组织部部长的命令。由于军情紧迫，6 月 30 日上午，我便急急忙忙地赶到野政向张际春副政委报到。

　　张际春同志见到我很高兴，一把握住我的手说："鹤桥，你来得正好，大部队已渡过黄河，野直机关明天就要行动，以后战争环境会更紧张，更艰苦，现在我就带你去见刘、邓首长。"我听说马上就能见到刘、邓首长，心里十分高兴，连日来的奔波劳累似乎也烟消云散了。

　　我随张际春同志来到寿张附近野司驻地，走进首长办公的房间，只见刘、邓首长和李达参谋长正在紧张地忙碌着。张际春介绍说："陈鹤桥同志今天到职了，我带他来见见你们，你们有什么指示，请同他谈。"首长们走过来热情地与我握手。我在中共北方局工作时就在邓小平同志领导下工作过两年，此时他高兴地说："啊，来了好嘛! 我正在看一个报告，今天就请伯承同志先同你谈谈，我们以后抽时间再谈吧。"

　　刘伯承司令员脸上挂着宽厚的微笑说："你来得正好，明天就要行动，要打仗了。"接着他把我和张际春同志领到另一个房间坐下，郑重地说，组织部门很重要，既要管党的建设，又要管干部，特别是管干部尤为重要。接着他便扼要地介绍了部队从八路军第一二九师组建以来的发展情况，着重谈了党中央的干部政策、干部的选拔使用和到新区要开办学校、大力吸收培养新干部等问题。他侃侃而谈，一直讲了半个多小时。早在红军时期我就听说过刘伯承总参谋长，今天我是第一次直接听取他的指示，他在那样繁忙的情况下，还抽时间对我工作中应注意的政策性和原则性问题做了重要指示，使我深受教育。同时，他与下级干部接触中表露的朴实谦和，以及作为军事家的威严与沉稳、政治家的风度与睿智都给我留下了深刻的印象。

8月7日夜，刘邓大军开始了跃进大别山的壮举，我也随着野战军领导机关踏上了千里征程。在20多天的急行军中，指战员们冒着天上敌机的轰炸扫射，地上20几个旅的敌人围追堵截，昼夜兼程，风雨无阻，且战且行，有时浑身泥水，又冷又湿，连饭都顾不上吃。

黄泛区是南下途中最困难的地段。黄泛区宽约三四十里，遍地积水污泥，有的地方水深至膝，没有道路，单身人跋涉都很困难，车马大炮更难通行。部队离开鲁西南时，李达参谋长为刘、邓首长准备了吉普车；快到黄泛区时，因为不走公路，又给二位首长换了胶轮马车。路段好一点的地方还可以坐段马车，到了黄泛区连骑马也有困难，首长们便同大家一样走泥路。过黄泛区时，指战员们衣服都湿透了，身上又都是泥巴，虽然个个疲惫不堪，但看到刘、邓首长也是泥一身、水一身，大家受到鼓舞，也就不再感到劳累了。

8月23日我们赶到汝河北岸，我主力部队已先敌抢过汝河，与阻拦之敌展开激烈的战斗。在前有阻敌、后有追兵的险恶情况下，刘、邓首长亲临先头部队指挥所，并于24日天亮前随六纵先头部队打过汝河。突破汝南埠渡口敌防线的我步兵团，把敌人压到较远的村庄，迅速控制汝南，掩护野直机关渡河。上午9时，我与政治部同志一起，在激烈的炮火声中跑过浮桥，走过一段高坡路，冲到河南岸的平原地段，面对着敌人从两个方向机枪、步枪交叉扫射，大家跑步前进。这时敌人的炮弹仍不断飞来，在身后不远处爆炸，敌机也不停地俯冲扫射，机关炮弹射进身边的泥土，溅起柱柱黄尘。情况紧急，停留下来随时都有牺牲的可能，和同志们一起，每人手里拿一根树枝作伪装，兵分数路从豆子地里向前疾行。直到下午，政治部的人员才陆续到达预定的宿营地集合，在作战部队掩护下，队伍像一股不可阻挡的洪流，胜利闯过汝河险关，向千里跃进途中最后一道障碍淮河前进。

26日凌晨，我们野政干部乘船渡淮河。可是船少人多，过渡时间太慢，经刘司令员亲自探测，发现淮河水深仅及胸、颈，完全可以徒涉，便指挥野直及后续部队迅速涉水抢渡淮河。我们终于胜利到达我军战略反攻的目的地大别山区。

大别山是我的故乡，我于1934年秋随红二十五军离开安徽霍邱县参加长征已经整整13年，故乡的山水亲人总是在心头萦怀。如今面对故乡的青山绿水、苍松翠竹、金波菽浪和热情欢迎的家乡父老，我激动得热泪盈眶。

大别山毕竟是革命老区，群众见到解放军就像与自己的子弟久别重逢一样，和我们亲切地拉家常。在金家寨附近，我遇到一位50多岁的老大娘，她告诉我，自己以前当过乡苏维埃的委员，领导妇女反封建。她还指着身边一个二十七八岁的青年农民说："那时他还是个小娃子，当儿童团的。"有的拉住我们的手悲愤地倾诉几十年来所受的苦难。有个红军亲属老大爷流着泪对我说："你们走了，白军和当地的反动派来了，害了多少人呀！很多干过革命的人被活埋了，不少人饿死了。我常说共产党是不会忘记我们的，天天想你们回来，做梦也没想到来得这样快呀！你们这次回来可不要走了，给受难的人们报仇吧！"我激动地握住他的手说："共产党和解放军的同志无时不在挂念你们，这次毛主席派刘伯承司令员、邓小平政委带着我们回来，一定不走了，坚决消灭敌人，让大家都过上好日子！"

虽然敌人下令保甲人员强迫老百姓逃到山上，但我军攻下一些城镇时，仍有不少群众主动出来欢迎，商店照常营业，往返汉口、皖西的行商每天依旧自由通过我军控制区。许多群众还主动为我军做向导，送伤员。一个60多岁的老汉问我们的战士干革命多少时候了，一位战士告诉他参军已有一年零五个月了。老汉听了高兴地笑起来，说："我在民国19年就当区苏维埃政府土地委员，领导分土地哩！"战士听了高兴地要他多送我们几里，老汉点点头说："莫看我老了，也要送个十几二十里呀！"在另一个村子里，我们有十几个伤员正愁没法运送，这时来了一个老汉，见状便自告奋勇去找人，不一刻便找来20多人，一齐把伤员送往15里以外的村庄。某团把十几个伤员送到一座小山庄，庄上老大娘每人自动领两个伤员回家，负责照护。这一切使我好像又回到了红军年代。

9月初，我碰到新华分社社长李普，他站在一个小山头上对我说："你是从大别山打出去的，现在又打回来了，一定感触良多，你写一篇文章报道报道好吗？"

写通讯报道我没干过，答应试一试。接受任务后，我边行军边构思，回到了故乡后一直没有平静过的心情更加激奋了，我将平日所见、所想的情景很快写成短篇通讯《回到革命故乡——大别山》。这篇通讯被李普用电报发往陕北新华总社。10月25日，总社回电说，通讯"及时报道了全国人民所关心的刘邓大军反攻之艰苦历程及大别山人民对解放军的爱戴与欢迎"，总社已将通讯发到全国各根据地。

看到电文，我心里十分高兴，第一次写通讯就被采用，并得到总社的肯定，这是我始料不及的。夜晚凉风习习，我站在高坡上遥望北斗，一颗心又回到了华北战场。亲爱的战友们，我已在革命的故乡战斗和工作，我的通讯就算给你们大家的通信，我在心里默祝全国解放很快到来，不久我和战友们就将在胜利的旗帜下重逢。

原载陈忠贞主编:《皖西革命回忆录·第三部·解放战争时期》，安徽人民出版社，1991年，第150～154页。

俘虏们的话

◎ 明 朗 方 德

挺进皖西的刘邓大军第三纵队的指战员们都想打个大胜仗，向老区的亲人们献礼。可是蒋军不等我们抓住他的尾巴，就逃之夭夭，战士们气得跳脚骂他们是"属兔子的"。

曾被日本天皇加封为"协和军总司令"的方先觉，又被蒋介石任命为整编八十八师师长，他带领全部日式装备的部队，像幽灵一样尾随我军直到皖西六安一带兜圈子。

我军采取猫捉老鼠的打法，终于在舒城西面咬住了他的主力六十二旅，合围圈越收越紧，敌人就像网中的野兽东奔西突，妄想摆脱被歼灭的命运。8日傍晚，夕阳西下的时候，敌人窜进了张家店。

张家店，这个才200多户的小镇，除少数老人，老百姓全跑光了。大量敌人插进去，很难找到埋锅造饭和构筑工事的地方，他们只好饿着肚子在集外利用地形地物抢修外围工事，在集内把老乡泥墙凿出枪眼，把抢来的门板、家具搭成路障，捎带偷些值钱的东西揣进怀里，做好逃跑的准备。

9日晚总攻开始，敌人立刻乱成一团，副师长张世光抢先带着10多个亲信偷偷地溜了，剩下的敌人大都乖乖地当了解放军的俘虏。混乱中，少数敌人侥幸钻出张家店这个小包围圈，可立刻又落进解放军的大包围圈。有一股散兵约50人，逃到唐庄，被解放军通信班班长李书林截住，敌人立即放下12支步枪、2挺机枪、1

个掷弹筒，乖乖投降。

在俘虏收容所里，一个歪戴着美式便帽、斜披日本军用雨衣的人，讨好地从腰包里掏出个指南针说："同志，把这东西送给你，我这下算是彻底放下武器了！"

我们拒绝了他的"馈赠"，他像表功一样滔滔不绝地说："我是一八四团二营营长宋万铭，我带上队伍走出张家店8里路了，团长来信叫我把队伍带回来。我的妈呀，好容易从解放军手里挣脱出来，心想跑到六安城同四十六师会合该多好，偏偏调我回来，凑足一个整团，当了俘虏也没缺额。有意思，我这个营是站队过来的，连长一个不缺！"接着五连连长周天爵也很得意地比画着全连缴枪的姿态："我把枪这么往外扔，叫弟兄们站个队，把枪这么往院里一摔，事情就办妥了。"

"鱼台外围战斗，是不是你们这一部分？"我们问道。

"是这个旅的一八六团。二营营长杨光协被你们释放回来，补充一茬新兵，仍旧叫他当营长。这回俘虏里又有他。他是今年1月9日被俘的，到今天相隔整9个月，哈哈，他可是熟路，真有意思……"

当问他们为啥要缴枪时，宋万铭激愤起来："我们的官长指挥他妈的屁，我把队伍带上走过8里地了，团长写信又叫转回来。八路军一天一夜走180里，谁不晓得？才脱离你们包围十几里地，走都走不赢，还叫返回来，我打个屁！打死了，老婆还得进窑子，到马路上当'野鸡'。"

"现在这队伍比去年可差远了，兵也不是那个兵，官也不是那个官，老百姓抓来两三个月补进来就打仗，谁不是爹娘养的，谁不怕呀？鱼台那回就打怕了，你们消灭台湾兵，知道；消灭六十六师，知道。跑回来的人都说，光见你们成师成旅消灭我们，没见我们哪一次消灭你们。莫见怪，我嘴说惯了，可不是把你们当敌人，我是说这仗有啥打头。"

看守俘虏的解放军战士，有的就是在杨庄战斗时被解放过来的，经过9个月的教育锻炼，已成长为人民战士，这回同俘虏一见面就谈得很顺心，说："我是第一批解放过来的，现在该管你们第二批了。"

杨庄战斗，从国民党军八十八师的一个班里解放了一个班长、一个列兵，可巧这次又把这个班的新任班长捉住了。当列兵的俘虏已成长为解放军的班长，他感慨地说："我已经管了门小炮了。这里不讲资格，讲比艰苦、比进步，讲本事，讲当模范，我进步不够，要是进步快，还不当排长哩!"

六十二旅一八四团三营小炮排的许建章，1942 年就被国民党军抓到九十三军当兵。开小差后又被六十四师抓住当兵，在山东被解放军打散，又被六十六师抓来当兵。他气愤地说:"今年 7 月在羊山集解放军把我解放了，当时，我想家，解放军发给我 8 万多元路费，还发给两双鞋。心想，这回可总算回家了，可没料到又被八十八师抓住，补充进小炮排。连长怕我开小差，把剩下的 6 万多元和一双没有上脚的新布鞋全没收了。"

他接着很恳切地对我们说:"这回我又解放了，老天爷保佑我平安无事回老家吧!万一再抓住我补进他们的队伍，我一定抱枪过来投解放军。"

歼灭六十二旅的捷报印出来了，他们争着看，还边看边议:"他们把副旅长他老先生也请过来了。"

"全旅一共俘虏 5000 人，差不离。"

"他们的消息就是差不离，鲁西南那一回公布消灭我们两个团。鱼台一个团，加上金乡城外两个营、单县一个营，不多不少刚好。"

我们顺便把新公布的《中国土地法大纲》中"分给地主同样一份土地"的决定讲给他们听，想不到宋万铭突然站起来问:"真是这样吗?"

"我们共产党说啥算啥!"

他吐了口长气，缓缓地说:"那样，天下一定是你们的了。"

原载陈忠贞主编:《皖西革命回忆录·第三部·解放战争时期》，安徽人民出版社，1991 年，第 170 ~ 173 页。

阵中日记①

◎ 高治国

1947 年

9月1日　霍邱县大顾店子〔六叶公路〕

6月25日由河南安阳西高平出发至今天,整整两个月零七天。抢渡了三道大河,新旧黄河和淮河,歼敌九个半旅,克服了行军疲劳,胜利到达目的地——大别山区。

大别山曾经是我红四方面军的老根据地,是将来推翻蒋介石统治的前进阵地。因此,我们今后任务是用打胜仗与发动群众来创建大别山巩固的根据地。创建根据地是艰巨的,但我们有胜利的条件:首先陈(赓)谢(富治)兵团在豫西、豫南的行动和山东大军(指华东野战军主力)在陇海路南北的行动与我紧密地配合着;其次是打乱了敌人的堵截计划,分散削弱了敌人的力量,因而当面之敌只有两三个旅;最后是此地区有革命的传统。再加上毛主席的领导,没有问题是可以成功的。但必须克服没有建设信心和流寇思想与行动,主要依靠主观的努力去完成之。纵队(晋冀鲁豫野战军三纵队)党委8月31日号召:"打好仗,做好群众工作,为创造根据地而奋斗。"

---

① 《阵中日记》原文较长,现摘要刊出。圆括号内说明文字为编者所加,六角括号内文字系作者原注。

9月2日　六安城西关

第一次解放六安城。

今晨，我"冯楼"（为九旅二十六团的代号）三营攻占六安县城，移驻西关。当晚，宋尔廉同志任县长，组织县政府开始办公。

"冯楼"五连在城北十里桥歼敌十九旅一个排。

9月3日　六安城西关

全力组织收集棉花、布匹等。下午开团长、政委会议，提出战斗准备与纪律问题。

9月4日　六安城西关

敌四十六师进到城北15里之地。县府工作重点在宣传我军打法〔作撤退的思想准备〕和调查棉花、布匹等物资。

9月5日　六安城西关

黄昏，拟消灭五里拐东北三台（女）墩及尹大庄之敌，与惊宇（指九旅参谋长孟惊宇）下午移到大成乡。

向阎（指三纵队副政委阎红彦）谈领导问题及对领导的态度问题。

9月7日　大成乡

昨11时起，敌由大桥阪向二十里铺、三十里铺、四十里铺运动〔东南〕。我全部出击，但敌系有组织之行动，并非退却，加之秋雨连绵，山路泥泞，没有出击出去。同日敌分三路攻我二十里铺"胡楼"（系九旅二十七团的代号）一营时，龚福珍、杨景全负伤，三连支书阵亡。

一夜秋雨，到天明仍未停。下午移驻六安城东关。今天给随同的几个单位的全体同志谈话，提出：下了太行山上了大别山，把大别山变成太行山，这就要求我们每个人都树立巩固的根据地思想，不浪费，不损害群众一点利益，打好仗，做好群众工作〔军队重点在搞好三大纪律八项注意〕。

9月8日　六安城东关

接到纵队发来转军区整纪电报。陈（三纵司令员陈锡联）电告在大别山周围，敌有7个师的兵力，要我做斗争准备打草鞋，搞辎重。

召开团干会议，重点是解决树立根据地思想问题。讲话要点是：我们离开太行山，胜利地来到了大别山。今天的任务是要把大别山加速变成太行山，以便结束蒋介石的统治。因此，部队中尤其在干部中必须切实树立巩固的根据地思想，要作长期打算〔省吃俭用〕，必须反对流寇思想和抓一把的思想。其关键在于积极寻找战机歼灭敌人，在于有良好的纪律和积极发动群众。我们虽然胜利地来到大别山，但是有困难的；首先是物资——衣、粮——的困难，其次是运输和供应的困难；其中最主要的还是群众不了解我们的困难。因此，争取人心向我是当前的急务。

我们的口号是：把大别山变成太行山，团结一致，同甘共苦，对敌斗争。

9月10日　六安城东关

参加"冯楼"党委扩大会，传达树立根据地思想问题。其关键在解决干部的思想问题，大胆地向下级承认错误，其标志是干部积极教育所属，解决其思想问题，并在行动上兑现。

要爱护干部，战士的发展不要因小失大。必须以身作则，严格纪律。三大纪律八项注意是我党政策在军民关系上的具体表现，是要实干，不是空唱。这就必须边说边检查，检查了再说，直至搞好。

9月11日　六安东关

樊通桥"曾家庄"（系三纵司令部代号）会议。

一、大别山情况：敌共23个旅，机动12个旅。刘昌毅（解放战争开始后，在大别山区坚持游击战争的皖西人民自卫军司令员）在官庄、沈家桥、岳西、庐江地区有4个大队，1000余人。现在大别山区敌兵力不过围五师（此处指1946年6月蒋军包围我中原军区部队一事）时一半，说明我们完全可以立足。力量本身情况均与历史上基本不同，地方上有三次（指第一、第二次国内革命战争和抗日战争）革命传统；地形对我有利；是在消灭敌110个旅之后，全国各战略区互相配合的情况下，正在敌部署混乱之际，陈谢突从西边压下。困难是暂时的〔两三个月是能否立足之关键〕，是能够克服的，但必须充分认识到。

二、今后行动：在我未站稳足之时，不会有什么大行动。

1. 作战：第一期无后方的作战，敌进我进，能吃掉者坚决吃掉。不能者不干。腹心区打游击，精神上不怕丢地方，不怕多走路〔初期是带游击性的〕，出去的部队原则上以旅或两个旅为单位。

2. 筹款：敌人东西无条件没收，官僚资本〔大的〕没收，民族工业、手工业、中小商人不动。大中商店采用摊派、累进办法；基本群众不要负担。

粮食主要是筹地主的，禁止吃基本群众的。

3.加强支部工作：除开干部会外，必须开支部会，批驳不正当言论。

4.管理教育；打野操。今后主要斗争对象是桂系，下级干部强〔战术灵活，比较顽强〕。

9月12日　六安东关

召开保卫工作会议。

讲建设大别山根据地初期保卫工作的重要性。初期困难，立足未稳，人地生疏，财经困难，解放战士的某些动摇。

9月13日　六安东关

群众工作是建立根据地的基本工作，争取六个月内基本完成土地改革。（不久，中共中央发出指示，新区实行减租减息，不搞土改。）

9月14日　六安城东关

"朱楼"（九旅二十五团的代号）党委提出解决部队的思想问题，即提高胜利信心；树立根据地思想和反对流寇思想；严格执行三大纪律八项注意。

领导者必须公正地对待自己的部下或同志，应该冷静地全面了解情况，毫无私人成见客观地去分析是非；善意地帮助改正缺点、错误。不应"爱之欲其生，恶之欲其死"地用算总账打击的方式去对待同志，因为这不能解决问题。同时一个领导者又必须是有自我批评和能对下级负责的精神的，而不应是有功自窃、有过推人、夸己压人的态度。因为没有领导风度，就不容易把人领导住。

9月17日　叶南老楼〔叶集西南十五里〕

今天由此出发，经连二塘向婆婆岭方向前进。沿途松竹茂密，茅屋隐约其中，也间有瓦屋，山清水秀，堪为佳景。

9月18日　罗家崖

今日由罗家崖出发。沿大山向苏仙石西北及西南地区实行包围敌之运动。当晚敌逃跑，我宿苏仙石以北之白河冲店子。

9月19日晨　白河冲店子

早饭后移驻黄家沟〔公路西〕稍事休息，下午2时后继续西行，向商城东南地区集结。

9月22日晨　固始县安家埠子

今日原地休息未动，左团（七旅二十团）攻固始。

9月26日　固始县吴家寨

今日原地休息。敌四十六师及四十八师5个营由叶集向北。

由于我刘邓大军南下，引起国民党内部极大混乱：王仲廉撤职后，准备组织军事法庭审判，唐永良及其所属之旅长均撤职查办，罗广文已受到申斥，王敬久及某些将领也有被撤职之危险，孙震几次辞职未准。

10月1日　李家营子

三纵司令部、鲁家庄会议。

一、思想问题。全国形势对我们有利，战略指导是正确的。我到达大别山首先是战略展开，所要占之城均占了，所要控制的要点均控制了。现在的问题是打仗，只有打胜仗，才能打开局面，提高士气，巩固部队，开展群众工作；只有打胜仗，才能争取主动，分散敌人兵力，最近几次打得均不大好……

二、战术问题。（略）

三、纪律。强调战场纪律。（略）

四、装备之调整，适合山地战。紧缩机关，充实战斗单位，裁减牲口……

五、地方工作。部队到哪里，工作到哪里。

10月5日　六安县属之崔家

冯楼二营以四个政干率领十数病员掉队，这是对加强收容工作意义了解不够所致。今天因霍山无敌情，又加大雨，故在此地休息未动。

10月6日　六安县庙岗集

今日4时由崔家出发，经独山两河口与（赵）振华、（李）延泽等同志谈地方工作情况。据说因敌人几次过境，地方武装又叛变，因而感到站不住脚。下午1时到庙岗集宿营。

10月7日　六安县石河

今4时由庙岗集出发，经三尖铺、但家庙、山王河于12时许到达石河。飞机虽来回飞翔两次，但均高入云端，眼看不见。

前边部队 11 时到达，敌 12 时即开始进攻，占领三保墩一线。

10 月 8 日　六安县石河

敌八十八师师部及两个团（即六十二旅）向凤凰台、张家店逃跑。我于 10 时从石河出发，经三保墩向吴油坊方向进击，童（九旅旅长童国贵）率冯楼及胡楼三分之二部队经周家冲、黄土岭向张家店追击。当晚宿吴油坊。

10 月 9 日　六安县汪家冲

今日 1 时许将敌八十八师两个团围于张家店。因而 7 时即经木厂岭进到汪家冲。今晚冯、胡楼攻击，我集中 7 门重炮打敌一点，正中敌师部。夜半，敌师、旅长逃跑，敌人于 10 日拂晓前四散奔逃。

10 月 10 日　六安县汪家冲

我胡楼部队于拂晓进入张家店，并派部继续向东北追击。到 10 时许止，基本上将敌八十八师六十二旅全部歼灭，共俘敌副旅长汤家楫以下 4000 多人。黄昏移往东两河口北之高油坊。

10 月 11 日　高油坊

敌七师今日可能进到六安，四十六师到达白塔寺企图南犯。

我胡楼派部在韩家畈山岭阻击，主力在原地休息未动。

下午召开营以上干部会，说明形势与任务以及当前的工作，形势对我极有利……我在大别山立了足，有了后方，政府成立了，开始打胜仗，这是很大的胜利。

10 月 12 日　与儿街

敌昨晚进到张家子与我胡楼部队对峙。今日 4 时由高油坊出发，于 9 时许到达与儿街。

10 月 13 日　与儿街

分头召集排以上干部讲形势与任务。

10 月 15 日　与儿街

开党委会专门研究精简问题。

10 月 16 日　与儿街

独山（群众思想）情况，暴动（指六霍暴动）起来也遭到屠杀〔独山被敌屠杀过 3000 人〕，要求报仇又怕我们走……两河口捉住一反共队长屠杀过 40 人。

要给群众东西，除奸分浮财。

10 月 18 日　山王河

昨黄昏由与儿街抵此。驮棉衣时，暗藏被俘军官企图击毙我排长，组织俘虏逃跑。

10 月 19 日　山王河

曾家庄（纵队代号）指示开辟六合地区工作，火速组织两个武工队。

建设根据地关键在于打胜仗和做好群众工作，表现在具体工作上就在于提高部队信心与大力巩固部队。

10 月 20 日　山王河

开直属排以上干部会，专对曹文朝逃跑事。

曹文朝可耻的逃跑，是一种叛变行为，是没有出路的。首先是对革命缺乏信心和决心，在建设大别山根据地的艰苦斗争中低了头。如（嫌）地方不好，困难多，怪话多，一贯贪图享受，以致思想腐化，害怕打仗。如前打安阳贪污法币几十万元，今年到六安又搞布，一直发展到在部队中散布失败空气以致最后叛变逃跑。

曹文朝逃跑事件的教训：共产党员首先要确定革命立场。要有决心去革命，当前就是要有决心建立大别山根据地。从思想上意识上清除违反政府纪律的想法，杜绝贪污腐化之门，树立坚强的爱护根据地的观念。

10 月 21 日　山王河

召集程、陈、张、顾〔团领导干部〕谈当前抓紧部队工作和掌握情况以应付敌对我合击问题。会上强调紧张工作，确掌情况和政策纪律。

10 月 22 日　山王河

通过九二部队炮连副连长陈乾入党。

10 月 23 日　山王河

马芳庭同志今日去独山，顺便到九二（部队）一营去看看。

10 月 24 日　山王河

据说敌五十八师昨日进犯黎家集、叶家集，舒（城），敌七师一个营进到九井，苏家埠之敌未动，估计今日有合击我区之可能。

军区特团三连副赵桂良在总路口带战士两名拿走商号火柴 6 包、花露水 4 瓶、丝棉 4 块、纸 22 张、毛笔 1 支、脸盆 1 个、银珠 1 包、雪花膏 1 瓶。军区为严整纪律，

15日公审枪决。我已通令部队进行检查，以免再蹈覆辙。

下午8点许，根据苏家埠之敌经青山分两路，一路进至但家庙以北8里之团墩，一路向霍山方向前进。九二部队报告敌进至芮草洼东南10余里×河。我于下午5时许向东北转至顺河店。

10月26日　花楼院子

宋尔廉同志随张敬一同志一路行动。我告以抓紧收集棉花，解决胡张部队（二十七团）问题，但要确掌阶级路线，既解决问题，又不破坏影响。

对张延隆同志谈，征收大地主资财是有组织的，不是任何人有此权限，否则个人乱来，就是违反纪律。

10月27日　陈小棚子

今5时由花楼院子出发，我六五部队在高桥与敌四十五师一七六旅某部接触，当即撤向双河休息。17时由双河西进，经施家桥到陈小棚子宿营。

10月28日　凤凰台但家庙之何家岭

由陈小棚子西进，经张家店凤凰台到达何家岭一带隐蔽休息。拟南进，因与儿街、毛坦厂一线（敌）情重，又拟西进，又因敌集中霍山约3个旅，又改为原地不动。

诉苦复仇、团结互助、立功创模三大运动是打开连队工作大门的三大钥匙……是经常性运动，因此必须和当前任务相结合，各级干部必须熟悉这三大运动的规律，学会使用这连队三大工作的钥匙。

10月29日　虎得上

接阎（指阎红彦）示：顾登友所带部队一部在与儿街遭受某些损失，主要原因是敌六十六师及八十八师俘虏房叛变所致。这给我们提出认真诉苦复仇，抓紧一切时机，迅速启发阶级觉悟和认真审查区分新解放战士的必要。

为反敌"清剿"腹地起见，断敌交通，拟今晚移到芮草洼东南之方家院一带待机。

10月30日　独山西之张家

昨晚22时许抵江家院（陶家河附近）休息摸情况，于今日3时半继续西进经青山庙岗集两河口抵独山西之张家，才算正式摆脱桂敌，机动起来。在这一行动中，陈宾（旅侦察参谋）积极侦察情况，及时了解独山情况，起了很大的作用。

10月31日　独山西北十里之张家

纵队指示，在石婆店附近就粮休整，中心工作是改造与教育俘虏。

与赵（振华）、宋（尔廉）二县长交流经验。

当晚移到牛王庙。

11月1日　牛王庙

据报，敌昨晚到独山，派部侦察中，部队休息待机。下午召集团级干部开会。

11月2日　牛王庙

对在边沿区以粮换肉的个人决定，思之深夜，恐生恶果，今天与别的同志商讨，还是通知各政委停止搞为好。同时更体会到党内如没有原则上、思想上的一致，是不可能求得真正团结的。

11月3日　牛王庙

军事祝捷大会讲话提纲：

一、庆祝胜利的大会，庆祝鄂豫皖子弟兵又顺利地回到了老家——大别山，并立驻足。两个月来打了好多胜仗，商城、李家集、张家店等地歼敌大胜利，消灭敌军师部整旅三、整团三，共计3.3万多人。我们已建立33个民主县政府。

二、怎样祝捷：

首先树立安家思想，必须爱护我们自己的这个家。军队必须省吃俭用，长期打算，那种不问长短，抓住就用，吃了就走，到处乱丢铺草的现象都是不对的。

老百姓应把军队看成是自己的子弟，要爱护他，就必须对他负责，遇到做坏事的，一定要干涉，这才是真爱护。

其次是军民团结一起，反对敌人"清剿"破坏。

上午任选国、邹德胜同志来，知1日敌袭击落地岗，（独山）县府损失很大，特别是（张）克前同志牺牲，实为惋惜。

宋尔廉同志谈他们反贪污斗争的情况，对有的一心找法币，警卫班张××私拿群众9双鞋底等贪污现象，及时整顿，正当其时。

11月4日　牛王庙

六五（二十五团代号）、九二（二十七团代号）部队于下午分别召开军民祝捷大会。晚饭后，同三地委书记马芳庭至九二部队祝捷会场，给部队强调安家思想。

11月5日　牛王庙西山梁

昨日据报六安之敌有一部到达徐家集。又确悉,敌五十八师主力在固始,一个团在罗集,四十八师集结霍山,原拟昨晚转移而未果。

今8时许查八店子一带发生枪声,主力撤至西山后视情况。下午4时半敌因我抗击未前进〔估计敌约一个旅兵力〕,我于16时半后转至大岗孜一带。

11月8日　潘花园

二十七团政委张敬一谈该团解放战士诉苦运动有进展,八十八师解放战士感到,到八路军后能痛痛快快地说话。但在开始时不知为什么诉苦,且为宿命论所支配,不愿说出,还需设法诱导之。

11月9日　潘花园

与马芳庭同志去九二部队及宋尔廉同志处。

高德润同志谈某解放战士诉被八十八师抓后用铁绳穿臂而捆之,同样被抓之这名战士欲求死,水淹、汽车压均未逞,结果反被蒋匪用刺刀刺死之情况,感动很大。

诉苦是从阶级上改造巩固新解放战士的主要办法,解决得好,则对掌握群众纪律、巩固部队、打仗等问题都可迎刃而解。

11月10日　潘花园

纵队指示,从即日起休整一周。部队整训为主,并派部队掌握情况,搜集资财。

一、改造与教育巩固新解放战士仍是当前的中心工作,检查诉苦程度,进一步布置推进之〔已诉出苦来的即进入找苦根的阶段,已找出苦根的即转入挖苦根,即复仇的阶段〕,把诉苦复仇与当前工作联系起来……

二、从结合地方开展独山地方工作中去解决资财问题〔布、棉、盐〕。

三、军事教育〔略〕。

资财——只限于布、棉、麻、货币,货币无条件统一于旅,其他按规定解决自己的以外交出。强调纪律〔尤其工作队〕。

六五部队最近抓紧党员教育及举行新党员入党仪式是对的,九二部队开小型的支书训练班是好的。

11月11日　骆家庵西之张家楼

今晨移此。通讯连正、副连长放塘(水)捕鱼,政指(政治指导员)开干部会检查，连长还不承认错误。下午在四连〔旅政〕开直属队连以上军政干部会，恒业同志指出：禁止放池塘捕鱼及换猪熬油规定两问题。

11月12日　张家楼

纵队指示，抽调朱光及九二部队成立军分区事。

我完成了到达大别山的展开任务，目前任务主要是建设与巩固根据地。主要关键是歼灭大量敌人，野战与群运相结合的游击战争的发展。部队分到地方是一本万利。

今后部队必须进行土改，必须"肃清"土顽，必须纪律严明，军民关系良好和加强党的工作等。

部队分开，一、如何适合游击战争环境的问题，正规战如何转变为游击战，如何巩固新解放战士，更加强调良好的纪律与群众血肉不可分离的关系。二、团结一致克服困难。六五部队汇报解放战士诉苦运动……"一、反复打通干部思想；二、深入个别指导一般；三、及时总结表扬、交流经验。"

11月14日　流波礓

4时半由张家楼出发，经石婆店、麻埠于14时到达流波礓。此地商业较好，普遍使用冀钞。

11月17日　英山县五显庙

回忆从嘉祥出发以来三个多月的情景，工作过程中波折颇多。

8月7日至26日到固始东关，其中20天的行军过程发生的主要争执是对敌占区群众纪律的执行问题。9月2日开始到六安西关至15日由六安西进，共15天时间，主要精力放在收集资财上。11月1日由商城以东地区经郭陆滩东进，10月10日在六安张家店歼敌八十八师六十二旅。10月24日由山王河东移，30日到独山西之张家，11月14日由石婆店以北地区南进。

12月2日　张家桥

长江〔纵队代号〕党委会第三天会议。

阎红彦发言：会议的目的是解决领导作风问题，而不是斗争某些人的问题。

陈锡联发言：党委会的任务保证绝对执行各级党委的决议，这是确定了的。

12月6日　朱家店

晚饭后召集团干传达目前国民党南京统帅部统一战略对我问题，强调思想准备，反对麻木和张皇失措。

12月7日　朱家店

卢南樵、裴维增、张瑞基诸同志随归队团回来，我旅共回来310名。

参加（六五部队）连以上军政干部会，动员思想上准备战争。

长江电告：敌二十八师北进到白果南之旧街，八十五师东进至许家桥，七师进至罗田，我于22时出发，于翌8时半抵宋埠西北之程家大湾宿营。

12月8日　程家大湾

敌八十五师一部于下午攻宋埠。

12月13日　经扶县（新县）之汪家冲

敌五十八师一部由余家集向我二十六中队驻地余湾进攻。因敌五十八师、四十八师均在余家集一带，兵力雄厚，我二十六中队〔二十六团〕从9时起开始战斗；二十五中队〔二十五团〕于下午亦加入战斗。直至黄昏部队始撤收，我于24时后移至土主岭。

12月21日　麻城县之方家湾

上午去二十五中队驻地桂付湾参加排以上干部会，主要是战术检查与战场纪律革命气节之教育。三连长李一新临危能镇定士气，提出看谁敢缴枪，上起刺刀来，准备好手榴弹冲过去。该连副班长高清贵带一班人临危强调共产党员不能屈服，坚守阵地。当晚全部安全撤回。

12月22日　罗田县之李家楼

我于今日10时由方家湾出发经八迪河于晚10时到达李家楼宿营，恰遇敌千余人袭击驻李家楼之罗田县府，与我赵部〔二十六团〕在李家楼以北山地接触。

赵部整夜疲劳，直至翌晨始移动。

12月25日　英山县何家湾

旅政会议，布置年关20天到1月的工作，提出一年来总检查，目的是从表扬好的中去克服坏的现象，以恢复战斗情绪。内容是战斗、互助、纪律、形势，贯穿从群众中来到群众中去的领导方法。

12月28日　何家湾

五连〔旅司〕干部最后结束《中国土地法大纲》的学习。

1948 年

1月2日　太湖县小湖河

今5时由辛家冲出发，拟移小湖河一带待机。因先头部队与敌二十五师一〇八旅一部接触，全部进入战斗。12时许太湖敌增援。三面受包围，加之地形不好，当晚始撤出。赵玉亭、段超杰牺牲，罗永年负重伤。

1月8日　薛义河

军队参加土改的人员不得分领浮财和接受群众的任何赠送。〔晋冀鲁豫军区命令〕

1月15日　陶家冲

召开连以上干部会，阎副政委报告毛主席关于《目前形势和我们的任务》问题。着重讲了形势、战术思想、改造新解放战士、土地改革、整编党的队伍等问题。

1月16日　陶家冲

党委会专门研究如何学习毛主席报告和查思想、查阶级问题，确定干部、战士同时进行思想教育而先以干部为重点。其目的在于在革命深入发展中提高干部的阶级觉悟，使之更加明确其阶级立场，在政治上更加进步。

1月17日　陶家冲

旅政召开各团主任会议，研究如何学习毛主席报告及查思想、查阶级问题。

1月21日　杨家塝

据报，敌一个师进占英山，部队待机。

旅直属队学习情况：从动员后，大都认为学习很重要，劲头很大。

1月25日　杨家塝

今12时后给旅直排以上干部动员学习第二步，总支研究思想情况……提出不过早批评，强调批判不正确的学习态度，鼓励学习态度好的。

1月30日　岳西县杏花村

敌二十五师一〇八旅主力由薛义河经黄牛山向赵家铺方向前进。一个营在东山岭掩护，与我尹书信部接触，到16时尚未有何进展。

上午参加五连〔旅司〕干部学习小组，提出学习的目的是使自己的思想适应革命进展，必须进行思想革命。怎样才能学好，必须先认真暴露自己的思想，然后以严肃态度批判之。

1月31日　岳西县白竹畈

刘、王二科长不顾疲劳分赴九〇一、九〇二去传达军委关于全国形势问题指示，主要内容是为了粉碎白匪对我大别山腹地合击计划，我之任务是拖敌与拉敌，使敌主力集中第一线，我则找其第二线之弱点打击之；其次说明全国形势很好；再次说明整个解放区以我区最苦，因而也最光荣。

2月3日　岳西县莫家畈

我尹书信部于今天上午攻占腾云庙东南某高地，俘数人，缴日本轻机枪2挺、六〇炮1门。岳西之敌约两三个连兵力向腾云庙增援，现正布置歼灭。葛守国部全力向衙前推进。

2月4日　岳西县莫家畈

纵队阎（红彦）指示：部队政治工作中心仍是查阶级，这要抓紧时间进行。其关键是营团干部……各级领导要亲自参加查阶级，克服站在运动之外来指导运动的不彻底现象。

原拟今晚攻击衙前镇，后因各方之敌均有向卫前之态势，加之雪天，恐时间来不及，两处（对）抗被动，故确定不打。

2月8日　太湖县涂家桥附近之叶家新屋

必须明确规定：打土豪的东西可以给群众为原则，军队所留只限于解决单衣的布〔黑、白、蓝、灰色〕、鞋子及现款，其余一切均须分给群众，否则以贪污果实论。

2月10日　宿松县刘家花屋

今天是民国37年阴历元旦，部队在此待机休整，每人发给四角现洋过年。因为过年思想上麻痹，加上警戒疏忽，遭敌白天袭击。幸决心很快，损失不大，于17时转到隘口。

2月16日　太湖县王家边

昨日九〇一部队开扩大党委会，主要检查荆桥岭遭袭问题，刘、童去参加。今天是旅直干部学习第二天，提出从思想上整顿党的队伍，并批评了行动中所表现的不正确思想与行动。

2 月 20 日　太湖县玉珠畈

旅党委会研究组织防谍保密委员会问题。

15 至 19 日 5 天查思想、查阶级学习情况。15 日召集旅直排以上干部再次明确学习目的, 批判学习态度, 动员学习……同时检讨了过去只暴露没认识, 影响到具体问题上的重犯错误, 因而提出随暴露随认识随执行、再检查再暴露再认识再实践的方针……大家注意力集中到检查自己, 批判别人上, 学习精力集中起来, 因而暴露更深入了一步。

2 月 27 日　太湖县涉乡

清早, 党委研究中央关于军队暂时停止打土豪和今后部队机动准备工作的指示。

3 月 3 日　何家铺到僧塔寺途中

2 日为避开由罗家铺及店前河敌之合击, 10 时前转到玉珠畈。又为了避开敌之二次合击, 特别是英山敌出马溪铺切我北出之路, 因而当夜行军于翌日 9 时进到雷家店〔英山属〕宿营。又为摆脱敌 3 号拂晓对杨柳湾、雷家店之合击, 当即于 3 日下午经聂山庙转到何家铺。今日 8 时许由何家铺出发经黄石河、九资河、僧塔寺于14 时半宿于罗田属之罗家畈。

3 月 14 日　麻东涂家铺

开政指会议, 介绍九一部队一、二支队关于查思想、查阶级的经验。应提出查思想的目的, 是提高干部、战士阶级觉悟, 改造部队工作。发扬民主, 发动群众的意义也在于此。

3 月 22 日　商城县熊家大凹

今下午拟开舒城 (某部代号) 全体排以上干部会议, 主要动员集中主力作战问题。

3 月 25 日　固始迎河集

昨 20 时由薛家楼出发, 经马刚集于今 2 时进到迎河集宿营。

3 月 27 日　阜阳县四门楼寨

昨 26 日由固始胡砦出发经金河塌淮河渡口, 前后刘庄, 并渡过通傅家岗之深河,于今 12 时半进到四门楼寨宿营。

原载陈忠贞主编:《皖西革命回忆录·第三部·解放战争时期》, 安徽人民出版社,1991 年, 第 174 ～ 196 页。

刘司令员教我们做棉衣

◎ 陈斐琴

    刘邓大军千里跃进大别山时正值酷暑天气，待到这支大军在长江北岸完成战略展开时，已是霜露既降、阴雨连绵、寒气袭人的深秋时节。眼看严冬就要来临，可是十几万将士身上，仍然穿的是浸透了汗渍的单军装。

    毛主席、周副主席和朱总司令都非常牵挂南征将士的冬装，野战军司令部接到毛主席急电"全军冬装有着落否？如无，即派十纵队护送"。晋冀鲁豫的父老乡亲也总惦记着远离根据地的子弟兵，再苦再难也要为他们准备好过冬的棉衣。但是关山阻隔，封锁重重，千里运送棉衣，又是何等难啊。

    "就地解决，自己动手缝制棉衣！"这是刘、邓首长和十几万指战员的决心，一封电报发到陕北，免除了党中央和解放区人民群众的惦念和担忧。

    棉花、布匹除由人民政府尽力购买外，主要是向城镇商人筹措，规定有借有还，在借条上写明："革命胜利之日，如数照价归还。"指战员们全体动员起来，白布用稻草灰水染过，棉花用细竹条弹好，拿惯"七斤半"（枪）的手操起了剪刀、针线，裁的裁、缝的缝。只要部队驻下来，没有紧急作战任务，就动手赶制棉衣。野战军司令部的警卫战士，除做好自己的棉衣外，还自告奋勇为首长缝制。

    衣服好做领难开，一个警卫战士把领口挖在正中，前一半，后一半，领子安上去，穿在身上一试，洋相出来了：前襟吊起好高，脖子后面却鼓出一个兜兜。另一个战士调皮地把搪瓷碗放进去，兜兜变成了碗袋，逗得大家前仰后合地大笑起来。

这时，正巧刘司令员从屋里出来，他看见这种情形，没有说什么，先从战士兜兜里把搪瓷碗取出来。战士们把舌头一伸，以为司令员准是要批评不好好做棉衣，乱开玩笑。谁知刘司令员在铺了一件棉衣的门板旁蹲下来，然后把大家招呼拢来说："先把位置看准了，用洋瓷碗扣上，比着碗口画下来再剪就行，不大、不小，正合适。"

我们照刘司令员教的办法开领口，一试，嘿，这办法真灵，战士们都用敬仰的口气说：我们司令员不但会打仗，还会拿针线开领口哩。刘司令员这个开领口的办法，很快由警卫排传到了各部队。一次野司直属队正列队检查棉衣缝制情况时，刘司令员来到现场，他看到大家的棉衣红黄蓝白黑青紫，花花绿绿，便对李达同志说："今天不是春节，哪来的这么多秧歌队！"李参谋长回答说没有染料，杨国宇同志也说："到宋埠都未买到。"刘司令员严肃地说："无产阶级的队伍，没有不能克服的困难。过去群众自己织白布，用稻草烧成灰可以染成灰的，用柳树根煮成水可以染成黄的，不管什么颜色总比秧歌队好，要抓紧时间限期改正过来。"

听了刘司令员的批评，大家立刻想点子，将布染了，虽然深浅不一，但远远望去，一片灰色，再也不像五颜六色的秧歌队了。不过半个月，指战员们全都穿上自己缝制的棉衣，你看看我的，我瞧瞧你的，相互称赞，乐得不行，都觉得自己的棉衣又合身，又暖和。

有位纵队首长给野战军首长送来几件用机器缝制的藏青细布棉衣，他说："我们办了几个小被服厂，这几件棉衣就是被服厂的头一批产品，送给每位首长一件，是估计着首长们的身码裁剪的，不会让首长受委屈。"

邓政委把双手抬起来，笑着说："你看，我们身上的不是很好吗？彻头彻尾、彻里彻外的中国手工艺品。"

刘、邓首长就是穿着自己缝制的灰布棉衣转战在大别山区的。一天，他们来到黄冈县，住在一个读书人家里。刘司令员、邓政委、张际春副政委、李达参谋长和一些参谋人员一起欣赏房东的字画。刘司令员指着一个条幅念道："忽而在高山之高，忽而在深水之深……"

张际春同志说："这不是讲的伯牙鼓琴，意在高山流水吗？"

刘司令员笑着说："这也可以说是在讲我们哩！我们忽而在长江边吃掉'委员长'的武穴、团风这几垛，忽而在高山铺消灭了四十师外加一个旅，又吃掉'委员长'一桌席。部队打了胜仗，发动了群众，有了饱饭吃，又有了棉衣穿，我们在他的卧榻之旁打鼾，'委员长'在庐山睡不好觉，连做梦恐怕也梦见过江卒子逼上来，在将他的军哩。"

原载陈忠贞主编:《皖西革命回忆录·第三部·解放战争时期》，安徽人民出版社，1991年，第227～229页。

战地诗话

◎ 赵子厚

刘邓大军千里跃进大别山至今已有 40 多年了，作为从太行山随军跃进大别山的参加者，我每当回忆起往事便感奋不已。今将当年所作战地诗选择几首于后，以记其事，兼怀牺牲的战友。

落地岗突围（1947 年 11 月 1 日）

1947 年 9 月 2 日，刘邓大军第三纵队九旅占领了皖西重镇——六安。我在六安县工作了一个星期后，组织上让我和李延泽、赵振华、张克前等几位同志带领 40 多名干部到独山镇同留守独山教导队的葛振国团长等 100 多名战士一起，建立了中共独山县委和独山县政府，并先后组建了 5 个区委、区政府和区干队。我们与原来在当地坚持工作的同志共同开展工作，以同我们一起南下的部队干部邹德胜同志（独山人）为主组成了独山县大队。

我们独山县成立两个月后，敌人就开始围攻。县政府由独山镇迁到落地岗约 20 天，敌军便分三路从霍山、六安和独山向我们扑来。当时，我们 20 多位同志正住在戴家茶行。

我们对敌人本来是十分警惕的，敌军一般在黎明时突然袭击，11 月 1 日黎明的一班岗，是由我与县委副书记张克前同志合站。可天亮后接班的张庆生同志认为太阳已出，不会有什么危险，就到老乡家抽烟。直到敌人围上来，打响第一枪后，他才匆匆从老乡家跑出，看到敌人重兵已经包围了茶行。听到枪声后，我带通信员王振江试图从茶行后门突围，此时碰到几位被堵回来的同志，他们说后门冲不出去了，我决定从前门往外冲。前门外敌兵重重，人叫马嘶，还有火力封锁，但敌人因此可能放松警惕，即所谓置之死地而后生。我便带通信员冒着枪林弹雨，硬从前门冲了出去。冲到大门口，因前边的南、北两条路都被敌人火力封锁住，我与通信员便向茶行的后山迂回，小王左胳膊也挂了彩。上了后山，我对他讲，这山小，不保险，必须下山，穿过山沟，上大山隐蔽。由于两人在一起目标太集中，我决定与通信员拉开距离并分开两路向大山奔去。为了躲避敌人的子弹，我们作不规则的跳跃，啸叫的子弹把我的裤脚打了一个窟窿。上了大山，林木茂密，我即找了一个地方隐蔽起来。搜山的敌人有时向密林开枪扫射，有时向林中虚声恫吓。我从早晨八九点钟上山，直待到下午三点多，听到有人喊："大姐，出来吧，白狗子走了。"这是老乡在喊那些上山躲兵的妇女，这说明敌军已撤了。

我从山上下来，在村中找到了两位在县政府做饭的炊事员，他俩都是当地人，穿的是便衣，从茶行后门冲出来后，就藏在老百姓家里。我听他俩讲了情况后，随即赶到茶行。此时茶行已被烧成一片废墟，没冲出来的同志便牺牲在烈火之中。房里有4具尸体：大门里的陈鸿儒同志，他的一只脚已烧掉；杨玉群同志穿的红格衬衣残片还压在身下。张克前同志牺牲在路边的水沟里，还有一些同志下落不明。

我赶紧带领几位老乡打水，扑灭余火。我随即转向齐头冲，与葛振国团长和王振江会合，我们商量了一下，认为此地不能久留，便连夜转移到淠河西岸的大山黄巢尖（传说当年农民起义领袖黄巢，曾在此山扎寨抵御官兵并由此而得名）。事后，在外地发动群众的县长赵振华同志匆匆赶回，将张克前等烈士装殓掩埋。

此时，我写了这样一首诗：

遭敌围歼倍痛心，
战友牺牲铭怀深。
为民不辞艰险路，
黄巢尖深夜攀登。

土地冲突围（1947年12月3日）

在落地岗突围后一个月，独山县政府再次遭到敌人重兵包围。12月3日一早，县的领导干部在土地冲半山腰玉米秸棚中开会，研究如何与坚持青柴冲的5名干部联系。突然，一梭机枪子弹扫射过来，打得玉米秸棚哗哗直响。我们赶紧出来观察，发现东面的路口以及南面和北面的山上皆有敌人，便决定向西山突围。

我首先带通信员纪绍增同志向西山冲去，我们8个人越沟壑，攀陡坡，跳跃着向山巅前进。从早上八九点打起，边打边走，一直打到下午三点多，全部胜利地冲向西山，无一人伤亡。快到山顶时，我嘱咐通信员隐蔽地上山观察。见山上与山后均未发现敌人，大伙才松了口气。我们决定撤出独山县，便绕到东山背后，收集了开会前隐蔽在那里的18名干部，一起向霍山县转移。

在霍山县境桃源河碰到在高小读书的同班同学陈建魁同志，他当时任霍山县大队的中队副，我们已有10余年未见面了。12月13日我写了一首诗，咏这次在土地冲突围以及偶逢陈建魁的愉快心情。

> 浴血突围庆幸存，
> 东移转战又临旬。
> 桃源河下逢窗友，
> 相勉丹心战敌军。

重返独山（1948年1月）

我们撤到霍山后，县委决定由我和李延泽同志去找地委。我们在漫水河找到了地委，并碰到转战到此地的独山县大队邹德胜等同志。地委决定县委及地方部队在霍山休整后仍返回独山，开展工作。

返回独山后，敌人跟着"扫荡"，形势十分险恶。我当时写了如下一首诗：

> 初返独山获敌情，
> 扫荡寒风竞相侵。

革命胸膛燃烈火，

何畏霜露湿衣襟！

金寨过河（1948 年 1 月）

1948 年敌军对大别山区相继发动了春季"清剿"和夏季"扫荡"，我们便在独山、霍山、霍邱、六安、金寨、舒城 6 个县的山区进行游击。

一次，我们转战到金寨，为了摆脱敌人的追击，便乘夜晚过河。当时我们共200 多人，却找不到一条渡船，只有涉水。那时正值严冬，大家的棉衣浸透了冷水，冰冻刺骨，此时，我又写了一首诗：

冬九逾河彻骨寒，

涉水渡冰不畏难。

千辛万苦寻常事，

一路豪情展笑颜。

到达太平县（1948 年 2 月）

1948 年 2 月我们在龙门冲和漫水河、桃源河 3 天打了 3 仗。龙门冲一战，我机枪班被敌包围，没有撤出来，我们转战月余才到达太平县。太平县民主政府在春节组织慰劳，我们总算痛痛快快过了一个年，当时我写了这样一首诗：

三天三仗行无常，

遭遇龙门哭小伤。

驰过敌区三百里，

太平县里慰军忙。

游击有感（1948 年 7 月 11 日）

3 月至 7 月是最艰苦的时期，要经常突围，独山县 200 多名干部、战士常被打散。

当时我写道:"今天是 5 月 25 日。这 25 天差不多每天闹情况,我们虽然时时注意敌情,但还是被敌人包围了三次,几乎全部被歼。最后跳到敌后,离敌人的据点只有几里、十几里,在敌后转战了一个多月,敌人出山后我们又转回,在同乐寨与敌交了火,我们的武装受了些损失。地方干部有 14 名交火后下落不明,说来真痛心啊!但只能化悲为愤,为同志们报仇而不懈地奋斗下去!"

环境恶劣,生活十分艰苦,有时没有粮吃,只有打板栗、采野果代粮,没有替换衣服,便把棉衣里的棉花扒掉,穿着破烂的夹层衣服过夏。我曾写了这样一首诗:

> 突围失散不曾安,
>
> 衣食无源度日难。
>
> 去絮棉衣穿自适,
>
> 充饥野果味犹甘。
>
> 迢迢千里险终脱,
>
> 滚滚长河忆未阑①。
>
> 黄尾②街头遥注目,
>
> 更思贵全③何时还?

怀战友(1948 年 5 月)

独山县干部中有 5 位同志来自山西省昔阳县,即张克前(县委副书记)、刘岱(区长)、温万顺(区委副书记)、毛贵全和我。在大别山区的游击战争中,他们 4 人相继牺牲。1947 年 11 月,两河口区区干队叛变,该区干部全部牺牲,只留下刘岱一人。一位很好的老乡掩护他达两个月之久,让他住玉米秸棚中,给他送饭,送情况,我们都称这位老人为"活菩萨"。1948 年元月,刘岱找到了我们,胜利归队。没想到两个月之后,他却在霍山县下巴河筹粮中被敌包围,光荣牺牲。我在 4 月 11 日写了悼刘岱同志的挽联:

---

① 沈玉林和李永信同志在涉河时被洪水冲走牺牲。

② 黄尾河,是霍山与岳西毗邻的一个小镇,当时是我霍山县东集团驻地。

③ 指毛贵全同志,是我的同乡,时任侦察队队副。

失掉联系　两个多月"活菩萨"掩护你胜利而归队；

遭敌包围　四月十日好男儿为筹粮还是流尽最后血。

到了 1948 年 5 月，我们 5 位老乡只剩下我一人，有感于此，我曾写了以下一首诗：

> 同为南下昔阳人，
> 张赵刘温毛五名。
> 伊四战中相殉党，
> 吾当奋志慰忠魂。

雨天转移（1948 年 8 月 3 日）

大别山区时常阴雨，一下就是好几天，加上山上腐叶很厚，一脚踩下去，鞋子全部湿透，我们没有胶鞋，只有时常穿着湿鞋。对此，我写了如下一首诗：

> 山中林木深，雾多阴雨频。
> 苔深石路滑，鞋湿难攀登。
> 困迷"清剿"敌，天物助我军。
> 粉碎敌围攻，云开终报晴。

迎接胜利

1948 年九十月间，我军相继攻克济南、锦州、郑州、开封等城市的消息传来，使我兴奋不已，我于 10 月 20 日写了下面的诗句：

> 激战年余惊巨变，
> 秋风落叶是蒋军。
> 几大战役均取胜，
> 祝捷歌声四海腾。

1948 年 11 月 6 日，我野战军开始进行淮海战役，经过 66 天的激战，歼敌 55.5 万人，解放了长江以北的广大华东和中原地区。消息传来，我欣然命笔。

徐州大捷起歌声，

全歼敌人精锐军。

转眼红旗遮淮海，

皖西顽敌亦哀鸣。

原载陈忠贞主编：《皖西革命回忆录·第三部·解放战争时期》，安徽人民出版社，1991年，第331～338页。

巧办军需

◎ 郝天保

刘邓大军千里跃进大别山后，我军远离后方，供应接济不上，尽管群众给了我们极大的支持，大军的吃、穿、用还是遇到很大困难。特别是 1948 年春夏粮食供应一度很紧张，服装被服更是困难，只好棉改夹，夹改单，大改小，破了补，补了再补。被子几乎全改成了衣服，没有盖的，只能躺在稻草堆里过夜；碰上行军没有稻草，战士们只好背靠背地席地坐卧。其他如医药、弹药的供应也十分困难。由于敌人对我们实行经济封锁，地主、恶霸的残酷盘剥和倒算，以及兵匪的抢掠，广大群众的生产生活同样遇到困难。因此，坚持大别山的斗争，减轻广大人民负担，克服暂时困难，就成为党政军民共同的迫切任务。

筹粮筹款　保障供给

1947 年十一二月份，我们三纵八旅开赴望江途中，旅首长命令我带几个侦察员返回晓天，处理缴获的物资和俘虏，然后立即返回部队。当我完成任务去赶部队的途中，巧遇纵队首长曾绍山、何柱成同志。何主任知道我是八旅的，他同曾副司令商量后，让我立即到二分区马忠全司令员处报到接受新的任务。

我听后很高兴，当晚就赶到三分区，见到了马司令员、钟大湖副司令员和专员刘征田同志，首长让我到供给处工作，一手抓粮，一手抓钱和物资。刘征田同志告诉我："你不但是分区的供给处处长，也是专署的财政科科长兼税务局局长，这个公章交给你，过路东去庐江，抓紧有利时机完成司令员交代的抓粮、抓钱、抓布匹的任务，我们将全力支持你的工作。"我请首长放心，一定完成任务，一个月内见效果。

第二天见到县委干部，我都认识。黄自强同志负责征粮工作，他让余平同志带路送我到柯家坦、东汤池、三十里铺，然后到了大小马槽，找到了汤池区长并做了介绍，和我同去的干部还有杨育才、高永昌、方振忠，后又派来高良英和一个通信员共6人。

我们研究后，立即让区长通知召开干部会，要求在春节前必须先完成1000石粮食任务，同时完成10万元税款，1500匹布的任务，要求落实到各乡镇，并连夜通知暂时留用的各乡镇长和部分保长，到东汤池来开会。

第三天下午召开了东汤池、柯家坦、三十里铺、罗家埠、金牛等地的乡、镇、保长会议。区长同我讲了话，我在会上首先宣传我军张家店战斗的伟大胜利和党的政策，明确表示人民政府和解放军决心同大别山区广大人民团结起来，打败敌人建设根据地的决心；其次讲了征粮、征税、保护工商业的意义及政策，规定可以布匹来抵交粮食、税款，明确宣布对工商户只征收营业税和屠宰税两种税；最后由区长宣布各乡镇的任务和期限。讲话结束时，区长严肃地说，这是立功赎罪的机会，希望他们同政府合作；对有意拖延，阳奉阴违，拒不交粮交税者，政府将采取必要的制裁手段。

会后，我们立即分头下乡督促，要求两天之内将征粮任务分配到各保和有存粮的地主富农，工商税分配到行业，屠宰税分配到屠宰户。对个别态度顽固的乡、保长和有粮不交的地主、富农还采取了惩罚措施。

经过20多天昼夜不停地工作，任务完成比较顺利。春节前送往路西的粮食大约有550石以上，布匹1300多匹，现款11万多元，取得了初战胜利。

腊月二十二日晚，我们在东汤池召开部分乡、保长会议，力争春节前再征收一批现金、粮食和布匹，让路西军民欢度春节。不料次日拂晓遭到了敌军的袭击，高永昌同志腿部负伤，区长和一些同志不幸被俘。巧的是正遇马忠全同志带部队经过，敌人惊慌逃窜。汤池群众为了感激解放军的援救，自发地送来猪肉、烟酒和鸡鸭等慰劳品。

中午，我们赶到马槽，看到久别的首长，心情十分激动地向他汇报了工作。马忠全同志握着我的手说："你们前一段工作做得很好，但斗争形势还会更艰苦，只要你们团结得好，相信你们是能够克服困难的。"杨育才同志是个心直口快的好侦察员，这时，他兴奋地说："请首长放心，我们能学会保护自己，这次犯了麻痹大意的错误，当面向首长作检讨。"他还向马司令员要一支卡宾枪，理由是因为没有卡宾枪，才让敌人天天从鼻子尖下跑掉，实在太可惜。说得大家笑了起来。

第二天部队返回路西，每个战士都装满了粮袋，还带了 50 多位民工运粮。我们抓紧有利时机。春节前又往路西运送了 200 石左右的粮食、300 多匹布、5 万多元税款。

1948 年二三月份，舒城、桐城、庐江的敌人都增加了兵力，不仅舒桐公路上增设了据点，而且在庐江至三河之间的罗家埠、金牛也增设了据点，同时也增加了对我们工作基础好的乡镇进行偷袭和"扫荡"，强化反动乡政权，"还乡团"的活动又猖狂起来。我们活动地区范围缩小，人民群众思想开始动荡不安，乡、保长少数投靠敌人，大部分不愿公开工作。我们白天活动受到限制，只好上山观察情况，傍晚到基本群众家搞点东西吃，东汤池的工作只好暂时停下来，转移到盛家桥开辟新的基地。

开展统战　建立商行

盛家桥属庐江管辖，东接巢县，北靠巢湖，南临白湖，有两条水路和一条人行小道经裕溪口过江到达芜湖，是个水陆码头，若能在那里开设一个商行，打通通向芜湖的道路，将有利于完成购买布匹的任务。

组织上决定我去那里工作，通过路东基干团教导员李天保同志的介绍，我同地下党联络站孙立松同志接上了关系。要建立商行，还必须找到一位有公开身份的能干的经理，孙立松同志提出请他堂兄孙立新先生做经理。孙先生在芜湖做百货生意多年，有时也兼做粮食土产生意，业务熟悉，曾在百货行业当过理事，为人正直，讲信誉，办事谨慎。同时他家同国民党立法委员，担任过军长的孙立人还沾点亲戚关系，可以此做掩护。

经过认真分析，我们认为孙立新是可以信赖的，便多次耐心地做他的工作，时间一久，互相熟悉了，有些话也能说到一起，孙先生最后才答应愿意出面担任经理职务。为了表示对他的充分信任和支持，我明确告诉他，商行的资金由我们负责，盈亏不要他承担任何责任，一切费用开支只要他点头认可，财务上保证支付；额外的招待费用由他酌定，实报实销，请帮手的工薪也由他自定，而且完全由他负责聘请。

孙先生担任经理后，立即推荐孙立建、孙明两先生做他的助手，这两位也是经常跑芜湖的行商，业务比较熟悉。孙先生还提议要我担任挂名的董事长，我便提议方振忠同志兼管财务和税收，杨育才同志兼实物保管，麦昌其同志协助。人员定下来后，大家研究商行的名称，你一言、我一语讲了好几个，最后一致同意以孙立新先生的名字作为商行的铭牌，"立新百货棉布土产商行"就这样诞生了。

商行招牌于1948年5月正式挂出，孙先生以经理名义向芜湖原同行业的朋友发了函，请朋友们支持，了解行情。又派孙立建、孙明从水陆两路分别了解无为、裕溪沿途交通运输及芜湖江防对行人、货物进行检查的情况。10天后，他们返回来，报告裕溪口检查不严，芜湖对货船查得比较紧，江西巡逻稽查艇碰上就要大捞一票，不过两边来往做生意的人还很多，只要安排好，安全问题不大。

为确保做好第一次生意，孙立新决定亲自同立建去跑一趟。这次6只船装了10万斤上等大米，于5月15日出发。我请他务必注意安全，坚持以货换货，各色布匹都要，百货医药也可以收，粮食价格可低于市场价5%，具体价格由孙先生视情况而定。

这趟生意前后只花了20多天时间，就办成了两件好事：一是换回各色布匹1300多匹，百货类的毛巾、牙粉、鞋袜、香皂、肥皂、电池、蜡烛和药品都买了一小部分，还签订了要货供货的君子协议；二是通过请客送礼，打通了与同行业和江防检查站、稽查队的关系，掌握了如江面巡逻艇巡逻时间等有关情况。6月中旬，人货都安全到家，大家都很高兴。我们还奖励每个职工大米50斤，毛巾、肥皂各1条。船老板则加倍，他们表示下次还要去。对三位孙先生也分别做了表示。这批货在门市部以现金交易和换货的方式供应，群众也很满意。杨育才同志还请示黄亚东团长派了一个班，由他负责将一部分物资送到分区供给处和专署。

6月19日我们到孙先生家做客，他告诉我们，最近接到朋友从上海、南京、芜湖的来信，都讲国民党要发行一种新币叫"金圆券"，引起各种商品大涨价，法币将成为一堆废纸，人心惶恐不安，商人们都在抢购物资和金银，学生举行的反饥饿游行规模更大。我们手中掌握有粮食，可以稳坐钓鱼台，不怕水涨船高，我建议应抓紧机会再搞一批东西过来，时机决不能错过。孙立新同意我的意见，他还建议将手中现款全部买成栗子、银鱼、黑白瓜子、鸭胗肝、茶叶等土产。多出点价，但质量要好，稻谷要风干扬尽，保证质量上乘，看起来数量减少了，实际价格上去了，获利更多。

孙先生真不愧是经商行家，他得到的消息很重要，机不可失，时不再来，我决定按他讲的办，但一定要做好充分准备，交易时以货换货，互让互利，不见兔子不放鹰。孙立新先生还再三要求我亲自去一趟，安全由他负责。我想作为负责人理应亲自去了解一下情况，以便决策，于是便答应下来。

7月初，一切工作就绪。7日我们出发了，这次装了8只船，15万斤稻谷和土产，于10日到达裕溪。先期探路的孙明早已在岸上等候，我们上岸后就住在他的朋友家。孙明告诉我们敌人已加强了江防兵力，巡查比上次严多了，但对真正做生意的问题不大，他认为我以不过江为宜。考虑再三，为了孙先生他们的安全，我在那里住了两夜就返回来了。

这次土产畅销，稻谷价格也合适，几家粮行都争着请孙先生吃饭，愿意将货全包下来，我们需要的物资，除医药外，要什么都可满足。孙先生答得也爽快，一手交货，一手给商品，利益均分。由于都是熟人同行，生意顺利成交。

临行时，几家老板亲自送到码头，有的还派得力的人送过江，船行江心，有两只巡逻艇追来，要船开到裕溪口检查。孙先生心里明白，等船快靠岸，送客的老板早将准备好的礼物送到艇上。艇长打了几个哈哈，一摆手没有检查船就通过了。这次购回各种布匹2500多匹和一批百货，而且是以最小的代价换回的。

在上级正确领导、广大人民的支持和全体同志共同努力下，经过8个多月艰苦工作，克服各种困难，完成征集任务粮食约25万斤，布匹约5400多匹，现金约

22万元，以及部分日用品，对坚持大别山斗争起了一定的作用。

深入虎穴　购买弹药

经过长期作战，我军需物资消耗极大，特别是弹药供应很紧张，分区鲍政委派高良英同志带来一些硬货，要我想法弄到一些子弹和迫击炮炮弹。接受任务后，感到压力很重，我便去找黄亚东同志商量。他说还是找商人去买，我做了几次试探，发觉此路不通，真正的商人不敢干，只有另想办法。

看到我发愁的样子，麦昌其同志关心地问我是怎么回事，我未正面回答，只是含糊其词地问他："我们能否到三河镇再做一次买卖?"他说："三河镇我有亲戚，但进去容易出来难，周围土匪太多，就是出得来也要让土匪扒成'光棍一条'了。"麦昌其同志出身贫苦，跟我们工作8个月来主动积极，从未讲过二话，能吃苦又机灵，每次战斗中表现都很勇敢，而且水性好，枪打得也可以，几次单独执行任务都完成得较好，就是没文化，不爱讲话。我想让他去完成任务，于是决定再找他谈一次话，也许能想出一点办法来。

谈话在诚挚的气氛中进行，麦昌其坦诚地告诉我，他的姑表亲陈勇强，小的时候家庭很困难，父亲、哥哥都给地主当佃户，有一次从三河赶场回来，被土匪打死。姑母就把陈勇强带到他家来住，他俩从小一起长大，比亲兄弟还亲。长大后陈同麦的姐姐结婚，夫妻关系很好。为报仇和躲壮丁曾当过一段土匪，现在又跑到金牛炮楼上去了，还是可以争取的。

听了麦的介绍，我思索了很久，看来陈勇强本质不坏，通过做工作，还能为我所用，我决定从他身上打开突破口，能否成功虽然还在两可之间，但安全上较有把握。几天之后的一个拂晓，我和麦昌其赶到小麦家，晚上，小麦把他姐姐找来问了一下情况。我让他姐弟借到金牛赶场之机，把陈勇强找来，自己则留在家等着，以免引起陈的怀疑。

麦昌其见到陈勇强，把我约他回家会面的事告诉他。陈不同意回家，但却提出让我借中秋节到金牛街上他的亲戚家会面，安全问题由他负责。分别时，他还给了麦昌其3条手枪子弹让他交给我。

情况搞清后，我决定准时去。中秋的晚上，月光明亮，我们俩提前出发。快到金牛镇时我观察了一下情况，又看了下地形，然后穿过人流，随着麦昌其向他亲戚家奔去。一路上我表面像在观灯，内心却十分紧张。麦昌其叫开门，陈勇强一见到我便同他老婆跪在地上，恳求原谅，表示愿立功赎罪。我悬着的心一下平静下来，赶忙扶起了他，把形势和政策向他讲明，告诉他只要改邪归正，有立功表现，我们会既往不咎，还是有出路的。这时，他备好的丰盛饭菜已摆好，边吃边谈，情绪和气氛都变得和缓起来。这时我讲明来意，他连连点头。我把用来换"货"的"东西"交给了他，告诉他换得越多越好，还要注意绝对保密，做到万无一失，一个月后在巢湖白石山东张大爷家湖边碰头。他又说炮弹难办，我说尽力而为，相信你会有办法搞到，实在不行就算了。天晚了，我们该走了，他把我们送到金牛村头，临别时他说请首长放心，又拿了5条手枪子弹送我。

10月1日我们到巢湖白石山，看到陈勇强兴致勃勃候在岸边。他把我们接上船，告诉我们这次是从三河来，借押送粮食的机会把东西带来了。其中有子弹3箱、手榴弹30个，另外手枪1支、子弹10条是送给我的。炮弹他实在是搞不到，机炮连长是个油头滑脑的家伙，手紧得很，只有借打仗机会看情况再说。我明白他的目的是想伸手，没有等他说完我便漂漂亮亮地又给了他两盒"东西"。他一见笑了，对我讲等下次押运粮到三河时再到这里碰头，炮弹搞到搞不到一定给你个回信。我问他还有什么困难，他说，最好让部队袭击他们一下，他好向上司有个交代，我答应回去研究研究。

我把东西搬上早备好的船，各自划走。子弹很快交给了黄亚东同志，还给了他3条手枪子弹，又请他考虑派一个排向金牛、罗家埠的据点发动一次袭击，以配合我们的工作。老黄答应了，还开玩笑地说："老郝，你真有本事，咱俩把枪换一下怎样？"我说："这家伙太大，我用不着，就是给你的。半个月后再给你几个炮弹'吃'。"老黄说："那就太好了，我这个团长就有了本钱，用不着东跑西颠了。"半个月后，我真的从陈勇强那里拿到了6发炮弹。淮海战役第二阶段开始后，皖西敌人慌了手脚，军分区命令黄团参加舒桐公路吕亭驿三十里铺的伏击战。这次战斗我们取得了胜利，这同补充了这批弹药也有一定关系。12月我接到命令回皖西独立旅工作，因有些手续关系没有交接，又返盛家桥把工作移交给裴元才同志，把巢县三河的关系交给崔砚田同志，于2月底到桐城旅部报到归队，参加渡江作战的准备工作去了。

原载陈忠贞主编：《皖西革命回忆录·第三部·解放战争时期》，安徽人民出版社，1991年，第443～451页。

在皖西流动医院

◎ 王虎田

左腿负伤

1947 年 8 月 30 日，我们三纵八旅向立煌县城金家寨发起了猛攻，这是打开皖西门户的第一仗。命令一下，我们的战士像猛虎下山，蛟龙出海，冲过史河，直插城内，一阵猛打占领城的大部分。守城的敌五六四团和保安团死的死、伤的伤，少数"幸运"者逃上南山。

9 月 1 日，马忠全旅长命令各团渡过史河，分路向敌人扑去。旅指挥所设在北山头一个碉堡内，我作为旅政治部宣传干事也在旅指挥所。参谋长史景班同志命令旅里所有山炮、迫击炮向南山的敌人碉堡猛烈轰击，掩护部队前进，旅指挥所的司号长也吹起冲锋号。就在这时，史河南边一个碉堡的敌人发现了指挥所，一梭机枪子弹向旅指挥所打来，旅副政委林恺同志的右腿、我的左腿中弹负重伤，鲜血直流。一名山炮手腹部中弹，肠子被打出来，抢救无效，当场牺牲。史参谋长让警卫员背上林恺副政委，我则由宣教科科长郝健同志扶着下了火线。

战斗一直打到第二天上午 10 时，守敌全部被歼。"金家寨解放了！"前方传来了胜利的消息，救护所里伤员们高兴得忘掉了身上的伤痛。

在担架上

9月5日，部队继续向霍山、舒城方向前进。7日，我们几十个伤员离开金家寨转移到岳西医院进行治疗，每个伤员由两个农民用担架抬着。在一个步兵班掩护下，我们顺着山路，向东慢慢前进。

白天，因不少群众躲避战火，到山上躲藏起来，一路很少碰到人，可一到晚上便有不少老乡主动和我们接触。我们在佛子岭街上宿营，两个60岁左右的老乡给我送来饭菜和茶水，他们说："我们不信中央军的话，我看你们就是当年的红军，我们佛子岭周围就有不少人参加了红军。"

第三天晚上，我们宿营在磨子潭，有一位老太太端着四个鸡蛋送给我吃。她说："同志呀，看见你就像看见了我的大儿子，他15年前参加红军，现在不知他在哪里。我二儿子前年又被国民党抓去当兵，现在还不知死活。"说到这，老太太失声痛哭起来，我摸着她那瘦黄的手说："老太太不要哭，我们都是受苦人，你看到我，就像看到你的大儿子……"说着说着，我的眼泪也禁不住滴在老人家的手背上。

过了磨子潭，便转入崎岖的山路。在后边抬担架的老乡，看不见路，听凭双脚在石头上乱碰。登石阶时，担架又成了半直立状态，抬后头的同志增加到二人，山高路陡，抬担架的老乡将衣服折叠垫在肩上，一歪一斜向山上爬去，未到半山，早已汗如雨下。望着他们汗流浃背的后影，我不时说着："老乡太辛苦了，感谢老乡！"

进了医院

第五天下午，我们这批伤员才到达目的地——岳西汤池畈。

一进医院，医生和护士们便赶来为我们检查伤口，消毒换药，亲如兄弟姐妹。第六天上午，医院方指导员挨门挨户来看望我们这些刚在前方负伤的同志。他告诉大家，九旅解放霍山县城后，纵队卫生部马上抽调了十多个同志来这里组成一个卫生所，所内只有一个所长，也是指导员，还有一名医生、一个司务长、一个护士班……他的意思是希望伤员们理解他们人少，工作有困难。

我们住的"医院"确实简陋，没有病房和病床，伤员都住在老乡的家里，睡的是门板；没有手术室，手术器械也不全；没有什么药品，稍好点的药品就是消炎粉和红汞、碘酒；"医院"没有厨师和病号食堂，而是动员老乡给伤员做饭，轻伤员送给重伤员吃。当时，伤病号们晓得我们是为了实现战略反攻，千里跃进大别山，是在没有后方支援的情况下作战的。大家决心：一定要像红军战士一样，配合卫生所全体工作人员，克服暂时困难，早日把伤口治好，重返部队，消灭敌人，解放全中国！

中秋月夜

100多名伤病员在汤池畈住了半个多月，由于医务人员的积极治疗和护理，一部分轻伤员伤势已好转，可以拄着棍子到处走动。我因是腿部负伤，虽然伤口已经开始长肉，但医生还是不让我下地。

一天，所里接到纵队副司令员曾绍山从岳西城里送来的一封信，内容大意是：为了减少军事目标，让全体伤病员迅速向来榜河一带转移疏散。第二天，当地政府动员许多老乡，重伤员用担架抬，轻伤员慢慢走，只用两天时间，便把全部伤员都隐藏到来榜河周围的山庄里。我们十几个重伤员被安顿在一个祠堂内，有两个护士跟着我们消毒换药。

中秋佳节到了，虽然吃不到月饼，但所里为了让伤员过好中秋节，仍想方设法改善生活，大米饭、烧猪肉、蒸鸡蛋、爬爬菜，每个伤员都吃得很高兴。

晚上，月光通亮，大家看着月亮，张指导员说："去年中秋节，我们正打'龙凤之战'，今年中秋就打到大别山。"一个同志接着说："今年中秋我们躺在这里，明年中秋可能要打过长江去了！"大家越说越高兴，可一个重伤员却突然冒出一句："你们打过长江去吧，我可能要死在大别山！"说话声一下沉寂下来。

我想唱支歌鼓励大家克服悲观情绪，于是提议大家唱支《挺进大别山歌》：

> 刘邓大军真勇敢，
>
> 渡过黄河，鲁西大捷歼敌八九万。
>
> 蒋介石正在手忙脚又乱，

我们又挺进到大别山；

大别山好比一把剑，牢牢插在敌心间。

……　……

歌声越唱越响亮，越唱越畅快，连那个重伤员也禁不住哼唱起来。

二次转移

我军在大别山区胜利展开后，蒋介石惶恐不安，生怕我军渡江南进，慌忙从山东、陕北几个战场调集33个旅，大举向大别山区进攻。

此时我们接到首长指示："要把伤病员很好地组织起来，以防万一。"所部立即进行研究，并对伤病员进行了动员，将轻伤病员编成一个排，配备了少数武器，担负起全所警备任务；另将重伤员也编成一个排，配备医生、护士治疗转移；我们三个干部伤病员和两个通信员编成一组，受所里直接指挥。

此时，大别山的土顽武装为了配合敌正规军的进攻，也猖獗起来。经常活动在岳西县马尾河一带的土顽头子石家祥，土地革命时期任剿共团长时，就杀害了许许多多革命干部和群众，现在，他自恃地形熟悉，又带领300多名土顽武装，向我们驻地来榜河袭来。

情况很紧急，我们的主力部队正在外地活动，一时赶不回来。首长指示："立即向鹞落坪周围转移，并要做好战斗准备。"

转移前，我们这个5人小组已做了战斗准备：张指导员伤口已愈合，有作战经验，负责作战指挥；我伤口也愈合，挂着棍子可以走路，分工读《皖西日报》和做房东的思想工作；老会计是纵队供给部来的，病情也好转了，他负责办好我们的伙食；两个通信员行军时挑行李，住下时领米买菜，晚上轮流站岗放哨，准备战斗。

当晚8点，我们随同全所100多名伤病员，用棍子探着崎岖的山路，一高一低，摸黑走路，一不小心就被石头绊倒了，倒了爬起来再走。大家整整走了一夜，天亮时才到了鹞落坪。就在我们撤离后的几个小时，石家祥的土顽队伍就赶到了来榜河，但我们已经转移了，敌人扑了个空。

战胜困难

1947年10月中旬，大别山上早晚已寒气逼人，我们这些伤病员和全所工作人员身上穿的还是南征时的单衣。此时，作战部队穿的也还是单衣，但纵队首长关心伤病员，特派部队将缴获敌军的棉衣，从岳西送到我们隐蔽的山村。但棉衣数量不多，只能配给伤病员，而所里工作人员和通信员只发了一点棉布、半斤棉花。所领导动员大家，响应刘、邓首长号召，大家动手，自做棉衣。可大家扛惯了枪，却没有拿过针，从弹棉花、染布、裁剪、开领，直到缝好，其艰苦不亚于完成作战任务。两个通信员愁得晚上睡不安，他俩的手被针扎得流血，我帮他们弹棉花，也累得满头大汗。经过几天努力，大家的棉衣总算穿上了身。但样式很不正规，有大襟的，有对襟的，颜色有用锅底灰染成黑的，有用稻草灰染成灰的，后经大雨一淋，颜色掉得差不多了。

我发到的一件棉裤非常怪，只有半截棉花。后来大家相互一问，才知道是国民党官老爷们在当兵的腿上搞"节约"，因为当兵的下腿要打绑带，所以就不絮棉花。我只得把自己的单裤裁了半截接上，没有棉花只好用旅政治部慰问我的一块银圆向老乡买了些旧棉花，总算解决了我和通信员的棉裤问题。

当时伤病员吃油很困难，工作人员每日两分钱菜金，优待伤病员，每人每日也只发九分钱菜金。我们的老会计管伙食，想了许多办法，有时买些蔬菜用油炒炒，就算改善生活，但大多数时间是开水煮白菜、野菜。

没有油还可以克服一下，没有盐，饭就难咽了。所部为了解决大家吃盐的问题，由司务长带领一些轻伤员几次到鹞落坪街上去买盐，但买回的盐太少，大家只好吃淡饭。

最困难的还是所里没有药品了。我们这些伤口开始愈合的伤员问题还不大，只要有红汞、碘酒就行了，困难最大的还是那些重伤员。但我们的同志并不怪医生和护士，他们都晓得困难是暂时的，大家睡在门板上还高声唱着"坚持大别山有困难，没有粮食，没有油盐，没有衣服穿。野菜茶果饱肚肠，穿上那草鞋过冬天。风里来，雨里去，不分黑夜和白天；山顶上、丛林里，与敌周旋，胜利日子就在眼前。"

军民情深

10月下旬的一天，传来石家祥股匪又要偷袭的消息。晚上，全所工休人员由地方党的同志带路，向河图铺转移。天是漆黑的，路是崎岖的，我和张指导员、老会计3人拄着棍子，深一脚，浅一脚，向前赶路。通信员就更辛苦了，他们还要挑着行李，背着大枪，紧跟在我们的后边。通信员小黄从山庄内找到一位50多岁的老乡，让他送送我们。老乡扭过脸来问：

"小同志，你多大啦?"

"19岁。"

"革命几年啦?"

"一年多了。"小黄用了用劲说。

"实话对你说，"老乡笑了起来，"我革命的时候，恐怕还没有你哩!"

"老大爷，送送俺们吧!"小黄央求地说。

"不光送你们，老汉还要跟你们一起干哩!"

这一晚，我们走到后半夜才到了河图铺。在西边一个山庄的院子里，看见一位抱着小孩儿的妇女。我说："大嫂，麻烦你来了。"

她一面招呼，一面搬了几张凳子，让我们坐下。她看了看我们的臂章，挺爽快地说："同志，不瞒你们，三九年我就参加了革命，后来因坏人告密，还坐了半年监牢哩!"

"陈大姐你认识吗?"

"你说的是陈少敏同志吧!"她高兴地点了点头。

"前半年刘司令还带着游击队在我们这里打过游击哩。"

"刘司令是不是刘昌毅?"我问。

"就是他，听说现在和你们解放大军会师了。"她高兴地回答我们。

"那么，你是革命同志了，哈哈，以后我们就喊你大嫂同志吧!"

我们5个同志在她家住了一个多月，白天她让我们在家休息，不叫我们露面，她一家人出去帮我们领米买菜；晚上，我们主动让她全家休息，我们分成两班轮流站岗放哨，防止土顽来袭击。

12月初，我们又奉皖西军区司令员曾绍山、政委彭涛同志的命令，转移到店前河一带，住在一位穷苦的老大娘家里。老人家虽穷，但对我们却像亲人一样，她拿来为数不多的山药蛋给我们吃，还拿茶叶让我们泡着喝。她说："这是六安茶，好不好喝？""味道不错！"我们高兴地一齐回答。

胜利归队

一个冬天就这样过去了。开春的时候，一个好消息传来，石家祥的土顽武装被我华野先遣支队消灭在黄叶坪一带。全所工休人员高兴极了，我和张指导员、老会计带着通信员白天也敢大摇大摆到山头上观望大别山美丽的风光，谈论着四五个月流动医院的艰苦生活，展望着胜利的未来。

这时，我们这100多名伤病员大部分伤口已愈合，大家高兴地准备回部队。分别的时刻到了，我们流着热泪依依不舍地告别了房东老太太，回到了皖西军区司令部驻地——岳西城内，随着各自的部队踏上了新的征程。

原载陈忠贞主编：《皖西革命回忆录·第三部·解放战争时期》，安徽人民出版社，1991年，第453～463页。

忆大别山区聆听刘邓首长的报告

◎ 石其才

历史巨片《大转折》真实地再现了50年前刘邓大军鏖战鲁西南、挺进大别山的英雄壮举。作为那段历史的亲历者，我看了《大转折》后感到格外亲切和激动，对刘、邓首长更加爱戴和崇敬。我永远也忘不了刘、邓首长给我们作的几次报告，他们的教诲和音容笑貌永远地铭刻在我的心中。

1947年是解放战争的第二年，党中央、毛主席根据全国的形势发展，决定"我军第二年作战的基本任务是：举行全国性的反攻，即以主力打到外线去，将战争引向国民党区域"。

这一年的五六月份，我晋冀鲁豫军区第二纵队从豫北转移到濮阳一带休整待命，准备千里挺进大别山。一天，有一个振奋人心的消息在我们部队传开：刘伯承司令员要来给纵队的干部们做报告。我当时在二纵某基层单位任保卫干部，我虽然一直没有见过刘司令员，但在当时的《人民日报》上看到过他的照片。我还记得有这样一件感人的事情：当时在《人民日报》上刊登了晋冀鲁豫地区的妇女们写给刘伯承夫人汪荣华同志一封朴实感人的信。信的内容是："刘司令员的媳妇，我们还不知道您叫什么名字，但我们的好首长刘司令员我们早就认识了。刘司令员太辛苦了，他天天指挥子弟兵打蒋介石匪帮，保卫我们解放区，可是我们又不能去前方照顾他的身体，只好拜托您了，请您替我们这些普通妇女照料好刘司令员的身体，千万不能生病！我们谢谢您了。"当时我们许多人读了这封信，都感动得热泪盈眶。

现在我们面前坐的就是大家尊敬爱戴的刘伯承司令员，怎不叫人肃然起敬呢!

大会由第二纵队司令陈再道主持，他称刘司令为师长（刘伯承原是八路军一二九师师长）。陈再道对大家说："现在请师长给我们讲话。"刘司令的讲话，主要是分析了解放战争的形势和我们野战军的任务。他在介绍了全国各个战场的敌我情况后，讲到党中央、毛主席的决定：将战争引向国民党统治区，在外线大量歼敌，破坏蒋介石消耗我解放区人力物力的反革命战略方针。根据这个方针，党中央成立了以邓小平同志为书记的中共中央中原局，准备挺进中原，创建大别山根据地。接着他以高亢有力的声音说："我们晋冀鲁豫野战军的光荣任务就是挺进中原，创建大别山根据地，我们一定要打到外线去，打到国民党统治区，解放全中国!"最后，刘司令号召大家加紧练兵，掀起练兵高潮，努力做好挺进大别山的一切准备。刘司令的讲话使全体人员受到极大的鼓舞，大家恨不得马上南下，打到蒋管区去。

1947年6月30日夜，我南下大军12.4万余人，在司令员刘伯承、政委邓小平的率领下，横渡黄河，从此揭开了人民解放军由战略防御转入战略进攻的序幕。我刘邓大军经过两个月的英勇战斗与长途跋涉，于8月底9月初胜利抵达大别山区。在敌人几十个旅对我军合围、环境艰险、生活条件异常艰苦的情况下，一部分人产生了怕苦怕死、悲观失望的思想情绪。针对这种情况，刘伯承同志于10月和11月，先后两次给部队做报告，教育干部、战士要树立英勇顽强的战斗作风，当他看到少数干部萎靡不振的样子时，当即严肃地指出："你们里边有些干部坐在那里无精打采、耷拉着脑袋，为什么? 勇气到哪里去了? 还是不是个男子汉?"他随即问大家，勇敢的"勇"字怎么写? 接着他自己回答："勇字就是男字上头有个'帽'，有个光环，这样的男人就是男子汉，就是敢于斗争的勇敢者。"接着他话锋一转，和蔼地说："狭路相逢勇者胜，勇敢是我们人民军队固有的光荣传统，敌人的强大是暂时的，虽然从北方到南方，部队缺乏无后方作战和水田山地作战的经验，生活上吃不惯大米，缺乏油水、食盐，水土不服，病号增多，等等，这些都是客观存在的困难，但我们应该发挥主观能动性，坚定斗志，勇于从敌人手中夺取缺少的东西。"最后他要求大家要像孙悟空钻进铁扇公主的肚皮里一样，闹它个天翻地覆，把红旗永远插在大别山的顶峰。

刘司令的两次报告使部队受到了极为深刻的教育，极大地鼓舞了士气，许多同志激动地说："我们有刘司令和邓政委的亲自指挥，就没有克服不了的困难，战胜不了的敌人！"

刘、邓首长在坚持大别山的斗争中，把生死置之度外，从不顾及个人安危，为干部、战士做出了榜样。有一次，刘司令带领机关少数人在淮河南岸与敌人遭遇，相距仅二三百米，警卫员架住首长就跑，敌人不知道刘司令就在队伍里，追赶了一阵后就停了下来。听到这件事后，我们都不禁捏了一把冷汗。

进入12月份，部队面临的困难更多了，环境愈加艰苦。敌人几十个旅对我紧追不舍，特别是广西"猴子兵"、五十八师和四十八师等善于打山地仗，夜行军速度快，我们前面刚走他们后脚就到。部队三天两头吃不上饭，得不到休息。敌人乡保队威逼群众埋藏粮食，部队买不到粮油食盐，营养不良、患夜盲症、腿脚浮肿的病号很多。有些干部、战士经不起考验开了小差，我团还发生了一起全连拖枪逃跑的严重事件。当时部队保卫工作的重点就是巩固部队，我感到自己没做好工作，思想压力很大。就在这时，我们敬爱的邓政委来我们部队看望指战员，并为我们做了报告。

记得当时部队驻扎在安徽省的宿松县，会场设在一个村庄的半山坡上。这是我初次见到邓小平同志，他给我的第一印象是目光炯炯，精神抖擞，表情严肃。当纵队政委王维纲宣布请邓政委给大家讲话后，只见邓政委走到临时代替主席台的一张小桌子前，手里拿着一张小纸条。邓政委开头就说："讲讲形势和前途。原来分析挺进大别山后，可能有三种前途：站得住，站不住，打游击。现在可以说我们已经基本站住了，争取了最好的前途。部队中还有少数人悲观失望，看不到光明前途，这是政治上的近视眼，十分要不得，他们不懂得挺进大别山的重大意义。我们挺进大别山就像一把锋利的尖刀，直插蒋介石的心脏，使蒋乱了阵脚，迫使胡宗南的部队放弃对我陕北的所谓重点进攻，从而使我们间接地保卫了党中央、毛主席的安全。这个意义还小吗？大得很哟！"邓政委还介绍了全国各战场的敌我斗争形势，特别讲到一野打得很好。他说："大家想想看，哪个野战军更苦一些？谁打得更好一些呀？我看是彭老总那里，他们兵力少，武器差，连重武器都没有，只有几门迫击炮，炮弹也不多，他们几万人拖着胡宗南几十万人在陕北山沟里打转转；他们组织了几个大战役，歼灭敌人好几个师，所以说他们打得好。我们应该向一野学习。我们承认目前是有些困难，但这点困难算什么？有什么可悲观的？右倾动摇更是错误的，所以大家一定要振奋精神、克服困难、英勇作战，坚持大别山斗争直至最后胜利！"邓政委在这次会议上还讲了在大别山区建立革命政权，开展土地改革的重要问题，批评了土改中出现的某些"左"的倾向，强调在任何时候都必须团结百分之九十以上的人民群众，禁止胡乱杀人（后来听说邓小平同志在 1948 年初总结大别山土改经验教训时向毛主席、党中央写了报告，提出团结百分之九十以上的人，缩小打击面等做法，得到了党中央及毛主席的充分肯定）。邓政委的这次报告一口气讲了三个多钟头，而他手中拿的那张小纸条却一眼都没看过。

传达贯彻邓政委的重要指示后，部队受到了极大的鼓舞和教育，大家对形势的看法产生了一个新的飞跃，部队战斗力增强了，巩固部队的工作也好做多了。在刘、邓首长的指挥下，大别山斗争的形势逐渐好转，土地改革也取得了很大成绩，部队接连打胜仗，最后终于迎来了解放战争的最后胜利。

原载《党史天地》1997 年第 11 期，第 42～43 页。

后 记

  《大别山革命历史回忆资料丛编》历时数年，终于付诸出版。本《丛编》为中央党史和文献研究宣传专项引导资金 2019 年度重点资助课题成果。在课题进行过程中，中央党史和文献研究院、原中共河南省委党史研究室、信阳师范大学等单位的有关领导给予了热情关注和悉心指导。有关专家提出了宝贵的审读意见。信阳师范大学纪委（监察专员办公室）将之作为廉政文化研究与教育的重要工作给予关注支持。

  根据审读专家意见，编者在书稿修改校对过程中，对有关表述做了进一步的规范，调整了各卷的历史分期，使之与党的历史分期一致。校准了有关文字表述，对回忆资料中一些不准确的史实内容加注说明。

  由于《丛编》体量太大，资料的选取、甄别还有一些不尽如人意的地方。不少有价值的回忆资料因种种原因而未能收录进去。今后如能出续编，当在这方面加以弥补。错误和疏漏之处，敬请读者指正。

  本《丛编》由田青刚教授任总主编，田青刚、刘喜元、孙启正、李志坚、张金林（以上人员单位为信阳师范大学）、牛珂珂（中共河南省委党史和地方史志研究室）、牛长立（大别山干部学院）、赵赞（鄂豫皖革命纪念馆）等分任各卷主编。参与资料搜集整理的还有信阳师范大学历史文化学院 2015 级本科生张文凯、2018 级研究生马玉婷、2019 级研究生徐子晗以及信阳航空职业学院马院有关教师等。大象出版社郑强胜编审为《丛编》出版付出了辛勤的劳动，在此一并致谢。

在本《丛编》即将出版之际，我们深深致敬给我们留下珍贵回忆资料的革命前辈，也感谢那些曾经协助回忆者整理资料的各方面人士。

《大别山革命历史回忆资料丛编》课题组

2024 年 7 月